Kälin / Epiney / Caroni / Künzli

Völkerrecht

Völkerrecht

Eine Einführung

Walter Kälin
Professor em. der Universität Bern

Astrid Epiney
Professorin an der Universität Freiburg i.Ü.

Martina Caroni
Professorin an der Universität Luzern

Jörg Künzli
Professor an der Universität Bern

Vierte Auflage

Stämpfli Verlag

Zitiervorschlag: Kälin/Epiney/Caroni/Künzli, Völkerrecht, S. xy

Bibliografische Information der Deutschen Nationalbibliothek
Die Deutsche Nationalbibliothek verzeichnet diese Publikation in der Deutschen Nationalbibliografie; detaillierte bibliografische Daten sind im Internet über http://dnb.d-nb.de abrufbar.

Dieses Werk ist in unserem Buchshop unter
www.staempfliverlag.com erhältlich.

ISBN Print 978-3-7272-1572-8
ISBN Judocu 978-3-0354-1364-9

VORWORT

Dieses Skriptum wendet sich in erster Linie an Studierende. Es behandelt in vier grossen Teilen die Rechtsquellen des Völkerrechts, Fragen des Verhältnisses von Völkerrecht und Landesrecht, die Staaten, internationalen Organisationen und Individuen als Subjekte des Völkerrechts, und schliesslich die wichtigsten Mechanismen der Rechtsdurchsetzung im internationalen Bereich. Die 4. Auflage nimmt wichtige Entwicklungen der letzten Jahre auf. Gegenüber der Vorauflage wurden namentlich die Ausführungen zu den Vorbehalten, zum Nachweis von Gewohnheitsrecht, zum Verhältnis von Völkerrecht und Landesrecht sowie zur kollektiven Sicherheit grundlegend überarbeitet.

Im Gegensatz zu den meisten Lehrbüchern des Völkerrechts erörtert das Skriptum nicht alle klassischen Themen dieses Rechtsbereichs, sondern legt den Schwerpunkt auf jene Materien, über welche auch Juristinnen und Juristen mit primär landesrechtlicher Ausrichtung Bescheid wissen sollten. Die zunehmende gegenseitige Durchdringung von Völkerrecht und Landesrecht schafft in der rechtlichen Alltagspraxis oft besondere Schwierigkeiten. Dazu gehört nicht zuletzt der Umstand, dass völkerrechtliche Dokumente oft schwer zugänglich und in englischer oder französischer Fachterminologie verfasst sind. Um den Umgang mit solchen Texten üben zu können, haben wir bewusst viele Originalzitate verwendet.

Diese Publikation beruht auf Vorlesungsunterlagen, an welchen in früheren Jahren zahlreiche Mitarbeiterinnen und Mitarbeiter mitgewirkt haben. Ihnen sowie den Mitarbeiterinnen und Mitarbeitern dieser Auflage und Frau Monika Wyss danken wir bestens.

Bern, Fribourg und Luzern im Juli 2016

Walter Kälin, Astrid Epiney, Martina Caroni, Jörg Künzli

INHALTSVERZEICHNIS

FALLVERZEICHNIS

INTERNATIONALE GERICHTE UND ORGANE

Internationaler Gerichtshof (IGH)

Internationalen Militärgerichtshofs von Nürnberg

Internationales Straftribunal für das ehemalige Jugoslawien (ICTY)

Gerichtshof der Europäischen Union (EuGH)

Gericht der Europäischen Union (EuG)

NATIONALE GERICHTE

Deutschland

Bundesverfassungsgericht

Bundesverwaltungsgericht

Verwaltungsgericht Köln

Niederlande

District Court The Hague

Schweiz

Bundesgericht

HINWEISE AUF LEHRMITTEL

- Brownlie's, Principles of Public International Law, James Crawford, Eighth Edition, Oxford University Press, Oxford 2012, zitiert als Brownlie.
- Antonio Cassese, International Law, Second Edition, Oxford University Press, Oxford 2005, zitiert als Cassese.
- Jean Combacau/Serge Sur, Droit international public, 11e édition, Montchrestien, Paris 2014, zitiert als Combacau/Sur.
- Karl Doehring, Völkerrecht – Ein Lehrbuch, 2. Auflage, C.F. Müller Verlag, Heidelberg 2004, zitiert als Doehring.
- Wolfgang Graf Vitzthum/Proelss Alexander (Hrsg.), Völkerrecht, 6. Auflage, De Gruyter, Berlin 2013, zitiert als Graf Vitzthum.
- Stephan Hobe, Einführung in das Völkerrecht, 10. Auflage, A. Francke UTB, Tübingen 2014, zitiert als Hobe.
- Knut Ipsen, Völkerrecht, 6. Auflage, C.H. Beck, München 2014, zitiert als Ipsen.
- Bernhard Kempen/Christian Hillgruber, Völkerrecht, 2. Auflage, C.H. Beck, München 2012, zitiert als Kempen/Hillgruber.
- Juliane Kokott/Karl Doehring/Thomas Buergenthal, Grundzüge des Völkerrechts, 3. Auflage, C.F. Müller UTB, Heidelberg 2003, zitiert als Kokott/Doehring/Buergenthal.
- Jörg Paul Müller/Luzius Wildhaber, Praxis des Völkerrechts, 3. Auflage, Stämpfli Verlag AG, Bern 2001, zitiert als Müller/Wildhaber.
- Georges Perrin, Droit international public: sources, sujets, caractéristiques, Schulthess, Zürich 1999, zitiert als Perrin.
- Anne Peters, Völkerrecht: Allgemeiner Teil, 3. Auflage, Schulthess, Zürich/Basel/Genf 2012, zitiert als Peters.
- Theodor Schweisfurth, Völkerrecht, Mohr Siebeck UTB, Tübingen 2006, zitiert als Schweisfurth.
- Malcolm Nathan Shaw, International Law, Seventh Edition, Cambridge University Press, Cambridge 2014, zitiert als Shaw.
- Torsten Stein/Christian von Buttlar, Völkerrecht, 13. Auflage, Carl Heymanns, Köln 2012, zitiert als Stein/von Buttlar.

- Alfred Verdross/Bruno Simma, Universelles Völkerrecht, 3. Auflage, Duncker & Humblot, Berlin 1984, zitiert als Verdross/Simma.
- Andreas R. Ziegler, Einführung in das Völkerrecht, 3. Auflage, Stämpfli Verlag AG, Bern 2015, zitiert als Ziegler.
- Karl-Heinz Ziegler, Völkerrechtsgeschichte: ein Studienbuch, Beck Verlag, München 2007, zitiert als Karl-Heinz Ziegler

WICHTIGE INTERNETADRESSEN

• http://www.un.org	UNO (mit zahlreichen Links).
• http://www.icj-cij.org	Internationaler Gerichtshof (IGH).
• http://www.coe.int	Europarat.
• http://www.echr.coe.int	Europäischer Gerichtshof für Menschenrechte.
• http://www.admin.ch	Bundesbehörden der Schweizerischen Eidgenossenschaft. Links u.a. zu SR; BBl, EDA und Direktion für Völkerrecht.
• http://www.bger.ch	Schweizerisches Bundesgericht.
• http://www.mpiv.de	Website des Max-Planck-Instituts für ausländisches öffentliches Recht und Völkerrecht (Heidelberg): Umfassender Bibliothekskatalog, thematischer Digest der IGH-Urteile, Links und vieles mehr.
• http://www.asil.org	The American Society of International Law (ASIL): Zahlreiche Artikel (u.a. aus AJIL), Links und vieles mehr.
• http://opil.ouplaw.com/home/EPIL	Max Planck Encyclopedia of Public International Law.
• http://uhri.ohchr.org	Universal Human Rights Index: Umfassende Informationen und UNO-Dokumente über die Menschenrechtslage in den einzelnen Ländern.
• http://legal.un.org/ilc/	International Law Commission
• http://www.un.org/law/avl/	Audiovisual Library of International Law: Materialien zu wichtigen Verträgen; Video-Vorlesungen bekannter Völkerrechts-expert/innen; links zu Urteilen, völkerrechtlichen Zeitschriften, und vieles mehr.

ABKÜRZUNGSVERZEICHNIS

ABl EG	Amtsblatt der Europäischen Gemeinschaften
AEUV	Vertrag über die Arbeitsweise der Europäischen Union
AJIL	American Journal of International Law
AJP	Aktuelle Juristische Praxis (Schweiz)
Amtl.Bull. NR/SR	Amtliches Bulletin des Nationalrates/Ständerates (Schweiz)
AS	Amtliche Sammlung des Bundesrechts (Schweiz)
ASYL	Schweizerische Zeitschrift für Asylrecht und –praxis
AVR	Archiv des Völkerrechts
BBl	Bundesblatt (Schweiz)
BGE	Entscheidungen des Schweizerischen Bundesgerichts (Amtliche Sammlung)
BS	Bereinigte Sammlung des Bundesrechts 1848-1947 (Schweiz)
BV	Bundesverfassung der Schweizerischen Eidgenossenschaft vom 18. April 1999 (SR 101)
BVerfGE	Entscheidungen des Bundesverfassungsgerichts (Deutschland)
CIJ	Cour internationale de justice
CIJ Recueil	Recueil des arrêts, avis consultatifs et ordonnances de la Cour internationale de justice (=I.C.J. Reports)
CPJI	Cour permanente de justice internationale
DVBl.	Deutsches Verwaltungsblatt
EGV	Vertrag der Europäischen Gemeinschaft
EJIL	European Journal of International Law
EJPD	Eidgenössisches Justiz- und Polizeidepartement
EMRK	(Europäische) Konvention zum Schutz der Menschenrechte und Grundfreiheiten vom 4. November 1950 (SR 0.101)
EuG	Europäisches Gericht erster Instanz
EuGH	Europäischer Gerichtshof
EuGRZ	Europäische Grundrechte-Zeitschrift
EUV	Vertrag der Europäischen Union
Fed. Reg.	Federal Register (http://www.archives.gov/federal-register/)
GV	Generalversammlung
GYIL	German Yearbook of International Law
IAGMR	Interamerikanischer Gerichtshof für Menschenrechte
ICC	International Criminal Court
ICJ	International Court of Justice
ICLQ	The International and Comparative Law Quarterly
ICTY	International Criminal Tribunal for the former Yugoslavia
IGH	Internationaler Gerichtshof
IKRK	Internationales Komitee vom Roten Kreuz

ILC	International Law Commission
ILM	International Legal Materials
ILR	International Law Reports
Iran-U.S.C.T.R.	Iran-United States Claims Tribunal Reports
LNTS	League of Nations Treaty Series
NGO	Nichtregierungsorganisation
NZZ	Neue Zürcher Zeitung
PCIJ	Permanent Court of International Justice
Pra	Praxis des Bundesgerichts (Schweiz)
Res.	Resolution
RGDIP	Revue Générale de Droit International Public
RIAA	Vgl. UNRIAA
SC Res.	Security Council Resolution
SJIR	Schweizerisches Jahrbuch für internationales Recht (heute SZIER)
Slg.	Sammlung (der Rechtsprechung des EuGH)
SR	Systematische Sammlung des Bundesrechts (Schweiz)
SR	Sicherheitsrat
StGB	Schweizerisches Strafgesetzbuch vom 21. Dezember 1937 (SR 311.0)
StIGH	Ständiger Internationaler Gerichtshof
SZIER	Schweizerische Zeitschrift für internationales und europäisches Recht (=RSDIE)
UNO	United Nations Organization
UNRIAA	UN Reports of International Arbitral Awards
VE	Vorentwurf
VEB	Verwaltungsentscheide der Bundesbehörden (heute VPB)
Verb. Rs.	Verbundene Rechtssache
VG	Verwaltungsgericht
VN	Vereinte Nationen (Zeitschrift)
VPB	Verwaltungspraxis der Bundesbehörden (Schweiz)
VRK	Wiener Übereinkommen vom 23. Mai 1969 über das Recht der Verträge (SR 0.111)
WÜD	Wiener Übereinkommen vom 18. April 1961 über diplomatische Beziehungen (SR 0.191.01)
WÜK	Wiener Übereinkommen vom 24. April 1963 über konsularische Beziehungen (SR 0.191.02)
ZaöRV	Zeitschrift für ausländisches öffentliches Recht und Völkerrecht
ZBJV	Zeitschrift des Bernischen Juristenvereins

EINFÜHRUNG: WAS IST VÖLKERRECHT?

I. GESCHICHTLICHE HINWEISE

Unter Völkerrecht verstand man traditionellerweise das Recht der zwischenstaatlichen Beziehungen (zum modernen, weiter gefassten Begriff hinten Ziff. II.1). Solches Recht kann nur existieren, wo Staaten im Sinn von Gebietskörperschaften mit Regierungsmacht über ein bestimmtes Territorium miteinander in Kontakt treten. Eine solche Staatengemeinschaft existiert erst seit dem Westfälischen Frieden (dazu hinten Ziff. 2.a), auch wenn sich Vorläufer des Völkerrechts, deren Institute zum Teil bis heute nachwirken, in verschiedenen Phasen der Weltgeschichte finden lassen.

1. Vorläufer

a. Antike

Die *griechischen Stadtstaaten der klassischen Antike* (600–338 v. Chr.) pflegten miteinander eine Vielzahl politischer, wirtschaftlicher und kultureller Beziehungen und schlossen militärische und politische Bündnisse. Viele dieser Beziehungen wurden vertraglich geregelt. Sie sind ein gutes Beispiel dafür, welche Voraussetzungen nötig sind, damit sich eine zwischenstaatliche Rechtsordnung entwickeln kann: Die griechischen Stadtstaaten (pólis/póleis) waren grundsätzlich gleichberechtigte, politisch voneinander unabhängige, aber ökonomisch und militärisch miteinander vernetzte Gebietskörperschaften. KARL-HEINZ ZIEGLER führt dazu aus:

> Zu den Errungenschaften der altgriechischen Staatengesellschaft gehörte ein teilweise auf internationalen Verträgen, teilweise auf innerstaatlicher Rechtsetzung und zum Teil auf Gewohnheit beruhendes, fein ausgebildetes Fremdenrecht. Es ermöglichte erst den intensiven zwischenstaatlichen Verkehr innerhalb der Polis-Welt. In diesem Bereich haben die Griechen eine Reihe von Institutionen entwickelt, die auch für den modernen Betrachter in manchem vorbildlich erscheinen. Die Proxenie war ein früher Vorläufer unseres Konsulats. Der Proxenos nahm sich der Angehörigen des Staates, für den er der Staats-Gastfreund war, in seiner eigenen Gemeinde an. Die Asylie war der sakralrechtlich oder staatsrechtlich eingeräumte Schutz vor Gewaltmassnahmen gegen die Person oder das Eigentum, also vor Raub, vor Repressalien oder vor sonstiger, nicht gerichtlich autorisierter Selbsthilfe. Mit der Isopolitie ('gleiches Bürgerrecht') wurde einzelnen Bürgern oder sogar allen Bürgern einer fremden Polis die gleiche Rechtsstellung eingeräumt wie den eigenen Einwohnern (den – modern gesprochen – Inländern)." (Karl-Heinz Ziegler, Völkerrechtsgeschichte, 2. Auflage, C.H. Beck, München 2007, S. 28 und 31)

Die *römische Republik* (ca. 500-27 v. Chr.) kannte das Institut des Staatsvertrags (*foedus*). Dabei ging es um Freundschaftsbündnisse und Friedensverträge, aber auch um Kriegsverträge, Waffenstillstandsvereinbarungen und Kapitulationsverträge, d.h. um das Recht des Krieges. Dazu ZIEGLER :

„Es waren die Römer, die den Krieg erstmals als Rechtsvorgang zu begreifen suchten. Im Zentrum des römischen Kriegsrechts steht der später formulierte Begriff des gerechten Kriegs (bellum iustum). Er bezeichnet den Krieg, der den Vorschriften des Fetialrechts (ius fetiale) entsprechend eingeleitet worden war. (...) Danach musste zunächst ein Fetiale als Gesandter des römischen Volkes (...) dem künftigen Gegner die Forderung nach Genugtuung überbringen (...). Falls binnen 30 Tagen keine Genugtuung erfolgte, wurde der mögliche Krieg angekündigt (...). Entschied sich dann in Rom der Senat für den Krieg, erfolgte die feierliche Kriegserklärung (...)." (Karl-Heinz Ziegler, a.a.O. S. 41)

Mit CICERO (106-43 v. Chr.) begann eine juristisch-philosophische Debatte über den gerechten Krieg (*bellum iustum*), die bis heute andauert.

„Der 'gerechte Krieg' [...] ist für Cicero ein Verteidigungskrieg oder ein Krieg, um erlittenes Unrecht zu vergelten. Rechtmässiger Kriegsgegner (...) kann daher nur ein Gemeinwesen sein, nicht aber eine Bande von Räubern oder Piraten. Dem Kriegsgegner gegenüber gilt das Prinzip der Vertragstreue, vor allem beim eidlich bekräftigten Versprechen." (Karl-Heinz Ziegler, a.a.O. S. 48)

Das *römische Imperium der Kaiserzeit* (27 v. Chr. – 284 n. Chr.) verstand sich im Gegensatz zu den griechischen Stadtstaaten als Grossmacht, welche im Verkehr mit den „Barbaren" grundsätzlich nicht an Verträge gebunden war, sondern diesen rechtsfrei, d.h. unter rein politischen Erwägungen, gestalten konnte (Hobe, S. 32). Die Römer prägten zwar den Begriff des Völkerrechts („*ius gentium*"), meinten damit aber nicht das Recht der zwischenstaatlichen Beziehungen, sondern – im Gegensatz zum „*ius civile*", das zwischen römischen Bürgern galt – das Recht der Beziehungen zu Personen ohne römisches Bürgerrecht. Dabei handelte es sich primär um Privatrecht, erfasst waren aber auch Regeln, welche gewisse zwischenstaatliche Sachverhalte betrafen (David J. Bederman, International Law in Antiquity, Cambridge 2001, S. 84 f. und 115 f.). Dennoch liess die Dominanz der römischen Grossmacht kein Völkerrecht im Sinne von Rechtsregeln zwischen gleichberechtigten, unabhängigen Staaten entstehen.

b. Mittelalter und frühe Neuzeit

Die Rechtsordnung des Mittelalters beruhte auf den Lehensbeziehungen und damit Treueverhältnissen zwischen Herrschern und Gefolgsleuten. Sie war nicht territorial, sondern personenbezogen ausgerichtet, d.h. der Lehensherr bestimmte, welchem Recht die Vasallen unterstanden. Die Verträge, die zwischen den Herrschaftsverbänden geschlossen wurden, waren persönliche Rechtsverhältnisse, die spätestens mit dem Tod der Vertragspartner endeten. Daraus konnte sich kein allgemeines Rechtssystem entwickeln (Hobe, S. 34 ff.).

Bedeutsam sind aber die Beiträge des Mittelalters zur weiteren Entwicklung der Lehre vom gerechten Krieg. Insbesondere wurde die Frage diskutiert, ob ein Krieg auch auf beiden Seiten gerecht sein kann (*bellum iustum ex utraque parte*). HOBE fasst die Entwicklung so zusammen:

„In Anknüpfung an *Augustinus* (354-430) entwickelte *Thomas von Aquin* (1225-1274) *die Lehre vom gerechten Krieg* weiter und stellte sie hinein in das

> strenge Gedankengebäude der Scholastik, das die Grundprinzipien des wissenschaftlichen Denkens schuf. (...)
>
> Während Augustinus und die Scholastiker den gerechten Krieg allein daran erkennen wollten, ob er aus gerechtem Grund (*ex iusta causa*) und mit rechter Absicht (*intentio recta*) geführt wurde, unterschied bereits [Franciscus de] *Vitoria* [1480-1546] zwischen schuldhaftem und schuldlosem („objektivem") Unrecht. Der objektiv zwar das Recht verletzende Gegner, der sich subjektiv in gutem Glauben oder in Unkenntnis der Rechtswidrigkeit befinde, dürfe wohl niedergerungen werden, eine Bestrafung aber könne nur gegenüber dem schuldigen Feind in Frage kommen. (...)
>
> Einen Schritt weiter ging [Franciscus] *Suàrez* [1548-1617], der klar herausstellte, dass nach christlicher Auffassung der Krieg nur als Verteidigungskrieg gegen objektives Unrecht und als Strafkrieg gegen einen schuldigen Feind zulässig sei. Zum Unrecht des Krieges muss hier allerdings noch das wirkliche Erforderlichsein der kriegerischen Gewalt hinzukommen. Der letztere Gedanke (...) ist eine erste Ausprägung des Prinzips, das heute noch das ganze Völkerrecht beherrscht: das Prinzip der Verhältnismässigkeit von Zweck und Mitteln.
>
> Die Beschäftigung mit der Situation des gutgläubig handelnden, aber objektiv im Unrecht befindlichen Kriegführenden, warf eine völlig neue Frage auf: kann der Krieg auf beiden Seiten gerecht sein? Es war Alberico Gentili [1552-1608], der diese Frage schliesslich bejahte und den Begriff des *bellum iustum ex utraque parte*, des beiderseits gerechten Krieges, prägte. Dieser Begriff offenbart einen Epochenabschluss in der Geschichte des Völkerrechtsdenkens und leitet über zum Beginn jener Periode, die im Allgemeinen als „klassisches Völkerrecht" bezeichnet und von vielen als der Anfang des Völkerrechts überhaupt angesehen wird. Der Grund für diese Beurteilung ist offenkundig: wenn der Krieg für beide Seiten gerecht sein kann, so wird er moralisch indifferent, es kann die Rechtsfigur der Neutralität entstehen, also die Annahme einer Pflicht zu unparteiischem Verhalten gegenüber beiden Kriegführenden (...). Eine solche Haltung aber war nur möglich, weil die Einheit des christlichen Abendlandes zerbrochen war und es keine Instanz mehr gab, die moralisches Recht oder Unrecht feststellen konnte. Der Begriff der Souveränität sprengte dann die letzten Fesseln und begründete für jeden Staat das ‚Recht zum Kriege' (*ius ad bellum*)." (Hobe, S. 37 f.)

Der Niederländer HUGO GROTIUS (1583-1645) wird oft als „Vater des Völkerrechts" bezeichnet. Er verfasste eine Abhandlung über die Meeresfreiheit (*Mare liberum*) und über das Seebeuterecht (*De iure praedae commentarius*). Sein Hauptwerk, die „Drei Bücher vom Recht des Krieges und des Friedens" (*De iure belli ac pacis libri tres*), erschien 1625. GROTIUS beschrieb darin bereits dasjenige System, das im Westfälischen Frieden rechtlich verankert werden sollte und stellte die damalige Staatenpraxis als Quelle des Völkerrechts und den Konsens der Staatengemeinschaft als eigenständige Geltungsgrundlage dar (Hobe, S. 40 f.). ZIEGLER beschreibt die Grundlagen und die Auswirkungen dieses Werks folgendermassen:

> „Die von den Humanisten erschlossene Fülle der antiken Literatur, aber auch die Zeugnisse der Bibel und die Quellen des römischen und des kanonischen Rechts bilden im Verein mit späteren Überlieferungen den Stoff, aus dem Grotius seine für Staaten und Völker aufgezeichnete Welt-Rechtsordnung ableitet. Dabei war Grotius kein radikaler Neuerer: In nicht wenigen Fragen vertrat er eher einen konservativen Standpunkt. Im Zentrum seiner umfassenden Darstellung des Völkerrechts steht noch das traditionelle Kriegsproblem. Der Doktrin der spanischen Spätscholastiker Vitoria und Suàrez (...) verdankt Grotius ebenso viel wie den völkerrechtlichen Arbeiten des Gentili (...). Aber Gro-

> tius ist gewissermassen der geistige Brennspiegel der alle Strahlen zusammenfasst und gebündelt weitergibt. Die bald nach Erscheinen der *De iure belli ac pacis libri tres* erfolgte, bis zum Ausgang des 19. Jahrhunderts dauernde Indizierung durch die katholische Kirche hat nicht verhindert, dass das vom Geist der Toleranz und der Humanität geprägte Buch alsbald weltweite Verbreitung und Autorität erlangte.
>
> Mit Grotius, der auch in der Privatrechtsgeschichte eine Schlüsselfigur darstellt, beginnt das *neuere Natur- und Völkerrecht*, beginnt die neuzeitliche *systematische Völkerrechtswissenschaft."* (Karl-Heinz Ziegler, a.a.O., S. 136)

2. *Klassisches Völkerrecht*

a. Entstehung

Das Völkerrecht im heutigen Sinn entstand mit der Neuordnung der politischen Verhältnisse in Europa, wie sie im Westfälischen Frieden von 1648 ihren Ausdruck fand. Der Grundsatz des Augsburger Religionsfriedens von 1555 *„cuius regio, eius religio"*, d.h. das Prinzip, dass der Herrscher über die religiöse Konfession in seinem Gebiet entscheidet, wurde in den Westfälischen Friedensverträgen verankert und verallgemeinert. Damit löste das Konzept der *Territorialherrschaft* die mittelalterliche Lehensordnung zwischen Herrn und Vasallen mit ihren personalisierten Rechtsbeziehungen ab. Nun bestimmte der Herrscher, welches Recht in seinem Gebiet galt. Wer die Grenzen dieses Territoriums überschritt, unterstand automatisch dessen Rechtsordnung und hatte die ausschliessliche Regierungsgewalt des jeweiligen Herrschers anzuerkennen. Die Grenzen des Heiligen Römischen Reichs und der Staaten im Reich wurden neu festgelegt oder bestätigt. Der Westfälische Frieden legte fest, dass zwischenstaatliche Verträge im Sinne der Maxime *„pacta sunt servanda"* einzuhalten sind, und er schuf einen Mechanismus zur Streitbeilegung zwischen den beteiligten Staaten.

Auf dieser Basis entstanden im Laufe der Zeit die modernen Nationalstaaten. Ihr Hauptattribut war die Souveränität im Sinne des Letztentscheidungsrechts in rechtlichen Fragen. Diese Souveränität konnte nur durch freiwillige Vereinbarung mit gleichberechtigten Partnern, d.h. auf der Grundlage gemeinsam aberkannten Rechts, eingeschränkt werden.

b. Merkmale des klassischen Völkerrechts des 18. und 19. Jahrhunderts

Das klassische Völkerrecht, das bis zum Ende des 1. Weltkrieges galt, kann als *Recht der zwischenstaatlichen Beziehungen* definiert werden. Es beruhte auf der Idee, dass die Staaten Gebilde *mit absoluter Souveränität* sind, die rechtlich miteinander auf der Basis der Gleichberechtigung in Verkehr treten. Zum Kreis der so privilegierten Staaten gehörten allerdings nur die sog. *„zivilisierten" Nationen* (d.h. die europäischen Staaten, die unabhängigen Staaten Nord- und Südamerikas, später auch das türkische Reich und Japan), während die übrigen Gebiete der Erde ohne weiteres kolonisiert werden konnten.

Hauptaufgabe des europäisch geprägten klassischen Völkerrechts war die *Regelung der Koexistenz* der Staaten, d.h. der Beziehungen zwischen souveränen, voneinander weitgehend unabhängigen Gebietskörperschaften: Wichtige Regelungsgegenstände waren die Abgrenzung der jeweiligen staatlichen Zuständigkeitsbereiche (Grenzen, Fragen der Zuständigkeit zur Rechtsetzung und Rechtsdurchsetzung), der zwischenstaatliche Verkehr (Recht der diplomatischen und konsularischen Beziehungen Auslieferungs- und Rechtshilfeverkehr, Postwesen etc.) sowie die Frage des Krieges und seiner Folgen. Innerstaatliche Angelegenheiten (z.B. die Menschenrechte) lagen im Souveränitätsbereich der Staaten und konnten damit nicht Gegenstand des Völkerrechts sein (Verbot der Einmischung in die inneren Verhältnisse).

Viele Institute des klassischen Völkerrechts gelten auch heute noch. Beispiele sind wichtige Teile des Rechts der Verträge (hinten 1. Teil, 1. Kap.), die Grundsätze des diplomatischen und konsularischen Verkehrs (hinten 3. Teil, 2. Kap., Ziff. I) oder der sog. diplomatische Schutz (hinten 4. Teil, 1. Kap., Ziff. III).

c. Das Recht auf Krieg

Die Anerkennung der staatlichen Souveränität als absolutes Recht fand ihren Höhepunkt in der Anerkennung des Rechts auf Krieg. Die positivistische Völkerrechtslehre lehnte die Lehre vom gerechten Krieg (vorne Ziff. 1.b) ab und stellte sich auf den Standpunkt, den souveränen Staaten stehe grundsätzlich ein freies Kriegsführungsrecht zu, das nur vertraglich begrenzt sei (*ius ad bellum*).

> „Die positivistische Völkerrechtslehre vertrat (...) die Ansicht, dass die ‚bellum iustum'-Lehre nur eine moralische Doktrin, im positiven [Völkerrecht] aber nicht verankert sei. So bemerkte der Begründer dieser Richtung, Johann Jakob Moser, dass nur durch Verträge ausgemacht werden könne, was als ‚rechtmässige Ursache eines Krieges angesehen werden sollte'. Noch nach dem ersten Weltkrieg schrieb (...) Dionisio Anzilotti, dass der Krieg ein erlaubtes Mittel der Selbsthilfe sei, ‚es sei denn, dass der Angreifer sich verpflichtet hat, gegen diesen anderen Staat keinen Krieg zu führen'. (...)
>
> [D]as Zweite Haager Abkommen von 1907 (...) über die Beschränkung der Gewaltanwendung zur Eintreibung von Vertragsschulden (d.h. Schulden, die auf einem Vertrage zwischen ausländischen privaten Gläubigern und einem Staat als Schuldner beruhten), [liess] einen Krieg sogar zur Eintreibung solcher Schulden zugunsten privater Gläubiger zu (...), wenn der Gegner ein schiedsgerichtliches Verfahren zur Austragung des Streiters ablehnte oder den Schiedsspruch nicht erfüllte." (Verdross/Simma, S. 63 f.)

Frieden und Krieg wurden als unterschiedliche Situationen verstanden, auf welche unterschiedliche Regeln Anwendung fanden: Das Friedens- und das Kriegsvölkerrecht. Kriegserklärung und Friedensvertrag bestimmten, wann von der einen zur anderen Rechtsordnung gewechselt wurde.

II. DAS MODERNE VÖLKERRECHT

1. *Begriff*

Das moderne Völkerrecht, wie es sich nach einer Übergangszeit zwischen dem 1. und dem 2. Weltkrieg seit 1945 entwickelt hat, ist weit mehr als das Recht der zwischenstaatlichen Beziehungen. Das moderne Völkerrecht regelt nicht nur das Verhältnis der Staaten zueinander, sondern auch hoheitsfreie Räume (Weltmeere, Atmosphäre, Weltraum), die internationalen Organisationen und ihre Beziehungen untereinander und zu den Staaten, sowie die Rechte und Pflichten Privater innerhalb der einzelnen Staaten (z.B. Menschenrechte und Völkerstrafrecht). Nationales Recht behandelt ebenfalls Fragen der internationalen Beziehungen (z.B. Aussenhandelsrecht, Entwicklungszusammenarbeit, Flüchtlingsrecht). Völkerrecht kann deshalb heute nicht mehr durch seinen Regelungsgegenstand definiert werden, sondern nur durch die Art, wie es zustande kommt, d.h. durch seine Rechtsquellen.

In diesem Sinn ist Völkerrecht Recht, welches auf dem *Konsens der Staaten beruht und seinen Ausdruck in den anerkannten Rechtsquellen*, insbesondere völkerrechtlichen Verträgen, Völkergewohnheitsrecht und allgemeinen Rechtsgrundsätzen (und zunehmend auch im soft law; siehe hinten 1. Teil, 4. Kap. Ziff. II) findet.

2. *Merkmale*

Rechtlich bedeutsame Entwicklungen und Merkmale des modernen Völkerrechts sind:

- *Vom europäischen zum universellen Recht*: Während grosse Teile der Welt (v.a. die Kolonien) im klassischen vom Kreis der Völkerrechtssubjekte ausgeschlossen waren, sind heute praktisch alle Staaten der Welt Mitglied der UNO und damit rechtlich gleichberechtigte Mitglieder der Staatengemeinschaft. Universell ist das moderne Völkerrecht auch insofern als es inhaltlich oft den Anspruch auf umfassende Geltung erhebt (z.B. im Bereich des Menschenrechtsschutzes). Die Universalität wird allerdings durch eine zunehmende Fragmentierung des Völkerrechts in einzelne Regelungsbereiche mit Sonderregeln und die Zunahme regionalen Rechts gefährdet.

  "What once appeared to be governed by 'general international law' has become the field of operation for such specialist systems as 'trade law', 'human rights law', 'environmental law', 'law of the sea', 'European law' and even such exotic and highly specialized knowledges as 'investment law' or 'international refugee law' etc. – each possessing their own principles and institutions. The problem, as lawyers have seen it, is that such specialized law-making and institution-building tends to take place with relative ignorance of legislative and institutional activities in the adjoining fields and of the general principles and practices of international law. The result is conflicts between rules or rule-systems, deviating institutional practices and, possibly, the loss of an overall perspective on the law." (International Law Commission, Fragmentation of International Law: Difficulties Arising from the Diversification and Expansion of International Law, UN Doc. A/CN.4/L.682, 13 April 2006, para. 8)

- *Vom Recht auf Krieg zum Gewaltverbot*: Das moderne Völkerrecht untersagt mit dem in Art. 2 Ziff. 4 UNO-Charta vertraglich verankerten (und auch gewohnheitsrechtlich geltenden) Gewaltverbot den Staaten, in ihren internationalen Beziehungen Interessen und Ansprüche mittels Waffengewalt durchzusetzen. Das klassische Recht auf Krieg ist abgeschafft und durch das System der kollektiven Sicherheit der UNO ersetzt worden, welches – unter Vorbehalt des Selbstverteidigungsrechts der Staaten – den Entscheid über die Anwendung von Waffengewalt beim UNO-Sicherheitsrat monopolisiert hat (hinten 4. Teil, 3. Kap., Ziff. I). Das Gewaltverbot erfasst allerdings nur zwischenstaatliche bewaffnete Konflikte, nicht aber solche zwischen Regierungen und Aufständischen oder zwischen nichtstaatlichen Gruppierungen. Während das Gewaltverbot dazu beigetragen hat, die Zahl zwischenstaatlicher Kriege stark zu reduzieren, sind innerstaatliche bewaffnete Konflikte heute die dominante Konfliktform.

- *Vom Koexistenzrecht zur Regelung internationaler Kooperation und Verfolgung von Gemeinschaftsinteressen*: Die im Vergleich zum 19. Jahrhundert enorm gewachsene wirtschaftliche Verflechtung und die Zunahme von Problemen mit grenzüberschreitendem Charakter (Umweltprobleme, Migrationsbewegungen, internationale Kriminalität etc.) haben bewirkt, dass quantitativ der grösste Teil des heutigen Völkerrechts nicht mehr die Abgrenzung der Einflusssphären der Staaten (Koexistenz), sondern ihre Kooperation zur Bewältigung gemeinsamer Probleme zum Inhalt hat. Dieser Wandel vom Koexistenz- zum Kooperations- oder gar Solidaritätsrecht prägt das moderne Völkerrecht stark.

  „42 It is the main purpose of the law of coordination to keep the subjects of international law peacefully apart and to organize unilateral or common action where an issue cannot be managed effectively by each subject alone. (...)

  51 The objective of cooperation may be twofold; it may envisage the promotion of the interests of the States involved or those of a greater community such as the international community. This requires the existence of community interests. (...)

  66 (...) ...the more community oriented regimes are established, the more States face the necessity to co-operate. The principle of solidarity reflects the transformation of international law into a value-based international legal order." (Rüdiger Wolfrum. International Law, in: Wolfrum (ed), The Max Planck Encyclopedia of Public International Law, Oxford: Oxford University Press 2012).

- *Vom Recht der Staaten zum Recht, das auch internationale Organisationen und Individuen erfasst*: Während das klassische Völkerrecht primär das Recht der Beziehungen zwischen Staaten war, erstreckt sich das moderne Völkerrecht sowohl bezüglich Regelungsgegenstand als auch Träger völkerrechtlicher Rechte und Pflichten (Völkerrechtssubjekte) auf die internationalen Organisationen (v.a. das UNO-System; dazu hinten 3. Teil, 4. Kap.) und die Privaten (v.a. Menschenrechte, dazu hinten 3. Teil, 5. Kap., Ziff. IV).

- *Von der absoluten zur relativen Souveränität* der Staaten (dazu hinten 3. Teil, 1. Kap., Ziff. IV), welche heute als umfassendes Letztentscheidungsrecht nicht mehr existiert:

„Äussere Souveränität bedeutet in den Worten Max Hubers Unabhängigkeit im Sinne des Rechtes, auf einem bestimmten Territorium unter Ausschluss aller anderen Staaten hoheitliche Funktionen auszuüben. Die Befugnis der Staaten, ihre Ziele, Mittel und Strukturen unabhängig von fremden Ländern und Organisationen festzulegen, findet rechtlich ihre Grenzen am Völkerrecht, das seinerseits dauerndem Wandel unterworfen ist; in tatsächlicher Hinsicht wird sie durch die grenzüberschreitenden Verflechtungen heutiger internationaler Beziehungen modifiziert. Unabhängigkeit und Souveränität sind relative, in ihrer Tragweite begrenzte und in Zeit und Raum Veränderungen unterworfene Begriffe. Zwar ist das übersteigerte Souveränitätsverständnis des klassischen Völkerrechts längst überwunden, dass der Staat, bzw. der souveräne Herrscher (inklusive kriegerischer Angriffe auf andere Staaten) tun und lassen darf, was er will. Trotzdem sind Unabhängigkeit und Souveränität immer noch tragende Säulen der globalen Gemeinschaft der Staaten: Die Kontinente und - im Bereich der Küstengewässer - wichtige Teile der Meere sind heute fast lückenlos unter die souveränen Staaten aufgeteilt, und rechtlich beruht das ganze UNO-System auf dem „Grundsatz der souveränen Gleichheit" aller Staaten. (...) Das völkerrechtliche Institut der Souveränität sichert den Staaten gerade unter den Bedingungen knapper werdender Ressourcen und trotz völkerrechtlichem Gewaltverbot bestehender Kriegsgefahr eine Minimalposition, die notwendig ist, um in internationalen Auseinandersetzungen bestehen zu können. Allerdings vermag die rhetorische Übersteigerung der Souveränitätsidee, wie sie etwa in der Abstempelung jeder von aussen kommenden Kritik als unzulässige Einmischung in innere Verhältnisse zum Ausdruck kommt, nur notdürftig die Tatsache verdecken, dass die Souveränität historisch ihren Bedeutungshöhepunkt überschritten hat.

Drei Entwicklungen sind in diesem Zusammenhang von besonderer Relevanz: Wie bereits angetönt, hat das Gewaltverbot dem souveränitätsrechtlichen ius ad bellum ein Ende gesetzt und damit dem absoluten Souveränitätsbegriff des Völkerrechts die Spitze gebrochen. Der grenzüberschreitende Charakter von wirtschaftlichem Handeln, der Massenmedien, von Moden und Ideologien, kurz: die Interdependenz fast aller Lebensbereiche kollidiert mit der dem Souveränitätsdenken zugrunde liegenden territorialen Abgrenzung aller Aktivitäten. (...) Schliesslich bewirkte die Stärkung der internationalen Menschenrechte eine wichtige Durchbrechung der These von der Mediatisierung des Individuums durch seinen Heimatstaat: Die Souveränität der Staaten wird hier gewissermassen von unten her beschränkt, indem der Einzelne staatlicher Gewalt nicht mehr voll ausgeliefert ist, sondern sich ihr gegenüber in zentralen Persönlichkeitsbereichen auf den Schutz des Völkerrechtes berufen kann." (Walter Kälin, Verfassungsgrundsätze der schweizerischen Aussenpolitik, ZSR 1986 II S. 266 ff.)

3. *Rechtsnatur des Völkerrechts*

a. *Kein Recht ohne zentrale Durchsetzungsmacht?*

Innerstaatlich garantiert in der Regel ein Apparat der Zwangsdurchsetzung die Beachtung der Rechtsordnung. Ein analoges System fehlt im Bereich des Völkerrechts, wo die Möglichkeiten der gerichtlichen Durchsetzung der eigenen Rechte (dazu hinten 4. Teil, 2. Kap.) beschränkt sind und so etwas wie eine Weltpolizei fehlt. Deshalb wurde (und wird) dem Völkerrecht teilweise der Rechtscharakter abgesprochen: WALTER BURCKHARDT kam unter Hinweis auf fehlende internationale Gesetzgebungs- und Durchsetzungsorgane zum Schluss: „Eine Rechtsordnung, die als Ganzes der Möglichkeit des Zwanges entbehrt, ist mangelhaft und von vornherein unfähig, die Idee des Rechts vollständig zu verwirklichen" (Walther Burckhardt, Die Unvollkommenheit des Völkerrechts (1923), abgedruckt in: Ders., Aufsätze und Vorträge 1910-1938, Bern 1970, S. 131 f.). HANS MORGENTHAU leitete demgegenüber aus dem Zwangscharakter der durch die Macht des Stärkeren geprägten zwischenstaatlichen Beziehungen ab, dass dieser keinen Raum für Recht lasse. Für ihn ist internationale Politik „ein Kampf um die Macht. Wo immer die letzten Ziele der internationalen Politik liegen mögen, das unmittelbare Ziel ist stets die Macht" (Hans Morgenthau, Macht und Frieden, Gütersloh 1963, S. 69).

Während diese Auffassungen für das klassische Völkerrecht eine gewisse Berechtigung hatten, widersprechen sie der heutigen Realität internationaler Beziehungen. Diese sind trotz häufiger Verletzungen völkerrechtlicher Verpflichtungen immer stärker von Rechtsnormen geprägt: Bereiche wie der internationale Handel oder Luftverkehr würden ohne einen hohen Grad an Regulierung und Respekt für diese Normen zusammenbrechen. Eine Rechtsordnung wie das Völkerrecht, das von im Wesentlichen gleichberechtigten, souveränen Staaten gesetzt wird, muss Mechanismen entwickeln, die den Rechtsvollzug auch ohne hoheitliche Zwangsgewalt weitgehend gewährleisten. Allerdings weist das internationale Recht

> „als Rechtsordnung Besonderheiten auf. Tatsächlich sind Rechtsetzungs- und Rechtdurchsetzungsorgane im Vergleich zum innerstaatlichen Recht schwach ausgestaltet. Der Begriff des Rechts wird aber allzu sehr eingeengt, wenn man ihn auf das Modell des Gesetzes und seiner richterlichen Durchsetzung reduziert. Rechtsgeltung bezieht das internationale Recht v.a. aus Vertrag und Gewohnheitsrecht, Rechtsquellen also, die auch innerstaatlich Verbindlichkeit herzustellen vermögen. Wenn wir an die Durchsetzung solcher Normen denken, sollten wir uns vor Augen halten, dass Herrschaft und Zwang nicht die einzigen Grundlagen funktionierenden Rechts sind: Rechtssoziologen haben gezeigt, dass z.B. weite Bereiche des Vertrags- und Handelsrechts nicht primär aus Angst vor dem Richter und dem Vollstreckungsbeamten eingehalten werden, sondern schlicht deshalb, weil Rechtsbruch unter Geschäftspartnern auf den Verantwortlichen zurückfällt und er nicht lange im Geschäft bleibt, wenn er Regeln missachtet. Ethnologische Studien haben das Verständnis dafür geschärft, dass sogar Gesellschaften ohne jegliche Regierungsstrukturen (sog. akephale Gesellschaften) Normen kennen und sie auch durchsetzen können. Gegenseitige Abhängigkeit (Interdependenz) und Reziprozität sind hier der Kitt, der die Normgemeinschaft zusammenhält. In ähnlicher Weise ist auch das Völkerrecht nicht so sehr auf Herrschaft gebautes ‚Subordinationsrecht', sondern primär ‚Koordinationsrecht' einer dezentralen, sich selbst regierende Gemeinschaft gleichberechtigter Rechtssubjekte." (Walter Kälin, Internationales Recht als Studienfach, in: Gunther Arzt/Pio Caroni/Walter Kälin, Juristenausbildung als Denkmalpflege?, Bern 1993, S. 68 f.)

b. Völkerrecht als weitgehend dezentralisierte Rechtsordnung

Normative Grundlage dieser Rechtsordnung ist gemäss den rechtspositivistischen Theorien der Geltung des Völkerrechts (Hans Kelsen, Reine Rechtslehre, 2. Auflage, Verlag Österreich, Wien 2000) der Grundsatz *„pacta sunt servanda"*, d.h. die freiwillige Zustimmung zu Regeln und ihre darauf beruhende Verbindlichkeit. Diese kann ausdrücklich (Vertragsrecht) oder aber konkludent (Gewohnheitsrecht) erfolgen.

Dies allein erklärt allerdings nicht, warum in der Realität der internationalen Beziehungen Völkerrecht meist eingehalten wird und Verletzungsfälle – allerdings oft sehr sichtbare – Ausnahmen sind. Faktische Grundlage für das Funktionieren einer solchen Rechtsordnung ist die umfassende Interdependenz der Staaten: Die gegenseitige (aber oft ungleichgewichtige) Abhängigkeit der Staaten in den meisten Bereichen modernen Lebens wird etwa mit folgender Kausalitätskette erklärt: Ressourcen-Knappheit führt zu Fremdversorgung, welche ihrerseits die Störungsanfälligkeit der Staaten, und damit ihre Verwundbarkeit bewirkt. Daraus resultiert ein hoher Grad an (gegenseitiger) Abhängigkeit (Daniel Frei, Die internationale Umwelt als Rahmenbedingung der schweizerischen Politik und die Gestaltung der schweizerischen Aussenbeziehungen, in: Riklin (Hrsg.), Handbuch Politisches System der Schweiz, Bd. I, Bern 1982, S. 472). Verschärft wird die Aussenabhängigkeit der Staaten heute durch die Beschleunigung des Prozesses der Globalisierung.

Das Prinzip von *„do ut des"* funktioniert besonders gut, wo die Staaten sich gegenseitig reziproke Leistungen schulden (Beispiele: Auslieferungsverträge; Verträge über Landerechte für die Fluggesellschaften des anderen Staates). Weniger Gestaltungskraft entfaltet es in Bereichen wie dem internationalen Menschenrechtsschutz und Umweltrecht, wo dem Element der Reziprozität nur am Rand eine Rolle zukommt. Hier spielt die Tatsache, dass eine bestimmte Norm von den Staaten als *legitim* anerkannt wird, eine besonders wichtige Rolle (Thomas Franck, The Power of Legitimacy among Nations, Oxford 1990).

Zum Konsens als Grundlage der Legitimität des Völkerrechts betonen VERDROSS/SIMMA:

> „dass sich die Staaten neben der formalisierten Rechtsetzung in den Bahnen des Art. 38 [IGH Statut] auch einer unmittelbareren Rechtserzeugung bedienen, indem sie in einem ständigen Ringen, durch Anerkennung, Duldung und Bestreitung von Ansprüchen und Situationen, also in einem „process of continuous interaction, of continuous demand and response", das geltende [Völkerrecht] nicht nur feststellen, sondern auch weiterbilden.
>
> Der in diesem Prozess sichtbar werdende Konsens bildet die ursprüngliche Quelle des Völkerrechts" (a.a.O. S. 324)

Somit erweisen sich *Konsens und Reziprozität* als zentrale Fundamente einer weitgehend dezentralisierten Rechtsordnung. Dazu führt J.P. MÜLLER aus:

> „Das Völkerrecht stellt in seiner Grundstruktur eine dezentralisierte und im Institutionellen wenig gesicherte Rechtsordnung dar. Was als Recht gilt, wird infolge des Mangels an zentralen Organen der Rechtsetzung in einem weiten Bereich von den Rechtssubjekten selbst in einem ständigen Prozess der Vereinbarung, Anerkennung, Duldung, Bestätigung oder Bestreitung konkretisiert. Die Staatenpraxis - als das Verhalten der Völkerrechtssubjekte in rechtlich relevanten Bereichen des zwischenstaatlichen Verkehrs - bringt nicht nur deklaratorisch bestehendes Recht zum Ausdruck, sondern ist unter gewissen Bedingungen auch konstitutiv für seine Festigung, Änderung oder Aufhebung. Staatenpraxis im genannten Sinn kann man verstehen als einen ständigen Kommunikationsprozess zwischen den Völkerrechtssubjekten. Sie bringen ihre Stellungnahmen zu konkreten Fragen rechtlicher Ordnung zum Ausdruck durch förmliche Instrumente (diplomatische Noten, Memoranden, Korrespondenzen u.a.), durch Stellungnahmen an internationalen Konferenzen,

aber auch durch symbolische Handlungen (z.B. das Aufziehen einer Flagge) und schliesslich durch schlüssige Verhaltensweisen (Empfang von Vertretern eines fremden Staates, Duldung der Ausübung fremder Hoheitsakte auf umstrittenem Gebiet usw.). All diesen Akten kommt - wenn sie in einem rechtlich relevanten Bereich des zwischenstaatlichen Verkehrs vorfallen - ein bestimmter Erklärungsgehalt zu, der für die völkerrechtliche Wirkung bestimmend ist." (Jörg Paul Müller, Vertrauensschutz im Völkerrecht, Köln 1971, S. 35 f.)

c. Zwangselemente im Völkerrecht

Das Völkerrecht geht in seiner klassischen Variante vom Grundgedanken aus, dass seine Subjekte, primär die Staaten, gleichrangig und souverän sind, d.h. das Recht haben, über ihre inneren Angelegenheiten frei zu entscheiden, ohne Einmischung der anderen Staaten. Deshalb haben die Staaten nicht nur ihre völkerrechtlichen Verpflichtungen selbst *zu beachten*, sondern das Völkerrecht auch selbst *durchzusetzen*.

Anders als im innerstaatlichen Recht dürfen die Rechtssubjekte zur Selbsthilfe greifen, wenn sie in ihren Ansprüchen verletzt sind. Das Völkerrecht stellt den Staaten verschiedene Mittel mit Zwangscharakter zur Verfügung, um gegen jene vorzugehen, die ihre Normen verletzen (dazu hinten 4. Teil, 1. Kap., Ziff. II), darunter das Recht, gegenüber dem Verletzerstaat selbst Völkerrecht zu verletzen, um diesen zu zwingen, sich wieder rechtskonform zu verhalten (sog. Gegenmassnahmen bzw. Repressalien).

Darüber hinaus läuft die Entwicklung des modernen Völkerrechts heute hin zu *vermehrter Zwangsdurchsetzung von oben*. Die horizontale Rechtsdurchsetzung durch die Staaten wird zunehmend durch Durchsetzungsmechanismen ergänzt, welche gewissermassen hoheitlich Staaten zur Einhaltung des Rechts zwingen bzw. Rechtsverletzungen sanktionieren (dazu ausführlich hinten 4. Teil, 2. Kap.). Besonders weitgehend sind die Befugnisse des UNO-Sicherheitsrates, welcher gegen Rechtsbrecher sogar militärische Zwangsmittel beschliessen kann (vgl. dazu hinten 4.Teil, 3.Kap., Ziff. II.2.c). Zu nennen sind aber auch die verschiedenen internationalen Gerichte, die in den letzten fünfzig Jahren entstanden sind (hinten 4. Teil, 2. Kap., Ziff. II).

d. Konstitutionalisierung des Völkerrechts?

In den letzten Jahrzehnten hat sich v.a. die deutschsprachige Literatur mit dem Thema der Konstitutionalisierung des Völkerrechts befasst, d.h. mit der These, dass sich das Völkerrecht in Richtung einer Verfassungsordnung der Staatengemeinschaft entwickelt. Dabei stehen zwei unterschiedliche Verfassungsverständnisse im Vordergrund:

(1) *Verfassung als Grundordnung der auf Kooperation beruhenden Staatengemeinschaft:* Diese Auffassung (z.B. Verdross/Simma, S. 59 ff.) versteht Verfassung als „Grundordnung", d.h. als Grundgesetz im Sinne der grundsätzlichen und deshalb hierarchisch höchsten Normierung einer organisierten Gemeinschaft, welche sich auf so fundamentale Elemente wie die zu verfolgen-

den Ziele, die grundlegenden Rechte und Pflichten der Mitglieder und die gemeinsamen Organe konzentriert. Dieser Verfassungsbegriff trifft heute in erster Linie auf die UNO-Charta und ihren Art. 103 zu, wonach Verpflichtungen aus der Charta allen anderen völkerrechtlichen Pflichten der Mitgliedstaaten vorgehen (hinten 5. Kap., Ziff. II.3 sowie 3. Teil, 4. Kap., Ziff. II.2.b) und hilft, die internationalen Verhältnisse als *organisiertes* Zusammenwirken der Staaten zu verstehen. Konstitutionalisierung des Völkerrechts lässt sich in dieser Perspektive als Prozess des zunehmenden Organisationsgrades der Staatengemeinschaft und ihrer Institutionen verstehen.

(2) *Verfassung als Ausdruck einer obersten Wertordnung in der Tradition des europäischen Konstitutionalismus*: Vor allem im deutschen Sprachraum steht heute ein weiterer Konstitutionalisierungsbegriff im Vordergrund der Diskussionen. Dieser Begriff versteht Verfassung als Ausdruck einer obersten Wertordnung, die jener des europäischen Konstitutionalismus entspricht, d.h. Verfassung als Verortung jener liberalen Grundwerte sieht, die im Gefolge der Aufklärung zum Inbegriff der richtigen Staatsordnung geworden sind. Gemäss dieser Auffassung beruht das Völkerrecht zunehmend auf bestimmten grundlegenden Werten, darunter den Menschenrechten, welche die Wertordnung moderner nationalstaatlicher Verfassungen reflektiert. In dieser Sicht ist „[o]berster Bezugspunkt des Völkerrechts [...] nicht mehr – wie noch in einem vorwiegend am Souveränitätsprinzip orientierten System – die einzelnen Staaten, sondern die dem Gemeinwohl aller Mitglieder verpflichtete Völkerrechtsgemeinschaft" (Martin Scheyli, Der Schutz des Klimas als Prüfstein völkerrechtlicher Konstitutionalisierung? Archiv des Völkerrechts 2002, S. 280). Im Lichte des Verfassungsbegriffs des Konstitutionalismus bedeutet Konstitutionalisierung des Völkerrechts somit die Entwicklung der internationalen Rechtsordnung hin zu einem Ideal, welches durch Menschenrechte, „rule of law", Gewaltenteilung, Demokratie und die weiteren Grundwerte des liberalen Verfassungsstaates gekennzeichnet ist. Diese Auffassung wird allerdings nicht universell geteilt; vielmehr liegen verschiedene Auffassungen über den Charakter des Völkerrechts miteinander im Streit, von denen die Vorstellung des Völkerrechts als liberaler Wertordnung nur eine Variante unter vielen darstellt.

ERSTER TEIL:
DIE RECHTSQUELLEN DES VÖLKERRECHTS

VORBEMERKUNG

Die Rechtsquellen des Völkerrechts sind in Art. 38 Abs. 1 des Statuts des Internationalen Gerichtshofs (IGH/ICJ/CIJ) vom 26. Juni 1945 (IGH-Statut; SR 0.193.501) kodifiziert:

> „(1) Der Gerichtshof, dessen Aufgabe es ist, die ihm unterbreiteten Streitigkeiten nach Völkerrecht zu entscheiden, wendet an
>
> a) die internationalen Übereinkünfte allgemeiner oder besonderer Natur, in denen von den streitenden Parteien ausdrücklich anerkannte Normen aufgestellt worden sind;
>
> b) das internationale Gewohnheitsrecht als Ausdruck einer allgemeinen, als Recht anerkannten Übung;
>
> c) die allgemeinen, von den Kulturstaaten anerkannten Rechtsgrundsätze;
>
> d) unter Vorbehalt der Bestimmung des Artikels 59, die gerichtlichen Entscheide und die Lehren der anerkannten Autoren der verschiedenen Nationen als Hilfsmittel zur Feststellung von Rechtsnormen."

Daneben finden sich gleichartige Aufzählungen v.a. in Verträgen über die zwischenstaatliche Schiedsgerichtsbarkeit. Interessant ist Art. 5 Abs. 2 des Schweizerisch-Deutschen Schiedsgerichts- und Vergleichsvertrags vom 3. Dezember 1921 (SR 0.193.411.36). Dieser stimmt inhaltlich mit Art. 38 IGH Statut überein, enthält aber folgende, offenkundig von Art. 1 ZGB inspirierte Ergänzung:

> „Soweit im einzelnen Falle die vorstehend erwähnten Rechtsgrundlagen Lücken aufweisen, entscheidet das Schiedsgericht nach den Rechtsgrundsätzen, die nach seiner Ansicht die Regel des internationalen Rechtes sein sollten. Es folgt dabei bewährter Lehre und Rechtsprechung."

Die Aufzählung in Art. 38 Abs. 1 IGH-Statut ist nicht notwendigerweise abschliessend, d.h. es ist denkbar, dass über diese Aufzählung hinaus weitere Rechtsquellen existieren oder entstehen können (vgl. dazu hinten in diesem Teil, 4. Kap.).

Eine *Hierarchie der Rechtsquellen* existiert nicht in dem Sinn, dass Verträge immer dem Gewohnheitsrecht und dieses den allgemeinen Rechtsgrundsätzen vorgehen würden. Allerdings bestehen Grundsätze, welche im Fall von Konflikten zwischen verschiedenen Rechtsquellen zum Zuge kommen. Diese werden hinten im 5. Kap. behandelt.

1. KAPITEL: VERTRÄGE

I. BEGRIFF, ARTEN, ABGRENZUNGEN

1. Bedeutung

Nach einer Schätzung wurden zwischen 1500 v. Chr. und 1860 weltweit über 8000 Verträge (die meisten davon Friedensverträge) geschlossen. Bis 2013 sind allein bei der UNO in der United Nations Treaty Series (UNTS) über 200'000 völkerrechtliche Abkommen registriert worden. Völkerrechtliche Verträge sind heute die zahlenmässig bedeutendste Rechtsquelle des Völkerrechts. Mangels eines zentralen Gesetzgebers spielen heute insbesondere universale multilaterale Verträge faktisch auch die Rolle von „Gesetzen" der Weltgemeinschaft.

2. Begriff

Ein völkerrechtlicher Vertrag ist eine dem Völkerrecht unterstehende ausdrückliche oder durch konkludente Handlung zustande gekommene Willenseinigung zwischen zwei oder mehreren Staaten oder anderen Völkerrechtssubjekten (v.a. internationalen Organisationen), in dem sich diese zu einem bestimmten Verhalten (Leisten, Unterlassen, Dulden) verpflichten.

Völkerrechtliche Verträge können mündlich und formlos geschlossen werden (Beispiele hinten Ziff. II.2). Alle wichtigen Verträge sind aber in Schriftform gefasst. Auf die Bezeichnung kommt es nicht an, solange alle Begriffsmerkmale erfüllt sind. Völkerrechtliche Verträge können so unterschiedliche Bezeichnungen wie Übereinkommen, Konvention, Abkommen, Pakt, Satzung, Charta oder Protokoll tragen.

3. Arten

Völkerrechtliche Verträge lassen sich nach verschiedenen Kriterien unterscheiden:

(1) Nach den *beteiligten Völkerrechtssubjekten* unterscheidet man Verträge *zwischen Staaten* und Verträge *zwischen Staaten und/oder zwischen internationalen Organisationen*. Das Recht der Verträge ist für Verträge zwischen Staaten in der Wiener Konvention über das Recht der Verträge vom 23. Mai 1969 (VRK; SR 0.111) geregelt. Die VRK enthält Bestimmungen über den Abschluss und das Inkrafttreten (Art. 6-25), über die Einhaltung, Anwendung und Auslegung von Verträgen (Art. 26-38), über ihre Änderung und Modifikation (Art. 39-41) sowie über die Ungültigkeit, Beendigung und Suspendierung (Art. 42-72). Für Verträge, an welchen internationale Organisationen beteiligt sind, gilt die zweite Wiener Konvention über das Recht der Verträge zwischen Staaten und

internationalen Organisationen oder zwischen internationalen Organisation vom 21. März 1986, welche die gleichen Fragen wie die VRK regelt (von der Schweiz nicht ratifiziert).

(2) Nach der *Zahl der Vertragsparteien* wird zwischen *bilateralen* und *multilateralen* Verträgen unterschieden.

(3) Nach dem *Inhalt* lassen sich Verträge gliedern in solche *rein rechtsgeschäftlicher Art*, in denen Staaten sich verpflichten, einander in einem konkreten Einzelfall gewisse Leistungen zu erbringen, oder die konkrete Rechte fixieren, und solche *rechtsetzender Art.* Diese verpflichten oder berechtigen Staaten oder Private in generell-abstrakter Weise. Rein rechtsgeschäftlicher Natur ist z.B. ein Vertrag über eine Schadenersatzzahlung. Rechtsetzenden Charakter haben z.B. die Menschenrechtskonventionen, die WTO-Übereinkommen über die Liberalisierung des Welthandels oder der Vertrag über den Waffenhandel vom 2. April 2013, welcher die Zulässigkeit des Waffenexports an gewisse Vorgaben knüpft .

(4) Nach der *Erfüllungsstruktur* lassen sich *multilaterale* Verträge unterteilen, wenn gefragt wird, wem gegenüber die Vertragsverpflichtungen im konkreten Fall zu erfüllen sind:

- *Je bilateral* werden Verträge erfüllt, bei denen es um einen Leistungsaustausch geht. Beispiele sind multilaterale Auslieferungsverträge, bei welchen konkret immer ein Staat eine bestimmte Person einem anderen Staat ausliefert und der Vertrag daher im Anwendungsfall stets paarweise zwischen diesen zwei Staaten erfüllt wird.

- Gleichzeitig *gegenüber allen Parteien* werden Verträge erfüllt, deren Verletzung in einem konkreten Fall notwendigerweise alle Vertragsparteien gleichzeitig trifft. Sie gelten *erga omnes partes* und verankern oft Unterlassungspflichten. Der Vertrag über das Verbot von Kernwaffenversuchen in der Atmosphäre, im Weltraum und unter Wasser von 1963 (SR 0.515.01) z.B. kann nur gleichzeitig und untrennbar gegenüber allen Parteien erfüllt werden und eine Verletzung geschieht nicht nur gegenüber einer bestimmten Vertragspartei, sondern gegenüber allen.

- *Innerstaatlich gegenüber Privaten* müssen Verträge erfüllt werden, welche Interessen Privater schützen oder ihnen gar direkt Rechte einräumen. Dazu gehören z.B. Verträge über Gerichtsstandsvereinbarungen, Zollerleichterungen für Importeure oder Menschenrechtsgarantien.

Ein konkreter Vertrag kann gleichzeitig zu mehreren oder allen diesen Kategorien gehörende Verpflichtungen enthalten (z.B. Menschenrechtsverträge).

Hinweis zu den Verträgen mit Wirkung erga omnes partes: Im *Barcelona Traction Fall* (I.C.J. Reports 1970, S. 32) hat der IGH zu den Verpflichtungen, die sich aus Gewohnheitsrecht ergeben, folgende Unterscheidung getroffen:

„In particular, an essential distinction should be drawn between the obligations of a State towards the international community as a whole, and those arising vis-à-vis another State (in the field of diplomatic protection). By their very nature the former are the concern of all States. In view of the importance of the rights involved, all States can be held to have a legal interest in their protection; they are obligations *erga omnes.*"

Verpflichtungen *erga omnes* existieren damit auch im Gewohnheitsrecht. Bei Verträgen mit *Erga-omnes*-Struktur gilt diese Regel unter den Vertragsstaaten (*erga omnes partes*).

4. Abgrenzungen

Keine völkerrechtlichen Verträge stellen die folgenden Vereinbarungen dar:

(1) *Privatrechtliche Verträge der Staaten:* Beispiel: Kauf eines Grundstücks für ein Botschaftsgebäude.

(2) *Verwaltungsrechtliche Verträge grenzüberschreitender Art:* Verträge über lokale Zusammenarbeit in Grenzgebieten (z.B. über die Ausdehnung des städtischen Verkehrsnetzes auf Vororte im Nachbarstaat oder die gemeinsame Finanzierung eines Spitals, das auch für Personen auf der anderen Seite der Grenze zugänglich ist), meist von Behörden unterhalb der nationalen Ebene geschlossen und nicht dem Völkerrecht unterstellt.

(3) Verträge zwischen Gliedstaaten in Bundesstaaten: Sie unterstehen grundsätzlich dem Landesrecht. In der Schweiz findet aber auf sie das Völkerrecht analog Anwendung, soweit das Landesrecht schweigt:

„Auf die interkantonalen Verträge sind, soweit nicht nach Bundesrecht, Gewohnheitsrecht oder Vereinbarung etwas anderes gilt, die Grundsätze des Völkerrechts anwendbar. Diese Prinzipien gelten dabei nicht nur für die Auslegung interkantonaler Verträge, sondern auch, wenn durch Auslegung von Willensäusserungen zu ermitteln ist, ob überhaupt ein Konkordat abgeschlossen wurde." (*Inländische Mission der Schweizer Katholiken gg. Kanton Nidwalden, BGE 112 Ia 75 E. 4a S. 78*; für ein Beispiel siehe den *Nufenen-Fall*, hinten 3. Kap., Ziff. II.1).

(4) Politische Absichtserklärungen und Verhaltensrichtlinien: Sie können der Form nach wie ein Vertrag aussehen und werden oft in feierlicher Form unterschrieben. Entscheidend ist das ausdrückliche Fehlen eines Verpflichtungswillens (Beispiel: Abschlussdokument der UNO-Klimakonferenz in Kopenhagen vom 18. Dezember 2009). Es kann sich aber auch um Memoranda of Understanding (MoUs) handeln, mit welchen Behörden ihr gemeinsames Verständnis über ihre Zusammenarbeit oder das Vorgehen in einer bestimmten Sache festhalten. Zu ihrer Bedeutung hinten 4. Kap., Ziff. II und 3. Teil, 4. Kap., Ziff. III).

(5) Quasi-völkerrechtliche Verträge: Dabei handelt es sich meist um Verträge zwischen einem Staat und einem privaten ausländischen Investor (z.B. im Bereich des Abbaus von Bodenschätzen), auf welche im Streitfall Völkerrecht analog Anwendung findet, weil dies explizit oder implizit so vereinbart wurde. Private werden dadurch nicht zum Völkerrechtssubjekt, sondern es handelt sich bloss um eine Rechtswahl der Parteien.

II. VERTRAGSSCHLUSSVERFAHREN

1. Vertragsfähigkeit

Die Vertragsfähigkeit ist ein Attribut von Völkerrechtssubjekten. Staaten sind umfassend vertragsfähig, internationale Organisationen hingegen nur in ihrem Aufgabenbereich. Private können keine völkerrechtlichen Verträge schliessen.

2. Form völkerrechtlicher Verträge

Art. 2 Abs. 1 lit. a VRK definiert im „Sinne dieser Konvention" den Begriff Vertrag als

> „eine in Schriftform geschlossene und vom Völkerrecht bestimmte internationale Übereinkunft zwischen Staaten, gleichviel ob sie in einer oder in mehreren zusammengehörigen Urkunden enthalten ist und welche besondere Bezeichnung sie hat".

Laut Art. 3 VRK berührt die mangelnde Schriftform eines Vertrages dessen Rechtsgültigkeit nicht, und sie hindert auch nicht die Anwendung der Garantien der VRK, die gewohnheitsrechtlich auch auf mündliche Verträge Anwendung finden.

Zur Frage, unter welchen Voraussetzungen völkerrechtliche Verträge mündlich oder durch konkludentes Verhalten abgeschlossen werden können, haben sowohl der Gerichtshof des Völkerbundes, der Ständige Internationale Gerichtshof (StIGH; P.I.C.J./C.P.I.J.) als auch der IGH verschiedentlich Stellung genommen.

StIGH, Legal Status of Eastern Greenland (Denmark v. Norway),
P.I.C.J. Series A/B, No 53, 1933

Im Ost-Grönland-Fall stritten sich Dänemark und Norwegen um die Territorialzugehörigkeit Ost-Grönlands. Eine 1919 erfolgte Zusicherung des dänischen Aussenministers in Oslo, dass Dänemark keine Einwände gegen die Souveränitätsansprüche Norwegens auf Spitzbergen habe, verband der Minister mit der Hoffnung, dass Norwegen den dänischen Souveränitätsansprüchen über Ost-Grönland nichts entgegenstellen würde.

Zehn Tage später kam die Antwort des norwegischen Aussenministers Ihlen. Er betonte darin, dass „the Norwegian Government would not make any difficulty in the settlement of this question".

Trotz dieser Erklärung kam es in der Folge zum Streit. Norwegen stellte sich auf den Standpunkt, es handle sich bei der Anerkennung der Souveränitätsansprüche über Ost-Grönland um eine „besonders wichtige Angelegenheit", für die der Aussenminister alleine nicht kompetent sei. Vielmehr sei nach norwegischer Verfassung der Ministerrat zuständig und die Erklärung von Aussenminister Ihlen deshalb ungültig.

Der StIGH befand, die Erklärung des norwegischen Aussenministers sei nicht als formelle Anerkennung der dänischen Gebietsansprüche zu werten. Norwegen sei trotzdem verpflichtet, von einer Besetzung irgendeines Teiles Ost-Grönlands abzusehen:

> „It is clear from the relevant Danish documents which preceded the Danish Minister's demarche at Christiana on July 14th, 1919, that the Danish attitude in the Spitzbergen question and the Norwegian attitude in the Greenland question were regarded in Denmark as interdependent, and this interdependence appears to be reflected also in M. Ihlen's minute of the interview. Even if this interdependence – which, in view of the affirmative reply of the Norwegian Government, in whose name the Minister for Foreign Affairs was speaking, would have created a bilateral engagement – is not held to have been established, it can hardly be denied that what Denmark was asking of Norway ("not to make any difficulties in the settlement of the [Greenland] question") was equivalent to what she was indicating her readiness to concede in the Spitzbergen question (to refrain from opposing "the wishes of Norway in regard to the settlement of this question"). What Denmark desired to obtain from Norway was that the latter should do nothing to obstruct the Danish plans in regard to Greenland. The declaration which the Minister for Foreign Affairs gave on July 22nd 1919, on behalf of the Norwegian Government, was definitely affirmative: "I told the Danish Minister to-day that the Norwegian Government would not make any difficulty in the settlement of this question."
>
> The Court considers it beyond all dispute that a reply of this nature given by the Minister for Foreign Affairs on behalf of his Government in response to a request by the diplomatic representative of a foreign Power, in regard to a question falling within his province, is binding upon the country to which the Minister belongs." (P.I.C.J. Series A/B N° 53, 1933, S. 70 f.)

Ohne inhaltlich zu einem anderen Resultat zu kommen, führte Richter Anzilotti in einer concurring opinion aus:

> „There was, nevertheless, one point on which agreement had been reached between the Parties, [...]. The point on which the Danish Government's request and Norwegian Government's reply are in accord is that the latter Government shall not make any difficulties in a settlement of the question which would enable the Danish Government to extend its political and economic interests, that is to say, its sovereignty, to the whole of Greenland. (...). Norway doubtless retained the possibility of upholding her interests, provided always that she refrained from opposing the extension of Danish sovereignty to the whole of Greenland.
>
> The outcome of all this is therefore an agreement, concluded between the Danish Minister (...), on behalf of the Danish Government, and the Norwegian Minister for Foreign Affairs, on behalf of the Norwegian Government, by means of purely verbal declarations.

The validity of this agreement has been questioned, having regard, in the first place, to its verbal form, and to the competence of the Minister for Foreign Affairs.

As regards the form, (...) there does not seem to be any rule of international law requiring that agreements of this kind must necessarily be in writing, in order to be valid.

The question of competence of the Minister for Foreign Affairs is closely connected with the contents of the agreement in question; and these have already been determined.

No arbitral or judicial decision relating to the international competence of a Minister for Foreign Affairs has been brought to the knowledge of the Court; nor has this question been exhaustively treated by legal authorities. In my opinion, it must be recognized that the constant and general practice of States has been to invest the Minister for Foreign Affairs – the direct agent of the chief of the State – with authority to make statements on current affairs to foreign diplomatic representatives, and in particular to inform them as to the attitude which the government, in whose name he speaks, will adopt in a given question. Declarations of this kind are binding upon the State." (P.I.C.J. Series A/B N° 53, 1933, S. 91 f.)

IGH, Maritime Delimitation and Territorial Questions between Qatar and Bahrain (Qatar v. Bahrain), Jurisdiction and Admissibility, Judgment, I.C.J. Reports 1994, p. 112

In diesem Fall war umstritten, ob die Protokolle (‚minutes') eines Treffens der beiden Aussenminister bereits als Vertrag zu qualifizieren seien, in welchem die Parteien vereinbarten, ihre Grenzstreitigkeit dem IGH zum Entscheid zu unterbreiten.

„24. The 1990 Minutes refer to the consultations between the two Foreign Ministers of Bahrain and Qatar, in the presence of the Foreign Minister of Saudi Arabia, and state what had been „agreed" between the Parties. (...). In paragraph 2, the Minutes provide for the good offices of the King of Saudi Arabia to continue until May 1991, and exclude the submission of the dispute to the Court prior thereto. The circumstances are addressed under which the dispute may subsequently be submitted to the Court. Qatar's acceptance of the Bahraini formula is placed on record. The Minutes provide that the Saudi good offices are to continue while the case is pending before the Court, and go on to say that, if a compromise agreement is reached during that time, the case is to be withdrawn.

25. Thus the 1990 Minutes (...) entrust King Fahd with the task of attempting to find a solution to the dispute during a period of six months; and, lastly, they address the circumstances under which the Court could be seized after May 1991.

Accordingly, and contrary to the contentions of Bahrain, the Minutes are not a simple record of a meeting, similar to those drawn up within the framework of the Tripartite Committee; they do not merely give an account of discussions and summarize points of agreement and disagreement. They enumerate the commitments to which the Parties have consented. They thus create rights and obligations in international law for the Parties. They constitute an international agreement."

3. *Verfahren für schriftliche Verträge*

Das Verfahren zum Abschluss völkerrechtlicher Verträge ist für multilaterale Verträge in Art. 6-25 VRK kodifiziert. Es lassen sich folgende sechs Phasen unterscheiden:

(1) *Verhandlungen*: Die Verhandlungen werden durch bevollmächtigte Unterhändler geführt; Staatsoberhäupter und Minister brauchen keine Vollmacht (Art. 7 VRK). Heute werden Vertragsverhandlungen oft im Rahmen internationaler Organisationen geführt (so für die Konventionen der UNO, der WTO oder des Europarates), möglich sind aber auch Staatenkonferenzen (z.B. Römer Konferenz von 1998 für ein Internationales Strafgericht oder die Pariser Klimakonferenz 2015) oder Ministertreffen.

(2) *Annahme des Vertragstextes*: Sind die Verhandlungen erfolgreich, wird der Vertragstext angenommen. Dafür ist Einstimmigkeit erforderlich, bei internationalen Konferenzen genügt eine 2/3-Mehrheit (Art. 9 VRK), wobei allerdings auch hier meist solange diskutiert wird, bis eine klare Mehrheit gefunden ist. Die Annahme des Vertragstextes bedeutet nicht, dass die Staaten nun daran gebunden sind. Einzig der Text ist jetzt fixiert und kann ohne die Eröffnung neuer Verhandlungen nicht mehr geändert werden.

(3) *Unterzeichnung*: Jene Staaten, welche Interesse haben, Vertragspartei zu werden, unterzeichnen ihn. Damit werden sie *noch nicht* zu Vertragsparteien, sondern geben zu erkennen, dass sie innerstaatlich prüfen werden, ob sie zum Vertragsschluss bereit sind. Die Unterzeichnung kann mit der Annahme des Vertragstextes zusammen fallen (v.a. bei Verträgen zwischen einer kleinen Zahl von Staaten). Gemäss Art. 18 VRK ist ein Staat, welcher den Vertrag unterzeichnet hat, „verpflichtet, sich aller Handlungen zu enthalten, die Ziel und Zweck eines Vertrages vereiteln würden, (...) solange er seine Absicht nicht klar zu erkennen gegeben hat, nicht Vertragspartei zu werden."

(4) *Innerstaatliche Genehmigung*: Zumindest bei wichtigeren Verträgen dürfen die Vertreter eines Staates den Vertrag in aller Regel nicht ohne Genehmigung des dafür zuständigen innerstaatlichen Organs (meist die Regierung oder das Parlament) endgültig abschliessen. Das Verfahren der Genehmigung wird nicht durch das Völkerrecht geregelt, sondern durch das Verfassungsrecht der betreffenden Staaten. Die schweizerische Regelung wird im 2. Teil, 1. Kap. behandelt.

(5) *Ratifikation*: Nach der innerstaatlichen Genehmigung für den Vertragsabschluss kann die Ratifikation erfolgen. Hierbei erklärt der betreffende Staat mittels Unterschrift oder Urkunde seine Zustimmung, durch den Vertrag gebunden zu sein. Mit diesem Schritt wird der Staat Vertragspartei.

(6) *Inkrafttreten*: Der Vertrag tritt grundsätzlich in Kraft, wenn alle Ratifikationen vorliegen. Die meisten Verträge enthalten allerdings spezielle Bestimmungen zum Inkrafttreten, z.B. dass der Vertrag nach Ablauf einer bestimmten Frist nach der letzten Ratifikation in Kraft tritt. Multilaterale Verträge mit vielen möglichen Parteien (v.a. Konventionen der UNO oder des Europarates) sehen regelmässig vor, dass der Vertrag in Kraft tritt, wenn eine bestimmte Mindestzahl von Ratifikationen vorliegt (z.B. 60 Ratifikationen nach Art. 126 Abs. 1 Römer Statut, SR 0.312.1). Einzelne Verträge sehen das Inkrafttreten nur vor, wenn bestimmte Staaten den Vertrag ratifiziert haben (z.B. Art. XIV Abs. 1 Vertrag über ein umfassendes Verbot von Nuklearversuchen). Das Pariser Klimaübereinkommen vom 12. Dezember 2015 wird schliesslich in Kraft treten, wenn 55 Staaten, die gemeinsam 55 Prozent der weltweiten CO_2-Emissionen zu verantworten haben, den Vertrag ratifiziert haben.

4. Abschluss durch ein unzuständiges Organ

Gemäss Art. 27 VRK kann sich eine Vertragspartei „nicht auf ihr innerstaatliches Recht berufen, um die Nichterfüllung eines Vertrages zu rechtfertigen". Vorbehalten bleibt dabei allerdings Art. 46 VRK, der bestimmt:

> „(1) Ein Staat kann sich nicht darauf berufen, dass seine Zustimmung, durch einen Vertrag gebunden zu sein, unter Verletzung einer Bestimmung seines innerstaatlichen Rechts über die Zuständigkeit zum Abschluss von Verträgen ausgedrückt wurde und daher ungültig sei, sofern nicht die Verletzung offenkundig war und eine innerstaatliche Rechtsvorschrift von grundlegender Bedeutung betraf.
>
> (2) Eine Verletzung ist offenkundig, wenn sie für jeden Staat, der sich hierbei im Einklang mit der allgemeinen Übung und nach Treu und Glauben verhält objektiv erkennbar ist."

Die Regelung von Art. 46 VRK kann sich u.a. auf den *Ost-Grönland-Fall* (vorne Ziff. 2) abstützen, wo der Gerichtshof zur Ihlen-Erklärung ausführte:

> "The Court considers it beyond all dispute that a reply of this nature given by the Minister for Foreign Affairs on behalf of his Government in response to a request by the diplomatic representative of a foreign Power, in regard to a question falling within his province, is binding upon the country to which the Minister belongs." (P.I.C.J. Series A/B, No 53, 1933, S. 70 f.)

Art. 46 VRK hat auch in der Schweiz schon wiederholt eine Rolle gespielt:

Die Schweizerische Eidgenossenschaft und die Republik X haben ein Abkommen betreffend Schutz und Förderung der Investitionen geschlossen. Nachdem der Präsident dieser Republik das Ratifikationsdekret für das Abkommen unterzeichnet hatte, informierte die Botschaft von X in Bern das damalige Eidgenössische Volkswirtschaftsdepartement (EVD), dass die verfassungsrechtlichen Vorschriften über den Abschluss und die Inkraftsetzung von internationalen Abkommen ihrerseits erfüllt worden seien. Diese Notifikation war notwendige Voraussetzung, damit das Abkommen in Kraft treten konnte. Die schweizerische Notifikation war bereits erfolgt. Das Abkommen wurde zwischenzeitlich nicht gekündigt.

Die Republik X machte geltend, das Abkommen sei nicht anwendbar, weil die Publikation in X nicht gemäss den innerstaatlichen Vorschriften durchgeführt worden sei. Die Direktion für Völkerrecht führte dazu aus:

> „Wenn nun eine offizielle Stelle der Republik X behauptet, das Abkommen sei nicht anwendbar, weil die Publikation nicht ihren innerstaatlichen Vorschriften entsprechend durchgeführt worden sei, so widerspricht diese Behauptung eindeutig dem Völkerrecht. Die Republik X hat der Schweiz offiziell notifiziert, dass sie die innerstaatlichen Vorschriften für die Inkraftsetzung des Abkommens erfüllt habe, so dass die Schweiz sich an diese Aussage halten darf, ja sogar halten muss. Das Völkerrecht verlangt nicht von einem Vertragspartner, dass er die Erfüllung innerstaatlicher Erfordernisse der Genehmigung beziehungsweise Ratifikation für die Inkraftsetzung des Vertrags beim anderen Vertragspartner bis ins einzelne zu überwachen hat. Der eine Vertragspartner darf sich nach Treu und Glauben an das halten, was der andere ihm aufgrund des Vertragstextes durch die zuständige Amtsstelle mitgeteilt hat. Die Verletzung des Gebots der Publikation des Vertrags kann jedenfalls keineswegs als Verletzung einer Norm des innerstaatlichen Rechts von grundlegender Bedeutung oder als so offenkundige Verletzung einer Norm gedeutet werden, dass sie für jedermann erkennbar wäre. Der in Artikel 27 [VRK] übernommene Grundsatz des Völkerrechts, dass sich eine Vertragspartei nicht auf ihr innerstaatliches Recht berufen kann, um die Nichterfüllung eines Vertrags zu rechtfertige, behält also in diesem Fall durchaus seine Gültigkeit." (VPB 1986, Nr. 26, S. 161 f.)

In *V. gg. Regierungsrat des Kantons St. Gallen, BGE 120 Ib 360,* musste das Bundesgericht beurteilen, ob aus dem Abkommen vom 14. September 1950 zwischen dem Schweizerischen Bundesrat und der österreichischen Bundesregierung betreffend zusätzliche Vereinbarungen über die Niederlassungsverhältnisse der beiderseitigen Staatsbürger (SR 0.142.111.631.1) ein Anspruch auf Erteilung der Niederlassungsbewilligung nach zehnjährigem Aufenthalt abgeleitet werden könne, obwohl verfassungsrechtlich zweifelhaft war, ob der Bundesrat ohne Genehmigung durch die Bundesversammlung den Staatsvertrag ratifizieren durfte.

> „Im vorliegenden Zusammenhang ist vorab Art. 46 VRK von Bedeutung. Danach kann sich ein Staat nicht darauf berufen, dass seine Zustimmung, durch einen Vertrag gebunden zu sein, unter Verletzung einer Bestimmung seines innerstaatlichen Rechts über die Zuständigkeit zum Abschluss von Verträgen ausgedrückt wurde und daher ungültig sei, sofern nicht die Verletzung offenkundig war und eine innerstaatliche Rechtsvorschrift von grundlegender Bedeutung betraf. Von einer offenkundigen Verletzung innerstaatlichen Rechts kann vorliegend nicht die Rede sein, zumal diese Verletzung nicht nur aus schweizerischer, sondern aus der Sicht anderer Staaten objektiv erkennbar sein müsste (vgl. Art. 46 Abs. 2 VRK). Die Schweiz ist demnach durch den vom Bundesrat abgeschlossenen Vertrag völkerrechtlich gebunden. (...) Auch der Richter kann daher einem Staatsvertrag, der völkerrechtlich verbindlich ist, die Anwendung nicht versagen unter Berufung darauf, dass die innerstaatliche Kompetenzordnung beim Vertragsabschluss nicht eingehalten worden sei. Der vom Bundesrat mit Österreich abgeschlossene Vertrag ist vorliegend anzuwenden, unbesehen darum, ob er der Genehmigung durch die Bundesversammlung bedurft hätte oder nicht." *(V. gg. Regierungsrat des Kantons St. Gallen, BGE 120 Ib 330, E. 2c, S. 365 f.)*

In *Inländische Mission der Schweizer Katholiken gg. Kanton Nidwalden, BGE 112 Ia 75,* hat das Bundesgericht schliesslich Art. 46 VRK analog auf einen interkantonalen Vertrag angewandt. Es kam zum Schluss, der Abschluss einer Gegenrechtserklärung im Bereich von Steuerbefreiungen durch das zuständige Mitglied des Regierungsrates habe zwar die kantonale Kompetenzordnung verletzt, diese Verletzung sei aber nicht offenkundig gewesen.

III. VORBEHALTE

1. *Begriff*

Art. 2 Abs. 1 lit. d VRK bezeichnet als Vorbehalt „eine wie auch immer formulierte oder bezeichnete, von einem Staat bei der Unterzeichnung, Ratifikation, Annahme oder Genehmigung eines Vertrags oder bei dem Beitritt zu einem Vertrag abgegebene einseitige Erklärung, durch die der Staat bezweckt, die Rechtswirkung einzelner Vertragsbestimmungen in der Anwendung auf diesen Staat auszuschliessen oder zu ändern". Solche Erklärungen können jederzeit ganz oder teilweise zurückgezogen werden.

Vorbehalte können nur zu multilateralen Verträgen abgegeben werden. Bei bilateralen Abkommen kommt ein nach der Unterzeichnung eines Vertrages erklärter Vorbehalt praktisch einem Angebot auf Neueröffnung von Vertragsverhandlungen gleich.

2. *Problem*

Bei multilateralen Verträgen, die häufig eine möglichst universelle Geltung anstreben, stellt sich die Frage, ob ein Staat Vertragspartei werden kann, obwohl er mit einem sog. Vorbehalt erklärt, dass er einzelne vertragliche Bestimmungen, z.B. wegen entgegenstehenden innerstaatlichen Regelungen, nicht oder nur in modifizierter Form akzeptieren kann. Das klassische Völkerrecht liess einen Vorbehalt zu, wenn die anderen Vertragsparteien diesen – im Sinne einer Vertragsmodifikation – ausdrücklich akzeptierten. Bei den heutigen multilateralen Verträgen ist das nicht mehr praktikabel. Der IGH hat dazu 1951 in einem grundlegenden Gutachten zur Frage, ob die Genozidkonvention trotz Fehlens einer entsprechenden Vertragsbestimmung Vorbehalte erlaubt, Folgendes ausgeführt:

IGH, Reservations to the Convention on Genocide, Advisory Opinion, I.C.J. Reports 1951, p. 15

„The object and purpose of the Genocide Convention imply that it was the intention of the General Assembly and of the States which adopted it that as many States as possible should participate. The complete exclusion from the Convention of one or more States would not only restrict the scope of its application, but would detract from the authority of the moral and humanitarian principles which are its basis. It is inconceivable that the contracting parties readily contemplated that an objection to a minor reservation should produce

> such a result. But even less could the contracting parties have intended to sacrifice the very object of the Convention in favour of a vain desire to secure as many participants as possible. The object and purpose of the Convention thus limit both the freedom of making reservations and that of objecting to them. It follows that it is the compatibility of a reservation with the object and purpose of the Convention that must furnish the criterion for the attitude of a State in making the reservation on accession as well as for the appraisal by a State in objecting to the reservation."

Diese Grundsätze sind heute in Art. 19-23 VRK verankert. Diese Bestimmungen differenzieren zwischen der grundsätzlichen *Zulässigkeit* eines Vorbehalts (Darf überhaupt ein Vorbehalt gemacht werden?) und seiner *Gültigkeit* im konkreten Fall (Müssen die anderen Vertragsparteien dem an sich zulässigen Vorbehalt zustimmen oder gilt er ihnen gegenüber automatisch?). Da die Bestimmungen der VRK zu den Vorbehalten verschiedene Fragen zur Zulässigkeit und Gültigkeit von Vorbehalten nicht regeln, hat die ILC im Jahr 2011 einen ausführlichen Praxisleitfaden (Guide to Practice on Reservations to Treaties; UN Doc. A/66/10) zu dieser Thematik publiziert.

3. *Zulässigkeit*

Gemäss Art. 19 VRK sind Vorbehalte grundsätzlich zulässig; es sei denn, dass

- der Vertragstext sie verbietet (explizit oder durch Umkehrschluss), oder
- sie mit dem Ziel und Zweck des Vertrages nicht vereinbar sind.

Für die Frage der Zulässigkeit von Vorbehalten ist damit zunächst der Vertragstext relevant. Es muss geprüft werden, ob der Vertrag selbst regelt, ob bzw. welche Vorbehalte zulässig sind:

Art. 26 Abs. 1 Europäisches Auslieferungsübereinkommen vom 13. Dezember 1957 (SR 0.353.1)

> „Jede Vertragspartei kann bei der Unterzeichnung dieses Übereinkommens oder der Hinterlegung ihrer Ratifikations- oder Beitrittsurkunde zu einer oder mehreren genau bezeichneten Bestimmungen des Übereinkommens einen Vorbehalt machen."

Art. 57 EMRK (SR. 0.101)

> „(1) Jeder Staat kann bei der Unterzeichnung dieser Konvention oder bei der Hinterlegung seiner Ratifikationsurkunde einen Vorbehalt zu einzelnen Bestimmungen der Konvention anbringen, soweit ein zu dieser Zeit in seinem Hoheitsgebiet geltendes Gesetz mit der betreffenden Bestimmung nicht übereinstimmt. Vorbehalte allgemeiner Art sind nach diesem Artikel nicht zulässig.
>
> (2) Jeder nach diesem Artikel angebrachte Vorbehalt muss mit einer kurzen Darstellung des betreffenden Gesetzes verbunden sein."

Art. 3 des 13. Zusatzprotokolls zur EMRK über die vollständige Abschaffung der Todesstrafe (SR 0.101.093)

> „Vorbehalte nach Art. 57 der Konvention zu diesem Protokoll sind nicht zulässig."

Schweigt sich ein Vertrag über die Zulässigkeit von Vorbehalten aus, sind Ziel und Zweck des Vertrages für die Frage der Zulässigkeit von Vorbehalten entscheidend. Der Guide to Practice der ILC hält dazu fest:

> "3.1.5 Incompatibility of a reservation with the object and purpose of the treaty
>
> A reservation is incompatible with the object and purpose of the treaty if it affects an essential element of the treaty that is necessary to its general tenour, in such a way that the reservation impairs the *raison d'être* of the treaty.
>
> 3.1.5.1 Determination of the object and purpose of the treaty
>
> The object and purpose of the treaty is to be determined in good faith, taking account of the terms of the treaty in their context, in particular the title and the preamble of the treaty. Recourse may also be had to the preparatory work of the treaty and the circumstances of its conclusion and, where appropriate, the subsequent practice of the parties."

Gemäss Ziff. 3.3.3 des ILC-Leitfadens kann die Zustimmung eines Vertragsstaates die Nichtigkeit eines unzulässigen Vorbehaltes nicht beseitigen. Ein solcher Vorbehalt wird gemäss Richtlinie 3.3.4 allerdings gültig, wenn der Depositarstaat auf Antrag einer Vertragspartei alle Vertragsparteien auf die Unzulässigkeit aufmerksam macht und kein Staat einen Einwand erhebt.

4. *Gültigkeit*

Müssen die anderen Vertragsstaaten zustimmen, damit ein an sich zulässiger Vorbehalt gültig wird?

- Grundsätzlich ist gemäss Art. 20 VRK eine Annahme nötig. Dabei genügt in der Regel eine stillschweigende Annahme, welche vermutet wird, wenn innert 12 Monaten kein Staat gegen den Vorbehalt protestiert (Art. 20 Abs. 5 VRK und Ziff. 2.8.2 ILC-Leitlinien).
- Keine Annahme ist nötig, wenn der Vertrag den Vorbehalt ausdrücklich erlaubt (Art. 20 Abs. 1 VRK).
- Eine ausdrückliche Annahme ist nötig:
  - durch alle Vertragsparteien bei plurilateralen Verträgen nach Art. 20 Ziff. 2 VRK;
  - durch die Organe der Organisation bei Gründungsverträgen internationaler Organisationen (Art. 20 Ziff. 3 VRK und Ziff. 2.8.8 ILC-Leitlinien).

5. *Rechtsfolgen*

Art. 21 VRK regelt die Rechtsfolgen eines Vorbehaltes folgendermassen:

> „(1) Ein gegenüber einer anderen Vertragspartei nach den Artikeln 19, 20 und 23 bestehender Vorbehalt
>
> (a) ändert für den den Vorbehalt anbringenden Staat im Verhältnis zu der anderen Vertragspartei die Vertragsbestimmungen, auf die sich der Vorbehalt bezieht, in dem darin vorgesehenen Ausmass und
>
> (b) ändert diese Bestimmungen für die andere Vertragspartei im Verhältnis zu dem den Vorbehalt anbringenden Staat in demselben Ausmass.

> (2) Der Vorbehalt ändert die Vertragsbestimmungen für die anderen Vertragsparteien untereinander nicht.
>
> (3) Hat ein Staat, der einen Einspruch gegen einen Vorbehalt erhoben hat, dem Inkrafttreten des Vertrags zwischen sich und dem den Vorbehalt anbringenden Staat nicht widersprochen, so finden die Bestimmungen, auf die sich der Vorbehalt bezieht, in dem darin vorgesehenen Ausmass zwischen den beiden Staaten keine Anwendung."

Damit werden die Rechtsfolgen eines Vorbehaltes in einer Weise geändert, welche dem *Prinzip der Reziprozität* entspricht und sich schematisch folgendermassen darstellen lässt (siehe dazu auch Ziff. 4.3 ILC-Leitlinien):

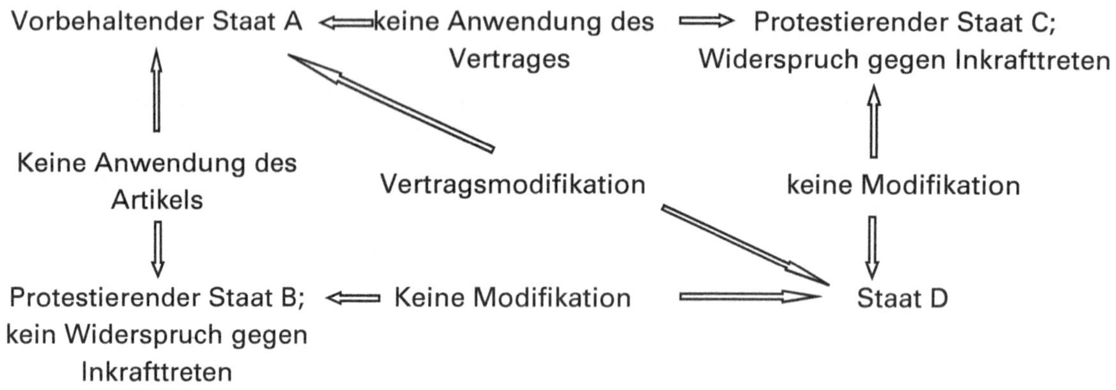

Art. 21 VRK setzt voraus, dass die entsprechende Vertragsbestimmung überhaupt reziprok Anwendung finden kann. Bei zulässigen Vorbehalten zu Bestimmungen nicht-reziproken Charakters ändern sich demgegenüber die Verpflichtungen der übrigen Vertragsparteien nicht (Ziff. 4.2.5 der ILC-Leitlinien).

6. *Zulässigkeit und Rechtsfolgen bei Menschenrechtsverträgen*

Während Jahren war zwischen der ILC und dem Überwachungsorgan des Pakts über bürgerliche und politische Rechte von 1966 (SR 0.103.2), dem Ausschuss für Menschenrechte, umstritten, ob die allgemeinen Vorbehaltsregeln der VRK auch im Bereich Menschenrechte gelten. Diese Frage war auch deshalb von grosser Relevanz, weil die meisten menschenrechtlichen Verträge keine Aussagen zur Vorbehaltsthematik enthalten.

Zur Inkompatibilität der allgemeinen Vorgaben der VRK im vertraglichen System der Menschenrechte führt die Allgemeine Bemerkung des Menschenrechtsausschusses Nr. 24 (52) aus:

> „17. (...) Der Ausschuss ist (...) der Ansicht, dass die Bestimmungen des Übereinkommens betreffend die Rolle der Einsprachen von Staaten gegen Vorbehalte es nicht erlauben, das Problem der zu Menschenrechtsinstrumenten erklärten Vorbehalte zu lösen. Diese Instrumente, und ganz besonders der Pakt, stellen kein Netz des Austausches zwischenstaatlicher Verpflichtungen dar. Sie bezwecken die Ausstattung jedes einzelnen mit Rechten. Der Grundsatz der zwischenstaatlichen Gegenseitigkeit ist nicht anwendbar ... Da die klassischen Regeln über die Vorbehalte für den Pakt völlig ungeeignet sind, haben die Staaten häufig weder ein rechtliches Interesse noch die Notwen-

digkeit gesehen, Einsprache gegen Vorbehalte zu erheben. Aus dem Fehlen von Protesten von Staaten kann nicht geschlossen werden, dass ein Vorbehalt mit dem Gegenstand und Zweck des Pakts vereinbar oder unvereinbar ist. Gelegentlich sind von einigen und nicht anderen Staaten Einsprüche erhoben worden aus nicht immer ersichtlichen Gründen; wird eine Einsprache erhoben, präzisiert die einsprechende Partei häufig nicht die rechtlichen Folgen oder weist manchmal sogar darauf hin, dass sie nicht davon ausgehe, dass der Pakt zwischen den betroffenen Parteien nicht in Kraft ist. Kurz gesagt ist das Profil dieser Einsprachen so wenig klar, dass man nur schwerlich vom Fehlen einer Einsprache seitens eines Staates schliessen kann, dass dieser einen bestimmten Vorbehalt für annehmbar hält. Nach Ansicht des Ausschusses kann man sich, angesichts der besonderen Eigenschaften des Paktes als Menschenrechtsinstrument fragen, welches die Auswirkungen einer Einsprache auf die Beziehungen zwischen den betroffenen Staaten sind. Immerhin kann die von Staaten gegen einen Vorbehalt erhobene Einsprache dem Ausschuss ein Element zur Beurteilung bei seiner Entscheidung geben, ob ein Vorbehalt mit Gegenstand und Zweck des Paktes vereinbar ist." (Übersetzung in: Walter Kälin/Giorgio Malinverni/Manfred Nowak, Die Schweiz und die UNO-Menschenrechtspakte, Basel 1997, S. 349 ff.)

In ihren Leitlinien hat mittlerweile die ILC nicht nur anerkannt, dass die auf dem Gedanken der Reziprozität fussenden Rechtsfolgen in Vertragssystemen wie den Menschenrechten nicht gelten (oben Ziff. 5), sondern sie betont auch die Kompetenz von Vertragsüberwachungsorganen zur Beurteilung der Zulässigkeit von Vorbehalten in solchen Systemen:

„3.2.1 Competence of the treaty monitoring bodies to assess the permissibility of reservations

1. A treaty monitoring body may, for the purpose of discharging the functions entrusted to it, assess the permissibility of reservations formulated by a State or an international organization.

2. The assessment made by such a body in the exercise of this competence has no greater legal effect than that of the act which contains it."

Gewisse Unterschiede zwischen der ILC und dem Menschenrechtsausschuss sind aber noch bei der Frage der Gültigkeit von Vorbehalten zu notstandfesten Menschenrechten und zu solchen mit gewohnheitsrechtlicher Geltung auszumachen. Der Ausschuss für Menschenrechte führt dazu in seiner allgemeinen Bemerkung Nr. 24 (52) aus:

„8. Vorbehalte, welche zwingenden Normen widersprechen, sind nicht mit Gegenstand und Zweck des Paktes vereinbar. Verträge, welche einen einfachen Austausch von Verpflichtungen zwischen Staaten begründen, gestatten es diesen zweifellos, untereinander Vorbehalte zur Anwendung der Bestimmungen des allgemeinen internationalen Rechts zu formulieren; im Fall von Menschenrechtsinstrumenten, welche den Schutz von Personen, welche der Gerichtsbarkeit der Staaten unterstellt sind, bezwecken, verhält es sich anders. Deshalb können diejenigen Bestimmungen des Paktes, welche Regeln des internationalen Gewohnheitsrechtes wiedergeben (a fortiori wenn sie den Charakter zwingender Normen haben), nicht Gegenstand von Vorbehalten sein. (...)

Die entsprechende Leitlinie der ILC hält demgegenüber dafür:

„3.1.5.3 Reservations to a provision reflecting a customary rule

The fact that a treaty provision reflects a rule of customary international law does not in itself constitute an obstacle to the formulation of a reservation to that provision.

3.1.5.4 Reservations to provisions concerning rights from which no derogation is permissible under any circumstances.

A State or an international organization may not formulate a reservation to a treaty provision concerning rights from which no derogation is permissible under any circumstances, unless the reservation in question is compatible with the essential rights and obligations arising out of that treaty. In assessing that compatibility, account shall be taken of the importance which the parties have conferred upon the rights at issue by making them non-derogable.

7. *Auslegende Erklärung*

Oft geben Staaten bei der Unterzeichnung oder der Ratifikation sog. auslegende Erklärungen ab, in denen sie festhalten, wie ihrer Meinung nach eine bestimmte Vertragsbestimmung zu interpretieren sei (Ziff. 1.2 ILC-Leitfaden). Es handelt sich dabei um einseitige Erklärungen, denen keine rechtlichen Wirkungen zukommen. Sie sind inhaltlich allerdings nicht immer klar von Vorbehalten zu unterscheiden, was die Gefahr mit sich bringt, dass Staaten versuchen, unzulässige Vorbehalte in Form von auslegenden Erklärungen anzubringen oder die für Vorbehalte geltenden formellen Regeln zu umgehen.

Wie der Europäische Gerichtshof für Menschenrechte im *Fall Belilos v. Schweiz* festgehalten hat, ist, „[u]m die juristische Natur einer solchen 'Erklärung' festzustellen, (...) nicht nur auf den Wortlaut zu achten, sondern der materielle Inhalt zu bestimmen." Weil sich zeigte, dass die Schweiz mit einer als „auslegende Erklärung" bezeichneten Erklärung „beabsichtigte, bestimmte Kategorien von Streitfällen von der Anwendbarkeit des Art. 6 Abs. 1 [EMRK] auszunehmen und sich gegen eine nach ihrer Auffassung zu weitgehende Interpretation der Vorschrift zu sichern", kam der Gerichtshof zum Schluss, es handle sich in Wirklichkeit um einen Vorbehalt. (Urteil vom 29. April 1988, Series A, Vol. 132, Ziff. 49; Zitate nach der Übersetzung in EuGRZ 1989, S. 28).

Gemäss den ILC-Leitlinien hängt die Einstufung einer unilateralen Erklärung anlässlich eines Vertragsschlusses von der beabsichtigten Rechtswirkung ab. Diese Abgrenzung hat gestützt auf eine Auslegung der Erklärung basierend auf der üblichen Bedeutung ihres Wortlauts, nach Treu und Glauben und im Licht des betreffenden Vertrages zu erfolgen. Die Bezeichnung der Erklärung ist dabei nur als Indiz zu verstehen (a.a.O., Ziff. 1.3 ff.)

IV. AUSLEGUNG

Sofern völkerrechtliche Verträge nicht ein Vertragsorgan oder ein internationales Gericht mit der Auslegung vertraglicher Bestimmungen beauftragen (siehe z.B. Art. IX des Übereinkommens über die Verhütung und Bestrafung des Völkermordes, SR 0.311.11), sind jeweils die einzelnen Vertragsparteien für die Auslegung vertraglicher Bestimmungen zuständig. Die Auslegung erfolgt dabei nicht gestützt auf die landesrechtlichen, sondern auf die völkerrechtlichen Auslegungsregeln.

1. Die völkerrechtlichen Auslegungsregeln

In den Art. 31-33 VRK finden sich ausführliche Regeln für die Auslegung völkerrechtlicher Verträge. Dabei gelten im Vergleich zum Landesrecht Besonderheiten.

Die grundlegende Auslegungsregel ist in Art. 31 Abs. 1 VRK enthalten. Danach ist ein Vertrag

> „nach Treu und Glauben in Übereinstimmung mit der gewöhnlichen, seinen Bestimmungen in ihrem Zusammenhang zukommenden Bedeutung und im Lichte seines Zieles und Zweckes auszulegen."

Gegenstand der Auslegung ist nach Art. 31 VRK der Vertragstext in seinem Zusammenhang. Nach Art. 31 Abs. 2 VRK gehören zum systematischen Zusammenhang nicht nur Präambel und Anhänge des Vertrages, sondern auch Übereinkünfte und Urkunden, die anlässlich des Vertragsschlusses verabschiedet worden sind. Abs. 3 betont die Relevanz späterer Übereinkünfte bzw. einer einheitlichen Anwendungspraxis als weitere relevante Auslegungselemente. Art. 32 weist der historischen Auslegungsmethode eine bloss subsidiäre Bedeutung zu. Art. 33 erklärt sprachlich verschiedene, authentische Textfassungen als gleichermassen massgebend.

Botschaft betr. des Beitritts der Schweiz zur VRK

> „Aus den Artikeln 31-33 der Wiener Konvention lässt sich ableiten, dass die Auslegung dazu dienen soll, dem Vertrag zu seinem „effet utile", seiner bezweckten Wirkung zu verhelfen: Diesem Ziel soll die nach Treu und Glauben als ebenbürtig zu betrachtende wörtliche, systematische und teleologische Auslegung dienen. Gerade das Ausserachtlassen der historisch-subjektiven Auslegungsmethode durch Artikel 32 bezweckt, die einseitige Infragestellung eines Vertrages durch eine Partei auf dem Wege der Auslegung zu verhindern.
>
> Die Auslegungsregeln in den Artikeln 31-33 sind der Rechtsprechung des Ständigen Internationalen Gerichtshofs und des Internationalen Gerichtshofs entnommen worden.
>
> Über sie hat an der Konferenz Einstimmigkeit geherrscht. Die Artikel 31-33 sind seither zu wiederholten Malen in der völkerrechtlichen Rechtsprechung angewendet worden; der Europäische Gerichtshof für Menschenrechte, der Interamerikanische Gerichtshof für Menschenrechte und mehrere Schiedsgerichte haben sich bei der Auslegung eines Vertrages darauf berufen." (BBl 1989 II S. 757, 776)

Den in den Art. 31-33 VRK festgehaltenen Auslegungsregeln kommt gewohnheitsrechtliche Geltung zu (vgl. z.B. *IGH, LaGrand (Germany v. United States of America), Judgment, I.C.J. Reports 2001, p. 466, paras. 99 ff.)*

2. *Die völkerrechtlichen Auslegungsmethoden*

a. Grammatikalische Auslegung: Wortlaut

Ausgangspunkt für die Auslegung einer vertraglichen Bestimmung ist der Wortlaut dieser Bestimmung. Dabei stellt die gewöhnliche, übliche Bedeutung der verwendeten Begriffe und Formulierungen die Richtschnur dar.

Bundesrepublik Deutschland gg. Kanton Schaffhausen
BGE 97 I 359

Art. 4 des Staatsvertrages vom 30. Dezember 1858 zwischen der Schweizerischen Eidgenossenschaft und dem Grossherzogtum Baden (SR 0.742.140.313.63) lautet:

> „Die grossherzoglich badische Bahnverwaltung hat weder von der Erwerbung der Liegenschaften für die Bahn und ihre Zugehörden noch von deren Eigentum, noch von dem Bahnbetriebe, und ebensowenig haben die Bahnangestellten irgendeine Abgabe an die Schweizerische Bundesregierung zu entrichten."

Ein darauf durch die Badische Bahn in Schaffhausen erworbenes Grundstück wurde bebaut und anschliessend zur Unterbringung von Eisenbahnerfamilien genutzt. Später kam es zu baulichen Veränderungen und Veräusserungen von Teilen der Parzelle durch die Rechtsnachfolgerinnen der Badischen Bahn (vorerst die Deutsche Reichsbahn, danach die Deutsche Bundesbahn). Die zuständigen Behörden unterwarfen die durch die Deutsche Bundesbahn eingeleiteten Handänderungen der Kapitalgewinnsteuer. Das gegen diese Verfügung angerufene Obergericht des Kantons Schaffhausen führte aus, der Deutschen Bundesbahn stünde zwar aufgrund des Wortlauts von Art. 4 des Vertrages eine umfassende Steuerbefreiung zu, eine solche Auslegung würde jedoch dem wahren Sinn dieser Bestimmung nicht gerecht. Daraufhin gelangte Deutschland an das Bundesgericht.

Dieses argumentierte, dass bei der Auslegung von völkerrechtlichen Verträgen der Wortlaut Ausgangspunkt sei, und hiess die Beschwerde Deutschlands gut:

> „Die Beschwerdeführerin macht geltend, Art. 4 des Staatsvertrags vom 30. Dezember 1858 schliesse eine Besteuerung der beiden Veräusserungsgeschäfte vom 10. Juli und 31. August 1964 aus. Ob dies zutrifft, ist durch Auslegung der erwähnten Vertragsklausel zu ermitteln. Dabei steht dem Bundesgericht die freie Prüfung zu (...).
>
> Die Auslegung eines Staatsvertrags hat in erster Linie vom Vertragstext auszugehen (...). Dieser Grundsatz beruht auf der Annahme, der von den beteiligten Staaten anerkannte Wortlaut bilde den nächstliegenden und zugleich wichtigsten Anhaltspunkt zur Ermittlung des gemeinsamen wahren Verpflichtungswillens (...). Die gleiche Betrachtungsweise liegt auch der Resolution über die Auslegung von Staatsverträgen zugrunde, wie sie am 19. April 1956 vom Institut de Droit international in Granada verabschiedet worden ist (...); sie entspricht im übrigen auch den Auslegungsregeln (Art. 31 und 32) der Wiener Vertragsrechtskonvention vom 23. Mai 1969 (...), welche allerdings noch nicht in Kraft getreten ist.

Inwieweit von einem unbedingten Vorrang des sog. "klaren" Wortlauts gesprochen werden darf, der den Beizug weiterer Auslegungshilfen ausschliesst, ist jedoch umstritten (...). Der von E. DE VATTEL (...) aufgestellte und seither im Völkerrecht immer wieder angerufene Grundsatz, ‚qu'il n'est pas permis d'interpréter ce qui n'a pas besoin d'interprétation' hat auch die Rechtsprechung des Bundesgerichts beeinflusst (...). So wird beispielsweise im (...) Fall BGE 94 I 673, Erw. 4 ausgeführt, ein Staatsvertrag sei nur dann auslegungsbedürftig, wenn der Wortlaut nicht eindeutig sei oder die durch den klaren Wortlaut vermittelte Bedeutung als sinnwidrig erscheine. In der Literatur wird indessen mit Recht darauf hingewiesen, dass das Erkennen eines ‚eindeutigen' Vertragstextes notwendigerweise bereits eine Auslegung der fraglichen Klausel voraussetzt (...) und dass dabei in erster Linie Gegenstand und Zweck des Vertrags zu berücksichtigen sind (...).

Die Vattel'sche Maxime ist mithin nicht absolut zu verstehen. Zu Beginn der Auslegung ist die normale (gewöhnliche, natürliche) Wortbedeutung der verwendeten Ausdrücke zu ermitteln, sofern nicht Anhaltspunkte dafür bestehen, dass die Parteien von einem besonderen Sprachgebrauch ausgegangen sind; dabei sind Gegenstand und Zweck der Vereinbarung zu berücksichtigen. Erscheint der Vertragstext klar und ist seine Bedeutung, wie sie sich aus dem gewöhnlichen Sprachgebrauch sowie aus Gegenstand und Zweck des Übereinkommens ergibt, nicht offensichtlich sinnwidrig, so kommt eine über den Wortlaut hinausgehende, ausdehnende bzw. einschränkende Auslegung nur in Frage, wenn aus dem Zusammenhang oder der Entstehungsgeschichte mit Sicherheit auf eine vom Wortlaut abweichende Willenseinigung der Vertragsstaaten zu schliessen ist (...). Insoweit findet der Grundsatz vom Vorrang des Vertragstextes auch heute seine Rechtfertigung; ja er wird von der neuesten Lehre ausdrücklich anerkannt (...), denn er dient dazu, Vertrauen in eine zu verantwortende Äusserung zu bewirken und fördert die Rechtssicherheit, ohne dabei die schutzwürdigen, konkreten Vertrauensinteressen der vertragsschliessenden Staaten unberücksichtigt zu lassen." (a.a.O. E. 3 S. 363 ff.)

b. Bedeutung von Treu und Glauben

Dem Prinzip von Treu und Glauben kommt im Rahmen der Auslegung völkerrechtlicher Verträge zentrale Bedeutung zu, da die Parteien eines völkerrechtlichen Vertrages nur soweit verpflichtet sein wollen, als sie dessen Inhalt beim Vertragsschluss akzeptiert haben, und es gleichzeitig nicht zulassen wollen, dass die andere Partei sich rechtsmissbräuchlich auf Vertragsbestimmungen berufen darf. So führte das Bundesgericht im oben erwähnten *Urteil Bundesrepublik Deutschland gg. Kanton Schaffhausen, BGE 97 I 359* aus:

„Staatsverträge sind ihrer Natur nach 'bonae fidei negotia' (...) Das umstrittene Steuerprivileg fiele deshalb dahin, wenn im Vorgehen der Beschwerdeführerin ein offenbarer Rechtsmissbrauch erblickt werden müsste. In diesem Sinn wären zweifellos jene Handänderungen zu würdigen, welche von der Beschwerdeführerin ausschliesslich zur konjunkturbedingten Gewinnerzielung getätigt und deren Objekte in keiner sachlichen Beziehung zum Bahnbetrieb stehen würden. Im vorliegenden Fall bestehen jedoch keinerlei Anhaltspunkte für eine unredliche Rechtsausübung seitens der Beschwerdeführerin. Auch die kantonalen Behörden behaupten nicht, die fraglichen Grundstücke seien zu Spekulationszwecken erworben worden. Es ist vielmehr unbestritten, dass ein Teil derselben zum Bau eines Mehrfamilienhauses verwendet wurde, in welchem Eisenbahnerfamilien untergebracht wurden. Mindestens teilweise dienten sie somit - freilich nur mittelbar - dem Eisenbahnbetrieb. Unter diesen Umständen kann nicht ernstlich behauptet werden, die sich aus dem klaren Wortlaut von Art. 4 des Staatsvertrags ergebende Steuerbefreiung verstosse offensichtlich gegen Sinn und Zweck des Vertragswerks aus dem Jahre 1858." (a.a.O. E 5 S. 366)

X. gg. Eidgenössische Steuerverwaltung (1. Steuerbetrugs-Fall)
BGE 96 I 737

In diesem Fall wird die Bedeutung von Treu und Glauben bei der Auslegung völkerrechtlicher Verträge besonders deutlich. Der amerikanische Internal Revenue Service (IRS) verlangte von der Eidgenössischen Steuerverwaltung (EStV) Auskünfte über die Geschäftbeziehungen des amerikanischen Staatsbürgers X mit einer Schweizer Bank. X wurde von den amerikanischen Behörden des Steuerbetrugs verdächtigt. Nachdem die EStV bei der Bank Auskünfte eingeholt und in einem Amtsbericht zusammengefasst hatte, der dem IRS übermittelt werden sollte, reichte X Beschwerde ein. Schliesslich hatte das Bundesgericht den Fall zu beurteilen.

Art. XVI des damals geltenden Doppelbesteuerungsabkommens zwischen der Schweiz und den USA von 1951 (DBA-US) statuierte eine gegenseitige Auskunftspflicht der zuständigen Behörden, um Betrugsdelikte zu verhindern, welche eine im Vertrag erwähnte Steuer betrafen. Gemäss diesem Artikel hatten sich die Schweiz und die USA nur zur Beschaffung von Auskünften verpflichtet, die „gemäss den Steuergesetzgebungen der beiden Vertragsstaaten" erhältlich waren. Angesichts der Tatsache, dass die von den Banken bei Verdacht auf Steuerbetrug zu erteilenden Auskünfte von den Kantonen unterschiedlich geregelt wurden, stellte sich die Frage, was unter der „schweizerischen" Gesetzgebung im Sinne dieser Bestimmung zu verstehen sei. Das Bundesgericht führte hierzu aus:

„Unter erhältlichen Auskünften im Sinne von Art. XVI (...) sind alle jene Auskünfte zu verstehen, die nach schweizerischem Recht von Banken beschafft werden können, wenn der Beschwerdeführer die schweizerischen Steuerbehörden bezüglich seiner Einkommenssteuer betrogen hätte. (...) Massgebend ist somit für die Anwendung dieser Vorschrift (...), ob eine Bank nach schweizerischer Rechtsauffassung zur Abklärung von Steuerbetrugsdelikten eines Bankkunden bei der Einkommenssteuerveranlagung Auskunft erteilen muss. Das Bundesrecht enthält hierüber keine Vorschrift. (...) Die kantonalen Steuergesetzgebungen beantworten diese Frage anderseits ganz verschieden. Es fragt sich deshalb, ob die Schweiz im Abkommen mit den USA sich für Fälle des Steuerbetruges nur zum Austausch von Auskünften verpflichtet hat, die bei sinngemässer Umstellung des Sachverhaltes nach dem jeweils anwendbaren kantonalen Recht von Banken beschafft werden könnten, oder ob sie in diesem Abkommen für den internationalen Amtshilfeverkehr mit den USA eine bundesrechtliche Pflicht der Banken zur Auskunftserteilung in bestimmten Fällen statuiert hat. (...)

In der Frage der Bankauskünfte musste sich das Augenmerk der USA naturgemäss vor allem auf die drei international bedeutenden Bankplätze der Schweiz, Zürich, Basel und Genf, richten. Hier konnte sich diese Frage praktisch am ehesten stellen. (...)

Bankauskünfte sind also in den drei erwähnten Kantonen nicht bloss auf Grund des Strafprozessrechts, sondern im Falle des Steuerbetruges auf Grund der Steuergesetzgebung erhältlich.

Diese übereinstimmende Regelung der Frage der Bankauskünfte in Steuerbetrugsfällen an den drei international bedeutenden Bankplätzen der Schweiz durften die USA bzw. deren Unterhändler bei Vertragsschluss als Ausdruck der herrschenden schweizerischen Rechtsauffassung verstehen. Nach Treu und Glauben durften sie unter den gegebenen Umständen annehmen, die Schweiz habe sich in Art. XVI DBA-US zum Austausch von Bankauskünften in Steuerbetrugsfällen verpflichtet." (a.a.O. E. 6b S. 746 ff.)

c. *Teleologische Auslegung: Ziel und Zweck / „effet utile"*

Bei der Auslegung völkerrechtlicher Verträge sind Ziel und Zweck des Vertrages bzw. der betreffenden Vertragsbestimmung zu berücksichtigen. Gemäss dem unveröffentlichten Urteil des Bundesgerichts 6S.5/1988 vom 10. Juni 1988 i.S. *Eidgenössische Zollverwaltung gg. D.* ist ein Vertrag

„so auszulegen, dass der von ihm angestrebte Zweck erreicht werden kann (teleologische Interpretation). Er ist deshalb in einem Sinne auszulegen, der dem Gesamtzweck des Vertrages besser entspricht als eine andere mögliche Alternative. Ein wichtiges Indiz für diesen Gesamtzweck des Vertrages sind die diesbezüglichen Aussagen der Präambel."

Das Auslegungsargument des *„effet utile"* (der beabsichtigten Wirkung) besagt, dass eine Auslegung nicht dazu führen darf, dass ein Vertrag seiner Wirksamkeit beraubt wird, bzw. jene Auslegung zu wählen ist, die dem Vertragszweck am besten zum Durchbruch verhelfen kann.

Im *„1. Steuerbetrugsfall"* (hiervor bei b) führte das Bundesgericht aus:

„Es würde gegen den Sinn und Zweck des Abkommens verstossen, wollte sich die Schweiz jetzt bei der Beurteilung der Frage, ob eine Auskunft im Sinne des Abkommens erhältlich sei, auf kantonales Recht stützen. Damit würde sie wegen der zu erwartenden Verschiebung unlauterer Geschäfte in Kantone ohne Auskunftspflicht der Banken ihre vertragliche Verpflichtung weitgehend des Sinnes entleeren, der ihr bei Vertragsschluss nach den erkennbaren Vorstellungen der USA zukommen musste. Ungeachtet der Verschiedenheiten der kantonalen Steuergesetzgebungen zählen im internationalen Amtshilfeverkehr mit den USA in Steuerbetrugsfällen somit auch Feststellungen bei Banken zu den im Sinne von Art. XVI DBA-US erhältlichen Auskünften." *(X. gg. Eidgenössische Steuerverwaltung (1. Steuerbetrugsfall), BGE 96 I 737, E. 6 S. 750)*

BAP gg. J.B.L., Urteil des Bundesgerichts 1A.127/1990 vom 18. Dezember 1990, abgedruckt in ASYL 1991/2, S. 20 ff.

Laut Art. 33 Abs. 1 der Flüchtlingskonvention von 1951 (SR 0.142.30) darf kein Staat „einen Flüchtling in irgendeiner Form in das Gebiet eines Landes ausweisen oder zurückstellen", wo er in relevanter Weise verfolgt würde. Im Falle eines ungarischen Flüchtlings, dessen Auslieferung Ungarn wegen einer gemeinrechtlichen Straftat verlangt hatte, stellte sich die Frage, ob dieses Verbot auch Fälle der *Auslieferung* erfasst. Das Bundesgericht bejahte dies, obwohl der Wortlaut der Bestimmung den Fall der Auslieferung nicht erwähnt:

„Das Ziel der Norm, nämlich Flüchtlinge davor zu bewahren, den einmal erlangten Schutz vor Verfolgung wieder zu verlieren, lässt eher darauf schliessen, dass Art. 33 FK auch die Auslieferung von Flüchtlingen verhindern will ... Es wäre in höchstem Masse stossend, wenn ein Flüchtling zwar vom Asylstaat nicht in seinen Heimatstaat ausgewiesen, gleichzeitig aber auf

Grund eines Vertrags ausgeliefert werden könnte." (E. 2 in ASYL 1991/2, S. 20 ff.)

EGMR, Rantsev v. Cyprus and Russia, Judgment of 7 January 2010 Application No. 25965/04

Im Zusammenhang mit der Berücksichtigung des effet utile eines Vertrages, führte der Europäische Gerichtshof für Menschenrechte zur Frage, ob Menschenhandel vom Verbot von Sklaverei, Leibeigenschaft und Zwangsarbeit gemäss Art. 4 EMRK erfasst werde, aus:

„272. The first question which arises is whether the present case falls within the ambit of Article 4. The Court recalls that Article 4 makes no mention of trafficking, proscribing "slavery", "servitude" and "forced and compulsory labour.

273. (...) As an international treaty, the Convention must be interpreted in the light of the rules of interpretation set out in the Vienna Convention of 23 May 1969 on the Law of Treaties.

274. Under that Convention, the Court is required to ascertain the ordinary meaning to be given to the words in their context and in the light of the object and purpose of the provision from which they are drawn. The Court must have regard to the fact that the context of the provision is a treaty for the effective protection of individual human rights and that the Convention must be read as a whole, and interpreted in such a way as to promote internal consistency and harmony between its various provisions. Account must also be taken of any relevant rules and principles of international law applicable in relations between the contracting Parties and the Convention should so far as possible be interpreted in harmony with other rules of international law of which it forms part.

275. Finally, the Court emphasises that the object and purpose of the Convention, as an instrument for the protection of individual human beings, requires that its provisions be interpreted and applied so as to make its safeguards practical and effective. (...)

277. (...) However, in assessing the scope of Article 4 of the Convention, sight should not be lost of the Convention's special features or of the fact that it is a living instrument which must be interpreted in the light of present-day conditions. The increasingly high standards required in the area of the protection of human rights and fundamental liberties correspondingly and inevitably require greater firmness in assessing breaches of the fundamental values of democratic societies."

In Anwendung dieser Grundsätze auf den konkreten Fall führte der Gerichtshof schliesslich aus:

"279. (...) In light of the proliferation of both trafficking itself and of measures taken to combat it, the Court considers it appropriate in the present case to examine the extent to which trafficking itself may be considered to run counter to the spirit and purpose of Article 4 of the Convention such as to fall within the scope of the guarantees offered by that Article (...)

281. (...) The Court considers that trafficking in human beings, by its very nature and aim of exploitation, is based on the exercise of powers attaching to the right of ownership. It treats human beings as commodities to be bought and sold and put to forced labour, often for little or no payment, usually in the sex industry but also elsewhere. It implies close surveillance of the activities of victims, whose movements are often circumscribed. It involves the use of

> violence and threats against victims, who live and work und poor conditions. (...)
>
> 282. There can be no doubt that trafficking threatens the human dignity and fundamental freedoms of its victims and cannot be considered compatible with a democratic society and the values expounded in the Convention. In view of its obligation to interpret the Convention in light of present-day conditions, the Court considers in unnecessary to identify whether the treatment about which the applicant complains constitutes "slavery", "servitude" or "forced and compulsory labour". Instead, the Court concludes that trafficking itself, (...) falls within the scope of Article 4 of the Convention."

d. Systematische Auslegung

Art. 31 Abs. 2 und 3 VRK verstehen die systematische Auslegung in einem weiten Sinn: Zum systematischen Kontext in einem weiten Sinn (Art. 31 Abs. 3), welcher bei der Auslegung zu berücksichtigen ist, gehören nicht nur die übrigen Bestimmungen des Vertrages, sondern auch andere Verträge zwischen den gleichen Vertragsparteien zu gleichartigen oder verwandten Themen (lit. c).

X und Y-Bank gg. Eidgenössische Steuerverwaltung (2. Steuerbetrugs-Fall), BGE 101 Ib 160

Gestützt auf das zwischen der Schweiz und den Vereinigten Staaten von Amerika bestehende Doppelbesteuerungsabkommen von 1951 (DBA-US) erteilte die Eidgenössische Steuerverwaltung (EStV) dem amerikanischen Internal Revenue Service (IRS) in Form eines Amtsberichtes Auskunft über die geschäftlichen Beziehungen des amerikanischen Staatsbürgers X oder von ihm beherrschten amerikanischen Gesellschaften mit der Y-Bank. Dagegen hatte X erfolglos Beschwerde eingereicht (vgl. dazu den 1. Steuerbetrugsfall, vorne). Der IRS stellte in der Folge ein weiteres Gesuch. Mit der Begründung, der Amtsbericht genüge den Anforderungen des anwendbaren amerikanischen Verfahrensrechts nicht, verlangte er die Aushändigung der Originalbelege sowie die Befragung von Zeugen.

Gegen die teilweise Gutheissung des Gesuches durch die EStV ergriffen X und die Y-Bank Verwaltungsgerichtsbeschwerde mit dem Antrag, dem zweiten Gesuch des IRS sei nicht statt zu geben.

Das Bundesgericht kam in seinen Erwägungen zum Schluss, dass im Staatsvertrag zwar eine Amts-, aber keine Rechtshilfepflicht (und somit keine Pflicht zur Ablieferung von Originalbelegen und der Gewährung von Zeugenbefragungen) vorgesehen sei. Denn bei Berücksichtigung der Regelung in den eigentlichen Rechtshilfeabkommen (Art. 31 Abs. 3 lit. c VRK) werde klar, dass Fiskaldelikte von der Rechtshilfe in Strafsachen ausgenommen seien. Eine weitergehende Interpretation von Art. XVI DBA-US sei somit mit einer systematischen Auslegung nicht vereinbar:

> „Eine weitergehende Pflicht zur prozessualen Hilfeleistung in einem vom ersuchenden Staat geführten Steuerstrafverfahren wäre – wie die in eigentlichen Rechtshilfeabkommen getroffene Regelung beweist – nicht einfach mit

der Feststellung umschrieben worden, dass die zuständigen Behörden die erhältlichen Auskünfte austauschen.

Diese grundsätzliche Haltung wurde gerade gegenüber den Vereinigten Staaten in dem am 25. Mai 1973 abgeschlossenen, von der Schweiz noch nicht ratifizierten Staatsvertrag über gegenseitige Rechtshilfe in Strafsachen erneut bekräftigt. Rechtshilfe in Steuerstrafsachen ist dort nur vorgesehen bei Ermittlungen gegen leitende Personen des organisierten Verbrechens (...)." (E. 2b S. 162 f.)

e. Nachfolgende Praxis

Für die Auslegung eines völkerrechtlichen Vertrages ist gemäss Art. 31 Abs. 3 lit. b VRK „jede spätere Übung bei der Anwendung des Vertrags, aus der die Übereinstimmung der Vertragsparteien über seine Auslegung hervorgeht", d.h. die nachfolgende Praxis der Vertragsparteien von besonders grosser Bedeutung, soweit die Behörden und Gerichte in verschiedenen Ländern einen bestimmten Begriff einigermassen einheitlich auslegen. Deshalb sind in Stellungnahmen und Urteilen zu völkerrechtlichen Fragen oft ausführliche Hinweise zur Praxis anderer Staaten zu finden. Für das Bundesgericht ist auch die Konstanz der schweizerischen Praxis ein wichtiges Element.

Pater-Fall, ungarische Flüchtlinge, BGE 93 II 354

Der ungarische Staatsangehörige Pater war aufgrund der politischen Ereignisse im Oktober 1956 in Ungarn in die Schweiz geflüchtet. 1965 heiratete er die aus Ungarn stammende, deutsche Staatsangehörige Frau Gedövari. 1966 reichte Herr Pater Klage auf Scheidung der Ehe ein. In den anschliessenden Sühneverhandlungen ergab sich, dass beide Partner die Ehe nicht fortführen wollten. Trotzdem bestritt die Ehefrau die Zuständigkeit der schweizerischen Gerichte, allerdings ohne Erfolg. Frau Gedövari und Herr Pater zogen den Entscheid des Obergerichts an das Bundesgericht weiter. In seinem Urteil befasste sich das Bundesgericht u.a. mit der Anwendbarkeit des Genfer Abkommens über die Rechtsstellung der Flüchtlinge vom 28. Juli 1951 (SR 0.142.30). Insbesondere stellte sich die Frage, ob entgegen dem Wortlaut von Art. 1 des Abkommens auch Personen unter den Flüchtlingsbegriff der Konvention fallen, die infolge von Ereignissen *nach* dem 1. Januar 1951 geflüchtet sind und die sonst sämtliche Voraussetzungen nach dieser Bestimmung erfüllen.

„Nach Art. 1 lit. A Ziff. 2 des Abkommens vom 28. Juli 1951 ist Flüchtling im Sinne dieses Abkommens u.a. jede Person, die sich infolge von vor dem 1. Januar 1951 eingetretenen Ereignissen (par suite d'événements survenus avant le premier janvier 1951) und aus begründeter Furcht vor Verfolgung wegen ihrer Rasse, Religion, Nationalität oder Zugehörigkeit zu einer bestimmten sozialen Gruppe oder wegen ihrer politischen Auffassungen ausserhalb ihres Heimatlandes befindet und dessen Schutz nicht beanspruchen kann oder wegen dieser Befürchtung nicht beanspruchen will. (...)

Schon in dem vom Bundesrat genehmigten Bericht des Eidgenössischen Justiz- und Polizeidepartements vom 7. März 1957 über die schweizerische Asylpraxis in neuester Zeit, der als Anhang zum Bericht von Prof. Ludwig über "Die Flüchtlingspolitik der Schweiz in den Jahren 1933 bis 1955" veröffentlicht wurde (Beilage zum Bundesblatt 1957 II, S. 410 ff.), war indessen erklärt worden, das Abkommen gelte auch für die neuen ungarischen Flüchtlinge; die Voraussetzungen des Art. 1 seien bei ihnen erfüllt, "liegt doch der Grund zur Flucht in der Auseinandersetzung des ungarischen Volkes mit dem politischen Regime, wie es seit 1948 in Ungarn besteht"; das Hochkommissariat der Vereinten Nationen für die Flüchtlinge teile diese Auffassung, und auch die Mehrzahl der Mitgliedstaaten in Europa habe kürzlich an der Sitzung des Exekutivkomitees des Hochkommissariats erklärt, das Abkommen werde auch auf die neuen ungarischen Flüchtlinge angewendet (a.a. O. S. 415, vgl. dazu MOSER, ZSR 1967 II 447). Die Polizeiabteilung des Eidg. Justiz- und Polizeidepartements hat dem Kläger auf Grund dieser Auffassung im April 1957 einen Reiseausweis im Sinne von Art. 28 des Abkommens ausgestellt und später ausdrücklich bestätigt, er sei Flüchtling im Sinne des Abkommens.

Im Jahre 1965 führte der damalige Hochkommissar für die Flüchtlinge, SCHNYDER, in einer Vorlesung an der Académie de droit international de La Haye aus, der vom Wirtschafts- und Sozialrat der Vereinten Nationen zur Vorbereitung des Abkommens eingesetzte Sonderausschuss habe in seinem Bericht die Auffassung vertreten, die Festsetzung eines Stichtages bezwecke nicht, die Anwendung des Abkommens auf Personen auszuschliessen, die in einem spätern Zeitpunkte Flüchtlinge werden sollten infolge von vor dem 1. Januar 1951 eingetretenen Ereignissen oder infolge von Wirkungen solcher Ereignisse, die sich erst später zeigen ("à la suite d'effets de tels événements qui ne se manifesteraient qu'à une date ultérieure"): in der Praxis seien die Mitgliedstaaten dieser Auffassung gefolgt; so hätten sie die Eigenschaft von Flüchtlingen im Sinne des Abkommens den Ungarn zuerkannt, die ihr Land im Laufe und im Gefolge der dramatischen Ereignisse vom Jahre 1956 verliessen, welche man als Nachwirkungen ("séquelles") von vor dem 1. Januar 1951 eingetretenen Ereignissen betrachtet habe (Académie de droit international, Recueil des cours, 1965 I, Band 154 der Sammlung, S. 364 f.).

In der Bundesrepublik Deutschland, die zu den Vertragsstaaten gehört und deren Praxis hier wegen der deutschen Staatsangehörigkeit der Beklagten neben der schweizerischen Praxis von besonderer Bedeutung ist, hat die innere Verwaltung nach den Feststellungen, die das Oberlandesgericht Stuttgart in einem Urteil vom 13. Februar 1962 (FamRZ 1962 S. 160 f.) auf Grund der Rundschreiben des Bundesministeriums des Innern vom 20. Dezember 1956 und 13. September 1957 traf, die - anerkannten - Ungarnflüchtlinge des Winters 1956/57 von Anfang an als Flüchtlinge im Sinne des Abkommens behandelt (...). Das Oberlandesgericht Stuttgart hat sich im erwähnten Urteil der dargestellten Verwaltungspraxis mit näherer Begründung angeschlossen. (...)

Bei Beurteilung der Anwendbarkeit und der Bedeutung staatsvertraglicher Abmachungen ist die Praxis der politischen und administrativen Behörden für die Gerichte nicht verbindlich (BGE 81 II 330; ebenso das angeführte deutsche Urteil). Sie ist aber für die eigene Meinungsbildung des Richters immerhin von wesentlichem Interesse (BGE 81 II 330). Das gilt ganz besonders dann, wenn es sich wie hier um ein internationales Abkommen handelt, dessen Anwendung zum weitaus grössten Teil in den Händen der genannten Behörden liegt. In einem solchen Falle lässt sich ein Abweichen von der Praxis dieser Behörden nur rechtfertigen, wenn schlechthin zwingende Gründe ihre Übernahme verbieten. So verhält es sich hier nicht. Die Bedenken, die in der Regel gegen eine ausdehnende Auslegung staatsvertraglicher Abmachungen bestehen mögen (BGE 90 I 47 unten mit Hinweisen), fallen weg, wenn wie hier die Praxis aller Vertragsstaaten oder doch die Praxis der Staaten, die an dem zu beurteilenden Falle unmittelbar interessiert sind, der fraglichen Auslegung zustimmt.

Der Kläger ist daher auch von den schweizerischen Gerichten als Flüchtling im Sinne des Abkommens von 1951 zu behandeln (...)." (E. 4 S. 359 ff.)

Hinweis: Die zeitliche Begrenzung auf Ereignisse vor dem 1. Januar 1951 ist mit dem Protokoll über die Rechtsstellung der Flüchtlinge vom 31. Januar 1967, das auch von der Schweiz ratifiziert wurde (SR 0.142.301), beseitigt.

Mit dieser Auslegungsmethode beschäftigt sich gegenwärtig die ILC (Draft articles on subsequent agreements and subsequent practice in relation to the interpretation of treaties).

f. Subsidiäre Bedeutung der Materialien

Nach Art. 32 VRK spielt die historische Auslegungsmethode (Abstellen auf die Entstehungsgeschichte, d.h. auf Sitzungsprotokolle, Entwürfe und andere travaux préparatoires) bei multilateralen Verträgen nur eine subsidiäre Rolle: Sie können für die Bestätigung des Auslegungsergebnisses gemäss Art. 31 VRK herangezogen werden. Selbstständige Bedeutung hat die historische Auslegung gemäss dieser Bestimmung nur

> „wenn die Auslegung nach Artikel 31
>
> a) die Bedeutung mehrdeutig oder dunkel lässt oder
>
> b) zu einem offensichtlich sinnwidrigen oder unvernünftigen Ergebnis führt."

In dieser Regelung kommt

> „das Anliegen zum Ausdruck, den Interpretationsprozess mit dem oft auch schwer zugänglichen Vorbereitungsmaterial nicht zu sehr zu belasten. Man wollte Bedenken Rechnung tragen, die ein undifferenzierter Beizug von travaux préparatoires namentlich bei multilateralen Verträgen und gegenüber erst später dem Vertragswerk beitretenden Staaten hervorrufen kann. Solche Bedenken können sich gerade auch aus dem Gedanken des Vertrauensschutzes ergeben, indem das legitime Vertrauen auf den Vertragstext und andere leicht zugängliche Interpretationsmittel nicht beeinträchtigt werden soll durch den Beizug von travaux préparatoires, deren Kenntnis nicht zumutbar ist. In diesem Sinn hat der StIGH im Jahre 1929 abgelehnt, bei der Frage der Auslegung bestimmter Artikel des Versailler Vertrages Vorbereitungsmaterialien als Beweismittel entgegenzunehmen, weil drei der Streitparteien an den massgeblichen Beratungen in einer Kommission der Friedenskonferenz nicht teilgenommen hatten." (Jörg Paul Müller, Vertrauensschutz im Völkerrecht, Köln 1971, S. 125)

Da bei bilateralen Verträgen das Argument des Vertrauensschutzes nicht greift, spielt dort die Einschränkung von Art. 32 VRK keine oder nur eine untergeordnete Rolle.

Keine Rolle spielen im Rahmen der historischen Auslegung die innerstaatlichen Materialen zur Vertragsratifikation.

3. Hinweis: Dynamische Auslegung von Menschenrechtsverträgen

Besonderheiten gelten bei der Auslegung von Menschenrechtsverträgen. So orientiert sich etwa der Europäische Gerichtshof für Menschenrechte bei der Auslegung der EMRK stark am übergeordneten Vertragszweck und legt daher die EMRK dynamisch aus. Er behält sich so das Recht vor, den Inhalt der EMRK über die ursprüngliche Bedeutung hinaus weiter zu entwickeln.

EGMR, Rantsev v. Cyprus and Russia, Judgment of 7 January 2010
Application No. 25965/04

„277. However, in assessing the scope of Article 4 of the Convention, sight should not be lost of the Convention's special features or of the fact that it is a living instrument which must be interpreted in the light of present-day conditions. The increasingly high standards required in the area of the protection of human rights and fundamental liberties correspondingly and inevitably require greater firmness in assessing breaches of the fundamental values of democratic societies."

V. SUSPENDIERUNG, BEENDIGUNG UND UNGÜLTIGKEIT VÖLKERRECHTLICHER VERTRÄGE

1. Überblick

Die VRK regelt in Art. 42-72 ausführlich die Gründe für die Suspendierung oder Beendigung völkerrechtlicher Verträge und die Gründe für ihre Ungültigkeit. Die wichtigsten Gründe zählt der folgende Überblick auf (die Zahlen in Klammern beziehen sich auf die einschlägigen Artikel der VRK).

Suspendierung	**Beendigung**	**Ungültigkeit / Nichtigkeit**
• falls im Vertrag vorgesehen (57, 58) • mit Zustimmung aller Parteien (57) • wesentlicher Vertragsbruch (60) • vorübergehende faktische Unmöglichkeit der Vertragserfüllung (61)	• falls im Vertrag vorgesehen (54) • mit Zustimmung aller Parteien (54) • Kündigung (56) • Abschluss eines neuen Vertrages über den gleichen Gegenstand (59) • wesentlicher Vertragsbruch (60) • faktische Unmöglichkeit der Vertragserfüllung (61) • Clausula rebus sic stantibus (62) • Entstehung von neuem ius cogens (64)	• offenkundige Verletzung der innerstaatlichen Kompetenzordnung (46)* • Grundlagenirrtum (48) • Ungültigkeit wegen Täuschung (49) • Zwang gegenüber Staat durch Androhen oder Anwenden von Gewalt (52) • Verletzung von ius cogens (53)
⇒ *vorübergehende Ausserkraftsetzung ex nunc (72)*	⇒ *Beendigung der Vertragsbindung ex nunc (70)*	⇒ *Nichtigkeit des Vertrags ex tunc (69)*

* siehe dazu vorne Ziff. II.4.

Nicht geregelt wird von der VRK die Frage des Weiterbestehens von Verträgen während bewaffneter Konflikte. Gemäss den Draft Articles on the effects of armed conflicts on treaties (UN Doc. A/66/10) der ILC aus dem Jahr 2011 kann während einer solchen Situation weder eo ipso von einer Beendigung der Vertragsgeltung zwischen den Konfliktparteien noch zwischen diesen und Drittstaaten ausgegangen werden. Vielmehr ist die Wirkung mittels Auslegung des Vertrages zu ermitteln. Vermutungsweise von einem Weiterbestehen kann gemäss ILC etwa bei multilateralen rechtsetzenden Verträgen, Verträgen im Bereich Menschenrechte und Umweltschutz sowie bei Gründungsverträgen internationaler Organisationen ausgegangen werden.

2. *Wichtige Suspendierungs-, Beendigungs- und Nichtigkeitsgründe*

In der Praxis haben viele der in der VRK aufgeführten Gründe nur eine geringe Bedeutung. Ein Grundlagenirrtum, ein fundamentaler Wandel der Umstände seit dem Vertragsabschluss (clausula rebus sic stantibus) oder ein unerlaubter Zwang ist bei Staaten viel schwieriger nachzuweisen als im Bereich des Privatrechts. Von grosser praktischer Bedeutung sind aber die folgenden Gründe:

a. Suspendierung oder Beendigung wegen erheblicher Vertragsverletzung

Nach Art. 60 VRK darf eine Vertragspartei, die Opfer einer „erheblichen Verletzung" des Vertrages geworden ist, ihre Vertragsverpflichtungen gegenüber dem Verletzerstaat vorübergehend ganz oder teilweise ausser Kraft setzen (Suspension) oder den Vertrag sogar beenden. Siehe dazu ausführlich hinten 4. Teil, 1. Kap., Ziff. II.1.

Diese Möglichkeit ist ein wichtiges Mittel erlaubter Selbsthilfe der Staaten, um den Verletzerstaat zur Einhaltung des Völkerrechts zu zwingen.

b. Kündigung von Verträgen ohne Kündigungsklausel

Für die Kündigung eines Vertrags ist massgebend, was seine Kündigungsklausel sagt. Schwieriger ist die Kündbarkeit für jene Verträge zu beurteilen, die keine Kündigungsklausel enthalten. Art. 56 VRK geht grundsätzlich von ihrer Unkündbarkeit aus, enthält aber eine differenzierte Regel, welche Ausnahmen erlaubt:

> „(1) Ein Vertrag, der keine Bestimmung über seine Beendigung enthält und eine Kündigung oder einen Rücktritt nicht vorsieht, unterliegt weder der Kündigung noch dem Rücktritt, sofern
>
> a) nicht feststeht, dass die Vertragsparteien die Möglichkeit einer Kündigung oder eines Rücktritts zuzulassen beabsichtigten, oder
>
> b) ein Kündigungs- oder Rücktrittsrecht sich nicht aus der Natur des Vertrags herleiten lässt.

(2) Eine Vertragspartei hat ihre Absicht, nach Absatz 1 einen Vertrag zu kündigen oder von einem Vertrag zurückzutreten, mindestens zwölf Monate im voraus zu notifizieren."

Ob die Vertragsparteien im Sinne von Abs. 1 lit. a beabsichtigten, Kündigungen zuzulassen, ergibt sich aus der Entstehungsgeschichte des Vertrages. Lässt sich ein entsprechender Wille nicht nachweisen, bleibt es bei der Unkündbarkeit. Ein Beispiel hierfür sind die Ausführungen des Menschenrechtsausschusses in seiner Allgemeinen Bemerkung Nr. 26 (1997) zur Frage, ob der Pakt über die bürgerlichen und politischen Rechte kündbar ist, obwohl er keine Kündigungsklausel enthält:

„2. That the parties to the Covenant did not admit the possibility of denunciation and that it was not a mere oversight on their part to omit reference to denunciation is demonstrated by the fact that article 41 (2) of the Covenant does permit a State party to withdraw its acceptance of the competence of the Committee to examine inter-State communications by filing an appropriate notice to that effect while there is no such provision for denunciation of or withdrawal from the Covenant itself. Moreover, the Optional Protocol to the Covenant, negotiated and adopted contemporaneously with it, permits States parties to denounce it. Additionally, by way of comparison, the International Convention on the Elimination of All Forms of Racial Discrimination, which was adopted one year prior to the Covenant, expressly permits denunciation. It can therefore be concluded that the drafters of the Covenant deliberately intended to exclude the possibility of denunciation. The same conclusion applies to the Second Optional Protocol in the drafting of which a denunciation clause was deliberately omitted."

Schwieriger zu bestimmen ist, ob sich ein Kündigungs- oder Rücktrittsrecht „aus der Natur des Vertrages" ergibt (Abs. 1 lit. b). Kündbar sind in diesem Sinne sicher etwa Bündnis- und Handelsverträge, unkündbar Grenzverträge. Ebenfalls unkündbar sind wohl Verträge, welche ausschliesslich Gewohnheitsrecht enthalten. In anderen Fällen ist der konkrete Vertrag zu analysieren. Der Menschenrechtsausschuss führte hierzu in seiner Allgemeinen Bemerkung Nr. 26 (1997) zum Pakt über bürgerliche und politische Rechte aus:

„3. Furthermore, it is clear that the Covenant is not the type of treaty which, by its nature, implies a right of denunciation. Together with the simultaneously prepared and adopted International Covenant on Economic, Social and Cultural Rights, the Covenant codifies in treaty form the universal human rights enshrined in the Universal Declaration of Human Rights, the three instruments together often being referred to as the „International Bill of Human Rights". As such, the Covenant does not have a temporary character typical of treaties where a right of denunciation is deemed to be admitted, notwithstanding the absence of a specific provision to that effect." (UN Doc A/53/40, Annex VII)

c. Verstoss gegen ius cogens

Art. 53 VRK bestimmt:

„Ein Vertrag ist nichtig, wenn er im Zeitpunkt seines Abschlusses im Widerspruch zu einer zwingenden Norm des allgemeinen Völkerrechts steht. Im Sinne dieses Übereinkommens ist eine zwingende Norm des allgemeinen Völkerrechts eine Norm, die von der internationalen Staatengemeinschaft in ihrer Gesamtheit angenommen und anerkannt wird als eine Norm, von der

> nicht abgewichen werden darf und die nur durch eine spätere Norm des allgemeinen Völkerrechts derselben Rechtsnatur geändert werden kann."

Siehe zum ius cogens detailliert hinten 5. Kap., Ziff. II.1.

3. Verfahren bei Suspendierung, Beendigung oder Anrufung eines Ungültigkeitsgrundes

Die Wirkungen einer Suspendierung, Beendigung oder Anrufung eines Ungültigkeitsgrundes treten nicht automatisch ein; vielmehr muss gemäss dem Text der VRK das Verfahren gemäss Art. 65 - 68 VRK eingehalten werden. In der Praxis wird dieses Verfahren kaum je benutzt, was darauf hinweist, dass es sich hier anders als bei den meisten materiell-rechtlichen Bestimmungen der VRK nicht um eine Kodifikation von Gewohnheitsrecht handelt.

VI. VERTRAGSSUKZESSION

1. Relevante Situationen

Die Frage der Vertragssukzession stellt sich, wenn die territoriale Souveränität über ein bestimmtes Gebiet wechselt, wenn also ein neuer Staat an die Stelle eines anderen Staates als Inhaber der Gebietsherrschaft tritt (Staatennachfolge). Das Thema Vertragssukzession befasst sich mit einem Aspekt der Staatennachfolge, nämlich mit der Frage, ob und wann ein neuer Staat Verträge des Vorgängerstaates übernimmt. Diese Frage stellt sich in folgenden Situationen:

- *Zergliederung*: Aufspaltung eines Staates mit Untergang des Vertragsstaates.
- *Sezession*: Abspaltung und Entstehung eines neuen Staates mit Weiterbestehen des alten, territorial verkleinerten Staates.
- *Zession*: Übergang des Gebietes von einem Staat an einen anderen Staat mit Weiterbestehen beider Staaten in ihren neuen Grenzen.
- *Fusion*: Zusammenwachsen zweier Staaten zu einem neuen Staat mit Untergang der Vorgängerstaaten.
- *Inkorporation*: Eingliederung eines früheren Staates in einen anderen Staat mit der Folge, dass der frühere Staat untergeht.

2. Grundprinzipien

Praxis und Doktrin anerkennen für die Beurteilung der Frage, ob und unter welchen Voraussetzungen der neue Staat (Nachfolgestaat) Verträge des Vorgängerstaates übernimmt, folgende Prinzipien:

- *Kontinuität*: Der neue Staat übernimmt Verträge des Vorgängerstaates automatisch und ist an sie ohne weiteres gebunden.

- *Kontinuität ad interim*: Der neue Staat übernimmt Verträge des Vorgängerstaates zwar automatisch, diese gelten aber nur solange weiter bis dieser Staat oder sein Vertragspartner erklärt, den Vertrag nicht weiterführen zu wollen.

- *Tabula rasa*: Der neue Staat beginnt seine Existenz vertragslos, d.h. ist nicht an die Verträge des Vorgängerstaates gebunden. Er kann aber ausdrücklich oder durch konkludentes Verhalten kundtun, sie übernehmen zu wollen.

Wenn immer ein Staat basierend auf die obigen Vorgaben Verträge des Vorgängerstaates übernimmt, passt sich deren territorialer Geltungsbereich an die neuen Grenzen an; man spricht daher von *beweglichen Vertragsgrenzen*.

Während die Existenz dieser Prinzipien an sich klar ist, bleibt in Lehre und Praxis umstritten, wann welches Prinzip zum Zuge kommt. Angesichts dieser Unsicherheiten wird die Frage der Vertragssukzession z.T. von den betroffenen Staaten in differenzierter Form ausdrücklich geregelt:

Deutscher Einigungsvertrag vom 31.8.1990

„*Art. 11* *Verträge der Bundesrepublik Deutschland.* Die Vertragsparteien gehen davon aus, dass völkerrechtliche Verträge und Vereinbarungen, denen die Bundesrepublik Deutschland als Vertragspartei angehört, einschliesslich solcher Verträge, die Mitgliedschaften in internationalen Organisationen oder Institutionen begründen, ihre Gültigkeit behalten und die daraus folgenden Rechte und Verpflichtungen sich mit Ausnahme der in Anlage I genannten Verträge auch auf das in Artikel 3 genannte Gebiet beziehen. Soweit im Einzelfall Anpassungen erforderlich werden, wird sich die gesamtdeutsche Regierung mit den jeweiligen Vertragspartnern ins Benehmen setzen.

Art. 12 *Verträge der Deutschen Demokratischen Republik.* (1) Die Vertragsparteien sind sich einig, dass die völkerrechtlichen Verträge der Deutschen Demokratischen Republik im Zuge der Herstellung der Einheit Deutschlands unter den Gesichtspunkten des Vertrauensschutzes, der Interessenlage der beteiligten Staaten und der vertraglichen Verpflichtungen der Bundesrepublik Deutschland sowie nach den Prinzipien einer freiheitlichen, demokratischen und rechtsstaatlichen Grundordnung und unter Beachtung der Zuständigkeiten der Europäischen Gemeinschaften mit den Vertragspartnern der Deutschen Demokratischen Republik zu erörtern sind, um ihre Fortgeltung, Anpassung oder ihr Erlöschen zu regeln beziehungsweise festzustellen.

(2) Das vereinigte Deutschland legt seine Haltung zum Übergang völkerrechtlicher Verträge der Deutschen Demokratischen Republik nach Konsultationen mit den jeweiligen Vertragspartnern und mit den Europäischen Gemeinschaften, soweit deren Zuständigkeiten berührt sind, fest." (Quelle: Die Verträge zur Einheit Deutschlands, Beck-Texte im dtv, München 1990).

Wo eine ausdrückliche Regelung fehlt, zeigt sich in den letzten Jahren und Jahrzehnten ein deutlicher Trend hin zu einer Praxis, welche von folgenden Grundsätzen geprägt ist:

- Im Kontext der Entkolonialisierung gilt der Grundsatz der *tabula rasa* mit Eintrittsmöglichkeit des Nachfolgestaates (Ziff. 3);

- Ausserhalb des kolonialen Kontexts gilt der Grundsatz der *Kontinuität ad interim* (Ziff. 4);

- Für bestimmte Vertragsarten, namentlich Menschenrechtsverträge und Verträgen zu territorialen Fragen gilt der Grundsatz der *Kontinuität* (Ziff. 5).

3. *Tabula rasa*

Die (von der Schweiz nicht ratifizierte) Wiener Konvention über die Staatennachfolge in Rechte und Pflichten aus Verträgen vom 22. August 1978 geht für den Normalfall vom Prinzip der Kontinuität aus, sieht aber einige Ausnahmen vor. Für *„newly independent states"*, d.h. Gebiete, die unmittelbar vor der Sukzession von einem anderen Gebiet abhängig waren (v.a. in die Unabhängigkeit entlassene Kolonien), sehen Art. 16 ff. das Prinzip der tabula rasa vor, wobei es dem neuen Staat offen steht, mit expliziter Erklärung oder durch konkludentes Verhalten den Vertrag des Vorgängerstaates zu übernehmen.

ILC, Report on the work of its 26th session, 1974, paras. 57 f.

„The Commission has taken account of the implications of the principle of the Charter of the United Nations, in particular self-determination, in the modern law concerning succession in respect of treaties. For this reason in has not felt able to endorse the thesis put forward by some jurists that the modern law does, or ought to, make the presumption that a "newly independent State" consents to be bound by any treaties previously in force internationally with respect to its territory, unless within a reasonable time it declares a contrary intention. Those who advocate the making of that presumption are no doubt influenced by the ever-increasing interdependence of States, the consequential advantages of promoting the continuity of treaty relations in cases of succession and the considerable extent to which in the era of decolonization newly independent States have accepted to continuance of the treaties of the predecessor States. The presumption, however, touches a fundamental point of principle affecting the general approach to the formulation of the law relating to the succession of a newly independent State.

The Commission, after a study of State and depositary practice, concluded that in modern international law, having regard to the need for the maintenance of the system of multilateral treaties and of the stability of treaty relationships, as a general rule the principle of de jure continuity should apply. On the other hand, the "traditional" principle that a "new State" begins its treaty relations with a clean slate, if properly understood and limited was in the opinion of the Commission more consistent with the principle of self-determination as it is applicable in the case of newly independent States. The clean slate principle was well-designed to meet the situation of newly independent States, namely, those which emerge from former dependent territories. Consequently, the Commission was of the opinion that the main implication of the principle of self-determination in the law concerning succession in respect of treaties was precisely to confirm the traditional clean slate principle as the underlying norm for cases of newly independent States or for cases that may be assimilates to them (...)".

Die Wiener Konvention ist allerdings nur von relativ wenigen Staaten ratifiziert worden, und es ist unklar, wie weit sie Gewohnheitsrecht kodifiziert. Das Bundesgericht hat sich trotz fehlender Ratifikation durch die Schweiz an der Regelung der Konvention orientiert.

Auslieferungsvertrag zwischen der Schweiz und Grossbritannien von 1880, BGE 105 Ib 286

„Ob der schweizerisch-britische Auslieferungsvertrag auch im Verhältnis zwischen der Schweiz und Südafrika anwendbar sei, betrifft die Frage der Staatennachfolge. (...).

Grundsätzlich beginnt ein neu entstandener Staat, auf dessen Staatsgebiet Verträge anwendbar waren, die sein Gebietsvorgänger (z.B. eine Kolonialmacht) abgeschlossen hatte, sein Dasein als Völkerrechtssubjekt ohne an diese Verträge gebunden zu sein (..., Prinzip der „tabula rasa", bzw. „clean slate rule"). Die Staatenpraxis zeigt allerdings, dass verschiedene Kategorien von Verträgen zwischen den neu entstandenen Staaten und den Gegenparteien der Gebietsvorgänger aufrechterhalten werden. Neu entstandene Staaten wären kaum in der Lage, nach dem Eintritt der Unabhängigkeit alle Verträge, auf die sie aus wirtschaftlichen und verwaltungstechnischen Gründen angewiesen sind, kurzfristig neu auszuhandeln. Dennoch kann aber nicht auf eine gewohnheitsrechtliche Regel geschlossen werden, dass Verträge, die ein Gebietsvorgänger abgeschlossen hat, ohne weiteres im Verhältnis zwischen einem neu entstandenen Staat und der Gegenpartei des Gebietsvorgängers Gültigkeit behalten. Ein bilateraler Vertrag, der zwischen dem Gebietsvorgänger und einer Gegenpartei abgeschlossen worden war, behält zwischen dieser Gegenpartei und dem neu entstandenen Staat seine Gültigkeit nur, wenn diese beiden Staaten übereinkommen, den Vertrag aufrechtzuerhalten. Dies kann ausdrücklich oder durch konkludentes Handeln erfolgen (...).

d) Das Bundesamt für Polizeiwesen hat einen Brief-, bzw. Notenwechsel zwischen schweizerischen und südafrikanischen Behörden in fünf Auslieferungsfällen, die zwischen 1956 und 1976 bearbeitet wurden, vorgelegt. Aus diesen Noten und Briefen, die von der südafrikanischen Botschaft in Bern und der südafrikanischen Polizei (...) an das Eidgenössische Departement für auswärtige Angelegenheiten und an das Bundesamt für Polizeiwesen gerichtet worden waren, sowie aus entsprechenden Schreiben des Bundesamtes für Polizeiwesen an die südafrikanische Botschaft in Bern und an die südafrikanische Polizei geht klar hervor, dass die betreffenden Behörden sich jedesmal auf den Auslieferungsvertrag zwischen der Schweiz und Grossbritannien berufen und diesen im Verhältnis der Schweiz zu Südafrika als anwendbar erachtet haben." (a.a.O. E. 1c,d S. 290 f.)

4. Kontinuität ad interim

Die zahlreichen Fälle von Staatennachfolge ausserhalb Kontextes der Entkolonialisierung in Europa und dem Gebiet der ehemaligen Sowjetunion seit dem Ende des Kalten Krieges haben möglicherweise zur Ausbildung von neuem Gewohnheitsrecht geführt. THEODOR SCHWEISFURTH fasst diese Entwicklung folgendermassen zusammen:

„13. Die jüngste Staatenpraxis spricht für die Herausbildung einer VGR-Norm, derzufolge in Dismembrations- und Sezessionsfällen die bilateralen Verträge des Vorgängerstaates für alle Nachfolgestaaten automatisch ad interim fortgelten, bis die anderen Vertragsparteien mit den einzelnen Nachfolgestaaten über die endgültige Fortgeltung, die Modifizierung oder das Ausserkrafttreten der Verträge entschieden haben.

14. Die jüngste Sukzessionsstaatenpraxis hat eine VGR-Norm zur Entstehung gebracht – bzw. eine schon existente VGR-Norm verfestigt – derzufolge Nachfolgestaaten und die anderen Vertragsparteien berechtigt und verpflichtet sind, über das Schicksal bilateraler Verträge zu verhandeln und eine Einigung herbeizuführen. Dabei sind sie gehalten, die bilateralen Verträge des Vorgängerstaates – erforderlichenfalls revidiert – möglichst fortzuführen, soweit dies ihren beiderseitigen Interessen zur Zusammenarbeit entspricht.

15. Es ist eine deutliche Tendenz erkennbar in Richtung auf die Herausbildung einer VGR-Regel, derzufolge multilaterale universelle Verträge für alle Nachfolgestaaten ad interim fortgelten, bis der Nachfolgestaat seine endgültige Rechtsnachfolge oder seinen Rücktritt vom Vertrag dem Depositar notifiziert hat. Ihre diesbezügliche Haltung durch die Notifizierung klarzustellen, sind sie verpflichtet."

(Das Recht der Staatensukzession. Die Staatenpraxis der Nachfolge in völkerrechtliche Verträge, Staatsvermögen, Staatsschulden und Archive in den Teilungsfällen Sowjetunion, Tschechoslowakei und Jugoslawien in: Berichte der Deutschen Gesellschaft für Völkerrecht, Band 35, 1996, Thesen 13-16, S. 229 f.)

Auch die schweizerische Praxis geht davon aus, dass in Sukzessionsfällen bilaterale Verträge vorläufig weitergelten, bis die beiden Staaten sich ausdrücklich oder konkludent zur Weitergeltung des Vertrages oder seine Beendigung geäussert haben.

Niederlassungs- und Handelsvertrag zwischen der Schweiz und Russland aus dem Jahr 1872, BGE 132 II 65

Vom Bundesgericht war in diesem Fall zu beurteilen, ob der 1872 zwischen der Schweiz und Russland geschlossene Niederlassungsvertrag auch für das Verhältnis zwischen der Ukraine und der Schweiz Geltung habe.

„In einem Dokument der Direktion für Völkerrecht des Eidgenössischen Departements für auswärtige Angelegenheiten vom 30. März 1992 wurde unter anderem in Bezug auf die Ukraine (und die übrigen GUS-Staaten sowie Georgien, Slowenien und Kroatien) festgehalten, dass auf dem Gebiet der Sukzession von Staaten in Abkommen keine weltweit allgemein anerkannten Rechtsgrundsätze bestünden; ebenso wenig würden Nachfolgestaaten automatisch in die Rechte und Pflichten des ursprünglichen Staates treten. Für jedes Abkommen müsse geprüft werden, ob die Übernahme der Rechte und Pflichten des ursprünglichen Staates durch den neu gebildeten Staat den Bedürfnissen der beiden Vertragsstaaten entspreche. Diese Prüfung beanspruche oftmals einige Zeit. Während dessen sollten die betreffenden Abkommen weniger aus juristischen als vielmehr aus praktischen Gründen provisorisch weiterhin zur Anwendung gelangen (...). In einer weiteren Note vom 20. Januar 1994 wurde erklärt, dass es zwar nicht zu einer automatischen Fortgeltung komme. Die betroffenen Staaten könnten aber jederzeit eine Sukzessionserklärung abgeben oder aber ihre Absicht erklären, an den fraglichen Vertrag nicht gebunden sein zu wollen (...)." (E. 3.3.-3.5 S. 70 ff.)

A. c. Office fédéral de la police, BGE 123 II 511

In diesem Urteil aus dem Jahr 1997 setzt sich das Bundesgericht u.a. mit der Frage auseinander, in welcher Art und Weise Nachfolgestaaten die Weitergeltung von Verträgen kundtun können.

> „Etat d'Asie centrale, membre de la Communauté des Etats indépendants (CEI) et de l'Organisation des Nations Unies, la République du Kazakhstan est, juridiquement, l'un des Etats successeurs de l'ancienne Union des Républiques socialistes soviétiques (URSS) – dont la Fédération de Russie est, quant à elle, l'Etat continuateur (...). En tant qu'Etat successeur de l'ancienne URSS, la République du Kazakhstan est libre d'exprimer ou non son consentement à être liée par les traités auxquels l'Etat dont elle est issue est partie. L'expression de ce consentement peut prendre la forme d'une simple déclaration de succession. Celle-ci constitue un mode de participation au traité de même valeur que la ratification ou l'adhésion, à ceci près qu'une telle déclaration produit un effet rétroactif à la date de l'accession à l'indépendance de l'Etat successeur (...). Jusqu'ici, le Kazakhstan n'a pas exprimé, selon les modalités décrites, son consentement à être lié par le Pacte ONU II ou par la Convention des Nations-Unies contre la torture et les autres traitements ou peines inhumains, cruels ou dégradants, du 10 décembre 1984 (...)." (a.a.O. E. 5d S. 518 f.)

Abkommen vom 8. Juni 1962 zwischen der Schweizerischen Eidgenossenschaft und der Föderativen Volksrepublik Jugoslawien über Sozialversicherung, BGE 139 V 263

Mit Entscheid vom 18. Dezember 2009 beschloss der Bundesrat, das obgenannte Abkommen gegenüber dem neu entstandenen Staat Kosovo nicht mehr anzuwenden und wies damit ein entsprechendes Gesuch Kosovos ab. Daher verweigerte die AHV-Ausgleichskasse einem kosovarischen Staatsangehörigen die Berufung auf diesen Vertrag. Nachdem die Vorinstanz dem Beschwerdeführer Recht gegeben hatte, beschwerte sich die Ausgleichskasse vor Bundesgericht. Dieses führt nach eine ausführlichen Darstellung seiner Praxis (E. 5.1.-5.4) im Bereich der Vertragssukzession dazu aus:

> „6.4 [Der] Sachverhalt erhellt, dass die Schweiz zur Frage der Fortgeltung bilateraler Verträge auch im Verhältnis zum Kosovo einen pragmatischen Weg eingeschlagen hat. Von ausschlaggebender Bedeutung ist dabei, dass es auch diesbezüglich keine automatische Vertragsübernahme gab. Über die Fortgeltung der bilateralen Verträge wurde unter Berücksichtigung der Interessen sowohl des Neustaates wie auch der Schweiz durch Verhandlungen entschieden. In der Zwischenzeit wurden die fraglichen Verträge nicht aus juristischen, sondern aus praktischen Gründen - insbesondere aus Gründen der Rechtssicherheit zwecks Vermeidung eines "Rechtsunterbruchs" im Falle einer endgültigen Übernahme - provisorisch weiter angewendet. Mit anderen Worten endete die Vertragsbindung - im Verhältnis zum (ehemals serbischen) Staatsgebiet des Kosovos - grundsätzlich mit der Konstituierung und Anerkennung Kosovos als Nachfolgerstaat (...); der Kosovo hatte mit seiner Unabhängigkeitserklärung seine rechtliche Identität mit Serbien aufgegeben (...). Entsprechend bedurfte es keiner formellen Vertragskündigung (...). Der Handhabung und dem Vorgehen der Schweiz stehen weder die völker(vertrags-)rechtliche Lage (...) noch die von ihr im Kontext mit Nachfolgerstaaten - vor allem in jüngerer Zeit - geübte Praxis (....) entgegen.
>
> Der Umstand, dass die Schweiz das Sozialversicherungsabkommen vorläufig weiter anwendete, vermag nicht zu einem anderen Ergebnis zu führen. Die

> Republik Kosovo war sich jederzeit bewusst, dass es zur definitiven Übernahme einer Einigung mit der Schweiz bedurfte (....). Sie war sich somit über die bedingte Weitergeltung im Klaren. Mit dem endgültigen Entscheid der Schweiz, keine zwischen ihr und der Republik Serbien bestehenden Abkommen auf die Republik Kosovo zu übertragen, wurde ausschliesslich der Schwebezustand und nicht das Sozialversicherungsabkommen selber beendet. (...).
>
> Im Übrigen wird mit der pragmatischen Weiteranwendung deutlich, dass Verträge nicht nur eine pränatale, sondern auch eine postmortale Existenz haben können. Erstere ist in Art. 25 VRK als vorläufige Anwendung eines noch nicht in Kraft getretenen Vertrages geregelt (...). Demgegenüber steht hier die Anwendung eines nicht mehr in Kraft befindlichen Vertrages zur Diskussion. Spiegelbildlich wäre daher für die vorliegende Konstellation der Begriff "nachherige" Anwendung zu gebrauchen. Dabei spricht die Dogmatik für eine sinngemässe Übertragung von Art. 25 VRK, nach dessen Abs. 2 der Schwebezustand einseitig durch Notifikation - ohne Weiterungen - beendet werden darf (...)."

5. Kontinuität

Eine Ausnahme vom Prinzip der vorläufigen Weitergeltung bis zum Entscheid über die Weiterführung gilt für bestimmte Vertragstypen, bei denen in der Regel eine automatische Nachfolge angenommen wird. Dazu gehören:

- *Menschenrechtsverträge:* Richter Weeramantry erläuterte im Fall *IGH, Application of the Convention on the Prevention and Punishment of the Crime of Genocide (Bosnia and Herzegovina v. Serbia and Montenegro), Preliminary Objections, Judgment, I.C.J. Reports 1996, p. 595* in einer separate opinion die Gründe für die automatische Nachfolge:

> „If the contention is sound that there is no principle of automatic succession to human rights and humanitarian treaties, the strange situation would result of the people within a State, who enjoy the full benefit of a human rights treaty, such as the International Covenant on Civil and Political Rights, and have enjoyed it for many years, being suddenly deprived of it as though these are special privileges that can be given or withdrawn at the whim or fancy of Governments. Populations once protected cease to be protected, may be protected again, and may again cease to be protected, depending on the vagaries of political events. Such a legal position seems to be altogether untenable, especially at this stage the development of human rights." (a.a.O. S. 649)

Dieselbe Auffassung vertrat der Menschenrechtsausschuss in *General Comment No 26 (1997)*

> „(...) the rights enshrined in the [International Covenant on Civil and Political Rights 1966] belong to the people living in the territory of the State Party (...) such protection devolves with the territory and continues to belong to them, notwithstanding (...) State succession."

- *Grenzverträge und andere Verträge über territoriale Fragen*: Im Fall *Gabčíkovo-Nagymaros Project (Hungary/Slovakia) Judgment, I.C.J. Reports 1997, p. 7* anerkannte der IGH zudem, dass die in Art. 12 der Wiener Konvention über die Staatennachfolge in Verträge statuierte Weitergeltung von Verträgen, die territoriale Fragen regeln, Gewohnheitsrecht wiedergebe:

> „In its Commentary on the Draft Articles on Succession of States in respect of Treaties, adopted at its twenty-sixth session, the International Law Commission identified "treaties of a territorial character" as having been regarded both in traditional doctrine and in modern opinion as unaffected by a succession of States (...). The draft text of Article 12, which reflects this principle, was subsequently adopted unchanged in the 1978 Vienna Convention. The Court considers that Article 12 reflects a rule of customary international law; it notes that neither of the Parties disputed this. Moreover, the Commission indicated that "treaties concerning water rights or navigation on rivers are commonly regarded as candidates for inclusion in the category of territorial treaties (...)." (a.a.O. S. 72)

2. KAPITEL: GEWOHNHEITSRECHT

I. BEGRIFF

Art. 38 Abs. 1 lit. b IGH-Statut definiert das internationale Gewohnheitsrecht „als Ausdruck einer allgemeinen, als Recht anerkannten Übung". Völkergewohnheitsrecht beruht somit auf zwei Elementen, (1.) einer allgemeinen Übung (so genannte Staatenpraxis; consuetudo) und (2.) der Überzeugung, dass diese Übung rechtlich gefordert ist (Rechtsüberzeugung; opinio iuris).

Diese beiden Voraussetzungen müssen kumulativ erfüllt sein. Ist nur die Voraussetzung der allgemeinen Übung erfüllt, handelt ein Staat lediglich auf Grund der Völkersitte (Völkercourtoisie). Geht ein Staat andererseits fälschlicherweise von dem Bestehen einer opinio iuris aus, ohne eine entsprechende Handlung vorzunehmen, trägt er nicht zur Bildung von Gewohnheitsrecht bei.

Falls eine allgemeine, von der opinio iuris getragene Übung existiert, bindet sie als universelles Gewohnheitsrecht alle Staaten (zum regionalen Gewohnheitsrecht hinten Ziff. VI.1), d.h. auch jene, welche sich bisher nicht aktiv an der Übung beteiligt haben (zum beharrlichen Widersetzen hinten Ziff. V). Die u.a. von der ehemaligen Sowjetunion vertretene Auffassung, Gewohnheitsrecht binde nur die Staaten, welche ihm stillschweigend zugestimmt haben, d.h. sei eigentlich ein konkludent geschlossener Vertrag, hat sich nicht durchgesetzt.

Inhaltlich sind dem Gewohnheitsrecht keine Schranken gesetzt. Gewohnheitsrechtlicher Natur sind beispielsweise so unterschiedliche Normen wie die Auslegungsregel von Art. 31 VRK (IGH, Pulp Mills on the River Uruguay (Argentina v. Uruguay), Judgment, I.C.J. Reports 2010, p. 14 ff., para. 65), das Folterverbot (hinten Ziff. II.2.b), die Pflicht zur Konsultation der Nachbarstaaten bei technologischen Grossanlagen mit potenziell grenzüberschreitenden Auswirkungen (hinten 4. Teil, 1. Kap., Ziff. I.2.a) oder die Regeln des diplomatischen Schutzes (hinten Ziff. III.2.b).

II. DIE ELEMENTE DES VÖLKERGEWOHNHEITSRECHTS

1. *Allgemeine Übung*

Die Übung der Staaten in einem bestimmten Sachbereich, d.h. die sog. Staatenpraxis, muss gewisse Voraussetzungen erfüllen, damit sie als Ausdruck einer gewohnheitsrechtlichen Regel gelten kann:

(1) *Die Übung muss generell und einheitlich sein:* Allgemeinheit der Übung bedeutet nicht, dass sie auch von der Streitpartei immer befolgt worden sein

muss. Es genügt, dass die Staaten sich im Allgemeinen, d.h. in der überwiegenden Zahl der Fälle, gegenseitig und in inhaltlich übereinstimmender Weise daran halten und Abweichungen im Allgemeinen als Verletzungen behandeln. Abweichungen können die Gültigkeit des Gewohnheitsrechts nicht in Frage stellen, sondern weisen auf eine Verletzung der gewohnheitsrechtlichen Norm hin, falls andere Staaten sich in der Regel dagegen wenden. Im Fall *Military and Paramilitary Activities in and against Nicaragua (Nicaragua v. United States of America), Judgment, I.C.J. Reports 1986, p. 14* (zum Sachverhalt hinten Ziff. 2.a), bei welchem es um den gewohnheitsrechtlichen Charakter des Gewalt- und Interventionsverbots ging, führte der IGH aus:

> „186. It is not to be expected that in the practice of States the application of the rules in question should have been perfect, in the sense that States should have refrained, with complete consistency, from the use of force or from intervention in each other's internal affairs. The Court does not consider that, for a rule to be established as customary, the corresponding practice must be in absolutely rigorous conformity with the rule. In order to deduce the existence of customary rules, the Court deems it sufficient that the conduct of States should, in general be consistent with such rules, and that instances of State conduct inconsistent with a given rule should generally be treated as breaches of that rule, not as indications of the recognition of a new rule. [...]"

Bei der Entstehung aus Vertrag kann von einer allgemeinen Übung nur gesprochen werden, wenn die Beteiligung repräsentativ ist (dazu hinten in diesem Kapitel Ziff. III). Einseitige Staatenpraxis führt nicht zur Bildung von Gewohnheitsrecht.

(2) *Die Übung muss eine gewisse Dauer haben:* Je kürzer die Dauer ist, desto intensiver und einheitlicher muss die Übung sein. Wo am Ursprung ein Anerkennungsakt (hinten in diesem Kapitel Ziff. III.2) steht, muss er durch die nachfolgende Praxis der repräsentativen Staaten bestätigt werden, um Völkergewohnheitsrecht zu werden.

2. *Rechtsüberzeugung (opinio iuris)*

Eine Übung wird nicht schon deshalb zum Gewohnheitsrecht, weil sie einheitlich ist. Notwendig ist, dass die Staaten, welche einer bestimmten Übung folgen, dies tun, weil sie überzeugt sind, dass ihr eine rechtsverbindliche Regel zugrunde liegt.

a. Opinio iuris als subjektive Überzeugung

Gemäss einer *traditionellen Auffassung* verlangt das Element der opinio iuris eine *subjektive* Überzeugung der Staaten. Diese Auffassung hat der IGH etwa im Nordsee-Festlandsockel-Fall vertreten (zur Kritik dieser Auffassung hinten 2.b):

IGH, North Sea Continental Shelf (Federal Republic of Germany/Denmark and Netherlands), Judgment, I.C.J. Reports 1969, p. 3

Zwischen Deutschland einerseits, Dänemark und den Niederlanden andererseits, kam es zu einer durch vorangegangene Verhandlungen nicht gelösten Meinungsverschiedenheit über die anwendbaren völkerrechtlichen Regeln zur Abgrenzung des Festlandsockels in der Nordsee. Dänemark und die Niederlande wollten die Abgrenzung auf das so genannte Äquidistanzprinzip abstützen, bei welchem die Grenze auf der Mittellinie („gleiche Distanz") zwischen den beiden Küsten liegt. Das Prinzip war im Festlandsockel-Übereinkommen von 1958, dem Dänemark und die Niederlande, nicht aber Deutschland angehörten, festgelegt. Dänemark und die Niederlande machten geltend, es handle sich beim Äquidistanzprinzip angesichts der Tatsache, dass es verschiedentlich von Nichtvertragsstaaten angewandt wurde, um einen völkergewohnheitsrechtlichen Grundsatz. Wegen der für Deutschland ungünstigen geographischen Situation hätte die Bundesrepublik mit dieser Methode nur einen ganz kleinen Anteil am Festlandsockel der Nordsee bekommen. Die Bundesrepublik widersetzte sich deshalb der Anwendung des Äquidistanzprinzips und bestritt dessen gewohnheitsrechtliche Geltung, da die Praxis uneinheitlich sei.

Der IGH anerkannte, dass das Äquidistanzprinzip in verschiedenen Fällen für die Abgrenzung der den Anstösserstaaten zustehenden Anteile am Festlandsockel Anwendung fand, obwohl die Vertragsparteien das Festlandsockel-Übereinkommen nicht ratifiziert hatten, führte dann aber aus:

> „The essential point in this connection – and it seems necessary to stress it – is that even if these instances of action by non-parties to the Convention were much more numerous than in fact are, they would not, even in the aggregate, suffice in themselves to constitute the *opinio juris;* - for, in order to achieve this result, two conditions must be fulfilled. Not only must the acts concerned amount to a settled practice, but they must also be such, or be carried out in such a way, as to be evidence of a belief that this practice is rendered obligatory by the existence of a rule of law requiring it. The need for such a belief, i.e., the existence of a subjective element, is implicit in the very notion of *the opinio juris sive necessitatis.* The States concerned must therefore feel that they are conforming to what amounts to a legal obligation. The frequency or even habitual character of the acts is not in itself enough. There are many international acts, e.g., in the field of ceremonial and protocol, which are performed almost invariably, but which are motivated only by considerations of courtesy, convenience or tradition, and not by any sense of legal duty." (a.a.O. S. 44 f. para. 77 f.)

Die Anwendung des Äquidistanzprinzips zur Abgrenzung der Festlandsockel zwischen Deutschland und seinen Nachbarn wurde vom IGH abgelehnt, da diese Regel nicht Teil des Völkergewohnheitsrechts geworden sei, weil nur in einigen wenigen Fällen Staaten dieses Prinzip angewandt hätten und auch in diesen Fällen keine Hinweise auf eine opinio iuris existieren würden.

b. Opinio iuris als aus der Übung ableitbares Element

Die Auffassung, die opinio iuris müsse auf einer *subjektiven* Rechtsüberzeugung beruhen, ist vielfach kritisiert worden. Im *North Sea Continental Shelf-Fall* betonten Richter LACHS und SORENSEN in abweichenden Meinungen (*dissenting opinions*), oft sei es unmöglich eine explizite *opinio* iuris nachzuweisen. Vielmehr lasse sich eine solche aus der Staatenpraxis ableiten: Richter LACHS führte aus:

> „Can the practice above summarized be considered as having been accepted as law, having regard to the subjective element required? The process leading to this effect is necessarily complex. [..] Where continental shelf law is concerned, some States have at first probably accepted the rules in question, as States usually do, because they found them convenient and useful, the best possible solution for the problems involved. Others may also have been convinced that the instrument elaborated within the framework of the United Nations was intended to become and would in due course become general law (the teleological element is of no small importance in the formation of law). Many States have followed suit under the conviction that it was law.
>
> (...)
>
> In view of the complexity of this formative process and the differing motivations possible at its various stages, it is surely over-exacting to require proof that every State having applied a given rule did so because it was conscious of an obligation to do so. What can be required is that the party relying on an alleged general rule must prove that the rule invoked is part of a general practice accepted as law by the States in question. No further or more rigid form of evidence could or should be required.
>
> In sum the general practice of States should be recognized as prima facie evidence that it is accepted as law." (I.C.J. Reports 1969, S. 231 f.)

In seiner neueren Praxis verzichtet der IGH oft auf den Nachweis einer subjektiven Überzeugung der Staaten, sondern leitet die opinio iuris aus dem Verhalten der Staaten ab, ohne scharf zwischen Übung und Rechtsüberzeugung zu unterscheiden (dazu hinten Ziff. III.2). Zum Nachweis des gewohnheitsrechtlichen Charakters des Folterverbots führte er beispielsweise aus:

IGH, Questions relating to the obligation to prosecute or extradite (Belgium v. Senegal), Judgment of 20 July 2012)

> "99. (...) That prohibition is grounded in a widespread international practice and on the opinio juris of States. It appears in numerous international instruments of universal application (in particular the Universal Declaration of Human Rights of 1948, the 1949 Geneva Conventions for the protection of war victims; the International Covenant on Civil and Political Rights of 1966; General Assembly resolution 3452/30 of 9 December1975 on the Protection of All Persons from Being Subjected to Torture and Other Cruel, Inhuman or Degrading Treatment or Punishment), and it has been introduced into the domestic law of almost all States; finally, acts of torture are regularly denounced within national and international fora."

III. DER NACHWEIS VON VÖLKERGEWOHNHEITSRECHT

Die Frage, ob eine Übung besteht, hängt schlicht vom Nachweis ab, dass sich Staaten in relevanten Fällen tatsächlich im Allgemeinen in einer bestimmten Weise verhalten haben. Der IGH verzichtet in der Regel auf eine detaillierte Untersuchung. Die Berichte der International Law Commission zu Projekten, welche der Kodifikation von Gewohnheitsrecht dienen, enthalten oft sehr detaillierte Belege.

Wie die Diskussion über die Subjektivität der opinio iuris zeigt, ist der Nachweis, dass eine Übung als rechtsverbindlich anerkannt ist, unter Umständen schwierig.

Staatsorgane können explizit erklären, dass sie ein bestimmtes Verhalten als rechtlich geboten einstufen. Oft ist die Rechtsüberzeugung der Staaten aber nur indirekt nachweisbar, indem man ihre innerstaatliche Rechtsordnung oder ihre Zustimmung zu Resolutionen der UNO und anderer internationaler Organisationen analysiert.

1. Explizite Erklärung

Manchmal erklären Regierungen, Parlamente oder höchste Gerichte ausdrücklich, dass eine bestimmte Norm gewohnheitsrechtlich gilt. Wichtig sind vor allem auch explizite Erklärungen in Stellungnahmen an internationalen Konferenzen, in Vertragsverhandlungen, wo oft argumentiert wird, ein bestimmter Textvorschlag entspreche dem Gewohnheitsrecht, oder im Rahmen von Debatten in internationalen Organisationen.

Die Bedeutung, die rein verbalen Akten zugemessen werden kann, variiert allerdings, je nachdem, wer die Äusserung gemacht hat. Förmliche Erklärungen hochrangiger Diplomaten oder Staatsoberhäupter (z.B. der Austausch diplomatischer Noten oder diplomatische Proteste) haben grössere Bedeutung als Äusserungen untergeordneter Organe.

Das Verhältnis von Völkerrecht und Landesrecht
Bericht des Bundesrates vom 10. März 2010, BBl 2010, S. 2280)

„Das Wiener Übereinkommen vom 23. Mai 1969 über das Recht der Verträge (WVK; SR 0.111) enthält die wichtigsten allgemeinen Regeln über den Abschluss, die Anwendung, die Auslegung sowie die Auflösung völkerrechtlicher Verträge. Die meisten dieser Regeln stellen gleichzeitig Völkergewohnheitsrecht dar." (BBl 2010, S. 2278)

„Zur Illustration von Gewohnheitsrecht können die Immunitäten von Staatsoberhäuptern, die Verantwortlichkeit von Staaten (...), die Festlegung des Festlandsockels oder das Interventionsverbot dienen. Es bestehen auch völkergewohnheitsrechtliche Grundlagen im Bereich der Aussenwirtschaft, wie zum Beispiel in Bezug auf die Errichtung eines Handelsembargos, die Sicherung des Güteraustausches oder den Schutz von Investitionen vor staatlichen Enteignungen mittels bestimmter Mindeststandards" (BBl 2010, S. 2280).

IGH, Jurisdictional Immunities of the State (Germany v. Italy) Judgment, I.C.J. Reports 2012, S. 93 ff.)

Zur Frage, ob Staaten bezüglich Fehlverhalten ihrer Truppen im Ausland vor den Gerichten des betroffenen Staates Immunität besitzen (dazu hinten 3. Teil, 1. Kap., Ziff. V), führte der IGH aus:

> "In the present context, State practice of particular significance is to be found in (...), the claims to immunity advanced by States before foreign courts and the statements made by States, first in the course of the extensive study of the subject by the International Law Commission [cf. Yearbook of the International Law Commission, 1991, vol. II, Part Two] and then in the context of the adoption of the United Nations Convention [on Jurisdictional Immunities of States and Their Property]. Opinio juris in this context is reflected in particular in the assertion by States claiming immunity that international law accords them a right to such immunity from the jurisdiction of other States; in the acknowledgment, by States granting immunity, that international law imposes upon them an obligation to do so; and, conversely, in the assertion by States in other cases of a right to exercise jurisdiction over foreign States."

2. *Nachweiselemente bei fehlender Erklärung*

Oft fehlt es an expliziten Erklärungen zur Rechtsüberzeugung. Hier muss aus der Übung ableitbar sein, dass die Staaten nicht einfach bewährter Tradition folgen, sondern sich bei ihrem Verhalten davon leiten lassen, dass die betreffende Übung rechtlich geboten ist.

Der IGH stellt dabei vor allem auf das Verhalten von Staaten bei der Erarbeitung von Resolutionen der UNO-Generalversammlung und der Organe anderer internationaler Organisationen sowie übereinstimmende Gesetzgebung und innerstaatliche Rechtsprechung der Staaten ab.

a. Resolutionen Internationaler Organisationen

Die Staaten nehmen heute zu Fragen des Völkerrechts oft im Rahmen der Verabschiedung von *Resolutionen internationaler Organisationen* Stellung. Während heute überwiegend anerkannt ist, dass Resolutionen keine allgemeine Übung darstellen, stellt sich die Frage, ob in ihnen allenfalls eine *opinio iuris* zum Ausdruck kommen kann. In Hinblick auf die Resolutionen der UNO-Generalversammlung hat der IGH sie im Nicaragua-Fall bejaht:

IGH, Military and Paramilitary Activities in and against Nicaragua (Nicaragua v. United States of America), Judgment, I.C.J. Reports 1986, p. 14

Im Rechtsstreit zwischen Nicaragua und den USA ging es um die Rechtmässigkeit der Unterstützung der sog. Contras, einer nichtstaatlichen bewaffneten Gruppe, die sich gegen die Regierung Nicaraguas erhoben hatte (voller Sachverhalt hinten 3. Teil, 1. Kap. Ziff. IV). Nicaragua machte dabei u.a. eine Verletzung des Interventionsverbots gemäss Art. 2 Abs. 4 UNO-Charta, d.h. der Einmischung in die inneren Verhältnisse eines Staates mit Zwangsmitteln (dazu hinten, 3. Teil, 1. Kap. Ziff. IV), geltend.

Der IGH konnte aus prozessualen Gründen den Fall nur auf der Grundlage gewohnheitsrechtlicher Regeln prüfen. Zu diesem Zweck untersuchte der Gerichtshof die Praxis der Staaten und deren *opinio iuris*:

> „188. The Court thus finds that both Parties take the view that the principles as to the use of force incorporated in the United Nations Charter correspond, in essentials, to those found in customary international law. The Parties thus both take the view that the fundamental principle in this area is expressed in the terms employed in Article 2, paragraph 4, of the United Nations Charter. They therefore accept a treaty-law obligation to refrain in their international relations from the threat or use of force against the territorial integrity or political independence of any State, or in any other manner inconsistent with the purposes of the United Nations. The Court has however to be satisfied that there exists in customary international law an opinio iuris as to the binding character of such abstention. This opinio iuris may, though with all due caution, be deduced from, inter alia, the attitude of the Parties and the attitude of States towards certain General Assembly resolutions, and particularly resolution 2625 (XXV) entitled 'Declaration on Principles of International Law concerning Friendly Relations and Co-operation among States in accordance with the Charter of the United Nations'. The effect of consent to the text of such resolutions cannot be understood as merely that of a 'reiteration or elucidation' of the treaty commitment undertaken in the Charter. On the contrary, it may be understood as an acceptance of the validity of the rule or set of rules declared by the resolution by themselves. The principle of non-use of force, for example, must thus be regarded as a principle of customary international law, not as such conditioned by provisions relating to collective security (...)." (a.a.O. S. 98 ff.)

Zu den Voraussetzungen, unter welchen sich aus Resolutionen internationaler Organisationen eine *opinio iuris* ableiten lässt, hat sich der IGH in seinem Gutachten über die Rechtmässigkeit von Atomwaffen geäussert:

IGH, Legality of the Threat or Use of Nuclear Weapons, Advisory Opinion, I.C.J. Reports 1996, p. 226

> „70. The Court notes that General Assembly resolutions, even if they are not binding, may sometimes have normative value. They can, in certain circumstances, provide evidence important for establishing the existence of a rule or the emergence of an *opinio juris*. To establish whether this is true of a given General Assembly resolution, it is necessary to look at its content and the conditions of its adoption; it is also necessary to see whether an *opinio juris* exists as to its normative character. Or a series of resolutions may show the gradual evolution of the *opinio juris* required for the establishment of a new rule.
>
> 71. Examined in their totality, the General Assembly resolutions put before the Court declare that the use of nuclear weapons would be "a direct violation of the Charter of the United Nations"; and in certain formulations that such use "should be prohibited". The focus of these resolutions has sometimes shifted to diverse related matters; however, several of the resolutions under consideration in the present case have been adopted with substantial numbers of negative votes and abstentions; thus, although those resolutions are a clear sign of deep concern regarding the problem of nuclear weapons, they still fall short of establishing the existence of an *opinio juris* on the illegality of the use of such weapons."

In einem neueren Entscheid bekräftigte der IGH seine Auffassung, dass Resolutionen internationaler Organisationen Ausdruck von Rechtsüberzeugung sein können:

IGH, Armed Activities on the Territory of the Congo (Democratic Republic of the Congo v. Uganda), Judgment, I.C.J. Reports 2005, p. 168

Die Demokratische Republik Kongo (DRC) warf Uganda unter anderem vor, ugandische Truppen und die sie unterstützenden kongolesischen Rebellengruppen hätten während der Besetzung Kongos 1998 systematisch Bodenschätze der DRC geplündert und ausgebeutet. Die ugandische Armee habe die Kontrolle über das Wirtschafts- und Handelssystem Kongos übernommen, wobei der Grossteil des Konsumgütermarktes von ugandischen Unternehmen und Personen kontrolliert wurde. Ausserdem hätten die ugandischen Streitkräfte geschützte Tiere und Pflanzen gejagt und ausgebeutet. Kongo sah in diesem Verhalten eine Verletzung völkergewohnheitsrechtlicher Regelungen betreffend die Souveränität eines Staates und seiner natürlichen Ressourcen. Der IGH fand die Grundlage dieser Regelungen in Resolutionen der UN Generalversammlung.

> "244. The Court finds that it cannot uphold the contention of the DRC that Uganda violated the principle of the DRC's sovereignty over its natural resources (...). The Court recalls that the principle of permanent sovereignty over natural resources is expressed in General Assembly resolution 1803 (XVII) of 14 December 1962 and further elaborated in the Declaration on the Establishment of a New International Economic Order (General Assembly resolution 3201 (S.VI) of 1 May 1974) and the Charter of Economic Rights and Duties of States (General Assembly resolution 3281 (XXIX) of 12 December 1974). While recognizing the importance of this principle, which is a principle of customary international law, the Court notes that there is nothing in these General Assembly resolutions which suggests that they are applicable to the specific situation of looting, pillage and exploitation of certain natural resources by members of the army of a State militarily intervening in another State, which is the subject-matter of the DRC's third submission. The Court does not believe that this principle is applicable to this type of situation."

b. Innerstaatliche Gesetzgebung und Praxis

Ob nationale Gesetzgebung und Entscheide nationaler Gerichte zur Entstehung von Staatenpraxis beitragen können, wird in der Lehre kontrovers diskutiert. Einerseits wird argumentiert, dass innerstaatliche gesetzliche Regeln, selbst wenn sie in den allermeisten Staaten inhaltlich identisch sind, nur indirekt den zwischenstaatlichen Verkehr betreffen und deshalb für die Bildung von Gewohnheitsrecht irrelevant sind. Dem wird entgegengehalten, nationale Gesetze und Urteile nationaler Gerichte seien ein wesentliches Element der Staatenpraxis.

Der IGH neigt der zweiten Meinung zu, auch wenn er Gesetze und Gerichtspraxis jeweils zusammen mit dem Verhalten der Staaten auf der internationalen Ebene bewertet. Im Fall *Jurisdictional Immunities of the State (Germany v. Italy)*.Judgment, I.C.J. Reports 2012, S. 93 ff., para. 55 (oben Ziff. III.1) anerkannte er "the judgments of national courts faced with the question whether a foreign State is immune [and] the legislation of those States which have enacted statutes dealing with immunity" neben Stellungnahmen im internationalen Verhältnis als Indizien von besonderer Bedeutung für den Nachweis von Völkergewohnheitsrecht.

IGH, Arrest Warrant of 11 April 2000 (Democratic Republic of the Congo v. Belgium), Judgment, I.C.J. Reports 2002, p. 3

Am 11. April 2000 wurde in Belgien ein Haftbefehl gegen den damals amtierenden kongolesischen Aussenminister Yerodia Ndombasi erlassen. Ihm wurde vorgeworfen, durch mehrere Rundfunkansprachen, in denen er gegen in der Hauptstadt Kinshasa lebende Tutsis gehetzt hatte, gegen die Genfer Konventionen und ihre Zusatzprotokolle verstossen zu haben. Seinen Aussagen, welche er getätigt hatte, als er Sekretär des Präsidenten Kabila war, folgte die Ermordung von mehreren hundert Tutsis. Kongo beantragte vor dem IGH, es sei die Verletzung der dem Aussenminister zukommenden absoluten Immunität durch Belgien festzustellen und der Haftbefehl aufzuheben. Der IGH folgte der Auffassung Kongos und stellte fest, dass auf der Ebene der nationalen Gerichtsbarkeiten auch bei Kriegsverbrechen keine gewohnheitsrechtliche Ausnahme vom Prinzip der absoluten Immunität bestehe. Zur Abklärung der geltenden Staatenpraxis beachtete der Gerichtshof auch Entscheidungen nationaler Gerichte:

> „56. The Court will now address Belgium's argument that immunities accorded to incumbent Ministers for Foreign Affairs can in no case protect them where they are suspected of having committed war crimes or crimes against humanity. In support of this position, Belgium refers in its Counter-Memorial to various legal instruments creating international criminal tribunals, to examples from national legislation, and to the jurisprudence of national and international courts.
>
> 58. The Court has carefully examined State practice, including national legislation and those few decisions of national higher courts, such as the House of Lords or the French Court of Cassation. It has been unable to deduce from this practice that there exists under customary international law any form of exception to the rule according immunity from criminal jurisdiction and inviolability to incumbent Ministers for Foreign Affairs, where they are suspected of having committed war crimes or crimes against humanity."

c. *Dogmatische Begründung*

Wie lässt sich erklären, dass Resolutionen internationaler Organisationen, die nicht rechtsverbindlich sind, oder innerstaatliche Gesetze, welche in Ausübung staatlicher Souveränität erlassen wurden, Grundlage für die Annahme einer opinio iuris sein können?

Während der IGH sich soweit ersichtlich nie zu dieser Frage geäussert hat, besitzt eine Übung laut Jörg Paul Müller gewohnheitsrechtlichen Charakter, wenn gemäss dem Vertrauensprinzip davon ausgegangen werden kann, dass Staaten sich auch künftig so verhalten werden:

> „Mangels der Möglichkeit, unmittelbar subjektive Motivationen von Staaten zu erforschen, bleibt dem Richter in der Regel nichts anderes, als die objektiv vorliegende Praxis selbst daraufhin zu prüfen, ob sie einer bestimmten Re-

gelhaftigkeit folgt. ... Die Übung muss eine solche Konstanz aufweisen, dass ein unbeteiligter Beobachter sie als Ausdruck einer Gesetzmässigkeit begreifen könnte, oder mit andern Worten, dass dieser Beobachter mit gleichem Verhalten in der Zukunft rechnen dürfte und müsste. Auf eine gewohnheitsrechtliche Regel kann sich ein Völkerrechtssubjekt also dann mit Erfolg berufen, wenn seine Erwartung, zukünftiges Verhalten eines andern oder anderer Staaten werde mit der bisherigen Übung konform sein, auf Grund aller Umstände des Falles als gerechtfertigt erscheint. ... Es ist nicht das spekulative Moment einer nicht weiter erklärbaren opinio iuris, sondern das gerechtfertigte Vertrauen in die Konstanz fremden Verhaltens in rechtlich relevanten Handlungsbereichen, das die Verbindlichkeit einer Übung begründen kann." (Jörg Paul Müller, Vertrauensschutz im Völkerrecht, Köln/Berlin 1971, S. 84 f.)

IV. SONDERFÄLLE

In vielen Fällen entsteht Gewohnheitsrecht über längere Zeiträume hinweg als Resultat einer sich langsam entwickelnden Übung, die zunehmend einheitlich wird, und zu welcher im Laufe der Zeit die Überzeugung tritt, dass sie rechtsverbindlich ist. Dies ist möglich, wo die an der Entstehung beteiligten Staaten bzw. internationalen (Schieds-) Gerichte über längere Zeiträume hinweg auf frühere Ereignisse Bezug nehmen, sie reflektieren und ihr Handeln daran ausrichten.

Neben dieser traditionellen Entstehungsweise spielen heute die Entstehung von Gewohnheitsrecht aus Vertragsrecht sowie als Folge einer nachträglichen Anerkennung einer einseitigen Rechtsbehauptung eine wichtige Rolle.

1. Entstehung aus Vertrag

Zwar hat das Gewohnheitsrecht im Vergleich zum Vertragsrecht heute an Bedeutung verloren. Trotzdem bedeutet dies nicht, dass Vertragsrecht das Gewohnheitsrecht einfach ersetzen würde. Vielmehr kann materiell identisches Völkerrecht gleichzeitig als Vertrags- und Gewohnheitsrecht bestehen. In diesem Sinn ist es laut Art. 38 VRK nicht ausgeschlossen, „dass eine vertragliche Bestimmung als ein Satz des Völkergewohnheitsrechts, der als solcher anerkannt ist, für einen Drittstaat verbindlich wird".

So wird oft bereits bestehendes Gewohnheitsrecht in Verträgen kodifiziert. Denkbar und praktisch von Bedeutung ist aber auch der umgekehrte Prozess: die Entstehung von Gewohnheitsrecht aus Vertrag.

IGH, North Sea Continental Shelf (Federal Republic of Germany/Denmark and Netherlands), Judgment, I.C.J. Reports 1969, p. 3

Das Äquidistanzprinzip wurde im 1958 vereinbarten Festlandsockel-Übereinkommen zum relevanten Abgrenzungskriterium bei Streitigkeiten zwischen den Vertragsstaaten erklärt. Im Gegensatz zu Deutschland waren Dänemark und die Niederlande beide dem Festlandsockel-Übereinkommen beigetreten. Die beiden Länder verfochten die Auffassung, dass das in Art. 6 des Vertrages festgelegte Äquidistanzprinzip Teil des Völkergewohnheitsrechts geworden sei und somit auch Deutschland als Nichtpartei binde.

In seinem Urteil erachtete der IGH eine solche Entwicklung für grundsätzlich möglich und nannte folgende Faktoren als relevant für das Entstehen von Gewohnheitsrecht aus Vertrag:

> „It would in the first place be necessary that the provision concerned should, at all events potentially, be of a fundamentally norm-creating character such as could be regarded as forming the basis of general rule of law. (...).
>
> With respect to the other elements usually regarded as necessary before a conventional rule can be considered to have become a general rule of international law, it might be that, even without the passage of any considerable period of time, a very widespread and representative participation in the convention might suffice of itself, provided it included that of States whose interests were specially affected. In the present case however, the Court notes that, even if allowance is made for the existence of a number of States to whom participation in the Geneva Convention is not open, or which, by reason for instance of being land-locked States, would have no interest in becoming parties to it, the number of ratifications and accessions so far secured is, though respectable, hardly sufficient. That non-ratification may sometimes be due to factors other than active disapproval of the convention concerned can hardly constitute a basis on which positive acceptance of its principles can be implied; the reasons are speculative, but the facts remain.
>
> As regards the time element, the Court notes that it is over ten years since the Convention was signed, but that it is even now less than five since it came into force in June 1964, and that when the present proceedings were brought it was less than three years, while less than one had elapsed at the time when the respective negotiations between the Federal Republic and the other two Parties for a complete delimitation broke down on the question of the application of the equidistance principle. Although the passage of only a short period of time is not necessarily, or of itself, a bar to the formation of a new rule of customary international law on the basis of what was originally a purely conventional rule, an indispensable requirement would be that within the period in question, short though it might be, State practice, including that of States whose interest are specially affected, should have been both extensive and virtually uniform in the sense of the provision invoked: - and should moreover have occurred in such a way as to show a general recognition that a rule of law or legal obligation is involved." (a.a.O. S. 41 ff. para. 72 ff.)

DAVID JOHN HARRIS führt im Zusammenhang mit dem Nordsee-Festlandsockel-Fall zum Verhältnis zwischen Vertrag und Gewohnheitsrecht aus:

> „In the Court's opinion, a treaty provision may relate to custom in one of three ways. It may be declaratory of custom at the time that the provision is adopted; it may crystallize custom, as states agree on the provision to be adopted during the treaty drafting process; or the provision may come to be accepted and followed by states as custom in their practice after the treaty's adoption." (D. J. Harris, Cases and Materials on International Law, Fifth Edition, Sweet & Maxwell, London 1998, p. 39)

Der oben bereits erwähnte Fall Nicaragua v. USA konnte aus prozessrechtlichen Gründen nur im Lichte des Gewohnheitsrechts geprüft werden. Dies veranlasste den IGH dazu, auf die grundsätzliche Selbständigkeit von gewohnheitsrechtlichen gegenüber vertraglichen Grundsätzen hinzuweisen:

IGH, Military and Paramilitary Activities in and against Nicaragua (Nicaragua v. United States of America), Judgment, I.C.J. Reports 1986, p. 14

„174. (...)'it cannot dismiss the claims of Nicaragua under principles of customary and general international law, simply because such principles have been enshrined in the texts of conventions relied upon by Nicaragua. The fact that the above-mentioned principles, recognized as such, have been codified or embodied in multilateral conventions does not mean that they cease to exist and to apply as principles of customary law, even as regards to such countries that are parties to such conventions. Principles such as those of the non-use of force, non-intervention, respect for the independence and territorial integrity of States, and the freedom of navigation, continue to be binding as part of customary law, despite the operation of provisions of conventional law in which they have been incorporated' (...).

179. It will therefore be clear that customary international law continues to exist and to apply, separately from international treaty law, even where the categories of law have an identical content. Consequently, in ascertaining the content of the customary law applicable to the present dispute, the Court must satisfy itself that the Parties are bound by the customary rules in question; but the Court is in no way bound to uphold these rules only in so far as they differ from the treaty rules which it is prevented by the United States reservation from applying in the present dispute." (a.a.O. S. 93 ff.)

2. *Anerkennung*

Manchmal entsteht Gewohnheitsrecht aus der sich kurzfristig abspielenden nachträglichen Anerkennung einseitiger Rechtsbehauptungen eines oder einiger weniger Staaten durch die meisten oder alle anderen Staaten. Das klassische Beispiel ist die „Truman Proclamation" zum Festlandsockel von 1945, mit welcher die USA den ihrem Festland vorgelagerten Teil des Festlandsockels zum Teil ihres Staatsgebietes erklärten.

The „Truman Proclamation" on the Continental Shelf

„...NOW, THEREFORE, I, HARRY S. TRUMAN, President of the United States of America, do hereby proclaim the following policy of the United States of America with respect to the natural resources of the subsoil and sea bed of the continental shelf.

Having concern for the urgency of conserving and prudently utilizing its natural resources, the Government of the United States regards the natural resources of the subsoil and sea bed of the continental shelf beneath the high seas but contiguous to the coasts of the United States as appertaining to the United States, subject to its jurisdiction and control. In cases where the continental shelf extends to the shores of another State, or is shared with an adjacent State, the boundary shall be determined by the United States and the State concerned in accordance with equitable principles. The character as high seas of the waters above the continental shelf and the rights to their free and unimpeded navigation are in no way thus affected." (Proclamation No. 2667, 28 September 1945, 10 Fed. Reg. 12303)

Innert kurzer Zeit folgten die meisten Küstenstaaten der Welt diesem Beispiel, und die Binnenländer protestierten dagegen nicht.

V. VERLUST GEWOHNHEITSRECHTLICHER GELTUNG

Gewohnheitsrecht, das seine Relevanz verliert (1) oder durch neues Gewohnheitsrecht ersetzt wird (2), kann seine Geltung verlieren. Man spricht von *desuetudo*.

1. Relevanzverlust

Gewohnheitsrecht, das lange nicht mehr angewandt wurde oder auf dessen Bestand sich kein Völkerrechtssubjekt mehr beruft, verliert seine Geltung.

Da sich immer mehr Staaten von der Regierungsform der Monarchie abwenden, verlieren beispielsweise Regelungen, die den besonderen Schutz der Monarchen zum Ziel haben, ihre Bedeutung (Beispiel nach Doehring, S. 130).

2. Verdrängung durch neues Gewohnheitsrecht

Wie der IGH im *Nicaragua-Fall* anerkannt hat, kann Völkergewohnheitsrecht durch neues Gewohnheitsrecht geändert werden:

> „206. There have been in recent years a number of instances of foreign intervention for the benefit of forces opposed to the government of another State. The Court [...] in the present case [...] has to consider whether there might be indications of a practice illustrative of belief in a kind of general right for States to intervene, directly or indirectly, with or without armed force, in support of an internal opposition in another State, whose cause appeared particularly worthy by reason of the political and moral values with which it was identified. For such a general right to come into existence would involve a fundamental modification of the customary law principle of non-intervention.
>
> In considering the instances of the conduct above described, the Court has to emphasize that, as was observed in the *North Sea Continental Shelf* cases, for a new customary rule to be formed, not only must the acts concerned „amount to a settled practice", but they must be accompanied by the *opinio juris sive necessitatis*. (...)
>
> 207. The significance for the Court of cases of State conduct prima facie inconsistent with the principle of non-intervention lies in the nature of the ground offered as justification. Reliance by a State on a novel right or an unprecedented exception to the principle might, if shared in principle by other States, tend towards a modification of customary international law. In fact however the Court finds that States have not justified their conduct by reference to a new right of intervention or a new exception to the principle of its prohibition. The United States authorities have on some occasions clearly stated their grounds for intervening in the affairs of a foreign State for reasons connected with, for example, the domestic policies of that country, its ideology, the level of its armaments, or the direction of its foreign policy. But these were statements of international policy, and not an assertion of rules of existing international law." *(IGH, Military and Paramilitary Activities in and against Nicaragua (Nicaragua v. United States of America), Judgment, I.C.J. Reports 1986, p. 14)*

Durch die Entstehung einer jüngeren gewohnheitsrechtlichen Regel wird die ältere Regel verdrängt. Dies geschieht, wenn die bisher bestehende allgemeine Übung oder die Rechtsüberzeugung durch eine allgemeine neue Praxis und Rechtsüberzeugung der Staaten ersetzt wird. Als Konsequenz wird so altes Gewohnheitsrecht durch neues Gewohnheitsrecht abgeändert oder aufgehoben. Allerdings muss die Allgemeinheit der Staaten der neuen Übung folgen, ihr zustimmen oder sie zumindest stillschweigend tolerieren. Tun dies nur einzelne Staaten, wird das bisher geltende Gewohnheitsrecht nicht geändert, sondern verletzt.

Beispiel: Kontrolle über Meeresressourcen

Nachdem die USA 1945 mit der „Truman Proclamation" den der USA vorgelagerten Teil des Festlandsockels zum Teil ihres Staatsgebietes erklärt hatten, folgten einige lateinamerikanische Staaten der Westküste diesem Beispiel. Da diese Staaten aufgrund der Anden, welche die Küstenlinie ausmachen, nur geringe Festlandsockelgebiete haben, ihre Wirtschaft aber stark von Fischfang abhängt, erklärten sie, dass in einer 200 Meilen Zone der Zugang zu den natürlichen Ressourcen inklusive den Fischbeständen unter ihrer Zuständigkeit stehe. Viele nicht-lateinamerikanischen Staaten akzeptierten diese Erklärungen allerdings nicht. Zu diesem Zeitpunkt galten daher über den Fischfang zwei unterschiedliche Regelungen, auf der einen Seite die der 200-Meilen Staaten, auf der anderen die der Mehrheit der übrigen Staaten. Als in den späten 1960er Jahren das Problem der Überfischung einer Lösung bedurfte, wandten sich mehrere von der Leerfischung ihrer Küstengewässer betroffenen Staaten an die dritte UNO-Seerechtskonferenz mit der Forderung, die 200-Meilen Regelung zu unterstützen. Bis 1980 hatten die meisten Staaten die Geltung der 200-Meilen Regelung anerkannt und eigene einseitige Erklärungen abgegeben, so dass eine neue generelle Praxis bestand. Die Praxis, welche vorher nur in Lateinamerika galt, wurde nun zur Regel in der Mehrzahl der Staaten. (Beispiel aus Vaughan Lowe, International Law, Oxford University Press, Oxford 2007, S. 61)

Von der Änderung oder Aufhebung einer völkergewohnheitsrechtlichen Norm deutlich zu unterscheiden ist der unbestrittene Grundsatz, dass Staaten *mittels Vertrag vom Gewohnheitsrecht abweichen* dürfen, soweit dieses nicht den Charakter von ius cogens (zu diesem Begriff hinten 5. Kap., Ziff. II.1) hat. Beispielsweise liegt die Grenze zwischen Staaten im Gebirge gewohnheitsrechtlich auf der Wasserscheide, Grenzverträge können sie aber ohne weiteres anders legen. Bei kündbaren Verträgen lebt die gewohnheitsrechtliche Regelung wieder auf, sobald das Vertragsverhältnis beendet ist.

VI. BEHARRLICHES WIDERSETZEN

Gemäss einem anerkannten Grundsatz des Völkerrechts kann ein Staat, welcher sich *neuem* Gewohnheitsrecht beharrlich widersetzt, seine Entstehung nicht verhindern. In einem solchen Fall bindet aber das Gewohnheitsrecht den sich widersetzenden Staat nicht.

Diese Regel ist grundsätzlich sachgerecht, sie kann aber u.U., wie der folgende Vorfall zeigt, zu problematischen Resultaten führen:

Buchten gehören bis zu einer bestimmten Grösse völkergewohnheitsrechtlich zum Staatsgebiet des Landes, das die Bucht umschliesst. Daneben gibt es „historische" Buchten. Sie sind grösser, gehören aber trotzdem völkergewohnheitsrechtlich zum Staatsgebiet und nicht zur Hohen See, z.B. die Hudson-Bay. Seit 1973 erhob Libyen Anspruch auf die Grosse Syrte als Teil seines Territorialgewässers. Die USA bestritten diesen Anspruch. Am 19. August 1981 führten die USA Manöver in der Grossen Syrte durch, wobei zwei libysche Flugzeuge abgeschossen wurden. Die USA führten seither weitere 18 Manöver durch, wobei sie siebenmal in Territorium eindrangen, das von Libyen beansprucht wird. Die USA erklärten, sie würden die Manöver u.a. durchführen, um den Grundsatz aufrechtzuerhalten, dass die Grosse Syrte zu den internationalen Gewässern des Mittelmeeres gehöre und nicht zu den Territorialgewässern Libyens. Libyen erhob Protest gegen die Manöver der USA und drohte, Kriegsschiffe in der Grossen Syrte zu stationieren und die USA gewaltsam zu vertreiben. Im Februar und März 1986 führten die USA neue Manöver durch. Dabei kam es zu einer Konfrontation mit libyschen Booten, die versenkt wurden, und zur Bombardierung einer libyschen Radarstation an der Küste.

VII. REGIONALES UND BILATERALES VÖLKERGEWOHNHEITSRECHT

Völkergewohnheitsrecht kann unter gewissen Voraussetzungen auf regionaler Ebene oder sogar bilateral zwischen zwei Staaten entstehen und beansprucht dann auch nur in dieser Region oder zwischen den betreffenden Staaten Geltung.

1. Regionales Gewohnheitsrecht

IGH, Asylum Case (Colombia/Peru)
Judgment, I.C.J. Reports 1950, p. 266

Im Januar 1949 gewährte der kolumbianische Botschafter in Lima (Peru) dem peruanischen Staatsangehörigen Victor Raúl Haya de la Torre Asyl. Er wurde von den peruanischen Behörden wegen der Beteiligung an einem gescheiterten politischen Aufstand (1948) gesucht.

In der Folge entbrannte zwischen den beiden Ländern ein Streit, bei dem sich Peru weigerte, der kolumbianischen Forderung auf eine sichere Ausreise des gesuchten Peruaners nachzukommen. Kolumbien argumentierte, dass der *asylgewährende* Staat entscheiden dürfe, ob ein politisches Delikt und damit ein Anspruch auf Asyl vorliege oder nicht. Rechtlich stützte sich diese Argumentation u.a. auf regionales Völkergewohnheitsrecht. Es bestehe zwischen den lateinamerikanischen Staaten eine entsprechende Übung. Schliesslich brachte Kolumbien den Streit vor den Internationalen Gerichtshof. Dieser führte aus:

> „The Colombian Government has finally invoked 'American international law in general'. In addition to the rules arising from agreements which have already been considered, it has relied on an alleged regional or local custom peculiar to Latin-American States.
>
> The Party which relies on a custom of this kind must prove that this custom is established in such a manner that it has become binding on the other Party. The Colombian Government must prove that the rule invoked by it is in accordance with a constant and uniform usage practised by the States in question, and that this usage is the expression of a right appertaining to the State granting asylum and a duty incumbent on the territorial State. This follows from Article 38 of the Statute of the Court, which refers to international custom 'as evidence of a general practice accepted by law'." (a.a.O. S. 276 f.)

Damit erachtete der Gerichtshof das Bestehen von regionalem Gewohnheitsrecht zwar als möglich. Im konkreten Fall wurde dies aber wegen der inkonsistenten Praxis und der unsicheren Faktenlage verneint:

> „The facts brought to the knowledge of the Court disclose so much uncertainty and contradiction, so much fluctuation and discrepancy in the exercise of diplomatic asylum and in the official views expressed on various occasions, there has been so much inconsistency in the rapid succession of conventions on asylum, ratified by some states and rejected by others, and the practice has been so much influenced by considerations of political expediency in the various cases, that it is not possible to discern in all this any constant and uniform usage, accepted as law, with regard to the alleged rule of unilateral and definitive qualification of the offence." (a.a.O. S. 277)

2. Bilaterales Gewohnheitsrecht

Gewohnheitsrecht kann sogar zwischen nur zwei Staaten entstehen, wobei die Abgrenzung zu einem konkludenten Vertragsschluss bzw. stillschweigender Zustimmung (dazu vorne 1. Kap., Ziff. II.2) nicht immer einfach ist.

IGH, Right of Passage over Indian Territory (Portugal v. India), Judgment, I.C.J. Reports 1960, p. 6

Um die Ausübung seiner Souveränität in zwei völlig von indischem Gebiet umschlossenen Gebieten zu sichern, wurde Portugal während der britischen Herrschaft ein Durchgangsrecht zwischen den Enklaven und von den Enklaven zu einem bestimmten Küstenabschnitt (Daman) gewährt. Nach der Unabhängigkeit Indiens blieb diese Lage unverändert, bis im Juli 1954 die indischen Behörden den Portugiesen den Durchgang verwehrten.

Der Disput wurde dem IGH zur Entscheidung vorgelegt. Portugal begründete seinen Rechtsanspruch, bzw. die völkerrechtlich Verpflichtung Indiens, Portugal den Durchgang auf indischem Territorium zu gewähren, mit bilateralem Gewohnheitsrecht.

> "With regard to Portugal's claim of a right of passage as formulated by it on the basis of local custom, it is objected on behalf of India that no local custom could be established between only two States. It is difficult to see why the

number of States between which a local custom may be established on the basis of long practise must necessarily be larger than two. The Court sees no reason why long continued practice between two States accepted by them as regulating their relations should not form the basis of mutual rights and obligations between the two States. (...)

The Court concludes that, with regard to private persons, civil officials and goods in general there existed during the British and post-British periods a constant and uniform practice allowing free passage between Daman and the enclaves. This practice having continued over a period extending beyond a century and a quarter unaffected by the change in regime in respect of the intervening territory which occurred when India became independent, the Court is, in view of all the circumstances of the case, satisfied that that practice was accepted as law by the Parties and has given rise to a right and a correlative obligation." (a.a.O., S. 39 f.)

Der IGH verneinte jedoch ein entsprechendes Durchgangsrecht für militärisches Personal:

„The Court is, therefore, of the view that no right of passage in favour of Portugal involving a correlative obligation on India has been established in respect of armed forces, armed police, and arms and ammunition. The course of dealings established between the Portuguese and the British authorities with respect to the passage of these categories excludes the existence of any such right. The practice established shows that, with regard to these categories, it was well understood that passage could take place only by permission of the British authorities. This situation continued during the post-British period." (a.a.O., S. 43)

IGH, Dispute regarding Navigational and Related Rights (Costa Rica v. Nicaragua), Judgment of 13 July 2009

Der Fluss San Juan fliesst auf dem Weg vom Nicaraguasee in das Karibische Meer zwischen Costa Rica und Nicaragua grösstenteils nahe der Landesgrenze, welche am rechten Flussufer (auf Seite Costa Ricas) verläuft. Zwischen dem Nicaraguasee und Castillo Viejo, einem kleinen Ort in Nicaragua, fliesst der Fluss komplett durch Nicaragua. Diese Grenzziehung wurde im Grenzvertrag von 1858 festgelegt. Nicaragua erhielt die ausschliessliche Zuständigkeit über den Fluss, während Costa Rica das Recht zugesprochen wurde, den unteren Teil des Flusses „con objetos de comercio" zu befahren. Trotz des Vertrages gab es in den folgenden Jahrzehnten zahlreiche Unstimmigkeiten bezüglich der Nutzung des Flusses durch Costa Rica. So bestreitet Nicaragua unter anderem, dass Bewohner des Ufers auf der Seite Costa Rica das Recht haben, zu ihrer Selbstversorgung aus dem Fluss San Juan zu Fischen. Daher gelangte die Republik Costa Rica am 29. September 2005 an den IGH, welcher Costa Ricas Recht, vom Ufer des Flusses aus zu fischen, auf bilaterales Gewohnheitsrecht abstützte.

„140. The Court now turns to the merits of Costa Rica's claim regarding subsistence fishing rights. Costa Rica submits that there has long been a practice allowing the inhabitants of the Costa Rican bank of the San Juan to fish in that river for subsistence purposes. (...) It is a customary right according to Costa Rica. (..) It emphasizes the continuing practice of Costa Rican riparians of fishing for subsistence purposes, which, according to Costa Rica, was not challenged by Nicaragua until after the present proceedings were instituted. Nicaragua responds that Costa Rica has failed to prove that the custom is established in such a manner that it has become binding on Nicaragua. While it is true that it has usually tolerated the limited use of the San Juan for non-commercial fishing by Costa Rican riparians, this tolerance cannot be seen as a source of a legal right. (...)

141. The Court recalls that the Parties are agreed that all that is in dispute is fishing by Costa Rican riparians for subsistence purposes. There is no question of commercial or sport fishing. The Court also notes that the Parties have not attempted to define subsistence fishing (except by those exclusions) nor have they asked the Court to provide a definition. Subsistence fishing has without doubt occurred over a very long period. (...) the Parties agree that the practice of subsistence fishing is long established. They disagree however whether the practice has become binding on Nicaragua thereby entitling the riparians as a matter of customary right to engage in subsistence fishing from the bank. The Court observes that the practice, by its very nature, especially given the remoteness of the area and the small, thinly spread population, is not likely to be documented in any formal way in any official record. For the Court, the failure of Nicaragua to deny the existence of a right arising from the practice which had continued undisturbed and unquestioned over a very long period, is particularly significant. The Court accordingly concludes that Costa Rica has a customary right. (...)

144. Accordingly, the Court concludes that fishing by the inhabitants of the Costa Rican bank of the San Juan river for subsistence purposes from that bank is to be respected by Nicaragua as a customary right." (Costa Rica c. Nicaragua, Judgement of 13 July 2009, S. 48 f).

3. KAPITEL: ALLGEMEINE RECHTSGRUNDSÄTZE

I. BEGRIFF

1. *Definition und Funktion*

Art. 38 Abs. 1 lit. c IGH-Statut bezeichnet „die allgemeinen, von den Kulturstaaten [*„civilized nations“*] anerkannten Rechtsgrundsätze“ als weitere Rechtsquelle.

Darunter sind Rechtsgrundsätze fundamentaler Art zu verstehen, die in den innerstaatlichen Rechtsordnungen der grossen Rechtssysteme der Welt entwickelt oder anerkannt wurden, im Wesentlichen inhaltlich miteinander übereinstimmen, und deshalb vermutungsweise auch auf internationaler Ebene Zustimmung finden können (Kokott/Doehring/Buergenthal, S. 27). Die Staaten müssen sich nach Treu und Glauben entgegenhalten lassen, dass solche Grundsätze, die sie innerstaatlich anerkennen, in analoger und allgemeiner, auf ihre Grundgedanken reduzierter Weise auf der völkerrechtlichen Ebene Anwendung finden dürfen (Doehring, S. 180).

Beispiele für allgemeine Rechtsgrundsätze sind: Verjährung, ungerechtfertigte Bereicherung, höhere Gewalt, Verhältnismässigkeit, res judicata (Rechtskraft von Urteilen), das Verbot des Rechtsmissbrauchs, das Verbot der Rechtsverweigerung, der Grundsatz von Treu und Glauben, v.a. in seinen spezifisch völkerrechtlichen Ausprägungen als acquiescence (qualifiziertes Stillschweigen; dazu hinten Ziff. II.1) und estoppel (Verbot widersprüchlichen Verhaltens, dazu hinten Ziff. II.2).

Auf die allgemeinen Rechtsgrundsätze wird oft zurückgegriffen, wo sich für die Beurteilung einer bestimmten Frage weder im Vertragsrecht noch im Gewohnheitsrecht eine Antwort findet, d.h. ohne diesen Rückgriff eine Lücke bestehen würde. In anderen Fällen (z.B. Verhältnismässigkeit; Treu und Glauben) bestimmen sie, wie Regeln des Gewohnheitsrechts oder Vertragsbestimmungen anzuwenden sind, oder sie sind Teil der juristischen Logik (lex specialis/posterior derogat legi generali/priori). (Kokott/Doehring/Buergenthal, S. 28)

Mit der Zunahme von Vertragsrecht und dem Übergang gewisser allgemeiner Rechtsgrundsätze in das Gewohnheitsrecht nimmt ihre Bedeutung als eigenständige Rechtsquelle im modernen Völkerrecht ab.

2. *Universalität der allgemeinen Rechtsgrundsätze und ihre Feststellung*

Allgemeine Rechtsprinzipien haben ihren Ursprung meist in nationalen Rechtsordnungen, aus welchen sie in analoger Weise ins Völkerrecht übernommen werden, wenn dieses selbst auf eine bestimmte Frage keine Antwort gibt. Allerdings muss, worauf der Begriff der Anerkennung durch die „Kulturnationen" verweist, ein bestimmtes Prinzip universell nachweisbar sein, damit dieser Vorgang zulässig ist. Dazu führte die Beschwerdekammer des Straftribunals für das frühere Jugoslawien im Fall Tadic aus:

> "...national legislation and case law cannot be relied upon as a source of international principles or rules, under the doctrine of the general principles of law recognized by the nations of the world: for this reliance to be permissible, it would be necessary to show that most, if not all, countries adopt the same notion ... . More specifically, it would be necessary to show that, in that case, the major legal systems of the world take the same approach to this notion *(ICTY, The Prosecutor v. Tadić, Appeals Chamber, Judgment, Case No. IT-94-1-A (1999), para. 225).*

Dies wirft die Frage auf, wie sich solche Rechtsgrundsätze nachweisen lassen und auf welche nationalen Rechtsordnungen es ankommt.

IGH, North Sea Continental Shelf (Federal Republic of Germany/Denmark; Federal Republic of Germany/Netherlands), Judgment, I.C.J. Reports 1969, p. 3

In diesem Fall (zum Sachverhalt siehe vorne 2. Kap., Ziff. II.2) argumentierten Dänemark und die Niederlande, das Äquidistanzprinzip sei Teil des Gewohnheitsrechts geworden und auf den Disput anwendbar. Deutschland hielt dem entgegen, der Festlandsockel sei nach dem Prinzip eines „just and equitable share" (eines gerechten und billigen Anteils) abzugrenzen. Das Gericht jedoch fand, es sei nach „equitable principles" (nach Grundsätzen der Billigkeit; dazu hinten Ziff. II.3) vorzugehen. Der Unterschied zwischen diesen beiden Prinzipien ist fast nur in der englischen Rechtssprache verständlich, relevant ist aber die Frage, woraus sich der Grundsatz der Billigkeit ableitet.

Dazu machte Richter AMMOUN (ohne im Resultat von der Mehrheit abzuweichen) in einer separaten Urteilserwägung wichtige Ausführungen. Zur Frage der Universalität der allgemeinem Rechtsgrundsätze, d.h. zur Problematik des Begriffes „von den Kulturstaaten [civilized nations] anerkannt", führte er aus:

> „It is important in the first place to observe that the form of words of Article 38, paragraph 1 (c), of the Statute, referring to 'the general principles of law recognized by civilized nations', is inapplicable in the form in which it is set down, since the term 'civilized nations' is incompatible with the relevant provisions of the United Nations Charter, and the consequence thereof is an ill-advised limitation of the notion of the general principles of law." (a.a.O. S. 132)
>
> „In view of this contradiction between the fundamental principles of the Charter, and the universality of these principles, on the one hand, and the text of Article 38, paragraph 1 (c), of the Statute of the Court on the other, the latter text cannot be interpreted otherwise than by attributing to it a universal scope involving no discrimination between the members of a single community based upon sovereign equality. The criterion of the distinction between civilized nations and those which are allegedly not so has thus been a political criterion, – power politics, – and anything but an ethical or legal one." (...)
>
> It is the common underlying principle of national rules in all latitudes which explains and justifies their annexation into public international law. Thus the general principles of law, when they effect a synthesis and digest of the law in *foro domestico* of the nations – of all the nations – seem closer than other

> sources of law to international morality. By being incorporated in the law of nations, they strip off any tincture of nationalism, so as to represent, like the principle of equity, the purest moral values. Thus borne along by these values upon the path of development, international law approaches more and more closely to unity." (a.a.O. S. 134 f.)

Bei der Bestimmung allgemeiner Rechtsgrundsätze erachtete Richter AMMOUN eine Beschränkung auf die westlich-europäischen Rechtssysteme für unhaltbar und mit der Charta der Vereinten Nationen unvereinbar. Art. 38 Abs. 1 lit. c des IGH-Statuts sei so zu verstehen, dass darunter die gemeinsamen Rechtsgrundsätze der gesamten Staatengemeinschaft fallen.

Richter AMMOUN kam nach umfassenden Erwägungen zum Schluss, das Prinzip der Billigkeit (equity) sei ein allgemeines Rechtsprinzip. Zur Begründung führte er aus:

> „Incorporated into the great legal systems of the modern world referred to in Article 9 of the Statute of the Court, the principle of equity manifests itself in the law of Western Europe and of Latin America, the direct heirs of the Romano-Mediterranean *jus gentium*; in the common law, tempered and supplemented by equity described as accessory; in Muslim law which is placed on the basis of equity (and more particularly on its equivalent, equality) by the Koran and the teaching of the four great jurisconsults of Islam condensed in the Shari'a, which comprises, among the sources of law, the *istihsan*, which authorizes equity-judgements; Chinese law, with its primacy for the moral law and the common sense of equity, in harmony with the Marxist-Leninist philosophy; Soviet law, which quite clearly provides a place for considerations of equity; Hindu law which recommends 'the individual to act, and the judge to decide, according to his conscience, according to justice, according to equity, if no other rule of law binds them'; finally the law of the other Asian countries, and of the African countries, the customs of which particularly urge the judge not to diverge from equity and of which 'the conciliating role and the equitable nature' have often been undervalued by Europeans; customs from which sprang a *jus gentium* constituted jointly with the rules of the common law in the former British possessions, the lacunae being filled in 'according to justice, equity and good conscience'; and in the former French possessions, jointly with the law of Western Europe, steeped in Roman law.
>
> A general principle of law has consequently become established, which the law of nations could not refrain from accepting, and which founds legal relations between nations on equity and justice." (a.a.O. S. 139 f.)

3. Hinweis: Allgemeine Rechtsgrundsätze auf regionaler Ebene

Art. 38 Abs. 1 lit. c des IGH-Statuts nimmt Bezug auf die „allgemeinen, von den Kulturstaaten anerkannten Rechtsgrundsätze", d.h. die universell geltenden Rechtsprinzipien. Daneben existieren auch regionale allgemeine Rechtsgrundsätze. Beispielhaft zeigt dies die Rechtsprechung des Europäischen Gerichtshofs (EuGH) zu den Grundrechten. Die Gründungsverträge der Europäischen Gemeinschaft kannten, im Unterschied zu den meisten nationalen Verfassungstexten, keinen Grundrechtskatalog. Diese Lücke wurde durch den Europäischen Gerichtshof ausgefüllt, als er in seiner ständigen Rechtsprechung Grundrechte als allgemeine Rechtsgrundsätze anerkannte, die aus Prinzipien des Gemeinschaftsrechts, allgemeinen Rechtsgrundsätzen oder gemeinsamen Verfassungsüberlieferungen abzuleiten seien (Beispiel: Urteile des EuGH vom 13. Dezember 1979, Slg. 1979, 3727, Liselotte Hauer, und vom 21. September 1989, Slg. 1989, 2919, Hoechst).

Diese Entwicklung fand in Art. 6 des Vertrags über die Europäische Union (EUV) vom 7. Februar 1992 ihre Anerkennung. Absatz 2 lautet:

> „(2) Die Union achtet die Grundrechte, wie sie in der am 4. November 1950 in Rom unterzeichneten Europäischen Konvention zum Schutze der Menschenrechte und Grundfreiheiten gewährleistet sind und wie sie sich aus den gemeinsamen Verfassungsüberlieferungen der Mitgliedstaaten als allgemeine Grundsätze des Gemeinschaftsrechts ergeben."

Heute sind die Grundrechte der EU zudem in der Charta der Grundrechte der Europäischen Union vom 7. Dezember 2000 aufgelistet (ABl EU 2007/C 303/01). Artikel 6 Abs. 1 des Vertrages über die Europäische Union in der Fassung des Vertrages von Lissabon vom 13. Dezember 2007 erklärt denn auch, dass die Union die Charta der Grundrechte anerkennt und letztere mit den Verträgen auf gleichem Rang steht.

II. BEISPIELE

1. Acquiescence (qualifiziertes Stillschweigen)

IGH, Temple of Preah Vihear (Cambodia v. Thailand), Judgment, I.C.J. Reports 1962, p. 6

In diesem Fall hatte der IGH über eine Grenzstreitigkeit zwischen Kambodscha und Thailand zu entscheiden. Hauptstreitpunkt war der Souveränitätsanspruch beider Länder über den Preah Vihear Tempel, der seit 1954 von thailändischen Truppen besetzt wurde. Kambodscha verlangte deren Abzug sowie die Rückgabe von Skulpturen und anderen aus dem Tempel entwendeten Gegenständen.

Ein 1904 zwischen Frankreich (das damals die auswärtigen Angelegenheiten von Indochina besorgte) und Siam abgeschlossener Vertrag legte in groben Zügen den Grenzverlauf zwischen beiden Staaten entlang der Wasserscheide des Dang Rek-Gebirges fest. Die genaue Grenzlinie sollte von einer gemischten Kommission gezogen werden, die aber ihre Arbeit nie beendete.

Im Verlauf ihrer Tätigkeit beauftragte die Kommission Experten mit der Ausarbeitung einer Karte. Diese Karte wies das Tempelgebiet klar kambodschanischem Gebiet zu, obwohl sich das Gebiet nach dem Verlauf der Wasserscheide auf thailändischem Gebiet befand. Die Karte wurde von den Kommissionsmitgliedern, die sich nach Ausarbeitung der Karte nicht mehr trafen, nie formell bestätigt.

Thailands Begründung, der Tempel befinde sich auf eigenem Staatsgebiet, weil die Wasserscheide die Grenze beschreibe und die Karte nie formell bestätigt worden sei, lehnte der Gerichtshof ab. Massgebend sei das Verhalten Thailands:

> „It has been contended on behalf of Thailand [...] that no formal acknowledgment of [this communication] was either requested of, or given by, Thailand. In fact, as will be seen presently, an acknowledgment of it was either requested of, or given by, Thailand. In fact, as will be seen presently, an acknowledgment by conduct was undoubtedly made in a very definite way; but if it were otherwise, it is clear that the circumstances were such as called for some reaction, within a reasonable period, on the part of the Siamese authorities, if they wished to disagree with the map or had any serious question to raise in regard to it. They did not do so, either then or for many years, and thereby must be held to have acquiesced. *Qui tacet consentire videtur si loqui debuisset ac potuisset.*" (a.a.O. S. 23)
>
> "But it is precisely the fact that Thailand had raised these other questions[1], but not that of Preah Vihear, which requires explanation; for, everything else apart, Thailand was by this time well aware [...] that France regarded Preah Vihear as being in Cambodian territory – even if this had not already and long since been obvious from the frontier line itself, as mapped by the French authorities and communicated to the Siamese Government in 1908. The natural interference from Thailand's failure to mention Preah Vihear on this occasion is, again, that she did not do so because she accepted the frontier at this point as it was drawn on the map, irrespective of its correspondence with the watershed line." (a.a.O.S. 29)
>
> "In this connection, much the most significant episode consisted of the visit paid to the Temple in 1930 by Prince Damrong, formerly Minister of the Interior, and at this time President of the Royal Institute of Siam, charged with duties in connection with the National Library and with archaeological monuments. The visit was part of an archaeological tour made by the Prince with the permission of the King of Siam, and it clearly had a quasi-official character. When the Prince arrived at Preah Vihear, he was officially received there by the French Resident for the adjoining Cambodian province, on behalf of the Resident Superior, with the French flag flying. The Prince could not possibly have failed to see the implications of a reception of this character. A clearer affirmation of title on the French Indo-Chinese side can scarcely be imagined. It demanded a reaction. Thailand did nothing. Furthermore, when Prince Damrong on his return to Bangkok sent the French Resident some photographs of the occasion, he used language which seems to admit that France, through her Resident, had acted as the host country.
>
> The explanations regarding Prince Damrong's visit given on behalf of Thailand have not been found convincing by the Court. Looking at the incident as a whole, it appears to have amounted to a tacit recognition by Siam of the sovereignty of Cambodia (under French Protectorate) over Preah Vihear, through a failure to react in any way, on an occasion that called for a reaction in order to affirm or preserve title in the face of an obvious rival claim. What seems clear is that either Siam did not in fact believe she had any title [...] or else she decided not to assert it, which again means that she accepted the French claim, or accepted the frontier at Preah Vihear as it was drawn on the map." (a.a.O. S. 30 f.)

Obwohl der IGH die Souveränität über die Tempelanlage Kambodscha zugesprochen hatte, blieb die Kontrolle des Zugangs zur Tempelanlage umstritten.

[1] 1909 traf sich mehrmals eine französisch-siamesische Kommission mit dem Zweck, einen selbständigen Geographieservice für Siam aufzubauen. Dabei wurden mehrere strittige Regionen besprochen. Das Gebiet, auf dem sich der Tempel von Preah Vihear befand, wurde aber von der siamesischen Seite nie in die Diskussion eingebracht.

Auf Antrag Kambodschas legte der Gerichtshof 2013 in einem neuen Urteil sein Urteil aus dem Jahr 1962 aus. Demnach umfasst die Souveränität Kambodschas auch das Umland der Tempelanlage von Preah Vihear (Request for Interpretation of the Judgment of 15 June 1962 in the Case concerning the Temple of Preah Vihear (Cambodia v. Thailand) (Cambodia v. Thailand), I.C.J. Reports 2013, p. 281).

Nufenen-Fall, Kanton Wallis gg. Kanton Tessin,
BGE 106 Ib 154

In diesem Urteil hatte das Bundesgericht einen Grenzstreit zwischen den Kantonen Wallis und Tessin zu entscheiden.

> „In den Jahren 1965 bis 1969 erbauten die Kantone Wallis und Tessin in enger Zusammenarbeit und mit Unterstützung des Bundes die Strasse über den Nufenen-Pass, welche das Goms mit dem Bedretto-Tal verbindet. Diese Strasse erreicht ihren Scheitelpunkt einige hundert Meter nördlich der bisherigen Passhöhe in unmittelbarer Nachbarschaft von zwei kleinen Seen. Bei der Planung und beim Bau der Strasse stellten die zuständigen Behörden der beiden Kantone bezüglich der Kantonsgrenze auf die Landeskarte 1:25000 ab. Auf dieselbe Grundlage stützte sich auch der Bund bei der Aufteilung seiner Beiträge auf die beteiligten Kantone. Gemäss dieser Karte verläuft die Kantonsgrenze westlich der beiden auf der neuen Nufenen-Passhöhe gelegenen Seelein. Anlässlich der Eröffnungsfeier für die neuerbaute Strasse vom 5. September 1969 stellte die Regierung des Kantons Wallis ein Denkmal auf, dessen Standort sich mit der Kantonsgrenze gemäss Landeskarte deckte. Dieser Gedenkstein wurde in der darauffolgenden Nacht entwendet und später in Ulrichen gefunden. Im Anschluss an dieses Ereignis wurden in den Jahren 1970-1972 Verhandlungen (...) geführt (...). Dabei bestritt der Kanton Wallis die Richtigkeit der Grenzziehung gemäss Landeskarte und behauptete, die Kantonsgrenze liege in Wirklichkeit östlich der Passhöhe Richtung Bedretto-Tal und verlaufe so, wie sie auf der Anselmier-Karte von 1851 eingezeichnet sei. Der Kanton Tessin vertrat demgegenüber den Standpunkt, die Landeskarte 1:25000 gebe den Grenzverlauf richtig wieder. Eine Einigung konnte nicht erreicht werden.“ (a.a.O. S. 155 f.)

Daraufhin reichte der Kanton Wallis staatsrechtliche Klage gegen den Kanton Tessin ein. Bei der Bestimmung der anwendbaren Rechtsgrundsätze hielt das Bundesgericht fest, dass sich die bundesgerichtliche Praxis bei Grenzstreitigkeiten zwischen Kantonen im Wesentlichen mit den Regeln des allgemeinen Völkerrechts deckt. Dieser Betrachtung war eine Erwägung vorausgegangen, welche Völkerrecht subsidiär und analog für interkantonale Streitigkeiten als anwendbar erklärte.

Während den Planungs- und Bauarbeiten, der bundesrätlichen Aufteilung der Bundesbeiträge und der parlamentarischen Beratung, welche sich alle auf die Grenzziehung gemäss Landeskarte bezogen, hatten die Walliser Behörden nie opponiert. Die Richtigkeit des Grenzverlaufs gemäss Landeskarte wurde erst bestritten, als im Anschluss an die Strasseneröffnung der Gedenkstein entwendet worden war.

Das Bundesgericht würdigte dieses Verhalten u.a. unter dem Gesichtspunkt der einseitigen Anerkennung. Besonders ausführlich ging es dabei auf die

Frage ein, ob eine einseitige Anerkennung durch *langjährige passive Hinnahme* konkludent erfolgt sei:

„Näher zu untersuchen ist schliesslich die Frage, ob der Kanton Wallis die Grenzlinie gemäss Landeskarte durch langjährige passive Hinnahme konkludent anerkannt hat. Das Prinzip der Bindung durch passive Hinnahme eines Zustandes wird im Völkerrecht in Anlehnung an einen Begriff der angelsächsischen Rechtstradition "acquiescence" genannt, was sich etwa mit dem Ausdruck "qualifiziertes Stillschweigen" wiedergeben lässt (...). Acquiescence bedeutet Stillschweigen gegenüber einem fremden Rechtsanspruch, der sich in einer solchen Weise manifestiert, dass die passive Haltung nach Treu und Glauben nicht anders denn als stillschweigende Anerkennung verstanden werden kann. Es handelt sich also um eine Deutung und rechtliche Wertung passiven Verhaltens unter dem Gesichtspunkt des Vertrauensschutzes. Dabei spielt das Zeitelement eine wesentliche Rolle, denn es ist in der Regel der Zeitablauf, der dem Ausbleiben eines Protestes gegenüber fremder Rechtsbehauptung und ihrer äusserlichen Manifestierung den Charakter einer stillschweigenden Zustimmung gibt. Es ist allerdings zu beachten, dass gerade das Stillschweigen eines Staates niemals als isoliertes Phänomen rechtliche Relevanz hat, sondern immer nur durch seinen Bezug auf die konkrete Interessenlage der Parteien (...). Der normative Gehalt dieses Prinzips findet Ausdruck im Rechtssprichwort: ‚Qui tacet consentire videtur si loqui debuisset ac potuisset.'

Unter den Entscheiden aus der neueren Rechtsprechung des Internationalen Gerichtshofes zur Bedeutung des qualifizierten Stillschweigens bei Grenzstreitigkeiten besitzt namentlich der Fall des Tempels von Preah Vihear im thailändisch-kambodschanischen Grenzgebiet grosses Gewicht (...). (...)

Der Umstand, dass der Kanton Wallis weder im Zusammenhang mit der Planung und dem Bau der Nufenenstrasse noch im Verfahren der Gewährung der Bundesbeiträge Vorbehalte zur Grenzfrage angebracht hat, besitzt an sich erhebliches Gewicht. Das umstrittene Gebiet ist indessen sehr klein. Es umfasst das westliche der beiden auf der Passhöhe gelegenen Seelein sowie das zugehörige Einzugsgebiet von ca. 1 ha Fläche. Vor dem Strassenbau war dieses Gebiet völlig unwegsam und ohne jede wirtschaftliche Bedeutung. Der alte Passübergang lag einige hundert Meter südlich der heutigen Passhöhe. Erst mit dem Bau der Strasse wurde die Nutzung der Passhöhe wirtschaftlich interessant. Unter diesen Umständen - die sich von denjenigen im zitierten Fall des Tempels von Preah Vihear wesentlich unterscheiden - kann dem Kanton Wallis nicht zur Last gelegt werden, dass er die Abweichung der Kartengrenze von dem nach seiner Auffassung richtigen Grenzverlauf zunächst nicht erkannte und erst nach Abschluss der Bauarbeiten die Frage der Grenzziehung aufwarf. Man würde an die Sorgfaltspflicht der Kantone bei der rechtlichen Sicherung ihrer Grenzen überhöhte Anforderungen stellen, wollte man von ihnen verlangen, in abgelegenen und unerschlossenen Gebieten jederzeit auch minime Abweichungen auf Landeskarten und anderen offiziösen Dokumenten vom realen Grenzverlauf festzustellen und entsprechende Schritte zur Wahrung des status quo zu unternehmen.

Als den Beteiligten bewusst wurde, dass der Grenzverlauf im Gebiet der Passhöhe nicht restlos geklärt war, haben sie sofort Verhandlungen miteinander aufgenommen. Damit hat der Kanton Wallis mit hinreichender Deutlichkeit zu erkennen gegeben, dass er die Grenze gemäss Landeskarte nicht anerkenne. Es kann daher auch nicht zu seinem Nachteil ausschlagen, wenn er später im Verfahren um die Gewährung eines zusätzlichen Bundesbeitrages (...) Hinweise auf diese Streitfrage unterliess (...). Der Tatbestand des qualifizierten Stillschweigens (acquiescence) ist somit nicht erfüllt." (a.a.O. E. 6b/dd S. 166 ff.)

Acquiescence liegt somit vor, wenn Staat A einen Rechtsanspruch geltend macht, Staat B reagieren könnte und müsste, sich aber passiv verhält. In solchen Fällen darf Staat A nach Treu und Glauben die Anerkennung seines Rechtsanspruches durch Staat B annehmen.

2. *Estoppel (Verbot widersprüchlichen Verhaltens)*

Im *Nufenen-Fall, Kanton Wallis gg. Kanton Tessin, BGE 106 Ib 154* setzte sich das Bundesgericht mit einem weiteren allgemeinen Rechtsgrundsatz des Völkerrechts auseinander:

> „c) Es bleibt zu prüfen, ob das Verbot widersprüchlichen Verhaltens den Kanton Wallis heute daran hindert, seine Ansprüche erfolgreich geltend zu machen.
>
> Weder Völkerrecht noch schweizerisches Landesrecht kennen einen allgemein gültigen Grundsatz der Gebundenheit an eigenes Handeln. Der Gedanke, dass man sich nicht mit eigenen Handlungen in Widerspruch setzen darf, sofern dadurch Interessen anderer beeinträchtigt werden, kommt nur unter bestimmten Voraussetzungen zum Durchbruch (...). Im Privatrecht wird ein Verstoss gegen Treu und Glauben vor allem bejaht, wenn das frühere Verhalten schutzwürdiges Vertrauen begründet hat (...). Der gleiche Gedanke hat im Völkerrecht Niederschlag im sog. Estoppel-Prinzip gefunden. Estoppel setzt voraus, dass eine Partei im Vertrauen auf Zusicherungen oder konkludente Verhaltensweisen der andern sich zu rechtlich erheblichem Handeln verleiten liess, das ihr zum Schaden gereichen würde, wenn die andere Partei später einen gegenteiligen Standpunkt einnehmen dürfte. Die typische Rechtswirkung von Estoppel liegt darin, dass unter diesen Voraussetzungen eine Partei mit einer Behauptung nicht gehört werden kann, und zwar ganz abgesehen davon, ob im übrigen Anhaltspunkte für die Richtigkeit der Behauptung vorliegen oder nicht (...).
>
> Dem Kanton Wallis könnte somit nur dann widersprüchliches Verhalten vorgeworfen werden, wenn ein Vertrauensschaden auf Seiten des Kantons Tessin nachweisbar wäre. Der Kanton Tessin hat aber im ganzen Verfahren nie geltend gemacht, ihm sei aus dem Stillschweigen des Kantons Wallis ein Schaden erwachsen. Ein solcher Schaden ist auch nicht ersichtlich: Zwar geht bei Gutheissung der Klage ein Teil der Strasse, die der Kanton Tessin erstellt und bezahlt hat, in den Besitz des Kantons Wallis über. Eine nicht wiedergutzumachende Disposition hat der Kanton Tessin mit dem Strassenbau indessen nicht getroffen, denn der Kanton Wallis wird den Kanton Tessin in diesem Fall für die Kosten des strittigen Teilstückes zu entschädigen haben." (a.a.O. E. 6c S. 168 f.)

Estoppel liegt somit vor, wenn Staat A etwas zusichert oder sich konkludent verhält, Staat B darauf vertraut, gestützt auf dieses Vertrauen Dispositionen trifft und Schaden erleiden würde, wenn Staat A nun den gegenteiligen Standpunkt einnehmen dürfte. Unter diesen Voraussetzungen ist Staat A an seine Zusicherung/konkludentes Verhalten gebunden.

3. *Equity (Billigkeit)*

Der allgemeine Rechtsgrundsatz von equity besagt, dass nach Gesichtspunkten der Einzelfallgerechtigkeit entschieden werden soll. Wo equity Anwendung findet, wird somit das zum Urteil, was dem Gericht im konkreten Fall unter Berücksichtigung der Interessen der Parteien und aller sonstigen Umständen am gerechtesten erscheint,

Unter welchen Voraussetzungen Gerichte ungeachtet des Vertrags- und Gewohnheitsrechts oder gar im Gegensatz dazu ausnahmsweise nach Billigkeit entscheiden können, wird hinten im 4. Teil, 2. Kap., Ziff. III.1.d dargestellt.

Hier interessiert die lückenfüllende Funktion der Billigkeit, d.h. der Rückgriff auf equity, wenn Vertrag und Gewohnheitsrecht auf eine bestimmte Frage keine Antwort geben. Im Grenzstreit zwischen Burkina Faso und Mali *Frontier Dispute (Burkina Faso/Republic Mali), I.C.J. Reports 1986, p. 554, 633* ging es unter anderem um die genaue Grenzziehung im Bereich des Wasserbeckens von Soum. Der IGH führte aus:

> „150. The Chamber thus concludes that it must recognize that Soum is a frontier pool; and that, in the absence of any precise indication in the texts of the position of the frontier line, the line should divide the pool of Soum in two, in an equitable manner. Although "Equity does not necessarily imply equality" *(North Sea Continental Shelf, I.C.J. Reports 1969,* p. 49, para. 91), where there are no special circumstances the latter is generally the best expression of the former. The line should therefore begin from the point lying south of the pool of Toussougou [...] [and] then cross the pool in such a way as to divide the maximum area of the pool in equal proportions between the two States."

4. KAPITEL: WEITERE RECHTSQUELLEN?

I. EINSEITIGE ERKLÄRUNGEN

1. Begriff

Einseitige Erklärungen (auch einseitige Rechtsgeschäfte genannt) lassen sich als „Willenserklärungen eines einzelnen Staates" definieren, „durch welche die von den Rechtssubjekten gewollten Rechtsfolgen im Rahmen des allgemeinen VR ausgelöst werden." (Verdross/Simma, S. 425). Sie sind nicht mitwirkungsbedürftig.

Typische Fälle einseitiger Erklärungen sind die *Anerkennung*, der *Protest*, der *Verzicht*, die vertraglich erlaubte *Kündigung eines Vertrages* und das *Versprechen*.

Einseitige Erklärungen sind nicht Rechtsquellen im Sinne der Schaffung generell-abstrakter Normen des Völkerrechts. Sie können aber – wie die Beispiele aus der Praxis des IGH belegen – bei Vorliegen bestimmter Voraussetzungen gestützt auf das Prinzip von Treu und Glauben bindende Wirkung haben (hierzu hinten Ziff. 3.).

2. Beispiele

Klassisches Beispiel für den rechtlichen Charakter einseitiger Erklärungen ist der Ostgrönland-Fall (vorne 1. Kap., Ziff. II.2). Danach band die Erklärung des norwegischen Aussenministers auch dann, wenn nicht von einem Vertragsschluss ausgegangen wird, denn:

> „The Court considers it beyond all dispute that a reply of this nature given by the Minister for Foreign Affairs on behalf of his Government in response to a request by the diplomatic representative of a foreign Power, in regard to a question falling within his province, is binding upon the country to which the Minister belongs." (P.I.C.J. Series A/B N° 53, 1933, p. 71)

IGH, Nuclear Tests (Australia v. France), Judgment, I.C.J. Reports 1974, p. 253

Frankreich führte im Südpazifik bis 1973 überirdische Tests mit Nuklearwaffen durch. Gegen die letzten Versuche protestierten mehrere Staaten, was schliesslich zu einer Klage von Australien gegen Frankreich vor dem IGH führte. Australien warf Frankreich vor, mit der Durchführung von atmosphärischen Tests gegen das Völkerrecht zu verstossen; darum seien weitere Experimente zu untersagen.

Das Gericht trat inhaltlich nicht auf die Klage ein, da durch mehrere einseitige Erklärungen Frankreichs der Streit gegenstandslos geworden sei. Das Urteil listet diese Erklärungen auf:

„34. It will be convenient to take the statements referred to above in chronological order. The first statement is contained in the communiqué issued by the Office of the President of the French Republic on 8 June 1974, shortly before the commencement of the 1974 series of French nuclear tests:

'The Decree reintroducing the security measures in the South Pacific nuclear test zone has been published in the Official Journal of 8 June 1974.

The Office of the President of the Republic takes this opportunity of stating that in view of the stage reached in carrying out the French nuclear defence programme France will be in a position to pass on to the stage of underground explosions as soon as the series of tests planned for this summer is completed.'

A copy of the communiqué was transmitted with a Note dated 11 June 1974 from the French Embassy in Canberra to the Australian Department of Foreign Affairs, and as already mentioned, the text of the communiqué was brought to the attention of the Court in the course of the oral proceedings.

35. In addition to this, the Court cannot fail to take note of a reference to a document made by counsel at a public hearing in the proceedings, parallel to this case, instituted by New Zealand against France on 9 May 1973. At the hearing of 10 July 1974 the French Embassy in Wellington sent a Note to the New Zealand Ministry of Foreign Affairs, containing a passage which the Attorney General read out, and which, in the translation used by New Zealand, runs as follows:

'France at the point which has been reached in the execution of its programme of defence by nuclear means, will be in a position to move to the stage of underground tests, as soon as the test series planned for this summer is completed.

Thus the atmospheric tests which are soon to be carried out will, in the normal course of events, be the last of this type.'" (a.a.O. S. 265)

Zu den einseitigen französischen Erklärungen führte der IGH aus:

„43. It is well recognized that declarations made by way of unilateral acts, concerning legal or factual situations, may have the effect of creating legal obligations. Declarations of this kind may be, and often are, very specific. When it is the intention of the State making the declaration that it should become bound according to its terms, that intention confers on the declaration the character of a legal undertaking, the State being thenceforth legally required to follow a course of conduct consistent with the declaration. An undertaking of this kind, if given publicly, and with an intent to be bound, even though not made within the context of international negotiations, is binding. In these circumstances, nothing in the nature of a *quid pro quo* nor any subsequent acceptance of the declaration, nor even any reply or reaction from other States, is required for the declaration to take effect, since such a requirement would be inconsistent with the strictly unilateral nature of the juridical act by which the pronouncement by the State was made." (a.a.O. S. 267)

IGH, Frontier Dispute (Burkina Faso/Republic Mali), Judgment, I.C.J. Reports 1986, p. 554

Die beiden ehemaligen französischen Kolonien Mali und Burkina Faso gelangten im Oktober 1983 an den IGH, um die Grenzen zwischen den beiden – nun unabhängigen Staaten – definitiv festzulegen.

„33. For both Parties, the problem is to ascertain what is the frontier which was inherited from the French administration, that is, the frontier which exist-

> ed at the moment of independence. (...) Although it was said on a number of occasions, during colonial times, that there was no frontier which was fully determined by direct or delegated legislation, the two Parties both agree that when they became independent there was a definite frontier. Both of them also accept that no modification of the frontier took place between January 1959 and August 1960, or has taken place since." (a.a.O. S. 570)

Im Zeitpunkt des Verfahrens vor dem IGH waren sich die beiden Staaten bereits grösstenteils über den Verlauf der insgesamt 1'380 km langen Grenze einig geworden, doch verblieben einige offene Fragen. In diesem Zusammenhang stellte sich die Frage nach der rechtlichen Relevanz einer Erklärung des Staatsoberhaupts Malis gegenüber dem französischen Radio vom 11. April 1975. Diese hatte folgenden Wortlaut:

> „Mali extends over 1'240'000 square kilometers, and we cannot justify fighting for a scrap of territory 150 kilometers long. Even if the Organization of African Unity Commission decides objectively that the frontier line passes through Bamako, my Government will comply with the decision." (a.a.O. S. 571)

Der IGH zog zur Qualifikation der Aussage des Staatsoberhaupts von Mali ausdrücklich seine Rechtsprechung im Fall „Affaires Nucléaires" heran, kam aber in diesem Fall zu einem anderen Schluss:

> „39. The statement of Mali's Head of State on 11 April 1975 was not made during negotiations or talks between the two Parties; at most it took the form of unilateral act by the Government of Mali. Such declarations „concerning legal or factual situations" may indeed „have the effect of creating legal obligations" for the State on whose behalf they are made, as the Court observed in the Nuclear Tests cases. (...) But the Court also made clear that it is only „when it is the intention of the State making the declaration that it should become bound according to its terms" that „that intention confers on the declaration the character of legal undertaking (...). Thus it all depends on the intention of the State in questions (...)
>
> 40. Here there was nothing to hinder the Parties from manifesting an intention to accept the binding character of the conclusions of the Organization of African Unity Mediation Commission by the normal method: a formal agreement on the basis of reciprocity. Since no agreement of this kind was concluded between the Parties, the Chamber finds that there are no grounds to interpret the declaration made by Mali's head of State on 11 April 1975 as a unilateral act with legal implications in regard to the present case." (I.C.J. Reports 1974, S. 573 f.)

3. *Rechtsverbindlichkeit einseitiger Erklärungen*

Einseitige Erklärungen sind nicht selbständige Rechtsquellen. Sie können aber – wie die Beispiele aus der Praxis des IGH belegen – bei Vorliegen bestimmter Voraussetzungen gestützt auf das Prinzip von Treu und Glauben bindende Wirkung haben. Die Völkerrechtskommission (ILC) bestätigte dies 2006 in ihren „Guiding Principles applicable to unilateral declarations of States capable of creating legal obligations" (Guiding Principles, UN Doc. A/61/10):

> „Art. 1 Guiding Principles
>
> Declarations publicly made and manifesting the will to be bound may have the effect of creating legal obligations. When the conditions for this are met,

> the binding character of such declarations is based on good faith; States concerned may then take them into consideration and rely on them; such States are entitled to require that such obligations be respected".

Eine Bindungswirkung einseitiger Erklärungen auf der Grundlage des Vertrauensschutzes kann angenommen werden, wenn die Erklärung (kumulativ)

- öffentlich ist und erkennbar einen Bindungswillen zum Ausdruck bringt (Art. 1 Guiding Principles);
- deutlich und spezifisch formuliert ist:

> „Art. 7 Guiding Principles
>
> A unilateral declaration entails obligations for the formulating State only if it is stated in clear and specific terms. In the case of doubt as to the scope of the obligations resulting from such a declaration, such obligations must be interpreted in a restrictive manner. In interpreting the content of such obligations, weight shall be given first and foremost to the text of the declaration, together with the context and the circumstances in which it was formulated."

- und durch zuständige, repräsentative Vertreter des Staates abgegeben wurde:

> „Art. 4 Guiding Principles
>
> A unilateral declaration binds the State internationally only if it is made by an authority vested with the power to do so. By virtue of their functions, heads of State, heads of Government and ministers for foreign affairs are competent to formulate such declarations. Other persons representing the State in specified areas may be authorized to bind it, through their declarations, in areas falling within their competence."

Einseitige Erklärungen können gegenüber einem einzelnen Staat oder der Staatengemeinschaft insgesamt abgegeben werden (Art. 6 Guiding Principles). Eine einseitige Erklärung, welche eine rechtliche Bindung begründet hat, darf nicht willkürlich zurückgezogen werden. Ob Willkür vorliegt bestimmt sich nach Ansicht der ILC folgendermassen (Art. 10 Abs. 2 Guiding Principles):

> „In assessing whether a revocation would be arbitrary, consideration should be given to:
>
> (i) Any specific terms of the declaration relating to revocation;
>
> (ii) The extent to which those to whom the obligations are owed have relied on such obligations;
>
> (iii) The extent to which there has been a fundamental change in the circumstances."

II. „SOFT LAW"

1. Sekundärrecht

Beschlüsse internationaler Organisationen treten in vielen Formen auf und werden nicht nur politisch, sondern auch rechtlich zunehmend bedeutsam. Bezüglich ihrer Rechtsverbindlichkeit lassen sich drei Grundkategorien unterscheiden:

- Völlige Unverbindlichkeit (Regel; vgl. Art. 10 und 11 UNO-Charta);
- Verbindlichkeit kraft primärer Rechtsquelle;
- Relative Verbindlichkeit als sog. „soft law".

Dieses Thema wird im Zusammenhang mit der Darstellung der internationalen Organisationen behandelt (hinten 3. Teil, 4. Kap., Ziff. III).

2. *Nicht bindende Abkommen*

Eine weitere wichtige Erscheinungsform von „soft law" können nicht bindende internationale Abkommen (*„non-binding inter-state/international agreements"*) darstellen (siehe dazu auch vorne Kap. 1, Ziff. I.4). Dabei handelt es sich um Abkommen, welche ohne rechtsverbindlichen Charakter konzipiert und unterzeichnet werden, welchen aber aus Gründen des Vertrauensschutzes eine gewisse normative Bedeutung zukommt. Prominentes Beispiel hierfür ist die im Rahmen der KSZE (Vorläufer der OSZE) verabschiedete *Schlussakte von Helsinki* (1975), welche massgebend zur Überwindung des Ost-West-Konflikts beitrug. Häufig werden solche streng rechtlich nicht verbindlichen Vereinbarungen auch im Rüstungskontrollbereich geschlossen. Die rechtliche Bedeutung dieser Abmachungen lässt sich für die Schweiz am Beispiel des Güterkontrollgesetzes (Bundesgesetz über die Kontrolle zivil und militärisch verwendbarer Güter sowie besonderer militärischer Güter vom 13. Dezember 1996; SR 946.202) darstellen. Dessen Art. 6 Abs. 1 lit. b untersagt private Auslandsgeschäfte mit Rüstungs- und Mehrzweckgütern, wenn „die beantragte Tätigkeit völkerrechtlich nicht verbindlichen internationalen Kontrollmassnahmen widerspricht, die von der Schweiz unterstützt werden".

III. SEKUNDÄRRECHT SUPRANATIONALER ORGANISATIONEN

Supranationale Organisation – d.h. namentlich die EU aber auch die UNO – zeichnen sich durch ihre Befugnis zum Erlass von ihre Mitgliedstaaten bindenden Beschlüssen aus (siehe dazu hinten 3. Teil, 4. Kap., Ziff. I.2). Diese können die Form von individuell-konkreten Anordnungen aber auch von generell-abstrakten Regelungen annehmen. Obwohl die normative Geltung dieses Sekundärrechts zweifellos gegeben ist, wird es in aller Regel nicht als eigenständige Rechtsquelle des Völkerrechts eingestuft, da dessen Rechtskraft auf der Einräumung supranationaler Kompetenzen an eine internationale Organisation durch die Mitgliedstaaten im Gründungsvertrag beruht.

Das Thema verbindlicher Beschlüsse supranationaler Organisationen wird ausführlicher anlässlich der Darstellung internationaler Organisationen (3. Teil, 4. Kap.) und der kollektiven Sicherheit (4. Teil, 3. Kap.) behandelt.

IV. RICHTERLICHE ENTSCHEIDUNGEN UND DOKTRIN ALS HILFSMITTEL

Art. 38 lit. d IGH-Statut bezeichnet „gerichtliche Entscheide und die Lehren der anerkanntesten Autoren der verschiedenen Nationen als Hilfsmittel zur Feststellung der Rechtsnormen" („subsidiary means for the determination of rules of law" im englischen Originaltext).

1. Rechtsprechung

Als wichtig haben sich v.a. die Urteile des IGH und seines Vorgängers, dem StIGH, erwiesen. Zuerst einmal legt ein richterlicher Entscheid fest, welche Rechtsnormen im konkreten Streitfall gelten. Zwar sagt Art. 59 des IGH-Statuts: „Der Entscheid des Gerichtshofs ist nur für die streitenden Parteien verbindlich, und zwar nur für den Fall, über den entschieden worden ist." Trotzdem gilt, dass die Judikatur auch allgemein zur Weiterbildung des Völkerrechts beiträgt, indem bestehende Normen über den Einzelfall hinaus gültig konkretisiert oder überhaupt, innerhalb des bestehenden völkerrechtlichen Systems, neu gebildet werden. Die Urteile haben „doch eine Autorität, über die sich die Staatenpraxis nicht leicht hinwegsetzen kann (...)." (Verdross/Simma, S. 396).

Einschränkend ist zu bemerken, dass der Einfluss der *internationalen* Rechtsprechung auf die Völkerrechtsordnung nicht mit der Bedeutung der innerstaatlichen Rechtsprechungstätigkeit für die Landesrechtsordnung zu vergleichen ist. Dazu sind die Urteile nicht zahlreich genug. Umgekehrt kann die Rechtspraxis der (v.a. obersten) *nationalen* Gerichte auch für die Völkerrechtsordnung bedeutsam werden, etwa dann, wenn die Rechtsprechung der nationalen Gerichte als Teil der Staatenpraxis zur Heranbildung von Völkergewohnheitsrecht beiträgt, oder im Sinne einer einheitlichen nachfolgenden Staatenpraxis im Sinne von Art. 31 Abs. 3 lit. b VRK für die Auslegung völkerrechtlicher Verträge bedeutsam wird.

2. Doktrin

Historisch betrachtet hatte die Völkerrechtslehre eine erstaunliche Bedeutung für die Völkerrechtsentwicklung, da Autoren wie GROTIUS und VATTEL „mangels positiver Normen (...) häufig zur Begründung völkerrechtlicher Ansprüche herangezogen wurde" (Verdross/Simma, S. 399).

Die Bedeutung der Doktrin ist heutig weniger gross, auch wenn gewisse Gerichte sich immer noch regelmässig mit der Literatur auseinander setzen. Sie wird in Gerichtsentscheiden oft zur Feststellung bzw. zum Nachweis von Völkergewohnheitsrecht beigezogen. Zudem beeinflusst die Lehre durch ihre wissenschaftliche Durchdringung der Materie auch indirekt die Gestalt des Völkerrechts. Hier besteht eine Wechselwirkung zwischen Theorie und Praxis: „Völkerrechtslehre und Völkerrechtspraxis sind somit untrennbar aufeinander angewiesen. Die technischen Möglichkeiten ihrer gegenseitigen Befruchtung sind (...) durch die Verbesserung des wissenschaftlichen Zugangs zur Staatenpraxis und durch „Organisation der herrschenden Lehre" im Rahmen der UNO beträchtlich gesteigert worden" (Verdross/Simma, S. 400).

5. KAPITEL: NORMKOLLISIONEN IM VÖLKERRECHT

I. DIE PROBLEMATIK EINER FEHLENDEN NORMHIERACHIE IM VÖLKERRECHT

Anders als nationale Rechtssysteme kennt das Völkerrecht keine allgemeine Normhierarchie, wonach Bestimmungen einer höheren Hierarchiestufe im Anwendungsfall solchen einer tieferen und Bestimmungen der höheren staatlichen Ebene solchen einer tieferen Ebene vorgehen. Insbesondere ist die Reihenfolge der Auflistung der Rechtsquellen in Art. 38 Ziff. 1 IGH-Statut nicht Ausdruck eines bestimmten Rangverhältnisses zwischen den verschiedenen Rechtquellen. Ebenso wenig kann von einem Vorrang von Normen des universellen vor solchen des regionalen (kontinentalen) Völkerrechts ausgegangen werden.

Das Fehlen einer allgemeinen Normhierarchie hat seine Ursache in der dezentralen Struktur des Völkerrechts. Lange Zeit verursachte diese kaum praktische Probleme, weil das klassische Völkerrecht im Wesentlichen spezifische voneinander klar abgegrenzte Rechtsbereiche regulierte. In den letzten Jahrzehnten und insbesondere unter dem Einfluss der wirtschaftlichen Globalisierung erlebte das Völkerrecht eine eigentliche Kodifikationsdynamik. Diese Normproliferation erfolgte indes in den einzelnen völkerrechtlichen Vertragssystemen, welche sich immer mehr zu autonomen Rechtsbereichen entwickeln, mangels eines zentralen „Gesetzgebungsorgans" oft isoliert und in wenig kohärenter Weise. Die Völkerrechtskommission (ILC) charakterisiert diese Entwicklung wie folgt:

> „It is a well-known paradox of globalization that while it has led to increasing uniformization of social life around the world, it has also lead to its increasing fragmentation - that is, to the emergence of specialized and relatively autonomous spheres of social action and structure." (ILC Report Fragmentation, S. 11)

Dieses sektoriell getrennte Anwachsen des völkerrechtlichen Normbestandes führt zunehmend zu inhaltlichen Überlappungen und potentiellen Konfliktfeldern zwischen den einzelnen Völkerrechtszweigen, d.h. etwa zwischen Menschenrechten und dem Welthandelsrecht bzw. dem Recht der internationalen Sicherheit oder zwischen dem Umweltvölker- und dem Welthandelsrecht. Diese Rechtszersplitterung (oft auch als Fragmentation des Völkerrechts bezeichnet) wird weiter dadurch gefördert, dass auch die internationale Rechtsanwendung vermehrt in den Händen spezialisierter, nur sektoriell zuständiger Überwachungsgremien liegt, welche jeweils nur „ihr" Vertragswerk anzuwenden haben und daher trotz ähnlicher Fragestellungen oft zu unterschiedlichen rechtlichen Schlussfolgerungen gelangen. Diese Entwicklung läuft der gegenwärtig postulierten „Konstitutionalisierung des Völkerrechts" (siehe dazu vorne Einführung, Ziff. II.4.d) zuwider und kann die Einheit, Kohärenz und Rechtssicherheit des Völkerrechts gefährden. Die ILC bemerkte dazu:

> „Special rules and rule-complexes are undoubtedly necessary (...). The world is irreducibly pluralistic. The law cannot resolve in an abstract way any possible conflict that may arise between economic and environmental regimes, between human rights and diplomatic immunity or between a universal law of

> the sea regime and a regional fisheries treaty. Each has its experts and its ethos, its priorities and preferences, its structural bias. Such regimes are institutionally "programmed" to prioritize particular concerns over others. The concern over fragmentation has been about the continued viability of traditional international law - including the techniques of legal reasoning that it imports - in the conditions of specialization. Do Latin maxims (lex specialis, lex posterior, lex superior) still have relevance in the resolution of conflicts produced in a situation of economic and technological complexity? Although this report answers this question in the positive it also highlights the limits of the response. Public international law does not contain rules in which a global society's problems are, as it were, already resolved. Developing these is a political task." (ILC, Report Fragmentation, S. 247, Ziff. 488)

Aus diesem Grund gewinnt die Frage, ob im Völkerrecht zumindest ansatzweise von einem Vorrang gewisser Normbestände ausgegangen werden kann (Ziff. II) und ob es allgemeine Kollisionsregeln (Ziff. III) kennt, zunehmend an Bedeutung.

II. SPEZIFISCHE VÖLKERRECHTLICHE VORRANGREGELN

1. Ius cogens

a. Rechtscharakter

Eine Legaldefinition von ius cogens (lateinisch für zwingendes Recht) enthält Art. 53 Satz 2 VRK:

> „Im Sinne dieses Übereinkommens ist eine zwingende Norm des allgemeinen Völkerrechts eine Norm, die von der internationalen Staatengemeinschaft in ihrer Gesamtheit angenommen und anerkannt wird als eine Norm, von der nicht abgewichen werden darf und die nur durch eine spätere Norm des allgemeinen Völkerrechts derselben Rechtsnatur geändert werden kann."

Beim ius cogens handelt es sich um den „harten Kern" des allgemeinen Völkerrechts, also um Normen, welche für die Staatengemeinschaft von derart zentraler Bedeutung sind, dass sie nur durch neues ius cogens aufgehoben oder abgeändert werden können. Anerkannt wird dies in Art. 53 Satz 1 VRK, wonach ein Vertrag, welcher im Zeitpunkt seines Abschlusses im Widerspruch zu einer zwingenden Norm des allgemeinen Völkerrechts steht, nichtig ist (dazu vorne 1. Kap., Ziff. V.2.c).

Beim ius cogens handelt es sich meist um Gewohnheitsrecht, bei welchem neben der opinio iuris betreffend den Rechtscharakter der Regel eine Rechtsüberzeugung der Staaten hinzukommt, dass von dieser Norm nicht abgewichen werden kann. Unter der gleichen Voraussetzung ist eine Verankerung von ius cogens in universell ratifizierten Verträgen ebenfalls möglich.

Der Bundesrat nahm in seiner Botschaft von 1989 anlässlich des Beitritts der Schweiz zur VRK zur Entstehung zwingenden Völkerrechts Stellung:

„Die Voraussetzungen der Bildung dieser qualifizierten Gewohnheit sind strenger: was die Staatenpraxis betrifft, so muss die Norm von der internationalen Staatengemeinschaft als Ganzes angenommen und anerkannt sein, (...). Des weiteren muss die opinio iuris atque necessitatis besonderen Charakters sein: sie muss die Überzeugung zum Ausdruck bringen, dass die in Frage stehende Regel absoluten Charakter aufweist; es muss sich um eine Norm handeln, „von der nicht abgewichen werden darf und die nur durch eine spätere Norm des allgemeinen Völkerrechts derselben Rechtsnatur geändert werden kann", sagt Artikel 53." (BBl 1989 II, S. 782 f.)

Ius cogens wird heute nicht mehr als blosse völkerrechtliche Vorrangregel verstanden. Vielmehr ist zunehmend anerkannt, dass Normen mit Ius-cogens-Gehalt auch inhaltlich die fundamentalsten Werte des Völkerrechts darstellen. MÜLLER/WILDHABER führen hierzu aus:

„Ius cogens wird nun als eigenständiger Komplex von Normen aufgefasst, der als eine Art völkerrechtlichen Verfassungsrechts in allen Rechtshandlungen beachtet werden muss. Normen des ius cogens drücken gemäss herrschender Lehre fundamentale Werte der Völkerrechtsgemeinschaft aus. Diese Entwicklung wird von einigen Autoren begrüsst, weil sie in ius cogens und ordre public eine neue, autonome Rechtsordnung erblicken, nämlich die Rechtsordnung der Völkerrechtsgemeinschaft, die sich über die zwischenstaatliche klassische Völkerrechtsordnung wölbt." (a.a.O., S. 104)

Existiert neben dem universellen auch regionales ius cogens? Solches wird in der VRK zwar nicht erwähnt, jedoch auch nicht ausgeschlossen. Der Bundesrat hat in BBl 1994 III 1499 anerkannt, dass regionales ius cogens entsteht, wenn eine Norm, von der nicht abgewichen werden darf, von den Mitgliedstaaten der Region als Ganzes angenommen ist, und dies für das Verbot unmenschlicher Abschiebung in einen Folterstaat gemäss Art. 3 EMRK bejaht.

b. Normbestand

Während das Rechtsinstitut des ius cogens heute weitgehend anerkannt ist, ist dessen Norminhalt mangels Bestehens einer autoritativen Auflistung von zwingenden Normen des Völkerrechts oder einer Festlegung von Kriterien zur Bestimmung des Inhalts solcher Normen in weiten Teilen umstritten.

Kaum bestritten ist hingegen, dass es sich um Kernanliegen der Völkergemeinschaft handeln muss. Das deutsche Bundesverfassungsgericht bemerkte hierzu im Entscheid „AG in Zürich" bereits im Jahr 1965:

„Die Qualität solcher zwingenden Normen wird nur jenen in der Rechtsüberzeugung der Staatengemeinschaft fest verwurzelten Rechtssätzen zuerkannt werden können, die für den Bestand des Völkerrechts als einer internationalen Rechtsordnung unerläßlich sind und deren Beachtung alle Mitglieder der Staatengemeinschaft verlangen können" (*BVerfGE 18 (1965), S. 449)*.

Die Botschaft des Bundesrats anlässlich des Beitritts der Schweiz zur VRK führt einige Beispiele von Bestimmungen mit Ius-cogens-Charakter an:

Die Frage, welches innerhalb des Gewohnheitsrechts die zwingenden Normen sind, wird vom Gewohnheitsrecht selbst beantwortet und konnte in der Konvention nicht gelöst werden. Sie bleibt umstritten. Nach der Internationalen Juristenkommission stellt das Recht der Charta der Vereinten Nationen

> über das Gewaltverbot ius cogens dar. Andere Beispiele sind an der Konferenz und in der Doktrin genannt worden: das Verbot der Sklaverei, der Piraterie, der Folter, des Völkermordes; der Grundsatz der Gleichheit der Staaten und der Selbstbestimmung, sowie gewisse Regeln des humanitären Völkerrechts." (BBl 1989 II, S. 783, vgl. auch die ähnlichen Aufzählungen in BBl 2010, S. 2283 und 2315 sowie BBl 2011, S. 3625 f. und 3643)

Schliesslich nahm auch die ILC im Jahr 2001 im Kommentar zu ihrem Entwurf zur Staatenverantwortlichkeit unter Verweis auf die Praxis des IGH in Sachen *East Timor (Portugal v. Australia), Judgment, I.CJ. Reports 1995, p. 90* und *Legality of the Threat or Use of Nuclear Weapons, Advisory Opinion, I.C.J. Reports 1996, p. 226* sowie *Reservations to the Convention on Genocide, Advisory Opinion, I.C.J. Reports 1951, p. 15* in allgemeiner Weise zu dieser Frage Stellung:

> „Those peremptory norms that are clearly accepted and recognized include the prohibitions of aggression, genocide, slavery, racial discrimination, crimes against humanity and torture, and the right to self-determination." (ILC, Draft articles on Responsibility of States for Internationally Wrongful Acts, with commentaries, 2001, S. 85, Ziff. 5)

c. *Rechtswirkung*

Die Anerkennung einer Norm als ius cogens bedeutet nicht die Verleihung eines besonderen Ranges im Sinne eines klassischen Hierarchieverhältnisses. Vielmehr bewirkt ius cogens gemäss Art. 53 VRK die Nichtigkeit widersprechenden Vertragsrechts, d.h. Ungültigkeit ab initio. Dasselbe gilt für bereits existierende Verträge, welche mit einer neu entstandenen zwingenden Norm des allgemeinen Völkerrechts im Widerspruch stehen (siehe Art. 64 VRK). So hat etwa der Interamerikanische Gerichtshof für Menschenrechte ausgeführt, dass ein die Sklaverei für zulässig erklärender Vertrag aus dem Jahr 1762 wegen Widerspruchs zu zwingendem Völkerrecht nichtig ist (*Aloeboetoe et al. gg. Suriname, Reparations and Costs*, Judgment of 10 September 1993, Series C, No. 15):

> "Suffice it to say that even if that were the case, the treaty would today be null and void because it contradicts the norms of jus cogens superveniens. In point of fact, under that treaty the Saramakas undertake to, among other things, capture any slaves that have deserted, take them prisoner and return them to the Governor of Suriname, who will pay from 10 to 50 florins per slave, depending on the distance of the place where they were apprehended. Another article empowers the Saramakas to sell to the Dutch any other prisoners they might take, as slaves. No treaty of that nature may be invoked before an international human rights tribunal." (Ziff. 57)

Heute ist indes weitgehend unbestritten, dass ius cogens eine über Art. 53 VRK hinausreichende Rechtswirkung zukommt und auch zur Nichtigkeit widersprechenden Gewohnheitsrechts führt. Ebenso wenig kann mittels Vorbehalten rechtsgültig von Vertragsinhalten mit Ius-cogens-Charakter abgewichen werden. Zudem bildet ius cogens auch eine Schranke der Rechtswirksamkeit unilateraler Akte. Die „Guiding Principles applicable to unilateral declarations of States capable of creating legal obligations" (vgl. vorne 4. Kap., Ziff I.3) führen hierzu aus:

> "8. A unilateral declaration which is in conflict with a peremptory norm of general international law is void."

Ferner schränkt ius cogens die Rechtfertigungsgründe gemäss dem Recht der Staatenverantwortlichkeit ein (siehe dazu hinten 3. Teil, 3. Kap., Ziff. I.4):

> *„Art. 26 ILC-Entwurf: Einhaltung zwingender Normen*
>
> Dieses Kapitel schliesst die Rechtswidrigkeit der Handlung eines Staates nicht aus, die mit einer Verpflichtung, die sich aus einer zwingenden Norm des allgemeinen Völkerrechts ergibt, nicht im Einklang steht."

Der Vorrang von ius cogens gilt zudem auch gegenüber Art. 103 UNO-Charta (hierzu hinten Ziff. 3.).

Damit kann heute davon ausgegangen werden, dass ein umfassendes völkerrechtliches Verbot besteht, von ius cogens abzuweichen.

Ob ius cogens auch die Nichtigkeit entgegenstehenden Landesrechts bewirkt, ist umstritten. Zumindest in der Schweiz bildet das ius cogens aber eine allgemeine materielle Schranke der Rechtsetzung. So dürfen gemäss Art. 193 Abs. 4 und 194 Abs. 3 BV Total- oder Teilrevisionen der BV nicht gegen zwingende Bestimmungen des Völkerrechts verstossen und Volksinitiativen, deren Inhalt gegen ius cogens verstösst, sind für ungültig zu erklären (Art. 139 Abs. 3 BV; vgl. zum Ganzen detailliert hinten 2. Teil, 2. Kap., Ziff. III.2).

2. *Internationaler Ordre Public*

Das gegenwärtige Völkerrecht besteht nicht nur aus einem Netzwerk bilateraler Beziehungen, sondern vermehrt auch aus objektiv bindenden Bestimmungen. Zu diesem internationalen ordre public gehören Normen, welche zentrale Gemeinschaftsinteressen der internationalen Gemeinschaft verkörpern und als Erga-omnes-Bestimmungen (siehe dazu auch vorne 1. Kap., Ziff. I.3) die Völkerrechtsordnung überdachen. Der IGH erwähnte solche Erga-omnes-Verpflichtungen erstmals 1970 in einem obiter dictum im *Barcelona Traction-Urteil*, in dem es um Investitionsschutz ging:

> „33. [...] In particular, an essential distinction should be drawn between the obligations of a State towards the international community as a whole, and those arising vis-à-vis another State in the field of diplomatic protection. By their very nature the former are the concern of all States. In view of the importance of the rights involved, all States can be held to have a legal interest in their protection; they are obligations erga omnes.
>
> 34. Such obligations derive, for example, in contemporary international law, from the outlawing of acts of aggression, and of genocide, as also from the principles and rules concerning the basic rights of the human person, including protection from slavery and racial discrimination. Some of the corresponding rights of protection have entered into the body of general international law (Reservations to the Convention on the Prevention and Punishment of the Crime of Genocide, Advisory Opinion, I.C.J. Reports 1951, p. 23); others are conferred by international instruments of a universal or quasi-universal character." *(IGH, Barcelona Traction, Light and Power Company, Limited (Belgium v. Spain), Judgment, I.C.J. Reports 1970, p. 32)*

Welche Normen gehören zum ordre public? Bereits aus dem zitierten obiter dictum des IGH ergibt sich, dass die inhaltliche Wichtigkeit einer Norm für die Staatengemeinschaft und nicht ihre besondere Verpflichtungsstruktur den entscheidenden Faktor für die Aufnahme in diesen Normkreis bildet. Der Normbestand des ordre public kann damit nicht scharf von demjenigen des ius cogens abgegrenzt werden. Als Faustregel gilt, dass sämtlichen Ius-cogens-Normen auch Erga-omnes-Charakter zukommt, umgekehrt jedoch nicht alle Erga-omnes-Normen zwingenden Charakter haben. Damit ist nicht ausgeschlossen, dass auch eine dispositive Norm Bestandteil des ordre public sein kann.

Auch das Bundesgericht hat in seinem Urteil *Ch. c. Office fédéral de la police et Département fédéral de justice et police, BGE 111 Ib 138* anerkannt, dass gewisse Garantien zugunsten des Ausgelieferten, die im Bundesgesetz über die internationale Rechtshilfe in Strafsachen enthalten sind, Elemente eines internationalen ordre public darstellen, welche jedem Staat, egal ob Vertragsstaat oder nicht, auferlegt sind (a.a.O. S. 145). Der Bundesrat hat diesen Gedanken 1989 in seine Botschaft zum Beitritt der Schweiz zur VRK aufgenommen (BBl 1989 II 757, S. 783 f.). Analoges gilt für die grundlegenden Bestimmungen über die Menschenrechte und andere zentrale Normen des Völkerrechts, welche zusehends als Teil eines völkerrechtlichen *ordre public* anerkannt werden und als solche im Konfliktfall gemäss bundesgerichtlicher Praxis anderen Verpflichtungen aus Völkerrecht vorgehen (*S. c. Office fédéral de la police, BGE 122 II 485*, siehe hinten 2. Teil, 2. Kap., Ziff. III.3.d).

3. Art. 103 UNO-Charta

Gemäss Art. 103 UNO-Charta gehen die Verpflichtungen aus der Charta anderen vertraglichen Verpflichtungen der Mitgliedstaaten vor. Dieser Vorrang kann sich aber nicht auf Bestimmungen mit Ius-cogens-Charakter beziehen. Denn bereits gemäss der ursprünglichen Bedeutung von ius cogens wäre der Grundvertrag einer internationalen Organisation nichtig, soweit er dieser die Befugnis zur Missachtung zwingenden Völkerrechts übertragen würde. In diesem Sinne hat das Bundesgericht im Fall *Nada gegen seco, Staatssekretariat für Wirtschaft, sowie Eidgenössisches Volkswirtschaftsdepartement* (BGE 133 II 450) festgestellt:

> "Grenze der Anwendungspflicht für Resolutionen des Sicherheitsrats stellt jedoch das *ius cogens* als zwingendes, für alle Völkerrechtssubjekte verbindliches Recht dar. Zu prüfen ist deshalb, ob die Sanktionsbeschlüsse des Sicherheitsrats *ius cogens* verletzen, wie der Beschwerdeführer geltend macht."
> (E. 7, S. 460 f.)

Die Vorrangregel von Art. 103 UNO-Charta wird hinten 3. Teil, 4. Kap., Ziff. II.2.b ausführlicher dargestellt.

III. VÖLKERRECHTLICHE KOLLISIONSREGELN

Sind in einer bestimmten Situation mehrere völkerrechtliche Normen einschlägig, verlangt der Grundsatz der systematischen Auslegung, dieses Bündel relevanter Normen so auszulegen, dass keine Normwidersprüche entstehen („principle of harmonization"). Erst wenn nach Durchlaufen dieses Auslegungsprozesses keine inhaltliche Übereinstimmung erreicht werden kann, ist von einem echten Normkonflikt auszugehen. Damit stellt sich die Frage, welcher einschlägigen Norm Priorität eingeräumt werden soll. Ist keine der oben erwähnten Vorrangregeln anwendbar ist zwischen Kollisionen von Normen der gleichen Völkerrechtsquelle (Ziff. 1) und solchen zwischen Normen verschiedener Quellen (Ziff. 2) zu unterscheiden.

1. Normkollisionen innerhalb der gleichen Rechtsquelle

a. Verträge

Völkerrechtliche Verträge enthalten oft so genannte Kollisionsklauseln, welche festlegen, wie Konflikte mit anderen Verträgen zu lösen sind. Beispielsweise darf gemäss Art. 53 EMRK die Konvention nicht so ausgelegt werden, „als beschränke oder beeinträchtige sie Menschenrechte und Grundfreiheiten, die [...] in einer anderen Übereinkunft", welche die Vertragspartei ratifiziert hat, verankert sind. Derartige Günstigkeitsklauseln sind Bestandteil zahlreicher Verträge, mit welchen beabsichtigt wird, Minimalbestimmungen in einem bestimmten Gebiet zu kodifizieren.

Fehlt es an einer spezifischen vertraglichen Regel, finden die allgemeinen Vorschriften der VRK Anwendung: In diesem Sinn bestimmt Art. 30 die Vorgehensweise, wenn aufeinanderfolgende Verträge denselben Gegenstand regeln, die Art. 40 f. VRK normieren die Rechtsfolgen einer vertraglichen Änderung multilateraler Verträge, die nicht von allen Vertragsparteien getragen wird und Art. 59 VRK beschäftigt sich mit der Beendigung eines Vertrages durch Abschluss eines neuen Vertrags. Ansonsten gilt für Verträge der allgemeine Grundsatz, wonach spezielles Recht generelles und späteres früheres Recht derogiert. Keine Vorrangregel existiert für das Verhältnis von universellem und regionalem Vertragsrecht.

b. Gewohnheitsrecht

Eine Kollisionssituation zwischen zwei Normen des universellen Völkergewohnheitsrechts über den gleichen Gegenstand ist nicht vorstellbar. Denn eine Regel des allgemeinen Völkergewohnheitsrechts kann nur durch neues Gewohnheitsrecht abgelöst werden (vgl. *IGH, Military and Paramilitary Activities in and against Nicaragua (Nicaragua v. United States of America), Judgment, I.C.J. Reports 1986, p. 14,* S. 108 ff, sowie vorne 1. Teil, 2. Kap., Ziff. V.2). Überlagert also eine neu entstandene Regel des Völkergewohnheitsrechts eine ältere, so geht die ältere unter. Kollidieren hingegen gewohnheitsrechtliche Regeln aus verschiedenen Rechtsregimes inhaltlich, gilt wiederum der allgemeine Grundsatz, wonach spezielles Recht generellem und späteres früherem Recht vorgeht.

Zwischen einer Regel des universellen und einer solchen des regionalen Völkergewohnheitsrechts können inhaltliche Unterschiede bestehen: Das regionale Gewohnheitsrecht ist aber nur für die am territorial beschränkten Rechtssystem beteiligten Völkerrechtssubjekte bindend, während in den Beziehungen zu den übrigen Völkerrechtssubjekten das universelle Völkergewohnheitsrecht massgebend ist. Unter den am regionalen Gewohnheitsrecht beteiligten Subjekten geht dieses als lex specialis dem dispositiven universellen Gewohnheitsrecht vor.

2. *Kollisionen zwischen Vertrags- und Gewohnheitsrecht*

Von Regeln des dispositiven Gewohnheitsrechts darf mittels Vertragsrecht abgewichen werden. Sind Völkerrechtssubjekte vertraglich übereingekommen, von einer gewohnheitsrechtlichen Regel abzuweichen, gilt somit insofern der Grundsatz *lex specialis derogat legi generali*. Im Widerspruchsfalle bedeutet dies, dass zwischen Vertragsparteien grundsätzlich die vertragliche Regelung Anwendung findet. Dies bedeutet nicht, dass inhaltlich gleich lautendes oder schwächere Verpflichtungen begründendes Gewohnheitsrecht seine normative Geltung verlieren würde. Vielmehr kann eine Rechtsregel ihre Wurzeln in verschiedenen Rechtsquellen haben (dazu vorne 2. Kap., Ziff. IV.I).

ZWEITER TEIL: VÖLKERRECHT UND LANDESRECHT

1. KAPITEL: VERTRAGSSCHLUSSVERFAHREN IN DER SCHWEIZ

I. KOMPETENZVERTEILUNG BUND – KANTONE

1. Vertragsschlusskompetenz

Laut Art. 54 Abs. 1 BV sind die auswärtigen Angelegenheiten Sache des Bundes. Als bedeutendster Bereich dieser umfassenden Zuständigkeit gilt die umfassende Vertragsschlusskompetenz des Bundes. Obwohl der Bund auch in solchen Bereichen Verträge schliessen kann, die innerstaatlich den Kantonen zugewiesen sind, muss er gemäss Art. 54 Abs. 3 BV Rücksicht auf die Zuständigkeiten der Kantone nehmen und ihre Interessen wahren. Ohne eine gewisse Zurückhaltung seitens des Bundes könnte die innerstaatliche Kompetenzaufteilung durch den Abschluss von Staatsverträgen relativiert werden. Die Kompetenzaufteilung zwischen Bund und Kantonen ist auch bei der Umsetzung völkerrechtlicher Verträge zu beachten. So haben die Kantone Verträge, die der Bund abgeschlossen hat, umzusetzen, wenn diese Bereiche betreffen, für die sie innerstaatlich zuständig sind. Der Bund überwacht dies im Rahmen der Bundesaufsicht. Allerdings besteht eine allgemeine stillschweigende Zuständigkeit des Bundes zur Umsetzung völkerrechtlicher Verträge, wo „dies für die Erfüllung der internationalen Verpflichtungen unerlässlich oder aufgrund der Vertragsinhalte angezeigt ist" (Siehe dazu Botschaft über eine neue Bundesverfassung vom 20. November 1996, BBl 1997 I S. 229 f.).

Die *Kantone* können gemäss Art. 56 BV im Bereich ihrer eigenen Zuständigkeiten mit dem Ausland Verträge abschliessen:

> „Art. 56 Beziehungen der Kantone mit dem Ausland
>
> 1 Die Kantone können in ihren Zuständigkeitsbereichen mit dem Ausland Verträge schliessen.
>
> 2 Diese Verträge dürfen dem Recht und den Interessen des Bundes sowie den Rechten anderer Kantone nicht zuwiderlaufen. Die Kantone haben den Bund vor Abschluss der Verträge zu informieren.
>
> 3 Mit untergeordneten ausländischen Behörden können die Kantone direkt verkehren; in den übrigen Fällen erfolgt der Verkehr der Kantone mit dem Ausland durch Vermittlung des Bundes."

Verträge der Kantone bedürfen grundsätzlich keiner Genehmigung durch den Bund. Eine Genehmigung durch die Bundesversammlung wird aber gemäss Art. 172 Abs. 3 BV nötig, wenn der Bundesrat oder ein Kanton gegen den Vertrag Einsprache erhoben hat.

Die Vertragsschlusskompetenz der Kantone ist subsidiär, d.h. sie wird durch Verträge ausgeschlossen, die der Bund im betreffenden Sachbereich mit dem gleichen Partner bereits geschlossen hat oder noch schliessen will.

Hinweis: Art. 56 BV gilt sowohl für völkerrechtliche als auch für verwaltungsrechtliche Verträge der Kantone mit dem Ausland, wobei die Abgrenzung der Vertragsarten oft heikel ist. Auf Verträge primär verwaltungsrechtlicher Natur bezieht sich das *Karlsruher Übereinkommen über die grenzüberschreitende Zusammenarbeit vom 23. Januar 1996*. Es gilt für die deutschen Bundesländer Saarland, Rheinland-Pfalz und Baden-Württemberg, die französischen Regionen Lothringen und Elsass, die Kantone Solothurn, Basel-Stadt, Basel-Land, Aargau und Jura sowie Luxemburg. Der Vertrag schafft einen Rahmen für die grenzüberschreitende Zusammenarbeit aller öffentlichen Stellen, nicht nur der Gemeinden, sondern auch von Industrie- und Handelskammern, Zweckverbänden, Anstalten und Stiftungen. Sie erhalten durch den Vertrag die Möglichkeit, selbständig und in eigener Verantwortung Kooperationsvereinbarungen mit ihren Partnern jenseits der Grenze abzuschliessen. Mögliche Beispiele für solche Kooperationsvereinbarungen sind gemeinsame Kindergärten, Schulen und Volkshochschulen oder Zweckverbände für gemeinsame Kläranlagen.

2. *Mitwirkung der Kantone an aussenpolitischen Entscheiden des Bundes*

Unter dem Regime der alten BV waren die Kantone an der aussenpolitischen Willensbildung des Bundes kaum beteiligt. Die Kritik an diesem Zustand war v.a. im Zusammenhang mit der Europapolitik des Bundes laut geworden. Die geltende Bundesverfassung bestimmt nun:

> „Art. 55 Mitwirkung der Kantone an aussenpolitischen Entscheiden
>
> 1 Die Kantone wirken an der Vorbereitung aussenpolitischer Entscheide mit, die ihre Zuständigkeiten oder wesentlichen Interessen betreffen.
>
> 2 Der Bund informiert die Kantone rechtzeitig und umfassend und holt ihre Stellungnahmen ein.
>
> 3 Den Stellungnahmen der Kantone kommt besonderes Gewicht zu, wenn sie in ihren Zuständigkeiten betroffen sind. In diesen Fällen wirken die Kantone in geeigneter Weise an internationalen Verhandlungen mit."

Die Botschaft zur Bundesverfassung führt dazu aus:

> „Eine besondere Regelung für den Bereich der Aussenpolitik ist namentlich auch deshalb berechtigt, weil die Kantone bei der Vorbereitung, Durchführung und Fortbildung des Rechts internationaler Vertragswerke häufig nicht in gleicher Weise einbezogen werden können wie beim herkömmlichen Vernehmlassungsverfahren zu innerstaatlichen Vorhaben (...).
>
> *Absatz 2* [heute Art. 55 Abs. 3 BV] sichert den Kantonen eine praktikable Mitwirkung zu, wo sie in ihren Zuständigkeitsbereichen berührt werden; die Relativierung „in geeigneter Weise" lässt offen, ob die Kantone auch in der Verhandlungsdelegation vertreten sind. In gewissen Fällen ist dies aus praktischen Gründen nicht möglich; die Regelung auf der Verfassungsstufe muss daher ausreichend flexibel sein. In allen Fällen ist aber sicherzustellen, dass die Kantone die Möglichkeit haben, effektiv mitzuarbeiten. Dass den Stellungnahmen der Kantone auf diesem Gebiet ein besonderes Gewicht zukommt, ist bis anhin Gepflogenheit, wird aber im *zweiten Satz* [heute Art. 55 Abs. 3 BV] auf Wunsch der Kantone ausdrücklich festgeschrieben." (BBl 1997 I S. 231 f.)

Diese Grundsätze wurden im Bundesgesetz über die Mitwirkung der Kantone an der Aussenpolitik des Bundes vom 22. Dezember 1999 (BGMK; SR 138.1) näher ausgeführt. Art. 5 über die „Mitwirkung bei der Vorbereitung von Verhandlungsmandaten und bei Verhandlungen" sieht vor:

> „[1] Betreffen aussenpolitische Vorhaben die Zuständigkeiten der Kantone, so zieht der Bund für die Vorbereitung der Verhandlungsmandate und in der Regel auch für die Verhandlungen Vertreterinnen und Vertreter der Kantone bei.
>
> [2] Er kann dies auch dann tun, wenn die Zuständigkeiten der Kantone nicht betroffen sind.
>
> [3] Die Vertreterinnen und Vertreter werden von den Kantonen vorgeschlagen und vom Bund bestimmt."

II. VERHÄLTNIS BUNDESRAT – BUNDESVERSAMMLUNG

1. *Aussenpolitik*

Die Aussenpolitik ist insgesamt eine gemeinsame Aufgabe von Bundesrat und Bundesversammlung, wobei die primäre Verantwortung für diesen Politikbereich beim *Bundesrat* liegt. Gemäss Art. 184 Abs. 1 BV besorgt er „die auswärtigen Angelegenheiten unter Wahrung der Mitwirkungsrechte der Bundesversammlung" und „vertritt die Schweiz nach aussen". Absatz 3 der gleichen Bestimmung ermächtigt ihn, direkt gestützt auf die Verfassung befristete Verordnungen und Verfügungen zu erlassen, wenn „die Wahrung der Interessen des Landes es erfordert."

Laut der Botschaft zur Bundesverfassung ordnet Art. 184 Abs. 1 BV dem Bundesrat

> „die Vertretung der Schweiz nach aussen (Pflege der völkerrechtlichen Beziehungen) umfassend zu. Der Bundesrat stellt das Staatsoberhaupt dar; er allein gibt gegenüber anderen Staaten und internationalen Organisationen rechtsverbindliche Erklärungen ab. Als wesentliche Teilgehalte der aussenpolitischen Kompetenz des Bundesrates gelten namentlich: Aushandlung, Abschluss, Unterzeichnung, Ratifikation und Beendigung völkerrechtlicher Verträge; Ausarbeitung und Verabschiedung der Mandate für internationale Konferenzen, Entsendung und Instruktion von Vertretern bei internationalen Organisationen; Aufnahme und Abbruch diplomatischer Beziehungen; einseitige Erklärungen mit rechtlicher (z.B. die Anerkennung von Staaten) oder politischer (...) Verbindlichkeit; Ergreifen von Sanktionen; Schutz schweizerischer Interessen (insbesondere konsularischer und diplomatischer Schutz); Zurverfügungstellen Guter Dienste. Der Bundesrat bestimmt und koordiniert ferner Gegenstand und Ausrichtung der schweizerischen Aussenpolitik und ist für die Umsetzung besorgt. Die Führung der Aussenpolitik (Lagebeurteilung, Konzeption, Initiierung, Koordination, Information) ist grundsätzlich die Aufgabe des Regierungsorgans. Aufgrund paralleler und überlagerter Zuständigkeiten von Bundesversammlung und Bundesrat sind die beiden Gewalten zwar ausgeprägt zum Zusammenwirken angehalten, doch kommt dem Bundesrat nach der verfassungsrechtlichen Konzeption der Grossteil der (operationellen) Leitungsfunktionen im Bereich der Aussenpolitik zu." (BBl 1997 I S. 416)

Die *Bundesversammlung* beteiligt sich gemäss Art. 166 Abs. 1 BV „an der Gestaltung der Aussenpolitik und beaufsichtigt die Pflege der Beziehungen zum Ausland." Dazu führt die Botschaft aus:

> „Die Verfassung kennt im auswärtigen Bereich keine starre Kompetenzaufteilung zwischen Bundesversammlung und Bundesrat; vielmehr halten parallele, sich überlagernde Zuständigkeiten die beiden Gewalten zum Zusammenwirken an. Es handelt sich somit um ein „Verhältnis zu gesamter Hand", wie sie im Bereich der auswärtigen Angelegenheiten dem heutigen Gewaltenteilungsverständnis bzw. der in der Lehre geäusserten Meinung entspricht. Dem Bundesrat kommt nach der verfassungsrechtlichen Konzeption der Grossteil der aussenpolitischen Führung zu. Das Parlament verfügt neben dem Recht zur Genehmigung von Staatsverträgen über erhebliche mittelbare Einflussmöglichkeiten: Erlass aussenpolitisch relevanter Gesetzgebungsakte und Beschlüsse, Genehmigung von Berichten, Finanzhoheit, Oberaufsicht und generell aussenpolitische Debatten." (BBl 1997 I S. 392 f.)

Die Art der Beteiligung der Bundesversammlung ist im Bundesgesetz vom 13. Dezember 2002 über die Bundesversammlung (Parlamentsgesetz, ParlG; SR 171.10) geregelt:

> „Art. 24 Mitwirkung in der Aussenpolitik
>
> [1] Die Bundesversammlung verfolgt die internationale Entwicklung und wirkt bei der Willensbildung über wichtige aussenpolitische Grundsatzfragen und Entscheide mit. (...)"
>
> „Art. 152 Information und Konsultation im Bereich der Aussenpolitik
>
> [1] Die für die Aussenpolitik zuständigen Kommissionen und der Bundesrat pflegen den gegenseitigen Kontakt und Meinungsaustausch.
>
> [2] Der Bundesrat informiert die Ratspräsidien und die für die Aussenpolitik zuständigen Kommissionen regelmässig, frühzeitig und umfassend über wichtige aussenpolitische Entwicklungen. Die für die Aussenpolitik zuständigen Kommissionen leiten diese Informationen an andere zuständige Kommissionen weiter.
>
> [3] Der Bundesrat konsultiert die für die Aussenpolitik zuständigen Kommissionen zu wesentlichen Vorhaben, zu geplanten Änderungen im Bestand der diplomatischen und konsularischen Vertretungen der Schweiz im Ausland sowie zu den Richt- und Leitlinien zum Mandat für bedeutende internationale Verhandlungen, bevor er dieses festlegt oder abändert. Er informiert diese Kommissionen über den Stand der Realisierung dieser Vorhaben und über den Fortgang der Verhandlungen.
>
> [3bis] Der Bundesrat konsultiert die zuständigen Kommissionen, bevor er einen völkerrechtlichen Vertrag, für dessen Genehmigung die Bundesversammlung zuständig ist, vorläufig anwendet. Sprechen sich die zuständigen Kommissionen beider Räte dagegen aus, so verzichtet er auf die vorläufige Anwendung.
>
> [4] Der Bundesrat konsultiert in dringlichen Fällen die Präsidentinnen oder die Präsidenten der für die Aussenpolitik zuständigen Kommissionen. Diese informieren umgehend ihre Kommissionen.
>
> [5] Die für die Aussenpolitik zuständigen Kommissionen oder andere zuständige Kommissionen können vom Bundesrat verlangen, dass er sie informiert oder konsultiert."

Schliesslich verankert die Bundesverfassung in Art. 54 Abs. 2 *aussenpolitische Ziele*, an welchen sich Bundesrat und Bundesversammlung zu orientieren haben. Zu diesen gehören nicht nur die Wahrung der Unabhängigkeit und die Förderung der Wohlfahrt der Schweiz, sondern auch die Linderung von

Not und Armut in der Welt, die Achtung der Menschenrechte und die Förderung der Demokratie. Auch soll die schweizerische Aussenpolitik einen Beitrag zum friedlichen Zusammenleben der Völker und zur Erhaltung der natürlichen Lebensgrundlagen erbringen. Diese aussenpolitischen Ziele können im Rahmen einer konkreten aussenpolitischen Entscheidfindung oft divergierende Vorgehensweise nahelegen. Augenfällig wird dies etwa bei Entscheidungen über Bewilligungen zum Export von Kriegsmaterial. Während das Ziel der Förderung der Wohlfahrt der Schweiz wohl meist für eine Bewilligungserteilung spricht, legt etwa dasjenige der Achtung der Menschenrechte oft eine gegenteilige Entscheidung nahe. Bereits Art. 54 Abs. 2 der Verfassung verlangt in solchen Fällen die Vornahme einer sorgfältigen Güterabwägung.

Nicht zu den Zielen der schweizerischen Aussenpolitik gehört die Neutralität (dazu hinten 4. Teil, 3. Kap., Ziff. III). Diese wird vielmehr als Instrument der schweizerischen Sicherheitspolitik verstanden. In diesem Sinn treffen Bundesrat und Bundesversammlung „Massnahmen zur Wahrung der äusseren Sicherheit, der Unabhängigkeit und der Neutralität der Schweiz" (Art. 173 Abs. 1 lit. a bzw. Art. 185 Abs. 1 BV).

2. *Vertragsschlussverfahren*

Das Verfahren zum Abschluss völkerrechtlicher Verträge weist eine völkerrechtliche und eine landesrechtliche Ebene auf und gliedert sich in sechs Phasen: Verhandlungen, die Annahme des ausgehandelten Vertragstextes, dessen Unterzeichnung, Genehmigung und Ratifikation und schliesslich das Inkrafttreten. Bundesrat und Bundesversammlung wirken beim Abschluss völkerrechtlicher Verträge zusammen.

a. *Innerstaatliche Aufgabenteilung zwischen Bundesrat und Parlament*

Zur Aufgabenverteilung zwischen Bundesrat und Bundesversammlung hielt ein 1953 verfasster Bericht in immer noch zutreffender Weise fest:

> „Der Bundesrat führt mit den ausländischen Regierungen Verhandlungen, er schliesst Verträge ab, wie er sie auch wieder kündigt. Die Bundesversammlung tritt gegenüber den ausländischen Staaten nicht in Erscheinung. Hingegen darf der Bundesrat Verträge mit ausländischen Staaten nur dann abschliessen, wenn die Bundesversammlung diesen zugestimmt hat. Während jedoch die Akte des Bundesrates sich nicht nur auf dem Gebiete des Staats-, sondern vor allem auch des Völkerrechts abspielen, sind die Kompetenzen der Bundesversammlung rein landesrechtliche.
>
> Es ist deshalb streng zu unterscheiden zwischen der Ratifikation einerseits und der Genehmigung innerhalb des Rechtskreises eines bestimmten Staates anderseits. (...)". (Bericht des EPD vom 8. Juli 1953 zum Verhältnis zwischen Bundesrat und Bundesversammlung beim Abschluss völkerrechtlicher Verträge, VEB 23 [1953] Nr. 32, S. 60)

Zum Unterschied zwischen der *Genehmigung* eines Vertrags durch die Bundesversammlung und der bundesrätlichen *Ratifikation* äusserte sich das EJPD in einem *Gutachten vom 9. März 1953* wie folgt:

> „Die Ratifikation ist ein völkerrechtlicher Akt. Normalerweise werden Staatsverträge 'unter Ratifikationsvorbehalt' unterzeichnet, d.h. sie sollen erst mit dem Austausch der Ratifikationsurkunden verbindlich werden. Die Ratifikationserklärung ist an den andern Vertragsstaat gerichtet; erst mit dem Austausch der Urkunden, die die Ratifikationserklärung enthalten, wird der Staatsvertrag völkerrechtlich verbindlich, nämlich jeder der beiden Staaten gegenüber dem andern an den Vertragsinhalt gebunden.
>
> Die Genehmigung eines Staatsvertrages durch die Bundesversammlung aber richtet sich nicht ans Ausland, sondern ist ein landesrechtlicher Akt. Nach unserem Staatsrecht ist für Staatsverträge die Genehmigung der Bundesversammlung einzuholen; daraus ergibt sich die Regel, dass der Bundesrat einen Staatsvertrag nicht ratifizieren soll, bevor dieser von der Bundesversammlung genehmigt worden ist. Es ist auch darauf hinzuweisen, dass der Bundesrat nicht verpflichtet ist, einen von der Bundesversammlung genehmigten Staatsvertrag zu ratifizieren. (...); es können nach der Genehmigung des Staatsvertrages durch die Bundesversammlung Umstände eintreten, die den Bundesrat veranlassen, den Vertrag nicht zu ratifizieren." (zitiert nach VEB 23 [1953] Nr. 32, S. 61 f.)

In diesem Sinn bestimmt Art. 166 Abs. 2 BV, dass die Bundesversammlung mit Ausnahme der Verträge, die der Bundesrat selbständig abschliessen kann, die völkerrechtlichen Verträge genehmigt. Als Gegenstück dazu sieht Art. 184 Abs. 2 BV vor, dass der Bundesrat Verträge unterzeichnet, ratifiziert und dem Parlament zur Genehmigung vorlegt.

Zur Genehmigung durch die eidgenössischen Räte führt die Botschaft des Bundesrats zur Bundesverfassung aus:

> „Die Bundesversammlung befindet über den Vertrag als ganzen. Im Wesentlichen sind ihre Bestimmungsmittel beschränkt auf Genehmigung oder Ablehnung; sie kann den Bundesrat auch verpflichten, einen bestimmten Vorbehalt abzugeben. Denkbar, in den praktischen Auswirkungen jedoch meist der Ablehnung gleichzusetzen, wäre zudem die Rückweisung an den Bundesrat mit der Anweisung, die Aushandlung bestimmter Anpassungen zu versuchen, die Genehmigung mit Vorbehalt oder die blosse Teilgenehmigung des vorgelegten Vertrags. Die parlamentarische Genehmigung bedeutet die Ermächtigung, den Vertrag zu ratifizieren." (BBl 1997 I S. 392 f.)

Die Genehmigung völkerrechtlicher Verträge ergeht üblicherweise in Form des einfachen Bundesbeschlusses, falls ein Vertrag dem Referendum untersteht (dazu hinten Ziff. III) in Form des Bundesbeschlusses (Art. 24 Abs. 3 ParlG).

b. Die selbständige Vertragsschlusskompetenz des Bundesrates

Art. 166 Abs. 2 BV gewährt dem Bundesrat eine selbständige Vertragsschlusskompetenz für Verträge von untergeordneter Bedeutung. Diese Kategorie ist bedeutsam und betrifft mehr als 2/3 aller von der Schweiz abgeschlossenen Verträge. Nach Art. 166 Abs. 2 BV sind von der Genehmigung durch die Bundesversammlung die Verträge ausgenommen, „für deren Abschluss aufgrund von Gesetz oder völkerrechtlichem Vertrag der Bundesrat zuständig ist." Art. 24 Abs. 2 ParlG und Art. 7a Abs. 1 des Regierungs- und Verwaltungsorganisationsgesetz vom 21. März 1997 [RVOG; SR 172.010] präzisieren diese Bestimmung:

> Art. 24 Abs. 2 ParlG
>
> „[Die Bundesversammlung] genehmigt die völkerrechtlichen Verträge, soweit nicht der Bundesrat durch Bundesgesetz oder von der Bundesversammlung genehmigten völkerrechtlichen Vertrag zum selbstständigen Vertragsabschluss ermächtigt ist."
>
> Art. 7a Abs. 1 RVOG
>
> „Der Bundesrat kann völkerrechtliche Verträge selbstständig abschliessen, soweit er durch ein Bundesgesetz oder einen von der Bundesversammlung genehmigten völkerrechtlichen Vertrag dazu ermächtigt ist."

Die Ermächtigung durch die Bundesversammlung erfolgt in diesen Fällen damit nicht im Nachhinein, sondern *ex ante* entweder in einem Bundesgesetz oder in einem Bundesbeschluss über die Genehmigung eines völkerrechtlichen Vertrags.

Es lassen sich vier Kategorien unterscheiden, in denen der Bundesrat selbständig, d.h. ohne explizite vorangehende Einzelermächtigung der Bundesversammlung, völkerrechtliche Verträge ratifizieren kann:

aa. Ermächtigung in einem spezifischen Bundesgesetz

Gesetzliche Ermächtigungen zum selbständigen Vertragsabschluss sind in allen Rechtsbereichen möglich. Ein Beispiel findet sich in Art. 14 des Bundesgesetzes über die technischen Handelshemmnisse (SR 946.51):

> „[1] Zur Vermeidung, zur Beseitigung oder zum Abbau von technischen Handelshemmnissen kann der Bundesrat internationale Abkommen schliessen, namentlich über:
>
> a. die Anerkennung von Prüf-, Konformitätsbewertungs-, Anmelde- und Zulassungsstellen;
>
> b. die Anerkennung von Prüfungen, Konformitätsbewertungen, Anmeldungen und Zulassungen;
>
> c. die Anerkennung von Konformitätszeichen; (...)
>
> [2] Der Bundesrat kann auch internationale Abkommen über die Information und Konsultation bezüglich Vorbereitung, Erlass, Änderung und Anwendung von Vorschriften oder Normen betreffend Dienstleistungen schliessen. (...)"

bb. Ermächtigung in einem von der Bundesversammlung genehmigten Staatsvertrag

Die Ermächtigung zum selbständigen Abschluss eines völkerrechtlichen Vertrages kann ferner in einem von der Bundesversammlung genehmigten Staatsvertrag enthalten sein. So hat der Bundesrat z.B. gestützt auf Art. 5 Abs. 2 des Abkommens vom 11. April 2011 zwischen dem Schweizerischen Bundesrat und der Regierung der Russischen Föderation über die bilaterale Zusammenarbeit auf dem Gebiet der militärischen Ausbildung (SR 0.512.166.51) 2013 in selbständiger Kompetenz eine technische Vereinbarung zwischen der Schweiz und Russland betreffend die Entsendung eines Schweizer Offiziers an einen Kurs der russischen Generalstabsakademie abgeschlossen (vgl. BBl 2014 4683).

cc. Verträge beschränkter Tragweite

Ein *generelle* Ermächtigung des Bundesrats zum selbständigen Abschluss völkerrechtlicher Verträge von untergeordneter Bedeutung findet sich in Art. 7a Abs. 2-4 RVOG:

> „Ebenfalls selbstständig abschliessen kann er völkerrechtliche Verträge von beschränkter Tragweite;"

Bei dieser Kategorie handelt es sich um eine Unterkategorie der Ermächtigung in einem Bundesgesetz, da Art. 7a Abs. 2 RVOG den Bundesrat für Verträge beschränkter Tragweite in allen Rechtsbereichen vorgängig und pauschal zur Ratifikation ermächtigt. Zweck dieser Bestimmung ist die Entlastung des Parlaments von unwesentlichen Geschäften. Allgemein gilt Folgendes: Je grösser der Adressatenkreis eines Vertrages und je unmittelbarer und weit reichender die Auswirkungen auf die Rechtsstellung von Privatpersonen und privaten Institutionen sind, desto weniger kann dem Vertrag eine untergeordnete Bedeutung beigemessen werden. Art. 7a Abs. 3 RVOG zählt folgende Verträge zu dieser Kategorie:

> „[3] Als völkerrechtliche Verträge von beschränkter Tragweite gelten namentlich Verträge, die:
>
> a. für die Schweiz keine neuen Pflichten begründen oder keinen Verzicht auf bestehende Rechte zur Folge haben;
>
> b. dem Vollzug von Verträgen dienen, die von der Bundesversammlung genehmigt worden sind und lediglich die im Grundvertrag bereits festgelegten Rechte, Pflichten oder organisatorischen Grundsätze näher ausgestalten;
>
> c. sich an die Behörden richten und administrativ-technische Fragen regeln."

- *lit. a*: Verträge, die für die Schweiz keine neuen Pflichten begründen oder keinen Verzicht auf bestehende Rechte zur Folge haben, sind an sich kaum denkbar, da Verträge immer die Regelung von Rechten und Pflichten zum Gegenstand haben. In der Praxis gibt es allerdings Verträge, die bloss bestätigen, was bereits anderswo vereinbart worden ist (selten). Ein Beispiel stellt das 13. Zusatzprotokoll zur EMRK dar, welches die vollständige Abschaffung der Todesstrafe vorsieht. Da die Schweiz bereits zuvor das zweite Fakultativprotokoll zum UNO-Pakt II vorbehaltlos ratifiziert hatte und damit international bereits an die vollständige Abschaffung der Todesstrafe gebunden war, entstanden für die Schweiz durch diesen Vertrag keine neuen Pflichten.

- *lit. b*: Verträge, die dem blossen Vollzug von Verträgen dienen, die von der Bundesversammlung genehmigt wurden und lediglich die im Grundvertrag bereits festgelegten Rechte, Pflichten oder Grundsätze näher ausführen, sind wenig problematisch, solange sie kündbar sind. Zur den Vollzugsverträgen hat der Bundesrat ausgeführt: „Als Vollzugsabkommen sollen Verträge nur dann gelten, wenn sie die im Grundvertrag bereits festgehaltenen Rechte und Pflichten und organisatorischen Grundsätze näher ausgestalten, nicht aber, wenn sie Ergänzungen enthalten. Nicht als Vollzugsabkommen gelten Verträge, die gegenüber dem Grundabkommen neue, zusätzliche Rechte und Pflichten enthalten oder in denen die Pflichten auf weitere Bereiche ausgedehnt werden. Auch völkerrechtliche Verträge, die Programmartikel oder allgemeine Zielbestimmungen des Grundvertrags zu konkreten Pflichten ausgestalten, können nicht als Vollzugsabkommen im Sinne dieses Absatzes eingestuft werden" (BBl 2012, 7490).

- *lit. c*: Zu den Verträgen, die sich in erster Linie an die Behörden richten, administrativ-technische Fragen regeln oder (eigentlich ‚und') die keine bedeutenden finanziellen Aufwendungen verursachen (auch Bagatellverträge genannt), gehören Abkommen wie etwa der Briefwechsel zwischen der Schweiz und Thailand betreffend den Amateurfunk (SR 0.784.403.745) oder die Vereinbarung über den Abbau von Zöllen für Käseexport nach und von Kanada (SR 0.632.292.322).

Der Bundesrat kann in diesem Rahmen die Zuständigkeit zum Abschluss völkerrechtlicher Verträge auch an ein Departement und bei Verträgen von beschränkter Tragweite an eine Gruppe oder an ein Bundesamt delegieren. Er ist aber verpflichtet, der Bundesversammlung jährlich Bericht über die in eigener Kompetenz geschlossenen Staatsverträge zu erstatten (Art. 48a RVOG).

Explizit nicht als Verträge beschränkter Tragweite gelten die in Art. 7a Abs. 4 RVOG genannten Staatsverträge:

> „Nicht als völkerrechtliche Verträge von beschränkter Tragweite gelten namentlich Verträge, die:
>
> a. eine der Voraussetzungen für die Anwendung des fakultativen Staatsvertragsreferendums nach Artikel 141 Absatz 1 Buchstabe d der Bundesverfassung erfüllen;
>
> b. Bestimmungen enthalten über Gegenstände, deren Regelung in die alleinige Zuständigkeit der Kantone fällt;
>
> c. einmalige Ausgaben von mehr als fünf Millionen Franken oder wiederkehrende Ausgaben von mehr als zwei Millionen Franken pro Jahr verursachen."

dd. Provisorische Anwendbarkeit dringlicher Verträge

Art. 7b RVOG nennt schliesslich Verträge, die zur Wahrung gewichtiger Interessen der Schweiz und ihrer Dringlichkeit wegen nach Konsultation und Zustimmung der zuständigen Kommissionen (Art. 152 Abs. 3bis ParlG ohne vorgängige Genehmigung der Bundesversammlung vom Bundesrat *als provisorisch anwendbar* erklärt werden.

> „[1] Ist die Bundesversammlung für die Genehmigung eines völkerrechtlichen Vertrages zuständig, so kann der Bundesrat die vorläufige Anwendung beschliessen oder vereinbaren, wenn die Wahrung wichtiger Interessen der Schweiz und eine besondere Dringlichkeit es gebieten.
>
> [1bis] Er verzichtet auf die vorläufige Anwendung, wenn die zuständigen Kommissionen beider Räte sich dagegen aussprechen.
>
> [2] Die vorläufige Anwendung endet, wenn der Bundesrat nicht binnen sechs Monaten ab Beginn der vorläufigen Anwendung der Bundesversammlung den Entwurf des Bundesbeschlusses über die Genehmigung des betreffenden Vertrags unterbreitet.

> [3] Der Bundesrat notifiziert den Vertragspartnern das Ende der vorläufigen Anwendung."

Weil diese Verträge nachträglich von der Bundesversammlung genehmigt werden müssen, um in Kraft bleiben zu können, handelt es sich hier nicht um eine selbständige Vertragsschlusskompetenz des Bundesrates. Der Bundesrat hat der Bundesversammlung innert sechs Monaten nach Beginn der vorläufigen Anwendung den Entwurf eines Bundesbeschlusses zur Genehmigung des betreffenden Vertrags zu unterbreiten. Wird diese Frist nicht eingehalten, so endet die vorläufige Anwendung. Die provisorische Anwendung, die den Vertragsparteien mitgeteilt werden muss, endet damit (1.) bei Nichteinhaltung dieses Fristerfordernisses, (2.) bei Nichtgenehmigung des Vertrages durch die Bundesversammlung und (3.) nach der parlamentarischen Genehmigung, d.h. bei definitiver Inkraftsetzung des Vertrages.

III. STAATSVERTRAGSREFERENDUM

1. *Die Regelung der BV*

Die Bundesverfassung regelt das Staatsvertragsreferendum in Art. 140 und 141 BV folgendermassen:

- Das *obligatorische* Referendum gilt gemäss Art. 140 Abs. 1 lit. b BV für den „Beitritt zu Organisationen für kollektive Sicherheit oder zu supranationalen Gemeinschaften". Zu den Organisationen für kollektive Sicherheit gehören neben der UNO v.a. die NATO, zu den supranationalen Organisationen (zum Begriff hinten 3. Teil, 4. Kap., Ziff. I.2) in erster Linie die EU. Die von der Volksinitiative „Für die Stärkung der Volksrechte in der Aussenpolitik (Staatsverträge vors Volk!)" angestrebte starke Ausweitung des obligatorischen Staatsvertragsreferendums wurde von Volk und Ständen am 17. Juni 2012 abgelehnt.

- Dem *fakultativen* Referendum unterstehen gemäss Art. 141 Abs. 1 lit. d Ziff. 1-3 BV:
  - unbefristete und unkündbare Verträge: Die Kriterien müssen kumulativ gegeben sein; bei Stillschweigen des Vertrages bestimmt sich die Kündbarkeit nach Art. 56 VRK (dazu vorne 1. Teil, 1. Kap., Ziff. V.2.b);
  - Verträge über den Beitritt zu internationalen Organisationen (dazu hinten Ziff. 3), und
  - Verträge, welche wichtige rechtsetzende Bestimmungen enthalten oder deren Umsetzung den Erlass von Bundesgesetzen erfordert (hierzu hinten Ziff. 4).

2. *Politologische Einordnung*

Auszug aus YVO HANGARTNER/ANDREAS KLEY, Die demokratischen Rechte in Bund und Kantonen der Schweizerischen Eidgenossenschaft, Zürich 2000:

> „Das Entscheidungsrecht des Volkes über völkerrechtliche Verträge ist auch in einem Staat mit ausgebauten direktdemokratischen Institutionen keine Selbstverständlichkeit. Der Abschluss völkerrechtlicher Verträge unterscheidet sich grundlegend von der innerstaatlichen Gesetzgebung. Die Verträge werden mit einem oder mehreren ausländischen Partnern ausgehandelt. Sie stehen in einem Beziehungsgeflecht mit diesen Partnern. Ein einzelner Vertrag, der für die Schweiz vielleicht eher ungünstig ist, kann gerechtfertigt sein durch Entgegenkommen des ausländischen Partners in anderen Angelegenheiten. Es kann daher problematisch sein, wenn in der Volksabstimmung nur über diesen einen Vertrag entschieden wird. Auch sind die Folgen einer Verwerfung ungleich schwerwiegender als gegenüber Beschlüssen des Parlamentes mit bloss landesinterner Wirkung. Auf ein verworfenes Gesetz kann die Bundesversammlung jederzeit zurückkommen und in der Neufassung die Kritik der Volksabstimmung berücksichtigen. Oft richtet sich die Ablehnung ja nur gegen einzelne Bestimmungen. Aber auch bei einer Verwerfung der Vorlage aus grundsätzlichen Erwägungen kann die innenpolitische Diskussion ohne weiteres wieder aufgenommen werden. Hingegen kann es schwierig oder, vor allem bei den immer häufigeren multilateralen Verträgen, faktisch sogar unmöglich sein, einen neuen, im Sinn des schweizerischen Souveräns korrigierten Vertrag zu erreichen. Wenn das Referendum gegen völkerrechtliche Verträge trotzdem 1921 eingeführt und 1977 ausgebaut wurde, so deshalb, um die Aussenbeziehungen nicht grundsätzlich vom direktdemokratischen Prozess auszunehmen, und aus Rücksicht auf die immer stärkere Einwirkung völkerrechtlicher Verträge auf die direktdemokratisch sanktionierte schweizerische Gesetzgebung." (a.a.O. S. 436-437, N. 1065)

3. *Der Beitritt zu einer internationalen Organisation*

Ausschlaggebend für die Auslegung von Art. 141 Abs. 1 lit. d Ziff. 2 BV ist der völkerrechtliche Begriff der internationalen Organisation. Danach sind internationale Organisationen (1.) auf Dauer angelegte Zusammenschlüsse von Völkerrechtssubjekten zur Wahrnehmung bestimmter Aufgaben, welche (2.) eigene Organe besitzen und (3.) über eine eigene Rechtspersönlichkeit verfügen (dazu ausführlicher hinten 3. Teil, 4. Kap., Ziff. I.1.c).

Gebilde, welchen eines dieser Elemente (meist die Rechtspersönlichkeit) fehlt, sind keine internationalen Organisationen und das fakultative Referendum entfällt. Für ein Beispiel siehe die Botschaft des Bundesrates betreffend das Übereinkommen über Vergleichs- und Schiedsverfahren innerhalb der Konferenz über Sicherheit und Zusammenarbeit in Europa (KSZE) sowie Vergleichs- und Schiedsverträge mit Polen und Ungarn vom 19. Mai 1993:

> „Das Übereinkommen „stellt auch keinen Vertrag dar, der den Beitritt zu einer internationalen Organisation im Sinne von Artikel 89 Absatz 3 BV [heute 141 Abs. 1 lit. d Ziff. 2] vorsieht. Übereinkommen wie das vorliegende, welche Organe mit Kontroll- oder Rechtsprechungsbefugnissen einsetzen, ohne eine internationale Organisation mit Völkerrechtspersönlichkeit zu schaffen, sind dem Referendum nicht unterworfen (...). Ausserdem ist das aus fünf Mitgliedern bestehende Präsidium des Vergleichs- und Schiedsgerichtshofs, welches den Ablauf der vorgesehenen Verfahren überwacht, nicht ständig versammelt. Die im Übereinkommen vorgesehenen Vergleichskommissionen und Schiedsgerichte ihrerseits werden

ad hoc, für konkret auftretende Streitfälle, bestellt; deshalb fehlt ihnen jeder ständige Charakter.

Daraus folgt, dass das Übereinkommen nicht dem fakultativen Staatsvertragsreferendum (...) unterliegt." (BBl 1993 II S. 1174)

4. *Wichtige rechtsetzende Bestimmungen oder das Erfordernis des Erlasses eines Bundesgesetzes*

Dieses Kriterium bezweckt, all diejenigen völkerrechtlichen Verträge dem fakultativen Referendum zu unterwerfen, die aufgrund des Inhalts im Rahmen der innerstaatlichen Rechtsetzung als Gesetz im formellen Sinn zu erlassen und damit referendumspflichtig wären. Damit sollen direkt-demokratische Mitwirkungsformen bei der nationalen und internationalen Rechtsetzung in gleicher Weise gewährleistet werden.

„Rechtsetzende" Bestimmungen enthalten Verträge, die direkt anwendbar sind (zum Begriff hinten 2. Kap., Ziff. IV.2) und im Sinne von Art. 22 Abs. 4 ParlG in unmittelbar verbindlicher und generell-abstrakter Weise Pflichten auferlegen, Rechte verleihen oder Zuständigkeiten festlegen. Zur Beantwortung der Frage, ob solche Bestimmungen „wichtig" sind, kann auf Art. 164 BV zurückgegriffen werden. Danach gelten insbesondere die grundlegenden Normen über (a) die Ausübung politischer Rechte, (b) die Einschränkung verfassungsmässiger Rechte, (c) die Rechte und Pflichten von Personen, (d) den Kreis der Abgabepflichtigen sowie den Gegenstand und die Bemessung von Abgaben, (e) die Aufgaben und die Leistungen des Bundes, (f) die Verpflichtungen der Kantone bei der Umsetzung und beim Vollzug des Bundesrechts sowie (g) die Organisation und das Verfahren der Bundesbehörden als wichtige Bestimmungen.

Im Rahmen von Freihandels- und Doppelbesteuerungsabkommen entwickelte der Bundesrat die Praxis, Verträgen, die im Vergleich zu früheren, mit anderen Vertragsstaaten abgeschlossenen Abkommen keine neuen wichtigen zusätzlichen Verpflichtungen für die Schweiz beinhalteten, nicht dem fakultativen Referendum zu unterstellen (vgl. BBl 2003 S. 6474 f.). Das Parlament stimmte dieser Praxis zu. Im Jahr 2010 wurde diese Praxis für Doppelbesteuerungsabkommen aufgegeben und seither werden diese wieder dem fakultativen Referendum unterstellt. Für Freihandelsabkommen besteht sie hingegen weiter. Aus verfassungsrechtlicher Sicht ist diese Praxis indes abzulehnen, da sie den in Art. 164 Abs. 1 BV enthaltenen Begriff der Wichtigkeit verkürzt und reduziert: bei Freihandelsabkommen ist nur wichtig, was im Vergleich zu bereits bestehenden Freihandelsabkommen neu oder in politisch, rechtlicher oder ökonomischer Hinsicht von besonderem Gewicht ist (siehe hinten in diesem Unterkapitel). Im Rahmen einer umfassenden Beurteilung der Wichtigkeit rechtsetzender Bestimmungen müsste jedoch z.B. auch die Identität des Vertragspartners und seine Haltung gegenüber zentralen Werten der internationalen Gemeinschaft (z.B. Menschenrechte) in die Beurteilung der Wichtigkeit einfliessen.

Bei *nicht direkt anwendbaren Verträgen* (dazu hinten 2.Kap., Ziff. IV.2.b.dd und IV.2.c), die eine landesrechtliche Umsetzung verlangen (etwa bei Gesetzgebungsaufträgen), bemisst sich die Frage, in welcher landesrechtlichen Erlassform dies zu geschehen hat, nach den landesrechtlichen Kriterien, wie sie sich aus Art. 164 BV ergeben. In dieser Konstellation kann die Bundesversammlung die erforderlichen Gesetzesanpassungen in den Genehmigungsbeschluss des völkerrechtlichen Vertrages aufnehmen (Art. 141a Abs. 2 BV). Der Staatsvertrag und die innerstaatliche Umsetzung können auf diese Weise in einer einzigen Abstimmung dem Volk vorgelegt werden. Diese Verknüpfung ist insbesondere in denjenigen Fällen, in welchen der Vertrag den Staaten verschiedene Möglichkeiten der Umsetzung gewährt, nicht ganz risikolos; kann doch auf diese Weise der Widerstand gegen die gewählte Umsetzungsart die Annahme des Vertrages an sich gefährden.

In Anwendung dieser Grundsätze wurden in den vergangenen Jahren etwa folgende Verträge dem Referendum unterstellt:

- Vertrag zwischen der Schweiz und Argentinien über Rechtshilfe in Strafsachen:

  > „Es bleibt zu prüfen (...) ob der Vertrag wichtige rechtsetzende Bestimmungen enthält oder ob dessen Umsetzung den Erlass eines Bundesgesetzes erfordert. Nach Artikel 22 Absatz 4 des Parlamentsgesetzes vom 13. Dezember 2002 sind unter rechtsetzenden Normen jene Bestimmungen zu verstehen, die in unmittelbar verbindlicher und generell-abstrakter Weise Pflichten auferlegen, Rechte verleihen oder Zuständigkeiten festlegen. Als wichtig gelten Bestimmungen, die auf der Grundlage von Artikel 164 Absatz 1 BV in der Form eines Bundesgesetzes erlassen werden müssen.
  >
  > Der mit Argentinien ausgehandelte Vertrag enthält wichtige rechtsetzende Bestimmungen. Er begründet für die Vertragsparteien die Verpflichtung, einander eine möglichst umfassende Rechtshilfe zu gewähren. Diese Verpflichtung hat auch Auswirkungen auf die Rechte und Pflichten von Einzelpersonen. Diese Bestimmungen müssen als wichtig angesehen werden, da sie nach Artikel 164 Absatz 1 BV nur in der Form eines Bundesgesetzes erlassen werden könnten, wenn sie auf nationaler Ebene erlassen werden müssten. Demzufolge untersteht der Genehmigungsbeschluss der Bundesversammlung gemäss Artikel 141 Absatz 1 Buchstabe d Ziffer 3 BV dem fakultativen Referendum für völkerrechtliche Verträge." (BBl 2011 S. 606)

- Protokoll zum Abkommen zwischen der Schweizerischen Eidgenossenschaft einerseits und der Europäischen Gemeinschaft und ihren Mitgliedstaaten andererseits über die Freizügigkeit im Hinblick auf die Aufnahme der Republik Kroatien als Vertragspartei infolge ihres Beitritts zur Europäischen Union:

  > „Die Verfassungsmässigkeit des Beschlussentwurfs zur Genehmigung des Protokolls III zum FZA stützt sich auf Artikel 54 Absatz 1 BV, der dem Bund in den auswärtigen Angelegenheiten eine weitgehende Zuständigkeit einräumt. Artikel 184 Absatz 2 BV ermächtigt den Bundesrat, völkerrechtliche Verträge zu unterzeichnen und zu ratifizieren. Die Zuständigkeit der Bundesversammlung für die Genehmigung des Bundesbeschlusses ergibt sich aus Artikel 166 Absatz 2 BV.
  >
  > Nach Artikel 141 Absatz 1 Buchstabe d Ziffern 1–3 BV unterstehen internationale Verträge, die unbefristet und unkündbar sind, den Beitritt zu einer internationalen Organisation vorsehen oder wichtige rechtssetzende Rechtsbestimmungen enthalten, deren Umsetzung den Erlass von Bundesgesetzen erfordert, dem fakultativen Referendum.

Das Protokoll III sieht die Ausdehnung des zwischen der Schweiz einerseits und der EU und den damaligen 15 EU-Mitgliedstaaten andererseits abgeschlossenen Abkommens von 1999 über den freien Personenverkehr auf Kroatien vor. Dieses Abkommen ist kündbar und sieht keinen Beitritt zu einer internationalen Organisation vor. Hingegen macht die Umsetzung des Protokolls die Änderung mehrerer Bundesgesetze erforderlich.

Im Übrigen sieht Artikel 2 des Bundesbeschlusses vom 8. Oktober 1999 zur Genehmigung der Bilateralen I vor, dass die Bundesversammlung mit einem Bundesbeschluss, der dem fakultativen Referendum untersteht, über die Ausdehnung des Abkommens über die Freizügigkeit auf Staaten, die bei dessen Genehmigung nicht zur EU gehörten, zu entscheiden hat." (BBl 2016 S. 2253 f.)

- Protokoll zur Änderung des Abkommens vom 7. September 1987 zwischen der Schweizerischen Eidgenossenschaft und dem Königreich Norwegen zur Vermeidung der Doppelbesteuerung auf dem Gebiete der Steuern vom Einkommen und vom Vermögen:

„Gemäss Änderungsprotokoll wird die Amtshilfe nach dem internationalen Standard im erweiterten Umfang gewährt, wie dies der jüngeren Abkommenspolitik der Schweiz auf diesem Gebiet entspricht. Das Änderungsprotokoll enthält damit eine neue Verpflichtung für die Schweiz. Der Bundesbeschluss über die Genehmigung des Änderungsprotokolls zum Doppelbesteuerungsabkommen zwischen der Schweiz und Norwegen ist daher dem fakultativen Staatsvertragsreferendum für völkerrechtliche Verträge nach Artikel 141 Absatz 1 Buchstabe d Ziffer 3 BV zu unterstellen." (BBl 2015 S. 7770)

Folgende Staatsverträge unterstanden nicht dem Referendum:

- Genehmigung der Quoten- und Gouvernanzreform des Internationalen Währungsfonds:

„Zu den völkerrechtlichen Verträgen, die einen Beitritt zu einer internationalen Organisation im Sinne von Artikel 141 Absatz 1 Buchstabe d Ziffer 2 vorsehen, sind auch die Abänderungen eines Gründungsvertrages zu zählen, die Ziel, Aktivitäten oder Struktur der Organisation derart verändern, dass sie einem Neubetritt gleichkommen.

Der Beitritt der Schweiz zu den Bretton Woods-Institutionen stellte den Abschluss eines völkerrechtlichen Vertrags im Sinne von Artikel 141 Absatz 1 Buchstabe d Ziffer 2 BV dar und war deshalb dem fakultativen Referendum unterstellt. Die Beteiligung der Schweiz an der Quotenreform erfüllt hingegen keine der in Artikel 141 Absatz 1 Buchstabe d vorgesehenen Voraussetzungen: Quotenänderungen und die damit verbundenen Änderungen von Pflichten und Rechten der Mitglieder sind bereits im Übereinkommen über den IWF selber vorgesehen und damit durch den seinerzeitigen Beitritt der Schweiz abgedeckt und innerstaatlich demokratisch legitimiert. Die Beteiligung an der Quotenreform bedeutet inhaltlich keine derartige Veränderung des Übereinkommens, die einem Neubeitritt gleichkäme. Die Quotenreform enthält auch keine wichtigen rechtsetzenden Bestimmungen im Sinne von Artikel 164 Absatz 1 BV: Die innerstaatliche Umsetzung des Übereinkommens über den IWF erfolgte bereits mit dem Bundesgesetz vom 4. Oktober 1991 über die Mitwirkung der Schweiz an den Institutionen von Bretton Woods. Dieses muss nicht geändert werden.

Bei den im Zusammenhang mit der Gouvernanzreform vorgesehenen Änderungen des IWF-Übereinkommens geht es rechtlich gesehen um Anpassungen betreffend die Zusammensetzung und das Funktionieren des Exekutivdirektoriums, dies mit dem Ziel einer ausgewogeneren Vertretung der IWF-Mitglieder in diesem Rat. Diese Anpassungen erfüllen auch nicht die Kriterien für wichtige rechtsetzende Bestimmungen im Sinne von Artikel 141 Absatz 1 Buchstabe d Ziffer 3 BV.

Die Genehmigung der Quoten- und Gouvernanzreform ist somit nicht dem fakultativen Referendum zu unterstellen." (BBl 2011 S. 9134 f.)

- Beschluss Nr. 2/2012 des Rates vom 21. Juni 2012 zur Änderung des EFTA-Übereinkommens (Landwirtschaft) vom 4. Januar 1960 zur Errichtung der Europäischen Freihandelsassoziation (EFTA):

  „Die vorliegende Änderung enthält rechtsetzende Bestimmungen in Form von Zollkonzessionen. Zur Frage, ob es sich dabei um wichtige rechtsetzende Bestimmungen im Sinne von Artikel 141 Absatz 1 Buchstabe d BV handelt (...), welche das fakultative Referendum nach sich ziehen würden, ist einerseits festzuhalten, dass die geänderten Bestimmungen im Rahmen der Verordnungskompetenzen umgesetzt werden können, welche das Zolltarifgesetz vom 9. Oktober 1986 dem Bundesrat für Zollkonzessionen einräumt. Anderseits sind die Bestimmungen nicht als grundlegend einzustufen: Sie ersetzen kein innerstaatliches Recht und treffen keine Grundsatzentscheide für die nationale Gesetzgebung. Die Verpflichtungen, die sich aus der Änderung des Übereinkommens ergeben, bewegen sich im Rahmen anderer von der Schweiz in den letzten Jahren abgeschlossener internationaler Abkommen und sind somit vergleichbar mit denjenigen in anderen Freihandelsabkommen, die die EFTA-Staaten mit Drittländern abgeschlossen hat.

  Anlässlich der Beratungen zur Motion 04.3203 der Staatspolitischen Kommission des Nationalrates vom 22. April 2004 sowie zu den Botschaften zu den seither abgeschlossenen Freihandelsabkommen haben beide Räte die Haltung des Bundesrates unterstützt, wonach internationale Abkommen, welche diesen Kriterien entsprechen, nicht dem fakultativen Referendum nach Artikel 141 Absatz 1 Buchstabe d BV unterliegen.

  Der Bundesbeschluss über die Genehmigung der Änderung des EFTA-Übereinkommens ist deshalb nicht dem fakultativen Referendum nach Artikel 141 BV zu unterstellen." (BBl 2013 S. 1384)

- Obwohl umstritten (siehe zur Kritik vorne in diesem Unterkapitel), unterstand letztlich auch das Freihandelsabkommen zwischen der Schweiz und China (SR 0.946.292.492) nicht dem fakultativen Referendum:

  „Die vorliegenden Abkommen enthalten rechtsetzende Bestimmungen im Sinne von Artikel 22 Absatz 4 ParlG (Zollkonzessionen, Gleichbehandlungsgebote etc.). Zur Frage, ob es sich dabei um wichtige rechtsetzende Bestimmungen im Sinne von Artikel 141 Absatz 1 Buchstabe d BV handelt (vgl. Art. 22 Abs. 4 ParlG), welche ein fakultatives Referendum nach sich ziehen würden, ist einerseits festzuhalten, dass die Abkommensbestimmungen im Rahmen der Verordnungskompetenzen, die das Zolltarifgesetz vom 9. Oktober 1986 dem Bundesrat für Zollkonzessionen einräumt, umgesetzt werden können. Andererseits sind die Bestimmungen nicht als grundlegend einzustufen. Sie ersetzen kein innerstaatliches Recht und treffen keine Grundsatzentscheide für die nationale Gesetzgebung. Die Verpflichtungen dieser Abkommen bewegen sich im Rahmen anderer von der Schweiz abgeschlossener internationaler Abkommen. Inhaltlich gehen sie nicht über andere im EFTA-Rahmen oder bilateral abgeschlossene FHA hinaus, und sie sind von ähnlichem rechtlichen, wirtschaftlichen und politischen Gewicht. Unterschiede in einzelnen Bereichen (z.B. in den Kapiteln TBT, SPS, Umweltfragen und im Abkommen zur Zusammenarbeit in Arbeits- und Beschäftigungsfragen) haben im Vergleich zum Inhalt von früher abgeschlossenen Abkommen keine wichtigen zusätzlichen Verpflichtungen für die Schweiz zur Folge und enthalten keine wichtigen rechtsetzenden Bestimmungen." (BBl 2013, S. 8215)

IV. DIE ZUSTÄNDIGKEIT ZUR BEENDIGUNG VÖLKERRECHTLICHER VERTRÄGE

Die völkerrechtliche Zulässigkeit einer Kündigung völkerrechtlicher Verträge bestimmt sich nach der Kündigungsklausel eines Vertrages und bei Fehlen einer solchen nach Art. 56 VRK (vgl. 1. Teil, 1. Kap., Ziff. V.2.b).

Innerstaatlich enthalten hingegen weder die Verfassung noch die Gesetzgebung Angaben zur Kompetenzverteilung zwischen Exekutive und Legislative zur Kündigung völkerrechtlicher Verträge. Die Frage, welchem Staatsorgan die Kompetenz zur Kündigung völkerrechtlicher Verträge zukommt, ist dabei umstritten.

Der Bundesrat vertritt die Auffassung, basierend auf seinen aussenpolitischen Kompetenzen sei er grundsätzlich zur selbständigen Auflösung völkerrechtlicher Verträge befugt:

Mitteilung der Direktion für Völkerrecht des EDA und des Bundesamtes für Justiz des EJPD vom 14. Juni 2006
(VPB 70.69)

„Gemäss ständiger Lehre und Rechtsprechung liegt die Kompetenz, völkerrechtliche Verträge aufzulösen, beim Bundesrat, und zwar gestützt auf Art. 184 Abs. 1 BV. Ist hingegen ein Departement, eine Gruppe oder ein Bundesamt zuständig, einen Vertrag zu schliessen, so ist diese Verwaltungseinheit auch kompetent, den Vertrag wieder aufzulösen.

Die Genehmigung durch das Parlament, ja selbst die Unterstellung unter das Referendum, sind damit nicht ausgeschlossen. Ein solches Verfahren für die Vertragsauflösung kommt jedoch nur in Betracht, wenn es bereits beim Vertragsabschluss vorgesehen war oder wenn es sich um ganz wichtige Verträge handelt; andernfalls würde Art. 184 Abs. 1 BV, der den Bundesrat generell mit den auswärtigen Angelegenheiten betraut, partiell seines Sinnes entleert".

Einzig in Bezug auf EMRK anerkennt der Bundesrat eine Ausnahme an:

40 Jahre EMRK-Beitritt der Schweiz: Erfahrungen und Perspektiven – Bericht des Bundesrates vom 19. November 2014, BBl 2015, S. 357 ff.

„Die EMRK enthält umfassende Bestimmungen über die Menschenrechte und Grundfreiheiten des Einzelnen, vergleichbar dem Grundrechtskatalog der Bundesverfassung. Die Konvention hat im Laufe der Jahrzehnte die innerstaatliche Rechtsordnung stark beeinflusst. Unabhängig davon, wie man diese Entwicklung bewertet, scheint eine Kündigung der EMRK ohne Einbezug des Parlaments heute nicht mehr denkbar. Was den Umfang dieses Einbezugs betrifft, so sollte gemäss einem Teil der Lehre das Parlament bei einer Kündigung von solcher Tragweite nicht nur informiert oder konsultiert, sondern es sollte ihm die Möglichkeit gegeben werden, sich diesbezüglich für einen referendumspflichtigen Bundesbeschluss zu entscheiden, da es sich um eine Kündigung von ausserordentlicher politischer Tragweite handelt." (a.a.O., S. 407)

In seiner Antwort auf die Interpellation „Schutz der Rechte der Stimmbevölkerung" (14.4249) präzisierte der Bundesrat am 25. Februar 2015 seine Haltung betr. der Kündigung dem fakultativen Referendum unterstehender Verträge:

„Wie bereits unter Geltung der alten Bundesverfassung obliegt die Kompetenz zur Kündigung völkerrechtlicher Verträge gemäss Artikel 184 Absatz 1 der Bundesverfassung dem Bundesrat. Diese Verfassungsnorm überträgt dem Bundesrat unter Wahrung der Mitwirkungsrechte der Bundesversammlung die Besorgung der auswärtigen Angelegenheiten und ordnet ihm die Vertretung der Schweiz nach aussen zu. Das entspricht der verfassungsrechtlichen Konzeption, wonach dem Bundesrat die Leitungsfunktion im Bereich der Aussenpolitik zukommt. Der Bundesrat ist damit zur Vornahme völkerrechtlicher Akte berufen; dazu gehören namentlich die Unterzeichnung, die Ratifikation und die Kündigung völkerrechtlicher Verträge.

Die Kündigungskompetenz des Bundesrates erstreckt sich auch auf völkerrechtliche Verträge, die gemäss Artikel 141 Absatz 1 Buchstabe d der Bundesverfassung dem fakultativen Referendum unterliegen. Dazu sind aus direktdemokratischer Sicht keine Bedenken angebracht: Denn der in einer allfälligen Referendumsabstimmung auch vom Volk gutgeheissene parlamentarische Genehmigungsbeschluss enthält die Ermächtigung (nicht Verpflichtung) des Bundesrates zur Ratifikation. Der Bundesrat ist somit nicht verpflichtet, einen vom Parlament genehmigten völkerrechtlichen Vertrag für die Schweiz auch tatsächlich mit der Ratifikation in Kraft zu setzen. Entsprechend hat die parlamentarische Genehmigung auch keine einschränkenden Auswirkungen auf die Kündigungskompetenz des Bundesrates.

Artikel 152 Absatz 3 ParlG verpflichtet den Bundesrat, die Aussenpolitischen Kommissionen (APK) des Parlamentes zu wesentlichen Vorhaben zu konsultieren. Eine Konsultation wäre namentlich angezeigt, wenn der Bundesrat die Kündigung des mit der EU abgeschlossenen Personenfreizügigkeitsabkommens (FZA) in Erwägung ziehen sollte. Ein solcher Schritt hätte grosse Auswirkungen auf die europäische Integrationspolitik der Schweiz, weil durch die sogenannte Guillotineklausel bei einer Kündigung des FZA alle durch diese Klausel betroffenen Abkommen der Bilateralen I automatisch ausser Kraft treten.

Im Rahmen dieses Konsultationsverfahrens wären die APK auch zur Einschätzung berufen, ob es sich um einen völkerrechtlichen Vertrag handelt, bei dem eine Kündigung "aus politischen Gründen nur schwer denkbar ist". Ferner schliesst es die Kündigungskompetenz des Bundesrates nicht aus, die ausdrückliche Ermächtigung der zuständigen Kommissionen bzw. des Plenums des Parlamentes zur beabsichtigten Kündigung einzuholen. Ein solcher Schritt fällt indessen nur in Betracht, wenn er bereits beim Vertragsabschluss im entsprechenden Genehmigungsbeschluss vorgesehen war oder wenn es sich um besonders wichtige Verträge handelt. Jüngst hat der Bundesrat im Bericht "40 Jahre EMRK-Beitritt der Schweiz: Erfahrungen und Perspektiven" festgehalten, eine Kündigung der EMRK ohne Einbezug des Parlamentes scheine angesichts der ausserordentlichen Tragweite eines solchen Schrittes heute nicht mehr denkbar (...)."

Das Bundesverwaltungsgericht erachtet demgegenüber die bundesrätliche Sichtweise, nach welcher der Bundesrat durch einseitigen Akt ohne Mitwirkung der Bundesversammlung die Kündigung beschliessen kann, „mit Blick auf Art. 166 Abs. 1 BV, wonach sich die Bundesversammlung an der Gestaltung der Aussenpolitik beteiligt und die Pflege der Beziehungen zum Ausland beaufsichtigt, jedenfalls [als] problematisch" (BVerwGer, C_4828/2010, Urteil vom 7. März 2011, E. 4.4.5).

Dieser Einschätzung des Bundesverwaltungsgerichtes ist zuzustimmen. In der Tat ist die bundesrätliche Sichtweise, wonach eine Kündigung eines völkerrechtlichen Vertrages zum erneuten Aufleben der staatlichen Souveränität im betreffenden Bereich führt und somit im Vergleich zur Ratifikation (und dem damit verbundenen Verlust gewisser Souveränitätsrechte) weniger strenge

Formerfordernisse für die Kündigung genügen, veraltet. Bei der Kündigung eines völkerrechtlichen Vertrages handelt es sich vielmehr um eine gegenteilige Handlung (*contrarius actus*), die dieselbe rechtliche Qualität aufweisen muss wie die ursprüngliche Handlung. Die Kündigung eines genehmigungspflichtigen völkerrechtlichen Vertrages durch den Bundesrat bedarf daher der Zustimmung des Parlaments. Dies ist insbesondere bei Verträgen, die Individuen Rechte einräumen, zwingend.

2. KAPITEL: VERHÄLTNIS VÖLKERRECHT – LANDESRECHT

I. PROBLEMSTELLUNG

Das Völkerrecht verlangt von den Staaten, *dass* sie ihre völkerrechtlichen Verpflichtungen auch innerstaatlich nachkommen. Die Frage, *wie* dies geschehen soll, beantwortet das Völkerrecht nicht. Die innerstaatliche Wirkungsweise des Völkerrechts wird daher durch das Verfassungsrecht reguliert.

Das Verhältnis zwischen Völkerrecht und Landesrecht wirft viele komplexe Probleme auf. Dabei sind folgende Fragen deutlich zu unterscheiden:

1. Wie gilt Völkerrecht innerstaatlich: automatisch oder erst nach einer Transformation ins Landesrecht?
2. Welches ist der Rang des Völkerrechts im Verhältnis zum innerstaatlichen Recht?
3. Auf welche völkerrechtlichen Normen können sich Individuen in innerstaatlichen Verfahren berufen?

II. DIE INNERSTAATLICHE WIRKUNGSWEISE DES VÖLKERRECHTS

1. Grundlagen: Dualismus und Monismus

Die meisten Staaten regeln auf Verfassungsstufe, auf welche Weise das Völkerrecht innerstaatliche Geltung besitzen oder umgesetzt werden soll. Dabei orientieren sie sich an zwei unterschiedlichen Theorien:

a. Die Theorie des Dualismus

Laut der Theorie des Dualismus gehören Völkerrecht und Landesrecht grundsätzlich zwei verschiedenen und voneinander getrennten Rechtsordnungen an. Diese haben unterschiedliche Quellen, Adressaten und Regelungsgegenstände, und sie überschneiden sich sachlich nie. Deshalb werden in Ländern mit diesem System Verpflichtungen, die ein Staat gegenüber anderen Staaten vertraglich eingeht, auf innerstaatlicher Ebene erst verbindlich, wenn der Gesetzgeber ihre innerstaatliche Geltung angeordnet hat. Dies geschieht entweder durch ein Gesetz, welches den Inhalt des Vertrages wiederholt (z.B. in den skandinavischen Ländern, in Grossbritannien, Kanada und Australien) oder durch ein sogenanntes Zustimmungsgesetz, in welchem lediglich festgehalten wird, dass der Staatsvertrag nun auch im Inland gelte (z.B. in Deutschland).

Im dualistischen System kann daher ein völkerrechtlicher Vertrag erst mit seiner innerstaatlichen Umsetzung überhaupt Wirkungen im Inland entfalten. Erst ab diesem Zeitpunkt kann sich eine Person beispielsweise mit Erfolg gegen eine völkerrechtswidrige Verfügung zur Wehr setzen. Den transformierten Normen des Völkerrechts kommt Gesetzesrang zu. Ihr Verhältnis zu anderen Gesetzen bestimmt sich im Konfliktfall nach den üblichen Regeln der *lex posterior* und *lex specialis*.

Im Gegensatz zum Vertragsrecht ist beim *Völkergewohnheitsrecht* ein echtes Transformationsverfahren meist nicht möglich, da sein Inhalt oft nur schwer feststellbar ist und sich zudem häufig dynamisch weiterentwickelt, so dass der Gesetzgeber permanent beobachten müsste, was nun gerade Gegenstand des Gewohnheitsrechts ist.

b. Die Theorie des Monismus

Die Schweiz und Staaten wie die USA oder Frankreich folgen dem System des Monismus. Gemäss dieser Theorie unterscheiden sich zwar Völkerrecht und Landesrecht in verschiedenen Aspekten (beispielsweise in der Art der Entstehung). Beide werden jedoch als integrale Bestandteile einer *einheitlichen Rechtsordnung* gesehen. In Ländern mit monistischem System gelten daher völkerrechtliche Verträge automatisch, ohne dass sie in das Landesrecht transformiert werden müssten. Sie entfalten Wirkungen im Inland, sobald der Vertragsstaat völkerrechtlich wirksam verpflichtet ist (d.h. ab Inkrafttreten). Konflikte zwischen Völkerrecht und Landesrecht werden grundsätzlich auf der Basis des Vorrangs des Völkerrechts gelöst (dazu hinten Ziff. III.1).

c. Die Pflicht zur Respektierung völkerrechtlicher Verpflichtungen

Den Staaten steht es aus der Sicht des Völkerrechts frei, ob sie dem Dualismus oder dem Monismus folgen wollen. Die Frage, welches System in einem bestimmten Land gelten soll, ist somit vom Verfassungsgeber zu entscheiden. In beiden Fällen müssen die Staaten allerdings sicherstellen, dass sie ihre völkerrechtlichen Verpflichtungen einhalten.

Siehe dazu die gemeinsame Stellungnahme des Bundesamtes für Justiz und der Direktion für Völkerrecht vom 26. April 1989 zum Verhältnis zwischen Völkerrecht und Landesrecht im Rahmen der schweizerischen Rechtsordnung:

> „Obschon die Staaten im Prinzip frei sind, die Beziehungen zwischen Völkerrecht und Landesrecht zu regeln, „wie es ihnen beliebt", setzt ihnen das Völkerrecht doch exakte Grenzen, die im Ergebnis auf folgende unbedingte Verpflichtungen hinauslaufen: Die völkerrechtliche Norm ist nach Treu und Glauben zu erfüllen, wie es Art. 26 und 27 VRK vorschreiben. Die Lehre stimmte dem zu. Der Grundsatz von Treu und Glauben bildet in dieser Hinsicht das entscheidende Element. Der Internationale Gerichtshof selbst hat ihn in der Sache Australien c. Frankreich (betreffend Nuklearversuche) angerufen:
>
> ‚L'un des principes de base qui président à l'exécution d'obligations juridiques, quelle qu'en soit la source, est celui de la bonne foi. La confiance réciproque est une condition inhérente de la coopération internationale, surtout

à une époque où, dans bien des domaines, cette coopération devient de plus en plus indispensable.'

Die völkerrechtliche Verpflichtung, Verträge nach Treu und Glauben zu erfüllen, stellt damit in der internationalen Rechtsordnung das Fundament des Vorranges des Völkerrechts vor dem Landesrecht dar. Die nationalen Rechtsordnungen, ob in dualistischer oder monistischer Tradition stehend, können sich nicht auf die beschränkten Sanktionsmöglichkeiten des Völkerrechts im innerstaatlichen Bereich berufen, um absichtlich Völkerrechtsverletzungen zu begehen oder zu tolerieren – zum Beispiel durch den Erlass einseitiger gesetzgebender, administrativer oder richterlicher Akte, die gegen den entsprechenden Staat bindendes Völkerrecht verstossen." (VPB 53 (1989) Nr. 54 S. 400 f.)

2. Der Monismus in der Schweiz

a. Verfassungsrechtliche Grundlagen

Das Völkerrecht gilt in der Schweiz ab Inkrafttreten automatisch auch innerstaatlich. Es besitzt grundsätzlich gegenüber entgegenstehendem Landesrecht Vorrang. Damit folgt die Schweiz, wie erwähnt, dem System des Monismus. Dies ergibt sich z.B. aus Art. 5 Abs. 4 BV, welcher bestimmt, dass Bund und Kantone das Völkerrecht beachten.

Die Botschaft zur Bundesverfassung vom 20. November 1996 führt dazu aus:

„Nach schweizerischer Auffassung bilden Völkerrecht und Landesrecht eine einheitliche Rechtsordnung, zu der Staatsverträge als „integrierende Bestandteile" gehören. Internationale Verpflichtungen müssen nach der bei uns herrschenden monistischen Rechtsauffassung nicht wie in Ländern mit einem dualistischen Rechtsverständnis durch einen speziellen Transformationsakt in das Landesrecht überführt werden. Die Normen des Völkerrechts gelten in der Schweiz grundsätzlich direkt. Das gilt auch für die völkerrechtlichen Grundprinzipien, namentlich die Verpflichtung des Staates, die ihn bindenden völkerrechtlichen Normen zu erfüllen (pacta sunt servanda), den Grundsatz von Treu und Glauben sowie das Verbot für alle Vertragsparteien, sich zur Rechtfertigung einer Nichterfüllung auf innerstaatliches Recht zu berufen. Diese drei Prinzipien ergeben sich nicht nur aus den Regeln des Völkergewohnheitsrechts, sie sind auch in den Artikeln 26 und 27 der (...) Wiener Vertragsrechtskonvention vom 23. Mai 1969 niedergelegt. Die völkerrechtliche Verpflichtung, Verträge nach Treu und Glauben zu erfüllen, bildet in der internationalen Rechtsordnung die Grundlage des Vorrangs von Völkerrecht vor dem Landesrecht. Dieses Gebot ist insbesondere für den Schutz von Kleinstaaten in ihren internationalen Beziehungen von zentraler Bedeutung. Absichtlich begangene Völkerrechtsverletzungen - zum Beispiel der Erlass gesetzgeberischer, administrativer oder richterlicher Akte, die gegen völkerrechtlich übernommene Verpflichtungen verstossen - können nicht durch eine Berufung auf innerstaatliche Rechtsnormen gerechtfertigt werden. Im Völkerrecht bindet ein Vertrag den Staat als solchen: Alle Organe eines Staates haben daher im Rahmen ihrer jeweiligen Zuständigkeiten darauf zu achten, dass sich das nationale Recht nach den internationalen Verpflichtungen richtet; alle Staatsorgane tragen eine gemeinsame Verantwortung für die Erfüllung völkerrechtlicher Verpflichtungen." (BBl 1997 I S. 134 f.)

Der Monismus findet verfassungsrechtlich seinen Ausdruck auch in der Tatsache, dass die Genehmigung der Vertragsratifikation nicht im Gesetzgebungsverfahren erfolgt. Vielmehr genehmigt die Bundesversammlung den Vertragsschluss in der Form des Bundesbeschlusses, sofern der Vertrag dem Referendum untersteht. Ist dies nicht der Fall, erfolgt die Genehmigung mittels einfachen Bundesbeschlusses (Art. 163 Abs. 2 BV und Art. 24 Abs. 3 ParlG). Zudem beurteilt das Bundesgericht gemäss Art. 189 Abs. 1 lit. b BV Beschwerden wegen Verletzung von Völkerrecht, und gemäss Art. 190 BV ist das Völkerrecht für die rechtsanwendenden Behörden massgebend. All dies bedeutet, dass Völkerrecht automatisch Teil der schweizerischen Rechtsordnung ist, und sich Private vor Behörden und Gerichten an sich direkt auf Staatsverträge berufen können (zum Erfordernis des Self-executing-Charakters von Vertragsbestimmungen hinten Ziff. IV.2).

Das Bundesgericht anerkannte die Geltung des Monismus bereits im Rahmen der alten Bundesverfassung. Diese Auffassung geht auf die Anfänge der bundesgerichtlichen Praxis zurück (BGE 7 I 774, S. 782). Im Fall *Frigerio gg. Eidgenössiches Verkehrs- und Energiedepartement, BGE 94 I 669* z.B. hat es dazu ausgeführt:

> „Ein von der Bundesversammlung genehmigter Staatsvertrag wird mit dem Austausch der Ratifikationsurkunden für die Vertragsstaaten völkerrechtlich verbindlich; er erlangt zusammen mit der völkerrechtlichen auch landesrechtliche Wirkung, sofern er entsprechende Rechtsregeln zugunsten oder zu Lasten der Bürger aufstellt. (...) Einer Umsetzung von Verträgen in ein besonderes Bundesgesetz bedarf es nicht. (...) Dann aber stehen die Normen des von der Bundesversammlung genehmigten Staatsvertrages (...) in ihren Wirkungen grundsätzlich denen [eines Bundesgesetzes] (...) gleich; sie sind wie diese von den schweizerischen Behörden zu vollziehen." (BGE 94 I 669 E.2 S. 672)

Heute verwendet das Bundesgericht in ständiger Praxis Formeln wie die Folgenden:

> „Ein von der Bundesversammlung genehmigter Staatsvertrag wird mit dem Austausch der Ratifikationsurkunden für die Vertragsstaaten völkerrechtlich verbindlich; er erlangt zusammen mit der völkerrechtlichen auch landesrechtliche Wirkung." (BGE 122 II 234 E. 4a S. 237)
>
> „Die Schweiz ist demnach durch den vom Bundesrat abgeschlossenen Vertrag völkerrechtlich gebunden. Normen des Völkerrechts sind nun aber, sobald sie für unser Land rechtskräftig werden, fester Bestandteil der schweizerischen Rechtsordnung. Eines besonderen Aktes für die Transformation der völkerrechtlichen Regel in das Landesrecht bedarf es nicht. Das bedeutet gleichzeitig, dass die völkerrechtliche Regel, solange sie für die Schweiz in Kraft ist, von allen Staatsorganen einzuhalten und anzuwenden ist (...). Auch der Richter kann daher einem Staatsvertrag, der völkerrechtlich verbindlich ist, die Anwendung nicht versagen unter Berufung darauf, dass die innerstaatliche Kompetenzordnung beim Vertragsabschluss nicht eingehalten worden sei. Der vom Bundesrat mit Österreich abgeschlossene Vertrag ist vorliegend anzuwenden, unbesehen darum, ob er der Genehmigung durch die Bundesversammlung bedurft hätte oder nicht." (BGE 120 Ib 360 E. 2c S. 366)

b. Bewertung

Ist es sachgerecht, dass die Schweiz dem System des Monismus folgt? Am 3. Oktober 1996 wurde im Nationalrat eine Motion eingereicht, mit welcher ein Systemwechsel verlangt wurde. Der Bundesrat führte in seiner Stellungnahme vom 9. Dezember 1996 zu den Gründen, die gegen den Dualismus sprechen, Folgendes aus:

> „Nach Auffassung des Bundesrates hat sich die monistische Ausrichtung der schweizerischen Rechtsordnung bewährt. Ein Wechsel zu einem eigentlichen Dualismus würde bedeuten, dass rechtsetzende Staatsverträge grundsätzlich auf dem Weg des ordentlichen Gesetzgebungsverfahrens in Landesrecht umgesetzt werden müssten. Das Gesetzgebungsverfahren würde somit erheblich belastet. Zudem kann niemals ein gewisses Risiko ausgeschaltet werden, dass zwischen Transformationsgesetz und völkerrechtlichem Vertrag ungewollt Widersprüche geschaffen werden, welche die völkerrechtliche Verantwortlichkeit der Schweiz nach sich ziehen können. Als Zwischenlösung wäre theoretisch ein Zustimmungsverfahren, wie es in Deutschland besteht, denkbar. Nach diesem System würde das Zustimmungsgesetz einem völkerrechtlichen Vertrag innerstaatliche Geltung verleihen. Der Einzelne könnte sich, soweit ein Vertrag unmittelbar anwendbar (self-executing) wäre, weiterhin direkt auf den Vertragstext berufen, womit sich im Ergebnis eine mit der heutigen monistischen Rechtsordnung vergleichbare Situation ergäbe. Wollte man aber ein solches System in der Schweiz einführen, bestünde der gewichtige Unterschied zur deutschen Regelung darin, dass bei uns zwar alle Bundesgesetze, aber nach Artikel 89 Absätze 3-5 der Bundesverfassung [heute Art. 141 Abs. 1 lit. d] nicht alle Staatsverträge dem fakultativen Referendum unterstehen. Neu würden damit faktisch alle von der Bundesversammlung genehmigten Staatsverträge dem Referendum unterstellt.
>
> Schliesslich könnte ein Wechsel vom Monismus zum Dualismus auf internationaler Ebene den Eindruck erwecken, die Schweiz behalte sich künftig vor, sich innerstaatlich nicht an eingegangene völkerrechtliche Verpflichtungen zu halten. Dies könnte einerseits als weiteres Zeichen für eine zunehmende internationale Isolierung unseres Landes gedeutet werden, zumal generell - namentlich in den skandinavischen Staaten - eher eine gegenläufige Tendenz in Richtung Monismus festgestellt werden kann. Andererseits haben gerade Kleinstaaten wie die Schweiz grösstes Interesse daran, an ihrem Willen zur Einhaltung ihrer völkerrechtlichen Pflichten keine Zweifel aufkommen zu lassen. Denn von allen Instrumenten, welche ihnen zur Wahrung ihrer Interessen gegenüber politisch mächtigeren und wirtschaftlich stärkeren Partnern zur Verfügung stehen, ist es gerade das Völkerrecht, welches ihnen den bestmöglichen Schutz zu garantieren vermag.
>
> Aus all diesen Gründen lehnt der Bundesrat die Einführung des Dualismus bei der Übernahme von Völkerrecht ab." (96.3482 Motion Baumann: Systemwechsel für die Einführung von Völkerrecht)

Im Rahmen seines im Jahr 2010 publizierten Berichts zum Verhältnis zwischen Völkerrecht und Landesrecht nahm der Bundesrat im Licht der Verfassung von 1999 zu dieser Frage Stellung. Er ist unter Aufführung der bereits zitierten Gründe bei seiner Auffassung geblieben und kommt zusammenfassend zu folgendem Fazit:

> „Das heutige monistische System ist einfach, effizient und flexibel. Es gewährleistet Rechtssicherheit ohne zusätzlichen Rechtsetzungsaufwand. Der Monismus trägt damit auch dazu bei, die Bundesversammlung, den Bundesrat und die Bundesverwaltung zu entlasten. Er konnte im Zuge der wachsen-

> den Bedeutung internationaler Verpflichtungen laufend an die neuen Bedürfnisse angepasst werden, namentlich mit einer sukzessiven Erweiterung der Kompetenzen von Volk, Ständen und Parlament (...). Heute herrscht ein weitgehender Parallelismus zwischen dem Staatsvertrags- und dem Gesetzesreferendum. Die Einführung des Dualismus ist deshalb nicht angezeigt." (BBl 2010, S. 2321).

III. DER VORRANG DES VÖLKERRECHTS GEGENÜBER DEM SCHWEIZERISCHEN LANDESRECHT

1. Grundsätze

Die Botschaft zur Bundesverfassung vom 20. November 1996 führt zum grundsätzlichen Anwendungsvorrang des Völkerrechts gegenüber entgegenstehendem schweizerischem Landesrecht aus:

> Artikel 5 Abs. 4 BV „(...) verankert die Pflicht von Bund und Kantonen, das Völkerrecht zu beachten. Dieses Gebot richtet sich an alle staatlichen Organe und ist Ausfluss des Grundsatzes, dass völkerrechtliche Normen entgegenstehenden landesrechtlichen Normen prinzipiell vorgehen. Wie ein Konflikt zwischen einer völkerrechtlichen und einer landesrechtlichen Norm im konkreten Fall aufzulösen ist, lässt sich Absatz 4 allerdings nicht entnehmen. Auch Artikel 180 VE 96 [heute Art. 190 BV], der die Bundesgesetze, allgemeinverbindlichen Bundesbeschlüsse und das Völkerrecht für das Bundesgericht und die anderen rechtsanwendenden Behörden als massgebend bezeichnet, äussert sich nicht zu dieser Frage und überlässt die Antwort - wie bis anhin Artikel 113 Absatz 3 [heute Art. 190] BV - der Praxis. Es bedarf also des Rückgriffs auf die von Lehre und Praxis anerkannten Regeln. (...)
>
> Die Organe des Bundes haben, im Einklang mit der in der Schweiz herrschenden Lehre, den Grundsatz des Vorrangs des Völkerrechts wiederholt anerkannt und bestätigt. Der Bundesrat verweist in diesem Zusammenhang sowohl auf die Gemeinsame Stellungnahme des Bundesamtes für Justiz und der Direktion für Völkerrecht zum „Verhältnis zwischen Völkerrecht und Landesrecht im Rahmen der schweizerischen Rechtsordnung" als auch auf seine diesbezüglichen Ausführungen im Rahmen der EWR-Botschaft. Auch anlässlich der Ungültigerklärung der Volksinitiative „für eine vernünftige Asylpolitik" durch die Eidgenössischen Räte wurde das Vorrangprinzip bekräftigt.
>
> Wie in der zitierten Gemeinsamen Stellungnahme eingehend dargelegt, lässt sich ein Konflikt zwischen einer völkerrechtlichen und einer landesrechtlichen Norm in aller Regel dadurch vermeiden, dass nationales und internationales Recht auf dem Wege der Auslegung miteinander in Einklang gebracht werden (Grundsatz der völkerrechtskonformen Auslegung). Im Konfliktfall gilt der Grundsatz, dass die völkerrechtswidrige landesrechtliche Norm nicht angewendet wird.
>
> Im Lichte dieser von Lehre und Praxis anerkannten Grundsätze wird [Artikel 5] Absatz 4, der alle staatlichen Organe zur Beachtung des Völkerrechts verpflichtet, ohne selbst eine eigentliche Kollisionsnorm aufzustellen, auszulegen sein." (BBl 1997 I S. 134 f.)

Es gelten folgende *Vorrangregeln*:

- Das Völkerrecht geht allem widersprechenden kantonalen Recht vor. Dies ist eine Folge der derogatorischen Kraft des Bundesrechts gemäss Art. 49 Abs. 1 BV.
- Das Völkerrecht geht dem Verordnungsrecht des Bundes vor.
- Völkerrecht geht im Konfliktfall grundsätzlich Gesetzesrecht vor (siehe insbesondere zu den Ausnahmen des Vorrangs hinten Ziff. 3.c).
- Das Völkerrecht besitzt auch Anwendungsvorrang gegenüber der Bundesverfassung (vgl. hinten Ziff. 3.e).

Der Grundsatz des Vorrangs des Völkerrechts hat Auswirkungen einerseits auf die Rechtsetzung, andererseits auf die Rechtsanwendung (nachstehend Ziff. 2 und 3).

2. *Wirkung des Vorrangs in der Rechtsetzung*

Das Völkerrecht bildet eine Schranke für die gesetzgebenden und verfassungsgebenden Organe: Es dürfen weder auf kantonaler noch auf Bundesebene völkerrechtswidrige Normen erlassen werden.

Praktisch kann der Erlass völkerrechtswidriger Erlasse in der Schweiz oft nicht verhindert werden. So sind etwa Volksinitiativen, welche inhaltlich dem nichtzwingenden Völkerrecht widersprechen, gültig und Volk und Ständen zur Abstimmung zu unterbreiten. Soweit eine Kündigung des widersprechenden Völkerrechts nicht möglich ist oder wegen dessen Bedeutung allenfalls nicht vorgenommen wird, bleibt die Schweiz trotz Erlass völkerrechtswidriger Rechtsnormen an ihre völkerrechtlichen Verpflichtungen gebunden und haftet für Verletzungen.

Verschiedene Bestimmungen der Verfassung illustrieren, dass aber zumindest *zwingendes Völkerrecht*, d.h. ius cogens (siehe dazu vorne 1. Teil, 5. Kap., Ziff. II.1), eine materielle Schranke der Verfassungsrevision bildet. So dürfen gemäss Art. 193 Abs. 4 und 194 Abs. 2 BV Total- und Teilrevisionen der Verfassung, unbesehen von welchem Organ der Anstoss zur Revision erfolgt ist, „die zwingenden Bestimmungen des Völkerrechts nicht verletzen." Volksinitiativen müssen zudem von der Bundesversammlung gemäss Art. 139 Abs. 3 BV ganz oder teilweise für ungültig erklärt werden, wenn sie gegen zwingendes Völkerrecht verstossen.

Diese Bestimmungen gehen auf den Entscheid der Bundesversammlung zurück, eine Volksinitiative im Asylbereich wegen Verletzung von ius cogens 1996 für ungültig zu erklären (Amtl. Bull SR 1995 S. 334 ff.; Amtl. Bull NR 1996 S. 303 ff., S. 634). Siehe dazu die Botschaft über die Volksinitiativen „für eine vernünftige Asylpolitik" und „gegen die illegale Einwanderung" vom Juni 1994:

> „Die bisherige Praxis der Bundesorgane und die ältere Lehre haben aus dem Völkerrecht fliessende materielle Schranken bisher eher verneint (...). Wegen materieller Schranken der Verfassungsrevision wurde bis heute noch nie eine

Volksinitiative ungültig erklärt. Allerdings stellte sich diese Frage bisher nur im Zusammenhang mit Verpflichtungen aus dem *Völkervertragsrecht*, aus denen sich die Schweiz mittels Kündigung oder einseitiger Erklärung hätte befreien können. Alle bisher zustande gekommenen Volksinitiativen, die gegen Völkervertragsrecht verstossen hätten, wurden von Volk und Ständen verworfen (...). Eine Annahme wäre jeweils als Verpflichtung an den Bundesrat zu werten gewesen, sich durch eine Kündigung aus der völkerrechtlichen Verpflichtung zu befreien (...). Die Initiative *„für eine vernünftige Asylpolitik"* sieht in den Übergangsbestimmungen explizit vor, dass völkerrechtliche Verträge, die dem Initiativtext widersprechen, vom Bundesrat umgehend gekündigt werden und innerhalb eines Jahres nach Annahme der Initiative für die Schweiz ihre Verbindlichkeit verlieren.

Ein solches Vorgehen ist aber dann nicht möglich, wenn durch die Annahme einer Volksinitiative völkerrechtliche Verpflichtungen verletzt würden, denen zwingender Charakter zukommt. Als zwingendes Völkerrecht (sog. *ius cogens*) gelten völkerrechtliche Regeln, die wegen ihrer Bedeutung für die internationale Rechtsordnung unbedingte Geltung erfordern und als solche von der Staatengemeinschaft anerkannt sind (z.B. die Verbote der Folter oder des Genozids; vgl. Art. 53 VRK). Man zählt sie zum internationalen *ordre public* (...). Zwingendes Völkerrecht beruht auf Völkergewohnheitsrecht, kann aber auch als Völkervertragsrecht ausgestaltet sein. Es hat Regeln zum Inhalt, von denen sich die Staaten auch durch eine Kündigung der völkerrechtlichen Verträge, in denen sie verankert sind, nicht befreien können. (...)

Ein Rechtsstaat kann sich nicht über völkerrechtliche Normen hinwegsetzen, die international als elementare Bestimmungen zum Schutz fundamentalster Grundrechte und des humanitären Völkerrechts verstanden werden und die unabhängig von der Ratifikation oder Kündigung der entsprechenden völkerrechtlichen Verträge einen für alle Rechtsstaaten verbindlichen Charakter aufweisen.

Zwar hat die Bundesversammlung bei völkerrechtswidrigen Initiativen bisher immer zugunsten der Volksrechte entschieden (...).. Im Zusammenhang mit der vorliegenden Initiative stellen sich allerdings andere Probleme: Sie bildet das erste Volksbegehren, das nicht nur gegen Vertragsrecht verstösst, das kündbar oder abänderbar ist, sondern zwingende Normen des Völkerrechts verletzt, die für einen Rechtsstaat von derart grundlegender Bedeutung sind, dass er sich den daraus fliessenden Verpflichtungen auf keine Weise entziehen kann. Würde Verfassungsrecht in Kraft treten, das zwingendes Völkerrecht verletzt, entstünde der Schweiz ein nicht wieder gutzumachender Schaden. Auch dem Souverän kann somit keine Wahlfreiheit zukommen. Initiativen, die gegen Bestimmungen des zwingenden Völkerrechts verstossen, sind deshalb nach Auffassung des Bundesrates in Übereinstimmung mit der vorherrschenden Lehre ungültig zu erklären." (BBl 1994 III S. 1486 ff.)

Nicht für ungültig erklärt werden können gemäss den verfassungsrechtlichen Vorgaben damit Volksinitiativen, welche gegen dispositives Völkerrecht verstossen; dies selbst wenn sie gegen den Inhalt von de iure oder faktisch unkündbaren völkerrechtlichen Verträgen verstossen. Siehe dazu etwa die Botschaft des Bundesrats zur sog. Ausschaffungsinitiative (Volksinitiative „für die Ausschaffung krimineller Ausländer"):

„Die Volksinitiative verstösst nach der Auffassung des Bundesrats nicht gegen zwingendes Völkerrecht. Sie kann so ausgelegt werden, dass insbesondere das zum zwingenden Völkerrecht gehörende «Non-Refoulement-Prinzip» respektiert wird. Eine Annahme der Initiative würde indessen bei der Umsetzung zu erheblichen Kollisionen mit rechtsstaatlichen Garantien der Bundesverfassung führen, insbesondere mit dem darin enthaltenen Schutz des Privat- und Familienlebens sowie mit dem Grundsatz der Verhältnismässigkeit behördlicher Massnahmen. Darüber hinaus könnten auch wichtige Bestimmungen des nicht zwingenden Völkerrechts, zum Beispiel der Europäischen Menschenrechtskonvention (EMRK) oder des Personenfreizügigkeitsabkommens mit der EU, nicht mehr eingehalten werden." (BBl 2009, S. 5098)

3. *Wirkung des Vorrangs in der Rechtsanwendung*

a. Grundsatz der völkerrechtskonformen Auslegung

Grundsätzlich sind alle landesrechtlichen Rechtssätze, soweit möglich, völkerrechtskonform auszulegen. Dies bedeutet, dass einer schweizerischen Gesetzes- oder Verordnungsbestimmung bei verschiedenen Auslegungsmöglichkeiten jener Sinn beizulegen ist, welcher am besten mit dem Völkerrecht vereinbar ist. In vielen Fällen ist es möglich, den Konflikt zwischen einer inländischen Bestimmung und dem Völkerrecht über eine völkerrechtskonforme Auslegung der schweizerischen Rechtsnorm aufzulösen. Die völkerrechtskonforme Auslegung von Landesrecht, welche sich nach den landesrechtlichen Auslegungsregeln richtet, ist nicht zu verwechseln mit der Auslegung völkerrechtlicher Verträge nach den völkerrechtlichen Auslegungsregeln gemäss Art. 31 und 32 VRK.

Frigerio gg. Eidgenössisches Verkehrs- und Energiedepartement
BGE 94 I 669

1962 erhielt der Bootsunternehmer Max Frigerio eine Konzession für die gewerbsmässige Personenbeförderung mit Schiffen auf dem Rhein für bestimmte Gewässerabschnitte.

Ein 1967 von ihm eingereichtes Feststellungsbegehren, wonach die gewerbsmässige Personenbeförderung mit Schiffen auf der Rheinstrecke zwischen Basel und Neuhausen überhaupt nicht konzessionspflichtig sei, wurde vom damaligen Eidgenössischen Verkehrs- und Energiewirtschaftsdepartement abgewiesen.

Frigerio hatte sein Gesuch damit begründet, dass auf dem betroffenen Flussabschnitt trotz dem nach Postgesetz bestehenden Postregal keine Konzessionspflicht bestehe, weil Art. 1 der Übereinkunft von 1879 zwischen der Eidgenossenschaft und dem Grossherzogtum Baden betreffend den Wasserverkehr auf dem Rhein von Neuhausen bis unterhalb Basels, ein Recht auf freien Schiffsverkehr auf diesem Teil des Rheins schaffe. Die Bestimmungen des Staatsvertrages würden zudem nach dem Grundsatz des Vorranges des Völkerrechts dem Postgesetz vorgehen.

Art. 1 der Übereinkunft von 1879 lautet:

„Die Schiffahrt und Flossfahrt auf dem Rheine von Neuhausen bis unterhalb Basels soll jedermann gestattet sein; sie unterliegt nur denjenigen Beschränkungen, welche durch die Steuer- und Zollvorschriften sowie durch die poli-

> zeilichen Rücksichten auf die Sicherheit und Ordnung des Verkehrs geboten sind."

In seinen Erwägungen beschäftigte sich das Bundesgericht ausführlich mit der Auslegung des Staatsvertrages, hauptsächlich mit der Interpretation von Art. 1. Das Gericht kam zum Schluss, dass das in dieser Bestimmung festgeschriebene Recht auf freie Schifffahrt auch den gewerbsmässigen Personentransport mit Motorschiffen umfasst und einzig im Rahmen der „polizeilichen Rücksichten auf die Sicherheit und Ordnung des Verkehrs" beschränkt werden kann, nicht aber durch andere Massnahmen, wie einer Konzessionspflicht. Eine Auslegung des Staatsvertrages mittels der verschiedenen Auslegungsmethoden ergebe, dass ein solcher Vorbehalt nicht vorgesehen sei. Zum Verhältnis zwischen völkerrechtlichen Bestimmungen und landesrechtlichen Normen und der besonderen Problematik, ob späteres Landesrecht dem früheren Staatsvertragsrecht vorgehe, führt das Urteil aus:

> „Ob späteres Landesrecht dem früheren Staatsvertragsrecht vorgehe, ist in der Rechtsprechung und im Schrifttum streitig. (...)
>
> Zu diesen Fragen muss nicht abschliessend Stellung genommen werden. Es genügt festzuhalten, dass der Bundesgesetzgeber gültig abgeschlossene Staatsverträge gelten lassen will, sofern er nicht ausdrücklich in Kauf nimmt, dass völkerrechtswidriges Landesrecht zustande komme. Im Zweifel muss innerstaatliches Recht völkerrechtskonform ausgelegt werden; d.h. so, dass ein Widerspruch mit dem Völkerrecht nicht besteht. Diese Auslegungsregel erlaubt es, Konflikte zwischen den beiden Rechtsordnungen meistens zu vermeiden; sie entspricht den neuen Strömungen in Frankreich, in der Bundesrepublik Deutschland und in den Niederlanden." (a.a.O. E. 6a S. 678)

Das Gericht schloss mit folgenden Bemerkungen und hiess die Beschwerde von Max Frigerio gut:

> „Art. 1 der Übereinkunft von 1879 gewährleistet jedermann die freie Schiffahrt auf der Rheinstrecke zwischen Neuhausen und Basel. Demnach sind die deutschen Schiffer der Konzessionspflicht nicht unterworfen; es besteht aber auch kein Hinweis dafür, dass die Eidgenossenschaft mit dem Vertragsabschluss ihre Einwohner habe schlechter behandeln wollen." (a.a.O. E. 7 S. 689)

b. Der Gundsatz des Vorrangs des Völkerrechts vor Bundesgesetzen bei echten Konflikten

aa. Ausgangspunkt: Die Praxis des 19. und frühen 20. Jahrhunderts

WALTER KÄLIN, Der Geltungsgrund des Grundsatzes „Völkerrecht bricht Landesrecht":

> „In BGE 7 783 entschied das Bundesgericht, ein späteres Bundesgesetz könne einen älteren Staatsvertrag nicht derogieren. Zur Begründung führte es an, der Vertrag sehe vor, dass er bis zu einer allfälligen Kündigung in Kraft bleibe. Obwohl das Parlament widersprechendes Bundesrecht erlassen habe, sei im konkreten Fall der Vertrag nicht gekündigt worden; er sei deshalb immer noch anwendbar. Dieser Begründung liegt offensichtlich die Überlegung zugrunde, der Grundsatz von pacta sunt servanda verbiete es, widersprechenden neuen Bundesgesetzen den Vorrang einzuräumen, solange der Vertrag nicht gekündigt worden ist. Entsprechend kam es in BGE 18 193 zum Schluss, ein neues

Bundesgesetz könne „widersprechende Bestimmungen der bestehenden Staatsverträge (...) ohne Verletzung völkerrechtlicher Pflichten" nicht derogieren. Der Grundsatz, dass spätere Bundesgesetze frühere Staatsverträge nicht brechen, wurde in der Folge wiederholt ohne nähere Begründung bestätigt (BGE 20 57; 21 710; 22 1030; 35 I 596; 48 II 261)." (a.a.O. in: Festgabe zum Schweizerischen Juristentag 1988, ZBJV 124bis, S. 57)

Vom Vorrang des Völkerrechts wich das Bundesgericht einzig in zwei Entscheiden in den 1930er Jahren ab. Im Fall *Steenworden c. Societé des Auteurs, Compositeurs et Editeurs de musique, BGE 59 II 331* argumentierte es allerdings deutlich auf der Grundlage des Dualismus, als es ausführte:

„Au point de vue interne, en effet, les conventions internationales n'ont pas d'autre valeur qu'une loi quelconque régulièrement votée et promulguée. (...) Si donc il y avait opposition entre une loi fédérale et une convention internationale réglant le même objet, la convention ne devrait pas forcément être préférée à la loi. L'une et l'autre ayant une portée identique au point de vue législatif interne, leur opposition devrait être résolue comme une opposition entre deux textes de loi contradictoires, en vertu de la maxime lex posterior derogat priori. Conformément à cette maxime, le traité récent abroge ipso jure les dispositions contraires de la loi antérieure et, inversement, la loi récente paralyse l'application en Suisse des dispositions contraires d'un traité plus ancien." (BGE 59 II 331 E.4 S. 337 f.)

bb. Bestätigung des Vorrangs des Völkerrechts

Im Fall *Grosby c. Ministère public fédéral, BGE 97 I 372* in welchem es um das Verhältnis zwischen dem Bundesgesetz vom 22. Januar 1892 betreffend die Auslieferung gegenüber dem Ausland und dem schweizerisch-amerikanischen Auslieferungsvertrag vom 14. Mai 1900 ging, betonte das Gericht:

„Selon la jurisprudence et la doctrine, le traité international a le pas sur la loi nationale. La loi fédérale sur l'extradition délimite la compétence des autorités de notre pays pour passer des accords au sujet de l'entraide judiciaire entre Etats. En cas de contradiction entre les dispositions de la loi et celles du traité, ces dernières l'emportent en tant que dispositions contractuelles. Les dispositions de la loi ne s'appliquent, dans un cas concret, qu'aux points qui n'ont pas été réglés expressément ou tacitement par le traité. (...) Il s'agit donc d'abord d'examiner si l'extradition est possible selon le traité." (E.1 S. 375)

Seither anerkennt das Bundesgericht in ständiger Praxis den Vorrang des Völkerrechts auch gegenüber späterem Gesetzesrecht:

„Es ist ausgeschlossen, zwei sich widersprechende Normen - seien sie bundesgesetzlicher oder staatsvertraglicher Natur - zugleich anzuwenden. Der Konflikt ist vielmehr unter Rückgriff auf die allgemein anerkannten Grundsätze des Völkerrechts zu lösen (...), die für die Schweiz als Völkergewohnheitsrecht verbindlich sind und zugleich geltendes Staatsvertragsrecht darstellen. So ist die Eidgenossenschaft gemäss Art. 26 des Wiener Übereinkommens über das Recht der Verträge vom 23. Mai 1969 (VRK; SR 0.111) verpflichtet, die sie bindenden völkerrechtlichen Verpflichtungen zu erfüllen («pacta sunt servanda»; ...). Sie kann sich insbesondere nicht auf ihr innerstaatliches Recht berufen, um die Nichterfüllung eines Vertrags zu rechtfertigen (Art. 27 VRK; ...).

Diese völkerrechtlichen Prinzipien sind in der schweizerischen Rechtsordnung unmittelbar anwendbar (...) und binden nicht nur den Gesetzgeber, sondern sämtliche Staatsorgane (...). Daraus ergibt sich, dass im Konfliktfall das Völkerrecht dem Landesrecht prinzipiell vorgeht (...). Dies hat zur Folge, dass eine völkerrechtswidrige Norm des Landesrechts im Einzelfall nicht angewendet werden kann." *(Einziehung von Propagandamaterial der Kurdischen Arbeiterpartei, BGE 125 II 417 E 4d S. 424 f.)*

c. Ausnahmen vom Vorrang im Verhältnis zwischen Völkerrecht und Bundesgesetz: Schubert-Praxis

Schubert c. Commissione cantonale ticinese di ricorso, BGE 99 Ib 39

„Der in Wien wohnende österreichische Staatsangehörige Schubert, Eigentümer eines Wohnhauses mit Umschwung in Brissago, kaufte im März 1972 angrenzendes Land hinzu. Die kantonalen Instanzen verweigerten ihm die Bewilligung gestützt auf den Bundesbeschluss über die Bewilligungspflicht für den Erwerb von Grundstücken durch Personen im Ausland vom 23. März 1961/30. September 1965/24. Juni 1970. Schubert rügt mit der Verwaltungsgerichtsbeschwerde einen Verstoss gegen Art. 2 des Vertrags zwischen der Schweiz und der österreichisch-ungarischen Monarchie zur Regelung der Niederlassungsverhältnisse usw. vom 7. Dezember 1875. Die Bestimmung lautet:

‚In Ansehung des Erwerbes, Besitzes und der Veräusserung von Liegenschaften und Grundstücken jeder Art sowie der Verfügungen über dieselben und der Entrichtung von Abgaben, Taxen und Gebühren für solche Verfügungen sollen die Angehörigen jedes der vertragenden Teile in dem Gebiete des andern die Rechte der Inländer geniessen.'

Das Bundesgericht weist die Beschwerde ab. (...)

In BGE 94 I 678 wird ausgeführt, dass der Bundesgesetzgeber gültig abgeschlossene Staatsverträge gelten lassen will, sofern er nicht bewusst in Kauf nimmt, dass von ihm erlassenes Landesrecht dem internationalen Recht allenfalls widerspricht. Im Zweifel ist innerstaatliches Recht völkerrechtskonform auszulegen, d.h. so, dass ein Widerspruch mit dem Völkerrecht nicht entsteht. An dieser Regel, die erlaubt, Konflikte zwischen den beiden Rechtsordnungen meistens zu vermeiden, ist festzuhalten. Damit wird grundsätzlich der Vorrang des internationalen Rechts anerkannt – gleichgültig, ob es älter oder weniger alt als die landesrechtliche Norm ist. Die Möglichkeit einer bewussten Abweichung seitens des Gesetzgebers gestattet es, Härten zu mildern und wichtige Interessen zu wahren. Eine solche bewusste Abweichung kann zwar die völkerrechtlichen Rechte und Pflichten des Staates nicht ändern, ist aber im innerstaatlichen Bereich massgebend und für das Bundesgericht verbindlich (BV 113 III).

Im vorliegenden Fall kann offen bleiben, ob ein Widerspruch zwischen Art. 2 des Staatsvertrags und den Bestimmungen des Bundesbeschlusses bestehen könnte. Bei der Beratung des Bundesbeschlusses von 1961 und der seitherigen Beschlüsse, durch die er erneuert und geändert worden ist, hat die Bundesversammlung die völkerrechtlichen Gesichtspunkte, insbesondere die umstrittene Frage der Vereinbarkeit mit gewissen Staatsverträgen, geprüft und einlässlich diskutiert (...). Das Parlament war sich also der Schwierigkeiten bewusst, zu denen der Bundesbeschluss in völkerrechtlicher Beziehung allenfalls führen konnte, namentlich hinsichtlich der Staatsverträge, nach denen die Angehörigen bestimmter Staaten in mehr oder weniger weitem Umfang gleich wie die Schweizerbürger zu behandeln sind. Es mag dahingestellt bleiben, ob die Bundesversammlung der (von namhaften Juristen vertretenen) Meinung war, der Bundesbeschluss stehe nicht im Widerspruch zu diesen Verträgen, oder ob sie annahm, er sei jedenfalls zur Wahrung gewichtiger Interessen unumgänglich. Es genügt festzuhalten, dass sie zur Auffassung gelangte, die möglichen Zweifel an der Übereinstimmung des Bundesbeschlusses mit staatsvertraglichen Bestimmungen rechtfertigten es nicht, auf die allgemeine Unterstellung der Personen im Ausland unter die Bewilligungspflicht zu verzichten.

War demnach dem Parlament bekannt, dass der Bundesbeschluss Bedenken hinsichtlich seiner Vereinbarkeit mit dem internationalen Recht erwecken konnte, so steht es dem Bundesgericht nicht zu, diesen Gesichtspunkt zu prüfen. Da aus den dargelegten Gründen der Staatsvertrag von 1875 die Gültigkeit des Bundesbeschlusses in bezug auf österreichische Staatsangehörige im Ausland nicht berührt, ist das Gericht nach BV 113 III gehalten, diesen Erlass anzuwenden." (Pra 62/1973 (Nr. 106) S. 291 ff.)

In Fällen, in denen ein Bundesgesetz nach Inkrafttreten eines Staatsvertrages erlassen wurde, hat damit ausnahmsweise das Bundesgesetz Vorrang vor einer völkerrechtlichen Bestimmung, wenn diese Völkerrechtsverletzung von der Bundesversammlung bewusst in Kauf genommen wurde und kein Verstoss gegen zwingendes Völkerrecht oder die EMRK vorliegt (dazu nachstehend lit. d).

Unter welchen Voraussetzungen kann aktuell von einem bewussten Abweichen von Völkerrecht durch die Bundesversammlung ausgegangen werden? Diese Frage hatte das Bundesgericht in *BGE 138 II 524* zu beantworten, nachdem die Vorinstanz, das Bundesverwaltungsgericht, einen Anwendungsfall der Schubert-Praxis feststellte:

„5.3.2 Für eine allfällige Abweichung vom Vorrang der staatsvertraglichen Verpflichtungen kann - in Abweichung zu den Ausführungen des Bundesverwaltungsgerichts - jedoch nicht der Verweis auf eine allgemeine Diskussion zu den Vor- und Nachteilen der nationalen Regelung (....) genügen; eine Kollision mit dem Staatsvertrag kann von vornherein nur in jenen Fällen "bewusst" oder beabsichtigt sein, in denen anlässlich der Beratung des Bundesgesetzes die völkerrechtlichen Aspekte und Auswirkungen ...) resp. der mögliche Verstoss gegen Völkerrecht eingehend thematisiert wird (...). Die parlamentarischen Beratungen zu Art. 43 ZG, welche die Vorinstanz ihrer Gutheissung zugrunde gelegt hat, beinhalten nur am Rande und kaum vertiefte Voten zu Fragen des Normkonflikts (...). Sie erweisen sich hinsichtlich der Folgen des Normkonflikts zudem als widersprüchlich (...), indem die Äusserungen gleichzeitig auch wieder die Vorrangstellung des Staatsvertrags bestätigen (...). Eine bewusst gewollte Abweichung der Gesetzgebung von den völkerrechtlichen Verpflichtungen in klarer Auseinandersetzung mit den Folgen des hervorgerufenen Normverstosses lässt sich - entgegen der pauschalen Einschätzung der Vorinstanz – aus den Materialien demnach nicht entnehmen. Ihre diesbezüglichen Ausführungen können für den vorliegenden Fall nicht entscheidend sein; der Vorrang des Völkerrechts ergibt sich aus der Ermittlung des Normsinns, der Rechtsprechung und dem Zollgesetz selbst (a.a.O., S. 534 f.).

d. Das Verhältnis von Bundesgesetz und EMRK und die Entwicklung von Gegenausnahmen zur Schubert-Praxis

Das Bundesgericht zögerte lange, ob der EMRK Vorrang vor Bundesgesetzen einzuräumen sei, da damit infolge der weitgehenden Parallelität von Grundrechten der Verfassung und Garantien der EMRK auf indirektem Weg zumindest eine partielle Verfassungsgerichtsbarkeit eingeführt würde.

In *Eidgenössische Steuerverwaltung gg. Erben X und Verwaltungsgericht des Kantons Luzern, BGE 117 Ib 367* führte es die Gründe für den Vorrang der EMRK aus, ohne allerdings die Frage abschliessend zu entscheiden:

> „e) Art. 113 Abs. 3 BV und Art. 114bis Abs. 3 [heute Art. 190] BV binden das Bundesgericht und die übrigen rechtsanwendenden Organe nicht nur an die Bundesgesetze und allgemeinverbindlichen Bundesbeschlüsse, sondern auch an die genehmigten Staatsverträge. Aus den Materialien zu Art. 113 Abs. 3 [heute Art. 190] BV ergibt sich klar, dass der Verfassungsgeber seinerzeit ausschliesslich die Gewaltenteilung zwischen der Bundesversammlung - der u.a. die Konkretisierung der Verfassung in der Gesetzgebung obliegt - und dem Bundesgericht regeln wollte. Völkerrechtliche Überlegungen spielten offenbar bei der Aufnahme der Staatsverträge in Art. 113 Abs. 3 [heute Art. 190] BV keine Rolle (...). Aus dieser Bestimmung kann daher für die Rangordnung der beiden Rechtsquellen gerade nichts abgeleitet werden (...).
>
> Art. 114bis Abs. 3 [heute Art. 190] BV verbietet demnach nicht, allgemein anerkannte Prinzipien anzuwenden, die das Verfassungsrecht und Völkerrecht in Einklang bringen. Zu beachten ist in diesem Zusammenhang namentlich das Wiener Übereinkommen über das Recht der Verträge, das für die Schweiz am 6. Juni 1990 in Kraft getreten ist (SR 0.111) und das in Art. 26 und 27 nun ausdrücklich den Grundsatz des Vorrangs des vertraglichen Völkerrechts enthält. Dieser Grundsatz verlangt von allen rechtsanwendenden Organen in der Schweiz eine völkerrechtskonforme Auslegung des Landesrechts und mithin auch von Art. 114bis Abs. 3 [heute Art. 190] BV.
>
> Auch wenn die Wahrnehmung der völkerrechtlichen Beziehungen ausschliesslich den politischen Behörden, vorab dem Bundesrat (Art. 102 Ziff. 8 BV), obliegt, rechtfertigt es sich nicht, die Harmonisierung von Landesrecht und durch die Schweiz abgeschlossenen Völkerrechtsverträgen nur den politischen Instanzen zu überlassen. Das bedeutet keinen Einbruch in den Grundsatz der Gewaltenteilung, da aus rechtlicher Sicht alle Behörden verpflichtet sind, im Rahmen ihrer Kompetenzen das die Schweiz bindende Völkerrecht zu respektieren und anzuwenden (...). Es spricht daher auch nichts dagegen, dass der Richter die Bundesgesetze auf ihre Übereinstimmung mit der Konvention prüft. Natürlich kann er nicht eine Gesetzesbestimmung aufheben, weil sie dem Völkerrecht widerspricht; er könnte höchstens im konkreten Einzelfall die betreffende Norm nicht anwenden, wenn sie sich als völkerrechtswidrig erweist und zu einer Verurteilung der Schweiz führen könnte. " (a.a.O. E. 2e S. 371 f.)

In *S. c. Office fédéral de la police, BGE 122 II 485* (Erwägung e ist nicht publiziert) anerkennt das Bundesgericht schliesslich den Vorrang der EMRK. Konkret bejahte es den Vorrang der Konvention im Verhältnis zum späteren Bundesgesetz über die Rechtshilfe in Strafsachen aus dem Jahre 1983. Gleichzeitig kam es zum Schluss, dass die EMRK auch einem menschenrechtswidrigen bilateralen Vertrag vorgeht:

> „Le fait que l'art. 37 EIMP soit entré en vigueur en 1983, soit postérieurement à l'entrée en vigueur pour la Suisse de la Convention (1967) et de l'accord bilatéral (1977) n'y change rien: le principe de la primauté du droit internationale sur le droit interne découle de la nature même de la règle internationale, hiérarchiquement supérieure à toute règle interne, de sorte que l'argument tiré de la lex posterior est inapplicable (...). L'application de l'art. 1 al. 1 EIMP, qui se borne à rappeler le principe de la réserve des traités internationaux, conduit d'ailleurs au même résultat. (...)
>
> c) Il découle de ce qui précède que seule une autre règle internationale liant tant l'Allemagne que la Suisse pourrait éventuellement, pour des motifs particulièrement importants, justifier un refus de l'extradition. (...)

> e) La Convention européenne des droits de l'homme, „instrument vivant à interpréter à la lumière des conditions de vie actuelle" (...), présente une pertinence directe pour le cas d'espèce. L'existence et l'applicabilité de principe de deux instruments en matière d'extradition ne dispensent en effet pas l'autorité suisse requise d'examiner si la sauvegarde des droits et libertés garantis au recourant par l'art. 8 CEDH ne s'oppose pas, en raison de circonstances exceptionnelles à son extradition vers l'Allemagne, pour autant que la Suisse garantisse la poursuite sur son territoire de l'exécution de la condamnation prononcée en Allemagne (...).
>
> (...) Si la Suisse accordait l'extradition, elle remplirait certes ses obligations internationales en matière d'extradition, mais elle violerait du même coup l'art. 8 CEDH, car l'extradition du recourant n'apparaîtrait pas comme „nécessaire" dans une société démocratique, parce qu'elle ne répondrait manifestement pas au „besoin social impérieux" exigé par la jurisprudence européenne au titre de cette nécessité. (...) Le recours doit donc être partiellement admis dans sa conclusion subsidiaire. Ainsi le veut, dans des circonstances de fait certes exceptionnelles, le principe de la prééminence du droit, dans le souci de concilier les exigences actuelles du droit extraditionnel et le respect des droits de l'homme dans une société démocratique." (a.a.O. E. 3a, c und e S. 487 ff.)

Im Fall eines Konflikts zwischen dem Recht auf Beurteilung durch ein unabhängiges Gericht gemäss Art. 6 EMRK und einer Bestimmung des Bundesrechts, welche eine Beschwerde an ein unabhängiges Gericht ausschloss, bestätigte das Bundesgericht im Fall *Einziehung von Propagandamaterial der Kurdischen Arbeiterpartei, BGE 125 II 417* nicht nur den Vorrang der EMRK, sondern deutete an, dass hier die Schubert-Ausnahme nicht gelte:

> „Diese Konfliktregelung [im Sinn des Vorrangs des Völkerrechts] drängt sich umso mehr auf, wenn sich der Vorrang aus einer völkerrechtlichen Norm ableitet, die dem Schutz der Menschenrechte dient. Ob in anderen Fällen davon abweichende Konfliktlösungen in Betracht zu ziehen sind (...), ist vorliegend nicht zu prüfen." (a.a.O. E. 4d S. 425)

Auch der Bundesrat scheint von einem Vorrang aller menschenrechtlicher Verpflichtungen vor entgegenstehenden Gesetzesbestimmungen auszugehen:

> „Völkerrechtliche Menschenrechtsgarantien und namentlich Bestimmungen der EMRK gehen vor, sie sind mit anderen Worten stets anwendbar, das heisst auch, wenn der Gesetzgeber von ihnen abweichen wollte" (Bericht des Bundesrates zum Verhältnis von Völkerrecht und Landesrecht, März 2010, S. 51)."

Nachdem die zivilrechtliche Abteilung zunächst die Geltung der Schubert-Praxis auch im Verhältnis zur EMRK wieder bestätigte, gelangte die öffentlichrechtliche Abteilung des Bundesgerichts im Jahr 2012 zu folgender Feststellung:

> „5.1 Im Falle eines Normenkonflikts zwischen dem Völkerrecht und einer späteren Gesetzgebung geht die Rechtsprechung grundsätzlich vom Vorrang des Völkerrechts aus; vorbehalten bleibt gemäss der "Schubert"-Praxis der Fall, dass der Gesetzgeber einen Konflikt mit dem Völkerrecht ausdrücklich in Kauf genommen hat (...). Die Rechtsprechung hat die Anwendung der "Schubert-Praxis" im Falle eines Widerspruchs zu Menschenrechtskonventionen (...) verneint; die Frage in einem Einzelfall aber auch offengelassen (...). In einem jüngsten Entscheid zur Problematik hat das Bundesgericht den Vorrang des

> Völkerrechts bzw. die Bindung an dieses bestätigt (...): Besteht ein echter Normkonflikt zwischen Bundes- und Völkerrecht, so geht grundsätzlich die völkerrechtliche Verpflichtung der Schweiz vor (...); dies gilt selbst für Abkommen, die nicht Menschen- oder Grundrechte zum Gegenstand haben (...). Der dargelegte Vorrang besteht auch gegenüber späteren, d.h. nach der völkerrechtlichen Norm in Kraft getretenen Bundesgesetzen; die Lex-posterior-Regel kommt im Verhältnis zwischen Völker- und Landesrecht nicht zur Anwendung (...). Die Schweiz kann sich nicht auf ihr innerstaatliches Recht berufen, um die Nichterfüllung eines Vertrags zu rechtfertigen (...). Entsprechend bleibt eine dem Völkerrecht entgegenstehende Bundesgesetzgebung regelmässig unanwendbar (...) (BGE 139 I 16, S. 28 f.).

Ende 2015 hielt das Bundesgericht in *BGE 142 II 35* schliesslich fest:

> „3.2. (...) In Übereinstimmung mit Art. 27 VRK gehen in der Rechtsanwendung völkerrechtliche Normen widersprechendem Landesrecht vor (...). Dieser Grundsatz hat lediglich insofern eine Ausnahme erfahren, als der Gesetzgeber bewusst die völkerrechtliche Verpflichtung missachten und insofern auch die politische Verantwortung dafür bewusst tragen wollte (...). Diese Ausnahme gilt nicht, wenn menschenrechtliche Verpflichtungen der Schweiz in Frage stehen (...); diesfalls geht die völkerrechtliche Norm der nationalen Regelung auch dann vor, wenn der schweizerische Gesetzgeber sie missachten will. Auch im Zusammenhang mit dem Freizügigkeitsabkommen hat das Bundesgericht entschieden, dass diesem gegenüber bewusst abweichendem Gesetzesrecht der Vorrang zukommt. Das Gericht begründete dies damit, dass das Freizügigkeitsabkommen demokratisch (durch Annahme in der Volksabstimmung) legitimiert sei, dieses den unter das Abkommen fallenden Personen gerichtlichen Rechtsschutz garantiere, was toter Buchstabe bliebe, wenn die Gerichte abweichendes nationales Recht anwenden müssten, und schliesslich, dass die Vertragsstaaten der EU ihrerseits verpflichtet seien, dem Abkommen den Vorrang gegenüber ihrem jeweiligen innerstaatlichen Recht zu geben (...)."

Heute gilt daher, dass die Schubert-Praxis zumindest im Verhältnis zwischen Bundesgesetzen und der EMRK, anderen menschenrechtlichen Abkommen und dem Abkommen über die Personenfreizügigkeit zwischen der Schweiz und der EU und ihren Mitgliedstaaten sowie zwingendem Völkerrecht vom Bundesgericht mutmasslich nicht mehr angewandt werden würde.

e. Das Verhältnis von Völkerrecht und Verfassungsrecht

Da die Bundesversammlung nur Volksinitiativen für ungültig erklären darf, die gegen *ius cogens* verstossen, nicht aber solche, die inhaltlich dem übrigen Völkerrecht widersprechen, kann die Entstehung von Konflikten zwischen neuerem Verfassungs- und älterem Völkerrecht nicht ausgeschlossen werden. Beispiele für so entstandene Normkonflikte sind etwa das Verbot des Baus von Minaretten gemäss Art. 72 Abs. 3 BV und die lebenslange Verwahrung nach Art. 123a BV, welche mutmasslich menschenrechtlichen Verpflichtungen der Schweiz widersprechen. Derartige Normkollisionen können aber auch entstehen, wenn neue völkerrechtliche Verpflichtungen mit bestehendem Verfassungsrecht in Widerspruch treten. So verpflichten etwa gegenwärtig verbindliche Anordnungen des UNO-Sicherheitsrats (dazu hinten 3. Teil, 4. Kap., Ziff. II.2.b) die Schweiz zur Ergreifung von Massnahmen gegen namentlich identifizierte Personen, die terroristischer Aktivitäten verdächtigt werden, welche (auch) verfassungsrechtlich verankerten Grundrechten widersprechen.

Auch in diesen Normkollisionen ist wie bei jedem Konflikt zwischen Völker- und Landesrecht grundsätzlich vom Vorrang des Völkerrechts auszugehen. Diese Rechtsfolge wird in diesem spezifischen Kollisionsfall durch die Anwendungsregel von Art. 190 BV ausdrücklich bestätigt. Diese erklärt das Völkerrecht (und die Bundesgesetze), nicht aber das Verfassungsrecht für rechtsanwendende Behörden für massgeblich. Basierend auf diesen Vorgaben hat das Bundesgericht für das Verhältnis zwischen älterem Völkerrecht und jüngerem Verfassungsrecht festgehalten:

> „C'est en vain que le recourant se prévaut d'une inégalité de traitement entre fonctionnaires internationaux suisses et étrangers résidant en Suisse. L'art. 190 Cst. oblige en effet le Tribunal fédéral à appliquer le droit international et les lois adoptées par l'Assemblée fédérale, cela même lorsqu'il l'estimerait contraire à la Constitution, en particulier au principe d'égalité consacré par l'art. 8 Cst. Or, en l'espèce, l'inégalité critiquée par le recourant est non seulement consacrée par la loi, mais également par des règles du droit international public". *(D. c. Caisse cantonale genevoise de compensation et Tribunal cantonal des assurances sociales du canton de Genève, BGE 133 V 233)*

Nur wenige Monate nach diesem Urteil bestätigte es seine Schlussfolgerung (diesmal auch für das Verhältnis zwischen älterem Verfassungsrecht und jüngerem Völkerrecht) mit folgender apodiktischer Formulierung:

> „6. Innerstaatlich ist der Konflikt zwischen Völkerrecht und Verfassungsrecht, einschliesslich den Grundrechten, in Art. 190 BV ausdrücklich geregelt: Danach sind Bundesgesetze und Völkerrecht für das Bundesgericht und die anderen rechtsanwendenden Behörden massgebend". *(Nada gg. seco, Staatssekretariat für Wirtschaft sowie Eidgenössisches Volkswirtschaftsdepartement, BGE 133 II 450)*

Eine andere Auffassung als das Bundesgericht vertritt der Bundesrat in seinem Bericht zum Verhältnis zwischen Völkerrecht und Landesrecht aus dem Jahr 2010 (siehe dazu auch seine vorne unter Ziff. 2 zitierte Botschaft zur Ausschaffungsinitiative):

> „Nach Ansicht des Bundesrates sind die rechtsanwendenden Behörden grundsätzlich gehalten, völkerrechtswidrige Verfassungsbestimmungen anzuwenden, wenn diese jünger als die völkerrechtliche Bestimmung und Artikel 190 BV sowie direkt anwendbar sind. Der neue Artikel 72 Absatz 3 BV (Minarett-Verbot) ist ein besonders aktuelles Beispiel dafür." (BBl. 2010, S. 2323).

Der Bundesrat stützt sich zur Begründung des Vorrangs jüngeren Verfassungsrechts vor älterem Völkerrecht v.a. auf die Vorrangregel von *lex posterior* (BBl. 2010, S. 2309). Diese greift, wenn für die Beurteilung eines Sachverhalts einschlägige Normen gleichen Hierarchieranges sich inhaltlich widersprechen. Anwendbar ist damit diese Vorrangregel im vom Bundesrat angesprochenen Beispiel etwa im Verhältnis zwischen dem Verbot des Baus von Minaretten gemäss Art. 72 Abs. 3 BV und dem Diskriminierungsverbot von Art. 8 Abs. 2 BV. Kein inhaltlicher Widerspruch kann indes zwischen Art. 72 Abs. 3 BV und der Massgeblichkeitsregel von Art. 190 BV bestehen, da die beiden Normen völlig unterschiedliche Sachverhalte regeln. Demgegenüber liegt eine inhaltliche Divergenz zwischen Art. 72 Abs. 3 BV und den Diskriminierungsverboten internationaler Menschenrechtskonventionen vor, d.h. zwischen Bestimmungen verschiedener Normstufen. Auf solche Konflikte findet die *lex posterior*-Regel keine Anwendung.

Das Bundesgericht teilte diese bundesrätliche Auffassung nicht. Es gelangte vielmehr 2012 zum Schluss:

> „5.2.1 Im vorliegenden Fall stellt sich die Frage des Verhältnisses zwischen Völkerrecht und einer später erlassenen Verfassungsbestimmung. Gemäss Art. 194 Abs. 2 BV darf eine Verfassungsänderung zwingendes Völkerrecht nicht verletzen. Auch Volksinitiativen, die zwingendem Völkerrecht widersprechen, sind ungültig (Art. 139 Abs. 3 BV). Daraus folgt umgekehrt, dass Verfassungsänderungen, welche andere völkerrechtliche Normen nicht beachten, möglich bleiben (...). Wie alsdann im Rechtsanwendungsfallvorzugehen ist, erscheint wenig geklärt (...). Ein Teil der Lehre vertritt die Auffassung, dass eine neuere, unmittelbar anwendbare Verfassungsbestimmung einem älteren Staatsvertrag vorzugehen hat (...); andere Autoren verwerfen diese Auffassung (....).
>
> 5.2.2 Die EMRK ist ein Staatsvertrag und als solcher nach den Regeln von Art. 31 f. VRK auszulegen, wobei ihren Besonderheiten und insbesondere ihrem Charakter als lebendiges Instrument ("living instrument") Rechnung zu tragen ist (...). Aus Art. 8 EMRK, wonach jedermann Anspruch auf Achtung seines Privat- und Familienlebens hat, ergibt sich nach der Rechtsprechung des EGMR und in deren Folge der Staatenpraxis eine Vertragsverletzung, wenn die betroffene Person im Aufenthaltsstaat über hinreichend starke persönliche oder familiäre Bindungen verfügt, die durch die aufenthaltsverweigernde oder -beendende Massnahme unter dem Titel des "Privatlebens" oder des "Familienlebens" nachhaltig betroffen werden. Die Konvention bzw. die diese verbindlich auslegende Rechtsprechung des EGMR verlangt im Rahmen von Art. 8 Ziff. 2 EMRK eine Abwägung zwischen dem privaten Interesse der betroffenen Person am Verbleib im Land einerseits und dem öffentlichen Interesse an ihrer Entfernung bzw. Fernhaltung zu einem der dort genannten Zwecke andererseits, wobei dieses gestützt auf die vom EGMR ermittelten Kriterien jenes aufgrund der Gesamtbeurteilung im Einzelfall in dem Sinne überwiegen muss, dass die Massnahme notwendig erscheint.
>
> 5.2.3 Dies ist wie dargelegt hier nicht der Fall (...). Mit der EMRK und der Möglichkeit der Individualbeschwerde hat die Schweiz nicht nur die konventionsmässigen materiellen Garantien, sondern auch deren Durchsetzungsmechanismus und die Pflicht übernommen, im Nachgang zu den Urteilen des EGMR die jeweils erforderlichen individuellen und allgemeinen Massnahmen zu treffen, um künftige ähnliche Konventionsverletzungen - nötigenfalls auch durch eine Anpassung des nationalen Rechts - zu verhindern (...).
>
> 5.3 Das Bundesgericht ist auch bei Berücksichtigung von Art. 121 Abs. 3 BV hieran gebunden. Es hat die sich aus der Rechtsprechung des Europäischen Gerichtshofs für Menschenrechte ergebenden Vorgaben weiterhin umzusetzen (vgl. Art. 190 BV). Es kann in der durch diese gebotenen Interessenabwägung der vom Verfassungsgeber zum Ausdruck gebrachten Wertung insoweit Rechnung tragen, als dies zu keinem Widerspruch zu übergeordnetem Recht bzw. zu Konflikten mit dem Beurteilungsspielraum führt, den der EGMR den einzelnen Konventionsstaaten bei der Umsetzung ihrer Migrations- und Ausländerpolitik zugesteht. In diesem Rahmen kann die erforderliche Interessenabwägung jedoch nicht schematisierend auf einzelne im Verfassungsrecht mehr oder weniger klar umschriebene Anlasstaten reduziert werden, ohne dass der Strafhöhe und den weiteren zur Rechtfertigung des mit der Aufent-

haltsbeendigung verbundenen Eingriffs in das Privat- und Familienleben erforderlichen Aspekten Rechnung getragen wird (...) (BGE 139 I 16, S. 29 ff.).

f. Irrelevanz des Vorrangs landesrechtlicher Normen im internationalen Verhältnis

Gemäss Art. 27 VRK kann sich eine Vertragspartei „nicht auf ihr innerstaatliches Recht berufen, um die Nichterfüllung eines Vertrags zu rechtfertigen". Im Fall *Elettronica Sicula S.p.A. (ELSI) (United States of America v. Italy), Judgment, I.C.J. Reports 1989, p. 15,* führte der IGH aus, die Frage der Verletzung eines Vertrages

> „51. (...) arises irrespective of the position [of the treaty] in municipal law. Compliance with municipal law and compliance with the provisions of a treaty are different questions. What is a breach of treaty may be lawful in the municipal law and what is unlawful in the municipal law may be wholly innocent of violation of a treaty provision." (a.a.O. S. 43)

Damit verhindert die Anwendung der Schubert-Regel nicht, dass sich die Schweiz in solchen Fällen einer Verletzung des Völkerrechts verantwortlich macht. Der Vorrang des Völkerrechts im zwischenstaatlichen Verhältnis gilt gemäss dem IGH auch dann, wenn die Legislative bewusst gegen Völkerrecht verstossen wollte.

IGH, Applicability of the Obligation to Arbitrate under Section 21 of the United Nations Headquarters Agreement of 26 June 1947, Advisory Opinion, I.C.J. Reports 1988, p. 12

Die USA haben im Jahre 1947 mit der UNO einen Vertrag (Headquarters Agreement) geschlossen, in dem u.a. festgelegt wurde, dass Missionen und Personal der UNO ungehinderten Zugang zum UNO-Hauptquartier haben und sich dort ohne Beschränkungen der USA aufhalten können. Dieselben Rechte gelten auch für Personen, die offiziell von der UNO eingeladen sind. Dazu gehört auch das Büro der PLO, die bei der UNO Beobachterstatus hat. 1987 wurde in den USA ein Anti-Terror-Gesetz erlassen und gestützt auf dieses Gesetz das Büro der PLO in New York geschlossen. Die UNO protestierte und berief sich auf ihren Vertrag aus dem Jahre 1947. Die USA stellten sich auf den Standpunkt, die Legislative sei bewusst von diesem Vertrag abgewichen, das Gesetz habe daher Vorrang. Sie weigerten sich deshalb, sich einem Schiedsgerichtsverfahren zu unterziehen, wie es Art. 21 Headquarters Agreement vorsieht. Der IGH führte dazu in einer Advisory Opinion vom 26. April 1988 aus, die USA sei an den Vertrag gebunden. Zur Begründung genüge es

> „57. (...) to recall the fundamental principle of international law that international law prevails over domestic law. This principle was endorsed by judicial decision as long ago as the arbitral award of 14 September 1872 in the Alabama case between Great Britain and the United States, and has frequently been recalled since, for example in the case concerning the Greco-Bulgarian „Communities" in which the Permanent Court of International Justice laid it down that

'it is a generally accepted principle of international law that in the relations between Powers who are contracting Parties to a treaty, the provisions of municipal law cannot prevail over those of the treaty' (P.C.I.J. Series B. No. 17, p. 32)." (a.a.O. S. 34 f.)

IV. DIE DIREKTE ANWENDBARKEIT VÖLKERRECHTLICHER VERTRÄGE

1. *Fragestellung*

Wie bereits gezeigt (vorne Ziff. II.2), gilt in der Schweiz das System des Monismus, wonach völkerrechtliche Verträge automatisch Teil des Landesrechts werden. Ob sich einzelne Personen gegenüber rechtsanwendenden Behörden nun direkt auf eine völkerrechtliche Norm berufen können, hängt von der Ausgestaltung der entsprechenden Bestimmung ab. Nicht alle völkerrechtlichen Normen sind gleichermassen geeignet, direkt Rechte und Pflichten zu begründen. Bei manchen Bestimmungen ist es notwendig, dass ihr Inhalt durch die innerstaatliche Gesetzgebung weiter differenziert wird. Daher müssen die Bestimmungen unterteilt werden *in direkt anwendbare* (sogenannte self-executing, d.h. „sich selbst vollziehende") und *nicht direkt anwendbare* (sogenannte non-self-executing) Normen. Nur direkt anwendbare Normen erlauben Individuen, sich vor rechtsanwendenden Behörden direkt darauf zu berufen.

Ob ein Staat Bestimmungen als self-executing anerkennt oder nicht, ist eine Frage der Gewichtung der nationalen Souveränität gegenüber dem Völkerrecht. Wird eine Norm als non-self-executing definiert, kann ein Staat den Inhalt dieser Norm über die Ausgestaltung seiner eigenen Gesetzgebung noch weiter konkretisieren. Ist die Norm hingegen self-executing, kommt das Völkerrecht direkt zur Anwendung. Diese Frage ist insbesondere dann von Bedeutung, wenn ein völkerrechtlicher Vertrag ein Recht enthält, welches im Landesrecht (bisher) gar nicht vorgesehen oder aber nicht im selben Umfang gewährleistet worden ist.

Im Vergleich zu anderen Ländern (wie beispielsweise den USA) anerkennt das Bundesgericht die direkte Anwendbarkeit völkerrechtlicher Normen recht grosszügig. Allgemein ist zu beobachten, dass kleinere Staaten eher bereit sind, dem Völkerrecht über die direkte Anwendbarkeit Raum zuzugestehen, da sie ein grösseres Interesse an funktionierendem Völkerrecht haben. In Ländern mit dualistischem System stellt sich die Frage der direkten Anwendbarkeit an sich nicht, da dort immer eine Umsetzung in das innerstaatliche Recht erfolgen muss.

Ein Vertrag kann gleichzeitig sowohl direkt anwendbare Bestimmungen enthalten, als auch solche, denen diese Eigenschaft abgeht. Aus diesem Grund ist für jede angerufene Norm (sogar für jeden Teilgehalt) eines Vertrages separat zu erörtern, ob sie direkt anwendbar ist oder nicht.

2. *Die Bestimmung der direkten Anwendbarkeit völkerrechtlicher Vertragsbestimmungen*

a. Auslegung des Vertragstextes

Es ist nicht immer einfach festzustellen, ob eine Norm self-executing ist. Auf einer grundsätzlichen Ebene stellt sich deshalb als erstes die Frage, ob aus dem völkerrechtlichen Vertrag selber hervorgeht, wie eine Bestimmung innerstaatlich umzusetzen ist.

Unter Umständen kann sich aus dem Wortlaut des Vertrages ergeben, dass eine Norm in den einzelnen Vertragsstaaten noch weiter ausgeführt werden muss, d.h. dass „nur" ein Gesetzgebungsauftrag besteht. In diesen Fällen kann die Bestimmung nicht direkt von den Rechtsuchenden angerufen werden. Möglich, wenn auch sehr selten ist aber auch, dass die Vertragsparteien die direkte Anwendbarkeit vereinbaren wollten (siehe für ein Beispiel etwa *StIGH, Jurisdiction of the Courts of Danzig, Advisory Opinion, P.I.C.J. Series B, No 15, 1928).* Etwas häufiger ergibt sich aus dem Wortlaut einer Norm direkt deren Non-self-executing-Charakter. Dies ist etwa regelmässig bei Gesetzgebungsaufträgen der Fall:

Art. *4 Übereinkommen zur Beseitigung jeder Form von Rassendiskriminierung vom 21. Dezember 1965; SR 0.104*

„Die Vertragsstaaten verurteilen jede Propaganda und alle Organisationen, die auf Ideen oder Theorien hinsichtlich der Überlegenheit einer Rasse oder einer Personengruppe bestimmter Hautfarbe oder Volkszugehörigkeit beruhen oder die irgendeine Form von Rassenhass und Rassendiskriminierung zu rechtfertigen oder zu fördern suchen; (...) zu diesem Zweck übernehmen (...) unter anderem folgende Verpflichtungen:

a) jede Verbreitung von Ideen, die sich auf die Überlegenheit einer Rasse oder den Rassenhass gründen, jedes Aufreizen zur Rassendiskriminierung und jede Gewalttätigkeit oder Aufreizung dazu gegen eine Rasse oder eine Personengruppe anderer Hautfarbe oder Volkszugehörigkeit sowie jede Unterstützung rassenkämpferischer Betätigung einschliesslich ihrer Finanzierung zu einer nach dem Gesetz strafbaren Handlung zu erklären, (...)."

Meist lässt sich im Wortlaut des Vertrages allerdings kein klarer Wille der Vertragsparteien erkennen, die Frage der direkten Anwendbarkeit zu regeln. Dies bedeutet, dass sich die Art der Anwendung nach dem *innerstaatlichen* Recht der einzelnen Staaten richtet. In solchen Fällen kommen in der Schweiz die Grundsätze der bundesgerichtlichen Praxis zur Anwendung.

b. Die Praxis des Bundesgerichts

aa. Die Kriterien

Das Bundesgericht hat verschiedene Kriterien erarbeitet, anhand welcher entschieden werden muss, ob eine Bestimmung direkt anwendbar ist oder nicht. Die Standardformel des Bundesgerichts lautet:

> „Damit ein Beschwerdeführer sich auf eine Staatsvertragsnorm berufen kann, muss diese direkt anwendbar sein. Dies ist dann der Fall, wenn die Bestimmung inhaltlich hinreichend bestimmt und klar ist, um im Einzelfall Grundlage eines Entscheides zu bilden (BGE 106 Ib 187). Die Norm muss mithin justiziabel sein, die Rechte und Pflichten des Einzelnen zum Inhalt haben, und Adressat der Norm müssen die rechtsanwendenden Behörden sein." (z.B. BGE 118 Ia 116 f. E. 2b; BGE 124 III 91 E. 3a)

Als Spiegelbild der direkten Anwendbarkeit hat sich das Bundesgericht auch zu den Charakteristika nicht direkt anwendbarer Normen geäussert:

> „Die erforderliche Bestimmtheit geht vor allem blossen Programmartikeln ab. Sie fehlt auch Bestimmungen, die eine Materie nur in den Umrissen regeln, dem Vertragsstaat einen beträchtlichen Ermessens- oder Entscheidungsspielraum lassen oder bloss Leitgedanken enthalten, sich also nicht an die Verwaltungs- oder Justizbehörden, sondern an den Gesetzgeber richten (...)." (BGE 105 II 49 E. 3 S. 58)

Eine Norm ist somit direkt anwendbar, wenn folgende Voraussetzungen kumulativ erfüllt sind:

- *Die Bestimmung betrifft die Rechtsstellung Privater:* Erste Voraussetzung für die direkte Anwendbarkeit einer Norm ist der Bezug zur Rechtsstellung von Privaten, d.h. natürlichen und juristischen Personen. Allgemein weist eine Bestimmung diesen Bezug auf, wenn sie Privaten Rechte einräumt oder Pflichten auferlegt, wenn sie die Rechtsstellung von Privaten regelt oder wenn sie Rechtsgüter von Privaten betrifft. Fehlt der Bezug zu Rechten oder Pflichten, können sich die Betroffenen nicht auf die Vertragsbestimmung berufen.

  Mangels Bezug zur Rechtsstellung Privater eindeutig Non-self-executing-Charakter haben umgekehrt Bestimmungen, welche die Rechtsstellung Privater überhaupt nicht berühren, sondern nur die Beziehungen der Schweiz zu anderen Staaten oder zu internationalen Organisationen betreffen. Beispiele dafür sind Verträge über den Grenzverlauf (SR 132.136.1 ff.); Zusammenarbeitsverträge, mit welchen die Schweiz mit anderen Ländern verschiedene Formen der Kooperation vereinbart hat, z.B. in den Bereichen Katastrophenhilfe (SR 0.131.313.3 ff.), wirtschaftliche Zusammenarbeit (SR 0.97 ff.), Zusammenarbeit in Wissenschaft und Forschung (SR 0.42), Entwicklungshilfe (multilaterale Finanzhilfe; SR 0.972 ff. sowie Finanzhilfe an einzelne Länder; SR 973 ff.) oder Gründungsverträge internationaler Organisationen. Zu den Bestimmungen ohne Bezug zu Rechten und Pflichten von Privaten gehören auch Normen, welche die Schweiz zu bestimmten Leistungen gegenüber internationalen Organisationen (Abgabe von Berichten, Zahlungen etc.) verpflichten.

- *Die Bestimmung ist justiziabel:* Die Norm muss einen hohen Grad an Konkretheit, inhaltlicher Bestimmtheit und Klarheit aufweisen. Sie muss mit anderen Worten einen klar definierten Sachverhalt betreffen und dessen Rechtsfolgen umschreiben. Die Bestimmung muss so detailliert ausgestaltet sein, dass sie von einer Behörde bzw. einem Gericht direkt auf eine Rechtssache angewendet werden kann. Die einzelne rechtsuchende Person muss ebenso wie die rechtsanwendenden Behörden aus der Bestimmung ableiten können, welche Rechte und Pflichten sich aus ihr ergeben. Der Inhalt der Bestimmung bzw. die Rechtsfolgen müssen für die betreffenden Personen voraussehbar und berechenbar sein.

Mangels Bestimmtheit sind auch reine Programmartikel nicht justiziabel. Solche programmatischen Teile finden sich in vielen völkerrechtlichen Verträgen. Es handelt sich dabei um Bestimmungen, in welchen der Wille der Vertragsstaaten bekräftigt wird, eine Materie auf diese oder jene Art zu handhaben („Absichtserklärungen"). Häufig finden sich diese Normen im ersten Teil eines Völkerrechtsvertrages.

- *Die Bestimmung richtet sich an rechtsanwendende Behörden:* Die rechtsanwendenden Organe müssen in der Lage sein, die Frage zu behandeln, d.h. in einem konkreten Fall gestützt auf die Norm eine Entscheidung zu fällen. Daher sind Bestimmungen z.B. dann nicht direkt anwendbar, wenn sie mit grossen finanziellen Folgen verbunden sind oder auf der Rechtsfolgeseite, d.h. bei der Frage der konkreten Entscheidung, ein allzu grosser Spielraum offen bleibt. Wenn beispielsweise ein Menschenrechtsvertrag vorsieht, dass die „soziale Sicherheit" zu gewährleisten ist, so sind sehr viele verschiedene Lösungen denkbar, um dieses Postulat umzusetzen (z.B. über Steuern, über Direktzahlungen etc.). Entscheidungen dieser Art gehören in den Kompetenzbereich der Legislative, d.h. des Parlaments. Allgemein formuliert, ermangelt es einer Norm an der Ausrichtung auf die rechtsanwendenden Behörden (1.) bei mangelnder Justiziabilität, (2.) wenn es sich (trotz Justiziabilität) um einen Gesetzgebungsauftrag handelt oder (3.) wenn ein Programmartikel vorliegt. Auch völkerrechtliche Normen, die sich an den Gesetzgeber richten sind für die Vertragsstaaten verpflichtend. Innerstaatlich bestehen in der Schweiz allerdings keine Mittel, um die Bundesversammlung zu zwingen, ihrer Pflicht nachzukommen.

bb. Beispiele aus der bundesgerichtlichen Praxis

Banque de Crédit international c. Conseil d'Etat du canton de Genève,
BGE 98 Ib 385

Der britische Staatsangehörige Hausmann arbeitete mit einer bis 1972 gültigen Aufenthaltsbewilligung bei der Banque de Crédit international in Genf. Im Herbst 1971 ersuchte die Bank um die Bewilligung, Hausmann statt wie bisher als Volontär neu als „Branch-Supervisor" anzustellen. Der Kanton Genf lehnte das Gesuch ab. In ihrer Verwaltungsgerichtsbeschwerde an das Bundesgericht machte die Bank eine Verletzung von Art. 16 Ziff. 1 des EFTA-Abkommens vom 4. Januar 1960 (AS 1960 602) geltend. Diese Bestimmung lautet:

> „Die Mitgliedstaaten anerkennen, dass Beschränkungen hinsichtlich der Niederlassung und des Betriebes von wirtschaftlichen Unternehmungen auf ihren Gebieten durch Staatsangehörige anderer Mitgliedstaaten, wodurch diesen Staatsangehörigen eine weniger günstige Behandlung zuteil wird als ihren eigenen, nicht derart angewandt werden sollten, dass die vom Abbau

oder Fehlen der Zölle und mengenmässigen Beschränkungen im Handel zwischen den Mitgliedstaaten erwarteten Vorteile vereitelt werden."

Das Bundesgericht entschied wie folgt:

„2.a) Die von der Bundesversammlung genehmigten Staatsverträge werden Bestandteil ('s'incorporent') des Bundesrechts. Wenn sie Rechtsnormen aufstellen, sind sie für die Behörden verbindlich (...), wie auch, sofern sie unmittelbar anwendbar sind, für die Bürger. (...) So kann ein Privater sich vor der Verwaltung und den Gerichten auf einen Staatsvertrag berufen, wenn dieser Rechtsregeln enthält, die genügend genau umschrieben sind, um direkt auf einen Einzelfall angewandt zu werden und die Grundlage für einen konkreten Entscheid abzugeben. (...) Das trifft nicht zu für eine staatsvertragliche Bestimmung, die bloss ein Programm umschreibt oder Richtlinien für die Gesetzgebung der Vertragsstaaten aufstellt, sich also nicht an die Verwaltungs- und Gerichtsbehörden, sondern an den Gesetzgeber des Landes richtet. (...)

b) Trotz der etwas ungewöhnlichen Wunschform enthält EFTA-Abkommen Art. 16 Ziff. 1 nicht blosse Richtlinien für den Gesetzgeber. Die Bestimmung verpflichtet jeden Mitgliedstaat, unter gewissen Bedingungen den Bürgern der anderen Mitgliedstaaten hinsichtlich der Niederlassung eine Behandlung zuteil werden zu lassen, die nicht weniger günstig ist als die der eigenen Staatsangehörigen. Die Zweifel, die man in dieser Beziehung hegen konnte, werden durch das Schlusscommuniqué der Ministertagung 1966 in Bergen behoben. (...). Der in Art. 16 Ziff. 1 ausgesprochene Grundsatz der Nichtdiskriminierung erscheint auch als genügend bestimmt, um von den Verwaltungs- und Gerichtsbehörden unmittelbar angewandt werden zu können, ohne dass es weitere Schritte des nationalen oder internationalen Gesetzgebers bedürfte. Zwar sieht Art. 16 Ziff. 4 vor, dass zusätzliche Bestimmungen zur Verwirklichung des Grundsatzes erlassen werden können, doch wird damit nicht ausgeschlossen, dass dieses Vorgehen sich als überflüssig erweisen kann; das Communiqué von Bergen verpflichtet denn auch die Mitgliedstaaten zu gesetzgeberischen oder reglementarischen Massnahmen für die Durchführung des Grundsatzes nur für den Fall, dass solche als erforderlich erscheinen. Die unmittelbare Anwendung des Prinzips der Nichtdiskriminierung durch die Landesbehörden läuft mithin dem Geist des Abkommens keineswegs zuwider. Sie drängt sich umso mehr auf, als das Abkommen keine den Privaten zugängliche gemeinsame Gerichtsinstanz kennt und die Bürger sich auch nicht direkt an den Rat wenden können (Art. 31). Die Auffassung (...), dass das EFTA-Abkommen zu den 'non-self-executing treaties' gehöre, da seine Bestimmungen im Landesrecht nicht unmittelbar anwendbar seien, ist somit unrichtig.

Die Verwaltungsbehörden des Bundes haben sich ebenfalls eindeutig für die direkte Anwendbarkeit des Abkommens ausgesprochen. In seinem Rekursentscheid (...) hat der Bundesrat die Anwendung des staatsvertraglichen Grundsatzes der Nichtdiskriminierung durch die vollziehenden Behörden des Landes ohne Zögern zugelassen. In diesem Sinne werden auch die kantonalen Fremdenpolizeibehörden in Kreisschreiben der Bundesverwaltung instruiert. Wenn alle Voraussetzungen erfüllt sind, kann die staatsvertragliche Garantie der nichtdiskriminierenden Behandlung zur Folge haben, dass der Ausländer einen eigentlichen Anspruch auf eine im internen Fremdenpolizeirecht vorgesehene Bewilligung erhält." (Pra 62/1973 (Nr. 88) S. 286 ff.; in überarbeiteter Fassung)

Anhörungsrecht gemäss Kinderrechtskonvention, BGE 124 III 90

In diesem Bundesgerichtsentscheid ging es um die Frage, ob ein Kind in einem Scheidungsverfahren vom Gericht angehört werden muss, wenn es um die Zuteilung der elterlichen Sorge geht. Das entsprechende kantonale Prozessgesetz sah nicht vor, dass Kinder in Sorgerechtsfällen anzuhören sind. Die Mutter des Kindes machte vor Bundesgericht geltend, dass ihr Kind aufgrund von Art. 12 der Kinderrechtskonvention nach seiner Meinung befragt werden müsse. Art. 12 der Konvention der Vereinten Nationen über die Rechte des Kindes von 1989 (KRK, SR 0.107), welche von der Schweiz am 24.2.1997 ratifiziert worden ist, bestimmt:

> „[1] Die Vertragsstaaten sichern dem Kind, das fähig ist, sich eine eigene Meinung zu bilden, das Recht zu, diese Meinung in allen das Kind berührenden Angelegenheiten frei zu äussern, und berücksichtigen diese Meinung angemessen und entsprechend seinem Alter und seiner Reife.
>
> [2] Zu diesem Zweck wird dem Kind insbesondere Gelegenheit gegeben, in allen das Kind berührenden Gerichts- und Verwaltungsverfahren entweder unmittelbar oder durch einen Vertreter oder eine geeignete Stelle im Einklang mit den innerstaatlichen Verfahrensvorschriften gehört zu werden."

Das Bundesgericht führte dazu aus:

> „Diese Bestimmung zeichnet sich sowohl in ihrer inhaltlichen Zielsetzung als auch in der notwendigen Umsetzung durch einen hohen Grad an Konkretheit aus und erweist sich als inhaltlich hinreichend bestimmt und klar. Art. 12 UNO-Kinderrechtekonvention räumt dem Kind, das fähig ist, sich eine eigene Meinung zu bilden, das Recht ein, diese Meinung in allen die Angelegenheit des Kindes betreffenden Verfahren zu äussern; insofern hat diese Bestimmung die Rechte des Einzelnen zum Gegenstand. Die Formulierungen, dass "die Vertragsstaaten" dem Kind das Meinungsäusserungsrecht "sichern" (Abs. 1) und dass dem Kind in allen es berührenden Gerichts- und Verwaltungsverfahren die "Gelegenheit [...] gegeben" wird, gehört zu werden (Abs. 2), sind so zu verstehen, dass sich die Bestimmung direkt an die rechtsanwendenden Behörden - und nicht etwa nur an den Gesetzgeber - richten. Insbesondere handelt es sich dabei nicht um Vorschriften unbestimmten Charakters, die zur praktischen Handhabung erst noch der Umsetzung im innerstaatlichen Recht bedürften. Aber auch der Verweis auf die nationale Verfahrensgesetzgebung steht der unmittelbaren Anwendbarkeit der Bestimmung nicht entgegen; der Sinn dieses Passus kann nämlich nicht darin bestehen, die Anhörung des Kindes - eine zentrale Bestimmung der Konvention - davon abhängig zu machen, dass die Signatarstaaten eine solche überhaupt vorsehen; vielmehr ist darin ein Verweis auf die einschlägigen nationalen Verfahrensvorschriften zu sehen, soweit solche bestehen (...). Aus diesen Gründen handelt es sich bei Art. 12 UNO-Kinderrechtekonvention um einen direkt anwendbaren Rechtssatz, so dass deren Verletzung beim Bundesgericht angefochten werden kann." (a.a.O. E. 3a S. 92)

cc. Vertragstypen mit direkt anwendbaren Bestimmungen

Ob Völkerrecht direkt anwendbar ist, ist in der Regel für jede Bestimmung, sogar jeden ihrer Teilgehalte, eines Vertrages einzeln zu prüfen. Trotzdem gibt es Vertragstypen, welche besonders häufig Normen mit Self-executing-Charakter enthalten.

Dazu gehören v.a. die *Menschenrechtsverträge*. Neben der bereits genannten Kinderrechtskonvention gilt dies insbesondere für die EMRK und den UNO-Pakt II über die bürgerlichen und politischen Rechte. Demgegenüber spricht das Bundesgericht den Garantien von UNO-Pakt I über die wirtschaftlichen, sozialen und kulturellen Rechte die direkte Anwendbarkeit weitgehend ab (dazu hinten Ziff. 3). Die direkte Anwendbarkeit der klassischen Freiheitsrechte ergibt sich bereits aus der Grundidee der Menschenrechtsverträge, die eine individuelle Sicherung der persönlichen Rechte bezwecken.

In völkerrechtlichen Verträgen, die das *Zivilverfahrensrecht* betreffen, sind sehr viele direkt anwendbare Bestimmungen enthalten, auf die sich die einzelnen Beteiligten in einem Zivilverfahren mit Auslandsbezug berufen können. Ein Beispiel dafür ist Art. 8 des Übereinkommens vom 16. September 1988 über die gerichtliche Zuständigkeit und die Vollstreckung gerichtlicher Entscheidungen in Zivil- und Handelssachen (Lugano-Übereinkommen; SR 0.275.11):

> „Der Versicherer, der seinen Wohnsitz in dem Hoheitsgebiet eines Vertragsstaates hat, kann verklagt werden (1) vor den Gerichten des Staates, in dem er seinen Wohnsitz hat; (2) in einem anderen Vertragsstaat vor dem Gericht des Bezirks, in dem der Versicherungsnehmer seinen Wohnsitz hat, oder (3) falls es sich um einen Mitversicherer handelt, vor dem Gericht eines Vertragsstaates, bei dem der federführende Versicherer verklagt wird. (...)"

Eine Person, die wegen eines Haftpflichtfalles gegen eine Versicherung klagen möchte, kann sich in der Schweiz direkt auf den Gerichtsstand berufen, der sich aus dem Lugano-Übereinkommen ergibt. Eine weitere Umsetzung in einem Gerichtsstandsgesetz ist dazu nicht notwendig.

Rechtshilfeverträge in Strafsachen enthalten oftmals direkt anwendbare Bestimmungen, auf die sich ein Angeschuldigter berufen kann, beispielsweise um sich gegen eine Auslieferung an einen anderen Staat zu wehren. Der Auslieferungsvertrag vom 29. Juli 1988 (SR 0.353.915.8) zwischen der Schweiz und Australien sieht beispielsweise in Art. 3 (Ausnahmen von der Auslieferung) vor:

> „(1) Die Auslieferung wird nicht bewilligt, wenn (...) b) die strafbare Handlung, für die der Verfolgte beschuldigt oder verurteilt ist, oder wenn jede andere strafbare Handlung, für die er gemäss den Bestimmungen dieses Vertrages verhaftet oder abgeurteilt werden kann, nach dem Recht des ersuchenden Staates mit der Todesstrafe bedroht ist, es sei denn, dieser Staat verpflichtet sich, die Todesstrafe nicht zu verhängen oder, falls sie bereits verhängt ist, nicht zu vollstrecken, (...)."

Diese Bestimmung wendet sich mit einer klaren Anweisung an die rechtsanwendenden Behörden, die keiner weiteren Ausführung bedarf; aus ihr können direkt zugunsten der Angeschuldigten Rechte abgeleitet werden.

Völkerrechtliche Verträge über die *Behandlung von steuerlichen Vorgängen* (beispielsweise bei Grenzgängerinnen und Grenzgängern) enthalten unter anderem auch direkt anwendbare Bestimmungen, auf die sich eine steuerpflichtige Person gegenüber den Behörden berufen kann. So sieht beispielsweise Art. 7 des Abkommens vom 11. August 1971 zwischen der Schweizerischen Eidgenossenschaft und der Bundesrepublik Deutschland zur Vermeidung der Doppelbesteuerung auf dem Gebiete der Steuern vom Einkommen und vom Vermögen (SR 0.672.913.62) vor:

„Gewinne eines Unternehmens eines Vertragsstaates können nur in diesem Staat besteuert werden, es sei denn, dass das Unternehmen seine Tätigkeit im anderen Vertragsstaat durch eine dort gelegene Betriebsstätte ausübt. (...)."

Diese Norm hat eine direkte Auswirkung auf jedes steuerpflichtige Unternehmen; sie bezieht sich auf einen konkreten Sachverhalt und legt eine klare Rechtsfolge fest. Adressaten sind die Steuerbehörden.

dd. Verträge, die wegen ihres Charakters nicht self-executing sind?

Manchmal lehnt das Bundesgericht die direkte Anwendbarkeit von an sich justiziablen Bestimmungen mit dem Argument ab, dies würde dem Charakter des Vertrages widersprechen.

In einer konstanten, aber problematischen Rechtsprechung vertritt das Bundesgericht die Auffassung, der UNO-Pakt I über wirtschaftliche, soziale und kulturelle Rechte sei grundsätzlich nicht direkt anwendbar. So hielt es im Jahr 1995 fest:

„c) A la différence des garanties découlant du Pacte international relatif aux droits civils et politiques (...), dont l'applicabilité directe est généralement reconnue, les dispositions du Pacte invoqué par le recourant se bornent à prescrire aux Etats, sous la forme d'idées directrices, des objectifs à atteindre dans les divers domaines considérés. Elles leur laissent la plus grande latitude quant aux moyens à mettre en œuvre pour réaliser ces objectifs. On doit donc admettre, conformément d'ailleurs à la jurisprudence et à l'opinion de la doctrine, qu'elles ne revêtent pas, sous réserve peut-être de quelques exceptions, le caractère de normes directement applicables (...)." *(UNO-Pakt I [direkte Anwendbarkeit Fall 1], BGE 121 V 246 E. 2c S. 249)*

Demgegenüber hat der UNO-Ausschuss für wirtschaftliche, soziale und kulturelle Rechte in seiner Allgemeinen Bemerkung Nr. 3 zur Rechtsnatur der staatlichen Verpflichtungen festgehalten:

„5. Neben den gesetzgeberischen Massnahmen sind als weitere geeignete Massnahmen diejenigen zu nennen, welche die Einführung von Rechtsmitteln für diejenigen Rechte vorsehen, die gemäss dem nationalen Rechtssystem gerichtlich geltend gemacht werden können. Der Ausschuss hält beispielsweise fest, dass der diskriminierungsfreie Genuss der anerkannten Rechte oft durch die Existenz gerichtlicher oder anderer wirksamer Rechtsmittel wenigstens teilweise verwirklicht wird. Vertragsstaaten, welche auch Parteien des Internationalen Paktes über bürgerliche und politische Rechte sind, haben sich schon (aufgrund der Art. 2 Abs. 1 und 3, Art. 3 und 26 des Paktes) verpflichtet, dafür zu sorgen, dass jede Person, welche in ihren in diesem Pakt anerkannten Rechten und Freiheiten (einschliesslich des Rechtes auf Gleichbehandlung und des Diskriminierungsverbotes) verletzt worden ist, das Recht hat, „eine wirksame Beschwerde einzulegen" (Art. 2 Abs. 3 lit. a). Zudem enthält der Internationale Pakt über wirtschaftliche, soziale und kulturelle Rechte eine Anzahl Bestimmungen, u. a. die Art. 3, 7, lit. a i), 8, 10 Abs. 3, 13 Abs. 2 lit. a und Abs. 3 und 4, 15 Abs. 3, welche in vielen nationalen Rechtsordnungen für die direkte Anwendung durch gerichtliche und andere Organ geeignet erscheinen. Die Auffassung, wonach die aufgeführten Bestimmungen wegen ihrer Natur nicht direkt anwendbar sind, liesse sich nur schwerlich aufrechterhal-

> ten." (Übersetzung aus Walter Kälin/Giorgio Malinverni/Manfred Nowak, Die Schweiz und die UNO-Menschenrechtspakte [2. Aufl.], Basel 1997, S. 304)

In seinen abschliessenden Bemerkungen zum 1. Bericht der Schweiz zur Umsetzung des UNO-Pakts I nahm daher der Ausschuss für wirtschaftliche, soziale und kulturelle Rechte folgendermassen zur Praxis des Bundesgerichts Stellung:

> „10. The Committee disagrees with the position of the State party that provisions of the Covenant constitute principles and programmatic objectives rather than legal obligations, and that consequently the provisions of the Covenant cannot be given legislative effect. The Committee does not share the view of the Swiss authorities and recalls that in its General Comment No. 3 of 1990 on the nature of States parties' obligations under article 2 of the Covenant, it refers to a number of provisions in the Covenant, such as those of article 8 on the right to strike and those of article 13 on the right to education, which seem to be capable of immediate application within the judicial system. The Committee is of the view that any suggestion that the abovementioned provisions are inherently non-self-executing seems to be difficult to sustain." (Concluding observations of the Committee on Economic, Social and Cultural Rights: Switzerland, 07/12/98, UN Doc. E/C.12/1/Add.30)

In seiner jüngeren Rechtsprechung scheint das Bundesgericht von seiner kategorischen Ablehnung einer direkten Anwendbarkeit der Garantien des UNO-Pakts I Abstand zu nehmen. So ist es nun bereit, bei der Auslegung und Anwendung von einschlägigem Verfassungsrecht die Garantien des UNO-Paktes I zu berücksichtigen und schliesst in spezifischen Konstellationen eine direkte Anwendbarkeit nicht mehr aus. In *UNO-Pakt I (direkte Anwendbarkeit Fall 2), BGE 130 I 113* nahm es zur direkten Anwendbarkeit von Art. 13 Abs. 2 lit. c UNO-Pakt I Stellung, der die Staaten verpflichtet, den "Hochschulunterricht auf jede geeignete Weise, insbesondere durch allmähliche Einführung der Unentgeltlichkeit, jedermann gleichermassen entsprechend seinen Fähigkeiten zugänglich" zu machen:

> „Diese Bestimmung mit programmatischem Charakter kann bloss im Zusammenhang mit der Anwendung anderer Normen über den allgemeinen Zugang zum Hochschulunterricht im Sinne einer Auslegungshilfe mit angerufen und berücksichtigt werden. Auch in diesem Fall erlaubt sie aber nicht, einen Gebührenentscheid isoliert zu betrachten, sondern verlangt, diesen in einen Gesamtrahmen zu stellen und insbesondere zusammen mit weiteren getroffenen oder vorgesehen Massnahmen zu würdigen (vgl. BGE 126 I 240 E. 3). Ein beschränkter Blickwinkel, der dem Gebot des Unentgeltlichkeitsziels im Sinne einer Willkürschranke grösseres Gewicht verleihen würde und vom einzelnen Betroffenen unmittelbar geltend gemacht werden könnte, lässt sich nur in ganz besonders gelagerten Fällen vorstellen. Eine solche Anrufung könnte im Zusammenhang mit einer Gebührenerhöhung in Frage kommen, die völlig losgelöst von bildungs- und hochschulpolitischen Überlegungen, z.B. bloss zur Entlastung des allgemeinen Staatshaushaltes, oder unter vollständiger Missachtung der Vertragsziele, etwa allein zur Beschränkung des universitären Zugangs, erlassen worden wäre. Um eine solche Massnahme ohne hinreichenden universitären Bezug oder um eine verpönte Zugangsbeschränkung geht es hier jedoch nicht, und die Mitberücksichtigung von Art. 13 Abs. 2 lit. c des UNO-Paktes I im Gesamtzusammenhang lässt die Gebührenerhöhung - wie oben ausgeführt worden ist – nicht als verfassungswidrig erscheinen." (a.a.O. E. 3.3 S. 123 f.)

c. *Innerstaatliche Umsetzung nicht direkt anwendbarer völkerrechtlicher Bestimmungen*

Ist eine Bestimmung non-self-executing, heisst dies, dass sie für die Anwendung im Inland entsprechend konkretisiert werden muss. Die Art und Weise dieser Umsetzung ist Sache der einzelnen Vertragsstaaten.

Konkretisierung kann etwa heissen, in einem Gesetz näher festzulegen:

- wer genau die Berechtigten oder Verpflichteten sind (z.B. welcher Personenkreis, welche juristischen Personen, nur Kinder, nur Rentner und Rentnerinnen, nur Frauen, nur Personen mit einem Höchsteinkommen von X etc.);

- in welchem Umfang ein Recht bzw. eine Pflicht besteht, welches die Grundsätze und welches die Ausnahmen sind;

- welche Rechtsmittel (Beschwerdemöglichkeiten) es gibt, um sich gegen eine Verletzung der Norm zu wehren.

In der Schweiz geschieht die Umsetzung nach den normalen Regeln des Gesetzgebungsverfahrens. Für wichtige Materien ist ein Bundesgesetz (d.h. eine formelle gesetzliche Grundlage) notwendig, auch wenn ein Staatsvertrag bereits eine entsprechende Rahmenbestimmung enthält (Art. 164 BV). Bei Materien von eher untergeordneter Bedeutung kann die Konkretisierung durch Verordnungen des Bundesrates erfolgen (siehe dazu vorne 1. Kap., Ziff. III.4).

Falls eine völkerrechtliche Verpflichtung den Zuständigkeitsbereich der Kantone betrifft, setzen diese nicht direkt anwendbare Bestimmungen in der Regel selbst um. Der Bund kann allerdings selber legiferieren, falls die Kantone ihrer Umsetzungspflicht nicht nachkommen. Die Praxis ist flexibel.

DRITTER TEIL: VÖLKERRECHTSSUBJEKTE

VORBEMERKUNG

„Völkerrechtssubjekt" ist ein zentraler Begriff des Völkerrechts. Völkerrechtssubjekte sind

> „diejenigen natürlichen oder juristischen Personen, die Träger eigener völkerrechtlicher Rechte und/oder Pflichten sind, d.h. deren Rechtsverhältnisse unmittelbar durch das Völkerrecht geregelt werden. Die Völkerrechtssubjektivität ist damit die Parallele zur Rechtspersönlichkeit im innerstaatlichen Recht. In diesem Rahmen kann man, je nachdem, ob das V[ölkerrechtssubjekt] Träger *aller* oder nur Träger bestimmter Rechte und Pflichten ist, zwischen der generellen und der partiellen Völkerrechtssubjektivität unterscheiden; die Staaten sind dann generelle, die internationalen Organisationen und vor allem die Individuen nur partielle V[ölkerrechtssubjekte]." (Albert Bleckmann, Völkerrechtssubjekte, in: I. Seidl-Hohenveldern, Hrsg., Lexikon des Rechts, Völkerrecht, 3. Aufl., Neuwied 2001, S. 517)

Analog zum innerstaatlichen Recht (Art. 11 und 12 ZGB) unterscheidet auch das Völkerrecht zwischen der Rechts- und Handlungsfähigkeit. Nur wer rechtsfähig ist, kann auch handlungsfähig sein. Die Handlungsfähigkeit kann nicht über die Rechtsfähigkeit eines Völkerrechtssubjektes hinausgehen. Überschreiten daher nur partiell völkerrechtsfähige Einheiten die ihnen übertragenen Kompetenzen, entfalten diese Handlungen keine völkerrechtlichen Wirkungen (Beispiel: Private können keine völkerrechtlichen Verträge abschliessen). Demgegenüber wird die Rechtsfähigkeit durch das Wegfallen der Handlungsfähigkeit nicht berührt. So verlieren beispielsweise Staaten, die von einem Kriegsgegner vollständig besetzt sind und deren handlungsbefugte Organe nicht mehr im Amt sind, zwar ihre völkerrechtliche Handlungsfähigkeit, nicht aber ihre Rechtsfähigkeit. Dies äussert sich etwa darin, dass die Besetzungsmacht gegenüber dem besetzten Staat an das für besetzte Gebiete massgebliche Völkerrecht gebunden ist, oder dass der besetzte Staat Anspruch auf Abzug der Besatzer hat.

Historisch ist das Völkerrecht durch einen Prozess der Ausdehnung der Völkerrechtssubjekte geprägt. Im 19. Jahrhundert waren, abgesehen von wenigen Ausnahmen, einzig die Staaten völkerrechtlich rechtsfähig. Das Völkerrecht konnte demnach als (fast) rein zwischenstaatliches Recht umschrieben werden. Im 20. Jahrhundert (v.a. in der Zeit nach 1945) erweiterte sich der Kreis der Völkerrechtssubjekte kontinuierlich und erfasst nunmehr auch internationale Organisationen und teilweise Individuen.

Diese Veränderungen spiegelten die jeweils herrschenden tatsächlichen Verhältnisse in den internationalen Beziehungen wider. Bis ins 19. Jahrhundert waren die Staaten auf der internationalen Ebene die einzigen relevanten Akteure. Im 20. Jahrhundert förderte die Wahrnehmung der zunehmenden Komplexität und Internationalität vieler Sachverhalte die Bildung zahlreicher internationaler Organisationen mit teilweise weitreichenden Aufgaben und Kompetenzen, was nahe legte, ihre praktische Relevanz durch die Anerkennung der Völkerrechtssubjektivität rechtlich nachzuvollziehen. Die Anerkennung von Rechten und Pflichten der Individuen war massgeblich von den negativen Erfahrungen des Zweiten Weltkriegs geprägt.

Damit sind heute Staaten, internationale Organisationen und Individuen als die hauptsächlichen Völkerrechtssubjekte anzusehen (siehe dazu Kap. 1-5). Diese Liste ist nicht abschliessend, weil ebenfalls (beschränkte) Völkerrechtssubjektivität besitzt, wem das Völkerrecht unmittelbar Rechte einräumt oder Pflichten auferlegt. Deshalb existieren einige atypische, historisch erklärbare Völkerrechtssubjekte mit begrenzten Rechten, wie z.B. die Katholische Kirche oder der Malteser Ritterorden. Insbesondere die Befreiungskriege im Kontext der Entkolonialisierung und die Zunahme von Bürgerkriegen in den Jahrzehnten nach dem Ende des 2. Weltkriegs liessen es zudem notwendig erscheinen, aufständischen Gruppierungen gewisse Pflichten aufzuerlegen. Das Internationale Komitee vom Roten Kreuz (IKRK) – rechtlich ein Verein gemäss Art. 60ff ZGB – ist ebenfalls Träger von Rechten und Pflichten, die sich aus den Genfer Konventionen von 1949 ergeben. Hingegen können nichtstaatliche Organisationen (NGOs) für die Entwicklung des Völkerrechts zwar eine wichtige Rolle spielen (z.B. Organisationen wie Amnesty International oder die International Law Association), sie sind aber nicht Völkerrechtssubjekte.

1. KAPITEL: STAATEN

I. BEGRIFF

1. Relevanz des Staatsbegriffs

Ob ein Gebilde völkerrechtlich ein Staat ist oder nicht, hat konkrete Folgen: Nur Staaten können Mitglieder der UNO und anderer internationaler Organisationen werden. Verfahrensrechte vor völkerrechtlichen Gremien stehen oft nur Staaten zu, so zum Beispiel die Anrufung des UNO-Sicherheitsrates oder des IGH. Verschiedene Rechte und Pflichten besitzen nur Staaten. Dazu gehören der Anspruch auf Schutz vor Einmischung in die inneren Angelegenheiten, das Verbot der Ausübung oder Androhung von Gewalt gegen andere Staaten nach Art. 2 Abs. 4 UNO-Charta und das Selbstverteidigungsrecht nach Art. 51 UNO-Charta (hinten 4. Teil, 3. Kap., Ziff. I). Zudem können grundsätzlich nur Staaten völkerrechtliche Verträge abschliessen (neben internationalen Organisationen).

2. Die Elemente des Staatsbegriffs

a. Überblick

Damit ein Gebilde unter den völkerrechtlichen Staatsbegriff fällt, muss es bestimmte konstitutive Merkmale aufweisen. Als Ausgangspunkt für die völkerrechtliche Definition des Staatsbegriffs dienen die in der *Konvention über die Rechte und Pflichten von Staaten* enthaltenen und auch gewohnheitsrechtlich geltenden, kumulativen Kriterien (Montevideo, 26.12.1933, LNTS [League of Nations Treaty Series] 165 25 [Übersetzung]):

„Art. I

Der Staat als Völkerrechtssubjekt sollte folgende Eigenschaften aufweisen: (a) eine dauernde Bevölkerung; (b) ein bestimmtes Gebiet; (c) eine Regierung; und (d) die Fähigkeit, mit andern Staaten Beziehungen aufzunehmen. (...)

Art. IV

Staaten sind rechtlich gesehen gleich, geniessen dieselben Rechte und haben dieselbe Handlungsfähigkeit. Die Rechte jedes Staates hängen nicht von der Macht ab, die er besitzt, um diese Rechte durchzusetzen, sondern von der Tatsache seiner Existenz als Völkerrechtssubjekt."

Die Kriterien, von denen die Staatsqualität eines „organisierten Gebildes" abhängt, gehen auf die von Georg Jellinek anfangs des 20. Jahrhunderts entwickelte „Drei-Elemente-Lehre" zurück. Noch heute sind an sich die drei Elemente Staatsvolk, Staatsgebiet und effektive Staatsgewalt für den Staatsbegriff konstitutiv. Das vierte Element der Montevideo-Konvention, „die Fähigkeit, mit andern Staaten Beziehungen aufzunehmen", meint die grundsätzliche Fähigkeit, als Völkerrechtssubjekt zu agieren und das Völkerrecht zu beachten. Diese Fähigkeit fehlt, wo ein Gebilde von keinen oder nur ganz wenigen Staaten anerkannt wird.

Die politische, wirtschaftliche, rechtliche und soziale Lebenswirklichkeit hat sich in den letzten 100 Jahren jedoch stark verändert. Die vermehrte Interdependenz zwischen den Staaten, die Globalisierung der Wirtschaftsbeziehungen und das wachsende Bewusstsein, dass gewisse Herausforderungen nicht vor den Staatsgrenzen halt machen und global angegangen werden müssen, haben dazu geführt, dass die Bedeutung der Staaten als zentrale Akteure des Völkerrechts zwar nach wie vor besteht, aber gegenüber dem klassischen Völkerrecht abgenommen hat. Trotzdem beanspruchen die Elemente des Staatsbegriffs bis heute *grundsätzlich* ihre Gültigkeit und stellen somit die Eckwerte dar, an denen sich die Staatlichkeit eines organisierten Gebildes misst.

b. Staatsvolk

Das Staatsvolk ist nicht ein ethnischer, sondern ein rein juristischer Begriff. Es umfasst alle Menschen, die eine besondere *rechtliche Beziehung zu einem Staat* aufweisen: die Staatsangehörigkeit (hierzu auch hinten 4. Teil, 1. Kap. Ziff. III.3.b). Kulturelle, religiöse oder ethnische Faktoren spielen für die Definition des Staatsvolkes keine Rolle. Die Staatsbürgerschaft eines Landes wird primär durch Geburt oder Einbürgerung erworben, wobei jeder Staat frei entscheiden kann, wie er den Erwerb der Staatsangehörigkeit regeln will. Gegenstand des Völkerrechts sind Fragen im Zusammenhang mit der doppelten Staatsbürgerschaft, der Staatenlosigkeit und der Behandlung der Nichtstaatsangehörigen (sog. Fremdenrecht, Flüchtlingsrecht etc.).

Die europarechtliche Unionsbürgerschaft (Art. 20 ff. AEUV) stellt keine Staatsbürgerschaft im völkerrechtlichen Sinne dar, sondern knüpft an die Staatsbürgerschaft eines Mitgliedstaates an und ergänzt diese, ersetzt sie aber nicht. Den Unionsbürgerinnen und Unionsbürgern werden bestimmte über den einzelnen Mitgliedstaat hinaus wirkende Rechte eingeräumt, so zum Beispiel die Bewegungsfreiheit auf dem Gebiet der EU, das aktive und passive Wahlrecht bei Wahlen zum Europäischen Parlament und auf kommunaler Ebene sowie das Recht auf diplomatischen und konsularischen Schutz durch Behörden aller Mitgliedstaaten.

c. Staatsgebiet

aa. Begriff und Umfang

Staaten sind Gebietskörperschaften, d.h. sie sind berechtigt, ihre Hoheitsgewalt innerhalb der eigenen Grenzen auszuüben. Das Staatsgebiet ist „eine durch Grenzen gekennzeichnete Zusammenfassung von geographischen Räumen unter eine gemeinsame Rechtsordnung" (Ipsen, S. 50). Die Grenze trennt somit den Anwendungsbereich verschiedener nationaler Rechtsordnungen. Das Staatsgebiet umfasst nicht nur das Gebiet innerhalb der Grenzen. Auch der Luftraum über dem Land, die Küstengewässer (max. 12 Seemeilen ab dem Ufer) und der darüberliegende Luftraum sowie das darunter liegende Erdreich zählen zum Staatsgebiet. Ein Staat muss mindestens über ein unbestrittenes Kerngebiet verfügen, auch wenn die konkrete Grenzziehung teilweise be- oder die Zugehörigkeit eines Teilgebietes umstritten ist.

Das Staatsgebiet muss einen Teil der Erdoberfläche umfassen. Wie die Existenz verschiedener Mikrostaaten zeigt, ist die Grösse des Staatsgebietes nicht massgebend für die Erfüllung des Staatsbegriffs. Geht das Staatsgebiet völlig unter – was z.B. im Zuge der Klimaerwärmung für gewisse Inselstaaten nicht ausgeschlossen ist – steht auch die Existenz des Staates als Völkerrechtssubjekt in Zweifel. Aufgeworfen werden damit zahlreiche Probleme (insbesondere diejenige nach der Aufnahme der ehemaligen Staatsangehörigen in anderen Staaten), die durch das Völkerrecht bislang nicht oder nur ungenügend geregelt sind.

Verwaltungsgericht Köln, Fürstentum Sealand,
Urteil vom 3. Mai 1978

Das Erfordernis, dass das Staatsgebiet einen Teil der Erdoberfläche umfassen muss, stand im sog. Fürstentum Sealand-Fall zur Diskussion. Ein ursprünglich deutscher Staatsbürger stellte bei den zuständigen Behörden in Deutschland den Antrag auf Feststellung, er habe durch den Erwerb der Staatsangehörigkeit des Fürstentums Sealand das deutsche Bürgerrecht verloren. Nach Ablehnung des Antrags erhob er Klage vor dem Verwaltungsgericht in Köln.

Beim „Fürstentum Sealand" handelt es sich um eine frühere englische Flakstellung, ca. 8 Seemeilen von der britischen Südküste entfernt und ausserhalb der britischen Hoheitsgewässer. Im Jahre 1967 wurde die vom britischen Militär geräumte Plattform von Roy Bates besetzt, der daraufhin das „Fürstentum Sealand" ausrief. Die Plattform, die mit starken Pfeilern mit dem Meeresboden verbunden ist, hat eine Grösse von ca. 1300 m^2. Bates gab dem Fürstentum 1975 eine Verfassung, ernannte sich zum Staatsoberhaupt („Roy of Sealand") und verlieh an über 100 Personen, darunter der Kläger, die Staatsangehörigkeit von Sealand. Auf der ehemaligen Flakstellung hielten sich ständig 30-40 Personen auf.

Zur Frage, ob „Sealand" ein Staat sei, führte das Verwaltungsgericht aus:

> „Damit ein Staat i. S. des Völkerrechts bejaht werden kann, müssen drei Voraussetzungen erfüllt sein: Es muß ein Staatsgebiet vorhanden sein, das Staatsgebiet muß ein Staatsvolk haben, und das Staatsvolk muß einer Staatsgewalt unterliegen. (...) Bei dem sog. 'Fürstentum Sealand' fehlt es bereits an dem ersten Merkmal, da es kein Staatsgebiet i. S. des Völkerrechts besitzt.
>
> Die ehemalige Flakstellung befindet sich nicht auf einem abgetrennten Teil der Erdoberfläche, sondern die Insel ruht auf Betonpfeilern. Im Schrifttum wird als Staatsgebiet jedoch ganz überwiegend nur ein Teil der Erdoberfläche angesehen. (...) Eine von Menschenhand geschaffene, künstliche Plattform, wie die des sog. 'Fürstentums Sealand' kann weder als 'Erdoberfläche' noch 'Landgebiet' bezeichnet werden, da sie ihren Ursprung nicht in der Erdkugel hat, also kein Kegelausschnitt aus der Erde ist.

Die ehemalige Flakstellung wird auch nicht durch die durch Betonpfeiler hergestellte feste Verbindung mit dem Meeresgrund zum Teil der 'Erdoberfläche' bzw. zum 'Landgebiet'. (...)." (DVBl. 1978, S. 510 ff.)

bb. Erwerb und Verlust von Staatsgebiet

Staatsgebiet kann auf verschiedene Arten erworben werden, nämlich *Okkupation* ursprünglich unbewohnter Gebiete, *Annexion* durch Waffengewalt, *Zession* (Abtretung) durch Vertrag, *Ersitzung* und *Adjudikation* (Zuweisung durch Gerichtsurteil). Gleiches gilt, wo ein Gebiet als neuer Staat unabhängig wird.

Gebiet, das bislang nicht zum Staatsgebiet eines Staates gehörte, kann von einem Staat durch *Okkupation* dem eigenen Staatsgebiet einverleibt werden. Mangels aneignungsfähigen Gebieten kommt diesem Erwerbstitel heute praktisch nur noch bei der Beurteilung der Rechtmässigkeit einer Besitzergreifung in der Vergangenheit Bedeutung zu.

Der Antarktis-Vertrag von 1959 (SR 0.121) schreibt in Art. IV die von Argentinien, Australien, Chile, Frankreich, Grossbritannien, Neuseeland und Norwegen erhobenen territorialen Ansprüche fest und schliesst die Erhebung neuer Ansprüche aus:

„(1) Dieser Vertrag ist nicht so auszulegen,

a) als stellte er einen Verzicht einer Vertragspartei auf vorher geltend gemachte Rechte und Ansprüche auf Gebietshoheit in der Antarktis dar; (...)

(2) Handlungen oder Tätigkeiten, die während der Geltungsdauer dieses Vertrags vorgenommen werden, bilden keine Grundlage für die Geltendmachung, Unterstützung oder Ablehnung eines Anspruchs auf Gebietshoheit in der Antarktis und begründen dort keine Hoheitsrechte. Solange dieser Vertrag in Kraft ist, werden keine neuen Ansprüche oder Erweiterungen neuer Ansprüche auf Gebietshoheit in der Antarktis geltend gemacht."

Im Westsahara Gutachten stellte der IGH fest, dass Okkupation in diesem Sinn nur für unbewohnte Gebiete (terra nullius) möglich war, nicht aber für bewohnte Gebiete, deren Unterstellung unter die eigene Staatsgewalt auf der Basis von Verträgen mit lokalen Herrschern beruhte. Das Gericht kam deshalb zum Schluss, dass Spanien als Kolonialmacht die Westsahara nicht durch Okkupation erworben hatte (IGH, *Western Sahara*, Advisory Opinion, I.C.J. Reports 1975, paras. 79–81).

Das Gewaltverbot des modernen Völkerrechts (hinten 4. Teil, 3. Kap. Ziff. I) untersagt die *Annexion*, d.h. die mit militärischer Gewalt herbeigeführte Gebietsveränderung. Unter der Geltung des klassischen Völkerrechts annektierte Gebiete gelten aber gemäss dem Effektivitätsprinzip grundsätzlich als rechtmässig erworben.

Bei der *Zession* erfolgt der Erwerb durch förmliche, auf einem völkerrechtlichen Vertrag beruhende Übertragung der Gebietshoheit über ein bestimmtes Territorium von einem Staat auf einen anderen. So haben beispielsweise die USA Alaska 1867 durch Kauf von Russland erworben. Auf der Basis des bilateralen Land Boundry Agreements von 1974 und des zugehörigen Protokolls von 2011 haben Indien und Bangladesch am 31. Juli 2015 insgesamt 162 Enklaven (111 in Bangladesch und 51 Enklaven in Indien) abgetauscht.

Bei der *Ersitzung* wird fremdes Staatsgebiet von einem Staat gutgläubig als eigenes Staatsgebiet erachtet und die Besitznahme gemäss dem Effektivitätsprinzip unter gewissen Vorausssetzungen als rechtmässig eingestuft (siehe dazu den Palmas-Fall, hinten Ziff. II.1).

Schliesslich erfolgt der Gebietserwerb bei einer *Adjudikation* durch Zuerkennung der Gebietshoheit an einen Staat durch ein internationales Gericht oder ein Schiedsgericht.

Bei neuen Staaten beruht die Grundlage heute regelmässig auf der Ausübung des Selbstbestimmungsrechtes (dazu hinten Ziff. III).

cc. Prinzipien für die Beurteilung von Gebiets- und Grenzstreitigkeiten

Zu den Erfolgen des modernen Völkerrechts gehört die Tatsache, dass Gebiets- bzw. Grenzstreitigkeiten, welche in der Vergangenheit oft Anlass für kriegerische Auseinandersetzungen waren, heute in den allermeisten Fällen friedlich beigelegt werden. Die Mehrzahl der Fälle, die der IGH zu entscheiden hat, betreffen Streitigkeiten über Grenzziehungen auf dem Land oder im Meer. Dabei wird primär auf bestehende Rechtstitel (z.B. Verträge) abgestellt. Wo diese unklar oder nicht nachweisbar sind, kommen je nach konkreter Konstellation folgende Prinzipien zur Anwendung:

- Das *Effektivitätsprinzip* anerkennt und legitimiert die rechtliche Relevanz eines tatsächlichen Zustandes (z.B. einer tatsächlichen Ausübung staatlicher Funktionen auf einem bestimmten Gebiet).

- Das *uti possidetis-Prinzip* besagt, dass Grenzen so anzuerkennen sind, wie sie existieren. Der Grundsatz gilt v.a. für von Kolonialmächten gezogene Grenzen und soll im Interesse der Stabilität verhindern, dass diese in Frage gestellt werden können.

- Das *Prinzip des Vertrauensschutzes:* Dazu vorne 1. Teil, 3. Kap., Ziff. II.1 (Preah Vihear und Nufenen Fälle).

- *Gewohnheitsrechtliche Prinzipien für Grenzziehungen*: z.B. in der Mitte der Fahrrinne (sog. Talweg) bei schiffbaren Grenzflüssen oder auf der Wasserscheide im Gebirge.

d. Effektive Staatsgewalt

Effektive Staatsgewalt oder Souveränität bedeutet „die Fähigkeit, eine Ordnung auf dem Staatsgebiet zu organisieren (*Verfassungsautonomie = innere Souveränität*) und nach aussen selbstständig und von anderen Staaten rechtlich unabhängig im Rahmen und nach Massgabe des Völkerrechts zu handeln (*äussere Souveränität*)" (Ipsen, S. 110).

aa. Innere und äussere Souveränität

Die Staatsgewalt besteht aus einer inneren und einer äusseren Seite. Die *innere* Seite umfasst die Fähigkeit, im Innern eines Staates eine Ordnung aufzubauen und durchzusetzen (innere Souveränität). Die Staatsgewalt muss sich auf das Staatsvolk und auf das Staatsgebiet erstrecken und bildet damit das verbindende Element der Staatsdefinition. Sie richtet sich aber auch gegen *aussen* und meint dann die Fähigkeit, von anderen Staaten tatsächlich und rechtlich unabhängig im Rahmen und nach Massgabe des Völkerrechts Handlungen vorzunehmen (äussere Souveränität). Die *Souveränität* als Charakteristikum der Staatsgewalt impliziert somit, dass ein Staat keinem anderen Völkerrechtssubjekt, sondern einzig und direkt dem Völkerrecht unterstellt ist (Völkerrechtsunmittelbarkeit).

Die Souveränität der Staaten ist nie absolut, sondern besteht nur innerhalb der Schranken des Völkerrechts. Das immer dichtere Netz vertraglicher Beziehungen und die freiwillige Übertragung von Hoheitsrechten auf internationale oder supranationale Organisationen (z.B. im Rahmen der EU) beeinflussen zwar, was einen Staat im 21. Jahrhundert ausmacht, stellen aber die Staatlichkeit nicht in Frage. Die Tendenz dürfte in diesem Zusammenhang dahin gehen, dass die Übertragung von Hoheitsrechten auch dann nichts am Staatscharakter des übertragenden Staates ändert, wenn Hoheitsrechte nicht mehr ohne Verletzung der einschlägigen rechtlichen Vorgaben "zurückübertragen" werden können.

bb. Effektivität der Staatsgewalt

Die Staatsgewalt wird nur bejaht, wenn sie tatsächlich durchgesetzt werden kann. Mit anderen Worten wird *Effektivität* der Staatsgewalt verlangt. Ein Staat nimmt seine Interessen sowie seine Rechte und Pflichten gegen innen und aussen durch Organe wahr. Demzufolge setzt die Effektivität der Staatsgewalt eine funktionierende Regierungsstruktur voraus.

Ein vorübergehendes Wegfallen der effektiven Staatsgewalt führt aber bei existierenden Staaten noch nicht zum Verlust der Staatseigenschaft, was etwa das Beispiel Somalia veranschaulicht, das zwischen 1991 und 2012 keine nationale Regierung besass, sondern von sich bekämpfenden Bürgerkriegsparteien kontrolliert wurde. Solche insbesondere aufgrund von Bürgerkriegen „gelähmten" Staaten verlieren allenfalls ihre Handlungsfähigkeit, nicht aber ihre Rechtsfähigkeit. Solange sich auf dem Gebiet kein neuer Staat auf der Basis des Selbstbestimmungsrechtes des betreffenden Volkes gebildet hat, besteht der „gelähmte" Staat fort. Gegebenenfalls kann eine solche "Lähmung" auch sehr lange dauern, wie etwa die von der Völkerrechtsgemeinschaft angenommene Kontinuität der Existenz der baltischen Staaten während der 51 Jahre dauernden Inkorporation dieser Staaten in die Sowjetunion illustriert. Ebenso wenig geht einem Staat grundsätzlich die Staatsqualität ab, wenn er in der Ausübung von Hoheitsbefugnissen (vorübergehend) eingeschränkt ist.

Gerade das vorübergehende (teilweise) Wegfallen der Staatsgewalt wirft komplexe völkerrechtliche Fragen auf (z.B. nach dem Schutz der Menschenrechte, nach der Reichweite des Einmischungs- und Gewaltverbots für andere Staaten oder nach der völkerrechtlichen Verantwortlichkeit), die in der Regel unter dem Stichwort „failed state" erörtert werden.

Wasservogel gg. EJPD, BGE 75 I 289

Ferner stellt sich die Frage, wie weit Staaten, die nur teilweise handlungsfähig sind, weil sie unter internationaler Kontrolle stehen, trotzdem über eine effektive Staatsgewalt verfügen. Das Bundesgericht hatte sich im Fall *Wasservogel c. EJPD* zur Frage zu äussern, ob nur ein Staat, der völlig "unabhängig" ist, als Staat im Sinne des Völkerrechts angesehen werden kann.

Katharina Horath heiratete im Jahre 1946 den Österreicher Rudolf Wasservogel. Im März 1949 entschied das EJPD, dass Frau Wasservogel-Horath ihr Schweizer Bürgerrecht verloren und dafür die österreichische Staatsbürgerschaft erworben hatte. Dagegen machte Frau Wasservogel vor Bundesgericht „in erster Linie geltend, die Anerkennung einer österreichischen Staatsangehörigkeit komme nicht in Frage, da Österreich bis zum Abschluss des vorgesehenen Staatsvertrages [mit den Alliierten zwecks deren Verzicht auf die ihnen in Österreich zustehenden Rechte] nicht als rechtlich konstituierter Staat gelten könne." Dieses Argument wies das Bundesgericht mit folgender Erwägung ab:

> „Die Einwendung ist unbegründet. Die Republik Österreich ist als Staat konstituiert. Sie ist zwar heute noch kein völlig souveräner Staat. Ihre Souveränität ist durch weitgehende Kontrollbefugnisse der Alliierten Kommissionen und ihrer Organe eingeschränkt. Das hindert den Staat Österreich aber nicht, staatliche Funktionen auszuüben, vor allem auch nicht, Staatsangehörige zu haben und deren Staatsangehörigkeit durch Gesetze mit verbindlicher Wirkung zu ordnen. Die Befugnis seiner Organe zur Gesetzgebung ist im Kontrollabkommen mit den alliierten Mächten anerkannt. Die Kontrolle äussert sich lediglich darin, dass Gesetze vor ihrer Inkraftsetzung und Veröffentlichung von den zuständigen Kontrollbehörden genehmigt werden müssen (...)" (a.a.O. S. 292)

Der Grundsatz, dass auch Staaten, die vorübergehend einen Teil ihrer Handlungsfähigkeit verlieren, trotzdem als Staaten anerkannt bleiben, ist heute für Staaten von Bedeutung, in denen zumindest teilweise die internationale Gemeinschaft (zum Beispiel die United Nations Interim Administration Mission in Kosovo [UNMIK] nach 1999) oder ein fremder Staat (zum Beispiel die von den USA geführte Übergangsverwaltung im besetzten Irak 2003-2004) die Staatsgewalt ausüben.

cc. Keine Anforderungen an die Form der Regierung

Während ein Staat über eine Regierung i.S. eines staatsleitenden Organs mit effektiver Herrschaftsgewalt verfügen muss, stellt das Völkerrecht grundsätzlich *keine Anforderungen an die Regierungsform*. Unter den völkerrechtlichen Staatenbegriff fallen demnach sowohl Demokratien als auch Diktaturen. Dies ist eine Konsequenz des völkerrechtlichen Prinzips der souveränen Gleichheit der Staaten und des Verbots der Einmischung in die inneren Angelegenheiten. Unter dem Stichwort *"good governance"* bestehen aber auf internationaler Ebene Bestrebungen, gewisse Standards bei der Ausübung der Staatsgewalt zu fördern. So betont das *Partnerschaftsabkommen zwischen den Mitgliedern der Gruppe der Staaten in Afrika, im Karibischen Raum und im Pazifischen Ozean (AKP) einerseits und der Europäischen Gemeinschaft und ihren Mitgliedstaaten andererseits (Cotonou-Abkommen vom* 23. Juni 2000), dass die Achtung der Menschenrechte, die demokratischen Grundsätze und das Rechtsstaatsprinzip wesentliche Elemente der Zusammenarbeit sind (Art. 9).

3. Anerkennung als Staat

a. Begriff und Abgrenzung

Die Anerkennung von Staaten ist eine einseitige Willenserklärung des anerkennenden Staates, dass das anerkannte politische Gebilde ein Staat im Sinne des Völkerrechts ist und als solcher behandelt wird. Die Anerkennung ist ein souveräner Akt, d.h. es besteht keine Pflicht zur Anerkennung von Gebilden, welche die Merkmale der Staatlichkeit erfüllen.

Praktisch hat die Anerkennung zur Folge, dass mit dem anerkannten Staat Verträge geschlossen oder diplomatische Beziehungen aufgenommen werden. Sie kann explizit oder konkludent erfolgen.

Die Anerkennung von Staaten ist von der Anerkennung von Regierungen zu unterscheiden. Die sog. *Tobar-Doktrin* bezog sich auf die Anerkennung von Regierungen und besagte, dass eine durch Staatsstreich oder Revolution an die Macht gelangte Regierung solange nicht anzuerkennen sei, als keine demokratische Bestätigung durch eine allgemeine Volkswahl erfolgt ist. Die Nichtanerkennung einer Regierung ist aber nicht mit der Nichtanerkennung eines Staates gleichzusetzen. Auch hat die Nichtanerkennung einer bestimmten Regierung keinen Einfluss auf die Staatsqualität des betreffenden Staates, solange dieser trotzdem über eine effektive (äussere) Staatsgewalt verfügt.

Neu entstandene Staaten werden von anderen Staaten in der Regel jeweils als solche anerkannt, falls die Elemente des Staatsbegriffs vorliegen und die Entstehung für legitim oder historisch irreversibel gehalten wird. Die Beispiele der Unabhängigkeitserklärungen Kosovos und der abtrünnigen georgischen Regionen Abchasien und Südossetien zeigen, dass das Verhältnis zwischen Anerkennung und 3-Elemente-Theorie noch weitgehend ungeklärt ist.

b. Praxis der Schweiz

Die Schweiz anerkennt nur Staaten, nicht Regierungen.

> *Reconnaissance d'États et de gouvernmements, pratique suisse, Gutachten des EDA vom 26. Juni 2007,* VPB 2008, Nr. 6, S. 128 ff.

In diesem Gutachten aus dem Jahr 2007 führt das EDA seine Praxis zur Anerkennung von Staaten aus. Dabei folgt es der 3-Elementen Lehre und betont, die Anerkennung sei „un droit souverain, unilatéral et discrétionnaire. Un nouvel Etat n'a donc pas de droit subjectif à être reconnu par la Suisse." Zur Anerkennung von Regierungen hält das Gutachten fest:

> "(...) la portée de la reconnaissance d'un gouvernement n'est pas clairement définie en droit international. En règle générale, on y associe une certaine représentativité, voire une légitimité internationale du gouvernement en question. Mais comme il n'existe pas de critères déterminés en droit international pour se prononcer sur cette légitimité, il est difficile de dire quelles conséquences juridiques découlent d'un tel constat.
>
> La Suisse a coutume de ne pas reconnaître officiellement des gouvernements. Cette attitude repose sur les motifs suivants:
>
> a) La pratique suisse en matière de reconnaissance d'Etats se base principalement sur des critères de droit international: tandis que le droit international définit les éléments constitutifs d'un Etat, il n'existe pas de standards communs en droit international fixant les critères pour la reconnaissance d'un gouvernement.
>
> b) Une appréciation sur la légitimité ou non d'un gouvernement nécessiterait inévitablement un examen approfondi, voire un jugement de valeur sur les normes constitutionnelles ou légales qui ont permis au gouvernement en question d'accéder au pouvoir. C'est une tâche difficile et délicate, parce qu'il faudrait chaque fois analyser le droit interne du pays en question, un droit qu'on ne connaît d'ailleurs souvent pas ou pas suffisamment.
>
> c) Il n'est pas rare que les opinions internationales sur la légitimité démocratique d'un gouvernement divergent. Comment par exemple se positionner dans une situation où une élection n'a été considérée que partiellement satisfaisante sous l'aspect démocratique ? La non reconnaissance de gouvernements évite ce genre de discussions délicates.
>
> d) Le droit international ne conditionne pas la reconnaissance d'Etats à la légitimité du gouvernement en question. Il repose uniquement sur le principe de l'effectivité: Pour être reconnu, l'Etat doit disposer d'un gouvernement capable de représenter son pays sur la scène internationale et d'assumer des obligations en droit international.
>
> (...)Pour toutes ces raisons, la Suisse s'attache au principe de l'effectivité dans ses relations avec d'autres Etats. Elle traite avec les représentants qui détiennent effectivement le pouvoir gouvernemental et qui agissent au nom du pays en question. Cette approche pragmatique a amené la Suisse à communiquer avec ceux qui détiennent le pouvoir effectif sur un territoire et lui a permis d'entreprendre des activités humanitaires, des efforts de médiation, etc."

c. Wirkung der Anerkennung

Nach der herrschenden Lehre hat die Anerkennung eines Staates nur deklaratorische, keine konstitutive Bedeutung, d.h. der Staat entsteht, sobald er über die drei Elemente Staatsvolk, Staatsgebiet und Staatsgewalt verfügt.

District Court The Hague, Democratic Republic of East Timor et al. v. State of the Netherlands (1980), (ILR 87 [1992] S. 74)

> „(...) As regards the existence of the Republic as a State, the parties agree that the fact that the Netherlands and practically the whole of the international

community do not recognize the Republic is not decisive. (...) according to current legal opinion, this question must be decided independently by a court of law, irrespective of the question of recognition. (...) The decision must be made on the basis of the factual criteria for statehood laid down by international law. (...) It follows that the mere proclamation of a State's independence (...) is insufficient to bring a State into existence. On the other hand, non-recognition by the vast majority of States in the international community suggests that the factual criteria for statehood are not considered to have been fulfilled."

Deutsches Bundesverfassungsgericht, BVerfGE 36, 1 (1973) S. 22

„Die Deutsche Demokratische Republik ist im Sinne des Völkerrechts ein Staat und als solcher Völkerrechtssubjekt. Diese Feststellung ist unabhängig von einer völkerrechtlichen Anerkennung der Deutschen Demokratischen Republik durch die Bundesrepublik Deutschland. Eine solche Anerkennung hat die Bundesrepublik Deutschland nicht nur nie förmlich ausgesprochen, sondern im Gegenteil wiederholt ausdrücklich abgelehnt."

In der heutigen Realität kann allerdings ein Gebilde nicht als Staat funktionieren, wenn es nicht zumindest von einer minimalen Anzahl Staaten als Staat anerkannt wird. So wird die Staatlichkeit etwa der Türkischen Republik Nordzypern, die nur von der Türkei als Staat anerkannt ist, ebenso verneint wie jene der beiden abtrünnigen georgischen Regionen Abchasien und Südossetien, die lediglich von Russland, Nicaragua, Venezuela und Nauru anerkannt wurden. Andererseits kann die Anerkennung eines Gebietes, das sich für unabhängig erklärt hat, die Erreichung der Staatsqualität auch beschleunigen. So wurde der Kosovo zwischen Februar 2008, als er seine Unabhängigkeit erklärte, und 2015 von 111 Staaten anerkannt, darunter 23 der 28 Mitgliedstaaten der EU und die USA.

Im Ergebnis dürfte die Anerkennung insbesondere neuer Staaten heute einen massgeblichen Einfluss auf die (Nicht-) Existenz der drei (traditionellen) Staatselemente, insbesondere dasjenige der Staatsgewalt, entfalten: Wird einem politischen Gebilde mit Territorium, Volk und Regierung über längere Zeit jede Anerkennung versagt, fehlt es letztlich an der Effektivität der (äusseren) Staatsgewalt, da ohne formellen Kontakt zu anderen Staaten faktisch keine direkte Unterstellung unter das Völkerrecht besteht. Die Anerkennung zumindest einer gewissen Anzahl von Staaten ist damit praktisch eine Voraussetzung der Staatsqualität, weil dem betreffenden politischen Gebilde ohne Anerkennung die Fähigkeit abgeht, mit andern Staaten Beziehungen aufzunehmen (Art. 1 Montevideo Konvention; vorne Ziff. 2.a). Für die Anerkennung spielen heute aber insbesondere auch die internationalen Organisationen eine wichtige Rolle (so z.B. die Anerkennung der Nachfolgestaaten der Sowjetunion durch die UNO).

Wang et consorts c. Office des juges d'instruction fédéraux, BGE 130 II 217

Das Schweizerische Bundesgericht anerkennt zumindest implizit, dass die Anerkennung eines staatsähnlichen Gebildes einen Einfluss auf die Staatsqualität haben kann. Im vorliegenden Fall ging es um die Republik China (Taiwan):

„L'Etat se définit en droit international selon trois critères: un territoire; une population; un gouvernement effectif et indépendant. En l'occurrence, la République de Chine ne peut prétendre exercer sa souveraineté sur la Chine continentale, faute pour son gouvernement d'exercer une autorité effective sur le territoire et la population qui forment la République populaire de Chine. Pour ce qui concerne l'île de Taïwan en revanche, la République de Chine présente tous les traits d'un Etat: elle occupe ce territoire depuis 1945; sa population est importante, son indépendance (y compris à l'égard de la République populaire de Chine) indéniable.

Les Etats se reconnaissent mutuellement comme tels. Selon les conceptions dominantes, la reconnaissance ne produit qu'un effet déclaratif (et non constitutif), en ce sens qu'elle constate uniquement que les critères de l'existence d'un Etat sont réunis; la reconnaissance internationale n'est pas une condition nécessaire de l'accession au rang d'Etat, qui existe par lui-même.

Jusqu'à son exclusion de l'ONU le 25 octobre 1971, la majorité des Etats a reconnu la République de Chine comme le seul Etat chinois. Après 1979, un grand nombre d'entre eux, emboîtant le pas aux Etats-Unis, ont reconnu la République populaire de Chine et rompu leurs relations diplomatiques avec la République de Chine. Actuellement, seule une vingtaine d'Etats ont maintenu des relations diplomatiques avec Taïwan. Le statut de la République de Chine est ainsi ambigu. Sa reconnaissance internationale est limitée, mais pas au point d'être réduite à une entité mise à l'écart de la communauté internationale. Son statut est plutôt comparable à celui des Etats dont la reconnaissance a été contestée par une partie de la communauté internationale, sans que cela ne remette toutefois en cause leur qualité de sujet du droit international."

d. Beachtung der Menschenrechte als Voraussetzung der Anerkennung?

Da für Staaten keine völkerrechtliche Pflicht besteht, andere Staaten anzuerkennen, können sie die Anerkennung mit Bedingungen verbinden, welche über die drei Elemente hinausgehen. Praktisch stellt sich heute v.a. die Frage, ob die Einhaltung der Menschenrechte ein Kriterium für die Anerkennung sein soll. In diesem Sinn einigten sich nach dem Zerfall der Sowjetunion die Aussenminister der Mitgliedstaaten der damaligen Europäischen Gemeinschaft 1991 darauf, dass die Anerkennung der neu enstandenen Staaten u.a. die Beachtung von Rechtsstaatlichkeit, Demokratie und Menschenrechten sowie die Garantie der Rechte ethnischer und nationaler Gruppen und Minderheiten voraussetze (Deklaration der EG-Minister [im Rahmen der Europäischen Politischen Zusammenarbeit] über „Guidelines on the Recognition of New States in Eastern Europe and in the Soviet Union" vom 16. Dezember 1991, abgedruckt in EJIL 4 [1993] S. 72).

Die Schweiz vertritt den Grundsatz, dass ein neuer Staat anzuerkennen ist, wenn die Elemente des Staatsgebiets, des Staatsvolkes und der effektiven Staatsgewalt gegeben sind und anzunehmen ist, dass dieser Prozess irreversibel ist. So antwortete Bundespräsident René Felber auf die Frage, ob Menschenrechtsverletzungen nicht ein Hindernis für die Anerkennung eines Staates darstellten, nachdem die Schweiz am 15. Januar 1992 Kroatien anerkannt hatte:

„On peut en effet se poser la question de savoir s'il faut cesser de reconnaître des États qui ne respectent pas les droits de l'homme. A partir du moment où

> un peuple s'est déterminé démocratiquement sur son avenir, qu'il a un territoire délimité et un gouvernement, on ne saurait juridiquement ignorer son existence. Je rappelle que nous ne reconnaissons pas les gouvernements mais les États. En ce qui concerne la Yougoslavie, son processus de transformation paraît irréversible. Nous devons donc adapter nos relations avec cette région en conséquence.
>
> Cependant, s'il existe des problèmes politiques, territoriaux ou de minorités dans l'un de ces États, une demande d'ouverture de négociations n'est pas exclue (...)." (SZIER 1993, S. 687)

Fraglich ist, ob und inwieweit unter gewissen Voraussetzungen eine Pflicht besteht, einen Staat nicht anzuerkennen. Bezugnehmend auf Art. 41 Ziff. 1 des ILC-Entwurfs zur Staatenverantwortlichkeit ist eine solche „Nichtanerkennungspflicht" dann zu bejahen, wenn der neue Staat bzw. das neue Staatsgebiet unter Verletzung des völkerrechtlichen Gewaltverbots entstanden ist. Gleiches gilt im Falle einer entsprechenden Resolution des UNO-Sicherheitsrats:

Resolution 541 (1983)

> „The Security Council, (...)
>
> *Concerned* at the declaration by the Turkish Cypriot authorities issued on the 15 November 1983 which purports to create an independent State in northern Cyprus, (...)
>
> *Considering*, therefore, that the attempt to create a "Turkish Republic of Northern Cyprus" is invalid, and will contribute to worsening the situation in Cyprus, (...)
>
> 1. *Deplores* the declaration of the Turkish Cypriot authorities of the purported secession of part of the Republic of Cyprus;
>
> 2. *Considers* the declaration referred to above as legally invalid and calls for its withdrawal; (...)
>
> 6. *Calls upon* all States to respect the sovereignty, independence, territorial integrity and non-alignment of the Republic of Cyprus;
>
> 7. *Calls upon* all States no to recognize any Cypriot State other than the Republic of Cyprus (...)."

e. Relevanz von Rechtsakten nicht anerkannter Staaten

Rechtsakte nicht anerkannter Staaten oder Regierungen können trotzdem Rechtswirkungen entfalten.

VEB Carl Zeiss Jena gg. Firma Carl Zeiss Heidenheim, BGE 91 II 117

In diesem Fall stellte sich die Frage, ob ein Handelsregistereintrag der damals von der Schweiz noch nicht anerkannten DDR von den schweizerischen Behörden zu beachten sei. Das Bundesgericht führte zur Frage der rechtlichen Konsequenzen der Nichtanerkennung der DDR durch die Schweiz aus:

> „(...) Für den Beklagten beurteilt sich die Zulässigkeit der Namensbildung nach dem Recht der DDR. Dem Umstand, dass die Bundesrepublik Deutschland von der Schweiz als Staat anerkannt ist, die DDR dagegen nicht, ist keine Bedeutung beizumessen. Die Nichtanerkennung der DDR hat nicht zur Folge,

dass der schweizerische Zivilrichter ihre Gesetze und die Verfügungen ihrer Behörden als nicht erlassen zu erachten hätte. Die DDR ist in internationalprivatrechtlicher Hinsicht als selbständiges Rechtsgebiet zu behandeln. Das bedeutet keineswegs, dass der schweizerische Zivilrichter sie damit als Staat anerkenne. Zu einer Anerkennung als Staat im völkerrechtlichen Sinne wäre nicht der Richter, sondern (...) ausschliesslich der Bundesrat zuständig. Die Aufgabe des Richters beschränkt sich darauf, einen privatrechtlichen Streit zu entscheiden, und soweit dabei nach den schweizerischen Kollisionsnormen ausländisches Recht massgebend ist, muss er auch das im Gebiete eines nicht anerkannten Staates geltende Recht als tatsächliche Gegebenheit hinnehmen und es - soweit dem der Vorbehalt der öffentlichen Ordnung nicht entgegensteht - anwenden. So wurde in BGE 50 II 512 entschieden, der Umstand, dass damals die Sowjetregierung von der Schweiz nicht anerkannt war, hindere die in Sowjetrussland geltende Rechtsordnung nicht, zu bestehen und Wirkung zu entfalten." (a.a.O. E. 4 S. 125 f.)

II. DER GRUNDSATZ DER TERRITORIALEN SOUVERÄNITÄT

1. Begriff und Umfang

Mit dem Staatsbegriff und insbesondere mit dem Staatsgebiet verknüpft ist das Konzept der territorialen Souveränität. Diese ist von der Gebietshoheit zu unterscheiden. Während diese die Zuständigkeit eines Staates zum Erlass hoheitlicher Akte und damit die tatsächliche Herrschaftsgewalt innerhalb eines bestimmten Gebietes umschreibt, bezeichnet die territoriale Souveränität demgegenüber das völkerrechtliche Recht des Staates, exklusiv und damit unabhängig von anderen Staaten über das eigene Staatsgebiet zu verfügen. Der Palmas-Fall hat sich eingehend mit dem Begriff und dem Erwerb territorialer Souveränität auseinandergesetzt.

Island of Palmas Case (Netherlands/United States of America),
UNRIAA II, S. 829-871; ZaöRV 1/II (1929), S. 3

Palmas (auch Miangas genannt) ist eine ca. 4 km^2 grosse Insel, die zwischen den Philippinen und den indonesischen Nanusa Inseln liegt. Sie wurde von spanischen Seefahrern entdeckt und daher "formell" als zu Spanien gehörend angesehen; spätestens seit 1700 wurde sie aber von den Niederlanden verwaltet. Im Friedensvertrag von Paris vom 10. Dezember 1898, der den Spanisch-Amerikanischen Krieg beendete, trat Spanien sein Kolonialreich in den Philippinen (inklusive die Insel Palmas) an die USA ab. Die Niederlande protestierten nicht gegen den Vertrag, der ihnen von den USA notifiziert wurde. Im Jahre 1906 entdeckte der amerikanische Befehlshaber der Region auf einer Inspektionstour, dass die niederländische Flagge über der Insel Palmas wehte; die Niederlande beanspruchten die Insel als Teil ihres Kolonialreiches in Niederländisch-Indien (Dutch East Indies).

Die USA und die Niederlande kamen überein, die Frage der Souveränität über die Insel Palmas dem Ständigen Schiedshof in Den Haag zu unterbreiten. Der damalige Präsident des StIGH, der Schweizer Max Huber, wurde zum alleinigen Schiedsrichter ernannt. Seine Aufgabe bestand gemäss Art. 1 des Kompromisses darin, festzustellen, ob "the Island of Palmas (or Miangas) in its entirety forms a part of territory belonging to the United States of America or of Netherlands territory."

Zum Begriff der territorialen Souveränität führte HUBER aus:

> „(...) It appears to follow that sovereignty in relation to a portion of the surface of the globe is the legal condition necessary for the inclusion of such portion in the territory of any particular State. Sovereignty in relation to territory is in the present award called ‚territorial sovereignty'.
>
> Sovereignty in the relation between States signifies independence. Independence in regard to a portion of the globe is the right to exercise therein, to the exclusion of any other State, the functions of a State. The development of the national organisation of States during the last few centuries and, as a corollary, the development of international law, have established this principle of the exclusive competence of the State in regard to its own territory in such a way as to make it the point of departure in settling most questions that concern international relations. (...) [T]erritorial sovereignty belongs always to one, or in exceptional circumstances to several States, to the exclusion of all others. The fact that the functions of a State can be performed by any State within a given zone is, on the other hand, precisely the characteristic feature of the legal situation pertaining in those parts of the globe which, like the high seas or lands without a master, cannot or do not yet form the territory of a State.
>
> Territorial sovereignty is, in general, a situation recognised and delimited in space, either by so-called natural frontiers as recognised by international law or by outward signs of delimitation that are undisputed, or else by legal engagements entered into between interested neighbours, such as frontier conventions, or by acts of recognition of States within fixed boundaries.

Falls umstritten ist, welcher Staat in einem bestimmten Gebiet territoriale Souveränität ausüben kann, ist zu prüfen, welcher Staat den besseren Erwerbstitel besitzt:

> If a dispute arises as to the sovereignty over a portion of territory, it is customary to examine which of the States claiming sovereignty possesses a title - cession, conquest, occupation, etc. - superior to that which the other State might possibly bring forward against it. However, if the contestation is based on the fact that the other Party has actually displayed sovereignty, it cannot be sufficient to establish the title by which territorial sovereignty was validly acquired at a certain moment; it must also be shown that the territorial sovereignty has continued to exist and did exist at the moment which for the decision of the dispute must be considered as critical. This demonstration consists in the actual display of State activities, such as belongs only to the territorial sovereign.
>
> Titles of acquisition of territorial sovereignty in present-day international law are either based on an act of effective apprehension, such as occupation or conquest, or, like cession, presuppose that the ceding and the cessionary Power or at least one of them, have the faculty of effectively disposing of the ceded territory. [...] practice, as well as doctrine, recognizes - though under different legal formulae and with certain differences as to the conditions required - that the continuous and peaceful display of territorial sovereignty (peaceful in relation to other States) is as good as a title. The growing insistence with which international law, ever since the middle of the 18th century, has demanded that the occupation shall be effective would be inconceivable, if effectiveness were required only for the act of acquisition and not equally for the maintenance of the right. If the effectiveness has above all been insisted on in regard to occupation, this is because the question rarely arises in connection with territories

> in which there is already an established order of things. Just as before the rise of international law, boundaries of lands were necessarily determined by the fact that the power of a State was exercised within them, so too, under the reign of international law, the fact of peaceful and continuous display is still one of the most important considerations in establishing boundaries between States.

Huber kam zum Schluss, dass die Niederlande angesichts der langen und unbestrittenen Ausübung staatlicher Funktionen den besseren Erwerbstitel als die USA besitzen. Zur Begründung führte er aus:

> Territorial sovereignty, as has already been said, involves the exclusive right to display the activities of a State. This right has as corollary a duty: the obligation to protect within the territory the rights of other States, in particular their right to integrity and inviolability in peace and in war, together with the rights which each State may claim for its nationals in foreign territory. Without manifesting its territorial sovereignty in a manner corresponding to circumstances, the State cannot fulfil this duty. Territorial sovereignty cannot limit itself to its negative side, i.e. to excluding the activities of other States; for it serves to divide between nations the space upon which human activities are employed, in order to assure them at all points the minimum of protection of which international law is the guardian." (ZaöRV 1/II (1929), S. 15 ff.)

IGH, Sovereignty over Pedra Branca/Pulau Batu Puteh, Middle Rocks and South Ledge (Malaysia/Singapore), Judgment, I.C.J. Reports 2008, p. 12

Der IGH hatte im vorliegenden Fall die Frage der Souveränität über Pedra Branca/Pulau Batu Puteh, eine kleine Insel und zwei Felsen am Eingang der Strasse von Singapur, zu entscheiden. Der Streit über die Souveränität über diese Gebiete entbrannte im Jahr 1980, als Singapur bemerkte, dass Malaysia die Insel in einer neuen Karte als zu Malaysia bzw. seinem Gliedstaat Johor gehörend ausgab. Während Malaysia geltend machte, dass es seit je her territoriale Souveränität über die Insel und die Felsen ausübe, argumentierte Singapur, dass die Souveränität durch den Bau eines Leuchtturmes im Jahr 1847 auf die britische Krone und dann Singapur übergegangen sei. Zum Übergang territorialer Souveränität führte der IGH in seinem Urteil aus:

> 119. Whether Malaysia has retained sovereignty over Pedra Branca/ Pulau Batu Puteh following 1844 or whether sovereignty has since passed to Singapore can be determined only on the basis of the Court's assessment of the relevant facts as they occurred since 1844 by reference to the governing principles and rules of international law. The relevant facts consist mainly of the conduct of the Parties during that period.
>
> 120. Any passing of sovereignty might be by way of agreement between the two States in question. Such an agreement might take the form of a treaty (...). The agreement might instead be tacit and arise from the conduct of the Parties. International law does not, in this matter, impose any particular form. Rather it places its emphasis on the parties' intentions (...).
>
> 121. Under certain circumstances, sovereignty over territory might pass as a result of the failure of the State which has sovereignty to respond to conduct *à titre de souverain* of the other State or, as Judge Huber put it in the *Island of Palmas* case, to concrete manifestations of the display of territorial sovereignty by the other State (...). Such manifestations of the display of sovereignty may call for a response if they are not to be opposable to the State in question. The absence of reaction may well amount to acquiescence. The concept of acquiescence "is equivalent to tacit recognition by unilateral conduct which

the other party may interpret as consent . . ." (...). That is to say, silence may also speak, but only if the conduct of the other State calls for a response.

122. Critical for the Court's assessment of the conduct of the Parties is the central importance in international law and relations of State sovereignty over territory and of the stability and certainty of that sovereignty. Because of that, any passing of sovereignty over territory on the basis of the conduct of the Parties, as set out above, must be manifested clearly and without any doubt by that conduct and the relevant facts. That is especially so if what may be involved, in the case of one of the Parties, is in effect the abandonment of sovereignty over part of its territory."

In Anwendung dieser Grundsätze sprach der IGH die Souveränität über Pedra Branca/Pulau Batu Puteh Singapur zu.

Der Grundsatz der territorialen Souveränität ist im Zusammenhang mit dem Grundsatz der territorialen Integrität zu sehen:

„[Die] Begriffe der *territorialen Souveränität* einerseits und der *territorialen Integrität* andererseits (...) beruhen letztlich auf dem im Völkerrecht nach wie vor geltenden Grundsatz, dass das Staatsgebiet der Hoheitsgewalt der jeweiligen Staatsgewalt unterliegt und Einwirkungen von aussen grundsätzlich ausgeschlossen sind. Die erwähnten Grundsätze führen dieses Prinzip nun in zweifacher Hinsicht fort: Aus der *territorialen Souveränität* folgt, dass die Staaten auf ihrem Gebiet ihre Hoheitsgewalt ausüben können, und zwar in der Weise, die ihnen sachdienlich erscheint, dies unter der Voraussetzung, dass dem keine völkerrechtliche Regel entgegensteht. Die *territoriale Integrität* schützt vor Einwirkungen, die von dem Staatsgebiet anderer Staaten ausgehen oder diesen gar zuzurechnen sind." (Astrid Epiney/Martin Scheyli, Umweltvölkerrecht, Bern 2000, S. 102)

2. *Bedeutung im Umweltvölkerrecht*

Dem Zusammenspiel der beiden Grundsätze der *territorialen Souveränität* und der *territorialen Integrität* kommt heute im Bereich des Umweltvölkerrechts eine grosse Bedeutung zu:

Trail Smelter (Canada v. United States of America), UNRIAA III, pp. 1905-1982

„Ausgangspunkt der Entscheidung war der Betrieb einer Zink- und Bleiverhüttungsanlage in der kanadischen Ortschaft Trail, im unmittelbaren Grenzgebiet zu den USA. Nach einer Vergrösserung des Betriebs und aufgrund der örtlich herrschenden geographischen und klimatischen Bedingungen gelangten in erheblichem Umfang Schwefeldioxyd-Emissionen auf das Gebiet des amerikanischen Bundesstaats Washington, die dort schwere Schäden in der Landwirtschaft verursachten. Das Schiedsgericht stellte einen Verstoss Kanadas gegen seine völkerrechtlichen Verpflichtungen fest, da die territoriale Souveränität den Staaten nicht das Recht verleihe, ihr Gebiet so zu nutzen oder eine solche Nutzung zuzulassen, dass auf dem Territorium eines anderen Staates erhebliche Schäden entstehen.

'(...) under the principles of international law (...) no State has the right to use or permit to use of its territory in such a manner as to cause injury by fumes in or to the territory of another or the properties or persons therein, when the case is of serious consequence and the injury is established by clear and convincing evidence.' " (Epiney/Scheyli, Umweltvölkerrecht, S. 104)

Grundsatz 2 Rio-Deklaration (Erklärung der Konferenz der Vereinten Nationen über Umwelt und Entwicklung vom 14. Juni 1992)

„Die Staaten haben im Einklang mit der Charta der Vereinten Nationen und den Grundsätzen des Völkerrechts das souveräne Recht, ihre eigenen Ressourcen im Rahmen ihrer eigenen Umwelt- und Entwicklungspolitik zu nutzen und haben die Verantwortung, dafür Sorge zu tragen, dass Tätigkeiten unter ihrer Hoheitsgewalt oder Kontrolle der Umwelt anderer Staaten oder Gebiete ausserhalb nationaler Hoheitsgewalt keinen Schaden zufügen."

Heute gehört zur Sorgfaltspflicht, dass Staaten bei Aktivitäten mit potentiell grenzüberschreitenden Schäden eine Umweltverträglichkeitsprüfung durchführen und den betroffenen Nachbarstaat gegebenenfalls informieren und konsultieren:

IGH, Certain Activities Carried out by Nicaragua in the Border Area (Costa Rica v, Nicaragua), Judgment of 16 December 2015

"104. As the Court has had occasion to emphasize in its Judgment in the case concerning *Pulp Mills on the River Uruguay (Argentina* v. *Uruguay)*:

"the principle of prevention, as a customary rule, has its origins in the due diligence that is required of a State in its territory. It is 'every State's obligation not to allow knowingly its territory to be used for acts contrary to the rights of other States' (*Corfu Channel (United Kingdom* v. *Albania), Merits, Judgment, I.C.J. Reports 1949*, p. 22). A State is thus obliged to use all the means at its disposal in order to avoid activities which take place in its territory, or in any area under its jurisdiction, causing significant damage to the environment of another State." (*I.C.J. Reports 2010 (I)*, pp. 55-56, para. 101.)

Furthermore, the Court concluded in that case that "it may now be considered a requirement under general international law to undertake an environmental impact assessment where there is a risk that the proposed industrial activity may have a significant adverse impact in a transboundary context, in particular, on a shared resource" (*I.C.J. Reports 2010 (I)*, p. 83, para. 204). Although the Court's statement in the *Pulp Mills* case refers to industrial activities, the underlying principle applies generally to proposed activities which may have a significant adverse impact in a transboundary context. Thus, to fulfil its obligation to exercise due diligence in preventing significant transboundary environmental harm, a State must, before embarking on an activity having the potential adversely to affect the environment of another State, ascertain if there is a risk of significant transboundary harm, which would trigger the requirement to carry out an environmental impact assessment.

(...)

If the environmental impact assessment confirms that there is a risk of significant transboundary harm, the State planning to undertake the activity is required, in conformity with its due diligence obligation, to notify and consult in good faith with the potentially affected State, where that is necessary to determine the appropriate measures to prevent or mitigate that risk."

Eng mit diesen Grundsätzen ist auch die Problematik *grenzüberschreitender Nutzungskonflikte* bezüglich natürlicher Ressourcen verbunden. Im Ergebnis muss eine faire und gleichmässige Nutzung der betroffenen (gemeinsamen) natürlichen Ressourcen sichergestellt werden, was auch eine entsprechende Einschränkung der territorialen Souveränität impliziert. Dieser *Grundsatz der angemessenen Nutzung gemeinsamer natürlicher Ressourcen* ist jedenfalls für Binnengewässer gewohnheitsrechtlich anerkannt; die Entwicklung dürfte aber auf eine Ausdehnung auf andere natürliche Ressourcen hindeuten.

IGH, Gabčíkovo-Nagymaros Project (Hungary/Slovakia), Judgment, I.C.J. Reports 1997, p. 7

„Die Tschechoslowakei und Ungarn hatten 1977 vertraglich vereinbart, die Donau (die auf einer Strecke von rund 140 km die Grenze zwischen den beiden Staaten bildet) gemeinsam zum Zwecke der Gewinnung von Wasserkraft zu nutzen. Der Vertrag sah dabei vor, dass im Rahmen eines "joint investment" ein zusammenhängendes Stausystem errichtet würde, dessen wichtigste Bestandteile aus zwei grossen Staustufen (bei Gabcíkovo auf tschechoslowakischem Territorium und bei Nagymaros in Ungarn) bestehen sollten, nebst einer Anzahl weiterer, teilweise höchst aufwendiger Bauwerke, u.a. einem Kanal von 25 Kilometern Länge zur Umleitung der Donau. Die Bauarbeiten wurden in der Folge auf beiden Seiten aufgenommen und - jedenfalls auf der tschechoslowakischen Seite - zu einem grossen Teil auch fertiggestellt.

Als Begleiterscheinung der politischen Umwälzungen gegen Ende der achtziger Jahre kamen allerdings in Ungarn massive öffentliche Proteste gegen die ökologischen Folgen des Projekts auf. Dies führte 1989 zum Entschluss der ungarischen Regierung, die Arbeiten bei Nagymaros einzustellen. Die Tschechoslowakei, die aus ökonomischen Gründen nicht auf die Fertigstellung des Projekts verzichten wollte, beschloss nach erfolglosen Verhandlungen ihrerseits im Jahre 1991, auf ihrem Territorium eine Alternativvariante (sog. Variante C) auszuführen. Diese Pläne sahen u.a. eine teilweise einseitige Umleitung der Donau auf tschechoslowakisches Territorium vor, was wiederum auf ungarischen Protest stiess. Nach weiteren erfolglosen Versuchen, den Streit beizulegen, sprach Ungarn im Mai 1992 die einseitige und sofortige Kündigung des Vertrags von 1977 aus. Im Jahre 1993 schliesslich gelangten die beiden Parteien (mittlerweile war nach der Zweiteilung der tschechoslowakischen Republik die Slowakei zur Gegenpartei Ungarns geworden) zur gemeinsamen Übereinkunft, den IGH mit der Entscheidung des Streitfalles zu betrauen." (Epiney/Scheyli, Umweltvölkerrecht, S. 187 f.)

Zum Grundsatz der gerechten Nutzung gemeinsamer (Wasser-) Ressourcen führte der Gerichtshof aus:

„85. (...) In 1929, the Permanent Court of International Justice, with regard to navigation on the River Oder, stated as follows:

'[the] community of interest in a navigable river becomes the basis of a common legal right, the essential features of which are the perfect equality of all riparian States in the use of the whole course of the river and the exclusion of any preferential privilege of any one riparian State in relation to the others' (*Territorial Jurisdiction of the International Commission of the River Oder, Judgment No. 16, 1929, P.C.I.J., Series A, No. 23,* p. 27). (...)

The Court considers that Czechoslovakia, by unilaterally assuming control of a shared resource, and thereby depriving Hungary of its right to an equitable and reasonable share of the natural resources of the Danube – with the continuing effects of the diversion of these waters on the ecology of the riparian area of the Szigetköz [betroffene ungarische Region] – failed to respect the proportionality which is required by international law."

Zu erwähnen ist in diesem Zusammenhang die Konvention über die nicht schifffahrtliche Nutzung internationaler Wasserläufe von 1997, deren Bestimmungen über die angemessene Nutzung der Gewässer durch die verschiedenen Anrainerstaaten auch Völkergewohnheitsrecht darstellen:

Convention on the Law of the Non-navigational Uses of International Watercourses, Resolution 51/229 (1997) der UNO-Generalversammlung

PART II GENERAL PRINCIPLES

„Article 5 Equitable and reasonable utilization and participation

1. Watercourse States shall in their respective territories utilize an international watercourse in an equitable and reasonable manner. (...)

2. Watercourse States shall participate in the use, development and protection of an international watercourse in an equitable and reasonable manner. Such participation includes both the right to utilize the watercourse and the duty to cooperate in the protection and development thereof, as provided in the present Convention.

Article 7 Obligation not to cause significant harm

1. Watercourse States shall, in utilizing an international watercourse in their territories, take all appropriate measures to prevent the causing of significant harm to other watercourse States.

2. Where significant harm nevertheless is caused to another watercourse State, the States whose use causes such harm shall, in the absence of agreement to such use, take all appropriate measures, having due regard for the provisions of articles 5 and 6, in consultation with the affected State, to eliminate or mitigate such harm and, where appropriate, to discuss the question of compensation.

Article 8 General obligation to cooperate

1. Watercourse States shall cooperate on the basis of sovereign equality, territorial integrity, mutual benefit and good faith in order to attain optimal utilization and adequate protection of an international watercourse. (...)"

Seit 2002 befasst sich die ILC wiederum mit der Nutzung gemeinsamer natürlicher Ressourcen. Die Kommission hat sich dabei die Regelung der Nutzung grenzüberschreitender Grundwasser-, Öl- und Gasvorkommen als Ziel gesetzt. Im Mai 2008 verabschiedete die ILC die „draft articles on the law of transboundary aquifers" *(U.N. Doc. A/CN.4/L.724),* welche in Art. 3, 6 und 7 die gleichen Prinzipien verankern.

III. DAS SELBSTBESTIMMUNGSRECHT DER VÖLKER

1. Entstehung und Verankerung

Die Idee der Selbstbestimmung der Völker tauchte auf völkerrechtlicher Ebene erstmals nach dem ersten Weltkrieg im Rahmen des Minderheitenschutzes sowie im Mandatssystem des Völkerbundes auf. Der Gedanke der Selbstbestimmung der Völker wurde während und nach dem zweiten Weltkrieg erneut aufgenommen. In der Atlantik-Charta von 1941 hielten der amerikanische Präsident Franklin D. Roosevelt und der britische Premierminister WINSTON CHURCHILL fest, dass die USA und Grossbritannien „respect the right of all peoples to choose the form of government under which they will live; and they wish to see sovereign rights and self government restored to those who have been forcibly deprived of them". Nach Beendigung des Krieges wurde das Selbstbestimmungsrecht der Völker in Art. 1 Abs. 2 und Art. 55 der UNO-Charta als ein Ziel der Vereinten Nationen verankert. Erst die Staatenpraxis hat dem Selbstbestimmungsrecht der Völker Rechtscharakter verliehen:

Rosalyn Higgins, Problems & Process, International Law and How We Use it, Oxford 1994

„There is a general assumption that self-determination is to do with independence. It is also widely assumed that the UN Charter provides for self-determination in such terms. In fact, there is no such provision in the UN Charter. Our contemporary understanding of the concept of self-determination has been generated by the interplay of a variety of historical factors. But, contrary to popular mythology, it does not find its origins in the UN Charter. Other law-making mechanisms have been at work.

When the Charter of the United Nations was drawn up, there were fifty-one original members, all independent, with the exception of India (which was very shortly to become independent) and Ukraine and Byelorussia. These last, somewhat anomalously and as the result of a political bargain, were treated as independent UN members while still republics of the Soviet Union. In 1946 the focus was on the rights and obligations of the sovereign member states. It was not yet fashionable to think about the rights of those not yet independent. There were, certainly, recognized duties that colonial powers hat towards the peoples they governed. But all that time that did not clearly include any duty to grant independence. The common assumption that the UN Charter underwrites self-determination in the current sense of the term is in fact a retrospective rewriting of history." (S. 111.)

Von zentraler Bedeutung für die Herausbildung des Selbstbestimmungsrechts der Völker war der insbesondere ab Mitte der 1950-er Jahre einsetzende Prozess der Entkolonialisierung. So hielt die Generalversammlung der UNO in Resolution 1514 aus dem Jahr 1960 fest:

„All peoples have the right to self-determination; by virtue of that right they freely determine their political status and freely pursue their economic, social and cultural development." (GA Res 1514 (XV) vom 14. Dezember 1960, Ziff. 2).

Das Prinzip der Selbstbestimmung wurde von der Generalversammlung der UNO in der *Friendly Relations Declaration 1970* weiter konkretisiert:

Erklärung über Grundsätze des Völkerrechts betreffend freundschaftliche Beziehungen und Zusammenarbeit zwischen den Staaten im Einklang mit der Charta der Vereinten Nationen (Friendly Relations Declaration) (GA Res 2625 (XXV) vom 24. Oktober 1970)

„Der Grundsatz der Gleichberechtigung und Selbstbestimmung der Völker

Kraft des in der Charta der Vereinten Nationen verankerten Grundsatzes der Gleichberechtigung und Selbstbestimmung der Völker haben alle Völker das Recht, frei und ohne Einmischung von außen über ihren politischen Status zu entscheiden und ihre wirtschaftliche, soziale und kulturelle Entwicklung zu gestalten, und jeder Staat ist verpflichtet, dieses Recht im Einklang mit den Bestimmungen der Charta zu achten.

Jeder Staat hat die Pflicht, sowohl gemeinsam mit anderen Staaten als auch jeder für sich, die Verwirklichung des Grundsatzes der Gleichberechtigung und Selbstbestimmung der Völker im Einklang mit den Bestimmungen der Charta zu fördern und die Vereinten Nationen bei der Erfüllung der ihnen mit der Charta übertragenen Aufgaben hinsichtlich der Anwendung dieses Grundsatzes zu unterstützen,

(a) um freundschaftliche Beziehungen und Zusammenarbeit zwischen den Staaten zu fördern, und

(b) um dem Kolonialismus unter gebührender Berücksichtigung des frei geäußerten Willens der betroffenen Völker ein rasches Ende zu bereiten;

eingedenk dessen, dass die Unterwerfung von Völkern unter fremde Unterjochung, Herrschaft und Ausbeutung eine Verletzung dieses Grundsatzes und eine Verweigerung grundlegender Menschenrechte darstellt und im Widerspruch zur Charta.

(...)

Die Gründung eines souveränen und unabhängigen Staates, die freie Assoziation mit einem unabhängigen Staat, die freie Eingliederung in einen solchen Staat oder der Eintritt in einen anderen, durch ein Volk frei bestimmten politischen Status sind Möglichkeiten der Verwirklichung des Selbstbestimmungsrechts durch das betreffende Volk.

Jeder Staat hat die Pflicht, jede Gewaltmaßnahme zu unterlassen, welche die Völker, auf die sich die Erläuterung dieses Grundsatzes bezieht, ihres Rechts auf Selbstbestimmung, Freiheit und Unabhängigkeit beraubt. Bei ihren Maßnahmen und ihrem Widerstand gegen solche Gewaltmaßnahmen im Bemühen um die Ausübung ihres Selbstbestimmungsrechts sind diese Völker berechtigt, im Einklang mit den Zielen und Grundsätzen der Charta Unterstützung zu suchen und zu erhalten."

In der gleichen Resolution schränkte die UNO-Generalversammlung das Selbstbestimmungsrecht allerdings sogleich ein. Sie macht damit auf das Spannungsfeld zwischen dem Recht der Völker auf Selbstbestimmung und dem Prinzip der territorialen Souveränität aufmerksam:

„Die vorstehenden Absätze sind nicht so auszulegen, als ermächtigten oder ermunterten sie zu Maßnahmen, welche die territoriale Unversehrtheit oder die politische Einheit souveräner und unabhängiger Staaten, die sich gemäß dem oben beschriebenen Grundsatz der Gleichberechtigung und Selbstbestimmung der Völker verhalten und die daher eine Regierung besitzen, welche die gesamte Bevölkerung des Gebiets ohne Unterschied der Rasse, des Glaubens oder der Hautfarbe vertritt, ganz oder teilweise auflösen oder beeinträchtigen würden."

Heute ist das Selbstbestimmungsrecht der Völker ein im Grundsatz unbestrittener Teil des Völkergewohnheitsrechts, auch wenn die einzelnen Ausprägungen umstritten sind. Das Recht auf Selbstbestimmung wurde zudem auch in den beiden UNO-Menschenrechtspakten jeweils in Art. 1 verankert. Auch wenn das Selbstbestimmungsrecht darin nicht als einklagbares Recht ausgestaltet ist, konkretisieren und festigen diese Normen doch seinen Gehalt.

Internationaler Pakt über bürgerliche und politische Rechte vom 19. Dezember 1966

„Art. 1

(1) Alle Völker haben das Recht auf Selbstbestimmung. Kraft dieses Rechts entscheiden sie frei über ihren politischen Status und gestalten in Freiheit ihre wirtschaftliche, soziale und kulturelle Entwicklung.

> (2) Alle Völker können für ihre eigenen Zwecke frei über ihre natürlichen Reichtümer und Mittel verfügen, unbeschadet aller Verpflichtungen, die aus der internationalen wirtschaftlichen Zusammenarbeit auf der Grundlage des gegenseitigen Wohles sowie aus dem Völkerrecht erwachsen. In keinem Fall darf ein Volk seiner eigenen Existenzmittel beraubt werden.
>
> (3) Die Vertragsstaaten, einschliesslich der Staaten, die für die Verwaltung von Gebieten ohne Selbstregierung und von Treuhandgebieten verantwortlich sind, haben entsprechend den Bestimmungen der Charta der Vereinten Nationen die Verwirklichung des Rechts auf Selbstbestimmung zu fördern und dieses Recht zu achten."

2. *Teilgehalte*

Unterschieden werden muss zwischen dem rechtlichen Prinzip des Selbstbestimmungsrechts und seinen konkreten Ausprägungen.

Als *Prinzip* dient es als Leitgedanke für die Behandlung konkreter Situationen, beispielsweise wo der Sicherheitsrat sich mit Konflikten innerhalb eines Staates zu befassen hat oder wo es in Friedensverhandlungen helfen kann, Lösungen zu finden, welche Ansprüche von Minderheiten als legitim anerkennen. Als Recht auf Gestaltung der eigenen wirtschaftlichen, sozialen und kulturellen Entwicklung hat es auch Bedeutung für die Bestimmung der Tragweite des Einmischungsverbots (unten Ziff. IV).

Das Prinzip kann in Konflikt mit dem Grundsatz der territorialen Souveränität der Staaten kommen. Auch wenn das Prinzip der Selbstbestimmung den Völkern nur in Ausnahmefällen ein Recht auf Sezession vermittelt, so begünstigt es doch im Kern die Bildung von neuen internationalen Gebilden auf Kosten der etablierten Staaten; das Selbstbestimmungsrecht der Völker ist ein dynamischer Faktor für Veränderungen des völkerrechtlichen *status quo*.

Bezüglich seiner konkreten Ausprägungen ist zwischen äusserer und innerer Selbstbestimmung zu unterscheiden.

a. Äussere Selbstbestimmung

Grosse Bedeutung hatte das Selbstbestimmungsrecht im Kontext der *Entkolonialisierung* bekommen. Im Westsahara Gutachten führte der IGH aus, als ein Recht von Völkern unter Kolonialherrschaft bezwecke es, koloniale Situationen möglichst schnell zu beenden und verlange, dass solche Völker frei über ihre Unabhängigkeit von der Kolonialmacht entscheiden könnten (Western Sahara, Advisory Opinion, I.C.J. Reports 1975, para. 55). Aus ihm lässt somit das Verbot der Kolonialisierung von Völkern ableiten.

Das Selbstbestimmungsrecht der Völker verbietet zusammen mit dem Gewaltverbot (dazu hinten 4. Teil, 3. Kap., Ziff. I) die militärische Besetzung und Annexion fremden Territoriums. In diesem Sinn hat der IGH das Selbstbestimmungsrecht des palästinensischen Volks ausdrücklich anerkannt (IGH, *Legal Consequences of the Construction of a Wall in the Occupied Palestinian Territory*, Advisory Opinion, I.C.J. Reports 2004, para. 118).

Gibt das Selbstbestimmungsrecht der Völker ethnischen Minderheiten innerhalb eines Staates generell ein Recht auf Sezession gegen den Willen des betroffenen Landes? Ein solches Recht ist bisher von der UNO nicht anerkannt worden, wird aber von der Lehre bejaht, falls das innere Selbstbestimmungsrecht eines Volkes systematisch und schwer verletzt wird. Im Kosovo-Gutachten hat der IGH immerhin anerkannt, dass wenigstens die einseitige Erklärung der Unabhängigkeit durch eine Minderheit völkerrechtlich nicht verboten sei.

IGH, Accordance with international law of the unilateral declaration of independence in respect of Kosovo, Advisory Opinion of 22 July 2010

Im Jahr 2010 befand der IGH in einem von der UNO-Generalversammlung angeforderten Gutachten, dass die unilaterale Unabhängigkeitserklärung Kosovos von Serbien vom 17. Februar 2008 völkerrechtskonform sei. Zur Begründung seines Gutachtens, das weder zur Frage der Staatsqualität Kosovos oder zur Rechtmässigkeit einer Anerkennung Kosovos als Staat durch Drittstaaten, noch zum Bestehen eines Rechts auf Sezession Stellung nahm, stützte sich der Gerichtshof auch auf das Selbstbestimmungsrecht der Völker und das Prinzip der territorialen Integrität.

> „79. During the eighteenth, nineteenth and early twentieth centuries, there were numerous instances of declarations of independence, often strenuously opposed by the State from which independence was being declared. Sometimes a declaration resulted in the creation of a new State, at others it did not. In no case, however, does the practice of States as a whole suggest that the act of promulgating the declaration was regarded as contrary to international law. On the contrary, State practice during this period points clearly to the conclusion that international law contained no prohibition of declarations of independence. During the second half of the twentieth century, the international law of self-determination developed in such a way as to create a right to independence for the peoples of non-self-governing territories and peoples subject to alien subjugation, domination and exploitation (cf. Legal Consequences for States of the Continued Presence of South Africa in Namibia (South West Africa) notwithstanding Security Council Resolution 276 (1970), Advisory Opinion, I.C.J. Reports 1971, pp. 31-32, paras. 52-53; East Timor (Portugal v. Australia), Judgment, I.C.J. Reports 1995, p. 102, para. 29; Legal Consequences of the Construction of a Wall in the Occupied Palestinian Territory, Advisory Opinion, I.C.J. Reports 2004 (I), pp. 171-172, para. 88). A great many new States have come into existence as a result of the exercise of this right. There were, however, also instances of declarations of independence outside this context. The practice of States in these latter cases does not point to the emergence in international law of a new rule prohibiting the making of a declaration of independence in such cases.
>
> 80. Several participants in the proceedings before the Court have contended that a prohibition of unilateral declarations of independence is implicit in the principle of territorial integrity. The Court recalls that the principle of territorial integrity is an important part of the international legal order and is enshrined in the Charter of the United Nations, in particular in Article 2, paragraph 4, which provides that: "All Members shall refrain in their international relations from the threat or use of force against the territorial integrity or political independence of any State, or in any other manner inconsistent with the Purposes of the United Nations." In General Assembly resolution 2625 (XXV), entitled "Declaration on Principles of International Law concerning Friendly Relations and Co-operation among States in Accordance with the Charter of the United Nations", which reflects customary international law (Military and Paramilitary Activities in and

against Nicaragua (Nicaragua v. United States of America), Merits, Judgment, I.C.J. Reports 1986, pp. 101-103, paras. 191-193), the General Assembly reiterated "[t]he principle that States shall refrain in their international relations from the threat or use of force against the territorial integrity or political independence of any State". This resolution then enumerated various obligations incumbent upon States to refrain from violating the territorial integrity of other sovereign States. In the same vein, the Final Act of the Helsinki Conference on Security and Co-operation in Europe of 1 August 1975 (the Helsinki Conference) stipulated that "[t]he participating States will respect the territorial integrity of each of the participating States" (Art. IV). Thus, the scope of the principle of territorial integrity is confined to the sphere of relations between States.

b. Inneres Selbstbestimmungsrecht

Im Gegensatz zur Sezession betrifft die Forderung nach Teilhabe an der Regierungsmacht für alle ethnischen Gruppen oder nach Selbstverwaltung und Autonomie innerhalb des betroffenen Staates das innere Selbstbestimmungsrecht. Die Staaten werden dabei ihren Verpflichtungen aus dem Selbstbestimmungsrecht dann gerecht, wenn sie Minderheitengruppen auf ihrem Territorium eine substantielle Autonomie gewähren oder durch einen föderalen Aufbau des Staates für eine genügende Selbstbestimmung sorgen, so dass die Völker innerhalb des Staates frei über ihre soziale, kulturelle und wirtschaftliche Entwicklung bestimmen können.

Nur im Ausnahmefall, wenn ein Staat nicht zu angemessenen Konzessionen bezüglich Autonomie innerhalb des Staates bereit ist, stellt sich die Frage, ob das Selbstbestimmungsrecht einem Volk ausnahmsweise das Recht auf Sezession gibt. In einer Note für den internen Gebrauch (abgedruckt in SZIER 4/2009, S, 560) hat die Direktion für Völkerrecht des EDA dazu ausgeführt:

> « En résumé, le droit international général reconnaît le droit des peuples à disposer d'eux-mêmes comme un droit fondamental. Ceci inclut la possibilité d'accéder à l'indépendance comme un moyen légitime d'exercer ce droit. Pour préserver la souveraineté et l'intégrité territoriale des États, le droit international ne reconnaît cependant pas un droit général a la sécession qui découlerait du principe de l'autodétermination des peuples. Un Etat qui se comporte en conformité avec le droit des peuples à disposer d'eux-mêmes et qui dispose d'un gouvernement qui représente et respecte tous les peuples faisant partie de son pays se voit donc garantir son intégrité territoriale et sa souveraineté par le droit international. En revanche, cette garantie échoit si l'Etat en question viole le droit des peuples à autodétermination d'une manière pacifique dans l'Etat en question, il peut légitimement déclarer l'indépendance d'une manière unilatérale (...) »

IV. DAS EINMISCHUNGSVERBOT (INTERVENTIONSVERBOT)

Mit der Souveränität der Staaten ist das Verbot der Einmischung in die internen Angelegenheiten eines anderen Staates verbunden. Eine verbotene *Einmischung*, auch Intervention genannt, umfasst die direkte oder indirekte Einmischung eines Staates mit *Zwangsmitteln* in die inneren Angelegenheiten eines anderen Staates. Das Einmischungsverbot folgt aus dem Prinzip der souveränen Gleichheit der Mitglieder der Vereinten Nationen (Art. 2 Ziff. 1 UNO-Charta). Das Einmischungsverbot gilt zudem gewohnheitsrechtlich. Art. 2 Ziff. 7 UNO-Charta verankert das Verbot der Einmischung der Vereinten Nationen in die internen Angelegenheiten eines Mitgliedsstaates.

Zu den *„inneren Angelegenheiten"* eines Staates (domaine réservé, domestic jurisdiction) gehören diejenigen Bereiche, die nicht durch das Völkerrecht geregelt werden. Es gibt diesbezüglich keine genaue Abgrenzung, da der Bereich der domaine réservé umgekehrt proportional von der Entwicklung des Völkerrechts abhängt. Dieses hat sich in den letzten Jahrzehnten dahin entwickelt, dass immer weniger Themen zum Bereich der domaine réservé gezählt werden können. So können sich Staaten z.B. in Bezug auf den Bereich der Menschenrechte nicht mehr auf ihre inneren Angelegenheiten berufen und auch der traditionell der domaine réservé angehörende Bereich der Ein- und Ausreise von fremden Staatsangehörigen wird immer stärker von völkerrechtlichen Normen mitbestimmt.

Das Einmischungsverbot erfasst neben militärischen Einwirkungsformen auch politische, ökonomische, soziale und kulturelle Einwirkungen und geht somit weiter als das Gewaltverbot (hierzu hinten 4. Teil, 3. Kap., Ziff. I). Die erlaubte Einmischung unterscheidet sich von Handlungen, die dem Einmischungsverbot unterliegen, durch das fehlende Zwangsmoment. Die Frage, welche Intensität dieser Zwang aufweisen muss, stellt die Kernfrage bei der Auslegung und Anwendung des Einmischungsverbotes dar.

Anhaltspunkte für Auslegung und Tragweite des Einmischungsverbotes ergeben sich in erster Linie aus der Friendly Relations Declaration und dem Urteil des IGH im Nicaragua-Fall:

Erklärung über Grundsätze des Völkerrechts betreffend freundschaftliche Beziehungen und Zusammenarbeit zwischen den Staaten im Einklang mit der Charta der Vereinten Nationen (Friendly Relations Declaration) (GA Res 2625 (XXV) vom 24. Oktober 1970)

> *„(...) Den Grundsatz über die Pflicht zur Nichteinmischung in die inneren Angelegenheiten eines Staates, in Übereinstimmung mit der Charta.*
>
> Kein Staat und keine Staatengruppe haben das Recht, sich direkt oder indirekt in die inneren oder äusseren Angelegenheiten eines anderen Staates einzumischen, gleichgültig aus welchen Gründen. Bewaffnete Intervention und jede andere Form der Einmischung oder versuchten Bedrohung der Persönlichkeit des Staates oder seiner politischen, wirtschaftlichen und kulturellen Elemente stellen folglich Verletzungen des Völkerrechts dar.
>
> Kein Staat darf wirtschaftliche, politische oder andere Mittel gebrauchen oder den Gebrauch solcher Mittel unterstützen, um einen anderen Staat zu zwingen, die Ausübung seiner souveränen Rechte ihm zu unterwerfen oder sich von ihm irgendwelche anderen Vorteile zu sichern. Auch soll kein Staat subversive, terroristische oder bewaffnete Handlungen organisieren, unterstützen, schüren, finanzieren, anstiften oder dulden, die auf den gewaltsamen Sturz des Regimes eines anderen Staates abzielen, oder sich in Bürgerkriege eines anderen Staates einmischen.

Die Anwendung von Gewalt, um Völker ihrer nationalen Identität zu berauben, stellt eine Verletzung ihrer unveräusserlichen Rechte und des Grundsatzes der Nicht-Einmischung dar.

Jeder Staat hat ein unveräusserliches Recht darauf, sein politisches, wirtschaftliches, soziales und kulturelles System ohne irgendwelche Einmischung anderer Staaten zu wählen.

Keine Bestimmung der vorangegangenen Abschnitte soll so ausgelegt werden, dass sie einschlägigen Bestimmungen der Charta über die Aufrechterhaltung des Friedens und der internationalen Sicherheit beeinträchtigt." (deutsche Übersetzung aus Müller/Wildhaber, S. 805 ff.)

IGH, Military and Paramilitary Activities in and against Nicaragua (Nicaragua v. United States of America), Judgment, I.C.J. Reports 1986, p. 14

Der Rechtsstreit zwischen Nicaragua und den USA hatte folgende Vorgeschichte: Nach dem Sturz des damaligen Präsidenten Nicaraguas, ANASTASIO *SOMOZA* Debayle, im Jahre 1979 bildete die 'Frente Sandinista de Liberacion Nacional' eine neue Mehrheitsregierung. Die Anhänger des früheren Präsidenten auf der andern Seite schlossen sich zu einer Art bewaffneter Opposition (Contras) zusammen.

Ab 1981 unterstützten die USA, zuerst verdeckt, dann offen, die Contras. So sah der amerikanische Kongress in seinem Budget von 1983 Fonds für staatliche Geheimdienste (intelligence agencies) vor, die direkt oder indirekt die Unterstützung von militärischen oder paramilitärischen Operationen in Nicaragua bezweckten. Auch für die folgenden Fiskaljahre wurden finanzielle Höchstbeträge für den Einsatz in Nicaragua genehmigt.

Laut der Klageschrift Nicaraguas an den IGH waren die Contras für beträchtlichen materiellen Schaden, den Verlust vieler Leben und für Verbrechen wie das Töten von Gefangenen und Zivilpersonen, Folter, Vergewaltigung und Entführung verantwortlich. Nicaragua machte weiter geltend, die USA hätten in Wirklichkeit Kontrolle über die Contras gehabt, da sie deren Strategien und Taktiken entwickelten und es von Anfang an Ziel der USA gewesen sei, die neu gebildete Regierung zu stürzen. So seien verschiedene militärische und paramilitärische Operationen gegen Nicaragua nicht unter der Führung von Contras durchgeführt worden, sondern amerikanische Kräfte hätten diese geleitet und auch daran teilgenommen. Diese Aktionen umfassten nach Meinung Nicaraguas die Verminung verschiedener Häfen anfangs 1984, die Attacken auf Ölförderungsanlagen, auf Häfen und auf eine Marinebasis. Nicaragua rügte u.a. eine Verletzung des Einmischungsverbots. Dazu führte das Gericht aus:

„205. (...) As regards (...) the content of the principle of non-intervention - the Court will define only those aspects of the principle which appear to be relevant to the resolution of the dispute. In this respect it notes that, in view of the generally accepted formulations, the principle forbids all States or groups of States to intervene directly or indirectly in internal or external affairs of other States. A prohibited intervention must accordingly be one bearing on matters in which each State is permitted, by the principle of State sovereignty, to decide freely. One of these is the choice of a political, economic, social and cultural system, and the formulation of foreign policy. Intervention is wrongful when it uses methods of coercion in regard to such choices, which must remain free ones. The element of coercion, which defines, and indeed forms the very essence of, prohibited intervention, is particularly obvious in the case of an intervention which uses force, either in the direct form of military action, or in the indirect form of support for subversive or terrorist armed activities within another State. As noted above (...), General Assembly resolution 2625 (XXV) equates assistance of this kind with the use of force by the assisting State when the acts committed in another State „involve a threat or use of force". These forms of action are therefore wrongful in the light of both the principle of non-use of force, and that of non-intervention (...)."

Das Einmischungsverbot kann auch auf indirekte Weise verletzt werden, wenn ein Staat bestimmte Aktivitäten auf dem Gebiet eines anderen Staates unterstützt, selbst wenn er nicht der eigentliche Urheber dieser Aktivitäten ist. Diesbezüglich kam der IGH hinsichtlich der Unterstützung der Contras durch die USA im Fall *Nicaragua v. USA* zu folgendem Schluss:

„239. The Court comes now to the application in this case of the principle of non-intervention in the internal affairs of States. It is argued by Nicaragua that the 'military and paramilitary activities aimed at the government and people of Nicaragua' have two purposes:

'(a) The actual overthrow of the existing lawful government of Nicaragua and its replacement by a government acceptable to the United States; and

(b) The substantial damaging of the economy, and the weakening of the political system, in order to coerce the government of Nicaragua into the acceptance of United States policies and political demands.' (...)

241. (...) It appears to the Court to be clearly established first, that the United States intended, by its support of the contras, to coerce the Government of Nicaragua in respect of matters in which each State is permitted, by the principle of State sovereignty, to decide freely (...) The Court considers that in international law, if one State, with a view to the coercion of another State, supports and assists armed bands in that State whose purpose is to overthrow the government of that State, that amounts to an intervention by the one State in the internal affairs of the other, whether or not the political objective of the State giving such support and assistance is equally far-reaching. (...)

242. The Court therefore finds that the support given by the United States, up to the end of September 1984, to the military and paramilitary activities of the contras in Nicaragua, by financial support, training, supply of weapons, intelligence and logistic support, constitutes a clear breach of the principle of non-intervention."

Der IGH hatte sich weiter mit dem Vorbringen auseinanderzusetzen, die Gewährung humanitärer Hilfe an die Contras sowie die Ergreifung wirtschaftlicher Sanktionsmassnahmen der USA gegenüber Nicaragua stellten eine Verletzung des Einmischungsverbots dar:

„242. (...) The Court has however taken note that, with effect from the beginning of the United States governmental financial year 1985, (...) the United States Congress has restricted the use of the funds appropriated for assistance to the contras to „humanitarian assistance" (...). There can be no doubt that the provision of strictly humanitarian aid to persons or forces in another country, whatever their political affiliations or objectives, cannot be regarded as unlawful intervention, or as in any other way contrary to international law. (...)

243. The United States legislation which limited aid to the contras to humanitarian assistance however also defined what was meant by such assistance, namely:

'the provision of food, clothing, medicine, and other humanitarian assistance, and it does not include the provision of weapons, weapons systems, ammunition, or other equipment, vehicles, or material which can be used to inflict serious bodily harm or death' (...).

(...) An essential feature of truly humanitarian aid is that it is given „without discrimination" of any kind. In the view of the Court, if the provision of „humanitarian assistance" is to escape condemnation as an intervention in the internal affairs of Nicaragua, (...) it must (...) above all, be given without discrimination to all in need in Nicaragua, not merely to the contras and their dependents.

244. As already noted, Nicaragua has also asserted that the United States is responsible for an „indirect" form of intervention in its internal affairs inasmuch as it has taken, to Nicaragua's disadvantage, certain action of an economic nature. The Court's attention has been drawn in particular to the cessation of economic aid in April 1981; the 90 per cent reduction in the sugar quota for United States imports from Nicaragua in April 1981; and the trade embargo adopted on 1 May 1985. (...)

245. (...) At this point, the Court has merely to say that it is unable to regard such action on the economic plane as is here complained of as a breach of the customary-law principle of non-intervention."

Die Schwelle zu einer verbotenen indirekten Einmischung dürfte auch dann nicht überschritten sein, wenn ein Staat gegen eine Oppositionsgruppe aus einem anderen Staat nicht einschreitet, die von seinem Territorium aus Propagandaaktivitäten entfaltet. Siehe dazu das *Gutachten der Direktion für Völkerrecht* vom 13. März 1996:

„Aus völkerrechtlicher Optik stellt sich namentlich die Frage, ob die Schweiz gegenüber Spanien verpflichtet ist, Massnahmen gegen die Propaganda der baskischen Terroristenorganisation ETA auf Internet zu ergreifen. Das Gewohnheitsrecht im Bereich der Terrorismusbekämpfung präsentiert sich wie folgt: Jeder Staat besitzt ein Recht auf Souveränität. Die Kehrseite dieses Rechts ist das allgemeine Gebot der Nichteinmischung in die inneren Angelegenheiten anderer Staaten und die Achtung ihrer territorialen Integrität. Hieraus wird eine völkergewohnheitsrechtliche Pflicht der Staaten abgeleitet, sich jeder Unterstützung oder Duldung terroristischer Akte, die gegen einen anderen Staat gerichtet sind, zu enthalten. Ein Staat darf sein eigenes Territorium nicht zur Operationsbasis für gewaltsame Aktionen gegen andere Staaten werden lassen. Es besteht indessen keine völkergewohnheitsrechtliche Verpflichtung, andere als gewaltsame Aktionen zu verhindern; hierzu zählt auch die Verbreitung revolutionärer Propaganda." (VPB 61 (1997) Nr. 129 S. 1030)

V. IMMUNITÄT VON STAATEN

1. *Begriff*

Die Immunität von Staaten vor den Gerichten anderer Staaten ist vor dem Hintergrund zu sehen, dass auf der Grundlage der Gleichheit der Staaten im Grundsatz kein Staat über einen anderen zu Gericht sitzen darf (*par in parem non habet iurisdictionem*). Die Staatenimmunität ist dabei von der sog. *Act of State-Doktrin* zu unterscheiden: Danach sollen Regierungs- oder Hoheitsakte eines Staates durch die Organe eines anderen Staates (unter Einschluss der

Gerichte) nicht überprüft werden können, sondern als wirksam hingenommen werden. Die "Act of State-Doktrin" ist – im Gegensatz zu den Grundsätzen der Staatenimmunität – nicht Teil des Völkergewohnheitsrechts.

Neben Staaten geniessen auch andere Gebilde bzw. Personen Immunität. Dazu zählen internationale Organisationen (hinten 4. Kap.) und Staatsoberhäupter (hinten Ziff. 6.). Die Immunität des diplomatischen und konsularischen Personals wird hinten im 2. Kap, Ziff. I.3 erörtert. Die verschiedenen Immunitäten sind je nach dem Träger der Immunität verschieden gestaltet und gehen unterschiedlich weit, was sich durch den unterschiedlichen Zweck bzw. Hintergrund der Immunitäten erklären lässt.

2. *Zweck der Immunität*

Sinn und Zweck der Immunität fremder Staaten haben sich im Laufe der Zeit (weiter) entwickelt. Während etwa bis Ende des 19. Jahrhunderts der Schutz der Souveränität des fremden Staates als "Eigenwert" im Vordergrund stand, trat später – auch im Zuge der Ausdehnung der Staatstätigkeiten – der Schutz der hoheitlichen Funktionen des Staates in den Vordergrund. Die Immunität soll sicherstellen, dass der Staat nicht daran gehindert wird, seine hoheitlichen Funktionen auszuüben.

> „[T]he rule of State immunity (...) derives from the principle of sovereign equality of States, which, (...) is one of the fundamental principles of the international legal order. This principle has to be viewed together with the principle that each State possesses sovereignty over its own territory and that there flows from that sovereignty the jurisdiction of the State over events and persons within that territory. Exceptions to the immunity of the State represent a departure from the principle of sovereign equality. Immunity may represent a departure from the principle of territorial sovereignty and the jurisdiction which flows from it." (IGH, Jurisdictional Immunities of the States, [Germany v. Italy], ICJ Reports 2012, p. 98, para. 57).

In diesem Spannungsfeld dient die Immunität letztlich den guten Beziehungen zwischen den Staaten:

> „(...) Sinn und Zweck der staatlichen Immunität (...) besteht in erster Linie im Schutz der hoheitlichen Funktionen des ausländischen Staates im Aussenbereich, in zweiter Linie im Schutz der Souveränität und Unabhängigkeit des ausländischen Staates sowie in der Verhütung internationaler Konflikte." *(S. gg. Staat Indien, BGE 110 II 255 E. 3a S. 259)*

EGMR, Cudak v. Lithuania,
Judgment of 23 March 2010, Application No. 15869/02

In Cudak v. Litauen ging es um eine arbeitsrechtliche Klage einer litauischen Staatsangehörigen, die als Sekretärin bei der polnischen Botschaft in Vilnius angestellt war. Der EGMR hatte in seinem Urteil u.a. auch zu klären, ob der von den litauischen Gerichten anerkannte Ausschluss von der Gerichtsbarkeit wegen der Immunität Polens gerechtfertigt sei. In diesem Zusammenhang führte der EGMR zum Zweck der Staatenimmunität aus:

> „60. The Court must first examine whether the limitation pursued a legitimate aim. In this connection, it observes that State immunity was developed in in-

ternational law out of the principle *par in parem non habet imperium*, by virtue of which one State could not be subject to the jurisdiction of another. The Court considers that the grant of immunity to a State in civil proceedings pursues the legitimate aim of complying with international law to promote comity and good relations between States through the respect of another State's sovereignty."

3. Gerichtsbarkeitsimmunität

a. Acta iure imperii und acta iure gestionis

Die Reichweite der Immunität der Staaten vor der Gerichtsbarkeit anderer Staaten hat sich im Laufe der Zeit – auch und gerade im Zuge der (teilweisen) Modifikation des Zwecks der Immunität – gewandelt, wobei die Entwicklung von einer absoluten und allgemeinen Immunität hin zu einer relativen Immunität ging.

Bei der Reichweite der Staatenimmunität vor der Gerichtsbarkeit anderer Staaten wird heute auf die Unterscheidung zwischen *acta iure imperii*, die der Immunität unterliegen, und *acta iure gestionis*, die der Immunität nicht unterliegen, abgestellt. Massgebend für die Unterscheidung zwischen beiden Kategorien staatlicher Handlungen ist deren Natur, nicht das Motiv oder der Zweck der staatlichen Tätigkeit. Es kommt somit darauf an, ob der ausländische Staat in Ausübung der ihm zustehenden Hoheitsgewalt oder wie eine Privatperson tätig wird. Diese Unterscheidung wird in vielen Staaten nach der lex fori des Gerichtsstaates vorgenommen, was völkerrechtlich mangels einschlägiger Regeln zulässig sein dürfte. Allerdings müssen die angewandten Regeln in Einklang mit den gewohnheitsrechtlich anerkannten Regeln über die Reichweite der Staatenimmunität stehen, die hier aber einen gewissen Gestaltungsspielraum eröffnen.

Banque Bruxelles Lambert (Suisse) SA et huit consorts c. République du Paraguay et Sezione speziale per l'assicurazione del credito all'esportazione, BGE 124 III 382

Eine Bank in Genf (BBL) gewährte italienischen und paraguayischen Gesellschaften ein Darlehen zur Finanzierung von Industrieprojekten in Paraguay. Die Republik Paraguay schloss mit der Bank einen Garantievertrag zur Sicherung des Darlehens ab. Nachdem die paraguayischen Gesellschaften ihre Darlehen nicht zurückzahlten, wandte sich die Bank an Paraguay, welches seinem Garantieversprechen nicht nachkam. Darauf klagte die Bank gegen den Staat Paraguay in Genf auf die Bezahlung der garantierten Summe. Dieser berief sich im Verfahren auf seine Gerichtsbarkeitsimmunität, welche aber von beiden Genfer Instanzen abgelehnt wurde. Das Bundesgericht fasste in seinem Entscheid seine bisherige Rechtsprechung zur Staatenimmunität zusammen (E. 4a):

„(...) Seit 1918 hat sich das Bundesgericht einer einschränkenden Ausgestaltung der Staatenimmunität angeschlossen (BGE 44 I 49). Gemäss dieser Rechtsprechung ist der Grundsatz der Gerichtsbarkeitsimmunität der ausländischen Staaten keine absolute Regel. Wenn der ausländische Staat aufgrund seiner

Souveränität (iure imperii) gehandelt hat, kann er sich auf den Grundsatz der Gerichtsbarkeitsimmunität berufen; wenn der ausländische Staat dagegen als Inhaber eines privaten Rechtsanspruchs oder wie ein Privater gehandelt hat (iure gestionis), kann er vor den schweizerischen Gerichten eingeklagt werden. Vorausgesetzt ist jedoch, dass die privatrechtliche Beziehung, bei der er Partei ist, einen genügenden Bezug zum schweizerischen Territorium aufweist („Binnenbeziehung"[...]). Die Unterscheidung der Handlungen iure gestionis et iure imperii kann nicht einzig auf der Grundlage ihres Bezuges zum öffentlichen oder zum Privatrecht getroffen werden. Dieses Kriterium hängt in der Tat von der schwierigen Definition des öffentlichen Rechts ab, das von Staat zu Staat verschieden ist; es kann nur als Hinweis unter vielen berücksichtigt werden. (...) Ebensowenig kann der vom Staat bei seinem Geschäft verfolgte Zweck bestimmend sein, weil dieser letztlich immer auf ein Staatsinteresse abzielt. Man wird daher vorrangig untersuchen, was die eigentliche Natur des Geschäftes ist: Es geht darum zu bestimmen, ob die Handlung, welche die streitige Forderung begründet, die öffentliche Gewalt beschlägt oder ob es sich um eine Rechtsbeziehung handelt, die in gleicher oder ähnlicher Form zwischen zwei Privaten eingegangen werden könnte (...). Die Rechtsprechung ordnet daher den iure imperii vollbrachten Handlungen zu: die militärischen Tätigkeiten, die einer Enteignung oder einer Verstaatlichung entsprechenden Handlungen (...), Verfügungen der Beschlagnahme von Gegenständen mit historischem oder archäologischem Wert (...); dagegen stellen iure gestionis vollbrachte Handlungen dar: die Staatsanleihen oder Anleihen einer Zentralbank, die [beide] auf dem Währungsmarkt gezeichnet werden (...), Werkverträge (...), Mietverträge (...) oder Arbeitsverträge, die von einer diplomatischen Vertretung mit Arbeitnehmern abgeschlossen werden, die eine untergeordnete Funktion ausüben (...). Die Rechtsprechung stellt auch auf Kriterien ab, die ausserhalb der fraglichen Handlungen liegen. Sie sieht beispielsweise darin einen Hinweis auf eine iure gestionis vollbrachte Handlung, dass der Staat mit einem Privaten auf dem Territorium eines anderen Staates in Verbindung getreten ist, ohne dass seine Beziehungen mit Letzterem in Frage stehen (...). Solche Handelstätigkeiten wie Warenlieferungs- oder Dienstleistungsabkommen und finanzielle Verpflichtungen wie Darlehens- oder Garantieverträge im Besonderen sind offensichtlich nicht durch die diplomatische Immunität gedeckt. (...)

b) Im vorliegenden Fall hat die Cour de justice die Berufungsklägerin und Beklagte zu Recht vom Privileg der Gerichtsbarkeitsimmunität ausgeschlossen. Die Republik Paraguay hat den beiden beklagten Bankensyndikaten die Rückzahlung der für die Finanzierung von Industrieentwicklungsverträgen bereitgestellten Mittel garantiert. Im am 5. Juni 1986 erstellten und vom Botschafter in besonderer Mission, Gramont Berres, unterzeichneten Dokument verpflichtet sich die Republik Paraguay als Garantiestellerin, den Banken oder den Inhabern alle von der Rosi AG geschuldeten und von ihr nicht bezahlten Beträge zu überweisen. Wie das kantonale Gericht darlegt, ohne dass ihm die Berufungsklägerin ernstlich widerspricht, handelt es sich um Verpflichtungen, die jenen gleichen, welche regelmässig von Bankinstituten oder von anderen Privaten übernommen werden. Angesichts der oben in Erinnerung gerufenen Grundsätze scheint es in der Tat, dass diese Rechtshandlungen aufgrund ihrer Natur und ihrer wirtschaftlichen Tragweite für den betroffenen Staat in den Anwendungsbereich der *iure gestionis* vollbrachten Handlungen fallen. Ein Staat kann daher einem Privaten seine Immunität nicht entgegenhalten, um vorzugeben, er vereitele die Geltendmachung der Garantien, denen er zugestimmt hat (...). Der Berufung einlegende Staat ist offensichtlich im Rahmen eines typischen Handelsgeschäftes als Privatperson aufgetreten *(iure gestionis)*. Die Gerichtsstandsvereinbarung zu Gunsten der schweizerischen Gerichte schliesslich stellt auch einen Hinweis auf eine „*iure gestionis*"-Handlung dar." (Pra 1999 Nr. 24, S. 130 f.)

Zur Binnenbeziehung, die nach der schweizerischen Praxis *acta iure gestionis* aufweisen müssen, hat das Bundesgericht ausführlich in folgendem Fall Stellung genommen:

M. c. République Arabe d'Egypte, BGE 120 II 400

M. ist ägyptischer Staatsangehöriger. Er arbeitete als Chauffeur der Ständigen Mission der arabischen Republik von Ägypten bei der europäischen Niederlassung der UNO in Genf. Anfang Februar 1992 wurde er vom Missionschef mit Wirkung auf den 1. März desselben Jahres entlassen. M. erhob Klage gegen Ägypten, um die Zahlung seines Gehalts für die Monate Februar und März sowie der Überstunden zu erreichen. Ägypten erhob dagegen die Einrede der Staatenimmunität vor der Gerichtsbarkeit.

> „(...) Nicht jedes privatrechtliche Rechtsverhältnis, an dem ein ausländischer Staat beteiligt ist, kann zu verfahrensrechtlichen Schritten in der Schweiz führen. Es ist auch erforderlich, dass das fragliche Rechtsverhältnis bestimmte Bindungen zum schweizerischen Territorium hat (Binnenbeziehung), d.h. dass es in der Schweiz entstanden ist oder dort ausgeführt werden muss, oder dass zumindest der Schuldner in der Schweiz gewisse Handlungen ausgeführt hat, die geeignet sind, hier einen Erfüllungsort entstehen zu lassen (BGE 106 Ia 142 E. 3b = Pra 69 Nr. 238; und anderen zit. Entsch.). Im vorliegenden Fall wurde der Kläger in Genf angeworben, hat in dieser Stadt seine Tätigkeit ausgeübt und lebt auch in Genf mit seiner marokkanischen Ehefrau. Er wohnte seit 1979 in Genf, und das strittige Arbeitsverhältnis begann 1988. Nach vier Jahren Studium hatte er in Genf für das saudiarabische Konsulat und dann für das Konsulat von Ägypten gearbeitet. Die Beziehung zur Schweiz ist in diesem Fall unumstritten. Der Umstand, dass der Kläger ein Staatsangehöriger des akkreditierten Staates ist, in welchen er nur gelegentlich zurückkehrt, um dort seine Ferien zu verbringen, erscheint also nicht als ausreichend, um die Anwendung des Grundsatzes scheitern zu lassen, wonach eine Streitigkeit, wie sie dem gegenwärtigen Verfahren zugrunde liegt, der schweizerischen Gerichtsbarkeit untersteht. t." (Pra 1995 Nr. 203, S. 664 f.)

Ausgehend von dieser Rechtsprechung, dass arbeitsrechtliche Streitigkeiten zwischen einem Staat und Angehörigen seiner Botschaften nur dann der Immunität unterstehen, wenn die Betreffenden übergeordnete Funktionen wahrnehmen, hat das Bundesgericht im folgenden Urteil Ausführungen zur Unterscheidung zwischen subalternen und übergeordneten Angestellten angestellt:

République du Congo-Brazzaville c. X., BGE 134 III 570

X. wurde im Kongo geboren und erlangte die kongolesische sowie die britische Staatsbürgerschaft. Am 5. April 2004 wurde er vom Botschafter und ständigen Vertreter des Kongos bei der UNO als „Secrétaire bureautique bilingue" eingesetzt, was vom kongolesischen Aussenminister genehmigt wurde. Der Arbeitsvertrag verpflichtete X. für drei Jahre zu einem Monatsgehalt von Fr. 5000. Im Juni 2005 informierte X. den Botschafter, dass er nur einen Teil der vereinbarten Entschädigung erhalten habe. Kurz darauf löste der Botschafter mit einer „note de cessation de service" das Arbeitsverhältnis auf. X. klagte daraufhin auf Bezahlung des entgangenen Lohns:

„En matière de contrat de travail, la jurisprudence admet que, si l'Etat accréditant peut avoir un intérêt important à ce que les litiges qui l'opposent à des membres de l'une de ses ambassades exerçant des fonctions supérieures ne soient pas portés devant des tribunaux étrangers, les circonstances ne sont pas les mêmes lorsqu'il s'agit d'employés subalternes. (...)

En tout cas, lorsque l'employé n'est pas un ressortissant de l'Etat accréditant et qu'il a été recruté puis engagé au for de l'ambassade, la juridiction du for peut être reconnue dans la règle. L'Etat n'est alors pas touché dans l'exercice des tâches qui lui incombent en sa qualité de titulaire de la puissance publique (ATF 120 II 400 consid. 4a p. 406, ATF 120 II 408 consid. 5b p. 409/410; ATF 110 II 255 consid. 4 p. 261).

Pour décider si le travail accompli par une personne qui est au service d'un Etat ressortit ou non à l'exercice de la puissance publique, il faut partir de l'activité en cause. En effet, à défaut de législation déterminant quelles fonctions permettent à l'Etat accréditant de se prévaloir, à l'égard de leurs titulaires, de son immunité, la désignation de la fonction exercée ne saurait être, à elle seule, un critère décisif. Aussi bien, selon les tâches qui lui sont confiées, tel employé apparaîtra comme un instrument de la puissance publique alors que tel autre, censé occuper un poste identique, devra être classé dans la catégorie des employés subalternes (ATF 120 II 408 consid. 5b p. 410).

La qualification d'emploi subalterne a notamment été donnée aux postes de chauffeur, de portier, de jardinier, de cuisinier (ATF 120 II 400 consid. 4b p. 406), de traducteur-interprète (ATF 120 II 408 consid. 5c p. 410/411), d'employé de bureau (ATF 110 II 255 consid. 4a p. 261), de femme de ménage (arrêt 4C.338/2002 du 17 janvier 2003, consid. 4.2, publié in Revue de droit du travail et d'assurance-chômage [DTA] 2003 p. 92) et d'employée de maison (arrêt 4C.73/1996 du 16 mai 1997, publié in Jahrbuch des Schweizerischen Arbeitsrechts [JAR] 1998 p. 298); il s'agit de fonctions relevant essentiellement de la logistique, de l'intendance et du soutien, sans influence décisionnelle sur l'activité spécifique de la mission dans la représentation du pays." (E. 2.2 S. 573)

Das UNO-*Übereinkommen über die Immunität der Staaten und ihres Vermögens von der Gerichtsbarkeit* vom 2. Dezember 2004 (von der Schweiz ratifizert, noch nicht in Kraft), enthält in Titel III eine Auflistung der Verfahren, in denen eine Berufung auf die Staatenimmunität grundsätzlich nicht möglich ist. Das Übereinkommen gibt in weiten Teilen Gewohnheitsrecht wieder:

„Artikel 10 Privatwirtschaftliche Rechtsgeschäfte

1. Tätigt ein Staat ein privatwirtschaftliches Rechtsgeschäft mit einer ausländischen natürlichen oder juristischen Person und fallen Meinungsverschiedenheiten im Zusammenhang mit dem privatwirtschaftlichen Rechtsgeschäft aufgrund der anwendbaren Regeln des Internationalen Privatrechts unter die Gerichtsbarkeit eines Gerichts eines anderen Staates, so kann sich der erstgenannte Staat in einem sich aus diesem privatwirtschaftlichen Rechtsgeschäft ergebenden Verfahren nicht auf Immunität von dieser Gerichtsbarkeit berufen.

2. Absatz 1 findet keine Anwendung, wenn

a) es sich um ein privatwirtschaftliches Rechtsgeschäft zwischen Staaten handelt oder

b) die an dem privatwirtschaftlichen Rechtsgeschäft beteiligten Parteien ausdrücklich etwas anderes vereinbart haben.

3. (...)

Artikel 11 Arbeitsverträge

1. Sofern die betreffenden Staaten nichts anderes vereinbart haben, kann sich ein Staat vor einem sonst zuständigen Gericht eines anderen Staates nicht

auf Immunität von der Gerichtsbarkeit in einem Verfahren berufen, das sich auf einen zwischen dem Staat und einer natürlichen Person geschlossenen Arbeitsvertrag bezieht, dem zufolge die Arbeit ganz oder teilweise im Hoheitsgebiet dieses anderen Staates geleistet wird beziehungsweise zu leisten ist.

2. Absatz 1 findet keine Anwendung, wenn

a) der Arbeitnehmer eingestellt worden ist, um bestimmte Aufgaben in Ausübung von Hoheitsgewalt zu erfüllen;

b) der Arbeitnehmer

i) ein Diplomat im Sinne des Wiener Übereinkommens von 1961 über diplomatische Beziehungen ist;

ii) ein Konsularbeamter im Sinne des Wiener Übereinkommens von 1963 über konsularische Beziehungen ist;

iii) ein Mitglied des diplomatischen Personals einer Ständigen Mission bei einer internationalen Organisation oder einer Sondermission ist oder eingestellt wurde, um einen Staat bei einer internationalen Konferenz zu vertreten, oder

iv) eine andere Person ist, die diplomatische Immunität genießt;

c) die Einstellung, die Verlängerung des Arbeitsverhältnisses oder die Wiedereinstellung einer natürlichen Person Gegenstand des Verfahrens ist;

d) die Entlassung oder die Beendigung des Arbeitsverhältnisses einer natürlichen Person Gegenstand des Verfahrens ist und das Verfahren nach Feststellung des Staats- oder Regierungschefs oder des Außenministers des Staates, der ihr Arbeitgeber ist, den Sicherheitsinteressen dieses Staates zuwiderliefe;

e) der Arbeitnehmer zum Zeitpunkt der Einleitung des Verfahrens Angehöriger des Staates ist, der sein Arbeitgeber ist, sofern er nicht seinen ständigen Aufenthalt im Gerichtsstaat hat, oder

f) der Staat, der Arbeitgeber ist, und der Arbeitnehmer schriftlich etwas anderes vereinbart haben, sofern den Gerichten des Gerichtsstaats nicht aus Gründen der öffentlichen Ordnung (ordre public) wegen des Verfahrensgegenstands die ausschließliche Zuständigkeit übertragen wird.

Im Weiteren ist die Berufung auf die Staatenimmunität gemäss dem Übereinkommen grundsätzlich nicht zulässig in Feststellungsverfahren betreffend Eigentums-, Besitz- und Nutzungsrechte von beweglichem und unbeweglichem Vermögen (Art. 13), in Verfahren betreffend Streitigkeiten über Immaterialgüterrechte eines Staates (Art. 14), in Verfahren betreffend die Beteiligung eines Staates an einer Gesellschaft oder einer Vereinigung, es sei denn, dies sei ausdrücklich vereinbart worden (Art. 15) und in Verfahren betreffend den Besitz und Einsatz von Schiffen, die einem Staat gehören (Art. 16).

b. Immunitätsausnahmen bei acta iure imperii?

Fraglich ist, ob eine staatliche Handlung, die gegen wichtige oder gar *zwingende Bestimmungen* des Völkerrechts – wie z.B. das Folterverbot – verstösst, als hoheitliche Handlung angesehen werden kann mit der Folge, dass die Staatenimmunität zum Zuge käme. Dies wird etwa bei Schadensersatzklagen, die von Folteropfern erhoben werden, relevant. Der EGMR bejaht auch in solchen Fällen eine Immunität der Staaten:

EGMR, Al-Adsani v. The United Kingdom, Grand Chamber, Reports 2001-XI (deutsche Übersetzung in EuGRZ 2002, S. 403 ff.)

„61. Ohne Zweifel gesteht der Gerichtshof angesichts dieser Präzendenzentscheidungen zu, dass das Folterverbot eine zwingende Vorschrift des Völkerrechts geworden ist. Jedoch betrifft der vorliegende Fall nicht die strafrechtliche Verantwortlichkeit einer Einzelperson für von ihr begangene Folterhandlungen, wie dies in den Entscheidungen Furundzija und Pinochet der Fall war, sondern die dem Staat im Falle einer Schadensersatzklage wegen in seinem Territorium begangener Folterungen zustehende Immunität. Ungeachtet des besonderen Charakters, den das Völkerrecht dem Folterverbot zugesteht, erkennt der Gerichtshof in den völkerrechtlich relevanten Texten, den Gerichtsentscheidungen und den anderen ihm zur Verfügung stehenden Dokumenten kein verlässliches Indiz, das den Schluss zuliesse, ein Staate genösse vor den Zivilgerichten eines anderen Staates keine Immunität mehr, wenn er der Folter beschuldigt wird. Der Gerichtshof weist namentlich darauf hin, dass keiner der bedeutenden völkerrechtlichen Texte, auf die er Bezug genommen hat (Art. 5 der Allgemeinen Erklärung der Menschenrechte, Art. 7 des Paktes über bürgerliche und politische Rechte sowie Art. 2 und 4 der UN-Antifolterkonvention), sich mit zivilrechtlichen Verfahren oder der Staatenimmunität beschäftigt. (...)

66. Deshalb hält es der Gerichtshof – selbst wenn er zur Kenntnis nimmt, dass die herausragende Bedeutung des Folterverbotes mehr und mehr anerkannt ist – nicht für bewiesen, dass im Völkerrecht schon anerkannt ist, dass die Staaten im Falle von zivilrechtlichen Schadensersatzklagen wegen ausserhalb des Forumsstaates begangener Folterungen keine Immunität verlangen könnten."

Im Jahr 2014 bestätigte der EGMR im Urteil *James et al. v. The United Kingdom (Beschwerde Nr. 34356/06 et al.)* diese Sichtweise unter Bezugnahme auf das gleich anschliessend dargestellte Urteil des IGH zur Staatenimmunität.

Mit einer verfahrensrechtlichen Begründung gelangte im Jahr 2012 auch der IGH zum Schluss, dass die Schwere der gerügten Völkerrechtsverletzung oder ihr Jus-cogens-Charakter keinen Einfluss auf den Bestand der Immunität des dafür verantwortlichen Staates haben kann:

IGH, Jurisdictional Immunities of the State (Germany v. Italy: Greece intervening), I.C.J. Reports 2012, p. 98

„81. The first strand is based upon the proposition that international law does not accord immunity to a State, or at least restricts its right to immunity, when that State has committed serious violations of the law of armed conflict (international humanitarian law as it is more commonly termed today, although the term was not used in 1943-1945). (...)

82. At the outset, however, the Court must observe that the proposition that the availability of immunity will be to some extent dependent upon the gravity of the unlawful act presents a logical problem. Immunity from jurisdiction is an immunity not merely from being subjected to an adverse judgment but from being subjected to the trial process. It is, therefore, necessarily preliminary in nature. (...).

Der Gerichtshof prüfte aber nichtsdestotrotz das Bestehen einer gewohnheitsrechtlichen Norm, wonach ein Staat sich bei schweren Verletzungen von Menschenrechten oder des humanitären Völkerrechts nicht auf die Immunität berufen kann. Er gelangte dabei zu einem negativen Schluss.

„92. The Court now turns to the second strand in Italy's argument, which emphasizes the jus cogens status of the rules which were violated by Germany during the period 1943-1945. This strand of the argument rests on the premise that there is a conflict between jus cogens rules forming part of the law of armed conflict and according immunity to Germany. Since jus cogens rules always prevail over any inconsistent rule of international law, whether contained in a treaty or in customary international law, so the argument runs, and since the rule which accords one State immunity before the courts of another does not have the status of jus cogens, the rule of immunity must give way.

93. This argument therefore depends upon the existence of a conflict between a rule, or rules, of jus cogens, and the rule of customary law which requires one State to accord immunity to another. In the opinion of the Court, however, no such conflict exists. Assuming for this purpose that the rules of the law of armed conflict which prohibit the murder of civilians in occupied territory, (...) are rules of jus cogens, there is no conflict between those rules and the rules on State immunity. The two sets of rules address different matters. The rules of State immunity are procedural in character and are confined to determining whether or not the courts of one State may exercise jurisdiction in respect of another State. They do not bear upon the question whether or not the conduct in respect of which the proceedings are brought was lawful or unlawful. That is why the application of the contemporary law of State immunity to proceedings concerning events which occurred in 1943-1945 does not infringe the principle that law should not be applied retrospectively to determine matters of legality and responsibility (...). For the same reason, recognizing the immunity of a foreign State in accordance with customary international law does not amount to recognizing as lawful a situation created by the breach of a jus cogens rule, or rendering aid and assistance in maintaining that situation, and so cannot contravene the principle in Article 41 of the International Law Commission's Articles on State Responsibility."

Bei Völkerrechtsverletzungen eines Drittstaates auf dem Gebiet des Forumsstaates verankert das UNO-Übereinkommen über die Immunität der Staaten und ihres Vermögens von der Gerichtsbarkeit mit der sog. *„tort exception"* eine Ausnahme von der Immunität unabhängig von der Rechtsnatur der drittstaatlichen Handlung:

„Artikel 12 Personen- und Sachschäden

Sofern die betreffenden Staaten nichts anderes vereinbart haben, kann sich ein Staat vor einem sonst zuständigen Gericht eines anderen Staates nicht auf Immunität von der Gerichtsbarkeit in einem Verfahren berufen, das sich auf die Entschädigung in Geld für den Tod einer Person, für einen Personenschaden oder für einen Schaden an materiellen Vermögenswerten oder deren Verlust bezieht, wenn der Tod, Schaden oder Verlust durch eine dem Staat vorgeblich zuzurechnende Handlung oder Unterlassung verursacht wurde, die Handlung oder Unterlassung ganz oder teilweise im Hoheitsgebiet dieses anderen Staates stattfand und die Person, welche die Handlung oder Unterlassung begangen hat, sich zum Zeitpunkt der Begehung im Hoheitsgebiet dieses anderen Staates aufhielt."

Der IGH liess im Jurisdictional-Immunities-Urteil offen, ob die „tort exception" auch gewohnheitsrechtlich umfassend gilt. Er stellte aber zumindest eine divergierende Staatenpraxis fest. Für völkerrechtswidrige Handlungen drittstaatlicher *Militär*organe im Forumsstaat habe diese Immunitätsausnahme aber gewohnheitsrechtlich keine Geltung. Zudem zeige die Entstehungsgeschichte von Art. 12 des Übereinkommens über die Immunität der Staaten und ihres Vermögens von der Gerichtsbarkeit, dass auch diese Ausnahmen nicht für militärische Aktivitäten Anwendung finden sollte. Auch bei Kriegsverbrechen, kann sich daher der verantwortliche Staat in Schadenersatzverfahren vor drittstaatlichen Gerichten auf seine Immunität berufen.

4. Zwangsvollstreckungsimmunität

Die Immunität der Staaten vor Zwangsvollstreckung ist von derjenigen vor drittstaatlicher Gerichtsbarkeit strikt zu unterscheiden:

IGH, Jurisdictional Immunities of the State (Germany v. Italy: Greece intervening), I.C.J. Reports 2012, p. 98

„[T]he Court observes that the immunity from enforcement enjoyed by States in regard to their property situated on foreign territory goes further than the jurisdictional immunity enjoyed by those same States before foreign courts. Even if a judgment has been lawfully rendered against a foreign State, in circumstances such that the latter could not claim immunity from jurisdiction, it does not follow ipso facto that the State against which judgment has been given can be the subject of measures of constraint on the territory of the forum State or on that of a third State, with a view to enforcing the judgment in question. Similarly, any waiver by a State of its jurisdictional immunity before a foreign court does not in itself mean that that State has waived its immunity from enforcement as regards property belonging to it situated in foreign territory. The rules of customary international law governing immunity from enforcement and those governing jurisdictional immunity (understood stricto sensu as the right of a State not to be the subject of judicial proceedings in the courts of another State) are distinct, and must be applied separately."

Bei der Reichweite der Staatenimmunität gegen Zwangsvollstreckung kommt es auf den Zweck des jeweiligen Gutes an: Ein Verbot der Zwangsvollstreckung in die Güter eines fremden Staates gilt soweit, als diese Güter hoheitlichen Zwecken dienen. Mit anderen Worten ist eine Zwangsvollstreckung nur zulässig, wenn ihr Gegenstand nicht hoheitlichen Aufgaben dient. Diese Grundsätze werden im *UNO-Übereinkommen über die Immunität der Staaten und ihres Vermögens von der Gerichtsbarkeit* wie folgt konkretisiert:

„Teil IV Staatenimmunität von Zwangsmassnahmen im Zusammenhang mit gerichtlichen Verfahren (...)

Artikel 19 Staatenimmunität von Zwangsmaßnahmen, die nach einer gerichtlichen Entscheidung angeordnet werden

Gegen das Vermögen eines Staates dürfen im Zusammenhang mit einem Verfahren vor einem Gericht eines anderen Staates nach der Entscheidung keine Zwangsmaßnahmen wie beispielsweise Pfändung, Beschlagnahme oder Vollstreckung angeordnet werden, sofern und soweit nicht

a) der Staat der Anordnung derartiger Maßnahmen ausdrücklich zugestimmt hat, und zwar

i) durch internationale Vereinbarung,

ii) durch eine Schiedsvereinbarung oder in einem schriftlichen Vertrag oder

iii) durch eine Erklärung vor dem Gericht oder durch eine schriftliche Mitteilung nach Entstehen einer Streitigkeit zwischen den Parteien, oder

b) der Staat Vermögen für die Befriedigung des Anspruchs, der Gegenstand des Verfahrens ist, bereitgestellt oder bestimmt hat oder

c) der Nachweis erbracht worden ist, dass das Vermögen von dem Staat eigens zu anderen als nicht privatwirtschaftlichen staatlichen Zwecken benutzt wird oder für eine solche Nutzung bestimmt ist und dass es sich im Gerichtsstaat befindet, vorausgesetzt, dass Zwangsmaßnahmen nach einer Entscheidung nur gegen Vermögen angeordnet werden dürfen, das mit dem Rechtsträger, gegen den das Verfahren gerichtet war, im Zusammenhang steht.(...)

Artikel 21 Bestimmte Vermögensarten

1. Insbesondere die folgenden Arten von staatlichem Vermögen gelten nicht als Vermögen, das im Sinne des Artikels 19 Buchstabe c von diesem Staat eigens zu anderen als nicht privatwirtschaftlichen staatlichen Zwecken benutzt wird oder für eine solche Nutzung bestimmt ist:

a) Vermögen, einschließlich Bankkonten, das für die Wahrnehmung der Aufgaben der diplomatischen Mission des Staates oder seiner konsularischen Vertretungen, Sondermissionen, Missionen bei internationalen Organisationen oder Delegationen bei Organen internationaler Organisationen oder bei internationalen Konferenzen benutzt wird oder für eine solche Nutzung bestimmt ist;

b) Vermögen militärischer Art oder für die Wahrnehmung militärischer Aufgaben benutztes oder bestimmtes Vermögen;

c) Vermögen der Zentralbank oder einer anderen Währungsbehörde des Staates;

d) Vermögen, das Bestandteil des kulturellen Erbes des Staates oder seiner Archive ist und nicht zum Verkauf steht oder zum Verkauf bestimmt ist;

e) Vermögen, das Bestandteil einer Ausstellung von wissenschaftlich, kulturell oder historisch bedeutsamen Gegenständen ist und nicht zum Verkauf steht oder zum Verkauf bestimmt ist.

2. Absatz 1 lässt Artikel 18 und Artikel 19 Buchstaben a und b unberührt." (BBl 2009 1761, S. 1769 f.)

Eine Unterscheidung zwischen Gerichts- und Vollstreckungsimmunität nimmt in ständiger Praxis auch das Bundesgericht vor:

Sozialistische Libysche Arabische Volks-Jamahiriya gg. Actimon SA u.a., BGE 111 Ia 62

In diesem Urteil hatte sich das Bundesgericht zur Zulässigkeit der Zwangsvollstreckung in Vermögenswerte eines ausländischen Staates zu äussern.

Die in Genf niedergelassene Firma Actimon SA schloss mit dem Staat Libyen einen Vertrag über die Lieferung und Montage einer kompletten Milch-Pasteurisierungsanlage zum Preis von ca. 10 Mio. CHF. Nach Problemen in der Vertragsabwicklung behauptete die Firma, noch einen Anspruch von circa einer halben Million CHF zu haben und stellte bei der zuständigen Behörde ein Arrestbegehren. Als Arrestgegenstände wurden u.a. sowohl sämtliche Guthaben Libyens in der Schweiz als auch Vermögenswerte der Central Bank of Libya bezeichnet. Nach der Ausstellung eines Arrestbefehls wurde ein Schuldschein im Depot der Central Bank of Libya bei der Schweizerischen Nationalbank im Wert von einer Million CHF verarrestiert. Gegen den parallel ergangenen Zahlungsbefehl gegen Libyen wurde Rechtsvorschlag erhoben. Daraufhin führte Libyen beim Bundesgericht staatsrechtliche Beschwerde wegen Verletzung seiner Immunität.

„b) Die Zwangsvollstreckung in Vermögenswerte des ausländischen Staates, die hoheitlichen Zwecken dienen, ist unzulässig. Indessen lässt sich nicht sagen, ausländische Staaten oder ihre Staatsbanken könnten nur Vermögenswerte besitzen, die hoheitlichen Zwecken gewidmet sind. Neben dem Verwaltungsvermögen besitzt die öffentliche Hand in der Regel auch Finanzvermögen, das mit dem Vermögen von natürlichen oder juristischen Personen des Privatrechts durchaus vergleichbar ist. Immunität im Hinblick auf die Natur der verarrestierten Sache kann somit nur dann beansprucht werden, wenn diese in erkennbarer Weise einem konkreten hoheitlichen Zweck gewidmet ist, wie etwa der Pflege diplomatischer Beziehungen (Botschaftsgebäude). Für Bargeld und Wertschriften kann nach herrschender Auffassung so lange keine Immunität beansprucht werden, als nicht bestimmte Summen oder Titel für derartige Zwecke ausgeschieden worden sind (...).

Im vorliegenden Falle ist Arrestgegenstand ein im Depot der Central Bank of Libya bei der Schweizerischen Nationalbank liegender Schuldschein über SFr. 1'000'000.--, ausgestellt von der International Bank for Reconstruction and Development. Die Beschwerdeführerin hat über die Zweckbestimmung dieses Arrestobjektes keinerlei Ausführungen gemacht, wenn man von der allgemeinen Behauptung absieht, es diene hoheitlichen Zwecken. Demnach kann nicht gesagt werden, der Schuldschein sei im Hinblick auf seine Bestimmung kein taugliches Arrestobjekt; er kann durchaus auch zum gewöhnlichen Finanzvermögen der Libyschen Zentralbank gehören. Bei dieser Sachlage erweist sich die Auffassung der Beschwerdeführerin, wonach das Arrestobjekt aus Immunitätsgründen untauglich sei, als nicht begründet. Die staatsrechtliche Beschwerde ist daher abzuweisen, soweit darauf eingetreten werden kann." (a.a.O. E. 7b S. 65 f.)

5. *Zusammenfassung der schweizerischen Praxis*

Der Bundesrat hat in seiner Botschaft über die Genehmigung und die Umsetzung des UNO-Übereinkommens über die Immunität der Staaten und ihres Vermögens vor der Gerichtsbarkeit (BBl 2009, 1721 ff.) die schweizerische Praxis zusammengefasst:

„Das Bundesgericht folgt seit 1918 dem Grundsatz der beschränkten Immunität der Staaten (BGE 44 I 49). Nach seiner Rechtsprechung ist der Grundsatz der gerichtlichen Immunität ausländischer Staaten keine absolute, allgemein gültige Regel. Es muss im Gegenteil unterschieden werden, ob der ausländische Staat kraft seiner Souveränität *(iure imperii)* handelt oder ob er als Träger von Privatrechten handelt *(iure gestionis)*. Nur im ersten Fall kann er sich auf den Grundsatz der Immunität von der Gerichtsbarkeit berufen. Im zweiten Fall kann er hingegen von einem Schweizer Gericht belangt und unter gewissen Umständen in der Schweiz mit Zwangsmassnahmen belegt werden. Diesbezüglich hat das Bundesgericht eine zusätzliche Bedingung aufgestellt: Ein privates Rechtsverhältnis, an dem ein ausländischer Staat beteiligt ist, muss laut Bundesgericht in einer Beziehung zum schweizerischen Hoheitsgebiet stehen («Binnenbeziehung»), damit es zu einem Verfahren in der Schweiz führen kann. Das heisst, das Rechtsverhältnis muss in der Schweiz begründet werden oder durchzuführen sein, oder der Schuldner muss wenigstens gewisse Handlungen vorgenommen haben, die geeignet sind, in der Schweiz einen Erfüllungsort zu begründen.

Bei der Unterscheidung zwischen Handlungen *iure imperii und iure gestionis* hat das Gericht nicht auf deren Zweck, sondern auf deren Natur abzustellen. Es muss prüfen, ob die Handlung auf der öffentlichen Gewalt beruht oder ob es sich um Rechtsbeziehungen handelt, die in gleicher oder ähnlicher Art zwischen zwei Privaten abgeschlossen werden könnten. Anhaltspunkte für diese

Unterscheidung kann zum Beispiel auch der Ort des Handelns liefern. Tritt ein ausländischer Staat ausserhalb seiner Grenzen mit einem Privaten in Beziehung, ohne dass dabei diplomatische Beziehungen zwischen den beiden Staaten im Spiel sind, so ist dies ein ernsthaftes Indiz für einen *Akt iure gestionis.*

Nach Auffassung des Bundesgerichts ist es schliesslich nicht gerechtfertigt, zwischen der Gerichtsbarkeit und der Vollstreckungsgewalt der Behörden eines Staates gegenüber einem ausländischen Staat zu unterscheiden. Wenn man bejaht, dass ein ausländischer Staat in einem Verfahren vor einem schweizerischen Gericht zur Feststellung seiner Rechte und Pflichten aus einem Rechtsverhältnis, an dem er beteiligt ist, Partei sein kann, muss man auch annehmen, dass er in der Schweiz den Massnahmen zur Sicherstellung der Vollstreckung des gegen ihn ergangenen Urteils unterworfen ist. Die Zwangsvollstreckung kann jedoch unter Umständen durch die Zweckbestimmung ausgeschlossen werden, die der ausländische Staat seinen Vermögenswerten gibt. Nach Auffassung des Bundesgerichts schützt die Vollstreckungsimmunität in Übereinstimmung mit den geltenden völkerrechtlichen Regeln die Vermögenswerte des ausländischen Staates in der Schweiz, wenn er sie für seinen diplomatischen Dienst oder für eine andere ihm in seiner Eigenschaft als Staatsgewalt obliegende Aufgabe bestimmt hat. Diese ständige Rechtsprechung wurde 1991 in die Totalrevision des SchKG integriert." (BBl 2009, S. 1728 f).

6. Exkurs: Immunität höchster Staatsorgane vor drittstaatlicher Gerichtsbarkeit

Die Staatenimmunität erstreckt sich auch auf bestimmte Repräsentanten eines Staates, insbesondere auf das jeweilige Staatsoberhaupt, auf Regierungspräsidenten und Aussenminister. Diese personenbezogene Staatenimmunität wird als Immunität fremder Staatsorgane vor ausländischer Gerichtsbarkeit bezeichnet. Sie wird, anders als diejenige des diplomatischen Personals, in keinem völkerrechtlichen Vertrag umfassend geregelt. Gegenwärtig beschäftigt sich aber die ILC mit der Kodifikation der Grundsätze der Immunität staatlicher Organe vor drittstaatlicher strafrechtlicher Gerichtsbarkeit.

Grundsätzlich ist zwischen zwei Arten von Immunität für Personen mit staatlichen Ämtern zu unterscheiden:

- *Immunität ratione materiae* (oder funktionale Immunität; Immunität für Amtshandlungen) geniessen verschiedene staatliche Amtsträger. Die Immunität *ratione materiae* schützt diese Personen vor der Gerichtsbarkeit fremder Staaten und der Ausübung jeglicher Zwangsgewalt für Handlungen, die sie während ihrer Amtszeit in Ausübung ihrer Amtstätigkeit begehen. Der Grund für diese Immunität ist, dass die betroffenen Handlungen als Handlungen des Staates angesehen werden, die deshalb von der Staatenimmunität gedeckt sind. Die Immunität *ratione materiae* geht mit Aufgabe des Amtes nicht unter sondern schützt auch ehemalige Amtsträger.

- *Immunität ratione personae* (oder persönliche Immunität; Immunität für private Handlungen) schützt zudem Staatsoberhäupter, Ministerpräsidenten und Aussenminister. Diese geniessen, zusätzlich zur Immunität *ratione materiae*, für private Handlungen denselben Immunitätsschutz wie die Chefs diplomatischer Missionen nach dem WÜD. Während ihrer Amtszeit können diese Personen auch für private Handlungen nicht gerichtlich zur Verantwortung gezogen werden und fremde Staaten dürfen keine

Zwangsgewalt gegen sie anwenden. Diese Immunität beruht auf der Überlegung, dass die genannten Personen ihre staatliche Aufgabe nur wahrnehmen können, wenn sie während der Amtszeit vor jeglicher gerichtlicher Verfolgung durch fremde Staaten geschützt sind. Die Immunität *ratione personae* gilt nur während der Amtszeit; nach deren Beendigung können die Personen für nicht in Ausübung ihrer amtlichen Tätigkeit begangene Handlungen gerichtlich belangt werden.

Diese Grundsätze galten bis vor kurzem insofern als „absolut", als dass Ausnahmen von der Immunität – sieht man von einigen historischen Präzedenzfällen (insbesondere die Kriegsverbrecherprozesse nach dem 2. Weltkrieg) ab – nicht gemacht wurden. In den letzten Jahren ist aber eine Relativierung zu beobachten. Es besteht eine Tendenz, insbesondere die Berufung auf die Immunität *ratione materiae,* aber auch auf die Immunität *ratione personae,* bei bestimmten schweren Verbrechen (Verbrechen gegen die Menschlichkeit, Völkermord, Kriegsverbrechen, systematische Folter) nicht mehr ohne Weiteres zuzulassen.

Zudem gibt es drei anerkannte Ausnahmen von der völkerrechtlichen Immunität für Staatsorgane: Diese gilt nicht (1.) vor Gerichten des jeweiligen Heimatlandes, (2.) kann der Heimatstaat auf die Immunität seines Repräsentanten im Einzelfall verzichten und (3.) geniessen weder ehemalige noch amtierende Staatsoberhäupter oder Regierungsmitglieder vor den internationalen Strafgerichtshöfen Immunität (siehe z.B. Art. 27 Römer-Statut).

a. Vertragsrechtliche Einschränkungen der Immunität

Einzelne Verträge schliessen die Immunität von Staatsoberhäuptern und Regierungsmitgliedern für gewisse Straftaten ausdrücklich aus:

Internationales Übereinkommen über die Verhütung und Bestrafung des Völkermordes vom 9. Dezember 1948 (SR.0.311.11)

„Art. IV

Personen, die Völkermord oder eine der sonstigen in Artikel III aufgeführten Handlungen begehen, sind zu bestrafen, gleichviel ob sie regierende Personen, öffentliche Beamte oder private Einzelpersonen sind."

Römer Statut des Internationalen Strafgerichtshofes (SR. 0.312.1)

„Art. 27 Unerheblichkeit der amtlichen Eigenschaft

(1) Dieses Statut gilt gleichermassen für alle Personen, ohne jeden Unterschied nach amtlicher Eigenschaft. Insbesondere enthebt die amtliche Eigenschaft als Staats- oder Regierungschef, als Mitglied einer Regierung oder eines Parlaments, als gewählter Vertreter oder als Amtsträger einer Regierung eine Person nicht der strafrechtlichen Verantwortlichkeit nach diesem Statut und stellt für sich genommen keinen Strafmilderungsgrund dar.

(2) Immunitäten oder besondere Verfahrensregeln, die nach innerstaatlichem Recht oder nach dem Völkerrecht mit der amtlichen Eigenschaft einer Person verbunden sind, hindern den Gerichtshof nicht an der Ausübung seiner Gerichtsbarkeit über eine solche Person."

b. *Gewohnheitsrechtliche Einschränkungen der Immunität*

Die herrschende Lehre geht vom Bestehen einer gewohnheitsrechtlichen Ausnahme von der Immunität *ratione materiae* von Staatsoberhäuptern und Mitgliedern der Regierung im Fall von Kriegsverbrechen und Verbrechen gegen die Menschlichkeit aus. Diese Regel wurde zum Beispiel vom britischen House of Lords in den Urteilen zum ehemaligen chilenischen Präsidenten Pinochet bestätigt und angewandt:

House of Lords, Regina v. Bartle and Others ex parte Pinochet, of 25 November 1998, 17 December 1998 and 24 March 1999

General Pinochet gelangte durch einen Militärputsch im September 1973 an die Spitze des chilenischen Staates. Unter seiner Militärdiktatur kam es zu zahlreichen groben Menschenrechtsverletzungen, insbesondere zu Folter, Mord, Geiselnahme und Verschwindenlassen von Tausenden von Kritikern. Pinochet, seit 1974 Staatspräsident, musste 1990 nach Protesten und Unruhen die Macht abgeben, blieb aber bis 1998 Oberbefehlshaber des Heeres.

Im Oktober 1998 wurde Pinochet, der sich zur ärztlichen Behandlung in Grossbritannien aufhielt, aufgrund eines spanischen Auslieferungsantrages festgenommen. Pinochet wehrte sich mit dem Verweis auf seine Immunität als ehemaliges Staatsoberhaupt gegen seine Festnahme und Auslieferung. Das House of Lords verweigerte ihm mit drei zu zwei Stimmen die Immunität (Urteil I). Lord Steyn sprach Pinochet die Immunität mit folgenden Gründen ab:

> „It is therefore plain that statutory immunity in favour of a former Head of State is not absolute. It requires the coincidence of two requirements: (1) that the defendant is a former Head of State (*ratione personae* in the vocabulary of international law) and (2) that he is charged with official acts performed in the exercise of his functions as a Head of State (*ratione materiae*). In regard to the second requirement it is not sufficient that official acts are involved: the acts must also have been performed by the defendant in the exercise of his functions as Head of State.
>
> On the assumption that the allegations of fact contained in the warrant and the request are true, the central question is whether those facts must be regarded as official acts performed in the exercise of the functions of a Head of State. The Lord Chief Justice observed that a former Head of State is clearly entitled to immunity from process in respect of some crimes. I would accept this proposition. Rhetorically, The Lord Chief Justice then posed the question: "Where does one draw the line?" (...)
>
> How and where the line is to be drawn requires further examination. (...) (T)he distinction between official acts performed in the exercise of functions as a Head of State and acts not satisfying these requirements must depend on the rules of international law. (...) the development of international law since the Second World War justifies the conclusion that by the time of the 1973 coup d'etat, and certainly ever since, international law condemned genocide, torture, hostage taking and crimes against humanity (during an armed conflict or in peace time) as international crimes deserving of punishment. Given this state of international law, it seems to me difficult to maintain that the commission of such high crimes may amount to acts performed in the exercise of the functions of a Head of State. (...)

The normative principles of international law do not require that such high crimes should be classified as acts performed in the exercise of the functions of a Head of State. For my part I am satisfied that (...) the charges brought by Spain against General Pinochet are properly to be classified as conduct falling beyond the scope of his functions as Head of State. Qualitatively, what he is alleged to have done is no more to be categorized as acts undertaken in the exercise of the functions of a Head of State (...). It follows that in my view General Pinochet has no statutory immunity.

Counsel for General Pinochet further argued that if he is not entitled to statutory immunity, he is nevertheless entitled to immunity under customary international law. International law recognizes no such wider immunity in favour of a former Head of State. (...)"

Demgegenüber sprach sich Lord Slynn of Hadley für die Immunität Pinochets aus:

„(...) It has to be said, however, at this stage of the development of international law that some of those statements read as aspirations, as embryonic. It does not seem to me that it has been shown that there is any State practice or general consensus let alone a widely supported convention that all crimes against international law should be justiciable in National Courts on the basis of the universality of jurisdiction. Nor is there any jus cogens in respect of such breaches of international law which require that a claim of State or Head of State immunity, itself a well established principle of international law, should be overridden. I am not satisfied that even now there would be universal acceptance of a definition of crimes against humanity. (...)"

Wegen Befangenheit eines Lordrichters musste der Entscheid aufgehoben werden (Urteil II). Er wurde aber grundsätzlich in einem neuen Urteil mit sechs zu einer Stimme (Urteil III) bestätigt, dies jedoch mit einer grossen Einschränkung: Pinochet könne nur für jene Taten ausgeliefert werden, die er nach dem 8. Dezember 1988 begangen habe, also nach dem Tag, an dem in Grossbritannien die Folterkonvention in Kraft trat (Prinzip der doppelten Strafbarkeit).

IGH, Arrest Warrant of 11 April 2000 (Democratic Republic of the Congo v. Belgium), Judgment, I.C.J. Reports 2002, p. 3

Im Fall Kongo v. Belgien lehnte der IGH die Einschränkung der Immunität des kongolesischen Aussenministers im Falle von Kriegsverbrechen und Verbrechen gegen die Menschlichkeit ab. In der Lehre ist die Beurteilung dieses Urteils umstritten.

„58. The Court has carefully examined State practice, including national legislation and those few decisions of national higher courts, such as the House of Lords or the French Court of Cassation. It has been unable to deduce from this practice that there exists under customary international law any form of exception to the rule according immunity from criminal jurisdiction and inviolability to incumbent Ministers for Foreign Affairs, where they are suspected of having committed war crimes or crimes against humanity. The Court has also examined the rules concerning the immunity or criminal responsibility of persons having an official capacity contained in the legal instruments creating international criminal tribunals, and which are specifically applicable to the latter (...). It finds that these rules likewise do not enable it to conclude that any such an exception exists in custom- any international law in regard to national courts. Finally, none of the decisions of the Nuremberg and Tokyo international military tribunals, or of the International Criminal Tribunal for the former Yugoslavia, cited by Belgium deal with the question of the immunities of incumbent Ministers for Foreign Affairs before national courts where they are accused of having committed war crimes or crimes against humanity. The Court accordingly notes that those decisions are in no way at variance with the findings it has reached above. In view of the foregoing, the Court accordingly cannot accept Belgium's argument in this regard. (...)"

Diesen Ausführungen des Gerichtshofes widersprach die belgische Ad-hoc-Richterin VAN DEN WYNGAERT in ihrer dissenting opinion:

„23. Je suis donc d'avis qu'en jugeant que les ministres des affaires étrangères en exercice bénéficient d'une immunité totale de juridiction pénale (par. 54 de l'arrêt), la Cour est parvenue à une conclusion dépourvue de fondement en droit international positif. Avant d'en arriver à cette conclusion, la Cour aurait dû s'assurer qu'il existait un usus et une opinio juris établissant une coutume internationale en la matière. Il n'existe ni usus ni opinio juris établissant l'existence d'une coutume internationale en ce sens, il n'existe aucun traité sur ce point et la doctrine juridique ne semble pas étayer cette thèse. La conclusion de la Cour ne tient aucun compte de la tendance générale à restreindre l'immunité des représentants de l'État (y compris les chefs d'État), non seulement dans la sphère du droit privé et du droit commercial – qui limitent de plus en plus le principe par in parem, autrefois sacro-saint – mais également en droit pénal, lorsque sont allégués des crimes graves au regard du droit international. Si la Belgique peut être accusée de ne pas avoir respecté la courtoisie internationale, on ne saurait en revanche pas l'accuser d'avoir enfreint le droit international. J'estime par conséquent que l'arrêt se fonde sur un raisonnement erroné.

27. La Cour a tort, non seulement d'un point de vue juridique, mais également pour une autre raison. Son approche générale pèche essentiellement par le fait qu'elle néglige toute l'évolution récente du droit international pénal moderne qui tend à instituer une obligation individuelle de rendre compte des crimes internationaux les plus graves. Certes, elle ne l'ignore pas totalement, mais elle se contente d'une approche extrêmement minimaliste, en adoptant une interprétation très réductrice des «clauses d'exclusion de l'immunité» figurant dans les instruments internationaux. (...)."

VI. ZUSTÄNDIGKEIT DER STAATEN

Grundsätzlich erstreckt sich die Zuständigkeit der Staaten zur Ausübung von Hoheitsgewalt nur auf das eigene Territorium. Dementsprechend kennt das Völkerrecht Grenzen der Ausübung der Hoheitsgewalt von Staaten, wobei zwischen der Zuständigkeit zur Rechtsetzung (1.) und der Zuständigkeit zur Rechtsdurchsetzung (2.) zu unterscheiden ist. Sodann können staatliche Hoheitsakte auf fremdem Staatsgebiet auch aufgrund besonderer völkerrechtlicher Normen zulässig sein (3.).

Im Gegensatz zur Immunität geht es hier nicht um Vorgaben aufgrund von Rechten des von einer Massnahme betroffenen Staates, sondern um die Reichweite der Befugnisse des agierenden Staates: Diese sind aufgrund der Souveränität der (anderen) Staaten beschränkt.

1. *Die Zuständigkeit zur Rechtsetzung*

a. Im Allgemeinen

Die staatliche Rechtsetzung bezieht sich typischerweise auf das eigene Hoheitsgebiet und regelt sich dort abspielende Sachverhalte. Gleichwohl steht das Völkerrecht nicht allgemein dem Erlass von Rechtsnormen mit (auch) extraterritorialer Wirkung entgegen, wobei eine solche nur dann vorliegt, wenn sich die Norm tatsächlich auf im Ausland zugetragene Sachverhalte bezieht, nicht hingegen, wenn lediglich faktische Rückwirkungen auf andere Staaten zu gewärtigen sind.

Extraterritorial wirkende Rechtsetzung ist unter drei Voraussetzungen zulässig:

1. Voraussetzung: Der Erlass von Gesetzen mit extraterritorialer Wirkung darf nicht völkerrechtlich verboten sein.

StIGH, Lotus, P.I.C.J. Series A, No 10, 1927

Am 2. August 1926 ist der französische Postdampfer „Lotus" mit einem türkischen Kohlenschiff auf hoher See zusammengestossen. Das türkische Schiff sank; dabei verloren acht türkische Seeleute ihr Leben. Nach der Ankunft des französischen Dampfers im Hafen von Istanbul untersuchten die türkischen Behörden gestützt auf türkisches Recht den Vorfall. Wegen fahrlässiger Tötung wurden sowohl der Kapitän des türkischen Schiffes als auch der zur Zeit des Unfalls zuständige französische Wachoffizier der „Lotus" zu kurzen Haftstrafen und Bussen verurteilt.

Die französische Regierung erklärte daraufhin, die türkischen Gerichte seien für die Beurteilung des Falles gar nicht zuständig gewesen, da die Kollision auf hoher See geschehen sei; vielmehr seien die Besatzungsmitglieder vor die Gerichte des Flaggenstaates zu stellen, d.h. vor französische Gerichte. Die türkischen Gerichte könnten nur zuständig sein, falls ihnen die Kompetenz durch eine spezifische völkerrechtliche Regel zugesprochen würde. Eine solche Kompetenz zum Erlass von Strafvorschriften für ausserhalb des staatlichen Hoheitsgebietes begangene Handlungen sei im Völkerrecht aber nicht auszumachen. Demgegenüber behauptete die Türkei, ein Staat geniesse Zuständigkeit in solchen Fällen, solange sie nicht mit einem Prinzip des Völkerrechts in Konflikt gerate.

Der ständige Internationale Gerichtshof hielt zum Geltungsbereich der staatlichen Rechtsordnung Folgendes fest:

> „Le droit international régit les rapports entre des États indépendants. Les règles de droit liant les États procèdent donc de la volonté de ceux-ci, volonté manifestée dans les conventions ou dans des usages acceptés généralement comme consacrant des principes de droit et établis en vue de régler la coexistence de ces communautés indépendantes ou en vue de la poursuite des buts communs. Les limitations de l'indépendance des États ne se présument donc pas.

(...) la limitation primordiale qu'impose le droit international à l'État est celle d'exclure - sauf l'existence d'une règle permissive contraire - tout exercice de sa puissance sur le territoire d'un autre État. Dans ce sens, la juridiction est certainement territoriale; elle ne pourrait être exercée hors du territoire, sinon en vertu d'une règle permissive découlant du droit international coutumier ou d'une convention.

Mais il ne s'ensuit pas que le droit international défend à un État d'exercer, dans son propre territoire, sa juridiction dans toute affaire où il s'agit de faits qui se sont passés à l'étranger et où il ne peut s'appuyer sur une règle permissive du droit international. Pareille thèse ne saurait être soutenue que si le droit international défendait, d'une manière générale, aux États d'atteindre par leurs lois et de soumettre à la juridiction de leurs tribunaux des personnes, des biens et des actes hors du territoire, et si, par dérogation à cette règle générale prohibitive, il permettait aux États de ce faire dans des cas spécialement déterminés. Or, tel n'est certainement pas l'état actuel du droit international. Loin de défendre d'une manière générale aux États d'étendre leurs lois et leur juridiction à des personnes, des biens et des actes hors du territoire, il leur laisse, à cet égard, une large liberté, qui n'est limitée que dans quelques cas par des règles prohibitives; pour les autres cas, chaque État reste libre d'adopter les principes qu'il juge les meilleurs et les plus convenables."

2. Voraussetzung: Es muss ein ausreichender Anknüpfungspunkt zu dem jeweiligen Staat bzw. seinem Gebiet oder seinem Recht für den Erlass eines Gesetzes mit extraterritorialer Wirkung bestehen.

„Dabei ist zu beachten, dass die extraterritoriale Anwendung des eigenen Rechts auch im Völkerrecht und im internationalen Strafrecht nicht a priori als unzulässig betrachtet wird. Vielmehr darf sich die interne Gesetzgebung nach vorherrschender Lehre und Praxis auch auf extraterritoriale Sachverhalte beziehen, wenn eine eindeutige Binnenbeziehung dieser Sachverhalte zum inländischen Recht besteht." *(B. gg. Staatsanwaltschaft und Kantonsgericht von Graubünden, BGE 118 Ia 137 E. 2b S. 142)*

Jeder Rechtsbereich besitzt seine eigenen, speziellen Anknüpfungspunkte, wobei diejenigen des internationalen Strafrechtes am besten ausgebildet sind und ihnen auch in den übrigen Rechtsbereichen eine grosse Bedeutung zukommt. Zu den anerkannten Anknüpfungsprinzipien gehören neben dem Territorialitätsprinzip das aktive und passive Personalitätsprinzip, das Weltrechtsprinzip (Universalitätsprinzip) und das Auswirkungsprinzip. Zu den einzelnen Prinzipien vgl. hinten b und c.

Die Existenz eines hinreichenden bzw. legitimen Anknüpfungspunktes wurde von der Staatengemeinschaft in Bezug auf den sog. Helms Burton Act von 1996 (ILM 1996, 359 ff.) abgelehnt. Diese Regelung sah u.a. Geldstrafen gegen Angehörige von Drittstaaten vor, wenn sie das durch die USA gegen Kuba verhängte Wirtschaftsembargo missachten, unabhängig davon, von welchem Staat die verbotenen Waren nach Kuba exportiert oder aus Kuba importiert wurden. Das Rechtskomitee der Organisation Amerikanischer Staaten (OAS) nahm in diesem Zusammenhang wie folgt Stellung (ILM 1996, 1329 ff.):

„a) a prescribing State does not have the right to exercice jurisdiction over acts of ‚trafficking' abroad by aliens unless specific conditions are fulfilled which do not appear to be satisfied in this situation.

b) a prescribing State does not have the right to exercise jurisdiction over acts of ‚trafficking' abroad by aliens under circumstances where neither the alien nor the conduct in question has any connection with its territory and where no apparent connection exists between such acts and the protection of essential sovereign interest.

c) Therefore, the exercise of jurisdiction over acts of ‚trafficking' abroad by aliens, under circumstances whereby neither the alien nor the conduct in question has any connection with its territory and there is no apparent connection between such acts and the protection of its essential sovereign interests, does not conform with international law."

3. Voraussetzung: Durch die Anwendung des extraterritorialen Gesetzes darf der Adressat in der Regel nicht gezwungen werden, im Ausland Gesetze eines anderen Staates zu verletzen.

Diese Voraussetzung wurde in jüngerer Zeit insbesondere im Zusammenhang mit den US-amerikanischen Verfahren gegen Schweizer Banken diskutiert. Die amerikanischen Justizbehörden hatten in Verfahren wegen der Beihilfe zu Steuerhinterziehung von Schweizer Banken die Herausgabe von Daten verlangt, deren direkte Herausgabe nach Schweizer Recht verboten war. Nach zähen Verhandlungen einigten sich der Bundesrat und die amerikanischen Justizbehörden auf die Modalitäten der Herausgabe dieser Daten. 2013 übewies der Bundesrat der Bundesversammlung den Entwurf eines dringlichen Bundesgesetzes zur Erleichterung der Beendigung des Steuerstreits der Schweizer Banken mit den Vereinigten Staaten, doch trat die Bundesversammlung nicht darauf ein. In seiner Botschaft hatte der Bundesrat ausgeführt:

"Das DoJ [Department of Justice] verlangt im Hinblick auf eine Lösung des Steuerstreits von den Banken die Lieferung von generischen Daten über die Schliessung von Konten und den Transfer dieser Gelder auf eine andere Bank im In- oder Ausland (Leaver-Listen). Die Lieferung von Leaver-Listen bedarf einer Bewilligung nach Artikel 271 Ziffer 1 des Strafgesetzbuchs. (...)

Die Lieferung von Personendaten hat unter Einhaltung der datenschutzrechtlichen Bestimmungen zu erfolgen. Die Lieferung der Daten von (aktuellen und ehemaligen) Bankmitarbeitenden sowie Dritten erfordert eine vorgängige Information der betroffenen Personen über Umfang und Art der zur übermittelnden Informationen (...). Die Herausgabe von Personendaten ist ausser im Falle der Einwilligung des Betroffenen unter anderem dann nicht widerrechtlich, wenn sie durch ein überwiegendes öffentliches Interesse oder durch eine gesetzliche Regelung gerechtfertigt ist. Würde ein Gericht die Herausgabe ablehnen, was gerade im Falle von Dritten in gewissen Konstellationen trotz hohem öffentlichen Interesse nicht für jeden Fall im Voraus ausgeschlossen ist, könnte die betroffene Bank somit ihre Kooperationsverpflichtungen gegenüber dem DoJ nicht hinreichend erfüllen. Als Folge davon könnte sie möglicherweise kein Non-Prosecution Agreement oder Deferred Prosecution Agreement abschliessen und damit ihre Vergangenheit im Rahmen des vom DoJ offerierten Lösungsansatzes nicht regeln. Die insbesondere auch von den Banken geforderte definitive Lösung im Rahmen der Schweizer Rechtsordnung wäre damit nicht erfüllt.

Im Zusammenhang mit der Verletzung von amerikanischem Recht beanspruchen die US-Behörden zudem die Herausgabe von Daten von US-Kunden. Nach Schweizer Recht ist eine Herausgabe von Kundendaten nur gestützt auf ein gültiges Doppelbesteuerungsabkommen im Rahmen von Amtshilfeverfahren durch staatliche Stellen möglich, nicht jedoch mittels direkter Datenlieferung durch eine Bank, was von den USA anerkannt wird. Jedoch müssen die Banken im Rahmen der Kooperation mit den US-Behörden den USA die für ein Gruppenersuchen

> notwendigen Informationen liefern können. Eine analoge Regelung ist im FATCA-Abkommen zwischen der Schweiz und den USA vorgesehen.
>
> Der Bundesrat hat am 4. April 2012 den damals in einem Verfahren mit den US-Behörden stehenden Schweizer Banken die Intensivierung ihrer direkten Kooperation und die direkte Lieferung der verlangten Daten, einschliesslich (soweit erforderlich) Daten über Bankmitarbeitende und Dritte, an die US-Justizbehörden freigestellt. Gleichzeitig erteilte der Bundesrat diesen Banken eine entsprechende Bewilligung nach Artikel 271 Ziffer 1 StGB zur Wahrung ihrer Interessen. Die Übermittlung von Kundendaten wurde explizit ausgeschlossen und die Einhaltung des Schweizer Rechtsrahmens vorbehalten. Nicht zuletzt die Interessen auch der Mitarbeitenden der betroffenen Banken erforderten es zu vermeiden, dass die Existenz einer Bank durch eine strafrechtliche Anklage gefährdet würde. Trotz dieser Bewilligung ist es den in einem Verfahren mit den US-Behörden stehenden Schweizer Banken nicht gelungen, ihre Vergangenheit zu bereinigen. Die insbesondere, weil ohne Lieferung der geforderten Leaver-Listen und der vollständigen Lieferung der geforderten Daten kein Deferred Prosecution Agreement abgeschlossen werden konnte. (...)
>
> Der vorliegende Gesetzesentwurf bezweckt die Schaffung einer allgemeinen und abstrakten Rechtsgrundlage; diese soll allen Banken – unabhängig davon, ob sie bereits Gegenstand von Untersuchungen sind oder ob sie kooperieren möchten, um zu klären, wo sie bezüglich der Untersuchungen des DoJ stehen – erlauben, ihre Situation direkt mit den zuständigen amerikanischen Behörden zu regeln." (BBl 2013 S. 3950 ff.)

Kurze Zeit zuvor hatte der Bundesrat bereits einen Vorentwurf eines Bundesgesetzes über die Zusammenarbeit mit ausländischen Behörden und über den Schutz der schweizerischen Souveränität in die Vernehmlassng geschickt. In seinem erläuternden Berichte führte er aus:

> "Die völkerrechtliche Souveränität der Schweiz wird verletzt, wenn ein Staat seine Rechtsordnung in unzulässiger Weise auf das schweizerische Territorium und somit auf die schweizerische Gebietshoheit ausdehnt. In jedem Fall völkerrechtlich unzulässig ist es dabei, wenn ausländisches Recht durch ausländische Behörden unmittelbar auf schweizerischem Territorium durchgesetzt werden soll. Dies trifft zum Beispiel zu, wenn Beweiserhebungen im Rahmen ausländischer Gerichtsverfahren direkt von ausländischen Behörden verfügt werden und Dokumente betreffen, die sich in der Schweiz befinden. In einem solchen Fall steht dem ausländischen Staat gemäss Völkerrecht nur der Weg der Rechts- bzw. Amtshilfe offen; erlässt er unilaterale Zwangsmassnahmen in diesem Bereich, so verletzt dies die völkerrechtliche Souveränität der Schweiz. Besonders einschneidend ist die Souveränitätsverletzung dabei in solchen Fällen, in denen die Durchsetzung ausländischen Rechts zu einem direkten Konflikt mit spezifischen Normen des schweizerischen Rechts führt, so zum Beispiel mit gesetzlich vorgegebenen Geheimhaltungspflichten.
>
> (...)
>
> Es ist in der Lehre und in der Praxis der Bundesbehörden unbestritten, dass sich der Bundesrat insbesondere auf Artikel 184 Absatz 3 BV berufen darf, um Beeinträchtigungen der schweizerischen Rechtsordnung durch drohende Übergriffe von ausländischen Rechtsordnungen abzuwehren. Artikel 184 Absatz 3 BV kann aufgrund seines weiten Anwendungsbereichs auch dazu dienen, eine Kooperationshandlung mit ausländischen Behörden in einem Einzelfall als zulässig zu erklären. Das Abwehrdispositiv auf Verfassungsstufe ist jedoch nur in besonderen Situationen, im Falle von Artikel 185 Absatz 3 BV nur bei gravierenden, imminenten oder akuten Gefährdungen anwendbar, die singulären Charakter haben oder die nicht vorhersehbar (oder nicht vorhergesehen worden) sind und bei denen die Wahrung wichtiger Schweizer Inte-

ressen es gebietet. Allfällige Abwehrmassnahmen sind zudem zu befristen. Rechtsstaatliche Grundsätze gebieten die Schaffung formell-gesetzlicher Grundlagen für die Abwehr von nicht singulären, vorhersehbaren Bedrohungslagen oder Interessengefährdungen. Diese Grundlagen werden mit dem vorliegenden Gesetzesentwurf geschaffen."

Im Jahr 2015 entschied der Bundesrat, auf die Ausarbeitung eines entsprechenden Gesetzesentwurfes zu verzichten.

Immer noch illustrativ zu dieser Frage der Beschluss des Bundesrates vom 14. März 1985 i.S. Marc Rich & Co AG, VPB 51 (1987), Nr. 5. S. 36 ff.

b. Die Zuständigkeit zur Rechtsetzung im Strafrecht

Bereits der Fall *Lotus* (vgl. vorne Ziff. VI.1.a.) illustrierte die Zuständigkeit der Staaten zur Rechtsetzung im Strafrecht. Das schweizerische StGB hat die auch völkerrechtlich anerkannten Anknüpfungspunkte (also die nach der oben erwähnten zweiten Voraussetzung notwendige hinreichende Verbindung zu dem rechtsetzenden Staat) im Wesentlichen aufgenommen.

Bei der Begründung der staatlichen Zuständigkeit zur Rechtsetzung im Strafrecht (und damit die Begründung der Zuständigkeit der entsprechenden staatlichen Gerichte) kann im Wesentlichen zwischen folgenden im Grundsatz anerkannten Konstellationen unterschieden werden:

- Nach dem Territorialitätsprinzip ist ein Staat befugt, die auf seinem Staatsgebiet begangenen Straftaten zu ahnden:

  Schweizerisches Strafgesetzbuch vom 21. Dezember 1937 (SR 311.0)

  „Art. 3 Räumlicher Geltungsbereich. Verbrechen oder Vergehen im Inland

  Diesem Gesetz ist unterworfen, wer in der Schweiz ein Verbrechen oder Vergehen begeht. (...)"

- Nach dem aktiven Personalitätsprinzip kann ein Staat auch von „seinen" Staatsangehörigen im Ausland begangene Verhaltensweisen mit Strafe belegen (vgl. z.B. Art. 7 StGB).
- Nach dem passiven Personalitätsprinzip wird die Strafbarkeit an die Staatsangehörigkeit des Opfers der jeweiligen Straftat geknüpft (vgl. Art. 7 Abs. 1, 2 StGB).
- Nach dem sog. „Schutzprinzip" können zudem im Ausland gegen den Staat selbst bzw. seine Interessen begangene Taten einer Strafe unterworfen werden.

  Schweizerisches Strafgesetzbuch vom 21. Dezember 1937 (SR 311.0)

  Art. 4 Verbrechen oder Vergehen im Ausland gegen den Staat

  Diesem Gesetz ist auch unterworfen, wer im Ausland ein Verbrechen oder Vergehen gegen den Staat oder die Landesverteidigung (...) begeht."

- Nach dem Universalitäts- oder Weltrechtsprinzip dürfen die Staaten besonders schwere Delikte unabhängig von Tatort und Staatsangehörigkeit von Täter und Opfer unter Strafe stellen. Hintergrund dieses Grundsatzes ist der Umstand, dass aufgrund der Schwere der Tat ein Interesse der gesamten Staatengemeinschaft an der Verurteilung der Täter besteht. In der Schweiz liegt dieses Prinzip insbesondere Art. 5 StGB sowie Art. 10 MStG zugrunde.

Schweizerisches Strafgesetzbuch vom 21. Dezember 1937 (SR 311.0)

„Art. 5 Straftaten gegen Minderjährige im Ausland

Diesem Gesetz ist ausserdem unterworfen, wer sich in der Schweiz befindet, nicht ausgeliefert wird und im Ausland eine der folgenden Taten begangen hat:

Menschenhandel (...), sexuelle Nötigung (...), Vergewaltigung (...), Schändung (...) oder Förderung der Prostitution (...), wenn das Opfer weniger als 18 Jahre alt war;

a^{bis}. sexuelle Handlungen mit Abhängigen (...) und sexuelle Handlungen mit Minderjährigen gegen Entgelt (...);

sexuelle Handlungen mit Kindern (...), wenn das Opfer weniger als 14 Jahre alt war;

qualifizierte Pornografie (...), wenn die Gegenstände oder Vorführungen sexuelle Handlungen mit Kindern zum Inhalt hatten."

Militärstrafgesetzbuch vom 13. Juni 1927 (SR 321.0)

„Art. 10 Räumlicher Geltungsbereich

Im Rahmen des persönlichen Geltungsbereiches findet dieses Gesetz sowohl auf die in der Schweiz wie auch auf die im Ausland begangene Tat Anwendung.

1bis Personen (...), die im Ausland eine Tat nach dem sechsten Abschnitt [Völkermord und Verbrechen gegen die Menschlichkeit] oder dem sechsten Abschnitt^{bis} [Kriegsverbrechen] des zweiten Teils oder nach Artikel 114a [andere Verstösse gegen das humanitäre Völkerrecht] begangen haben, werden nach diesem Gesetz beurteilt, wenn sie sich in der Schweiz befinden und nicht an einen anderen Staat ausgeliefert oder an ein internationales Strafgericht, dessen Zuständigkeit die Schweiz anerkennt, überstellt werden."

Das Universalitätsprinzip impliziert eine im Ergebnis recht weitgehende Ausdehnung der staatlichen Zuständigkeit zur Rechtsetzung (und Aburteilung), so dass es nicht überrascht, dass die genauen Schranken dieses Prinzips bzw. seine Reichweite strittig sind. Unbestritten ist das Universalitätsprinzip für die in der Zuständigkeit des Internationalen Strafgerichtshofs liegenden Straftaten (Völkermord, Verbrechen gegen die Menschlichkeit, Kriegsverbrechen, Aggression) sowie bei Sexualdelikten gegen Minderjährige, Geiselnahme, Piraterie und Drogenhandel sein.

Schliesslich ist darauf hinzuweisen, dass verschiedene völkerrechtliche Verträge die Staaten dazu verpflichten, bestimmte Straftaten unter Strafe zu stellen und zu verfolgen, so insbesondere die Genozidkonvention (1948), die Genfer Konventionen über das Humanitäre Völkerrecht (1949) sowie die Antifolterkonvention (1984). In der Schweiz wird diesen Verpflichtungen durch Art. 6 StGB Rechnung getragen.

Schweizerisches Strafgesetzbuch vom 21. Dezember 1937 (SR 311.0)

„Art. 6 Gemäss staatsvertraglicher Verpflichtung verfolgte Auslandtaten

1. Wer im Ausland ein Verbrechen oder Vergehen begeht, zu dessen Verfolgung sich die Schweiz durch ein internationales Übereinkommen verpflichtet hat, ist diesem Gesetz unterworfen, wenn:

a. die Tat auch am Begehungsort strafbar ist oder der Begehungsort keiner Strafgewalt unterliegt; und

b. der Täter sich in der Schweiz befindet und nicht an das Ausland ausgeliefert wird."

Die völkerrechtliche Zulässigkeit der schweizerischen Regelung begründet das Bundesgericht im Fall *M.X. und I.X. gg. Schweizerische Bundesanwaltschaft, BGE 126 II 212* folgendermassen:

„Die Entscheidung über die Grenzen der eigenen Strafgewalt steht grundsätzlich jedem Staat selbst zu (...), der hierbei allerdings gewisse, vom Völkerrecht gezogene Grenzen nicht verletzen darf. Inhalt und Tragweite dieser völkerrechtlichen Grenzen sind jedoch umstritten (...). Immerhin gibt es eine Reihe von Anknüpfungspunkten (sog. Prinzipien des internationalen Strafrechts), die international üblich und völkerrechtlich i.d.R. unbedenklich sind. Hierzu gehört neben dem Territorialitätsprinzip (Begehungsort auf dem eigenen Staatsgebiet) das Flaggenprinzip (Begehung der Tat an Bord eines im Staat registrierten Schiffes oder Luftfahrzeugs), das aktive Persönlichkeitsprinzip (Staatsangehörigkeit des Täters), das Domizilprinzip (inländischer Wohnsitz des Täters), das Schutzprinzip (Angriff gegen Rechtsgüter/Interessen des Staates) und das Prinzip der stellvertretenden Strafrechtspflege; im Grundsatz anerkannt (wenn auch im Einzelnen umstritten) sind auch das passive Personalitätsprinzip (Tat gegen Individualrechtsgüter eines eigenen Staatsangehörigen) und das Weltrechtsprinzip bei Straftaten gegen gewisse übernationale Rechtsgüter (...). Völkerrechtlich zulässig ist ferner die Ausdehnung des Strafrechts und der Strafgewalt des Sendestaats auf dessen im Ausland stationierte Soldaten (...)." (a.a.O., E. 6b S. 214)

c. Die Zuständigkeit zur Rechtsetzung im Wirtschaftsrecht

Im Wirtschaftsrecht ist im Zusammenhang mit der Zulässigkeit der Rechtsetzung mit extraterritorialer Wirkung in erster Linie die Erstreckung des räumlichen Anwendungsbereichs gewisser Vorgaben auf ausserhalb des jeweiligen Territoriums getätigte Handlungen oder auf Unternehmen mit Sitz im Ausland problematisch.

Im Ergebnis wird ein hinreichender Anknüpfungspunkt für eine Rechtsetzung mit extraterritorialer Wirkung grundsätzlich bereits dann angenommen, wenn das relevante Verhalten der Rechtsunterworfenen Auswirkungen auf dem Territorium des rechtsetzenden Staates bzw. der Mitgliedstaaten einer supranationalen Organisation entfaltet. Relevant wird dies häufig beim Kartellverbot.

Vertrag über die Arbeitsweise der Europäischen Union

„Artikel 101 (Kartellverbot)

1. Mit dem Binnenmarkt unvereinbar oder verboten sind alle Vereinbarungen zwischen Unternehmen, Beschlüsse von Unternehmensvereinigungen und aufeinander abgestimmte Verhaltensweisen, welche den Handel zwischen

den Mitgliedstaaten zu beeinträchtigen geeignet sind und eine Verhinderung, Einschränkung oder Verfälschung des Wettbewerbs innerhalb des Binnenmarktes bezwecken oder bewirken, insbesondere

a) die unmittelbare oder mittelbare Festsetzung der An- oder Verkaufspreise oder sonstiger Geschäftsbedingungen;

b) die Einschränkung oder Kontrolle der Erzeugung, des Absatzes, der technischen Entwicklung oder der Investitionen;

c) die Aufteilung der Märkte oder Versorgungsquellen;

d) die Anwendung unterschiedlicher Bedingungen bei gleichwertigen Leistungen gegenüber Handelspartnern, wodurch diese im Wettbewerb benachteiligt werden;

e) die an den Abschluss von Verträgen geknüpfte Bedingung, dass die Vertragspartner zusätzliche Leistungen annehmen, die weder sachlich noch nach Handelsbrauch in Beziehung zum Vertragsgegenstand stehen.

2. Die nach diesem Artikel verbotenen Vereinbarungen oder Beschlüsse sind nichtig. (...)."

Urteil des Schweizerischen Bundesverwaltungsgerichtes vom 15. November 2015, B-3332/2012

Der Vertrieb von Autos der BMW AG (München) erfolgt sowohl in der Schweiz als auch im Europäischen Wirtschaftsraum (EWR) ausschliesslich über Vertragshändler. Gegenüber diesen hat die BMW AG (München) ein Exportverbot aus dem EWR sowie ein Parallelimportverbot in die Schweiz statuiert. Dies führte zum Vorwurf, dass die BMW AG (München) Importe von Autos der Marken BMW und Mini aus anderen Ländern verhindern und so die Preise in der Schweiz künstlich hochhalten würde. Im Oktober 2010 eröffnete das Sekretariat der Wettbewerbskommission eine Untersuchung gegen die BMW AG (München). Die Wettbewerbskommission (WEKO) kam im Mai 2012 zum Schluss, dass die Export- und Paralellimportverbote zwischen der BMW AG (München) und ihren Vertragshändlern in den einzelnen europäischen Ländern eine unzulässige Wettbewerbsabrede nach schweizerischem Kartellgesetz darstelle. Die BMW AG (München) gelangte an das Bundesverwaltungsgericht, das die Anwendbarkeit des schweizerischen Kartellgesetzes bejahte. In seiner Urteilsbegründung führte das Bundesverwaltungsgericht aus:

„**2.3.4** Das in Art. 2 Abs. 2 KG statuierte Auswirkungsprinzip wurde vom Bundesgericht bereits im Jahre 1967 im Entscheid BGE 93 II 192 unter dem Bundesgesetz über Kartelle und ähnliche Organisationen vom 20. Dezember 1962 (...) anerkannt. In Auslegung des Art. 7 Abs. 2 Bst. b KG 62, welcher für Klagen aus Wettbewerbsbehinderung als Gerichtsstand den Begehungsort vorsah, wenn der Beklagte in der Schweiz keinen Wohnsitz hatte, stellte das Bundesgericht fest: "L'art. 7 al. 2 litt. b permet [...] d'assigner en Suisse des organisations étrangères dont les accords de cartel produisent en Suisse des résultats illicites selon l'art. 4 L.Cart., quel que soit le lieu où ces accords ont été conclus. Cela est conforme à son but qui est de protéger la libre concurrence, jugée conforme à l'intérêt général. Cette disposition doit dès lors réprimer les entraves à la concurrence d'où qu'elles viennent, dès qu'elles ont un effet direct sur le jeu de la concurrence à l'intérieur du territoire suisse" (...). Diese Rechtsprechung wurde in einem Fusionskontrollfall betreffend die Gründung eines Gemeinschaftsunternehmens durch eine französische und eine amerikanische Unternehmung, die nach dem KG 95 zu prüfen war, bestätigt. Die Parteien wollten die Anwendbarkeit des Gesetzes an eine qualifizierte Auswirkung der Fusion auf den schweizerischen Markt knüpfen. Das Bundesgericht stellte hingegen fest: "Il ne s'agit cependant que des effets sur le marché suisse prévisibles d'emblée, afin de réserver à l'autorité compétente la possibilité de procéder ensuite à un examen plus approfondi [...]. Il s'ensuit que l'obligation d'annoncer les opérations de concentration selon le droit suisse peut déjà résulter des effets potentiels que lesdites opérations sont susceptibles de produire sur le marché suisse, même si les entreprises concernées ne sont pas physiquement présentes en Suisse" (...).

(...)

2.3.6 Das Auswirkungsprinzip hat seine völkerrechtliche Grundlage im *Lotus*-Entscheid des Ständigen Internationalen Gerichtshofes (...). Demnach sind Handlungen von Personen, die sich zum Tatzeitpunkt auf dem Territorium eines anderen Staates aufhalten, nichtdestotrotz als Handlungen anzusehen, welche innerhalb eines Staatsgebietes begangen wurden, wenn ein wesentliches Tatbestandsmerkmal, insbesondere die Auswirkungen der Tat, sich im Inland realisiert hat (...).

2.3.7 Im Kartellrecht wurde das Auswirkungsprinzip entscheidend durch das U.S.-amerikanische Recht, und vor allem die amerikanischen Gerichte, geprägt (...). Der *Sherman Act* (...) sah von Beginn an in *Section 1* die Möglichkeit vor, das Kartellverbot auch dann anzuwenden, wenn der Handelsverkehr mit anderen Staaten betroffen war. Davon machte die Rechtsprechung erstmals 1945 im sog. *Alcoa*-Fall Gebrauch (...). Allerdings sollten ausländische Abreden nur dann erfasst werden, "if they were intended to affect imports and did affect them" (...). Dieser Ansatz wurde vom Obersten Gerichtshof der U.S.A. in *Hartford Fire Ins. v. California* bestätigt (...). Das U.S.-Kartellrecht ist damit auf Verhalten anwendbar, welches direkte, erhebliche und hinreichend vorhersehbare Auswirkungen auf den Binnen- bzw. indirekten Importhandel oder auf den Exporthandel eines U.S.-Exporteurs hat (...).

2.3.8 Das Kartellrecht der früheren EWG und heutigen EU, auf welches sich das KG in grossen Teilen stützt (...), findet seit 1964 Anwendung auf Unternehmen ausserhalb des Gemeinsamen Marktes (...). (...) Zwar haben sich EuGH und EuG nie ausdrücklich zum Auswirkungsprinzip bekannt. Aufgrund der von den beiden Gerichten gebilligten Praxis der Europäischen Kommission ist allerdings anzunehmen, dass es grundsätzlich in der EU Anwendung findet, auch wenn nicht restlos geklärt ist, wie und in welchem Umfang (...).

(...)

2.3.10 (...) Das Kartellgesetz soll den Wettbewerb auf dem Schweizer Markt vor Störungen schützen, damit ein freier und nach marktwirtschaftlichen Grundsätzen funktionierender Wettbewerb ermöglicht wird. Das Auswirkungsprinzip soll dabei der Anwendung des Kartellgesetzes ausdrücklich auch in Fällen zum Durchbruch verhelfen, in denen der Wettbewerbsverstoss im Ausland begangen wurde (...). Insofern ist die schweizerische Regelung deutlich klarer als Art. 101 AEUV, wo das Auswirkungsprinzip erst durch die Praxis der Kommission und der Gerichte anerkannt wurde. Für die Beantwortung der Frage der Natur einer Auswirkung ist ein Abstellen auf die abstrakten Begriffe "Spürbarkeit", "Unmittelbarkeit", "Tatsächlichkeit" und "Vorhersehbarkeit" mit erheblichen Unsicherheiten für die Rechtsunterworfenen verbunden. Zielführender ist es, Marktauswirkungen dort zu bejahen, wo durch Verwirklichung eines Sachnormtatbestandes der Anwendungsanspruch einer Rechtsordnung ausgelöst wird (...). Der in diesem Sinne weit gefasste örtliche Anwendungsbereich wird auch ausdrücklich einleitend zu Art. 2 KG in der Botschaft KG 95 postuliert (...). (...)

2.3.11 Vorliegend hat die Beschwerdeführerin mit ihren Händlern ein Exportverbot aus dem EWR sowie ein Parallelimportverbot in die Schweiz schriftlich vereinbart. Ob beziehungsweise wie sich diese Vereinbarungen auf den Schweizer Markt ausgewirkt haben, ist an dieser Stelle nicht zu untersuchen.

Entscheidend ist, dass die Beschwerdeführerin Abreden getroffen hat, welche den Verkauf von Produkten der Beschwerdeführerin in der Schweiz und somit den Schweizer Markt betreffen. Das ist in casu der Fall. Der vorliegende Sachverhalt mit internationalem Bezug fällt folglich aufgrund von Art. 2 Abs. 2 KG in den Anwendungsbereich des Schweizer Kartellgesetzes."

2. *Die staatliche Zuständigkeit zur Rechtsdurchsetzung*

a. Grundsatz

Ohne Zustimmung des betroffenen Staates ist die extraterritoriale Rechtsdurchsetzung (im Sinne der Ausübung hoheitlicher Gewalt auf fremdem Staatsgebiet) verboten (vgl. hierzu den Lotus Fall, vorne Ziff. VI.1.a). Irrelevant ist dabei, ob diese Rechtsdurchsetzung bzw. die Setzung von Hoheitsakten mit der Ausübung von Zwang einher geht oder nicht. Denn der Grundsatz der territorialen Integrität verbietet die Vornahme von Hoheitsakten auf fremdem Staatsterritorium.

b. Beispiele

aa. Entführungen, Verschleppungen

Werden Personen von fremdem Staatsgebiet unter Einsatz von Zwang oder List entführt oder weggelockt, stellt dies eine Ausübung von Hoheitsgewalt auf fremdem Territorium dar, die völkerrechtlich verboten ist. Eine solche Entführung kann sowohl unter Einsatz von Gewalt als auch mit List erfolgen. Beispiele sind hier die Entführung Adolf Eichmanns durch israelische Geheimagenten von Argentinien nach Israel 1960 oder die mit List erfolgte Entführung des italienischen Oppositionellen Cesare Rossi durch italienische Polizeiagenten von Lugano in die italienische Enklave Campione 1928.

Das schweizerische Strafgesetzbuch sieht für ein solches Verhalten im Auftrag fremder Staaten Strafen vor:

Schweizerisches Strafgesetzbuch vom 21. Dezember 1937 (SR 311.0)

„Art. 271 Abs. 2 und 3 StGB – Verbotene Handlung für einen fremden Staat

2. Wer jemanden durch Gewalt, List oder Drohung ins Ausland entführt, um ihn einer fremden Behörde, Partei oder anderen Organisation zu überliefern oder einer Gefahr für Leib und Leben auszusetzen, wird mit Freiheitsstrafe nicht unter einem Jahr bestraft.

3. Wer eine solche Entführung vorbereitet, wird mit Freiheitsstrafe oder Geldstrafe bestraft."

EGMR, Öcalan v. Turkey, Grand Chamber, Reports 2005-IV

Türkische Sicherheitskräfte verhafteten den Kurdenführer Öcalan auf dem Flughafen von Nairobi. In dem Urteil des EGMR ging es u.a. um die Frage, ob dies eine völkerrechtlich verbotene extraterritoriale Rechtsdurchsetzung darstellte, dies im Zusammenhang mit der Frage der Vereinbarkeit der Rechtmässigkeit der Inhaftierung Öcalans mit Art. 5 EMRK.

Der Gerichtshof hielt zu der hier interessierenden Frage Folgendes fest:

> „93. The Court must decide in the light of the parties' arguments whether the applicant's interception in Kenya immediately before he was handed over to Turkish officials on board the aircraft at Nairobi Airport was the result of acts by Turkish officials that violated Kenyan sovereignty and international law (as the applicant submitted), or of cooperation between the Turkish and Kenyan authorities in the absence of any extradition treaty between Turkey and Kenya laying down a formal procedure (as the Government submitted).
>
> 94. The Court will begin by examining the evidence on the actual role played by the Kenyan authorities in the present case. The applicant entered Kenya without declaring his identity to the immigration officers. However, once they had been informed of the applicant's presence at the Greek embassy in Nairobi, the Kenyan authorities invited the Greek ambassador, with whom the applicant was staying in Nairobi, to arrange for the applicant to leave Kenyan territory. Shortly before the applicant was due to leave Kenya, more precisely as he was being transferred from the Greek embassy to the airport, Kenyan officials intervened and separated the applicant from the Greek ambassador. The car in which the applicant was travelling was driven by a Kenyan official, who took him to the aircraft in which Turkish officials were waiting to arrest him.
>
> 95. The Kenyan authorities did not perceive the applicant's arrest by the Turkish officials on board an aircraft at Nairobi Airport as being in any way a violation of Kenyan sovereignty. (...) "

Streitig ist die Rechtsfolge der Verletzung dieser Pflicht, wobei es in erster Linie um die Frage geht, ob eine rechtswidrige Entführung auch – aus völkerrechtlicher Sicht – die Rechtswidrigkeit eines (Straf-)Prozesses in dem für die Entführung verantwortlichen Staat nach sich zieht. So könnte eine "Durchgriffswirkung" der völkerrechtswidrigen Entführung deshalb zu bejahen sein, weil sie auch eine "Ausnutzung" der durch die Entführung entstandenen Situation – unter Einschluss des Gerichtsverfahrens und einer allfälligen Verurteilung – impliziert, und dies obwohl letztere grundsätzlich nicht völkerrechtswidrig sind bzw. wären. Für eine solche „Durchgriffswirkung" könnte auch die Effektivität der den Staaten in Bezug auf die Achtung der territorialen Integrität obliegenden Verpflichtungen sprechen. Weiter könnten menschenrechtliche Garantien in diesem Zusammenhang relevant sein, da eine rechtswidrige Festnahme Menschenrechte verletzen kann.

Die völkerrechtliche Praxis ist hier nicht ganz einheitlich: Der U.S. Supreme Court ging im Fall *United States v. Alvarez-Machain, 504 U. S. 655 (1992)* (ILM 1992, S. 900) davon aus, dass kein Verfahrenshindernis bestehe. Auch das deutsche Bundesverfassungsgericht argumentierte gegen eine „Durchgriffswirkung" der völkerrechtlichen Entführung. Allerdings gibt es in der Praxis auch Ansatzpunkte für die gegenteilige Ansicht.

Deutsches Bundesverfassungsgericht, 2 BvR 1506/03 (2003)

Der Beschwerdeführer, nach eigenen Angaben Berater des jemenitischen Ministers für religiöse Stiftungen im Range eines Staatssekretärs und Imam der Al-Ihsan-Moschee in Sanaa/Jemen, war am 10. Januar 2003 zusammen mit seinem Sekretär in Frankfurt am Main festgenommen worden. Der Festnahme lag ein Haftbefehl eines U.S.-amerikanischen Bundesgerichts zu Grunde. Die U.S.-amerikanischen Strafverfolgungsbehörden warfen dem Beschwerdeführer vor, terroristische Vereinigungen, insbesondere Al-Qaida und Hamas, mit Geld, Waffen, Kommunikationsmitteln versorgt und ihnen neue Mitglieder zugeführt zu haben.

Die Reise des Beschwerdeführers nach Deutschland war massgeblich durch Gespräche veranlasst worden, die ein jemenitischer Staatsangehöriger in verdecktem Auftrag der U.S.-amerikanischen Ermittlungs- und Strafverfolgungsbehörden mit dem Beschwerdeführer im Jemen geführt hatte. Der V-Mann überzeugte den Beschwerdeführer, dass er ihn im Ausland mit einer weiteren Person zusammenbringen könne, die zu einer größeren Geldspende bereit sei.

> „I. (...) 1. Im Rechtsstreit des Auslieferungsverfahrens (...) bestanden Zweifel hinsichtlich der Frage, welche Folgen es für ein Auslieferungsverfahren im ersuchten Staat hat, wenn der ersuchende Staat möglicherweise völkerrechtswidrig den Angehörigen einer dritten Staatsgewalt in den ersuchten Staat gelockt hat. (...)
>
> 3.b) Die Untersuchung der Staatenpraxis zeigt, dass die vom Beschwerdeführer behauptete allgemeine Regel des Völkerrechts nicht besteht. Die Rechtsprechung der Gerichte zu der Frage, ob das Herauslocken eines Verfolgten aus seinem Heimatstaat zu einem Auslieferungshindernis in dem ersuchten Aufenthaltsstaat wird, ist uneinheitlich. Die überwiegende Zahl der Entscheidungen sieht in den der Verhaftung vorausgehenden Umständen sogar kein Strafverfolgungshindernis im Gerichtsstaat. (...)
>
> (1) (...) Der Internationale Strafgerichtshof für das ehemalige Jugoslawien kam nach einer umfassenden Prüfung der Staatenpraxis in einem Fall, in dem der Beschuldigte von der Staatsanwaltschaft unter einem Vorwand zu einer Reise aus Serbien und Montenegro in das unter Aufsicht der Vereinten Nationen stehende Gebiet von Ostslawonien überredet worden war, zu dem Ergebnis, dass die strafrechtliche Verfolgung einer Person, die durch Täuschung bewogen wurde, sich in den Zugriffsbereich auswärtiger Strafverfolgungsorgane zu begeben, in der Staatenpraxis allenfalls dann als Verletzung des internationalen Rechts oder einzelner Grundrechte angesehen wird, wenn ein wirksamer Auslieferungsvertrag umgangen oder ungerechtfertigt Gewalt gegen den Verfolgten ausgeübt wurde (...).
>
> (2) Demgegenüber lassen sich zwar auch Gerichtsentscheidungen anführen, denen eine andere Rechtsauffassung zu Grunde liegt. Das Schweizerische Bundesgericht hat in einer - bereits erwähnten - Entscheidung, auf die der Beschwerdeführer seinen Vortrag maßgeblich stützt, die Auslieferung eines belgischen Staatsangehörigen nach Deutschland verweigert, weil der Verfolgte unter Verstoß gegen die belgische Souveränität von deutschen Behörden in die Schweiz gelockt worden war (...). Diese Praxis ist indessen nicht hinlänglich verbreitet, um als gefestigte, Völkergewohnheitsrecht begründende Übung angesehen werden zu können.
>
> (3) (...) Die jüngere Staatenpraxis berücksichtigt im Übrigen auch die Schwere des Strafvorwurfs und stellt insofern Verhältnismäßigkeitserwägungen an. Der Schutz hochrangiger Rechtsgüter, der auf internationaler Ebene in den letzten Jahren intensiviert wurde, kann geeignet sein, eine mit dem Einsatz von List möglicherweise einhergehende Verletzung der Personalhoheit eines Staates zu rechtfertigen (...6). Soweit es um die Bekämpfung schwerster Straftaten – etwa die Förderung internationalen Drogenhandels oder des Terrorismus – geht, wird das listige Herauslocken aus der Gebietshoheit eines

Staates jedenfalls nicht in dem für den Nachweis einer Staatenpraxis erforderlichen Umfang als Strafverfolgungshindernis gesehen. Für das Bestehen eines Auslieferungshindernisses kann nichts anderes gelten."

Der EGMR dürfte davon ausgehen, dass im Falle einer völkerrechtswidrigen Entführung und der anschliessenden Festnahme im „entführenden" Staat eine Verletzung des Art. 5 EMRK vorliege, nicht aber, wenn die List einem Drittstaat zuzurechnen ist, der die Auslieferung beantragt (da der ausliefernde Staat die Souveränitätsverletzung nicht zu verantworten hat). Nicht beantwortet ist damit die Frage, ob der „Entführerstaat" nicht gleichwohl gegen seine völkerrechtlichen Verpflichtungen verstösst, wenn er den Betreffenden inhaftiert.

EGMR, Al-Moayad v. Germany, Admissibility Decision of 20 February 2007, Application No. 35865/03

Der Beschwerdeführer im oben erwähnten (2 BvR 1506/03 (2003)) Urteil des Bundesverfassungsgerichts zog die Beschwerde an den EGMR weiter, wobei er insbesondere die Verletzung von Art. 5 Abs. 1 lit. f EMRK rügte. Der Gerichtshof führte hier Folgendes aus (Übersetzung aus Neue Zeitschrift für Verwaltungsrecht, NVwZ, 2008, 761):

„81. „Rechtmässigkeit" heisst allerdings auch, dass jegliche Willkür ausgeschlossen sein muss. Trifft ein Staat ausserhalb seines Hoheitsgebiets Massnahmen, die unter eindeutiger Verletzung des Völkerrechts zur Haft des Bf. Führen, z.B. dadurch, dass dieser gegen seinen Willen gezwungen wird, unter Missachtung der Souveränität seines Aufenthaltslandes in das Gebiet des bekl. Staates zu wechseln, wirft das eine Frage nach Art. 5 I EMRK auf (...).

86. Da „Rechtmässigkeit" i.S. von Art. 5 EMRK auch heisst, dass keine Willkür vorliegen darf, sind insoweit auch die Umstände von Bedeutung, die zur Festnahme und Inhaftierung des Beschwerdeführers geführt haben (...).

87. Hier ist zunächst festzustellen, dass nicht deutsche Behörden oder Personen, für deren Handeln Deutschland verantwortlich wäre, extraterritorial auf jemenitischem Staatsgebiet tätig geworden sind, um den Bf. dazu zu bringen, den Jemen zu verlassen. (...)

88. Ausserdem ist in dieser Sache keine Gewalt angewendet worden. Die US-Behörden haben den Bf. mit List zu einer Reise nach Deutschland veranlasst. Wenn ein Staat einen Verdächtigen unter Begehung ernster Menschenrechtsverletzungen festnimmt und der Staat, dessen Souveränität dabei verletzt wurde, dagegen protestiert, legt die Staatenpraxis nahe, wie des BVerfG in seiner Entscheidung überzeugend ausgeführt hat (...), dass ein Hindernis gegen die Auslieferung und damit auch gegen die Auslieferungshaft besteht. In solchen Fällen stellt sich auch eine Frage nach Art. 5 I EMRK. Doch wurde im vorliegenden Fall nicht behauptet, im Hoheitsgebiet eines Drittstaates sei unter Verstoss gegen dessen Souveränität Gewalt angewendet worden, um einen Verdächtigen aus seinem Heimatland in den bekl. Staat zu verbringen. Die Zusammenarbeit der deutschen und der US-Behörden auf deutschem Hoheitsgebiet bei der Festnahme und Inhaftierung des Bf. nach den Vorschriften über die gegenseitige Rechtshilfe wirft für sich genommen kein Problem nach Art. 5 EMRK auf.

89. Daher ist die Beschwerde insoweit offensichtlich unbegründet i.S. von Art. 35 III EMRK und nach Art. 35 IV EMRK zurückzuweisen."

X. gg. Staatsanwaltschaft III des Kantons Zürich und Haftrichter des Bezirksgerichts Zürich, BGE 133 I 234 (abgedruckt in ZBl 2008, 788)

X, ein deutscher Staatsangehöriger, stand unter dringendem Verdacht des gewerbsmässigen Anlagebetrugs, konnte aber trotz nationaler und internationaler Haftbefehle nicht verhaftet werden. Er wurde in der Dominikanischen Republik wegen illegalen Aufenthalts aufgegriffen und in Ausschaffungshaft gesetzt. Die dominikanischen Behörden teilten den schweizerischen Behörden mit, dass X mangels eines Auslieferungsvertrags mit der Schweiz nicht ausgeliefert, jedoch in der Dominikanischen Republik „abgeholt" werden könne. Daraufhin reisten drei Beamte der Kantonspolizei Zürich dorthin, übernahmen X und verbrachten ihn mit dem Flugzeug nach Zürich, wo ihm mitgeteilt wurde, er sei nun verhaftet. X ficht die Ablehnung seiner Haftbeschwerde mit dem Argument an, bei seiner Überführung in die Schweiz habe es sich um eine völkerrechtswidrige Entführung gehandelt, weshalb seine Haft im Sinne des Art. 5 Ziff. 1 S. 2 EMRK unrechtmässig sei. Das Bundesgericht nahm wie folgt Stellung (E.2.5.1):

> „Nach den Grundsätzen des Völkerrechts ist jeder Staat verpflichtet, die Souveränität anderer Staaten zu beachten. Handlungen eines Staates auf fremdem Staatsgebiet sind daher unzulässig. Soweit eine verfolgte Person sich im Ausland befindet, kann sie dem verfolgenden Staat nur mittels eines hoheitlichen Aktes des Staates, auf dessen Gebiet sie sich befindet, überstellt werden. Werden Organe des verfolgenden Staates ohne Bewilligung auf dem Gebiet eines anderen Staates tätig, bemächtigen sie sich insbesondere des Verfolgten mittels Gewalt, List oder Drohung, verletzen sie die Souveränität."

Im konkreten Fall lag jedoch keine Verletzung der Souveränität der Dominikanischen Republik vor, da weder List noch Drohung oder Gewalt angewandt wurden und im Übrigen das Einverständnis der Behörden der Dominkanischen Republik gegeben war. Allerdings umgingen die beteiligten Behörden die Regeln über die internationale Rechtshilfe in Strafsachen. Damit drängt sich die Frage auf, ob die Einhaltung des Rechtshilferechts neben dem Schutz der territorialen Souveränität fremder Staaten nicht auch dem Schutz des betroffenen Individuums dient, eine Doppelfunktion, die heute anerkannt sein dürfte. Dann aber fragt es sich, ob eine unter Umgehung des Rechtshilferechts erfolgte Verhaftung „rechtmässig" im Sinne des Art. 5 Abs. 1 lit. c EMRK sein kann, wobei das Bundesgericht allerdings die Möglichkeit, in einer solchen Konstellation Art. 5 Abs. 1 lit. c EMRK geltend zu machen, verneint.

bb. Recherchen und Beweisaufnahmen

Recherchen und Beweisaufnahmen im Hinblick auf ein laufendes Gerichtsverfahren oder im Zusammenhang mit polizeilichen Ermittlungen stellen staatliche Hoheitsakte dar, so dass derartige Handlungen auf fremdem Staatsgebiet völkerrechtlich verboten sind. Ist das jeweilige Verhalten einem anderen Staat zuzurechnen, zieht dies dessen völkerrechtliche Verantwortlichkeit nach sich.

Das schweizerische Strafgesetzbuch bestraft in Art. 271 Abs. 1 StGB mit Freiheitsstrafe bis zu drei Jahren oder Geldstrafe, in schweren Fällen mit Freiheitsstrafe nicht unter einem Jahr die Person, welche

„auf schweizerischem Gebiet ohne Bewilligung für einen fremden Staat Handlungen vornimmt, die einer Behörde oder einem Beamten zukommen, wer solche Handlungen für eine ausländische Partei oder eine andere Organisation des Auslandes vornimmt, wer solchen Handlungen Vorschub leistet."

Freiheitsstrafe bis zu drei Jahren oder Geldstrafe ist demgegenüber gemäss Art. 299 Abs. 1 StGB für jede Person vorgesehen, welche

„die Gebietshoheit eines fremden Staates verletzt, insbesondere durch unerlaubte Vornahme von Amtshandlungen auf dem fremden Staatsgebiet, wer in Verletzung des Völkerrechtes auf fremdes Staatsgebiet eindringt."

Urteil des Bundesstrafgerichts vom 7. Juli 2000 i. S. Schweizerische Bundesanwaltschaft gg. Issac Bental (Angehöriger des israelischen Geheimdienstes Mossad) (Dossiernummer 9X. 1/1999)

Der israelische Staatsangehörige Issac Bental (wahrer Name und Personalien nicht bekannt) wurde am 19. Februar 1998 zusammen mit vier anderen Personen von der Berner Kantonspolizei beim Vorhaben festgenommen, in einem Mehrfamilienhaus in Köniz eine Abhöranlage zu installieren. Geplant war eine Abhöraktion im Auftrag des israelischen Geheimdienstes Mossad gegen einen in der Schweiz eingebürgerten Libanesen, der Verbindungen zum internationalen Terrorismus unterhalte.

In der Folge erhob die Bundesanwaltschaft Anklage gegen Bental u.a. wegen verbotener Handlungen für einen fremden Staat (StGB Art. 271 Ziff. 1).

„(...) Die Verteidigung macht geltend, es habe sich dabei nicht um Handlungen gehandelt, die - wie das Gesetz es verlangt – „einer Behörde oder einem Beamten zukommen". Zu beurteilen sei eine „Nacht- und Nebelaktion", mit der ohne den geringsten Anschein von Amtlichkeit eine fremde Telefonleitung angezapft werden sollte. Dies erfülle den Tatbestand nicht, denn nur dann, wenn jemand sich anmasse, in der Schweiz mit staatlicher (aber ausländischer) Autorität zu handeln, und sich auf diese Amtsgewalt berufe, verletze er die durch Art. 271 StGB geschützte schweizerische Gebietshoheit. Der Angeklagte habe demgegenüber nicht wie ein Behördenmitglied oder ein Beamter gehandelt, sondern „wie ein kleiner Krimineller" (–...).

Nach Lehre und Rechtsprechung ist eine einer Behörde oder einem Beamten zukommende Handlung im Sinne von Art. 271 StGB jede Handlung, die für sich betrachtet, d.h. nach ihrem Wesen und Zweck, sich als Amtstätigkeit charakterisiert; entscheidend ist, ob sie ihrer Natur nach amtlichen Charakter trägt (...). Nicht erforderlich ist, dass derjenige, der die Handlung ausführt, Zwang ausüben kann (...). Beispielsweise sind Beweiserhebungen durch die mündliche Befragung von Augen- bzw. Ohrenzeugen nach schweizerischem Recht und schweizerischer Rechtsauffassung dem Richter, einer Untersuchungs- oder Anklagebehörde vorbehalten; solchen Einvernahmen für die Zwecke eines gerichtlichen Verfahrens kommt ihrer Natur nach amtlicher Charakter zu (...).

Dasselbe gilt für die Überwachung des Telefonverkehrs. (...) Bei der Telefonüberwachung handelt es sich um eine staatlich angeordnete und an gewisse Voraussetzungen gebundene geheime Aktion, die dem Betroffenen, um ihren Zweck nicht von vornherein zu vereiteln, erst nach ihrem Abschluss zur Kenntnis gebracht werden kann. Der Einwand der Verteidigung, der Angeklagte habe sich nicht „auf die Amtsgewalt berufen", verkennt, dass die Telefonüberwachung grundsätzlich geheim durchgeführt wird.

> Der Angeklagte ist ein Mitarbeiter des israelischen Geheimdienstes und wurde von diesem beauftragt, in der Schweiz bei einer Privatperson eine Anlage zu montieren, die es ermöglicht, die Gespräche der Privatperson abzuhören und den israelischen Geheimdienst darüber zu informieren. Zu beurteilen ist somit eine „amtliche" - und nicht etwa eine private - Telefonabhöraktion. Insoweit geht der Hinweis der Verteidigung auf den „Privaten", der sich „dieses Recht herausnimmt" (...), an der Sache vorbei. (...)
>
> Der Angeklagte masste sich eine Tätigkeit an, die ihrer Natur nach amtlichen Charakter trägt, und ist deshalb im Sinne von Art. 271 Ziff. 1 StGB schuldig zu sprechen. (...)" (a.a.O. E. 6b)

Anwältinnen und Anwälte können als Organe der Rechtspflege selbst in die Schusslinie geraten, wenn sie z.B. Einvernahmen für die Zwecke eines gerichtlichen Verfahrens im Ausland durchführen. Illustrativ hierzu BGE 114 IV 128.

cc. Steuererhebung

Steuererhebungen sind klassische Hoheitsakte, deren Ausübung auf fremdem Staatsgebiet verboten ist, auch wenn die Eintreibung nicht mit irgendwie gearteten Zwangsmitteln verbunden ist.

Die Botschaft Bosnien-Herzegowinas in der Schweiz hatte begonnen, aufgrund eines Gesetzes über Abwehr und Wiederaufbau der Republik Bosnien-Herzegowina bei den in der Schweiz wohnhaften bosnischen Staatsangehörigen Einkommenssteuern einzutreiben. Die Direktion für Völkerrecht hat die Rechtslage untersucht und wie folgt Stellung genommen:

> *„I. Verbot von Hoheitsakten auf fremdem Staatsgebiet*
>
> Auf der Souveränität der Staaten beruht deren „souveräne Gleichheit". Aufgrund dieses völkerrechtlichen Prinzips ist ein Staat grundsätzlich nicht berechtigt, auf dem Gebiet eines anderen Staates Hoheitsakte zu setzen. Hoheitsakte auf fremdem Staatsgebiet berühren die Staatsgewalt des Territorialstaates, da diesem allein die Ausübung der Herrschaftsgewalt in seinem Gebiet zusteht. Der Ständige Internationale Gerichtshof hat diesen Grundsatz im sogenannten Lotus-Fall erwähnt (...). Eine Ausnahme von dieser Regel besteht nur in den Fällen, in denen sich solche Handlungen im Gebiet des betreffenden Staates in keiner Weise auswirken. Ein Eingriff jedoch, der sich im Gebiet des betreffenden Staates tatsächlich auswirkt, ist verboten. Die Steuererhebung ist zweifelsohne ein klassischer Hoheitsakt, der einer Behörde oder einem Beamten zukommt und ist somit auf fremdem Staatsgebiet völkerrechtlich verboten, sofern keine Einwilligung des betroffenen Staates vorliegt.
>
> Die Ausübung von Zwang bei der Durchführung solcher Hoheitsakte ist keine Voraussetzung der Rechtswidrigkeit. Auch derjenige Staat begeht eine unerlaubte Handlung, der im fremden Territorium seine Ziele ohne Zwangsmittel zu erreichen versucht. Die Einwilligung einer Privatperson, im vorliegenden Fall eines in der Schweiz ansässigen bosnischen Staatsbürgers, ist deshalb irrelevant. Sonst würde die Einwilligung einer Privatperson, gegenüber der sich die Akte richten, für die Völkerrechtskonformität einer hoheitlichen Handlung im Ausland entscheidend sein. Die Gebietshoheit ist aber ein Recht des Staates, über das eine Privatperson nicht entscheiden kann. (...)
>
> *II. Das Wiener Übereinkommen über konsularische Beziehungen*
>
> Es stellt sich nun die Frage, ob die Erhebung von Steuern in den im Wiener Übereinkommen vom 24. April 1963 über konsularische Beziehungen

(SR 0.191.02) - dem sowohl die Schweiz als auch Bosnien-Herzegowina als Parteien angehören - festgelegten Aufgabenkreis eines konsularischen Postens fällt. Zwar handelt es sich bei den im Übereinkommen erwähnten Handlungen weiterhin um Handlungen auf fremdem Territorium. Mit der Ratifikation des Übereinkommens hat sich die Schweiz aber gegenüber anderen Staaten verpflichtet, solche Handlungen als konsularische Aufgaben grundsätzlich zuzulassen. Nach Art. 5 Bst. a des Übereinkommens bestehen die konsularischen Aufgaben hauptsächlich darin, die Interessen des Entsendestaates sowie seiner Angehörigen im Empfangsstaat innerhalb der völkerrechtlich zulässigen Grenzen zu schützen.(...) Die Steuererhebung wird in Art. 5 Bst. a bis l nicht erwähnt. (...)

Da die Schweiz der Republik Bosnien-Herzegowina weder die Bewilligung erteilt hat, auf Schweizer Gebiet Steuern zu erheben, und die beiden Länder auch keinen Staatsvertrag diesbezüglich abgeschlossen haben, ist die Steuererhebung durch die bosnische Botschaft auf das Einkommen der in der Schweiz ansässigen bosnischen Staatsbürger nicht zulässig. Es ist hier noch anzuführen, dass generell jede denkbare Amtshandlung auf fremdem Staatsgebiet mit der widerspruchslosen Hinnahme durch den Gebietsstaat gerechtfertigt wird. Sollte die Schweiz nach Kenntnis des vorliegenden Falles die bosnische Botschaft nicht auf die Unvereinbarkeit ihres Handelns mit schweizerischem und Völkerrecht hinweisen, so würde sie damit ihr stillschweigendes Einverständnis zur Steuererhebung durch die bosnische Botschaft auf schweizerischem Hoheitsgebiet geben. (...)" (VPB 59 (1995) Nr. 156 S. 1076 ff.)

dd. Zustellung amtlicher Schriftstücke im Ausland

Bei der Zustellung amtlicher Schriftstücke hängt das Vorliegen einer Verletzung der Gebietshoheit des fremden Staates grundsätzlich davon ab, ob diese der Erfüllung staatlicher Aufgaben dient, wobei die Umstände des Einzelfalls eine gewisse Rolle spielen dürften. Die Praxis ist hier nicht ganz einheitlich. Jedenfalls ist zu beachten, dass einerseits der "Bestimmungsstaat" aufgrund seiner Gebietshoheit die Zustellung amtlicher Schriftstücke verbieten kann und dass andererseits eine dauernde Duldung der Zusendung bestimmter Schriftstücke das Vorliegen einer Einwilligung nahe legt.

Rechtsgutachten der Direktion für Völkerrecht vom 12. März 1998

„Gemäss Völkerrecht hat jeder Staat Anspruch auf Achtung seiner territorialen Integrität. Untersagt sind demnach alle staatlichen Handlungen im Ausland, durch welche in die Gebietshoheit eines anderen Staates ohne dessen Einwilligung und ohne anderen völkerrechtlichen Rechtfertigungsgrund eingegriffen wird. Zu diesen Handlungen zählen grundsätzlich die Zustellung amtlicher Schriftstücke durch die Post an Privatpersonen sowie die amtliche Einholung von Auskünften. Im Rahmen dieser weiten Definition kann sich jeder Staat gegen postalische Zuwendungen entweder zur Wehr setzen oder sie tolerieren. Dementsprechend lässt sich über die Staatenpraxis kaum Allgemeines aussagen, sondern muss, je nach Rechtsfrage und von Staat zu Staat, differenziert werden.

Soweit die Souveränität der Schweiz in Frage steht, gehen die schweizerischen Behörden vom Wesen und Zweck der Zustellung aus: Entscheidend ist, ob sie der Erfüllung staatlicher Aufgaben dient. Für den Begriff des Hoheitsaktes wird hingegen nicht darauf abgestellt, ob sich aus der Zustellung für den Adressaten unmittelbar Rechtsnachteile ergeben; ebenso wenig spielt es eine Rolle, ob darin - ausdrücklich oder implizit - Zwangsmassnahmen angedroht werden. Immerhin wird postuliert, dass die Zustellung von Mitteilungen mit rein informativem Inhalt, die für den Adressaten ohne Rechtswirkungen sind, völkerrechtlich in der Regel unbedenklich sei.

Im Verhältnis zwischen der Schweiz und einem bestimmten ausländischen Staat ist somit (im Rahmen der erwähnten Definition des Völkerrechts) die Auffassung dieses ausländischen Staates und das Bestehen (bzw. das Fehlen) einer staatsvertraglichen Regelung massgebend. Die erwähnte Reziprozität im engeren Sinn hingegen ist unerheblich: Die Schweiz gewährt anderen Staaten, vorbehältlich staatsvertraglicher Verpflichtungen, keine zustellungsrechtlichen Erleichterungen in Erwägung des Gegenrechts und kann selber auch keine solchen beanspruchen. Politisch spielt der Gedanke der Reziprozität freilich eine Rolle: Die Schweiz sollte im Ausland nicht ohne Grund Zustellungsformen in Anspruch nehmen, die sie selbst - im betroffenen Rechtsgebiet - nicht zu tolerieren bereit ist. (...)." (VPB 65 (2001) Nr. 71 S. 760 f.)

In Sachen *Z. – SchKG-Beschwerde, BGE 131 III 448* hielt das Bundesgericht fest, dass die direkte postalische Zustellung der Androhung eines Konkurses an einen in Deutschland wohnhaften Gesellschafter nichtig sei, dies u.a. weil eine solche Zustellung ein schweizerischer Hoheitsakt sei, so dass die erwähnte Zustellung die Souveränität Deutschlands verletze.

3. Die Zulässigkeit staatlicher Hoheitsakte auf fremdem Staatsgebiet aufgrund spezieller völkerrechtlicher Normen

Staatliche Hoheitsakte auf fremdem Staatsgebiet sind ausnahmsweise in folgenden Fällen zulässig:

a. *Gewohnheitsrechtliche Zulässigkeit:* Die Zulässigkeit kann sich ausnahmsweise aus bilateralem Gewohnheitsrecht ergeben.

b. *Vertragliche Erlaubnis:* Häufiger sind vertragliche Vereinbarungen. Ein Beispiel ist das Schweizerisch-Österreichische Abkommen über die Zusammenarbeit auf konsularischem Gebiet vom 3. September 1979 (SR 0.191.111.631):

„Artikel 9

Die Vertretungen sind befugt, die Echtheit der Unterschriften und Siegel der Behörden des Empfangsstaates sowie auf Privaturkunden auch die Unterschriften von Angehörigen des anderen Staates, sofern über die Identität des Unterzeichners kein Zweifel besteht, zu beglaubigen.

Artikel 10

Die Vertretungen sind befugt, den Angehörigen des anderen Staates Bestätigungen über Tatsachen auszustellen, deren Richtigkeit von ihnen hinreichend festgestellt ist, wenn diese Bestätigungen in deren Heimatstaat verwendet werden sollen."

In neuerer Zeit sind für die Schweiz insbesondere diverse Verträge über die polizeiliche Zusammenarbeit von Bedeutung. So schloss die Schweiz mit allen ihren Nachbarstaaten bilaterale Polizeizusammenarbeitsverträge ab, und die Schweiz ist am sog. „Schengen-Besitzstand" der EU über ein entsprechendes Abkommen – das Teil der „Bilateralen II" bildet – assoziiert. Übereinkommen vom 14. Juni 1990 zur Durchführung des Übereinkommens von Schengen vom 14. Juni 1985 (SDÜ)

„Titel III - Polizei und Sicherheit

Kapitel 1 - Polizeiliche Zusammenarbeit

Artikel 39

Artikel 40

(1) Beamte eines Mitgliedstaates, die im Rahmen eines Ermittlungsverfahrens in dessen Hoheitsgebiet eine Person observieren, die im Verdacht steht, an einer auslieferungsfähigen Straftat beteiligt zu sein, oder die in diesem Rahmen als notwendige Maßnahme eines Ermittlungsverfahrens eine Person observieren, bei der ernsthaft anzunehmen ist, dass sie zur Identifizierung oder Auffindung der vorgenannten Person führen kann, sind befugt, diese Observation im Hoheitsgebiet eines anderen Mitgliedstaates fortzusetzen, wenn dieser der grenzüberschreitenden Observation auf der Grundlage eines zuvor gestellten und begründeten Rechtshilfeersuchens zugestimmt hat. Die Zustimmung kann mit Auflagen verbunden werden.

(2) Kann wegen der besonderen Dringlichkeit der Angelegenheit eine vorherige Zustimmung der anderen Vertragspartei nicht beantragt werden, dürfen die Beamten die Observation einer Person, die im Verdacht steht, an einer der in Absatz 7 aufgeführten Straftaten beteiligt zu sein, unter folgenden Voraussetzungen über die Grenze hinweg fortsetzen:

a. Der Grenzübertritt ist noch während der Observation unverzüglich der in Abs. 5 bezeichneten Behörde der Vertragspartei, auf deren Hoheitsgebiet die Observation fortgesetzt werden soll, mitzuteilen.

b. Ein Rechtshilfeersuchen nach Absatz 1, in dem auch die Gründe dargelegt werden, die einen Grenzübertritt ohne vorherige Zustimmung rechtfertigen, ist unverzüglich nachzureichen.

Die Observation ist einzustellen, sobald die Vertragspartei, auf deren Hoheitsgebiet die Observation stattfindet, auf Grund der Mitteilung nach Buchstabe a oder des Ersuchens nach Buchstabe b dies verlangt oder wenn die Zustimmung nicht fünf Stunden nach Grenzübertritt vorliegt.

(...)

(6) Die Vertragsparteien können im Wege bilateraler Vereinbarungen den Anwendungsbereich dieses Artikels erweitern und zusätzliche Regelungen zu seiner Durchführung treffen.

(7) Eine Observation nach Absatz 2 ist nur zulässig, wenn eine der nachstehenden Straftaten zugrunde liegt: [es folgt eine Aufzählung schwerer Straftaten]."

c. *Ad-hoc-Zustimmung:* Ein Beispiel ist die Zustimmung der zuständigen Behörde zur Befragung eines Zeugen.

2. KAPITEL: ZWISCHENSTAATLICHE BEZIEHUNGEN

I. DAS RECHT DER DIPLOMATISCHEN BEZIEHUNGEN

Rechtsgrundlagen der diplomatischen bzw. konsularischen Beziehungen sind das Wiener Übereinkommen über diplomatische Beziehungen vom 18. April 1961 (WÜD; SR 0.191.01) und das Wiener Übereinkommen über konsularische Beziehungen vom 24. April 1963 (WÜK; SR 0.191.02); beide Abkommen sind in Aufbau und Inhalt im Wesentlichen parallel ausgestaltet, weshalb sich die folgenden Ausführungen weitgehend auf das WÜD konzentrieren.

1. Unterschied Diplomat – Konsul

Nach Art. 3 WÜD und Art. 5 WÜK ist es Aufgabe von diplomatischen Missionen und konsularischen Posten, die Interessen des Entsendestaates und seiner Angehörigen im Empfangsstaat innerhalb der völkerrechtlich zulässigen Grenzen zu schützen, sich mit allen rechtmässigen Mitteln über Verhältnisse und Entwicklungen im Empfangsstaat zu unterrichten und darüber an die Regierung des Entsendestaates zu berichten und freundschaftliche Beziehungen zwischen Entsendestaat und Empfangsstaat zu fördern, wobei sich die Aufgaben der Konsulate auf die kommerziellen, wirtschaftlichen, kulturellen und wissenschaftlichen Beziehungen beschränken. Aufgabe der *diplomatischen Mission* ist es im Weiteren, u.a. den Entsendestaat im Empfangsstaat zu vertreten und mit der Regierung des Empfangsstaates zu verhandeln.

Die typisch *konsularischen Aufgaben* bestehen u.a. darin, den Angehörigen des Entsendestaates Pässe und Reiseausweise und anderen Staatsangehörigen Visa auszustellen, den Angehörigen des Entsendestaates (natürliche und juristische Personen) Hilfe und Beistand zu leisten, im Rahmen der Gesetze des Empfangsstaates notarielle, zivilstandsamtliche und ähnliche Befugnisse auszuüben, die Interessen minderjähriger und anderer nicht voll handlungsfähiger Angehöriger des Entsendestaates zu wahren, die Angehörigen des Entsendestaates vor den Gerichten und Behörden zu vertreten oder für ihre Vertretung zu sorgen, gerichtliche und aussergerichtliche Urkunden zu übermitteln und Rechtshilfeersuchen zu erledigen.

2. Die Rechtsstellung des diplomatischen Personals

Gemäss Artikel 2 WÜD erfolgt die Aufnahme diplomatischer Beziehungen zwischen Staaten und die Errichtung diplomatischer Missionen im gegenseitigen Einvernehmen. Die Mission und das diplomatische Personal, das Verwaltungs- und technische Personal sowie die Mitglieder des dienstlichen Hauspersonals stehen unter der Leitung des Missionschefs.

Die Mitglieder des diplomatischen Personals der Mission, d.h. die in diplomatischem Rang stehenden Personen (Art. 1 lit. d WÜD), sollen grundsätzlich

Angehörige des Entsendestaates sein (Art. 8 WÜD). Ansonsten werden die Mitglieder der Mission vom Entsendestaat frei bestimmt. Die Bestellung des Missionschefs bedarf allerdings der Zustimmung des Empfangsstaates (Agrément), die ohne Angabe von Gründen verweigert werden darf (Art. 4 WÜD). Der Empfangsstaat kann im Weiteren ohne Angabe von Gründen den Missionschef oder ein Mitglied des diplomatischen Personals als "persona non grata" erklären mit der Folge, dass die betreffende Person nicht mehr als Mitglied der Mission anzuerkennen ist (Art. 9 WÜD).

3. *Immunitäten und Vorrechte des diplomatischen Personals und der Missionen*

Zur ungestörten Wahrnehmung der diplomatischen Aufgaben müssen die Diplomaten frei und unbeeinflusst ihrer Tätigkeit nachgehen können. Daher haben sich bereits im 16. und 17. Jahrhundert Vorrechte und Immunitäten der diplomatischen Missionen herausgebildet.

Die Vorrechte und Immunitäten des diplomatischen Personals und der Missionen wurden bzw. werden durch verschiedene Theorien begründet:

- *Exterritorialitätstheorie*: Die Räumlichkeiten und Personen der Missionen wurden (fiktiv) als nicht zum Staatsgebiet des Empfangsstaates gehörend betrachtet und waren somit auch seiner Gerichtsbarkeit entzogen. Sie unterlagen der Rechtsordnung des Entsendestaates.

- *Repräsentationstheorie*: Der Diplomat wird als Repräsentant des Monarchen oder des souveränen Staates betrachtet. Die Vorrechte kommen ihm aufgrund des Grundsatzes der Gleichheit und der Unabhängigkeit der Staaten zu.

- *Funktionalitätstheorie*: Eine sinnvolle und wirksame Erfüllung der Aufgaben der Mission ist nur möglich mit der Gewährung von Immunitäten und Vorrechten.

Heute hat sich die Funktionalitätstheorie durchgesetzt.

Die bereits historisch weitgehend anerkannten Vorrechte und Immunitäten von Diplomaten haben denn auch Eingang in das WÜD gefunden; hervorzuheben sind insbesondere die Unverletzlichkeit der Mission, die Unverletzlichkeit der Person des Diplomaten und die weitgehende Immunität vor der Straf- und Zivilgerichtsbarkeit. Reduzierte Vorrechte und Immunitäten gelten für eine Reihe weiterer Personen, wie Familienangehörige des Diplomaten oder Mitglieder des technischen Personals der Mission.

Übereinkommen über diplomatische Beziehungen von 1961 (WÜD)

„Art. 22

1. Die Räumlichkeiten der Mission sind unverletzlich. Vertreter des Empfangsstaats dürfen sie nur mit Zustimmung des Missionschefs betreten.

2. Der Empfangsstaat hat die besondere Pflicht, alle geeigneten Massnahmen zu treffen, um die Räumlichkeiten der Mission vor jedem Eindringen und je-

der Beschädigung zu schützen und um zu verhindern, dass der Friede der Mission gestört oder ihre Würde beeinträchtigt wird.

3. Die Räumlichkeiten der Mission, ihre Einrichtung und die sonstigen darin befindlichen Gegenstände sowie die Beförderungsmittel der Mission geniessen Immunität von jeder Durchsuchung, Beschlagnahme, Pfändung oder Vollstreckung. (...)

Art. 24

Die Archive und Schriftstücke der Mission sind jederzeit unverletzlich, wo immer sie sich befinden. (...)

Art. 27

1. Der Empfangsstaat gestattet und schützt den freien Verkehr der Mission für alle amtlichen Zwecke. (...)

2. Die amtliche Korrespondenz der Mission ist unverletzlich. (...)

3. Das diplomatische Kuriergepäck darf weder geöffnet noch zurückgehalten werden. (...)

Art. 29

Die Person des diplomatischen Vertreters ist unverletzlich. Er unterliegt keiner Festnahme oder Haft irgendwelcher Art. Der Empfangsstaat behandelt ihn mit gebührender Achtung und trifft alle geeigneten Massnahmen, um jeden Angriff auf seine Person, seine Freiheit oder seine Würde zu verhindern.

Art. 30

1. Die Privatwohnung des diplomatischen Vertreters geniesst dieselbe Unverletzlichkeit und denselben Schutz wie die Räumlichkeiten der Mission.

2. Seine Papiere, seine Korrespondenz und – vorbehaltlich Art. 31 Ziff. 3 – sein Vermögen ist ebenfalls unverletzlich."

Art. 31 WÜD sichert dem diplomatischen Vertreter Immunität von der Strafgerichtsbarkeit des Empfangsstaates und von dessen Zivil- und Verwaltungsgerichtsbarkeit zu, ausgenommen in gewissen Fällen, wie u.a. bei dinglichen Klagen in Bezug auf privates unbewegliches Vermögen im Gebiet des Empfangsstaates oder bei Klagen in Zusammenhang mit einem freien Beruf oder einer anderen nebenamtlichen Tätigkeit. Diplomatische Vertreter müssen nicht als Zeugen aussagen, Vollstreckungsmassnahmen sind nur in den erwähnten Ausnahmefällen möglich und nur soweit, als nicht die Unverletzlichkeit der Wohnung oder Person beeinträchtigt wird.

Gemäss Art. 32 kann der Entsendestaat (nicht aber der Diplomat selbst) auf die Immunität von der Gerichtsbarkeit für einen diplomatischen Vertreter ausdrücklich verzichten.

Art. 34 befreit diplomatische Vertreter von allen Personal- oder Realsteuern oder -abgaben, mit Ausnahme u.a. von Mehrwertsteuer, Steuern für privates unbewegliches Vermögen und Gebühren. Art. 35 befreit von persönlichen und öffentlichen Dienstleistungen jeder Art. Gemäss Art. 36 sind verschiedene Gegenstände von Einfuhrzöllen befreit, die für den amtlichen Gebrauch der Mission oder den persönlichen Gebrauch des diplomatischen Vertreters oder seiner Familienmitglieder bestimmt sind.

„Art. 37

1. Die zum Haushalt eines diplomatischen Vertreters gehörenden Familienmitglieder geniessen, wenn sie nicht Angehörige des Empfangsstaates sind, die in den Artikeln 29 bis 36 bezeichneten Vorrechte und Immunitäten.

2. Mitglieder des Verwaltungs- und technischen Personals der Mission und die zu ihrem Haushalt gehörenden Familienmitglieder geniessen, wenn sie weder Angehörige des Empfangsstaates noch in demselben ständig ansässig sind, die in den Artikeln 29 bis 35 bezeichneten Vorrechte und Immunitäten; jedoch sind ihre nicht in Ausübung ihrer dienstlichen Tätigkeiten vorgenommenen Handlungen von der in Art. 31 Ziff. 1 bezeichneten Immunität von der Zivil- und Verwaltungsgerichtsbarkeit des Empfangsstaates ausgeschlossen. (...)

3. Mitglieder des dienstlichen Hauspersonals der Mission, die weder Angehörige des Empfangsstaates noch in demselben ansässig sind, geniessen Immunität in bezug auf ihre in Ausübung ihrer dienstlichen Tätigkeit vorgenommenen Handlungen, Befreiung von Steuern und sonstigen Abgaben. (...)

4. Private Hausangestellte von Mitgliedern der Mission geniessen, wenn sie weder Angehörige des Empfangsstaates noch in demselben ständig ansässig sind, Befreiung von Steuern und sonstigen Abgaben auf ihre Bezüge, die sie auf Grund ihres Arbeitsverhältnisses erhalten. Im Übrigen stehen ihnen Vorrechte und Immunitäten nur in dem vom Empfangsstaat zugelassenen Umfang zu. (...)

Art. 38

1. Soweit der Empfangsstaat nicht zusätzliche Vorrechte und Immunitäten gewährt, geniesst ein diplomatischer Vertreter, der Angehöriger dieses Staates oder in demselben ständig ansässig ist, Immunität von der Gerichtsbarkeit und Unverletzlichkeit lediglich in bezug auf seine in Ausübung seiner dienstlichen Tätigkeit vorgenommenen Amtshandlungen. (...)

Art. 39

1. Die Vorrechte und Immunitäten stehen den Berechtigten von dem Zeitpunkt an zu, in dem sie in das Hoheitsgebiet des Empfangsstaats einreisen, um dort ihren Posten anzutreten, oder, wenn sie sich bereits in diesem Hoheitsgebiet befinden, von dem Zeitpunkt an, in dem ihre Ernennung dem Ministerium für Auswärtige Angelegenheiten oder dem anderen in gegenseitigem Einvernehmen bestimmten Ministerium notifiziert wird.

2. Die Vorrechte und Immunitäten einer Person, deren dienstliche Tätigkeit beendet ist, werden normalerweise im Zeitpunkt der Ausreise oder aber des Ablaufs einer hierfür gewährten angemessenen Frist hinfällig (...)."

Die diplomatische Immunität beginnt zu dem Zeitpunkt, zu dem sich der Diplomat in das Hoheitsgebiet des Empfangsstaates begibt, um dort seine diplomatische Tätigkeit aufzunehmen oder, wenn er sich bereits im Empfangsstaat befindet, zu dem Zeitpunkt seiner Ernennung oder einem anderen einvernehmlich vereinbarten Zeitpunkt (Art. 39 Abs. 1 WÜK). Die Immunität endet nach Ablauf einer „angemessenen Frist" nach Beendigung der diplomatischen Tätigkeiten der betreffenden Person (Art. 39 Abs. 2 WÜK). Die Immunität für in amtlicher Eigenschaft vorgenommene Handlungen dürfte aber auch nach Beendigung der Tätigkeit fortbestehen (Immunität *ratione materiae*, die im Gegensatz zur Immunität *ratione personae* zu sehen ist, welche, wie erwähnt, zeitlich begrenzt ist). Eine solche dienstliche Handlung ist immer dann anzunehmen, wenn der Diplomat für „seinen" Staat als dessen ausführendes Organ handelt. Allerdings können hier durchaus Abgrenzungsschwierigkeiten auftreten, wobei auf den engen Zusammenhang einer Tätigkeit mit der diplomatischen Funktion und/oder auf einen entsprechenden (ausdrücklichen oder stillschweigenden) Auftrag abgestellt werden kann. Jedenfalls dürften in diesem Zusammenhang nicht alle "*ultra vires*"-Handlungen (vgl. hierzu im Zusammenhang mit dem Recht der Staatenverantwortlichkeit hinten 3. Kap., Ziff. I.3) als dienstliche Handlungen anzusehen sein.

Fraglich ist, ob sich Bestrebungen durchsetzen können, von der diplomatischen Immunität bei bestimmten schweren Verstössen gegen die Menschenrechte eine Ausnahme anzunehmen. Dies bedeutet letztlich eine Übertragung der neueren Tendenzen der Durchbrechung der Staatenimmunität und der aus ihr unmittelbar fliessenden Immunität von staatlichen Organen, insbesondere Regierungsmitgliedern (siehe vorne 1. Kap., Ziff. V.6.), auf das Diplomatenrecht. Teilweise wird hier geltend gemacht, dass einer solchen Übertragung das personale Element jeder diplomatischen Immunität entgegen stehe (so das deutsche Bundesverfassungsgericht, BVerfGE 96, S. 110 ff.). Jedenfalls schliesst Art. 27 Abs. 2 Römer Statut jegliche Immunität als Hinderungsgrund für die strafrechtliche Verantwortlichkeit aus.

Nach herrschender Meinung stellen die Regeln des Diplomatenrechts ein sog. *self-contained regime* dar, so dass bei Regelverstössen nur im Rahmen der durch das Diplomatenrecht zugelassenen Weise reagiert werden kann. Fraglich ist, inwieweit hier Ausnahmen zuzulassen sind. Solche kommen insbesondere für Präventivmassnahmen zum Schutz besonders wichtiger Allgemeinwohlgüter in Betracht. Dies gilt jedoch mit Rücksicht auf den besonderen Status von Diplomaten nur, wenn dadurch gröbste Missbräuche der diplomatischen Vorrechte verhindert werden können und der Grundsatz der Verhältnismässigkeit gewahrt wird.

IGH, United States Diplomatic and Consular Staff in Tehran (United States of America v. Iran), Judgment, I.C.J. Reports 1980, p. 3

Aus der Rechtsprechung internationaler Gerichte ist insbesondere das Urteil des IGH zur iranischen Geiselaffäre von Bedeutung: Die amerikanische Botschaft in Teheran wurde am 4. November 1979 von iranischen Studenten und anderen Demonstranten angegriffen. Der Übergriff fand im Rahmen von antiamerikanischen Protesten statt (u.a.) als Reaktion auf die Nachricht, dass der ehemalige Schah von Iran zur medizinischen Behandlung in den Vereinigten Staaten eingetroffen sei. Trotz mehrmaligen Appellen der Botschaft schritten die iranischen Sicherheitskräfte nicht ein. Schliesslich wurden alle Räumlichkeiten der Botschaft besetzt, das Archiv sowie Dokumente wurden durchsucht. Zwei US-Konsulate im Iran wurden ebenfalls besetzt. Das Botschaftspersonal, die Mitglieder des konsularischen Personals und der nichtamerikanischen Mitarbeiter sowie Besucher wurden gefangen gehalten.

Die Besetzer weigerten sich, die Geiseln frei zu lassen, solange die USA nicht gewisse Forderungen erfülle. Die Forderungen wurden von der US-Regierung als unannehmbar erklärt. Am 29. November reichte sie beim IGH Klage gegen den Iran ein und beantragte gleichzeitig den Erlass vorsorglicher Massnahmen. Am 15. Dezember 1979 verfügte der Gerichtshof die sofortige Freilassung der Geiseln.

Zum Diplomatenrecht führte der IGH aus:

> „38. In den Beziehungen zwischen Staaten gibt es keine grundlegendere Vorbedingung als die der Unverletzlichkeit der Diplomaten und Botschaften, und demgemäss haben im Laufe der Geschichte Nationen aller Glaubensrichtungen und Kulturen diese Verpflichtungen gegenseitig respektiert; die Verpflichtungen, die insbesondere übernommen wurden, um die persönliche Sicherheit der Diplomaten und ihre Befreiung von jeder Verfolgung zu garantieren, sind wesentlich, dulden keine Einschränkungen und wohnen dem repräsentativen Charakter und der diplomatischen Funktion inne;
>
> 39. Die Institution der Diplomatie mit den damit verbundenen Privilegien und Immunitäten ist in Jahrhunderten erprobt worden und hat sich als ein wesentliches Instrument für eine wirksame Zusammenarbeit der Völkergemeinschaft trotz der Unterschiede der verfassungsmässigen und sozialen Systeme bewährt, um zu gegenseitigem Verständnis zu gelangen und Meinungsverschiedenheiten friedlich beizulegen;
>
> 40. Die unbeeinträchtigte Abwicklung der konsularischen Beziehungen, die gleichfalls seit alten Zeiten zwischen den Völkern geknüpft wurden, ist nicht minder bedeutend im gegenseitigen internationalen Zusammenhang, da sie die freundschaftliche Entwicklung zwischen den Nationen fördert und den Fremden in ausländischem Staatsgebiet Schutz und Hilfe zusichert, folglich stellen die Privilegien und Immunitäten der konsularischen Beamten und Angestellten und die Unverletzlichkeit der konsularischen Räumlichkeiten und Archive ebenfalls tiefverwurzelte Prinzipien des Völkerrechts dar." (I.C.J. Reports 1980, S. 19; deutsche Übersetzung in EuGRZ 1980, S. 31)

Die iranische Regierung ist den Anordnungen des Gerichtshofs jedoch nicht nachgekommen. Zum Zeitpunkt des Urteils (24. Mai 1980) waren die 52 Geiseln immer noch in der Hand der Besetzer (sie wurden erst im Januar 1981 freigelassen). In seinem Urteil hielt es der Gerichtshof für

> „seine Pflicht, die Aufmerksamkeit der gesamten Völkerrechtsgemeinschaft, deren Mitglied der Iran selbst seit undenklichen Zeiten gewesen ist, auf den irreparablen Schaden zu lenken, der durch derartige Ereignisse, wie sie jetzt vor dem Gerichtshof anhängig sind, verursacht werden kann." (EuGRZ 1980, S. 402, § 92)

Zum System der diplomatischen Immunitäten und Privilegien bemerkte er:

> „Die Regeln des diplomatischen Rechts stellen kurz gesagt ein umfassendes System dar, das einerseits die Verpflichtungen des Empfangsstaats bezüglich der Erleichterungen, Privilegien und Immunitäten der diplomatischen Mission niederlegt und auf der anderen Seite ihren möglichen Missbrauch durch die Mitglieder der Mission berücksichtigt und die Mittel darlegt, die der Empfangsstaat hat, um solchem Missbrauch entgegenzutreten. Diese Mittel sind ihrer Natur nach völlig wirksam, denn sofern der Entsendestaat das betroffene Mitglied der Mission nicht zurückruft, wird in der Praxis die Aussicht auf den nahezu unverzüglichen Verlust seiner Privilegien und Immunitäten auf Grund der Rücknahme der Anerkennung als Mitglied der Mission durch den Empfangsstaat diese Person in ihrem eigenen Interesse zur sofortigen Abreise zwingen. Das Prinzip der Unverletzlichkeit der Person von Diplomaten und der Räumlichkeiten diplomatischer Missionen ist jedoch eine der eigentlichen Grundlagen dieses tiefverwurzelten Regimes, zu dessen Entwicklung die Traditionen des Islams einen wesentlichen Beitrag geleistet haben. (...) Selbst im

> Falle eines bewaffneten Konflikts oder im Falle des Abbruchs der diplomatischen Beziehungen erfordern diese Bestimmungen (der Wiener Übereinkommen), dass sowohl die Unverletzlichkeit der Mitglieder einer diplomatischen Mission als auch die Räumlichkeiten, das Eigentum und die Archive der Mission durch den Empfangsstaat respektiert werden müssen. Selbstverständlich bedeutet die Beachtung dieses Prinzips nicht (...), dass ein Diplomat, der bei der Begehung eines Angriffs oder einer Rechtsverletzung angetroffen wird, bei dieser Gelegenheit nicht kurz durch die Polizei des Empfangsstaates festgenommen werden kann, um die Begehung einer bestimmten Straftat zu verhindern. Aber solche Möglichkeiten haben keinerlei Beziehung zu all dem, was im vorliegenden Fall geschehen ist." (EuGRZ 1980, S. 401, para. 86)

II. KONSULARISCHER SCHUTZ

Die diplomatischen und konsularischen Vertretungen eines Staates im Ausland sind berechtigt, eigenen Staatsangehörigen, die dort in Schwierigkeiten geraten sind, „Hilfe und Beistand zu leisten" (Art. 5 lit. a WÜK), bzw. die Interessen dieser Personen „im Empfangsstaat innerhalb der völkerrechtlich zulässigen Grenzen zu schützen" (Art. 3 Abs. 1 lit. b WÜD; inhaltlich identisch Art. 5 lit. a WÜK).

Die Wahrnehmung bzw. Ausübung dieser Rechte wird in der Regel mit dem Begriff „konsularischer Schutz" bezeichnet. Dieser konsularische Schutz ist vom „diplomatischen Schutz" (i.e.S., teilweise wird der konsularische Schutz auch als Unterkategorie des diplomatischen Schutzes angesehen) abzugrenzen, der das Recht der Staaten, gegen eine völkerrechtswidrige Behandlung ihrer Angehörigen durch andere Staaten mit allen völkerrechtlich zulässigen Mitteln der Rechtsdurchsetzung, d.h. nicht nur Interventionen der diplomatischen Vertretungen, sondern auch und gerade die Geltendmachung der Staatenverantwortlichkeit, vorzugehen (hierzu ausführlich hinten im 4. Teil, 1. Kap., Ziff. III), betrifft.

Abgesehen von den erwähnten Grenzen ist die Ausübung des konsularischen Schutzes keinen Voraussetzungen unterworfen, und die durch die beiden Übereinkommen garantierten Rechte sind bedingungslos zu gewähren. Fraglich ist die Rechtsfolge einer Verletzung dieser Verpflichtungen.

IGH, LaGrand (Germany v. United States of America), Judgment, I.C.J. Reports 2001, p. 466

Die Gebrüder Walter und Karl LaGrand waren in jugendlichem Alter in die USA gekommen. Im Jahre 1982 überfielen sie eine Bank, dabei wurde eine Person getötet. Von einem amerikanischen Gericht wurden sie wegen Mordes zum Tode verurteilt, ohne dass ihnen konsularischer Beistand gewährt wurde, wie das in Art. 36 Abs. 1 lit. b WÜK vorgesehen ist:

> „Die zuständigen Behörden des Empfangsstaats haben den konsularischen Posten des Entsendestaats auf Verlangen des Betroffenen unverzüglich zu unterrichten, wenn in seinem Konsularbezirk ein Angehöriger dieses Staates festgenommen, inhaftiert oder in Untersuchungshaft genommen oder ihm

> anderweitig die Freiheit entzogen worden ist. Jede von einer Person, die festgenommen, inhaftiert oder in Untersuchungshaft genommen oder anderweitig die Freiheit entzogen ist, an den konsularischen Posten gerichtete Mitteilung haben die genannten Behörden ebenfalls unverzüglich weiterzuleiten. Diese Behörden haben den Betroffenen unverzüglich über die ihm auf Grund dieses Buchstabens zustehenden Rechte zu unterrichten."

Die deutsche Staatsangehörigkeit war den amerikanischen Behörden nicht von Anfang an bekannt, spätestens jedoch seit 1992, nachdem die Brüder über ihre Rechte aus der Konvention von Mithäftlingen informiert wurden. Die Verletzung des Übereinkommens konnte zu diesem Zeitpunkt aber aus verfahrensrechtlichen Gründen nicht mehr geltend gemacht werden. Alle Anstrengungen Deutschlands, die Hinrichtung der Brüder zu verhindern, scheiterten, und Karl LaGrand wurde am 24. Februar 1999 hingerichtet. Gegen die geplante Exekution Walter LaGrands am 3. März 1999 erhob Deutschland am 2. März 1999 Klage gegen die USA vor dem IGH, verbunden mit dem Antrag auf Erlass vorsorglicher Massnahmen. Der IGH erliess innert 24 Stunden die einstweilige Anordnung, die Hinrichtung bis zur Entscheidung in der Hauptsache des Falles auszusetzen. Walter LaGrand wurde jedoch wie geplant hingerichtet.

Zu den in Art. 36 der Wiener Konvention verbrieften Rechten führte der IGH Folgendes aus:

> „74. Art. 36 Abs. 1 stellt ein in sich geschlossenes Regime auf, um die Erfüllung des Systems des konsularischen Schutzes zu erleichtern. Er beginnt mit dem grundlegenden Prinzip des konsularischen Schutzes: dem Recht auf Kommunikation und Zugang (Art. 36 Abs. 1 a)). Dieser Klausel folgt die Vorschrift, die die Bedingungen der konsularischen Benachrichtigung niederlegt (Art. 36 Abs. 1 b)). Schliesslich legt Art. 36 Abs. 1 c) die Massnahmen dar, die Konsularbeamte ergreifen können, wenn sie ihren im Empfangsstaat festgenommenen Staatsbürgern konsularischen Beistand leisten. Daraus folgt, dass dann, wenn der Entsendestaat von der Festnahme eines Staatsangehörigen nichts erfährt, weil der Empfangsstaat es unterlässt, unverzüglich die erforderliche konsularische Benachrichtigung vorzunehmen, was im vorliegenden Fall in der Zeit zwischen 1982 und 1992 gegeben war, der Entsendestaat in jeder Hinsicht daran gehindert wurde, seine Rechte aus Art. 36 Abs. 1 wahrzunehmen. Für den vorliegenden Fall ist es unerheblich, ob die LaGrands von Deutschland konsularische Hilfe beansprucht hätten, ob Deutschland dementsprechend Hilfe geleistet hätte oder ob ein anderes Urteil gefällt worden wäre. Es reicht aus, dass die Konvention diese Rechte verleiht und dass Deutschland und die LaGrands tatsächlich wegen der Verletzung der Vereinigten Staaten an deren Ausübung gehindert waren, wenn sie sie hätten beanspruchen wollen. (...)
>
> 77. Der Gerichtshof stellt fest, dass Art. 36 Abs. 1 b) die Verpflichtungen darlegt, die der Empfangsstaat gegenüber der festgehaltenen Person und dem Entsendestaat hat. Er sieht vor, dass, auf Antrag der festgenommenen Person, der Empfangsstaat das Konsulat des Entsendestaates „unverzüglich" von der Festnahme der Person zu informieren hat. Er sieht weiter vor, dass jede von der festgenommenen Person an das Konsulat des Entsendestaates gerichtete Benachrichtigung „unverzüglich" von den Behörden des Empfangsstaates weitergeleitet werden muss. Dieser Absatz endet, und das ist wichtig, mit den folgenden Worten: „Diese Behörden haben den Betroffenen unverzüglich über *seine Rechte* auf Grund dieser Bestimmung zu unterrichten" (Hervorhebung hinzugefügt). Ausserdem kann nach Art. 36 Abs. 1 c) das

Recht des Entsendestaates, der festgenommenen Person konsularischen Beistand zu leisten, nicht ausgeübt werden, „wenn der Betroffene ausdrücklich Einspruch erhebt". Die Klarheit dieser Bestimmung lässt, im Kontext gesehen, keinen Zweifel zu. Daraus folgt, wie mehrfach festgestellt, dass der Gerichtshof sie demgemäss anwenden muss (...). Auf der Grundlage des Wortlauts dieser Bestimmungen schliesst der Gerichtshof, dass Art. 36 Abs. 1 Individualrechte schafft, die mit Blick auf Art. I des Fakultativprotokolls vor diesem Gerichtshof vom Heimatstaat der festgenommenen Person geltend gemacht werden können. Im vorliegenden Fall wurden diese Rechte verletzt." (EuGRZ 2001, S. 290)

IGH, Avena and Other Mexican Nationals (Mexico v. United States of America), Judgment, I.C.J. Reports 2004, p. 12

Knapp drei Jahre später wurde den USA erneut eine Verletzung der Bestimmungen des WÜK vorgeworfen. Amerikanische Gerichte hatten in regulären Strafverfahren 52 mexikanische Staatsangehörige ohne Einschaltung des mexikanischen Konsulates zum Tode verurteilt. Der IGH folgte im Wesentlichen den Anträgen Mexikos und stellte in seinem Urteilsspruch eine Verletzung von Art. 36 WÜK durch die USA fest. Das Urteil stellt eine Bestätigung der Rechtsprechung im Fall La Grand dar, entwickelt diese aber in Bezug auf die Art der Wiedergutmachungen fort, dies auf der Grundlage des Antrags von Mexiko, ein Gnadenerweis stelle keine ausreichende Wiedergutmachung dar:

„Die Entscheidung des IGH, dass ein Gnadenerweis allein nicht als ausreichende Erfüllung der Verpflichtung in Art. 36 Abs. 2 angesehen werden kann, sondern dass es bei einer Überprüfung des Verfahrens und der Verurteilung insbesondere auf die Auswirkung der Verletzung der Verpflichtungen aus dem Übereinkommen ankomme, ist einleuchtend. Art. 36 Abs. 2 der Konsularrechtskonvention fordert, dass das innerstaatliche Recht der Vertragsparteien es zulassen muss, „die Zwecke vollständig zu verwirklichen, für welche die in diesem Artikel vorgesehenen Rechte eingeräumt werden". Dem kann ein Verfahren, das keine Überprüfung des Strafverfahrens, sondern nur einen eher automatisch erfolgenden Gnadenerweis vorsieht, nicht entsprechen, weil damit das Recht auf Schutz und Beistand durch einen Konsul nicht ersetzt werden kann. (...)

Damit liegt die Bedeutung dieses Falles daran, dass alle Staaten, die kein gerichtliches Verfahren vorsehen, um Strafverfahren zu überprüfen, die ohne Einschaltung des Konsuls gegen fremde Staatsangehörige durchgeführt wurden, ein derartiges Verfahren einführen sollten, um der Verpflichtung aus Art. 36 Abs. 2 der Konsularrechtskonvention nachzukommen." (Karin Oellers-Frahm, Im Todestrakt, Vereinte Nationen 3/2004, S. 107)

3. KAPITEL: STAATENVERANTWORTLICHKEIT

Haftung und Verantwortlichkeit sind notwendige Elemente einer jeden Rechtsordnung und bilden Korrelate zu den von dieser Rechtsordnung statuierten Verhaltenspflichten. Dies gilt auch für das Völkerrecht. Im Vordergrund steht dabei die Haftung und Verantwortlichkeit für rechtswidriges Verhalten (I.); eine Verantwortlichkeit für rechtmässiges Verhalten besteht hingegen bislang nur punktuell (II.).

I. VERANTWORTLICHKEIT FÜR RECHTSWIDRIGES VERHALTEN

1. *Rechtsquellen der völkerrechtlichen Verantwortlichkeit*

Die völkerrechtliche Verantwortlichkeit, d.h. das Einstehenmüssen für Verletzungen völkerrechtlicher Pflichten, trägt zur Effektivität der Völkerrechtsordnung bei. Sie steht dem Grundsatz der souveränen Gleichheit der Staaten nicht entgegen und findet ihre Grundlage im Gewohnheitsrecht:

StIGH, Factory at Chorzów (Germany v. Poland), P.I.C.J. Series A, No 9, 1927

„C'est un principe du droit international que la violation d'un engagement entraîne l'obligation de réparer dans une forme adéquate." (p. 21)

StIGH, Phosphates in Morocco, P.I.C.J. Series A/B, No 74, 1938

„S'agissant d'un acte imputable à l'État et décrit comme contraire aux droits conventionnels d'un autre État, la responsabilité internationale s'établirait directement dans le plan des relations entre ces États." (p. 28)

Der Grundsatz der völkerrechtlichen Verantwortlichtkeit ist nunmehr auch im ILC-Entwurf zur Staatenverantwortlichkeit kodifiziert worden:

„Artikel 1

Verantwortlichkeit eines Staates für seine völkerrechtswidrigen Handlungen

Jede völkerrechtswidrige Handlung eines Staates hat die völkerrechtliche Verantwortlichkeit dieses Staates zur Folge." (deutsche Übersetzung im Anhang)

Für das Recht der Staatenverantwortlichkeit kommt den Arbeiten der International Law Commission (ILC) eine hervorragende Bedeutung zu. Im Sommer 2001 schloss die ILC nach zweiter Lesung ihre langjährigen Arbeiten zu diesem Thema mit der Verabschiedung der „Draft articles on Responsibility of States for internationally wrongful acts" (nachfolgend: ILC-Entwurf) ab (UN Doc A/CN.4/L.602/Rev.1). Die UNO-Generalversammlung nahm den ILC-Entwurf im Dezember 2001 in der Resolution 56/83 zur Kenntnis und empfahl ihn den Regierungen zur aufmerksamen Kenntnisnahme. Als Text, welcher weitgehend Gewohnheitsrecht kodifiziert und offene Fragen klärt, hat der Entwurf in der Praxis von Staaten und Gerichten grosse Bedeutung erlangt.

2. Begriff der völkerrechtlichen Verantwortlichkeit

Unter völkerrechtlicher Verantwortlichkeit sind diese neuen rechtlichen Beziehungen zwischen dem oder den verpflichteten Staaten und einem oder mehreren berechtigten Staaten zu verstehen, kraft derer die ersteren aufgrund der Begehung einer völkerrechtswidrigen Handlung dem oder den berechtigten Staaten gegenüber zur Wiedergutmachung und/oder zur Leistung von Schadenersatz verpflichtet sind, wobei die wiedergutzumachenden Folgen kausal durch die völkerrechtswidrige Handlung verursacht worden sein müssen.

Die „primären Normen" regeln die Verhaltenspflichten der Staaten; die „sekundären Normen" behandeln Fragen der Verantwortlichkeit, d.h. Voraussetzungen und Inhalt der neuen Rechtsbeziehungen, die zwischen Verletzer, Verletztem und Dritten entstehen, wenn gegen die Verpflichtungen aus den Primärnormen (d.h. spezifische, den Verletzerstaaten bindende Verhaltensnormen des Völkerrechts) verstossen wurde.

Beteiligte an der durch die völkerrechtliche Verantwortlichkeit entstehenden neuen Rechtsbeziehung sind nur die Staaten, auch wenn es um die Verletzung völkerrechtlicher Verpflichtungen geht, die letztlich den Schutz Einzelner zum Gegenstand haben (vgl. z.B. *IGH, LaGrand (Germany v. United States of America), Judgment, I.C.J. Reports 2001, p. 466*).

Die völkerrechtliche Verantwortlichkeit ist von der individuellen (strafrechtlichen) Verantwortlichkeit im Rahmen des Völkerstrafrechts, von der zivilrechtlichen haftung und der strafrechtlichen Verantwortlichkeit im nationalen Recht zu unterscheiden.

3. Die völkerrechtswidrige Handlung

a. Elemente der völkerrechtswidrigen Handlung

Eine völkerrechtswidrige Handlung weist zwei Elemente auf (Art. 2 ILC-Entwurf):

- ein dem Staat zurechenbares Verhalten (Handeln, Unterlassen, Dulden),
- das eine Völkerrechtsverletzung darstellt.

Der geschädigte Staat muss einen Nachteil erlitten haben, ein materieller Schaden ist aber kein Element der völkerrechtswidrigen Handlung. Teilweise ergibt sich aber aus den einschlägigen primären Normen das Erfordernis eines (materiellen) Schadens (z.B. im Fremdenrecht).

Verschulden ist ebenfalls kein notwendiges Element der völkerrechtswidrigen Handlung. Inwiefern es im konkreten Fall eine Rolle spielt, ergibt sich aus dem anwendbaren primären Recht.

Um den Fall einer Verantwortlichkeit für die Verletzung einer Handlungspflicht ging es im Korfu-Kanal-Fall.

IGH, Corfu Channel (United Kingdom of Great Britain and Northern Ireland v. Albania), Judgment, I.C.J. Reports 1949, p. 4

Im ersten vom IGH zu beurteilenden Fall ging es um die freie Durchfahrt durch den Korfu-Kanal, der sich zwischen der albanischen Küste und dem nördlichen Teil der griechischen Insel Korfu befindet. Im Mai 1946 wurden zwei britische Kriegsschiffe bei der Durchfahrt durch den Kanal von der albanischen Armee beschossen, aber nicht getroffen. Die britische Regierung protestierte dagegen und behauptete, die freie Durchfahrt durch den Kanal sei ein durch das Völkerrecht garantiertes Recht, während Albanien den Standpunkt vertrat, kein ausländisches Kriegs- oder Handelsschiff dürfe die territorialen Gewässer Albaniens ohne vorherige Bewilligung passieren.

Nichtsdestotrotz schickte die britische Kriegsmarine am 22. Oktober 1946 zwei Kriegsschiffe und zwei Zerstörer durch den Kanal. Beide Zerstörer fuhren in albanischen Gewässern auf Minen auf und wurden erheblich beschädigt, 45 Soldaten verloren dabei ihr Leben, weitere 42 wurden verletzt. Der Kanal galt eigentlich als sicher, da im vorangegangenen Jahr eine Minenräumung durchgeführt worden war. Als Reaktion führte die britische Marine im November erneut eine Minenräumung durch, welche zuvor in einer diplomatischen Note angekündigt worden war; Albanien widersetzte sich dieser Aktion mit Verweis auf seine territoriale Souveränität. Im Verlaufe der Räumung wurden 22 vertäute Minen gefunden.

Der vom Vereinigten Königreich mit den Vorkommnissen befasste UNO-Sicherheitsrat empfahl den Streitparteien, die Sache dem IGH vorzulegen. Nach einem Entscheid, in welchem der Gerichtshof seine Zuständigkeit bejahte, legten die Streitparteien dem IGH u.a. die Frage zur Beurteilung vor, ob Albanien völkerrechtlich verantwortlich sei für die Explosionen und Wiedergutmachung („compensation", „réparation") leisten müsse.

Der Gerichtshof bejahte die Frage: Albanien sei für die Explosionen völkerrechtlich verantwortlich, weil es von den Minenfeldern wusste oder hätte wissen müssen. Dazu führte der IGH Folgendes aus:

> „It is clear that knowledge of the minelaying cannot be imputed to the Albanian Government by reason merely of the fact that a minefield discovered in Albanian territorial waters caused the explosions of which the British warships were the victims. It is true, as international practice shows that a State on whose territory or in whose waters an act contrary to international law has occurred, may be called upon to give an explanation. It is also true that that State cannot evade such a request by limiting itself to a reply that it is ignorant of the circumstances of the act and of its authors. The State may, up to a certain point, be bound to supply particulars of the use made by it of the means of information and inquiry at its disposal. But it cannot be concluded from the mere fact of the control exercised by a State over its territory and waters that that State necessarily knew, or ought to have known, of any unlawful act perpetrated therein, nor yet that it necessarily knew, or should have

known, the authors. This fact, by itself and apart from other circumstances, neither involves prima facie responsibility nor shifts the burden of proof. (...)

From all the facts and observations mentioned above, the Court draws the conclusion that the laying of the minefield which caused the explosions on October 22nd, 1946, could not have been accomplished without the knowledge of the Albanian Government. (...)

The obligations incumbent upon the Albanian authorities consisted in notifying, for the benefit of shipping in general, the existence of a minefield in Albanian territorial waters and in warning the approaching British warships of the imminent danger to which the minefield exposed them. Such obligations are based (...) on certain general and well-recognized principles, namely: elementary considerations of humanity, even more exacting in peace than in war; the principle of the freedom of maritime communication; and every State's obligation not to allow knowingly its territory to be used for acts contrary to the rights of other States.

In fact, Albania neither notified the existence of the minefield, nor warned the British warships of the danger they were approaching. (...)

In fact, nothing was attempted by the Albanian authorities to prevent the disaster. These grave omissions involve the international responsibility of Albania.

The Court therefore reaches the conclusion that Albania is responsible under international law for the explosions which occurred on October 22nd, 1946, in Albanian waters, and for the damage and loss of human life which resulted from them, and that there is a duty upon Albania to pay compensation to the United Kingdom." (a.a.O. S. 18 ff.)

b. Zurechenbarkeit

Im Rahmen der völkerrechtlichen Verantwortlichkeit ist zunächst zu prüfen, ob das die Rechtsverletzung verursachende Verhalten dem Staat zurechenbar ist. Staaten kann dabei grundsätzlich nur das Verhalten ihrer Organe zugerechnet werden. Eine Zurechnung kommt allerdings auch in anderen Situationen unter bestimmten Voraussetzungen in Betracht. Sind die Personen, deren Verhalten zur Debatte steht, keine "klassischen" Staatsorgane oder überschreiten sie ihre Befugnisse, sind die Voraussetzungen der Zurechnung aber weniger eindeutig. Oft spielen hier auch die Umstände des Einzelfalles eine Rolle.

aa. Staatsorgane

Nach Art. 4 ILC-Entwurf ist das Verhalten all jener Personen dem Staat zuzurechnen, denen das innerstaatliche Recht den Statuts eines Staatsorgans einräumt, unabhängig davon, um welche staatliche Gewalt es sich handelt und ob es um ein Organ der Zentralregierung oder eines Gliedstaates geht.

Darüberhinaus dürfte der IGH in seinem Genozid-Urteil diejenigen Personen, die zwar nicht formell, jedoch faktisch in den Staatsapparat eingebunden sind, ebenfalls als Staatsorgane im Sinne des Art. 4 ILC-Entwurf ansehen, sofern sie in kompletter Abhängigkeit vom Staat agieren.

Schliesslich ist nach Art. 5 des ILC-Entwurfs dem Staat auch das Verhalten von Personen oder Stellen zurechenbar, die zwar keine Staatsorgane im Sinne des Art. 4 ILC-Entwurfs darstellen (also nicht „formell" in die Staatsorganisation eingebunden sind), jedoch zur Ausübung von spezifischen hoheitlichen Befugnissen ermächtigt worden sind. Entscheidend ist in dieser Konstellation die „Betrauung" Privater, nicht eine „Kontrolle" des Staates über die Aktivitäten. Art. 5 ILC-Entwurf greift etwa im Falle der Beauftragung privater Sicherheitsunternehmen mit der Führung von Gefängnissen, mit dem Verhör bestimmter Personen, mit der Bewachung offizieller Gebäude oder mit der Sicherstellung von Ruhe und Ordnung in einem bestimmten Gebiet.

Sowohl im Rahmen von Art. 4 als auch von Art. 5 ILC-Entwurf ist eine Zurechnung nur dann zu bejahen, wenn die betreffenden Personen oder Stellen in ihrer Eigenschaft als Staatsorgane bzw. in Ausübung der ihr übertragenen Aufgaben oder Funktionen agierten.

IGH, Application of the Convention on the Prevention and Punishment of the Crime of Genocide (Bosnia and Herzegovina v. Serbia and Montenegro), Judgment, I.C.J. Reports 2007, p. 91

Im Zusammenhang mit dem Massaker von Srebenica während des Bürgerkriegs in Ex-Jugoslawien ging es in diesem Urteil u.a. um die Frage, ob das Verhalten der bosnisch-serbischen Armee (VRS), die zur sog. Republik Srpska (serbische Republik in Bosnien bis zum Ende des Bürgerkriegs) gehörte, Serbien (damals Former Republic of Yugoslavia – FRY) zugerechnet werden konnte. Der Gerichtshof führte zur Frage der Organstellung der VRS Folgendes aus:

> „379. In view of the foregoing conclusions, the Court now must ascertain whether the international responsibility of the Respondent can have been incurred, on whatever basis, in connection with the massacres committed in the Srebrenica area during the period in question. For the reasons set out above, those massacres constituted the crime of genocide within the meaning of the Convention. For this purpose, the Court may be required to consider the following three issues in turn. First, it needs to be determined whether the acts of genocide could be attributed to the Respondent under the rules of customary international law of State responsibility; this means ascertaining whether the acts were committed by persons or organs whose conduct is attributable, specifically in the case of the events at Srebrenica, to the Respondent. (...)
>
> 393. However, so to equate persons or entities with State organs when they do not have that status under internal law must be exceptional, for it requires proof of a particularly great degree of State control over them, a relationship which the Court's Judgment quoted above expressly described as ‚complete dependence'. It remains to be determined in the present case whether, at the time in question, the persons or entities that committed the acts of genocide at Srebrenica had such ties with the FRY that they can be deemed to have been completely dependent on it; it is only if this condition is met that they can be equated with organs of the Respondent for the purposes of its international responsibility.
>
> 394. The Court can only answer this question in the negative. At the relevant time, July 1995, neither the Republika Srpska nor the VRS could be regarded as mere instruments through which the FRY was acting, and as lacking any real autonomy. While the political, military and logistical relations between the federal authorities in Belgrade and the authorities in Pale, between the Yugoslav army and the VRS, had been strong and close in previous years

(...), and these ties undoubtedly remained powerful, they were, at least at the relevant time, not such that the Bosnian Serbs' political and military organizations should be equated with organs of the FRY. It is even true that differences over strategic options emerged at the time between Yugoslav authorities and Bosnian Serb leaders; at the very least, these are evidence that the latter had some qualified, but real, margin of independence. Nor, notwithstanding the very important support given by the Respondent to the Republika Srpska, without which it could not have ,conduct[ed] its crucial or most significant military and paramilitary activities' (...), did this signify a total dependence of the Republika Srpska upon the Respondent. (...)"

Im Fall von *ultra vires-Handlungen* – also Verhaltensweisen in Ausführung einer amtlichen Tätigkeit oder unter Vorgabe einer solchen, die die Befugnisse der handelnden Personen überschreiten – gehen weite Teile von Praxis und Lehre davon aus, dass eine Zurechnung zu dem jeweiligen Staat gleichwohl möglich ist.

„Artikel 7 ILC-Entwurf

Kompetenzüberschreitung oder weisungswidriges Handeln

Das Verhalten eines Staatsorgans oder einer zur Ausübung hoheitlicher Befugnisse ermächtigten Person oder Stelle ist als Handlung des Staates im Sinne des Völkerrechts zu werten, wenn das Organ, die Person oder die Stelle in dieser Eigenschaft handelt, selbst wenn sie ihre Kompetenzen überschreiten oder Weisungen zuwiderhandeln."

Estate of Jean-Baptiste Caire (France v. United Mexican States), UNRIAA V, pp. 516-534

Der Franzose Caire wurde in Mexiko von zwei mexikanischen Soldaten erschossen, nachdem sie erfolglos Geld von ihm verlangt hatten. Die Schiedskommission hielt fest, dass

„[u]nder these circumstances, there remains no doubt that, even if they are to be regarded as having acted outside their competence, which is by no means certain, and even if their superior officers issued a counter-order, these two officers have involved the responsibility of the State, in view of the fact that they acted in their capacity of officers and used the means placed at their disposition by virtue of that capacity."

bb. De facto-Organe

Unter *de facto-Organen* werden Personen verstanden, die zwar nicht "offiziell" die Stellung eines Staatsorgans bekleiden, allerdings "de facto" entsprechende Funktionen ausüben. Deren Verhalten kann den Staaten grundsätzlich zugerechnet werden.

Art. 8 ILC-Entwurf lässt zwei Alternativen des de facto-Organs erkennen: die faktische (nicht auf Rechtsnormen beruhende) staatliche Beauftragung einerseits und die tatsächliche staatliche Leitung oder Kontrolle andererseits. In beiden Konstellationen sind die genauen Voraussetzungen bzw. Anforderungen an das Vorliegen der in Art. 8 ILC-Entwurf formulierten Voraussetzungen strittig. Bei der Beauftragung geht es insbesondere um die notwendige Präzision und Konkretisierung des Auftrags (und damit die Reichweite der Zurechnung), bei der staatlichen Leitung oder Kontrolle in erster Linie um den Zeitpunkt und die Reichweite der staatlichen Kontrolle.

„Artikel 8 ILC-Entwurf

Von einem Staat geleitetes oder kontrolliertes Verhalten

Das Verhalten einer Person oder Personengruppe ist als Handlung eines Staates im Sinne des Völkerrechts zu werten, wenn die Person oder Personengruppe dabei faktisch im Auftrag oder unter der Leitung oder Kontrolle dieses Staates handelt."

IGH, Military and Paramilitary Activities in and against Nicaragua (Nicaragua v. United States of America), Judgment, I.C.J. Reports 1986, p. 14

Im Nicaragua-Fall ging es u.a. um die Frage, ob die finanzielle, logistische und taktische Unterstützung der Contras in Nicaragua durch die USA eine Zurechenbarkeit der Handlungen der Contras zu den USA zu begründen vermochte:

„109. What the Court has to determine at this point is whether or not the relationship of the contras to the United States Government was so much one of dependence on the one side and control on the other that it would be right to equate the contras, for legal purposes, with an organ of the United States Government, or as acting on behalf of that Government. Here it is relevant to note that in May 1983 the assessment of the Intelligence Committee (...) was that the contras 'constitute(d) an independent force' and that the 'only element of control that could be exercised by the United States' was 'cessation of aid'. Paradoxically this assessment serves to underline, a contrario, the potential for control inherent in the degree of the contras' dependence on aid. Yet despite the heavy subsides and other support provided to them by the United States, there is no clear evidence of the United States having actually exercised such a degree of control in all fields as to justify treating the contras as acting on its behalf. (...)

115. The Court has taken the view (...) that United States participation, even if preponderant or decisive, in the financing, organizing, training, supplying and equipping of the contras, the selection of its military or paramilitary targets, and the planning of the whole of its operation, is still insufficient in itself, on the basis of the evidence in the possession of the Court, for the purpose of attributing to the United States the acts committed by the contras in the course of their military or paramilitary operations in Nicaragua. All the forms of United States participation mentioned above, and even the general control by the respondent State over a force with a high degree of dependency on it, would not in themselves mean, without further evidence, that the United States directed or enforced the perpetration of the acts contrary to human rights and humanitarian law alleged by the applicant State. Such acts would well be committed by members of the contras without the control of the United States. For this conduct to give rise to legal responsibility of the United States, it would in principle have to be proved that that State had effective control of the military or paramilitary operations in the course of which the alleged violations were committed."

IGH, Application of the Convention on the Prevention and Punishment of the Crime of Genocide (Bosnia and Herzegovina v. Serbia and Montenegro), Judgment, I.C.J. Reports 2007, p. 91

Im bereits erwähnten Urteil führte der Gerichtshof zur Frage, ob die VRS als de facto-Organ anzusehen war, Folgendes aus:

„396. As noted above (...), the Court must now determine whether the massacres at Srebrenica were committed by persons who, though not having the status of organs of the Respondent, nevertheless acted on its instructions or under its direction or control (...).

397. The Court (...) now addresses (...) whether, in the specific circumstances surrounding the events at Srebrenica the perpetrators of genocide were acting on the Respondent's instructions, or under its direction or control. An affirmative answer to this question would in no way imply that the perpetrators should be characterized as organs of the FRY, or equated with such organs. It would merely mean that the FRY's international responsibility would be incurred owing to the conduct of those of its own organs which gave the instructions or exercised the control resulting in the commission of acts in breach of its international obligations. In other words, it is no longer a question of ascertaining whether the persons who directly committed the genocide were acting as organs of the FRY, or could be equated with those organs (...). What must be determined is whether FRY organs incontestably having that status under the FRY's internal law originated the genocide by issuing instructions to the perpetrators or exercising direction or control (...).

398. On this subject the applicable rule, which is one of customary law of international responsibility, is laid down in Article 8 of the ILC Articles on State Responsibility as follows: (...)

399. This provision must be understood in the light of the Court's (...) Judgment in the case concerning Military and Paramilitary Activities in and against Nicaragua (...). (...) it has to be proved that (...) [the persons who performed the acts] acted in accordance with that State's instructions or under its ‚effective control'. It must however be shown that this ‚effective control' was exercised, or that the State's instructions were given, in respect of each operation in which the alleged violations occurred, not generally in respect of the overall actions taken by the persons or groups of persons having committed the violations.

401. (...) Genocide will be considered as attributable to a State if and to the extent that the physical acts constitutive of genocide that have been committed by organs or persons other than the State's own agents were carried out, wholly or in part, on the instructions or directions of the State, or under its effective control. This is the state of customary international law, as reflected in the ILC Articles on State Responsibility. (...)

413. In the light of the information available to it, the Court finds (...) that it has not been established that those massacres were committed on the instructions, or under the direction of organs of the Respondent State, nor that the Respondent exercised effective control over the operations in the course of which those massacres, which, as indicated in paragraph 297 above, constituted the crime of genocide, were perpetrated.The Applicant has not proved that instructions were issued by the federal authorities in Belgrade, or by any other organ of the FRY, to commit the massacres, still less that any such instructions were given with the specific intent (dolus specialis) characterizing the crime of genocide, which would have had to be present in order for the Respondent to be held responsible on this basis. All indications are to the contrary: that the decision to kill the adult male population of the Muslim community in Srebrenica was taken by some members of the VRS Main Staff,

> but without instructions from or effective control by the FRY. As for the killings committed by the ‚Scorpions' paramilitary militias, notably at Trnovo (...), even if it were accepted that they were an element of the genocide committed in the Srebrenica area, which is not clearly established by the decisions thus far rendered by the ICTY (...), it has not been proved that they took place either on the instructions or under the control of organs of the FRY."

cc. Anerkennung des Verhaltens Privater

Nach Art. ILC-Entwurf 11 wird eine Zurechnung eines bestimmten Verhaltens zu dem jeweiligen Staat auch dann begründet, wenn der Staat an sich nicht zurechenbares privates „Verhalten als sein eigenes übernimmt oder anerkennt". Noch nicht ganz geklärt sind hier die genauen Voraussetzungen, unter denen eine solche Übernahme angenommen werden kann. Vieles spricht dafür, hier eine klare (explizite oder implizite) „Solidarisierung" des Staates mit dem entsprechenden Verhalten zu verlangen, die sich nicht nur in einer blossen „Gratulation" erschöpft, sondern deutlich macht, dass der Staat das entsprechende Verhalten als sein eigenes angesehen haben will.

Der IGH kam im Fall *United States Diplomatic and Consular Staff in Tehran (United States of America v. Iran), Judgment, I.C.J. Reports 1980, p. 3* zum Schluss, dass das Verhalten der Studenten, die die amerikanische Botschaft überfallen und das Personal als Geiseln festgehalten hatten, dem Staat Iran ab dem Zeitpunkt einer entsprechenden Deklaration des Revolutionsführers Khomeini, dass Iran das Agieren der Studenten in jeder Hinsicht unterstützte, zugerechnet werden könne. Hingegen genügten reine „Glückwünsche" zu privaten Aktionen nicht für eine Zurechenbarkeit.

Fraglich ist, ob Art. 11 ILC-Entwurf auch eine „rückwirkende Zurechnung" ursprünglich privaten Verhaltens ermöglicht oder ob – im Gegenteil – ein „Umschlagen" ursprünglich privaten Verhaltens nicht begründet werden kann, so dass dieser Zurechnungstatbestand (lediglich) bei Verhaltensweisen mit einem gewissen „Dauercharakter" zum Zuge kommen kann.

dd. Sonstige Zurechnungsgründe

Der ILC-Entwurf nennt darüber hinaus noch einige weitere anerkannte Zurechnungsgründe: Verhalten von Organen, die einem Staat von einem anderen Staat zur Verfügung gestellt werden (Art. 6), Verhalten bei Abwesenheit oder Ausfall staatlicher Stellen (Art. 9) sowie das Verhalten Aufständischer, die zur neuen Staatsregierung werden oder die in einem Teil des staatlichen Hoheitsgebiets einen neuen Staat zu gründen vermögen (Art. 10).

Iran – United States Claims Tribunal, Yeager v. Iran, 17 Iran Reports 92

Der Amerikaner Yeager wurde wenige Tage nach der Islamischen Revolution in Iran von sog. „Revolutionary Guards" von seiner Wohnung in ein Hotel verbracht und da mehrere Tage festgehalten. Schliesslich wurde er im Rahmen einer Evakuationsoperation aus Iran ausgeflogen. Yeager machte vor dem Gericht seine völkerrechtswidrige Ausschaffung geltend, während sich Iran auf den Standpunkt stellte, das Verhalten der „Guards" sei ihm nicht zuzurechnen. Das Tribunal hält dazu fest:

> „39. (...) Many of Ayatollah Khomeini's supporters were organised in local revolutionary committees, so-called Komitehs, which often emerged from the 'neighbourhood committees' formed before the victory of the revolution. These Komitehs served as local security forces in the immediate aftermath of the revolution. It is reported that they made arrests, confiscated property, and took people to prisons. (...)
>
> 42. The Question then arises whether the acts at issue are attributable to Iran under international law. (...) [A]ttributability of acts to the State is not limited to acts of organs formally recognized under internal law. Otherwise a State could avoid responsibility under international law merely by invoking its internal law. It is generally accepted in international law that a State is also responsible for acts of persons, if it is established that those persons were in fact acting on behalf of the State. (...)
>
> 43. The Tribunal finds sufficient evidence (...) that revolutionary „Komitehs" or „Guards" after 11 February 1979 were acting on behalf of the new Government, or at least exercised elements of governmental authority in the absence of official authorities, in operations of which the new Government must have had knowledge and to which it did not specifically object. (...)
>
> 45. (...) On the basis of the evidence in this case, therefore, the Tribunal finds the acts of the two men who took the claimant to the Hilton Hotel attributable to Iran."

ee. Zur Verantwortlichkeit im Zusammenhang mit dem Verhalten Privater

Handlungen *Privater*, d.h. natürlicher oder juristischer Personen, die nicht nach den anerkannten Zurechnungskriterien als Staatsorgane zu qualifizieren sind, können den Staaten nicht zugerechnet werden; die Staatenverantwortlichkeit kann sich aber aus der Verletzung von in primärrechtlichen Vorgaben niedergelegten (Sorgfalts-) Pflichten ergeben, welche sie zum Einschreiten gegen Private verpflichten.

IGH, United States Diplomatic and Consular Staff in Tehran (United States of America v. Iran), Judgment, I.C.J. Reports 1980, p. 3

Der IGH hatte sich in diesem Fall (Sachverhalt vorne im 2. Kap., Ziff. I.3) auch zur völkerrechtlichen Verantwortlichkeit Irans zu äussern. Dazu musste er untersuchen, inwieweit die Ereignisse um die amerikanische Botschaft dem iranischen Staat zurechenbar waren und inwiefern Iran dadurch seine Verpflichtungen gegenüber den USA verletzt hatte. Der Gerichtshof unterteilte die in Frage stehenden Ereignisse in zwei Phasen, welche er dann gesondert prüfte:

> „57. The first (...) covers the armed attack on the United States Embassy by militants on 4 November 1979.
>
> 58. No suggestion has been made that the militants, when they executed their attack on the Embassy, had any form of official status as recognized „agents" or organs of the Iranian State. Their conduct in mounting the attack, overrunning the Embassy and seizing its inmates as hostages cannot, therefore, be regarded as imputable to that State on that basis (...). Their conduct might be considered as itself directly imputable to the Iranian State only if it were es-

tablished that, in fact, on the occasion in question the militants acted on behalf of the State, having been charged by some competent organ of the Iranian State to carry out a specific operation. The information before the Court does not, however, suffice to establish with the requisite certainty the existence at that time of such a link (...).

61. [This] does not mean that Iran is, in consequence, free of any responsibility in regard to those attacks; for its own conduct was in conflict with its international obligations. By a number of provisions of the Vienna Conventions of 1961 and 1963, Iran was placed under the most categorical obligations, as a receiving State, to take appropriate steps to ensure the protection of the United States Embassy and Consulates (...).

67. This inaction of the Iranian Government by itself constituted clear and serious violation of Iran's obligations to the United States under the provisions of Article 22, paragraph 2, and Articles 24, 25, 26, 27 and 29 of the 1961 Vienna Convention on Diplomatic Relations (...).

69. The second phase of the events (...) comprises the whole series of facts which occurred following the completion of the occupation of the United States Embassy by militants (...). [Iran's] plain duty was at once to make every effort, and to take every appropriate step, to bring these flagrant infringements (...) to a speedy end (...).

70. No such step was, however, taken by the Iranian authorities (...).

73. The seal of official governmental approval was finally set on this situation by a decree issued on 17 November 1979 by the Ayatollah Khomeini. His decree began with the assertion that the American Embassy was „a centre of espionage and conspiracy" and that „those people who hatched plots against our Islamic movement in that place do not enjoy international diplomatic respect." He went on expressly to declare that the premises of the Embassy and the hostages would remain as they were until the United States had handed over the former Shah for trial and returned his property to Iran. (...)

74. (...) The approval given to these facts by the Ayatollah Khomeini and other organs of the Iranian State, and the decision to perpetuate them, translated continuing occupation of the Embassy and detention of the hostages into acts of that State. The militants, authors of the invasion and jailers of the hostages, had now become agents of the Iranian State for whose acts the State itself was internationally responsible. (...)"

Der im Zusammenhang mit dem Verhalten Privater häufig eine Rolle spielende Massstab der *„due diligence"* stellt, im Gegensatz zu einem Verschulden, einen objektiven Massstab dar:

Affaire des biens britanniques au Maroc espagnol (Espagne c. Royaume-Uni), UNRIAA II, pp. 615-742

„La vigilance qu'au point de vue du droit international l'État est tenu de garantir, peut être caractérisée (...) comme une diligentia quam in suis. Cette règle (...) offre en fait aux États, pour leurs ressortissants, le degré de sécurité auquel ils peuvent raisonnablement s'attendre. Du moment que la vigilance exercée tombe manifestement au-dessous de ce niveau par rapport aux ressortissants d'un État étranger déterminé, ce dernier est en droit de se considérer comme lésé dans des intérêts qui doivent jouir de la protection du droit international." (p. 644)

Die Verantwortlichkeit des Staates bezieht sich im Zusammenhang mit dem Verhalten Privater immer nur auf sein eigenes Verhalten, das in der Regel ein Unterlassen sein wird; eine Verletzung insbesondere der Pflicht zur Übung von due diligence begründet keine Zurechnung des Verhaltens der Privaten. Damit ist die Verpflichtung zur Beachtung einer nach den Umständen geforderten Sorgfalt (due diligence) Teil der Primärnormen.

c. *Völkerrechtsverletzung*

Zur Entstehung einer völkerrechtlichen Verantwortlichkeit muss das dem Staate zurechenbare Verhalten eine völkerrechtliche Verpflichtung missachten. Die verletzte völkerrechtliche Pflicht kann ihren Ursprung in jeder Völkerrechtsnorm haben (Art. 3 ILC-Entwurf), und eine Verletzung liegt immer dann vor, wenn das entsprechende staatliche Verhalten nicht in Einklang mit der fraglichen völkerrechtlichen Verpflichtung steht (Art. 12 ILC-Entwurf), wobei die völkerrechtliche Verpflichtung zum Zeitpunkt der Handlung für den Staat bindend gewesen sein muss (Art. 13 ILC-Entwurf).

Das geltende Völkerrecht dürfte davon ausgehen, dass gewisse *Beihilfehandlungen* eines Staates für völkerrechtswidrige Akte anderer Staaten ebenfalls völkerrechtswidrig sind, auch wenn die Beihilfehandlung selbst nicht dem Völkerrecht widerspricht. Die genauen Voraussetzungen des Eintritts der völkerrechtlichen Verantwortlichkeit in solchen Fällen sind aber umstritten.

> *„Artikel 16 ILC-Entwurf*
>
> *Beihilfe oder Unterstützung bei der Begehung einer völkerrechtswidrigen Handlung*
>
> Ein Staat, der einem anderen Staat bei der Begehung einer völkerrechtswidrigen Handlung Beihilfe leistet oder Unterstützung gewährt, ist dafür völkerrechtlich verantwortlich,
>
> a) wenn er dies in Kenntnis der Umstände der völkerrechtswidrigen Handlung tut und
>
> b) wenn die Handlung völkerrechtswidrig wäre, wenn er sie selbst beginge."

Deutsches Bundesverwaltungsgericht,
BVerwG, 2 WD 12.04 vom 21. Juni 2005

In diesem Urteil hatte sich das deutsche Bundesverwaltungsgericht in einem Verfahren gegen einen Angehörigen der Bundeswehr, der als Protest gegen die Intervention der USA und Grossbritannies im Irak den Befehl verweigert hat, mit der Frage der Beihilfe oder Unterstützung bei der Begehung einer völkerrechtswidrigen Handlung zu befassen.

> „Ein Verstoß gegen das völkerrechtliche Gewaltverbot kann nicht ohne Weiteres deshalb verneint werden, weil die Regierung der Bundesrepublik Deutschland öffentlich wiederholt zum Ausdruck gebracht hatte (...), „dass sich deutsche Soldaten an Kampfhandlungen nicht beteiligen werden". Die Unterstützung einer völkerrechtswidrigen Militäraktion kann nicht nur durch die militärische Teilnahme an Kampfhandlungen erfolgen, sondern auch auf andere Weise. Ein völkerrechtliches Delikt kann durch ein Tun oder – wenn eine völkerrechtliche Pflicht zu einem Tun besteht - durch Unterlassen begangen werden. (...). Eine Beihilfe zu einem völkerrechtlichen Delikt ist selbst ein völkerrechtliches Delikt (...).

Anhaltspunkte und Maßstäbe für die Beantwortung der Frage, wann eine Hilfeleistung durch eine Nicht-Konfliktpartei zugunsten eines kriegführenden Staates völkerrechtswidrig ist, ergeben sich für den Bereich der Unterstützung eines völkerrechtswidrigen militärischen Angriffs durch einen Drittstaat u.a. aus der von der Generalversammlung der Vereinten Nationen am 14. Dezember 1974 ohne formelle Abstimmung im Wege des allgemeinen Konsenses als Bestandteil der Resolution 3314 (XXIX) beschlossenen „Aggressionsdefinition" (...), aus den Arbeiten der „Völkerrechtskommission" der Vereinten Nationen ...) sowie aus dem völkerrechtlichen Neutralitätsrecht. (...)

(...)

Nach allgemeinem Völkerrecht ist ein Staat zwar grundsätzlich frei zu entscheiden, ob er sich an einem militärischen Konflikt beteiligt. Er darf dies freilich ohnehin nur auf der Seite des Opfers eines bewaffneten Angriffs, nicht auf der des Angreifers (...). Ein Staat, der an einem bewaffneten Konflikt zwischen anderen Staaten nicht beteiligt ist, hat den Status eines „neutralen Staates" (...). (...) Folge des neutralen Status sind gegenseitige Rechte und Pflichten zwischen dem neutralen Staat auf der einen und den Konfliktparteien auf der anderen Seite. Nach Art. 1 V. HA ist das Gebiet eines „neutralen", also nicht am bewaffneten Konflikt beteiligten Staates, „unverletzlich"; jede Kriegshandlung ist darauf untersagt (...), insbesondere „Truppen oder Munitions- oder Verpflegungskolonnen durch das Gebiet einer neutralen Macht hindurchzuführen" (...). Ein „neutraler Staat" – damit also im Hinblick auf den allein von den USA und ihren Verbündeten seit dem 20. März 2003 geführten Krieg gegen den Irak auch die Bundesrepublik Deutschland - darf auf seinem Territorium „keine der Konfliktparteien unterstützen" (...), insbesondere „keine der in den Artikeln 2 bis 4 bezeichneten Handlungen dulden" (...). (...) Der „neutrale Staat" ist völkerrechtlich gehalten, „jede Verletzung seiner Neutralität, wenn nötig mit Gewalt, zurückzuweisen", wobei diese Verpflichtung allerdings durch das völkerrechtliche Gewaltverbot eingeschränkt ist. Streitkräfte einer Konfliktpartei, die sich auf dem Gebiet des „neutralen Staates" befinden, sind daran zu hindern, an den Kampfhandlungen teilzunehmen; Truppen von Konfliktparteien, die auf das neutrale Staatsgebiet „übertreten", also nach Beginn des bewaffneten Konflikts in das neutrale Staatsgebiet gelangen, sind „zu internieren" (...). (...)

4.1.4.1.4 Völkerrechtliche Beurteilung der militärischen Unterstützungsleistungen

Wie sich aus den vorstehenden Darlegungen (...) ergibt, bestehen gegen mehrere (...) festgestellte Unterstützungsleistungen der Bundesrepublik Deutschland zugunsten der USA und des UK im Zusammenhang mit dem am 20. März 2003 begonnenen Krieg gegen den Irak gravierende völkerrechtliche Bedenken.

Dies gilt jedenfalls für die Gewährung von Überflugrechten für Militärluftfahrzeuge der USA und des UK, die im Zusammenhang mit dem Irak-Krieg über das Bundesgebiet hinweg in das Kriegsgebiet in der Golfregion flogen oder von dort zurückkamen. Ebenfalls gilt dies für die Zulassung der Entsendung von Truppen, des Transports von Waffen und militärischen Versorgungsgütern von deutschem Boden aus in das Kriegsgebiet sowie für alle Unternehmungen, die dazu führen konnten, dass das Staatsgebiet Deutschlands als Ausgangspunkt oder „Drehscheibe" für gegen den Irak gerichtete militärische Operationen diente. Denn objektiver Sinn und Zweck dieser Maßnahmen war es, das militärische Vorgehen der USA und des UK zu erleichtern oder gar zu fördern. Wegen dieser Zielrichtung bestehen gegen das diesbezügliche Verhalten der Bundesregierung im Hinblick auf das völkerrechtliche Gewaltverbot und die angeführten Bestimmungen des V. HA gravierende völkerrechtliche Bedenken (...)." (a.a.O. S. 80 ff., 94 f.)

Unter bestimmten Voraussetzungen – insbesondere die Ausübung der faktischen Kontrolle über das Verhalten des anderen Staates – kann ein Staat für Handlungen eines anderen Staates verantwortlich sein.

„Artikel 17 ILC-Entwurf

Leitung und Kontrolle bei der Begehung einer völkerrechtswidrigen Handlung

Ein Staat, der einen anderen Staat bei der Begehung einer völkerrechtswidrigen Handlung leitet und ihn kontrolliert, ist dafür völkerrechtlich verantwortlich,

a) wenn er dies in Kenntnis der Umstände der völkerrechtswidrigen Handlung tut und

b) wenn die Handlung völkerrechtswidrig wäre, wenn er sie selbst beginge.

Artikel 18 ILC-Entwurf

Nötigung eines anderen Staates

Ein Staat, der einen anderen Staat nötigt, eine Handlung zu begehen, ist für diese Handlung völkerrechtlich verantwortlich,

a) wenn die Handlung bei Abwesenheit von Nötigung eine völkerrechtswidrige Handlung des gezwungenen Staates wäre und

b) wenn der nötigende Staat dies in Kenntnis der Umstände der Handlung tut."

4. Ausschluss der völkerrechtlichen Verantwortlichkeit

Ein die Staatenverantwortlichkeit begründender völkerrechtswidriger Akt zieht ausnahmsweise die völkerrechtliche Verantwortlichkeit nicht nach sich, wenn ein Ausschlussgrund vorliegt. Gründe, welche die Verantwortlichkeit ausschliessen, sind insbesondere Zustimmung, Selbstverteidigung, zulässige Gegenmassnahmen, höhere Gewalt, Notwehr und Notstand, vgl. Art. 20 ff. ILC-Entwurf (siehe dazu auch hinten 4. Teil, 1. Kap., Ziff. II.3 und 4. Teil, 3. Kap., Ziff. I.3, 4 und 5). Zwingendes Völkerrecht ist nach Art. 26 ILC-Entwurf eine Schranke der Ausschlussgründe.

Der IGH nahm im Fall *Gabčíkovo-Nagymaros Project (Hungary/Slovakia), Judgment, I.C.J. Reports 1997, p. 7* ausführlich Stellung zu verschiedenen Rechtfertigungsgründen.

5. Rechtsfolgen

Sind die Voraussetzungen der völkerrechtlichen Verantwortlichkeit gegeben, entsteht eine neue Rechtsbeziehung zwischen dem verletzenden und dem/den verletzten Staat(en). Grundsätzlich beinhaltet diese die Pflicht des verantwortlichen Staates, weitere Verletzungen einzustellen und alle Folgen des rechtswidrigen Aktes soweit wie möglich rückgängig zu machen (Wiedergutmachung). Ist eine Wiedergutmachung nicht (vollumfänglich) möglich, ist Schadenersatz zu leisten. Bei wertmässig nicht erfassbaren Völkerrechtsverletzungen tritt die Genugtuung an die Stelle des Schadensersatzes.

Gemäss einer Aussage des ständigen Internationalen Gerichtshofs im Urteil *Factory at Chorzów (Germany v. Poland), P.I.C.J. Series A, No 17, 1928, p. 47* muss die Wiedergutmachung „as far as possible, wipe out all the consequences of the illegal act and reestablish the situation which would, in all probability, have existed if that act had not been committed". Falls der frühere Zustand nicht wiederhergestellt werden kann, ist u.a. denkbar „the award (...) of damages for loss sustained which would not be covered by restitution in kind or payment in place of it".

Der ILC-Entwurf regelt die Rechtsfolgen in Art. 30 ff. Konkrete Beispiele finden sich in vielen Entscheiden des IGH (s. neben dem sogleich zitierten Fall auch etwa *LaGrand (Germany v. United States of America), Judgment, I.C.J. Reports 2001, p. 466*).

IGH, United States Diplomatic and Consular Staff in Tehran (United States of America v. Iran), Judgment, I.C.J. Reports 1980, p. 3

„1. Mit 13 zu zwei Stimmen (gegen die Stimmen des russischen Richters Morozov und des syrischen Richters Tarazi),

dass die islamische Republik von Iran durch das Verhalten, das der Gerichtshof in diesem Urteil dargelegt hat, in verschiedener Hinsicht die Verpflichtungen verletzt hat und noch verletzt, die sie gegenüber den Vereinigten Staaten von Amerika nach zwischen den beiden Staaten in Kraft befindlichen völkerrechtlichen Konventionen sowie auch nach gefestigten Regeln des allgemeinen Völkerrechts hat;

2. Mit 13 zu zwei Stimmen,

dass die Verletzungen dieser Verpflichtungen die Schadensersatzpflicht der islamischen Republik von Iran gegenüber den Vereinigten Staaten von Amerika nach Völkerrecht nach sich zieht;

3. Einstimmig,

dass die Regierung der islamischen Republik von Iran unverzüglich alle Schritte unternehmen muss, um die Situation, die aus den Ereignissen vom 4. November 1979 und dem, was aus diesen Ereignissen folgte, wieder rückgängig zu machen, und dass sie zu diesem Zwecke

a) unverzüglich die rechtswidrige Gefangenhaltung des amerikanischen Chargé d'Affaires und des anderen diplomatischen und konsularischen Personals und anderer amerikanischer Staatsangehöriger, die jetzt im Iran als Geiseln festgehalten werden, beenden muss und unverzüglich alle diese Personen freilassen muss und sie der Schutzmacht übergeben muss (...);

b) dass sie zusichern muss, dass alle die genannten Personen die notwendigen Möglichkeiten haben, das iranische Staatsgebiet zu verlassen, einschliesslich der erforderlichen Transportmöglichkeiten;

c) dass sie der Schutzmacht unverzüglich die Räumlichkeiten, das Eigentum, die Archive und Dokumente der amerikanischen Botschaft in Teheran und der Konsulate im Iran aushändigen muss;

4. Einstimmig,

dass kein Mitglied des amerikanischen diplomatischen oder konsularischen Personals im Iran zurückgehalten werden darf, um irgendeiner Art gerichtlichen Verfahrens unterworfen zu werden oder in ihm als Zeuge beteiligt zu werden;

5. Mit 12 zu drei Stimmen,

dass die Regierung der islamischen Republik von Iran verpflichtet ist, der Regierung der Vereinigten Staaten von Amerika für das ihr durch die Ereignisse vom 4. November 1979 und den sich daraus ergebenden Ereignissen verursachte Unrecht Schadenersatz zu leisten;

6. Mit 14 zu einer Stimme,

dass Art und Höhe dieses Schadenersatzes mangels einer Übereinkunft zwischen den Parteien vom Gerichtshof festgesetzt werden soll, der hierfür das spätere Verfahren in der Sache vorbehält" (deutsche Übersetzung in EuGRZ 1980 402 f.)."

Der Entwurf nimmt bei den Rechtsfolgen auf die "serious breach" of a "peremptory norm" Bezug, womit an den Ius-cogens-Charakter der verletzten Norm sowie wohl auch an eine Erga-omnes-Wirkung der Pflicht angeknüpft wird (zum Begriff des ius cogens, vorne 1. Teil, 5. Kap., Ziff. II.1). Bei solchen Völkerrechtsverletzungen kommen – über die allgemeinen Rechtsfolgen hinaus – besondere Folgen zum Zuge.

„Artikel 40 ILC-Entwurf

Anwendungsbereich dieses Kapitels

1. Dieses Kapitel findet Anwendung auf die völkerrechtliche Verantwortlichkeit, die begründet wird, wenn ein Staat eine sich aus einer zwingenden Norm des allgemeinen Völkerrechts ergebende Verpflichtung in schwerwiegender Weise verletzt.

2. Die Verletzung einer solchen Verpflichtung ist schwerwiegend, wenn sie eine grobe oder systematische Nichterfüllung der Verpflichtung durch den verantwortlichen Staat bedeutet.

Artikel 41 ILC-Entwurf

Besondere Folgen der schwerwiegenden Verletzung einer Verpflichtung nach diesem Kapitel

1. Die Staaten arbeiten zusammen, um jeder schwerwiegenden Verletzung im Sinne des Artikels 40 mit rechtmäßigen Mitteln ein Ende zu setzen.

2. Kein Staat erkennt einen Zustand, der durch eine schwerwiegende Verletzung im Sinne des Artikels 40 herbeigeführt wurde, als rechtmäßig an oder leistet Beihilfe oder Unterstützung zur Aufrechterhaltung dieses Zustands.

3. Dieser Artikel berührt nicht die anderen in diesem Teil genannten Folgen und alle weiteren Folgen, die eine Verletzung, auf die dieses Kapitel Anwendung findet, nach dem Völkerrecht nach sich ziehen kann."

Ausdruck findet dieser Grundsatz etwa in verschiendenen Resolutionen des UNO-Sicherheitsrats. Nach der Annexion Kuwaits durch den Irak bestimmte dieses Organ:

Resolution 662 (1990)

„The Security Council,(...)

1. Decides that annexation of Kuwait by Iraq under any form and whatever pretext has no legal validity, and is considered null and void;

2. Calls upon all States, international organizations and specialized agencies not to recognize that annexation, and to refrain from any action or dealing that might be interpreted as an indirect recognition of the annexation. (...)"

6. *Geltendmachung*

Da die einem Staat zurechenbare Verletzung von Völkerrecht eine neue Rechtsbeziehung zwischen dem Verletzerstaat und dem verletzten Staat entstehen lässt, kann grundsätzlich nur der unmittelbar verletzte Staat die Staatenverantwortlichkeit geltend machen (Art. 42 ILC-Entwurf). Eine Ausnahme gilt indes für Verletzungen von erga omnes-Verpflichtungen. Deren Einhaltung ist gegenüber der gesamten Staatengemeinschaft geschuldet und daher sind auch nicht direkt betroffene Staaten berechtigt, die Staatenverantwortlichkeit geltend zu machen (Art. 48 ILC-Entwurf). Voraussetzung der Geltendmachung ist in beiden Konstellationen die Anzeige des Anspruches durch den verletzten Staaten gegenüber dem Verletzerstaat (Art. 43 ILC-Entwurf).

Zu den Gegenmassnahmen zur Durchsetzung der Ansprüche gegen den verantwortlichen Staat siehe hinten 4. Teil, 1. Kap., Ziff. II.3.

II. VERANTWORTLICHKEIT FÜR RECHTMÄSSIGES VERHALTEN

Eine gewohnheitsrechtliche Regel der Haftung für rechtmässiges Verhalten ist im geltenden Völkerrecht nicht nachzuweisen. Punktuell sehen aber Verträge eine derartige Haftung vor.

Beispiel: Weltraumvertrag (Vertrag über die Grundsätze zur Regelung der Tätigkeiten von Staaten bei der Erforschung und Nutzung des Weltraums einschliesslich des Mondes und anderer Himmelskörper, SR 0.790):

> „Art. VII
>
> Jeder Vertragsstaat, der einen Gegenstand in den Weltraum einschliesslich des Mondes und anderer Himmelskörper startet oder starten lässt, sowie jeder Vertragsstaat, von dessen Hoheitsgebiet oder Anlagen aus ein Gegenstand gestartet wird, haftet völkerrechtlich für jeden Schaden, den ein solcher Gegenstand oder dessen Bestandteile einem anderen Vertragsstaat oder dessen natürlichen oder juristischen Personen auf der Erde, im Luftraum oder im Weltraum einschliesslich des Mondes oder anderer Himmelskörper zufügen."

Umstritten ist die Frage, ob darüber hinaus eine gewohnheitsrechtliche Haftung für rechtmässiges Verhalten zumindest in den Fällen risikobehafteter Tätigkeiten anzunehmen ist.

Die ILC beschäftigte sich geraume Zeit mit diesem Fragenkreis und nahm im Jahr 2001 einen Entwurf über *Draft Articles on Prevention of Transboundary Harm from Hazardous Activities* (Rep. of the ILC, fifty-third session (2001) Chapter V) an. Dieser enthält insbesondere Pflichten zur Prävention und Kooperation: Bestimmte gefährliche Tätigkeiten müssen einer Genehmigungspflicht unterliegen, und im Falle der Gefahr grenzüberschreitender Schäden sind Notifizierungs- und Konsultationspflichten vorgesehen.

Im Weiteren untersuchte die ILC auch die haftungsrechtlichen Aspekte dieses Themas. Am 26. Mai 2006 verabschiedete sie sodann acht Prinzipien zur internationalen Haftung für schädigende Folgen von völkerrechtlich nicht verbotenen Aktivitäten:

International Liability for injurious consequences arising out of acts not prohibited by international law (international liability in case of loss from transboundary harm arising out of hazardous activities)

„Principle 1 Scope of application

The present draft principles apply to transboundary damage caused by hazardous activities not prohibited by international law.

Principle 3 Purposes

The purposes of the present draft principles are:

(a) to ensure prompt and adequate compensation to victims of transboundary damage; and

(b) to preserve and protect the environment in the event of transboundary damage, especially with respect to mitigation of damage to the environment and its restoration or reinstatement.

Principle 4 Prompt and adequate compensation

1. Each State should take all necessary measures to ensure that prompt and adequate compensation is available for victims of transboundary damage caused by hazardous activities located within its territory or otherwise under its jurisdiction or control. (...)

Principle 5 Response measures

Upon the occurrence of an incident involving a hazardous activity which results or is likely to result in transboundary damage:

(a) the State of origin shall promptly notify all States affected or likely to be affected of the incident and the possible effects of the transboundary damage;

(b) the State of origin, with the appropriate involvement of the operator, shall ensure that appropriate response measures are taken and should, for this purpose, rely upon the best available scientific data and technology;

(c) the State of origin, as appropriate, should also consult with and seek the cooperation of all States affected or likely to be affected to mitigate the effects of damage and if possible eliminate them;

(d) the States affected or likely to be affected by the damage shall take all feasible measures to mitigate and if possible to eliminate the effects of damage;

(e) the States concerned should, where appropriate, seek the assistance of competent international organizations and other States on mutually acceptable terms and conditions.

Principle 6 International and domestic remedies

1. States shall provide their domestic judicial and administrative bodies with the necessary jurisdiction and competence and ensure that these bodies have prompt, adequate and effective remedies available in the event of transboundary damage caused by hazardous activities located within their territory or otherwise under their jurisdiction or control.

2. Victims of transboundary damage should have access to remedies in the State of origin that are no less prompt, adequate and effective than those available to victims that suffer damage, from the same incident, within the territory of that State. (...)

Principle 7 Development of specific international regimes

1. Where, in respect of particular categories of hazardous activities, specific global, regional or bilateral agreements would provide effective arrangements concerning compensation, response measures and international and domestic remedies, all efforts should be made to conclude such specific agreements. (...)

Principle 8 Implementation

1. Each State should adopt the necessary legislative, regulatory and administrative measures to implement the present draft principles.

2. The present draft principles and the measures adopted to implement them shall be applied without any discrimination such as that based on nationality, domicile or residence.

3. States should cooperate with each other to implement the present draft principles." (UN Doc. A/CN.4/L.686)

4. KAPITEL: INTERNATIONALE ORGANISATIONEN

I. ALLGEMEINES

1. Begriff und Merkmale internationaler Organisationen

a. Definition

Internationale Organisationen

(1) beruhen auf Vertrag und sind auf Dauer angelegte Zusammenschlüsse von Völkerrechtssubjekten (meist Staaten) zur Wahrnehmung bestimmter Aufgaben,

(2) besitzen Rechtspersönlichkeit, und

(3) verfügen über mindestens ein Organ, das insofern gegenüber den Mitgliedstaaten verselbständigt ist, als sich seine Meinung nicht notwendigerweise mit dem Willen der Mitgliedstaaten decken muss.

Diese Definition erfasst die *zwischen*staatlichen internationalen Organisationen. Daneben gibt es auch *nicht*staatliche internationale Organisationen (NGOs), die aber in der Regel keine Völkerrechtssubjekte sind. Eine Ausnahme hierzu bildet das Internationale Komitee vom Roten Kreuz (IKRK). Im Unterschied zu den zwischenstaatlichen internationalen Organisationen setzen sich NGOs nicht aus Staaten, sondern aus natürlichen (und juristischen) Personen zusammen und unterstehen der Rechtsordnung eines Staates. Sie besitzen abgesehen von einem allfälligen Beobachterstatus (sog. observers) bei internationalen Organisationen keine völkerrechtlich eingeräumte Rechtsstellung.

b. Auf Dauer angelegte Verbindung von Völkerrechtssubjekten

Internationale Organisationen gründen in der Regel auf einem völkerrechtlichen Vertrag zwischen mehreren Völkerrechtssubjekten. Meist sind dies ausschliesslich Staaten, es kann aber auch eine bereits bestehende internationale Organisation Mitglied sein (Bsp.: Mitgliedschaft der EU in der WTO). Der Gründungsvertrag kann verschiedene Bezeichnungen tragen. Oft heisst er Gründungsvertrag, Verfassung, Statut oder im Falle der UNO Charta. Gründungsverträge regeln typischerweise die Mitgliedschaft, die Ziele der Organisation, die Prinzipien der Zusammenarbeit sowie die Organe und ihre Zuständigkeiten. Solche Verträge schaffen auf Dauer angelegte Gebilde.

Nach dem Kreis der Mitgliedstaaten wird unterschieden zwischen universellen und regionalen internationalen Organisationen. Auf universeller Ebene ist die UNO als wichtigste internationale Organisation zu nennen, zu den regionalen internationalen Organisationen gehören etwa der Europarat, die Afrikanische Union, aber auch die NATO.

c. *Rechtspersönlichkeit*

Als Völkerrechtssubjekt kann eine internationale Organisation Trägerin völkerrechtlicher Rechte und gleichzeitig Adressatin entsprechender Pflichten sein.

Im Unterschied zu Staaten verfügen internationale Organisationen nicht über eine originäre, sondern eine ihnen von den Mitgliedstaaten durch den Gründungsvertrag eingeräumte und daher abgeleitete (derivative) Rechtssubjektivität.

Die Völkerrechtssubjektivität internationaler Organisationen ist stets beschränkt: Ihr Umfang bestimmt sich nach den Zielsetzungen und den Aufgaben der jeweiligen Organisation (partielle Völkerrechtssubjektivität). In der Regel nennt der Gründungsvertrag die Aufgaben und stattet die Organisation explizit mit den zur Erfüllung dieser Aufgaben notwendigen Kompetenzen aus (Prinzip der Einzelermächtigung).

Ob und in welchem Umfang eine internationale Organisation über Völkerrechtssubjektivität verfügt, hängt somit davon ab, in welchem Ausmass die Gründerstaaten sie mit eigenen Kompetenzen und damit eigenen Rechten und Pflichten ausstatten. Die Kompetenz-Kompetenz verbleibt somit bei den Mitgliedstaaten.

Typischerweise verfügen internationale Organisationen über das Recht, in ihrem Kompetenzbereich Verträge abzuschliessen und Schadenersatzansprüche geltend zu machen. Zudem verfügen sie über gewisse Privilegien und Immunitäten (dazu hinten Ziff. IV). Inwiefern sie Empfehlungen an die Mitgliedstaaten abgeben oder gar Recht setzen können, hängt vom jeweiligen Gründungsvertrag ab.

Teilweise äussert sich der Gründungsvertrag nicht oder nur ansatzweise zu den Kompetenzen der Organisation. In solchen Fällen erweitern die „herrschende Lehre und Praxis (...) den Umfang der Völkerrechtssubjektivität der betreffenden internationalen Organisationen über die ausdrückliche Kompetenzzuweisung des Gründungsvertrages hinaus unter Rückgriff auf dessen allgemeine Zielsetzung (*effet utile*) und mit Hilfe der Lehre von den stillschweigenden, abgeleiteten Kompetenzen (*implied powers*). D.h., die nicht ausdrücklich in dem Organisationsstatut vorgesehenen Funktionen werden aus dem allgemeinen Zweck der Organisation hergeleitet" soweit sie zur Erfüllung der Aufgaben der Organisation notwendig sind (Rüdiger Wolfrum, Internationale Organisationen, in Seidl-Hohenveldern (Hrsg.) Lexikon des Rechts – Völkerrecht, 3. Aufl., Neuwied 2001, S. 190). Dazu führte der IGH aus:

IGH, Legality of the Use by a State of Nuclear Weapons in Armed Conflict, Advisory Opinion, I.C.J. Reports 1996, p. 66

„25. The Court need hardly point out that international organizations are subjects of international law which do not, unlike States, possess a general competence. International organizations are governed by the "principle of speciality", that is to say, they are invested by the States which create them with powers, the limits of which are a function of the common interests whose promotion those States entrust to them. The Permanent Court of International Justice referred to this basic principle in the following terms:

> 'As the European Commission is not a State, but an international institution with a special purpose, it only has the functions bestowed upon it by the Definitive Statute with a view to the fulfilment of that purpose, but it has power to exercise these functions to their full extent, in so far as the Statute does not impose restrictions upon it.' (Jurisdiction of the European Commission of the Danube, Advisory Opinion, P.C.I.J., Series B, No. 14, p. 64.)

The powers conferred on international organizations are normally the subject of an express statement in their constituent instruments. Nevertheless, the necessities of international life may point to the need for organizations, in order to achieve their objectives, to possess subsidiary powers which are not expressly provided for in the basic instruments which govern their activities. It is generally accepted that international organizations can exercise such powers, known as 'implied' powers." As far as the United Nations is concerned, the Court has expressed itself in the following terms in this respect:

> 'Under international law, the Organization must be deemed to have those powers which, though not expressly provided in the Charter, are conferred upon it by necessary implication as being essential to the performance of its duties. This principle of law was applied by the Permanent Court of International Justice to the International Labour Organization in its Advisory Opinion No. 13 of July 23rd, 1926 (Series B, No. 13, p. 18), and must be applied to the United Nations.' (Reparation for Injuries Suffered in the Service of the United Nations, Advisory Opinion, I.C.J. Reports 1949, pp. 182-183; (...)."

Siehe zur Rechtspersönlichkeit der UNO ausführlicher hinten in diesem Kapitel (Ziff. II.4).

d. Organe und Handlungsfähigkeit

Internationale Organisationen müssen über mindestens ein handlungsfähiges Organ verfügen. Erst dann sind sie nicht nur rechts-, sondern auch handlungsfähig. Ist eine Organisation handlungsfähig, hat sie, falls und soweit der Gründungsvertrag dies vorsieht, insbesondere auch die Fähigkeit zum Vertragsschluss, zur Geltendmachung völkerrechtlicher Ansprüche und zum diplomatischen Verkehr.

Normalerweise besitzen internationale Organisationen mehrere Organe. Typische Organe sind:

- ein *Sekretariat* mit einem Generalsekretär und einem mehr oder weniger umfangreichen Mitarbeiterstab als Exekutivorgan. Der Generalsekretär vertritt die Organisation auch nach aussen;

- die *Versammlung der Mitgliedstaaten* (Generalversammlung, Ratsversammlung etc.), welche über Mitgliedschaft, Budget und Tätigkeit beschliesst, Wahlen vornimmt und Empfehlungen abgibt (zum Rechtscharakter solcher Beschlüsse siehe ausführlich hinten in diesem Kapitel Ziff. III). In der Regel gilt das Prinzip der Stimmengleichheit zwischen den Staaten, d.h. die Stimme jedes Staates erhält die gleiche Gewichtung ungeachtet seines politischen oder wirtschaftlichen Einflusses, seiner Grösse oder seiner Bevölkerungszahl. Die Abkehr vom Prinzip der Stimmengleichheit kann aber im Gründungsvertrag verankert werden. Manchmal bestehen nebeneinander ein Organ, in welchem die Regierungen der Mitgliedstaaten vertreten sind, und ein Organ mit (quasi-)parlamentarischem Charakter (Beispiel: Ministerrat und parlamentarische Versammlung des Europarates);

- eher selten sind *richterliche oder quasi-gerichtliche Organe* (Beispiele: IGH als Organ der UNO; EuGH als EU-Gerichtshof; EFTA-Gerichtshof; Streitschlichtungsmechanismus der WTO).

2. *Hinweis: Supranationale Organisationen*

Supranationale Organisationen sind internationale Organisationen, welche zusätzlich die Kompetenz besitzen, für die Mitgliedstaaten verbindliche Beschlüsse zu verabschieden und solche Beschlüsse auch gegen den Willen einzelner Mitgliedstaaten fassen können (Mehrheitsprinzip oder Beschlussfassung durch unabhängige Organe).

Typisch, aber nicht notwendig für supranationale Organisationen ist ferner die Tatsache, dass bestimmte Beschlüsse in den Mitgliedstaaten unmittelbar, d.h. ohne staatliche Durchführungsmassnahmen gelten, und sie effektiv durchgesetzt werden können (z.B. obligatorische Gerichtsbarkeit).

Die typische supranationale Organisation ist die EU. Die UNO weist im Bereich der bindenden Beschlüsse des Sicherheitsrates gemäss Kapitel VII der Charta (sog. Zwangsmassnahmen; dazu hinten 4. Teil, 3. Kap., Ziff. II.2) sowie anderen Beschlüssen, die gemäss Art. 25 der Charta (dazu hinten Ziff. II.2) verbindlichen Charakter haben, supranationale Elemente auf: Solche Beschlüsse des Sicherheitsrates sind von allen Mitgliedstaaten zu beachten.

II. DIE UNO

1. *Entstehung*

Die UNO ist nicht als die universelle Organisation entstanden, die sie heute ist, sondern als Zusammenschluss der Staaten, welche sich im 2. Weltkrieg gegen Nazi-Deutschland und seine Verbündeten gewandt hatten.

> „Die Vereinten Nationen (UN) sind als Nachfolgeorganisation des Völkerbundes aus dem Abwehrkampf der Völker hervorgegangen, die sich gegen die Hauptfeindmächte Deutschland, Italien und Japan und deren Anhänger ver-

bündet hatten. Als erster der Schritte, die schliesslich zur Gründung der Weltorganisation führten, wird durchweg die am 12.6.1941 in London unterzeichnete interalliierte Erklärung einer Reihe überwiegend westlicher Regierungen genannt, in der bereits auf die Notwendigkeit einer engen zwischenstaatlichen Kooperation zur Sicherung des Friedens hingewiesen wird. Zwischen Großbritannien und den USA wurden diese Zielsetzungen in der Atlantik-Charta vom 14.8.1941 bekräftigt. In der Erklärung der UN vom 1.1.1942, einem von zunächst 26, schliesslich 47 Ländern getragenen Grundsatzdokument zur künftigen Weltordnung, erschien zum ersten Mal in förmlicher Weise der spätere Name der Organisation. Vorverhandlungen über die konkrete Gestalt der UN wurden im August/September und September/Oktober 1944 zwischen den USA, Grossbritannien einerseits und - jeweils getrennt - der UdSSR und China andererseits geführt; sie resultierten in den sog. Vorschlägen von Dumbarton Oaks für die Errichtung einer allgemeinen internationalen Organisation, in denen die wesentlichen Strukturelemente der angestrebten Satzung bereits vorweggenommen waren. Lediglich über die Abstimmungsmodalitäten im Sicherheitsrat (SR) wurde Einigkeit erst im Februar 1945 auf der Konferenz von Jalta zwischen den USA, Grossbritannien und der UdSSR erzielt. Auf Grund dieser intensiven Vorbereitungen gelang es der Gründungskonferenz von San Franzisko, die Charta in der kurzen Zeit von nur zwei Monaten zwischen dem 25. 4 und dem 25. 6. 1945 auszuarbeiten. (...) [D]ie Charta [trat] am 24. 10. 1945 in Kraft. Gründungsmitglieder der UN waren 51 Staaten. (...)" (Christian Tomuschat, Vereinte Nationen in: I. Seidl-Hohenveldern (Hrsg.), Lexikon des Rechts - Völkerrecht, 3. Aufl., Neuwied 2001, S. 453).

2. *Die UNO-Charta*

a. *Überblick*

Die UNO-Charta ist der Gründungsvertrag und damit das konstituierende Instrument der Vereinten Nationen. Sie wurde am 26. Juni 1945 in San Francisco von 51 Gründerstaaten abgeschlossen.

Sie beschreibt die Ziele und Grundsätze der Organisation (Kapitel I), die Pflichten der UNO-Mitgliedstaaten (Kapitel II), bezeichnet die Hauptorgane der Organisation (Kapitel III) und regelt deren Kompetenzen. Diese sind die Generalversammlung (Kapitel IV), der Sicherheitsrat (Kapitel V - VII), der Wirtschafts- und Sozialrat (ECOSOC; Kapitel X), der Treuhandrat (Kapitel XIII), der Internationale Gerichtshof (IGH; Kapitel XIV) sowie das Sekretariat, welches aus dem Generalsekretär und weiterem für die Organisation notwendigem Personal besteht (Kapitel XV). Kapitel VIII befasst sich mit regionalen Abmachungen und Kapitel IX mit der internationalen Zusammenarbeit auf wirtschaftlichem und sozialem Gebiet.

Der im April 2006 von der UNO Generalversammlung mit Resolution 60/251 neu geschaffene Menschenrechtsrat (dazu hinten Ziff. 6.g) ist nicht ein Hauptorgan, sondern ein Unterorgan der Generalversammlung. Er ersetzt die frühere Menschenrechtskommission.

b. *Die Charta als Grundgesetz der Staatengemeinschaft: Art. 103 Charta*

Seit die Mitgliedschaft der UNO universell geworden ist, bildet die Charta eine Art Grundgesetz der Staatengemeinschaft, welches Grundsätze und Verfahren des Umgangs der Staaten miteinander, der Lösung zwischenstaatlicher Konflikte und der organisierten Entscheidfindung auf internationaler Ebene verankert (siehe dazu auch vorne 1. Teil, 5. Kap., Ziff. II.3).

Die grundlegende („verfassungsrechtliche") Bedeutung der Charta kommt in Art. 103 zum Ausdruck, wonach die Verpflichtungen der Charta für die Mitgliedstaaten Vorrang haben, wenn sich ein Widerspruch zu Verpflichtungen aus anderen internationalen Übereinkünften ergibt; dazu auch vorne 1. Teil, 5. Kap., Ziff. II.3).

> „Article 103 is essential if the Charter is to be recognized as the "constitution" of the international community, and if this recognition is to be respected in practice. World peace itself may depend on respect for the higher rank and binding force of the Charter as emphasized by Art. 103. Developments in the world since 1988 can be considered to have strengthened the role of the UN and its Charter, which may become a real and effective constitution for the international community." (Rudolf Bernhardt, Art. 103, in: Simma (Hrsg.), The Charter of the United Nations, A Commentary, München 2002, S. 1302, N. 37).

Welches sind die Verpflichtungen aus der Charta, die vorrangig sind? Dazu gehören zunächst alle Pflichten, welche direkt in der Charta verankert sind, wie etwa das Gewaltverbot (dazu hinten 4. Teil, 3. Kap., Ziff. I). Darüber hinaus können aus verbindlichen Entscheiden der UNO-Organe Pflichten für Mitgliedstaaten erwachsen, die ebenfalls an der Vorrangstellung gemäss Art. 103 der Charta teilhaben. Dazu gehören verbindliche Beschlüsse des Sicherheitsrates unter Kapitel VII oder gestützt auf Art. 25 der Charta.

Der Text von Art. 103 Charta bezieht sich lediglich auf den Vorrang vor Verpflichtungen aus anderen internationalen Übereinkünften. Mehrheitlich wird aber die Ansicht vertreten, der Vorrang der Charta gelte auch gegenüber gewohnheitsrechtlichen Verpflichtungen (ILC-Report on Fragmentation of International Law 2006, A/CN.4/L.682, N. 345). Etwas anderes muss allerdings da gelten, wo es sich um Normen des zwingenden Völkerrechts (ius cogens) handelt:

Gericht der Europäischen Union (EuG), Urteil des Gerichts erster Instanz vom 21. September 2005 i. S. Ahmed Ali Yusuf und Al Barakaat International Foundation gg. Rat und Kommission (EuG-I, T-306/01 2005)

> „281. Das Völkerrecht erlaubt also die Annahme, dass es eine Grenze für den Grundsatz der Bindungswirkung der Resolutionen des Sicherheitsrats gibt: Sie müssen die zwingenden fundamentalen Bestimmungen des Jus cogens beachten. Im gegenteiligen Fall, so unwahrscheinlich er auch sein mag, binden sie die Mitgliedstaaten der UNO nicht und damit auch nicht die Gemeinschaft."

Unter explizitem Verweis auf diese Passage bestätigte auch das Bundesgericht diese Rechtsauffassung *(Nada gg. seco, Staatssekretariat für Wirtschaft sowie Eidgenössisches Volkswirtschaftsdepartement, BGE 133 II 450, E. 7).*

Problematisch kann diese Vorrangbestimmung da werden, wo der Sicherheitsrat seine Kompetenzen überschreitet. Teilweise wird die Meinung vertreten, solche Ultra-vires-Entscheidungen seien nicht bindend und würden darum nicht vorgehen (Bernhardt, in: Simma, S. 1299, N. 23; siehe auch ILC-Report on Fragmentation of International Law 2006, N. 321).

Was gilt, wenn sich Massnahmen zur Aufrechterhaltung des Weltfriedens sowie der internationalen Sicherheit unter Kapitel VII der Charta und Menschenrechte widersprechen? Beides, die Wahrung des Weltfriedens und der Sicherheit, wie die Achtung der Menschenrechte, sind gemäss Art. 1 Abs. 1 und 3 Charta erklärte Ziele der Vereinten Nationen, und der Sicherheitsrat hat gemäss Art. 24 Abs. 2 Charta bei der Erfüllung seiner Pflichten im Einklang mit diesen Zielen zu handeln. Aktuell wurde diese Problematik im Zusammenhang mit den Resolutionen des UNO-Sicherheitsrats zur Bekämpfung des Terrorismus, welche Mitgliedstaaten verpflichten, ohne gerichtliche Überprüfungsmöglichkeit das Vermögen von natürlichen und juristischen Personen einzufrieren, welche verdächtigt werden, Terroristen finanziell zu unterstützen (z.B. SR Res. 1617/2005). Art. 103 UNO-Charta kann einen solchen Konflikt nicht auflösen, da er nichts über das Verhältnis zweier Verpflichtungen aus der UNO-Charta aussagt.

Verschiedene nationale Höchstgerichte und auch das schweizerische Bundesgericht *(Nada gg. seco, Staatssekretariat für Wirtschaft sowie Eidgenössisches Volkswirtschaftsdepartement, BGE 133 II 450)* gelangten indes zum Schluss, Verpflichtungen aus der UNO-Charta sei gestützt auf deren Art. 103 Vorrang vor vertraglich verankerten Menschenrechten zu gewähren. Der Europäische Gerichtshof für Menschenrechte wies diese Auffassung zurück.

EGMR, Nada v. Switzerland, Application No. 10593/08
Urteil vom 12. September 2012

Der ägyptisch-italienische Doppelbürger Youssef Nada lebte seit 1970 in der italienischen Enklave Campione d'Italia. Auf Antrag der USA wurde er 2001 wegen Verdachts auf Terrorismusfinanzierung auf die Sanktionsliste des Sanktionsausschusses des UNO-Sicherheitsrates aufgenommen. Diese beruhte auf Sicherheitsratsresolution 1930 (2010), welche die Mitgliedstaaten verpflichtet, Personen auf der Liste u.a. mit Reiseverboten zu belegen. 2007 schützte das Bundesgericht in BGE 133 II 450 den Entscheid der Bundesbehörden, Nada eine Bewilligung für einen Arztbesuch in Italien zu verweigern, mit dem Hinweis auf Art. 103 Charta. Der EGMR hiess eine dagegen gerichtete Beschwerde wegen Verletzung des Anspruchs auf Privatleben gemäss Art. 8 EMRK gut und wies den Verweis der Schweiz auf den absoluten Charakter von Art. 103 Charta zurück:

> 170. When creating new international obligations, States are assumed not to derogate from their previous obligations. Where a number of apparently contradictory instruments are simultaneously applicable, international case-law and academic opinion endeavour to construe them in such a way as to coordinate their effects and avoid any opposition between them. Two diverging commitments must therefore be harmonised as far as possible so that they produce effects that are fully in accordance with existing law (...).

> 196. In the light of the Convention's [= EMRK] special character as a treaty for the collective enforcement of human rights and fundamental freedoms (...), the Court finds that the respondent State could not validly confine itself to relying on the binding nature of Security Council resolutions ,but should have persuaded the Court that it had taken – or at least had attempted to take – all possible measures to adapt the sanctions regime to the applicant's individual situation.
>
> 197. That finding dispenses the Court from determining the question raised by the respondent and intervening Governments, of the hierarchy between the obligations of the States Parties to the Convention under that instrument, on the one hand, and those arising from the United Nations Charter, on the other. In the Court's view, the important point isthat the respondent Government have failed to show that they attempted, as far as possible, to harmonise the obligations that they regarded as divergent."

Im Fall *Al-Dulimi and Montana Management Inc. v. Switzerland*, Application No. 5809/08, Urteil vom 21. Juni 2016 liess die grosse Kammer des EGMR die Frage nach dem Verhältnis zwischen der EMRK und Art. 103 Charta ebenfalls offen. Mit einer wenig überzeugenden Begründung kam das Gericht zum Schluss, Resolution 1483 (2003) des Sicherheitsrats, welches die Schweiz zum Sperren von Vermögenswerte von Herrn Al-Dulimi (dem mutmasslichen Finanzchefs des irakischen Geheimdienstes unter Saddam Hussein) verpflichtet, schliesse die gerichtliche Überprüfung der angeordneten Sanktionsmassnahme nicht aus, sodass kein Konflikt zwischen der Charta und Art. 6 EMRK zum Recht auf Zugang zu einem Gericht in vermögensrechtlichen Streitigkeiten bestehe.

Im Urteil Nada verwies der EGMR u.a. auf den Fall Kadi des EuGH.

Urteil des EuGH vom 3. September 2008 i. S. Yassin Abdullah Kadi und Al Barakaat International Foundation gg. Rat der EU und Kommission der EG (Verbundene Rechtssachen C-402/05 P und C-415/05 P)

Der saudische Staatsangehörige Yassin Abdullah Kadi und die in Schweden ansässige Al Barakaat International Foundation wurden vom Sanktionsausschuss des UNO-Sicherheitsrats der Vereinten Nationen in die Sanktionsliste aufgenommen. Die EU ordnete daher mittels einer Verordnung des Rats an, Gelder und sonstige Vermögenswerte dieser Personen einzufrieren. Diese klagten vor dem Gericht erster Instanz der EU auf Nichtigerklärung dieser Verordnung, da diese das Recht auf Eigentum und den Anspruch auf rechtliches Gehör verletze. Mit Urteilen vom 21. September 2005 wies das Gericht die Klage ab: Die Gemeinschaftsgerichte seien wegen der Regel von Art. 103 UNO-Charta nur zuständig, die Kompatibilität der Umsetzung einer Sicherheitsratsresolution mit Ius cogens zur prüfen (siehe vorne 1. Teil, 5. Kap., Ziff. II.3). Der gegen diese Urteile angerufene EuGH kam hingegen zum Schluss, die Gemeinschaftsgerichte seien zur Prüfung der materiellen Rechtmässigkeit des Umsetzungsaktes der EU befugt:

> 318 Es ist ferner vorgetragen worden, in Anbetracht des Respekts, den die Gemeinschaftsorgane den Organen der Vereinten Nationen schuldeten, müsse der Gerichtshof davon absehen, die Rechtmäßigkeit der streitige Verordnung im Hinblick auf die Grundrechte zu prüfen, selbst wenn eine solche Kontrolle möglich sein sollte, da im Rahmen der von den Vereinten Nationen ge-

schaffenen Sanktionsregelung insbesondere unter Berücksichtigung des Verfahrens der Überprüfung in der kürzlich durch mehrere Resolutionen des Sicherheitsrats spürbar verbesserten Form die Grundrechte hinreichend geschützt seien.

320 Hierzu ist zunächst zu bemerken, dass zwar in der Tat im Anschluss an die Verabschiedung mehrerer Resolutionen durch den Sicherheitsrat sowohl in Bezug auf die Aufnahme in die konsolidierte Liste als auch hinsichtlich der Streichung von dieser Liste Änderungen an dem von den Vereinten Nationen geschaffenen System von Restriktionen vorgenommen worden sind (...), dass diese Änderungen aber nach Erlass der streitigen Verordnung erfolgt sind, so dass sie im Rahmen der vorliegenden Rechtsmittel grundsätzlich nicht berücksichtigt werden können.

321 Jedenfalls kann der Umstand, dass es im Rahmen des betreffenden Systems der Vereinten Nationen das Verfahren der Überprüfung vor dem Sanktionsausschuss gibt auch unter Berücksichtigung der kürzlich an ihm vorgenommenen Änderungen nicht zu einer generellen Nichtjustiziabilität im Rahmen der internen Rechtsordnung der Gemeinschaft führen.

322 Eine solche Nichtjustiziabilität, die eine erhebliche Abweichung von dem im EG-Vertrag vorgesehenen System des gerichtlichen Rechtsschutzes der Grundrechte darstellen würde, erscheint nämlich in Anbetracht dessen, dass das betreffende Verfahren der Überprüfung offenkundig nicht die Garantien eines gerichtlichen Rechtsschutzes bietet, nicht gerechtfertigt. (...)

326 Aus alledem ergibt sich, dass die Gemeinschaftsgerichte (...) eine grundsätzlich umfassende Kontrolle der Rechtmäßigkeit sämtlicher Handlungen der Gemeinschaft im Hinblick auf die Grundrechte als Bestandteil der allgemeinen Grundsätze des Gemeinschaftsrechts gewährleisten müssen, und zwar auch in Bezug auf diejenigen Handlungen der Gemeinschaft, die wie die streitige Verordnung der Umsetzung von Resolutionen des Sicherheitsrats nach Kapitel VII der UN-Charta dienen sollen.

327 Deshalb hat das Gericht einen Rechtsfehler begangen, als es (...) entschieden hat, dass aus den Grundsätzen, nach denen sich die Verknüpfung zwischen der durch die Vereinten Nationen entstandenen Völkerrechtsordnung und der Gemeinschaftsrechtsordnung richte, folge, dass die streitige Verordnung, da sie der Umsetzung einer Resolution des Sicherheitsrats nach Kapitel VII der UN-Charta diene, die hierfür keinerlei Spielraum lasse, im Hinblick auf ihre materielle Rechtmäßigkeit nicht justiziabel sei, sofern es nicht um ihre Vereinbarkeit mit den Normen des ius cogens gehe."

c. Revision der Charta

Die UNO-Charta kann durch eine allgemeine Konferenz der Mitgliedstaaten geändert werden. Nötig ist die Zustimmung einer Mehrheit von 2/3 der Mitglieder plus die Ratifikation durch 2/3 der Mitglieder inkl. aller ständigen Mitglieder des Sicherheitsrates (Art. 108/109 Charta). Die Charta soll nicht einfach abänderbar sein und jede Änderung soll von einem Grossteil der Mitgliedstaaten getragen werden. Wäre es anders, würde die Charta wohl ihren Charakter als Verfassung der internationalen Gemeinschaft aufs Spiel setzen. Auf der anderen Seite erschweren solch hohe Hürden eine Reform der UNO-Struktur.

3. *Ziele und Grundsätze*

Art. 1 und 2 der UNO-Charta umschreiben die Ziele und Grundsätze der UNO. Sowohl die Ziele als auch die Grundsätze werden durch die Präambel ergänzt, welche die Gründungsidee der 51 Gründerstaaten zum Ausdruck bringt. Art. 1 und 2 UNO-Charta können nicht losgelöst voneinander gelesen werden. So stellt Art. 2 UNO-Charta Grundsätze zur Verfolgung der in Art. 1 der Charta genannten Ziele auf.

Art. 1 bezeichnet als *Ziele* der UNO:

(1) die Wahrung des Weltfriedens; zu diesem Zweck sollen wirksame Massnahmen der kollektiven Sicherheit getroffen werden (dazu hinten 4. Teil, 3. Kap., Ziff. II);

(2) die Herstellung von „freundschaftliche[n], auf der Achtung vor dem Grundsatz der Gleichberechtigung und Selbstbestimmung der Völker beruhende[n] Beziehungen zwischen den Nationen";

(3) internationale Kooperation, „um internationale Probleme wirtschaftlicher, sozialer, kultureller und humanitärer Art zu lösen und die Achtung vor den Menschenrechten und Grundfreiheiten für alle ohne Unterschied der Rasse, des Geschlechts, der Sprache oder der Religion zu fördern und zu festigen";

(4) ein Forum für die Staaten zu bilden, „um die Bemühungen der Nationen zur Verwirklichung dieser gemeinsamen Ziele" zu koordinieren.

Art. 2 nennt für die UNO und ihre Mitglieder folgende *Grundsätze*:

(1) die souveräne Gleichheit aller Mitglieder;

(2) die Erfüllung der Verpflichtungen der Charta nach Treu und Glauben;

(3) die Verpflichtung zur friedlichen Streitbeilegung (siehe hinten 4. Teil, 1. Kap., Ziff. I);

(4) das Gewaltverbot (siehe hinten 4. Teil, 3. Kap., Ziff. I);

(5) die Unterstützung von Zwangsmassnahmen der UNO (dazu hinten 4. Teil, 3. Kap. Ziff. II.2);

(6) die Sorge dafür, dass Nichtmitgliedstaaten „insoweit nach diesen Grundsätzen handeln, als dies zur Wahrung des Weltfriedens (...) erforderlich ist";

(7) die Respektierung der inneren Angelegenheiten der Mitglieder durch die UNO (zum Interventionsverbot vorne 1. Kap., Ziff. IV und hinten 4. Teil, 3. Kap., Ziff. I.6).

Bedeutsam im Zusammenhang mit den Zielen und Grundsätzen der Vereinten Nationen sind die Art. 55 und 56 der Charta. Art. 55 war dazu bestimmt, die Ziele in Art. 1 zu implementieren (so Wolfrum, in Simma, S. 898, N. 1). Diese Zielbestimmung betont zum einen die in Art. 1 Abs. 3 genannten Ziele, konkretisiert diese aber auch und verstärkt die Verpflichtungen der UNO und der Mitgliedstaaten insbesondere im Zusammenhang mit Art. 56. Dieser sieht vor, dass alle Mitgliedstaaten „gemeinsam und jeder für sich" mit der UNO zusammenarbeiten, um folgende Ziele gemäss Art. 55 zu erreichen:

> „a) die Verbesserung des Lebensstandards, die Vollbeschäftigung und die Voraussetzungen für wirtschaftlichen und sozialen Fortschritt und Aufstieg;
>
> b) die Lösung internationaler Probleme wirtschaftlicher, sozialer, gesundheitlicher und verwandter Art sowie die internationale Zusammenarbeit auf den Gebieten der Kultur und der Erziehung;
>
> c) die allgemeine Achtung und Verwirklichung der Menschenrechte und Grundfreiheiten für alle ohne Unterschied der Rasse, des Geschlechts, der Sprache oder der Religion."

Diese Bestimmungen sind v.a. unter zwei Gesichtspunkten bedeutsam: Erstens bringen sie die Überzeugung der Gründer der UNO zum Ausdruck, dass der Weltfriede nur erhalten werden kann, wenn materielle Voraussetzungen wie soziale Gerechtigkeit, Abbau von Armut oder die Einhaltung der Menschenrechte realisiert werden können, und die Staaten zwecks Lösung globaler Probleme zusammenarbeiten. In Zusammenhang mit der Vorrangregel von Art. 103 UNO-Charta (siehe vorne 2.b) bilden sie zweitens zentrale Grundelemente der Verfassung der Staatengemeinschaft.

4. *Zur Völkerrechtssubjektivität der UNO*

Die Völkerrechtssubjektivität der UNO ist nicht ausdrücklich geregelt. Implizit ergibt sie sich aus Art. 104 und 105 der UNO-Charta. Art. 104 lautet:

> „Die Organisation geniesst im Hoheitsgebiet jedes Mitglieds die Rechts- und Geschäftsfähigkeit, die zur Wahrnehmung ihrer Aufgaben und zur Verwirklichung ihrer Ziele erforderlich ist."

Das Ausmass der Kompetenzen und Rechte der UNO ergibt sich gemäss der Theorie der „implied powers" (vorne Ziff. I.1.c) aus den Zielen der Organisation und ist entsprechend weit.

IGH, Reparation for Injuries Suffered in the Service of the United Nations, Advisory Opinion, I.C.J. Reports 1949, p. 174

Am 17. September 1948 fiel der schwedische Staatsangehörige Graf Bernadotte in Jerusalem einem mutmasslichen Terroranschlag zum Opfer. Jerusalem befand sich zu diesem Zeitpunkt unter israelischer Kontrolle. GRAF BERNAdotte war als Chefunterhändler der UNO zur Aushandlung eines Waffenstillstandes im Gebiet tätig gewesen. In der Folge gelangte die UNO an den IGH mit der Bitte, ein Gutachten u.a. zu folgenden Fragen zu verfassen:

> „[Question I:] In the event of an agent of the United Nations in the performance of his duties suffering injury in circumstances involving the responsibility of a State, has the United Nations, as an Organization, the capacity to bring an international claim against the responsible de jure or de facto government with a view to obtaining the reparation due in respect of the damage caused
>
> (a) to the United Nations,
>
> (b) to the victim or to persons entitled through him?"

Zur Beantwortung dieser Fragen musste sich der Gerichtshof mit der Völkerrechtssubjektivität der UNO befassen. Da die Charta hierzu schwieg, stützte er sich auf die Theorie der „implied powers" und kam zum Schluss, die UNO besitze eine weitgehende Rechtspersönlichkeit:

> „In the opinion of the Court, the Organization was intended to exercise and enjoy, and is in fact exercising and enjoying, functions and rights which can only be explained on the basis of the possession of a large measure of international personality and the capacity to operate upon an international plane. It is at present the supreme type of international organization, and it could not carry out the intentions of its founders if it was devoid of international personality. It must be acknowledged that its Members, by entrusting certain functions to it, with the attendant duties and responsibilities, have clothed it with the competence required to enable those functions to be effectively discharged."

Gleichzeitig betonte der Gerichtshof, die UNO sei trotz der Völkerrechtssubjektivität weder ein Staat noch ein "Super-Staat". Als Völkerrechtssubjekt sei sie Trägerin von Rechten und Pflichten und habe die Befugnis, diese auch aufrechtzuerhalten:

> „The next question is whether the sum of the international rights of the Organization comprises the right to bring the kind of international claim described in the Request for this Opinion. That is a claim against a State to obtain reparation in respect of the damage caused by the injury of an agent of the Organization in the course of the performance of his duties. (...) The functions of the Organization are of such a character that they could not effectively discharged if they involved the concurrent action, on the international plane, of fifty-eight or more Foreign Offices, and the Court concludes that the Members have endowed the Organization with capacity to bring international claims when necessitated by discharge of its functions."

Wird der UNO, d.h. der Organisation selbst oder deren Interessen, von einem ihrer Mitgliedstaaten durch Verletzung des internationalen Rechts Schaden zugefügt, so kann die Organisation gegen diesen Staat vorgehen. Der betroffene Staat kann sich auch nicht als Rechtfertigung auf innerstaatliches Recht berufen, da es sich um einen Anspruch mit internationalem Charakter handelt. Ob die Organisation im Rahmen dieser Klage auch Entschädigung für Schaden, welcher dem Opfer bzw. dessen Angehörigen entstanden ist, verlangen kann, wurde nicht mehr wie bei der Frage I(a) einstimmig, sondern mit einem Mehrheitsvotum von elf zu vier Stimmen gefasst. Auch hier bejahte der Gerichtshof das Vorliegen einer „implied power":

> „Under international law, the Organization must be deemed to have those powers which, though not expressly provided in the Charter, are conferred upon it by necessary implication as being essential to the performance of its duties. (...)."

Die Zwecke und Funktionen der UNO verlangen, dass sie ihre Mandatsträger auch in Teile der Welt schicken kann, wo diese unüblichen Gefahren ausgesetzt sind. Damit eine von der UNO mandatierte Person ihre Aufgaben zufrieden stellend erledigen kann, muss sie sich auf den Schutz durch die Organisation verlassen können. Um die Unabhängigkeit der Mandatsträger bei der Erfüllung ihrer Aufgaben, und damit die Unabhängigkeit der Organisation, sicherzustellen, ist es wichtig, dass die UNO jedem ihrer Agenten ausreichenden Schutz gewähren kann und diese nicht auf anderweitigen Schutz angewiesen sind. Insbesondere sollen sie nicht auf den Schutz ihres Heimatstaates angewiesen sein, da sonst die Unabhängigkeit eines Mandatsträgers kompromittiert werden könnte, da nicht jeder Staat einem solchen UNO-Mandatsträger gleichviel Schutz gewähren kann oder will.

Gestützt darauf folgerte der IGH, die UNO könne im Rahmen einer solchen Klage auch angemessene Entschädigung für das Opfer oder dessen Angehörige verlangen:

> „Having regard to the foregoing considerations, and to the undeniable right of the Organization to demand that its Members shall fulfil the obligations entered into by them in the interest of the good working of the Organization, the Court is of the opinion that, in the case of a breach of these obligations, the Organization has the capacity to claim adequate reparation, and that in assessing this reparation it is authorized to include the damage suffered by the victim or by persons entitled through him."

Der IGH bejahte die Frage, ob eine solche Klagemöglichkeit auch gegen Nichtmitglieder der UNO besteht. Da die UNO auch gegenüber Nichtmitgliedstaaten Rechtspersönlichkeit hat, kann sie die in Frage I(a) und (b) bejahten Ansprüche auch gegenüber Nichtmitgliedern geltend machen.

5. *Mitgliedschaft*

Die UNO hat 51 Gründungsmitglieder. Dies sind die Staaten, welche 1945 an der Gründungskonferenz in San Francisco teilnahmen oder bereits vorher die Erklärung der Vereinten Nationen von 1942 unterzeichnet hatten (Art. 3 UNO-Charta). Neue Mitglieder wurden (und werden) durch Beschluss der GV aufgenommen, welchem eine befürwortende Empfehlung des Sicherheitsrats voranzugehen hat (Art. 4). Damit kann das Veto eines ständigen Mitglieds des Sicherheitsrates die Aufnahme verhindern (Beispiel: Taiwan). Voraussetzungen für die Aufnahme sind die Friedliebigkeit der Aufnahmestaaten sowie die Fähigkeit und der Wille, die Verpflichtungen aus der Charta zu erfüllen. Mit 193 Mitgliedern ist die UNO heute faktisch universell geworden.

Gemäss Art. 5 und 6 kann die Mitgliedschaft bei wesentlichen Pflichtverletzungen durch die Generalversammlung auf Empfehlung des Sicherheitsrats suspendiert oder gar beendet werden; beides kam noch nie vor (ein 1974 gegen Südafrika gestellter Ausschlussantrag scheiterte am Veto der USA, Frankreichs und Grossbritanniens). Ein Austritt ist nicht vorgesehen, könnte aber nicht verhindert werden.

6. *Organisation*

Die Struktur der UNO ist komplex, da neben den sechs Hauptorganen noch diverse Unter- bzw. Nebenorgane, Programme und Fonds, Ausschüsse, Kommissionen und Sonderorganisationen bestehen (Organigramm auf der nächsten Seite).

a. Generalversammlung

Die *Generalversammlung* (GV; General Assembly – GA; Art. 9-22 UNO-Charta) besteht aus allen Mitgliedern der UNO, wobei jeder Mitgliedstaat durch maximal fünf Delegierte in der Versammlung vertreten sein darf (Art. 9). Innerhalb des UNO-Systems nimmt sie eine zentrale Stellung ein. Sie kann alle Fragen und Angelegenheiten erörtern, welche in die Zuständigkeit der UNO fallen (Art. 10). Dies auch im Bereich der Wahrung des Weltfriedens und der internationalen Sicherheit (Art. 11), es sei denn, es handle sich um ein Geschäft, das beim Sicherheitsrat hängig ist (Art. 12). In der Praxis wird diese Bestimmung so verstanden, dass die Generalversammlung auch solche Geschäfte erörtern kann, wenn der Sicherheitsrat infolge eines Vetos blockiert ist. Insbesondere ist die Generalversammlung zuständig für:

- die Verabschiedung von Resolutionen (Empfehlungen) an einzelne oder alle Mitgliedstaaten zu allen Angelegenheiten im Zuständigkeitsbereich der UNO (zur rechtlichen Bedeutung solcher Beschlüsse ausführlich hinten in diesem Kapitel Ziff. III);
- Entscheide über Aufnahme, Ausschluss und Suspendierung von Mitgliedern auf Empfehlung des Sicherheitsrates (Art. 5);
- den Beschluss über die eigene Geschäftsordnung (Art. 21);
- die Prüfung und Genehmigung von Rechnung und Budget und das Festsetzen des Verteilschlüssels für die Mitgliederbeiträge (Art. 17);
- Wahlen (Generalsekretär auf Empfehlung des Sicherheitsrates; IGH-Richter zusammen mit dem Sicherheitsrat); Ernennung der zehn nichtständigen Mitglieder des Sicherheitsrats und der Mitglieder des ECOSOC;
- die Prüfung von Jahres- und Sonderberichten des Sicherheitsrats sowie anderer UNO-Organe (Art. 15);
- die Schaffung von Neben- bzw. Unterorganen, soweit dies erforderlich ist; Festsetzung ihrer Mandate, Wahlen und Aufsicht (Art. 22 i.V.m. Art. 7 Abs. 2).

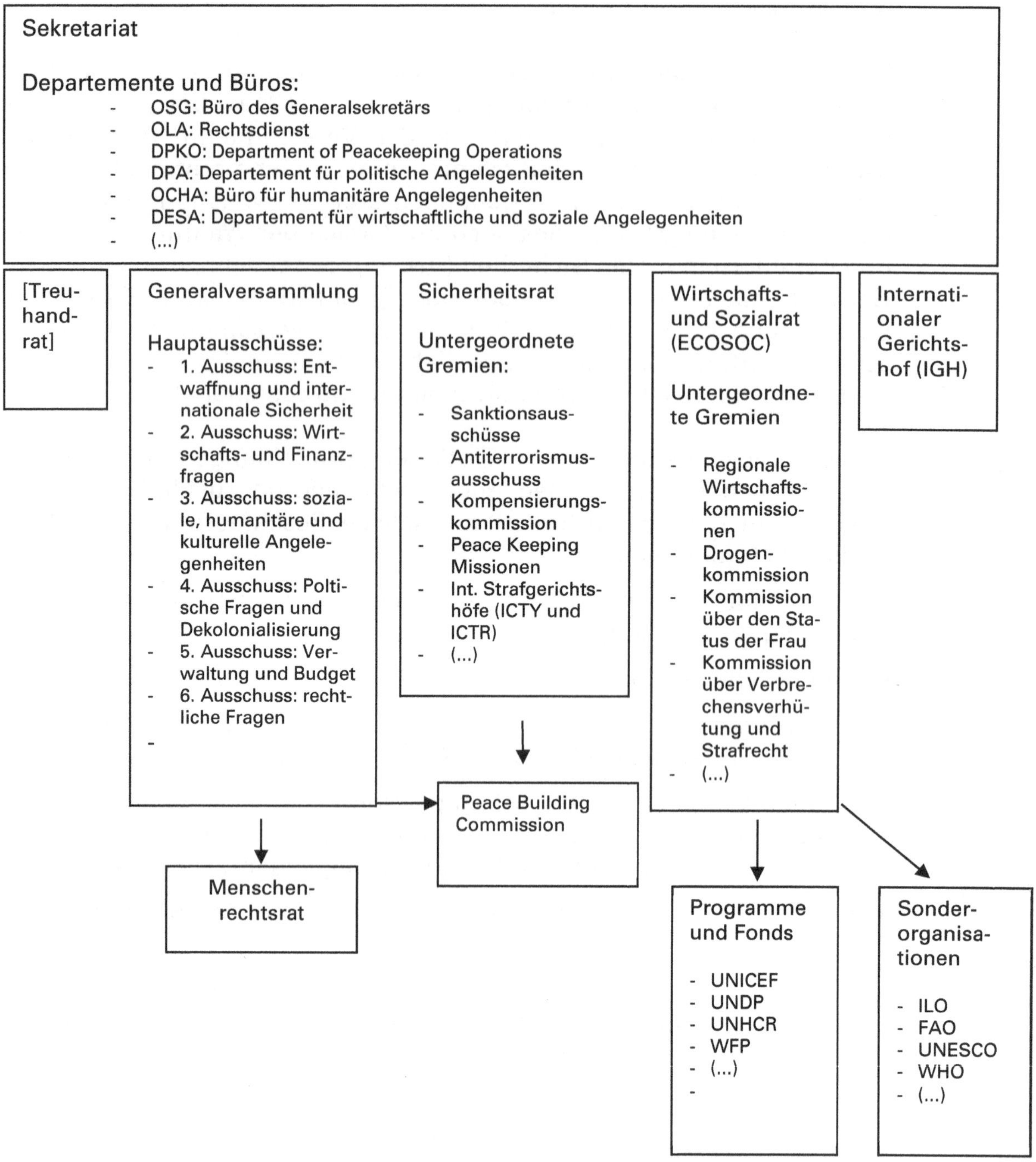
Sekretariat
Departemente und Büros:
- OSG: Büro des Generalsekretärs
- OLA: Rechtsdienst
- DPKO: Department of Peacekeeping Operations
- DPA: Departement für politische Angelegenheiten
- OCHA: Büro für humanitäre Angelegenheiten
- DESA: Departement für wirtschaftliche und soziale Angelegenheiten
- (...)
[Treuhandrat]
Generalversammlung
Hauptausschüsse:
- 1. Ausschuss: Entwaffnung und internationale Sicherheit
- 2. Ausschuss: Wirtschafts- und Finanzfragen
- 3. Ausschuss: soziale, humanitäre und kulturelle Angelegenheiten
- 4. Ausschuss: Poltische Fragen und Dekolonialisierung
- 5. Ausschuss: Verwaltung und Budget
- 6. Ausschuss: rechtliche Fragen
-
Sicherheitsrat
Untergeordnete Gremien:
- Sanktionsausschüsse
- Antiterrorismusausschuss
- Kompensierungskommission
- Peace Keeping Missionen
- Int. Strafgerichtshöfe (ICTY und ICTR)
- (...)
Wirtschafts- und Sozialrat (ECOSOC)
Untergeordnete Gremien
- Regionale Wirtschaftskommissionen
- Drogenkommission
- Kommission über den Status der Frau
- Kommission über Verbrechensverhütung und Strafrecht
- (...)
Internationaler Gerichtshof (IGH)
Peace Building Commission
Menschenrechtsrat
Programme und Fonds
- UNICEF
- UNDP
- UNHCR
- WFP
- (...)
-
Sonderorganisationen
- ILO
- FAO
- UNESCO
- WHO
- (...)

Die Generalversammlung tagt sowohl im Rahmen ihrer ordentlichen Jahrestagungen als auch in ausserordentlichen Sessionen. Ihre ordentliche Sitzung findet normalerweise ab dem 2. oder 3. Dienstag im September bis Ende Dezember oder Januar statt. In den letzten Jahren war die Generalversammlung allerdings praktisch das ganze Jahr in Session. Sechs Hauptausschüsse, in welchen alle Mitglieder vertreten sind, beraten die Geschäfte vor. In der Generalversammlung hat jeder Staat gemäss Art. 18 Abs. 1 UNO-Charta unabhängig von seiner Grösse eine Stimme; angestrebt wird allerdings die Annahme im Konsensverfahren. Für klar definierte wichtige Beschlüsse bedarf es einer 2/3-Mehrheit der anwesenden und abstimmenden Mitglieder, bei anderen reicht das einfache Mehr. Ist ein Mitgliedstaat im Zahlungsrückstand, so kann dieser sein Stimmrecht vorübergehend verlieren (Art. 19).

b. Sicherheitsrat

Der Sicherheitsrat (SR, Security Council – SC; Art. 23-32 UNO-Charta) besteht aus fünf ständigen Mitgliedern mit Vetorecht (China, Frankreich, Russland, Vereinigtes Königreich, USA) und zehn weiteren, jeweils für zwei Jahre von der Generalversammlung gewählten, nichtständigen Mitgliedern. Nichtmitgliedstaaten des Sicherheitsrates können ohne Stimmrecht nach Art. 31 der Charta an den Sitzungen teilnehmen, wenn ihre Interessen besonders betroffen sind. Solche Staaten werden dann zu Sitzungen des Sicherheitsrates eingeladen, wenn sie betroffene Partei in einer Streitigkeit sind, mit welcher der Sicherheitsrat befasst ist (Art. 32). Der Sicherheitsrat:

- trägt die „Hauptverantwortung für die Wahrung des Weltfriedens und der internationalen Sicherheit" (Art. 24) und kann in diesem Zusammenhang bindende Beschlüsse fassen (Art. 25). Solche Beschlüsse können auch bindend sein, wenn sie ausserhalb von Kapitel VII gefasst werden (dazu das Gutachten des IGH zu Westafrika/Namibia, hinten in diesem Kapitel Ziff. III.3.a). Zur Tätigkeit des Sicherheitsrates im Bereich der Friedenssicherung ausführlich hinten 4. Teil, 3. Kap., Ziff. II;
- macht Empfehlungen an die Generalversammlung betreffend Aufnahme, Suspendierung und Ausschluss von Mitgliedern (Art. 5);
- arbeitet Pläne zur Rüstungsregelung aus (Art. 26);
- beschliesst seine eigene Geschäftsordnung (Art. 30);
- wählt zusammen mit der Generalversammlung die IGH-Richter und empfiehlt der Generalversammlung den Generalsekretär zur Wahl;
- vollstreckt IGH-Urteile „soweit er es für erforderlich hält" (Art. 94 Abs. 2);
- schafft Neben- bzw. Unterorgane, sofern dies zur Wahrnehmung seiner Aufgaben erforderlich ist (Art. 29 i.V.m. Art. 7 Abs. 2).

c. IGH

Der Internationale Gerichtshof ist das Hauptrechtsprechungsorgan der UNO. Die relevanten Normen finden sich in Art. 92-96 UNO-Charta und dem Statut des IGH (SR 0.193.501), das integrierter Bestandteil der Charta ist (Art. 92), aber auch von Nichtmitgliedern der UNO ratifiziert werden kann.

Der Internationale Gerichtshof mit Sitz in Den Haag besteht aus 15 Richterinnen und Richtern, welche die verschiedenen Rechtssysteme und Regionen der Welt zu repräsentieren haben. Der IGH ist zuständig für:

- den Entscheid von Rechtsstreiten zwischen Staaten, welche die Zuständigkeit des IGH anerkannt haben. Diese Entscheide sind verbindlich und können, wenn nötig, vom Sicherheitsrat durchgesetzt werden (Art. 94);
- die Erstattung von Gutachten auf Verlangen, (1.) von Generalversammlung oder Sicherheitsrat zu jeder Rechtsfrage, oder (2.) von anderen UNO-Organen und Sonderorganisationen in ihrem jeweiligen Tätigkeitsbereich mit Ermächtigung der Generalversammlung (Art. 96).

Zum IGH ausführlich hinten 4. Teil, 2. Kap., Ziff. III.

d. Wirtschafts- und Sozialrat

Der Wirtschafts- und Sozialrat (Economic and Social Council – ECOSOC; Art. 61-72 UNO-Charta) besteht aus 54 von der Generalversammlung gewählten UNO-Mitgliedstaaten, die im Turnus erneuert werden. Er ist zwar ein Hauptorgan der UNO, hierarchisch aber der Generalversammlung unterstellt. Art. 60 Charta überträgt dem ECOSOC unter der Aufsicht der Generalversammlung die Verantwortung für die Aufgaben im Bereich der internationalen Zusammenarbeit auf wirtschaftlichem und sozialem Gebiet (Art. 55-60 Charta). Dazu werden ihm die in Art. 61-72 genannten Befugnisse zugesprochen. Art. 62 Charta umschreibt die wichtigsten Befugnisse folgendermassen:

> „(1) Der Wirtschafts- und Sozialrat kann über internationale Angelegenheiten auf den Gebieten der Wirtschaft, des Sozialwesens, der Kultur, der Erziehung, der Gesundheit und auf verwandten Gebieten Untersuchungen durchführen oder bewirken sowie Berichte abfassen oder veranlassen; er kann zu jeder derartigen Angelegenheit an die Generalversammlung, die Mitglieder der Vereinten Nationen und die in Betracht kommenden Sonderorganisationen Empfehlungen richten.
>
> (2) Er kann Empfehlungen abgeben, um die Achtung und Verwirklichung der Menschenrechte und Grundfreiheiten für alle zu fordern.
>
> (3) Er kann über Angelegenheiten, für die er zuständig ist, Übereinkommen entwerfen und der Generalversammlung vorlegen.
>
> (4) Er kann nach den von den Vereinten Nationen festgesetzten Regeln internationale Konferenzen über Angelegenheiten einberufen, für die er zuständig ist."

Mit der Schaffung des Menschenrechtsrates (dazu mehr hinten unter g.) ist die Zuständigkeit im Bereich der Menschenrechte gemäss Abs. 2 dieser Bestimmung obsolet geworden.

Zusätzliche Aufgaben hat der ECOSOC im Zusammenhang mit Sonderorganisationen. Er kann gemäss Art. 64 Charta von den Sonderorganisationen regelmässige Berichterstattung oder Berichte über Massnahmen zur Durchführung von ECOSOC- oder GV-Empfehlungen einfordern. Weiter trifft den ECOSOC in Art. 65 eine Auskunfts- und Unterstützungspflicht für den Sicherheitsrat. Mit Genehmigung der Generalversammlung leistet der ECOSOC gemäss Art. 66 Abs. 2 Charta auch alle Dienste, um welche er von UNO-Mitgliedern oder Sonderorganisationen ersucht wird.

Der ECOSOC erfüllt seine Aufgaben nicht selbst, sondern hat, wie in Art. 68 der UNO-Charta vorgesehen, dafür eine Reihe von funktionalen und regionalen Kommissionen geschaffen, welchen ebenfalls UNO-Mitgliedstaaten angehören. Wichtig sind v.a. die regionalen Wirtschaftskommissionen (u.a. ECE - Economic Commission for Europe) und die UNO Drogenkommission (Commission on Narcotic Drugs).

Mit der Errichtung von Neben- bzw. Unterorganen wie UNCTAD (UN Conference on Trade and Development), UNDP (UN Development Program), UNEP (UN Environmental Program), UNHCR (UN High Commissioner for Refugees) und wegen des starken Ausbaus der Sonderorganisationen, die im wirtschaftlichen und sozialen Bereich tätig sind, hat der ECOSOC stark an Bedeutung eingebüsst. Weil zudem die wichtige Arbeit in den Kommissionen des ECOSOC geleistet wird und der ECOSOC selber die Geschäfte nur zuhanden der Generalversammlung vorberät, wird seine Existenzberechtigung zum Teil in Frage gestellt.

e. Treuhandrat

Der Treuhandrat, welcher aus den fünf Vetomächten des Sicherheitsrats bestand, war für die Verwaltung von unter einem Mandat der UNO stehenden ehemaligen Kolonialgebieten zuständig. Am 1. Oktober 1994 wurde das letzte verwaltete Gebiet, Palau, unabhängig, womit der Rat seine Aufgaben erfüllt hatte und seine Arbeit einen Monat später suspendierte.

f. Generalsekretär und Sekretariat

Das Sekretariat der UNO (Art. 97-101 UNO-Charta) besteht aus dem Generalsekretär und den sonstigen Bediensteten der UNO. Der Generalsekretär wird von der Generalversammlung auf Empfehlung des Sicherheitsrats ernannt und ist „höchster Verwaltungsbeamter" der UNO (Art. 97). Als solcher steht er dem Sekretariat vor, welches für die Betreuung der anderen Organe (Koordination, Vorbereitung und Begleitung von Sitzungen, Erstellen der Traktandenliste etc.) und für die Durchführung beschlossener Aktivitäten zuständig ist (Art. 98). Der Generalsekretär repräsentiert die Organisation nach aussen.

Der Generalsekretär hat auch politische Aufgaben, insbesondere die Unterrichtung des Sicherheitsrates über friedensbedrohende Situationen (Initiativrecht gemäss Art. 99) und das Anbieten von guten Diensten bei Konflikten oder humanitären Problemen (preventive diplomacy).

g. *Neben- bzw. Unterorgane und Sonderorganisationen*

Neben- bzw. Unterorgane sind von der Generalversammlung (seltener vom Sicherheitsrat) abhängig und besitzen keine oder nur beschränkte Rechtspersönlichkeit (z.T. umstritten). Ihr Mandat wird durch die GV bzw. vom Sicherheitsrat festgelegt. Ihre Aktivitäten werden teilweise durch das UNO-Budget finanziert. Daneben sind sie für die Durchführung ihrer Programme auf freiwillige Beiträge der Staaten angewiesen.

Sonderorganisationen sind von der UNO initiierte und mit ihr eng zusammenarbeitende, juristisch jedoch eigenständige internationale Organisationen: Sie beruhen auf einer durch multilateralen Vertrag gebildeten Satzung, besitzen Rechtspersönlichkeit und Organe (meist eine Generalversammlung oder einen Rat der Mitgliedstaaten und ein Sekretariat mit Generalsekretär/in); Mitglieder sind nur jene Staaten, welche die Satzung ratifiziert haben. Die Sonderorganisationen dienen der Realisierung der in Art. 55 Charta genannten Ziele. Der ECOSOC kann auf der Basis von Zusammenarbeitsverträgen (Art. 57-58 i.V.m. Art. 63 Charta) ihre Aktivitäten koordinieren.

Ein wichtiges Unterorgan der UNO ist der *Menschenrechtsrat*, welcher im Frühling 2006 durch die Generalversammlung ins Leben gerufen wurde.

Resolution 60/251 (2006) der UNO-Generalversammlung

„The General Assembly (...)

3. *Decides* also that the Council should address situations of violations of human rights, including gross and systematic violations, and make recommendations thereon. It should also promote the effective coordination and the mainstreaming of human rights within the United Nations system; (...)

5. *Decides* that the Council shall, inter alia:

(a) Promote human rights education and learning as well as advisory services, technical assistance and capacity-building, to be provided in consultation with and with the consent of Member States concerned;

(b) Serve as a forum for dialogue on thematic issues on all human rights;

(c) Make recommendations to the General Assembly for the further development of international law in the field of human rights;

(d) Promote the full implementation of human rights obligations undertaken by States and follow-up to the goals and commitments related to the promotion and protection of human rights emanating from United Nations conferences and summits;

(e) Undertake a universal periodic review, based on objective and reliable information, of the fulfilment by each State of its human rights obligations and commitments in a manner which ensures universality of coverage and equal treatment with respect to all States; the review shall be a cooperative mechanism, based on an interactive dialogue, with the full involvement of the country concerned and with consideration given to its capacity-building needs; such a mechanism shall complement and not duplicate the work of treaty bodies; the Council shall develop the modalities and necessary time allocation for the universal periodic review mechanism within one year after the holding of its first session; (...)."

Der Menschenrechtsrat ersetzt die frühere Menschenrechtskommission. Er ist ein ständiges Organ und untersteht der Generalversammlung. Er besteht aus jeweils 47 Mitgliedstaaten, welche für drei Jahre durch die Generalversammlung gewählt werden. Pro Jahr hält der Rat mehrere Sessionen (insgesamt mindestens 10 Wochen) an seinem Sitz in Genf ab. In Krisensituationen kann er zudem Sondersitzungen einberufen, um mögliche Massnahmen zu diskutieren und zu ergreifen.

Der Menschenrechtsrat stellt das wichtigste *Forum* dar, an welchem die Staaten unter Beteiligung von nichtstaatlichen Organisationen Menschenrechtsfragen diskutieren können. Die Hauptaufgaben des Rates liegen in der Förderung und dem Schutz der Menschenrechte sowie der Verhinderung künftiger Menschenrechtsverletzungen. Eine weitere Aufgabe besteht in der Ausarbeitung neuer menschenrechtlicher Standards in der Form von Verträgen oder Deklarationen.

Dem Menschenrechtsrat stehen zur Wahrnehmung dieser Aufgabe verschiedene Instrumente zur Verfügungen. Er nimmt insbesondere eine *periodische Überprüfung* (Universal Periodic Review, UPR) der Menschenrechtslage in allen UNO-Mitgliedstaaten vor. Sie findet in einem auf Kooperation und Dialog ausgerichteten Verfahren statt.

Neben dieser turnusmässigen Überprüfung kennt der Rat das Instrument der sog. *Spezialverfahren*. Dabei werden einzelne Experten als Spezialberichterstatter/innen oder Arbeitsgruppen für bestimmte Menschenrechtsthemen (themenspezifische Mandate) oder für einzelne Länder (länderspezifische Mandate) eingesetzt. In der Regel besteht die Aufgabe der Spezialverfahren vorab darin, Fakten zu sammeln, die Sachlage objektiv zu analysieren und Empfehlungen abzugeben. Teilweise umfassen die Mandate auch den Auftrag, Mitteilungen Privater über Menschenrechtsverletzungen entgegenzunehmen und Dringlichkeitsappelle an die betroffene Regierung zu erlassen. Sonderberichterstatter/innen führen regelmässig Länderbesuche durch. Der Menschenrechtsrat erlässt gestützt auf ihre Berichte Resolutionen. Gegenwärtig bestehen Mandate z.B. zum Recht auf Nahrung, zu Menschenhandel, insbesondere Frauen- und Kinderhandel, sowie für Menschenrechte und indigene Völker und verschiedene Arbeitsgruppen (z.B. in den Themenbereichen willkürliche Haft, Söldner und erzwungenes oder unfreiwilliges Verschwinden). Länderspezifische Mandate bestehen zurzeit z.B. für Nordkorea, Myanmar, Somalia, Syrien und Sudan.

Ein wichtiges Mittel des Menschenrechtsrates zur Förderung und Umsetzung der Menschenrechte sind schliesslich die *technische Zusammenarbeit* und die *Unterstützung* von Ländern, die dies wünschen, mit Beratung, Ausbildung und Reformprojekten.

7. *Tätigkeitsbereiche der UNO*

Die UNO kann sich praktisch mit allen Fragen und Problemen zwischenstaatlicher Beziehungen befassen. Zu den wichtigsten Tätigkeitsbereichen gehören:

- *Friedenssicherung*: Vgl. hierzu ausführlich hinten 4. Teil, 3. Kap., Ziff. II.
- *Dekolonisierung*: Mit Resolution 1514 (XV) (1960) der Generalversammlung anerkannte die UNO das Recht der Völker unter Kolonialherrschaft auf Selbstbestimmung. Sie befasste sich intensiv und insgesamt erfolgreich mit dem Dekolonialisierungsprozess, der heute, mit Ausnahme der von Marokko besetzten Westsahara, weitgehend abgeschlossen ist. Besonders schwierig und langwierig waren die Bemühungen in Namibia.
- *Abrüstung*: Seit der Gründung suchte die UNO die Voraussetzungen für Abrüstungsverhandlungen zu schaffen. Sie erarbeitete u.a. den Vertrag über die Nichtverbreitung von Kernwaffen von 1968 und die Konvention über die Ächtung biologischer Waffen von 1972. Die wichtigsten Fortschritte wurden allerdings ausserhalb der UNO auf regionaler oder bilateraler Ebene erzielt.
- *Entwicklung und Weltwirtschaftsordnung*: Die UNO ist seit den 70er Jahren zum Hauptforum für den Nord-Süd-Dialog geworden. 2015 hat die UNO Generalversammlung eine ambitiöse „Agenda für nachhaltige Entwicklung (2030 Agenda for Sustainable Development, UN Doc. A/RES/70/1) mit 17 Zielen verabschiedet. Die Agenda will bis 2030 beispielsweise Armut und Hunger beenden; für alle hochwertige Bildung gewährleisten; nachhaltiges Wirtschaftswachstum, produktive Vollbeschäftigung und menschenwürdige Arbeit für alle anstreben; oder friedliche und inklusive Gesellschaften für eine nachhaltige Entwicklung fördern.
- *Menschenrechte*: hierzu ausführlich hinten 5. Kap., Ziff. IV.
- *Entwicklung des Völkerrechts*: Gemäss Art. 13 Abs. 1 Charta veranlasst die Generalversammlung „Untersuchungen und gibt Empfehlungen ab, (...) um (...) die fortschreitende Entwicklung des Völkerrechts sowie seine Kodifizierung zu begünstigen." Für diese Aufgabe ist die Völkerrechtskommission (International Law Commission - ILC) eingesetzt worden, die aus 34 unabhängigen Experten besteht. Die ILC hat u.a. die Wiener Vertragsrechtskonvention (VRK) und die Wiener Konventionen über die diplomatischen und konsularischen Beziehungen (WÜD, bzw. WÜK, siehe vorne 2. Kap. Ziff. I) entworfen. Unter den Ergebnissen ist v.a. die im Jahre 2001 verabschiedete Kodifikation des Rechts der Staatenverantwortlichkeit zu nennen, deren Erarbeitung rund vierzig Jahre in Anspruch genommen hatte (siehe vorne 3. Kap., Ziff. I.1). Es ist Sache der Generalversammlung bzw. der Staaten, zu entscheiden, was mit den Entwürfen der ILC geschehen soll, insbesondere ob sie als Grundlage für Vertragshandlungen dienen sollen. Soweit sie Gewohnheitsrecht kodifizieren, wenden Gerichte zum Teil die Entwürfe der ILC an, bevor sie in Vertragstexte überführt werden.

Generalsekretär KOFI ANNAN bezeichnete in seinem Bericht zur Reform der UNO 2005 Entwicklung, Sicherheit und Menschenrechte als die drei Hauptpfeiler der UNO-Tätigkeit.

In larger freedom: towards development, security and human rights for all
Report of the Secretary-General, 21 March 2005

„12. Our guiding light must be the needs and hopes of peoples everywhere. In my Millennium Report, "We the peoples" (A/54/2000), I drew on the opening words of the Charter of the United Nations to point out that the United Nations, while it is an organization of sovereign States, exists for and must ultimately serve those needs. To do so, we must aim, as I said when first elected eight years ago, "to perfect the triangle of development, freedom and peace".

13. The framers of the Charter saw this very clearly. In setting out to save succeeding generations from the scourge of war, they understood that this enterprise could not succeed if it was narrowly based. They therefore decided to create an organization to ensure respect for fundamental human rights, establish conditions under which justice and the rule of law could be maintained, and "promote social progress and better standards of life in larger freedom".

14. I have named the present report "In larger freedom" to stress the enduring relevance of the Charter of the United Nations and to emphasize that its purposes must be advanced in the lives of individual men and women. The notion of larger freedom also encapsulates the idea that development, security and human rights go hand in hand." (UN Doc. [A/59/2005])

III. DIE RECHTLICHE BEDEUTUNG VON BESCHLÜSSEN INTERNATIONALER ORGANISATIONEN („SOFT LAW")

1. Überblick

Beschlüsse internationaler Organisationen treten in vielen Formen auf und werden nicht nur politisch, sondern auch rechtlich zunehmend bedeutsam. Bezüglich ihrer Rechtsverbindlichkeit lassen sich drei Grundkategorien unterscheiden:

- In der Regel sind solche Beschlüsse rechtlich völlig unverbindlich und besitzen bloss politische Bedeutung (für die UNO siehe Art. 10 und 11 Charta).
- Möglich ist, dass sich die juristische Verbindlichkeit solcher Beschlüsse aus einer primären Rechtsquelle (Vertrag oder Gewohnheitsrecht) ergibt.
- Dazwischen steht die Kategorie der Resolutionen mit relativer Verbindlichkeit, welche von der Lehre als sog. „soft law" bezeichnet werden.

2. *Verbindlichkeit kraft primärer Rechtsquelle*

a. Völkergewohnheitsrecht

Resolutionen, die nichts anderes als Gewohnheitsrecht wiedergeben, sind in diesem Umfang bindend. Resolutionen, deren Inhalt sich zu Gewohnheitsrecht verdichtet, werden verbindlich (*IGH, Military and Paramilitary Activities in and against Nicaragua (Nicaragua v. United States of America), Judgment, I.C.J. Reports 1986, p. 14;* vorne 1. Teil, 2. Kap., Ziff. II.1).

b. Vertrag

Der Gründungsvertrag einer internationalen Organisation kann vorsehen, dass Beschlüsse ihrer Organe folgendermassen verbindlich sind:

(1) Verpflichtung zur *Kenntnisnahme:*

Verfassung der Internationalen Arbeitsorganisation vom 9. Oktober 1946 (SR 0.820.1)

„Art. 19 Abs. 6

Für eine Empfehlung gelten die folgenden Bestimmungen:

a) Die Empfehlung wird allen Mitgliedern zur Prüfung im Hinblick auf ihre Verwirklichung durch die Landesgesetzgebung oder auf andere Weise mitgeteilt.

b) Jedes Mitglied verpflichtet sich, spätestens ein Jahr nach Schluss der Tagung der Konferenz (oder, wenn dies infolge aussergewöhnlicher Umstände innerhalb eines Jahres unmöglich sein sollte, sobald es anhängig ist, aber unter keinen Umständen später als achtzehn Monate nach Schluss der Tagung oder Konferenz) die Empfehlung der zur Entscheidung berufenen Stelle oder den zur Entscheidung berufenen Stellen zum Zwecke der Verwirklichung durch die Gesetzgeber oder zwecks sonstiger Massnahmen zu unterbreiten.

c) Die Mitglieder setzten den Generaldirektor des Internationalen Arbeitsamtes von den Massnahmen in Kenntnis, die sie gemäss diesem Artikel getroffen haben, um die Empfehlung der zur Entscheidung berufenen Stelle zu unterbreiten; dabei erteilen sie ihm alle Auskünfte über die Stelle oder die Stellen, die als zur Entscheidung berufen erachtet sind, und über deren Entscheidungen.

d) Ausser der Verpflichtung, die Empfehlung der zur Entscheidung berufenen Stelle oder den zur Entscheidung berufenen Stellen zu unterbreiten, haben die Mitglieder keine weiteren Verpflichtungen; nur müssen sie in angemessenen Zeitabständen, wie der Verwaltungsrat entscheidet, dem Generaldirektor des Internationalen Arbeitsamtes Bericht erstatten über den Stand ihrer Gesetzgebung und ihre Praxis in der Frage, die den Gegenstand der Empfehlung bildet, wobei anzugeben ist, in welchem Umfang den einzelnen Bestimmungen der Empfehlung Rechnung getragen worden ist oder Rechnung getragen werden soll, und die Abänderung dieser Bestimmungen zu bezeichnen sind, die sich als notwendig erwiesen haben oder als notwendig erweisen können, um die Annahme oder Anwendung der Empfehlung zu ermöglichen."

(2) Inhaltliche *Bindung,* aber mit der Möglichkeit des *opting out,* d.h. Beschlüsse sind an sich verbindlich, die Mitglieder können sich aber mit einfacher Erklärung von der Bindung lösen. Die *Verfassung der Weltgesundheitsorganisation (WHO)* vom 22. Juli 1946 (SR 0.810.1) z.B. sieht in Art. 21 vor, dass die Generalversammlung der WHO, die sog. Gesundheitsversammlung, ermächtigt ist, Regelungen zu verschiedenen Fragen inklusive "die Nomenklatur der Krankheiten, der Todesursachen und der Arbeitsmethoden des öffentlichen Gesundheitsdienstes" (lit. b) oder "Normen für die Beschaffenheit, Reinheit und Wirksamkeit biologischer, pharmazeutischer und ähnlicher Produkte im internationalen Handel" (lit. d) zu erlassen. Gemäss Art. 22 treten die

> „in Ausführung von Art. 21 getroffenen Regelungen (...) für alle Mitgliedstaaten in Kraft, nachdem ihre Annahme durch die Gesundheitsversammlung gebührend bekanntgegeben worden ist, ausgenommen für diejenigen Mitgliedstaaten, die den Generaldirektor innerhalb der in der Bekanntgabe festgesetzten Frist von ihrer Ablehnung oder von der Erhebung von Vorbehalten in Kenntnis setzen."

(3) Volle *Verbindlichkeit für die Organisation* und ihre Organe: Im organisationsinternen Bereich besitzt auch die UNO-Generalversammlung die Kompetenz, rechtlich verbindliche Entscheidungen zu fassen. Dazu gehören insbesondere Beschlüsse über das Budget und über Beiträge der Mitgliedstaaten (Art. 17 Charta), über die Wahlen in den Sicherheitsrat und andere Organe (Art. 23, 61, 86 Charta) und über die Ernennung des Generalsekretärs (Art. 97 Charta). Ein weiteres Beispiel findet sich in Art. 16 der *Satzung des Europarates* vom 5. Mai 1949 (SR 0.192.030):

> „Vorbehaltlich der in den Artikeln 24, 28, 30, 32, 33 und 35 genannten Vollmachten der Beratenden Versammlung, regelt das Minister-Komitee mit bindender Kraft alle Fragen, die sich auf die Organisation und die inneren Angelegenheiten des Europarats beziehen. Es erlässt zu diesem Zweck die erforderlichen Finanz- und Verwaltungsanordnungen."

(4) Volle *Verbindlichkeit* für die *Mitglieder.* Ein Beispiel ist Art. 25 UNO-Charta, wonach die UNO-Mitglieder übereinkommen, „die Beschlüsse des Sicherheitsrats im Einklang mit dieser Charta anzunehmen und durchzuführen". Im sog. Namibia-Gutachten hat der IGH zur Tragweite dieser Vorschrift Stellung genommen:

IGH, Legal Consequences for States of the Continued Presence of South Africa in Namibia (South West Africa) notwithstanding Security Council Resolution 276 (1970), Advisory Opinion, I.C.J. Reports 1971, p. 16

Südafrika war noch unter dem System der Vorgängerorganisation der UNO – dem Völkerbund – zur Mandatsmacht von Namibia (die ehemalige deutsche Kolonie Süd-West-Afrika) ernannt worden. 1966 hob die UNO-Generalversammlung als zuständiges Organ das Mandat auf. Trotzdem zog sich Südafrika, auch nach mehrmaligen Aufforderungen, nicht aus Namibia zurück. In seiner Resolution 276 (1970) stellte der Sicherheitsrat fest, die Anwesenheit Südafrikas sei widerrechtlich, und er forderte sämtliche Staaten auf, keine Beziehungen mit Südafrika zu pflegen, die mit dieser Feststellung unvereinbar wären. In einer weiteren Resolution ersuchte der Sicherheitsrat den IGH um ein Gutachten zur Frage, welche rechtlichen Konsequenzen sich aus der fortdauernden Präsenz Südafrikas in Namibia entgegen seiner Resolution 276 ergäben. Das Gericht beschäftige sich u.a. mit der Frage, ob Resolutionen des Sicherheitsrats nach Art. 25 der UNO-Charta nur im Rahmen von Entscheidungen über Zwangsmassnahmen (Kapitel VII der Charta; dazu hinten 4. Teil, 3. Kap., Ziff. II.2) rechtlich verbindlich seien. Die Frage war relevant, weil Resolution 276 nicht auf dieses Kapitel abgestützt worden war.

> „It has been contended that Article 25 of the Charter applies only to enforcement measures under Chapter VII of the Charter. It is not possible to find in the Charter any support for this view. Article 25 is not confined to decisions in regard to enforcement action but applies to „decisions of the Security Council" adopted in accordance with the Charter. Moreover, that Article is placed, not in Chapter VII, but immediately after Article 24 in that part of the Charter which deals with the functions and powers of the Security Council. If Article 25 had reference solely to decisions of the Security Council concerning enforcement of action under Articles 41 and 42 of the Charter, that is to say, if it were only such decisions which had binding effect, then Article 25 would be superfluous, since this effect is secured by Articles 48 and 49 of the Charter." (a.a.O. S. 52 f. para. 113).

3. Resolutionen als „soft law"

a. Die rechtliche Bedeutung von Resolutionen

Resolutionen internationaler Organisationen, deren Verbindlichkeit als sekundäres Recht sich nicht aus einer primären Quelle ableiten lässt, sind rechtlich grundsätzlich unverbindlich, d.h., ihre Bedeutung ist rein politischer Natur. Die Anerkennung einer *relativen* juristischen Verbindlichkeit von Resolutionen internationaler Organisationen als sog. "soft law" ist erst im Laufe der Zeit erfolgt. Instruktiv für diesen Prozess ist die Praxis des IGH zur rechtlichen Bedeutung von Resolutionen der UNO-Generalversammlung:

Noch im Jahr 1966 betonte der IGH den ausschliesslich politischen Charakter von Resolutionen:

> *IGH, South West Africa Cases (Ethiopia v. South Africa; Liberia v. South Africa), Second Phase, Judgment, I.C.J. Reports 1966, p. 6*

In seinem sehr knapp ausgefallenen Mehrheitsvotum führte der IGH zur Rechtsnatur von Resolutionen der Generalversammlung aus:

> „(...) if resolutions of the United Nations General Assembly (...) can be arrived at without the concurrence of the administering authority, yet when so arrived at – and subject to certain exceptions not here material – they are not binding, but only recommendatory in character. The persuasive force of Assembly resolutions can indeed be very considerable, - but this is a different thing. It operates on the political not the legal level: it does not make these resolutions binding in law." (a.a.O. S. 50 f. para. 98)

Die Auffassung, wonach Resolutionen der UNO-Generalversammlung rein politischen Charakter, aber keine rechtliche Bedeutung haben, wurde 1971 im sogenannten Namibia Gutachten *(IGH, Legal consequences for States of the Continued Presence of South Africa in Namibia (South West Africa) notwith-*

standing Security Council Resolution 276 (1970), Advisory Opinion, I.C.J. Reports 1971, p. 16) zumindest implizit aufgegeben, indem Resolutionen zur Auslegung der UNO-Charta beigezogen wurden. Konkret ging es um die Bedeutung der Vorschrift von Art. 73 Charta, wonach Staaten, „welche die Verantwortung für die Verwaltung von Hoheitsgebieten haben oder übernehmen, deren Völker noch nicht die volle Selbstregierung erreicht haben, (...) sich zu dem Grundsatz [bekennen], dass die Interessen der Einwohner dieser Hoheitsgebiete Vorrang haben; sie übernehmen als heiligen Auftrag die Verpflichtung, im Rahmen des durch diese Charta errichteten Systems des Weltfrieden und der internationalen Sicherheit das Wohl dieser Einwohner aufs äusserste zu fördern." Südafrika hatte nach dem 1. Weltkriegs vom Völkerbund ein solches Mandat für die ehemaligen deutschen Kolonialgebiete in Namibia übernommen und argumentierte, seine Weigerung, sich trotz des Entzugs des Mandats durch den UNO-Sicherheitsrat aus Namibia zurückzuziehen, beruhe darauf, dass Namibia nicht reif für die Unabhängigkeit sei und deshalb seine „heilige Aufgabe" die weitere Anwesenheit in Namibia notwendig mache. Der IGH anerkannte, dass der Begriff der „heiligen Aufgabe" ursprünglich die Legitimierung der Treuhandschaft für solche Gebiete meinte, im Lichte der Resolutionen der UNO-Generalversammlung zum Selbstbestimmungsrecht der Völker (vorne, 1. Kap., Ziff. III) heute jedoch als Pflicht zu verstehen sei, sie in die Unabhängigkeit zu führen. Der Verweis auf Resolutionen diente somit dazu, eine dem ursprünglichen Sinn diametral zuwiderlaufenden Auslegung eines offenen Wortlauts zu begründen.

In seinem Gutachten zur Zulässigkeit von Atomwaffen *(Legality of the Threat or Use of Nuclear Weapons, Advisory Opinion, I.C.J. Reports 1996, p. 226)* betonte der IGH die grosse Bedeutung des Abstimmungsverhaltens der Staaten für die rechtliche Bedeutung von Resolutionen der UNO-Generalversammlung:

> „70. The Court notes that General Assembly resolutions, even if they are not binding, may sometimes have normative value. They can, in certain circumstances, provide evidence important for establishing the existence of a rule or the emergence of an *opinio juris*. To establish whether this is true of a given General Assembly resolution, it is necessary to look at its content and the conditions of its adoption; it is also necessary to see whether an *opinio juris* exists as to its normative character. Or a series of resolutions may show the gradual evolution of the *opinio juris* required for the establishment of a new rule.
>
> 71. Examined in their totality, the General Assembly resolutions put before the Court declare that the use of nuclear weapons would be "a direct violation of the Charter of the United Nations"; and in certain formulations that such use "should be prohibited". The focus of these resolutions has sometimes shifted to diverse related matters; however, several of the resolutions under consideration in the present case have been adopted with substantial numbers of negative votes and abstentions; thus, although those resolutions are a clear sign of deep concern regarding the problem of nuclear weapons, they still fall short of establishing the existence of an *opinio juris* on the illegality of the use of such weapons. (...)
>
> 73. Having said this, the Court points out that the adoption each year by the General Assembly, by a large majority, of resolutions recalling the content of resolution 1653 (XVI), and requesting the member States to conclude a convention prohibiting the use of nuclear weapons in any circumstance, reveals the desire of a very large section of the international community to take, by a

specific and express prohibition of the use of nuclear weapons, a significant step forward along the road to complete nuclear disarmament. The emergence, as *lex lata*, of a customary rule specifically prohibiting the use of nuclear weapons as such is hampered by the continuing tensions between the nascent *opinio juris* on the one hand, and the still strong adherence to the practice of deterrence on the other."

Unter welchen Voraussetzungen kommt Resolutionen mehr als nur politische Bedeutung zu, d.h., wann können sie im Sinne des Namibia-Gutachtens des IGH zur *Auslegung und Konkretisierung von Rechtsnormen* beigezogen werden? Mit dieser Frage befasste sich Schiedsrichter DUPUY im folgenden Urteil:

Texaco Overseas Petroleum Company and California Asiatic Oil Company v. Government of the Libyan Arab Republic, Arbitral Award of 19 January 1977 (17 ILM 1/1978)

In diesem Fall musste sich das Schiedsgericht mit der Frage befassen, ob Libyen durch die Verstaatlichung der Rechte amerikanisch beherrschter Firmen vertragsbrüchig geworden sei. Schiedsrichter DUPUY setzte sich u.a. eingehend mit der rechtlichen Bedeutung der Resolutionen der UNO-Generalversammlung über natürliche Ressourcen auseinander:

„83. (...) This Tribunal will recall that, under Art. 10 of the U.N. Charter, the General Assembly only issues „recommendations", which have long appeared to be texts having no binding force and carrying no obligations for the Member States. (...).

Refusal to recognize any legal validity of United Nations Resolutions must, however, be qualified according to the various texts enacted by the United Nations. These are very different and have varying legal value, but it is impossible to deny that the United Nations' activities have had a significant influence on the content of contemporary international law. In appraising the legal validity of the above mentioned Resolutions, this Tribunal will take account of the criteria usually taken into consideration, i.e., the examination of voting conditions and of the provisions concerned.

84. (1) With respect to the first point, Resolution 1803 (XVII) of 14 December 1962 was passed by the General Assembly by 87 votes to 2, with 12 abstentions. It is particularly important to note that the majority voted for this text, including many States of the Third World, but also several Western developed countries with market economies, including the most important one, the United States. The principles stated in this Resolution were therefore assented to by a great many States representing not only all geographical areas but also all economic systems. (...).

85. On the contrary, it appears to this Tribunal that the conditions under which Resolutions 3171 (XXVII), 3201 (S-VI) and 3281 (XXIX) (Charter of the Economic Rights and Duties of States) were notably different:

- Resolution 3171 (XXVII) was adopted by a recorded vote of 108 votes to 1, with 16 abstentions, but this Tribunal notes that a separate vote was requested with respect to the paragraph in the operative part (...)whereby the General Assembly stated that the application of the principle according to which nationalizations effected by States as the expression of their sovereignty implied that it is within the right of each State to determine the amount of possible compensation and the means of their payment, and that any dispute which might arise should be settled in conformity with the national law of each State instituting measures of this kind. As a consequence of a roll-call, this paragraph was adopted by 86 votes to 11 (Federal Republic of Germany,

Belgium, Spain, United States, France, Israel, Italy, Japan, The Netherlands, Portugal, United Kingdom), with 28 abstentions (South Africa, Australia, Austria, Barbados, Canada, Ivory Coast, Denmark, Finland, Ghana, Greece, Haiti, India, Indonesia, Ireland, Luxembourg, Malawi, Malaysia, Nepal, Nicaragua, Norway, New Zealand, Philippines, Rwanda, Singapore, Sri Lanka, Sweden, Thailand, Turkey).

This specific paragraph concerning nationalizations, disregarding the role of international law, not only was not consented to by the most important Western countries, but caused a number of the developing countries to abstain.

86. (...) As this Tribunal has already indicated, the legal value of the resolutions which are relevant to the present case can be determined on the basis of circumstances under which they were adopted and by analysis of the principles which they state:

- With respect to the first point, the absence of any binding force of the resolutions of the General Assembly of the United Nations implies that such resolutions must be accepted by the members of the United Nations in order to be legally binding. In this respect, the Tribunal notes that only Resolution 1803 (XVII) of 14 December 1962 was supported by a majority of Member States representing all the various groups. (...).

87. With respect to the second point, it appears essential to this Tribunal to distinguish between those provisions stating the existence of a right on which the generality of the States has expressed agreement and those provisions introducing new principles which were rejected by certain representative groups of States and having nothing more than a *de lege ferenda* value only in the eyes of the States which have adopted them; as far as the others are concerned, the rejection of these principles implies that they consider them as being *contra legem*. With respect to the former, which proclaim rules recognized by the community of nations, they do not create a custom but confirm one by formulating it and specifying its scope, thereby making it possible to determine whether or not one is confronted with a legal rule. (...)."

b. Aussagen der Lehre zur Wirkung von Resolutionen

Die Diskussion um die Bedeutung von „soft law" ist kontrovers und dauert bis heute an. Die beiden folgenden Texte zeigen, wie weit die Auffassungen auseinander gehen:

TASLIM O. ELIAS, Modern Sources of International Law:

„If there is unanimity in the Assembly during the vote, all are bound, provided the subject falls within the Assembly's competence. If the vote is divided, then those states that vote for a particular resolution by the requisite majority are bound on the grounds of consent and of estoppel. Those that abstain are also bound on the ground of acquiescence, and tacit consent, since an abstention is not a negative vote; while those that vote against the resolution should be regarded as bound by the democratic principle that the majority view should always prevail. (...) To hold otherwise would be contrary to the democratic principle that, if every State has had its say, the requisite majority must have its way." (in: Transnational Law in a Changing Society: Essays in Honor of Philip C. Jessup (1972) S. 51)

KNUT IPSEN, Völkerrecht:

„Das ‚soft law' gehört nicht zu den Quellen des Völkerrechts. Dem Begriff begegnen darüber hinaus Bedenken, weil es sich bei den von ihm erfassten Erscheinungsformen eben nicht um Recht handelt. Dadurch entsteht zudem die

Gefahr einer Aufweichung der anerkannten Rechtsquellen des Völkerrechts. Lediglich ideologisch oder politisch motivierte Forderungen werden nicht mehr in gebotener Weise von dem anerkannten Bestand des Völkerrechts unterschieden. Dem Begriff des „soft law" kann daher allenfalls Bedeutung für eine ex post-Betrachtung zukommen, indem er die Entstehungsphase von Normen des Völkergewohnheitsrechts zu erklären hilft. Für eine Betrachtung ex ante ist er angesichts seines spekulativen und damit unscharfen Charakters ungeeignet." (a.a.O., 6. Aufl., München 2014, S. 506, Rz. 22)

Die wohl herrschende Lehre nimmt eine vermittelnde Position ein: CHRISTIAN TOMUSCHAT, General Course on Public International Law:

„62. Given the tremendous difficulties of the law-making process in the international community, in particular its depressing slowness by which it is generally characterised, it has been widely felt necessary to reflect on possible ways and means to improve the methods and techniques available for that purpose. Notwithstanding the desirability of speeding up and effectuating the relevant processes of norm creation, the basic fact should not be overlooked that the power to decide on the applicable law in its territory counts still among the essential prerogatives of a sovereign State. (...) Almost all States have to some extent agreed to submit to the authority of international organizations. (...)

63. Where States are obsessed by (legitimate) fears that entering into truly binding commitments or submitting to the authority of an international organization would lead to excessive inroads into their sovereign rights, they may nonetheless be prepared to conclude 'non-treaty agreements' or to accept 'decision-making' by way of non-binding resolutions. (...)

65. (...) different classes of non-binding acts must be distinguished. On the one hand, an international body may express itself on a given factual situation, addressing a specific case. At each session, for instance, the General Assembly makes statements on the situation of human rights in a limited number of countries tarnished by a particularly bad record in that field. Such views do not purport to establish legal rules (...). Second, guidelines for State conduct may be adopted, but simply as a political wish or suggestion, as this corresponds to the mandate of the General Assembly to issue recommendations on matters of international concern. (...) If an organ of an international organization has been denied any law-making power, its resolutions cannot, in and by themselves, produce legal effects in the proper sense of the term. And yet, if the General Assembly agrees on a draft text, or if it happens in one of the manifold fora of the OSCE, it is certain that the text concerned enjoys the support of the Member States of the organization. Such intellectual support may not be equated with *opinio iuris* proper (...). Nonetheless, States which endorse a non-binding text enter into a commitment which cannot lightly be discarded. (...) One certainly cannot speak of law in a hard, positivistic sense. But general principles form the environment within which future truly legal instruments will have to find their place. They will also be resorted to when an agency for the settlement of disputes seeks to identify the applicable law. (...)" (The Hague Academy of International Law, Recueil des Course 281(1999), S. 349 ff.)

c. Bedeutung und Wirkungen von „soft law"

Resolutionen, Deklarationen und andere Empfehlungen internationaler Organisationen sind keine eigentlichen Rechtsquellen, können aber eine beschränkte („weiche") Wirkung als rechtsstützende oder rechtsergänzende Texte entfalten, wenn sie

- einstimmig oder wenigstens mit einer repräsentativen (die besonders betroffenen Staaten einschliessenden) Mehrheit angenommen wurden;
- inhaltlich Verhaltensregeln festlegen und diese genügend klar umschreiben, und nicht bloss Vorschläge de lege ferenda oder offen formulierte programmatische Forderungen enthalten; und
- überdies ein Mindestmass an tatsächlicher Respektierung in der Staatenpraxis festzustellen ist.

Die Existenz von follow-up Verfahren (z.B. Berichterstattungspflichten) ist ebenfalls ein Indiz für „soft law".

„Soft law" bezieht seine normative Kraft letztlich aus dem Vertrauensprinzip. Dieses verpflichtet die Staaten zwar nicht zur vollen Anwendung der Empfehlungen, aber wenigstens dazu, Normen des „soft law"

- als *Hilfe zur Auslegung* von geltendem Recht, und
- als *Leitlinie* für den Gesetzgeber

so lange zu *berücksichtigen,* als der betreffende Staat nicht ausdrücklich erklärt und begründet, warum er der Empfehlung, welcher er selbst zugestimmt hat, nicht folgen kann.

Von „hartem" Recht unterscheidet sich „soft law" dadurch, dass seine Missachtung keine völkerrechtliche Verantwortung des betreffenden Staates auslöst. Deshalb sind z.B. Repressalien gegen Verstösse von „soft law" unzulässig. Retorsionen dagegen bleiben erlaubt, da diese keine Völkerrechtsverletzung eines anderen Staates voraussetzen und selbst keine solchen darstellen.

Darüber hinaus ist „soft law" ein bedeutsames *Element im Prozess der Völkerrechtsentstehung.* Oft werden Resolutionen später in Verträge umgegossen, bilden den Ausgangspunkt für die Entstehung neuen Gewohnheitsrechts oder stellen ein gewichtiges Indiz für die Existenz solchen Rechts dar (vorne, 1. Teil, 2. Kap., Ziff. III).

Die folgenden Beispiele, welche Empfehlungen des Europarates zum Gegenstand haben, belegen die Bedeutung von „soft law" in der schweizerischen und europäischen Praxis:

Gestützt auf Art. 15 der Satzung des Europarates vom 5. Mai 1949 (SR 0.192.030) erliess das Ministerkomitee des Europarates am 19. Januar 1973 die Resolution (73)5 betreffend Mindestgrundsätze für die Behandlung Gefangener (im Jahr 1987 und im Jahr 2006 mittels Empfehlung Rec(2006)2 des Ministerkomitees als Europäische Strafvollzugsgrundsätze revidiert). In *Minelli gg. Regierungsrat des Kantons Zürich, BGE 118 Ia 64* qualifizierte das Bundesgericht die rechtlichen Bindungswirkungen dieser Resolution folgendermassen:

> „(...) Die Mindestgrundsätze für die Behandlung von Gefangenen, welche sich auf Empfehlungen und Entschliessungen der Organe des Europarates stützen, haben für die zuständigen Legislativ- und Exekutivbehörden der Mitgliedstaaten den Charakter von Richtlinien und Empfehlungen für einen

zweckmässigen Vollzug freiheitsentziehender Sanktionen. Sie sind nach der Praxis des Bundesgerichtes indessen nicht in der Weise völkerrechtlich verbindlich, dass die Missachtung der Mindestgrundsätze für sich allein als Verstoss gegen verfassungsmässige Rechte der Bürger oder wegen Verletzung eines Staatsvertrages mit staatsrechtlicher Beschwerde angefochten werden könnten, und sie begründen insofern keine subjektiven Rechte und Pflichten. Da in den Mindestgrundsätzen aber die gemeinsame Rechtsüberzeugung der Mitgliedstaaten des Europarates zum Ausdruck kommt, werden sie vom Bundesgericht bei der Konkretisierung der Grundrechtsgewährleistungen der Bundesverfassung sowie der Europäischen Menschenrechtskonvention gleichwohl berücksichtigt. (...)" (a.a.O. E. 2a S. 70)

Eine restriktivere Haltung gegenüber den Mindestgrundsätzen für die Behandlung von Gefangenen nahm das Bundesgericht in BGE 139 I 180 S. 186, E. 2.5 ein.

Im Jahr 2006 stützte sich auch die Grosse Kammer des europäischen Gerichtshofs für Menschenrechte auf die Europäischen Strafvollzugsgrundsätze, um die Kompatibilität von Haftbedingungen mit dem Verbot der Folter und unmenschlichen und erniedrigenden Behandlung gemäss Art. 3 EMRK zu beurteilen:

EGMR, Ramirez Sanchez v. France, Grand Chamber, Reports 2006-IX

„1. In the present case, the Court finds that the physical conditions in which the applicant was detained were proper and complied with the European Prison Rules adopted by the Committee of Ministers on 16 January 2006. These conditions were also considered as "globally acceptable" by the CPT (see its Report on the Visit from 14 to 26 May 2000 (...). Accordingly, no violation of Article 3 can be found on this account."

Die Bedeutung einer anderen Empfehlung des Ministerkomitees für das Gesetzgebungsverfahren wird in der Botschaft zum Bundesbeschluss über das Asylverfahren klar:

„Die Empfehlung R(81)16 des Ministerkomitees des Europarates behandelt Fragen der Harmonisierung der nationalen Asylverfahren. Sie enthält eine Reihe von Prinzipien, die notwendigerweise im Rahmen der nationalen Verfahrensgesetze oder in der Praxis der Staaten bei der Gesuchsbehandlung angewendet werden sollten. Die Empfehlung zielt damit auf eine möglichst weitgehende Gleichbehandlung aller Asylsuchenden ab, ohne dass dies im Rahmen eines verbindlichen völkerrechtlichen Instrumentes geschieht. Die Prinzipien stehen im Einklang mit den entsprechenden Beschlüssen des Exekutivkomitees des UNHCR und orientieren sich an verschiedenen Entschliessungen der parlamentarischen Versammlung des Europarates (...) Der Bundesbeschluss enthält keine Bestimmungen, die den erwähnten Grundsätzen widersprechen würden." (BBl 1990 II S. 674 f.)

In der Botschaft zur Änderung des Asylgesetzes vom 4. September 2002 (Sonderdruck, S. 33) wird ausgeführt, der Bundesrat werde sich für die Anwendung der Bestimmung über sog. sichere Drittstaaten an der Empfehlung des Ministerkomitees des Europarates (Nr. R [97] 22 vom 25. November 1997) orientieren, welche die Voraussetzungen für das Verfahren bei Wegweisungen in Drittstaaten festlegt.

IV. VERANTWORTLICHKEIT UND IMMUNITÄT INTERNATIONALER ORGANISATIONEN

1. Einleitung

Die zunehmend bedeutsamere Rolle internationaler und vor allem supranationaler Organisationen im Völkerrecht bewirkt, dass ihr Verhalten vermehrt die Rechte von Staaten oder Individuen betrifft, zum Beispiel anlässlich von friedenserhaltenden Massnahmen der UNO oder durch Sanktionsmassnahmen des UNO-Sicherheitsrats gegenüber natürlichen und juristischen Personen, die der Unterstützung des Terrorismus verdächtigt werden (siehe dazu vorne Ziff. II.2.b).

Wie Staaten sind internationale Organisationen für völkerrechtswidriges Verhalten verantwortlich. Die Regeln für diese Verantwortlichkeit finden sich heute in den *Draft articles on the Responsibility of International Organizations* der ILC von 2011 (ILC-Entwurf). Soweit internationale Organisationen verantwortlich sind, stellt sich die Frage, wieweit Betroffene im Verletzungsfall zu ihrem Recht kommen können. Diese Möglichkeit ist auf nationaler Ebene ausgeschlossen, da internationale Organisationen absolute Immunität geniessen (unten Ziff. 3). Deshalb wird die Frage bedeutsam, inwieweit Mitgliedstaaten für das Verhalten ihrer Organisation verantwortlich gemacht werden können (unten Ziff. 4).

2. Die Voraussetzungen der Verantwortlichkeit internationaler Organisationen

Nach dem ILC-Entwurf macht sich eine internationale Organisation gleich wie ein Staat völkerrechtlich verantwortlich, wenn ein Verhalten, das ihr zurechenbar ist, eine Verletzung einer sie bindenden Völkerrechtsnorm darstellt (Art. 4).

Der Nachweis der *Völkerrechtsbindung* internationaler Organisationen ist oft nicht einfach. Denn viele völkerrechtliche Verträge (so etwa alle menschenrechtlichen Abkommen mit Ausnahme der EMRK, welche die Möglichkeit einer Ratifizierung durch die EU ermöglicht) stehen nur Staaten offen. Eine Bindung internationaler Organisationen an Gewohnheitsrecht lässt sich angesichts der Tatsache, dass die Entstehung von Gewohnheitsrecht auf der Praxis und Rechtsüberzeugung von Staaten beruht (siehe dazu vorne 1. Teil, 2. Kap., Ziff. III) und sich daher an diese richtet, kaum begründen. Eine gesicherte Rechtsbindung lässt sich daher oft nur aus den wenigen Verträgen, welche eine Organisation abgeschlossen hat, und aus organisationsinternen Vorgaben ermitteln. Zusätzlich kann eine internationale Organisation auch verantwortlich werden, wenn sie nicht selber eine Norm, die sie bindet, verletzt, sondern Staaten zu einem solchen Verletzungsverhalten verpflichtet oder sie dazu autorisiert (Art. 17 ILC-Entwurf).

Die Frage der *Zurechenbarkeit* regelt der ILC-Entwurf in seinen Art. 6-9. Demnach ist der Organisation primär das Verhalten ihrer Organe und Agenten in Ausübung ihrer durch organisationsinterne Vorgaben definierten Funktion zurechenbar (Art. 6 ILC-Entwurf). Greift eine internationale Organisation zur Erfüllung ihrer Aufgaben auf mitgliedstaatliche Organe zurück und stellt ein Staat einer internationalen Organisation, seine Organe für eine bestimmte Zeit zur Verfügung, ist das Verhalten dieser staatlichen Organe der internationalen Organisation zurechenbar, falls diese das Verhalten der staatlichen Organe in effektiver Weise kontrolliert (Art. 7 ILC-Entwurf). Mit anderen Worten entscheidet das Element der effektiven Kontrolle darüber, ob die entsprechende Handlung dem Staat oder der Organisation zugerechnet wird.

Das praktisch wohl wichtigste Anwendungsbeispiel für diese Zurechnungsabgrenzung zwischen Staat und internationaler Organisation ist das Verhalten nationaler Kontingente, die der UNO für verschiedene Peace-keeping-Operationen (dazu hinten 4. Teil, 3. Kap., Ziff. II.3) zur Verfügung gestellt werden. Die UNO geht dabei grundsätzlich von einer effektiven Kontrolle der Organisation über die nationalen Truppenkontingente aus und hat sich wie folgt geäussert:

> „As a subsidiary organ of the United Nations, an act of a peacekeeping force is, in principle, imputable to the Organization, and if committed in violation of an international obligation entails the international responsibility of the Organization and its liability in compensation." (Letter of 3 February 2004 by the United Nations Legal Counsel to the Director of the Codification Division, A/CN.4/545, sect. II.G.)

Schliesslich kennt der ILC-Entwurf über die Verantwortlichkeit auch Rechtfertigungsgründe (Art. 20-25), die sich eng an diejenigen des Entwurfs zur Staatenverantwortlichkeit anlehnen. Auch die Rechtsfolgen einer Verantwortlichkeit unterscheiden sich in beiden ILC-Entwürfen kaum voneinander.

3. *Die absolute Immunität internationaler Organisationen*

Während Staaten in Verfahren vor drittstaatlichen Gerichten nur gegen die Beurteilung ihres hoheitlichen Handelns die Immunitätseinrede vorbringen können (siehe dazu vorne 1. Kap., Ziff. V.), geniessen internationale Organisationen absolute Immunität vor nationalen Gerichten und in Vollstreckungsverfahren, was Private der Möglichkeit beraubt, im Verletzungsfall gegen sie vorzugehen.

Gutachten der Direktion für Völkerrecht vom 28. Februar 1994;
VPB 59.157

> „Im Unterschied zur Immunität von Staaten stellt sich bei den internationalen Organisationen die Frage nach der Unterscheidung von Handlungen iure gestionis oder iure imperii nicht, da den internationalen Organisationen gemäss Konventionen und bilateralen Abkommen (z.B. Sitzabkommen der Schweiz mit internationalen Organisationen) eine absolute Immunität garantiert wird. Die internationalen Organisationen geniessen somit für alle Handlungen Immunität und können demnach nicht ohne deren ausdrückliche Einwilligung vor Gericht gestellt und auch nicht einer Zwangsvollstreckung unterzogen werden."

Für die UNO ergibt sich diese Rechtslage aus Art. 105 UNO-Charta sowie aus der dem von der Schweiz 2012 ratifizierten Übereinkommen über die Privilegien und Vorrechte der UNO vom 13. Februar 1946 (SR 0.192.110.02). Spezifisch für die Schweiz als Gaststaat der UNO gilt zudem das Sitzabkommen zwischen der Schweiz und der UNO, dem Abkommen über die Vorrechte und Immunitäten der Organisation der Vereinten Nationen zwischen dem Schweizerischen Bundesrat und dem Generalsekretär der Organisation der Vereinten Nationen aus dem Jahr 1946 (SR 0.192.120.1). Dessen Artikel 1 hält ausdrücklich fest, „diese Organisation [kann] nicht ohne ihre ausdrückliche Einwilligung vor schweizerische Gerichte geladen werden". Als Gaststaat vieler internationaler Organisationen hat die Schweiz zudem im Jahr 2007 das Bundesgesetz über die von der Schweiz als Gaststaat gewährten Vorrechte, Immunitäten und Erleichterungen sowie finanziellen Beiträge (Gaststaatgesetz/GSG; SR 192.12) verabschiedet.

In der Praxis wird das Bestehen einer absoluten Immunität der UNO immer wieder unter Berufung auf den Wortlaut von Art. 105 der UNO-Charta und etwa menschenrechtlicher Rechtsweggarantien angefochten:

EGMR, Stichting Mothers of Srebrenica et al. v. The Netherlands, Reports 2013-III

In den Niederlanden reichten die „Mütter von Srebrenica", eine Organisation von Angehörigen von Opfern des Völkermordes in Srebrenica, gegen die UNO Klage auf Schadenersatz und Genugtuung ein. Sie begründeten ihr Vorgehen damit, dass das Verhalten der niederländischen UNO-Soldaten den Völkermord erst ermöglichte. Die UNO – so die Klagenden – geniesse gemäss Art. 105 UNO-Charta und der Konvention über die Privilegien und Immunitäten der UNO nur die diejenige Immunitäten, „die zur Verwirklichung ihrer Ziele notwendig sind". Diese Voraussetzung sei vorliegend nicht gegeben. Das niederländische Gericht verwarf diese Argumentation. Eine dagegen eingereichte Beschwerde beim EGMR wurde unter Hinweis auf den absoluten Charakter von Art. 105 Charta u.a. mit folgender Begründung für unzulässig erklärt:

> „154. The Court finds that since operations established by United Nations Security Council resolutions under Chapter VII of the United Nations Charter are fundamental to the mission of the United Nations to secure international peace and security, the Convention cannot be interpreted in a manner which would subject the acts and omissions of the Security Council to domestic jurisdiction without the accord of the United Nations. To bring such operations within the scope of domestic jurisdiction would be to allow individual States, through their courts, to interfere with the fulfilment of the key mission of the United Nations in this field, including with the effective conduct of its operations (...)."

An ihrer Immunität scheiterten bisher Verfahren, welche in den USA gegen die UNO im Nachgang der Einschleppung von Cholera in Haiti durch nepalesische Blauhelmtruppen eingeleitet wurden (United States District Court, Southern District of New York, Delama Georges, et. al., plaintiffs, v. United Nations, et al., Defendants, Opinion and Order of January 9, 2015).

Die UNO und andere internationale Organisationen haben die durch die absolute Immunität bewirkten Rechtsschutzdefizite und die Diskrepanz zwischen menschenrechtlichen Verpflichtungen der Gaststaaten und der Einräumung von absoluten Immunitäten in Sitzabkommen (siehe dazu etwa *A. SA et consorts c. Conseil fédéral, BGE 130 I 312*) durch die Schaffung organisationsinterner unabhängiger Beschwerdeinstanzen zumindest teilweise entschärft.

4. Die Verantwortlichkeit von Mitgliedsstaaten für völkerrechtwidriges Verhalten einer internationalen Organisation

Die Schwierigkeiten der Begründung einer Bindung internationaler Organisationen an Normen des Völkerrechts, ihre absolute Immunität sowie ihre meist fehlende Passivlegitimation in völkerrechtlichen (gerichtlichen) Streitbeilegungsverfahren verunmöglichen oft ein erfolgversprechendes rechtliches Vorgehen gegen internationale Organisationen, denen eine Völkerrechtsverletzung vorgeworfen wird. Aus diesem Grund stellt sich in der Praxis regelmässig die Frage einer zusätzlichen, parallelen oder zumindest subsidiären Verantwortlichkeit der Mitgliedsstaaten für das Verhalten der Organisation.

Der ILC-Entwurf zur Verantwortlichkeit internationaler Organisationen regelt u.a. auch die Frage der Verantwortung der Mitgliedstaaten für das Verhalten internationaler Organisationen (Art. 1 Abs. 2 ILC-Entwurf). Demnach macht sich ein Staat etwa völkerrechtlich verantwortlich, wenn er einer internationalen Organisation Beihilfe zu einer Völkerrechtsverletzung leistet (Art. 58 ILC-Entwurf) oder wenn er zwecks Umgehung eigener Verpflichtungen die Organisation zu einem für ihn verpönten Verhalten motiviert (Art. 61 ILC-Entwurf). Falls der Mitgliedsstaat keine aktive Rolle bei der Verletzung einer Völkerrechtsnorm durch die internationale Organisation ausübt, ist eine Verantwortlichkeit nur möglich, wenn der Mitgliedstaat die Verantwortlichkeit explizit akzeptiert hat, oder falls er sich so verhalten hat, dass die geschädigte Partei von seiner Verantwortlichkeit ausgehen konnte (Art. 62 ILC-Entwurf). Eine darüber hinausgegehende, automatische Verantwortlichkeit der Mitgliedstaaten für das Verhalten der Organisation findet sich hingegen im ILC-Entwurf nicht. Wo diese Voraussetzungen nicht gegeben sind, haften Mitgliedstaaten nicht.

Oft ist es schwierig zu entscheiden, ob ein bestimmtes Verhalten der internationalen Organisation oder einem Mitgliedstaat zuzurechnen ist.

EGMR, Behrami and Behrami v. France and Saramati v. France, Germany and Norway, Grand Chamber, Admissibility Decision of 2 May 2007, Application No. 71412/01 and 78166/01

Der Fall Behrami und Saramati betrifft zwei Vorfälle im Zusammenhang mit der internationalen Truppenpräsenz im Kosovo. Durch die UNO-Sicherheitsratsresolution 1244 wurde die Kosovo Sicherheitstruppe (KFOR) sowie die zivile Übergangsverwaltung (United Nations Interim Administration Mission [UNMIK]) eingesetzt. Behrami wurde von einem herumliegenden, noch nicht detonierten Teil einer Streubombe der NATO verletzt, deren Existenz der UNMIK seit langem bekannt war. Saramati wurde von der KFOR verhaftet und des versuchten Mordes schuldig gesprochen. In beiden Fällen hatte der EGMR zu prüfen, ob die behaupteten Menschenrechtsverletzungen den genannten EMRK-Vertragsstaaten zugerechnet werden können, da das Verhalten von Angehörigen dieser Staaten zur Diskussion stand, oder ob die UNO dafür verantwortlich sei. Der EGMR stellte dabei auf das Erfordernis der „ultimate authority and control" (siehe dazu auch vorne Ziff. 2) zur Klärung der Frage ab, ob das relevante Verhalten den EMRK-Staaten oder der UNO zurechenbar sei.

> „133. The Court considers that the key question is whether the UNSC [UN Security Council] retained ultimate authority and control so that operational command only was delegated. (...)
>
> 134. That the UNSC retained such ultimate authority and control, in delegating its security powers by UNSC Resolution 1244, is borne out by the following factors.
>
> In the first place, and as noted above, Chapter VII allowed the UNSC to delegate to "Member States and relevant international organisations". Secondly, the relevant power was a delegable power. Thirdly, that delegation was neither presumed nor implicit, but rather prior and explicit in the Resolution itself. Fourthly, the Resolution put sufficiently defined limits on the delegation by fixing the mandate with adequate precision as it set out the objectives to be attained, the roles and responsibilities accorded as well as the means to be employed. The broad nature of certain provisions (see the UN submissions, paragraph 118 above) could not be eliminated altogether given the constituent nature of such an instrument whose role was to fix broad objectives and goals and not to describe or interfere with the detail of operational implementation and choices. Fifthly, the leadership of the military presence was required by the Resolution to report to the UNSC so as to allow the UNSC to exercise its overall authority and control (consistently, the UNSC was to remain actively seized of the matter, Article 21 of the Resolution). The requirement that the SG present the KFOR report to the UNSC was an added safeguard since the SG is considered to represent the general interests of the UN.
>
> While the text of Article 19 of UNSC Resolution 1244 meant that a veto by one permanent member of the UNSC could prevent termination of the relevant delegation, the Court does not consider this factor alone sufficient to conclude that the UNSC did not retain ultimate authority and control. (...)
>
> 141. In such circumstances, the Court observes that KFOR was exercising lawfully delegated Chapter VII powers of the UNSC so that the impugned action was, in principle, "attributable" to the UN (...)".

Daher erklärte der EGMR mangels Verantwortlichkeit der drei EMRK-Vertragsstaaten für das inkriminierte Verhalten die Beschwerde für unzulässig.

5. KAPITEL: INDIVIDUEN

I. AUSGANGSPUNKT: DIE MEDIATISIERUNG DES INDIVIDUUMS IM KLASSISCHEN VÖLKERRECHT

Die typischen Völkerrechtssubjekte sind die Staaten und internationale Organisationen. Sie unterstehen dem Völkerrecht und sind damit Träger völkerrechtlicher Rechte und Pflichten. Private (natürliche und juristische Personen) als die typischen Rechtssubjekte der nationalen Rechtsordnung konnten im *klassischen* Völkerrecht wegen des Verbotes der Einmischung in die inneren Angelegenheiten der Staaten nie direkt Träger völkerrechtlicher Rechte oder Pflichten sein. Sie unterstanden allein dem jeweiligen Landesrecht. Eine Verbindung zwischen dem Völkerrecht und den Einzelnen wurde höchstens indirekt über den Staat hergestellt (sog. Mediatisierung der Individuen durch den Staat).

Dieses klassische Verständnis bringt der StIGH in seinem Gutachten *Jurisdiction of the Courts of Danzig, Advisory Opinion, P.I.C.J. Series B, No 15, 1928* zum Ausdruck. In dieser Streitigkeit ging es um die Frage, ob die Danziger Eisenbahner gestützt auf das zwischen der freien Stadt Danzig und Polen abgeschlossene Beamtenabkommen von 1921 finanzielle Ansprüche gegen den polnischen Staat geltend machen können:

> „It may be readily admitted that, according to a well-established principle of international law, the *Beamtenabkommen* being an international agreement, cannot, as such create direct rights and obligations for private individuals. But it cannot be disputed that the very object of an international agreement, according to the intention of the contracting Parties, may be the adoption by the Parties of some definite rules creating individual rights and obligations enforceable by the national courts" (a.a.O. S. 17 f.)

II. FREMDENRECHT

1. *Das Fremdenrecht des klassischen Völkerrechts*

Der Ausschluss der Völkerrechtssubjektivität von Individuen im klassischen Völkerrecht bedeutete nicht, dass im Völkerrecht keine Regeln erlassen wurden, welche sich auf Individuen auswirkten. Ein Bedarf danach bestand namentlich im Zusammenhang mit dem Aufenthalt ausländischer Staatsangehöriger im Gebiet eines anderen Staates. Für diesen Bereich wurde daher das auch heute noch geltende sog. *völkerrechtliche Fremdenrecht* herausgebildet (nicht zu verwechseln mit dem Ausländerrecht der Staaten), welches umschreibt, wie die Staaten Angehörige anderer Staaten zu behandeln haben.

Der sog. *fremdenrechtliche Mindeststandard* des klassischen Völkerrechts umschreibt jene minimalen Rechtspositionen, welche jeder Staat ausländischen Staatsangehörigen bzw. ausländischen Wirtschaftsunternehmen zu gewähren hat, und zwar ungeachtet davon, wie er die eigenen Staatsangehörigen behandelt.

Heute noch relevant sind v.a.:

- Der Anspruch auf Anerkennung der Rechtspersönlichkeit,
- der Anspruch auf Zugang zu den Gerichten des betreffenden Staates,
- der Anspruch auf rechtliches Gehör,
- das Recht auf Schutz des Privateigentums, welches nur für öffentliche Zwecke und gegen prompte, angemessene und wirksame Entschädigung enteignet werden darf (dazu unten Ziff. 2), sowie
- das Recht auf Schutz des Lebens und vor willkürlicher Verhaftung oder Misshandlungen.

Seit der Entstehung der Menschenrechte haben diese Garantien z. T. an Bedeutung eingebüsst, sie sind aber nach wie vor relevant für den Schutz juristischer Personen, z.B. im Zusammenhang mit Streitigkeiten über Investitionen ausländischer Firmen.

Entscheidend ist, dass nach klassischem Verständnis diese Rechte nicht dem faktisch betroffenen Privaten, sondern seinem Heimatstaat zustehen. Missachtet der Schädigerstaat die fremdenrechtlichen Standards, ist der Heimatstaat in seinen eigenen Rechten verletzt. Diesem steht das Recht zur Ausübung des sog. diplomatischen Schutzes zu (dazu hinten 4. Teil, 1. Kap., Ziff. III), d.h. das Recht, unter gewissen Voraussetzungen gegenüber dem Staat, der den fremdenrechtlichen Mindeststandard verletzt hat, im eigenen Namen vorzugehen und dabei seinen Anspruch auf völkerrechtskonforme Behandlung seiner eigenen Staatsangehörigen geltend zu machen. Wer eigener Staatsangehöriger ist, wird hinten im 4. Teil, 1. Kap., Ziff. III.3.b behandelt.

2. *Beispiel: Der Schutz des Eigentums ausländischer Personen*

Der Schutz des Eigentums ausländischer natürlicher oder juristischer Personen war im klassischen Völkerrecht stark ausgebaut, weil man die Enteignung solcher Personen als unzulässigen Transfer des nationalen Vermögens des Heimatstaates in jenes des enteignenden Staates betrachtete. Enteignungen waren deshalb nur zulässig, wenn sie (i) im öffentlichen Interesse lagen und einem solchen dienten; (ii) nicht-diskriminierend erfolgten (v.a. nicht nur Ausländer oder bestimmte Kategorien von Ausländern betrafen); (iii) den Ansprüchen auf ein faires Verfahren entsprachen; und (iv) gegen volle, prompte und effektive Entschädigung erfolgten.

Im 20. Jahrhundert wurde im Kontext des Siegeszuges des Kommunismus in Zentral- und Osteuropa und im Gefolge der Entkolonialisierung v.a. die Geltung des Kriteriums der vollen Entschädigung in Frage gestellt. Diese Entwicklung fand ihren Höhepunkt in Art. 2 Abs. 2 der „Charta über die wirtschaftlichen Rechte und Pflichten der Staaten" (Resolution 3281/XXIX der UNO-Generalversammlung vom 12. Dezember 1974):

> „Each State has the rights:
>
> (...)
>
> c. To nationalize, expropriate or transfer ownership of foreign property, in which case appropriate compensation should be paid by the State adopting such measures, taking into account its relevant laws and regulations and all circumstances that the State considers pertinent. In any case where the question of compensation gives rise to a controversy, it shall be settled under the domestic law of the nationalizing State and by its tribunals, unless it is freely and mutually agreed by all States concerned that other peaceful means be sought on the basis of the sovereign equality of States and in accordance with the principle of free choice of means."

Die Resolution, welche von den westlichen Staaten abgelehnt wurde, liess offen, was eine "angemessene (appropriate)" Entschädigung ist.

Heute wird die Frage durch ein dichtes Netz *bilateraler Investitionsschutzabkommen* geregelt. 2005 waren weltweit rund 1900 solcher Abkommen in Kraft (siehe MAX PLANCK Encyclopedia of Public International Law, www.mpepil.com, URSULA KRIEBAUM/AUGUST REINISCH, Property, Right to, International Protection, Rn. 8). Ein Beispiel ist Art. 6 des Abkommens zwischen der Schweizerischen Eidgenossenschaft und der Dominikanischen Republik über die Förderung und den Schutz von Investitionen vom 27. Januar 2004 (SR 0. 975.231.8):

> „Keine Vertragspartei trifft direkt oder indirekt Enteignungs- oder Verstaatlichungsmassnahmen oder irgendwelche andere Massnahmen derselben Art oder Wirkung gegenüber Investitionen von Investoren der anderen Vertragspartei, es sei denn, solche Massnahmen werden im öffentlichen Interesse getroffen, sind nicht diskriminierend und erfolgen in einem ordentlichen Verfahren. Zudem wird vorausgesetzt, dass eine tatsächlich verwertbare und wertentsprechende Entschädigung vorgesehen ist. Diese Entschädigung hat dem Marktwert der enteigneten Investition unmittelbar vor dem Zeitpunkt zu entsprechen, als die enteignende Massnahme getroffen oder öffentlich bekannt wurde, je nachdem welcher Fall früher eingetreten ist. Der Entschädigungsbetrag wird in einer frei konvertierbaren Währung festgelegt und unverzüglich an die berechtigte Person gezahlt, unabhängig von deren Wohn- oder Geschäftssitz. Bei Zahlungsverzug schliesst der Entschädigungsbetrag Zinsen zu einem Handelssatz ein, der gemäss den «Internationalen Finanzstatistiken», welche der Internationale Währungsfonds veröffentlicht, festgelegt wird."

Das moderne Völkerecht schützt, wie dieses Beispiel zeigt, das Eigentum nicht nur vor Verstaatlichungen und formellen Enteignungen, sondern auch vor „indirekten" Enteignungen im Sinne von Massnahmen mit gleicher Wirkung (materielle Enteignungen) sowie vor Massnahmen, die es einer Firma verunmöglichen, weiterhin selbständig ihren wirtschaftlichen Aktivitäten nachzugehen wie beispielsweise eine langfristige Inhaftierung von Managern ohne Grund, die Aufoktroyierung von staatlich ernannten Managern oder der ungerechtfertigte Entzug von Konzessionen und Lizenzen (KRIEBAUM/REINISCH, Rn. 11 – 15).

III. DIE ANERKENNUNG INDIVIDUELLER RECHTE IM MODERNEN VÖLKERRECHT

In den letzten Jahrzehnten ist das Individuum zunehmend in den Fokus des Völkerrechts geraten. Dies hat auch zu einer neuen Einschätzung der Frage geführt, ob Individuen direkt Träger völkerrechtlicher Rechte und Pflichten sein können.

Im Fall *IGH, LaGrand (Germany v. United States of America), Judgment, I.C.J. Reports 2001, p. 466* (Sachverhalt vorne 2. Kap., Ziff. II) anerkannte der IGH, dass gemäss Art. 36 Abs. 1 lit. b des Wiener Übereinkommens über konsularische Beziehungen vom 24. April 1963 (WÜK; SR 0.191.02)

> „der Empfangsstaat das Konsulat des Entsendestaates „unverzüglich" von der Festnahme der Person zu informieren hat. Er sieht weiter vor, dass jede von der festgenommenen Person an das Konsulat des Entsendestaates gerichtete Benachrichtigung „unverzüglich" von den Behörden des Empfangsstaates weitergeleitet werden muss. Dieser Absatz endet, und das ist wichtig, mit den folgenden Worten: „Diese Behörden haben den Betroffenen unverzüglich über *seine Rechte* auf Grund dieser Bestimmung zu unterrichten" (Hervorhebung hinzugefügt). Ausserdem kann nach Art. 36 Abs. 1 c) das Recht des Entsendestaates, der festgenommenen Person konsularischen Beistand zu leisten, nicht ausgeübt werden, „wenn der Betroffene ausdrücklich Einspruch erhebt". Die Klarheit dieser Bestimmung lässt, im Kontext gesehen, keinen Zweifel zu. Daraus folgt, wie mehrfach festgestellt, dass der Gerichtshof sie demgemäss anwenden muss (...). Auf der Grundlage des Wortlauts dieser Bestimmungen schliesst der Gerichtshof, dass Art. 36 Abs. 1 Individualrechte schafft, die mit Blick auf Art. I des Fakultativprotokolls vor diesem Gerichtshof vom Heimatstaat der festgenommenen Person geltend gemacht werden können. Im vorliegenden Fall wurden diese Rechte verletzt." (EuGRZ 2001, S. 290)

Der IGH hat seine Rechtsprechung später im Fall *Avena and Other Mexican Nationals (Mexico v. United States of America), Judgment, I.C.J. Reports 2004, p. 12* bestätigt, in welchem er entschied, dass die USA Art. 36 Abs. 1 WÜK und damit die Pflicht verletzt habe „to inform detained Mexican nationals of *their* rights under that paragraph" (Ziff. 106, Hervorhebung beigefügt).

In der Völkerrechtslehre wird heute grundsätzlich anerkannt, dass Individuen (und juristische Personen) Träger völkerrechtlicher Rechte und Pflichten sein können. Soweit sie direkt dem Völkerrecht unterstellt sind, werden die Privaten zu partiellen Völkerrechtssubjekten. Ob, in welchen Rechtsbereichen und in welchem Umfang das Völkerrecht Individuen Rechtsansprüche vermittelt bzw. Pflichten auferlegt, hängt vom Willen der Staaten (und der internationalen Organisationen) ab. Sie gestalten den Inhalt völkerrechtlicher Verträge und die Herausbildung von Gewohnheitsrecht. Im Einzelfall ist die Frage nach der Völkerrechtssubjektivität durch die Auslegung der massgeblichen Völkerrechtsnormen zu ermitteln.

Die Völkerrechtssubjektivität von Individuen ist im Völkerrecht die Ausnahme. Abgesehen vom internationalen Menschenrechtsschutz, wo sich ein eigentliches System direkter völkerrechtlicher Berechtigungen von Individuen herausgebildet hat, sind völkerrechtliche Ansprüche von Individuen punktuell geblieben.

Individuelle Berechtigungen sind aber nicht auf Menschenrechte beschränkt, wie die besprochene Rechtsprechung des IGH zu Art. 36 Abs. 1b WÜK zeigt (so auch die ILC, Draft Articles on Responsibility of States for Internationally Wrongful Acts with Commentaries, Kommentar zu Art. 33, 2001). Eigentliche Rechtsansprüche bestehen häufig auch im Bereich der Steuerpflicht. Ein Beispiel ist Art. 22b des Abkommens zwischen der UNESCO und Frankreich vom 2. Juli 1954, welches die Angestellten der UNESCO von der Steuerpflicht in Frankreich befreit:

> „Les fonctionnaires régis par les dispositions du Statut du personnel de l'Organisation: [...] b) seront exonérés de tout impôt direct sur les traitements et émouluments qui leur seront versés par l'Organisation." (Dazu Tribunal arbitral France/UNESCO, La question du régime fiscal des pensions versées aux fonctionnaires retraités de l'UNESCO résidant en France, Urteil vom 14. Januar 2003, in RGDIP 2003/1, S. 221-256, Ziff. 82)

Auch viele bilaterale Steuerabkommen verleihen den betroffenen Individuen einen Anspruch darauf, nicht durch zwei Staaten doppelt besteuert zu werden.

IV. DIE MENSCHENRECHTE IM BESONDEREN

1. Definition

Internationale Menschenrechte sind die durch das internationale Recht garantierten Rechtsansprüche von Personen gegen den Staat, die dem Schutz grundlegender Aspekte der menschlichen Person und ihrer Würde in Friedenszeiten und grundsätzlich auch im Krieg dienen und völkerrechtlich garantiert sind.

Unter *bürgerlichen und politischen Rechten* versteht man die klassisch-liberalen Freiheitsrechte (z.B. Meinungsäusserungsfreiheit) sowie Garantien zum Schutz der körperlichen Integrität, Verfahrensgarantien und das Recht auf Teilnahme an Wahlen. Zu den *wirtschaftlichen, sozialen und kulturellen Rechten* gehören neben Rechten zur Sicherung der Existenz (z.B. Recht auf Nahrung, Unterkunft und Gesundheit) Garantien im Arbeitsbereich (Recht auf angemessene Arbeitsbedingungen, Gewerkschaftsrechte etc.) und im Bereich der sozialen Sicherheit sowie das Recht auf Bildung. *Kollektive Menschenrechte* (auch Solidaritäts- und Gruppenrechte genannt) umfassen die Rechte auf Entwicklung, auf Frieden und auf saubere und gesunde Umwelt. Sie sind in der 2. Hälfte des 20. Jahrhunderts postuliert worden, haben aber noch nicht oder erst ansatzweise Eingang in das Völkerrecht gefunden, da ihr juristischer Gehalt (wer ist berechtigt, wer verpflichtet?) noch weithin ungeklärt ist.

2. *Rechtliche Verankerung*

Menschenrechte finden ihre Grundlage vor allem in universellen und regionalen Menschenrechtsverträgen. Daneben finden sie ihre Grundlage auch im Gewohnheitsrecht sowie in den Grundrechten der nationalen Verfassungen.

a. Vertragsrecht

aa. Vertraglicher Menschenrechtsschutz auf universeller Ebene

(1) UNO-Charta und Allgemeine Menschenrechtserklärung

Art. 1 der UNO-Charta von 1945 nennt die „internationale Zusammenarbeit (...), um die Achtung vor den Menschenrechten und Grundfreiheiten für alle ohne Unterschied der Rasse, des Geschlechts, der Sprache oder der Religion zu fördern und zu festigen", als eines der Hauptziele der Vereinten Nationen, und Art. 56 in Verbindung mit Art. 55 verpflichtet die Mitgliedstaaten zur Zusammenarbeit mit der UNO bei der Förderung der „allgemeine[n] Achtung und Verwirklichung der Menschenrechte und Grundfreiheiten für alle ohne Unterschied der Rasse, des Geschlechts, der Sprache oder der Religion".

Um diese Bestimmungen zu konkretisieren, nahm die UNO-Generalversammlung am 10. Dezember 1948 die Allgemeine Erklärung der Menschenrechte an. Diese erklärt die Menschenrechte zum „von allen Völkern und Nationen zu erreichende[n] allgemeine[n] Ideal" und damit zur *internationalen* Angelegenheit, und zählt erstmals in der Weltgeschichte in einem internationalen, von Staaten ausgehandelten Dokument in Art. 2-27 die Rechte auf, welche *allen Menschen* ungeachtet ihrer Rasse, ihres Geschlechts oder ihrer Nationalität um ihrer Würde willen zukommen sollen. Die Erklärung war juristisch nicht verbindlich, sondern umschrieb mit einem umfassenden Katalog konkreter Menschenrechtsgarantien das „von allen Völkern und Nationen zu erreichende gemeinsame Ideal", das „durch fortschreitende Massnahmen im nationalen und internationalen Bereich" zu realisieren sei. Der Inhalt der Erklärung konnte erst in den folgenden Jahrzehnten schrittweise in verbindliches Vertragsrecht umgesetzt werden.

(2) Die UNO-Menschenrechtspakte

Nach 18-jährigen Vorarbeiten genehmigte die UNO-Generalversammlung am 16. Dezember 1966 die beiden Menschenrechtspakte über wirtschaftliche, soziale und kulturelle Rechte (Pakt I) und über bürgerliche und politische Rechte (Pakt II). Es dauerte weitere zehn Jahre, bis 1976 die für ihr Inkrafttreten notwendige fünfunddreissigste Ratifikation erfolgte. Heute (Stand 2016) kann mit 164 (Pakt I) bzw. 168 (Pakt II) Mitgliedstaaten die Rede davon sein, dass die Pakte weltweite Unterstützung und Geltung erlangt haben.

Die Garantien von *Pakt I* (SR 0.103.1) decken die wirtschaftlichen, sozialen und kulturellen Rechte umfassend ab, inklusive dem Recht auf Arbeit und gerechte Arbeitsbedingungen (Art. 6 und 7), die Koalitionsfreiheit und das Streikrecht

„in Übereinstimmung mit der innerstaatlichen Rechtsordnung" (Art. 8), dem Recht auf einen angemessenen Lebensstandard (Art. 9), dem Schutz von Familie und Kindern (Art. 10) und dem Recht auf Nahrung, Wohnung, Gesundheit und Bildung (Art. 11-14) bis hin zum Recht auf Teilnahme am kulturellen und wissenschaftlichen Leben (Art. 15).

Die Gewährleistungen des *Paktes II* (SR 0.103.2) über die bürgerlichen und politischen Rechte sind mit denjenigen der EMRK vergleichbar, aber nicht identisch: Der Schutz der EMRK ist z.B. umfassender beim Recht auf Eigentum (das im Pakt II nicht enthalten ist). Pakt II geht demgegenüber z.B. weiter bei der Gewährleistung des Selbstbestimmungsrechts der Völker, Minderheitsrechten, den Garantien der Behandlung Inhaftierter und dem allgemeinen Diskriminierungsverbot.

(3) Spezialvertraglicher Menschenrechtsschutz

Neben den Menschenrechtspakten, welche Menschenrechte umfassend und für alle Menschen schützen, hat die UNO eine Reihe von Konventionen *zum Schutz bestimmter Menschenrechte* erarbeitet. Dazu gehören die Konvention über die Verhütung und Bestrafung des Völkermordes *(Genozidkonvention)* vom 9. Dezember 1948 (SR 0.311.11; von 147 Staaten ratifiziert), das Übereinkommen gegen Folter und andere grausame, unmenschliche oder erniedrigende Behandlung oder Strafe *(Folterkonvention)* vom 10. Dezember 1984 (SR 0.105; von 159 Staaten ratifiziert), das Internationale Übereinkommen zur Beseitigung jeder Form von Rassendiskriminierung *(Rassendiskriminierungskonvention)* (SR 0.104; von 177 Staaten ratifiziert), und die Konvention gegen das Verschwindenlassen von Personen vom 20. Dezember 2006 (von 52 Staaten [ohne die Schweiz] ratifiziert).

Dem Schutz *bestimmter Personengruppen* dienen das Abkommen über die Rechtsstellung von Flüchtlingen *(Flüchtlingskonvention)* vom 28. Juli 1951 (SR 0.142.30; von 145 Staaten ratifiziert), das Übereinkommen zur Beseitigung jeder Form von Diskriminierung der Frauen vom 18. Dezember 1979 (SR 0.108; von 189 Staaten ratifiziert) die Konvention über die Rechte des Kindes *(Kinderrechtskonvention)* vom 20. November 1989 (SR 0.107; von 196 Staaten ratifiziert), die Konvention über die Rechte von Wanderarbeitern und ihren Familien vom 18. Dezember 1990 (von der Schweiz nicht ratifiziert; 47 Vertragsparteien) und das Übereinkommen zum Schutz der Rechte von Personen mit Behinderungen vom 20 Dezember 2006 (SR 0.109) von 164 Staaten ratifiziert).

(4) Regionaler Menschenrechtsschutz

Die wichtigste Konvention in *Europa* ist die Europäische Konvention zum Schutze der Menschenrechte und Grundfreiheiten vom 4. November 1950 (EMRK; SR 0.101) und ihre Zusatzprotokolle. Weitere regionale Konventionen sind die Europäische Sozialcharta von 1961 mit ihrem mit Pakt I vergleichbaren Inhalt (von der Schweiz nicht ratifiziert) und das Europäische Übereinkommen zur Verhütung der Folter vom 26. November 1987 (SR 0.106), welche den Europäischen Ausschuss zur Verhütung der Folter mit präventiven Besuchen in Haftstätten betraut.

Ausserhalb Europas sind v.a. die Amerikanische Menschenrechtskonvention vom 22. November 1969 und die Banjul Charta der Menschenrechte und Rechte der Völker (Afrikanische Menschenrechtskonvention) vom 26. Juni 1981 bedeutsam. Die Arabische Charta der Menschenrechte vom 22. Mai 2004 trat 2008 in Kraft.

b. Gewohnheitsrecht

Auch Staaten, die keine Menschenrechtsverträge ratifiziert haben, sind insoweit an die Menschenrechte gebunden, als diese gewohnheitsrechtlich gelten (zum Begriff des Gewohnheitsrechts vorne 1. Teil, 3. Kap.).

Bereits im Jahre 1949 statuierte der IGH im Urteil *Corfu Channel (United Kingdom of Great Britain and Northern Ireland v. Albania), Judgment, I.C.J. Reports 1949, p. 4*, dass „elementary considerations of humanity" von den Staaten kraft Gewohnheitsrecht zu beachten sind (S. 22). In seinem Gutachten *Reservations to the Convention on Genocide, Advisory Opinion, I.C.J. Reports 1951, p. 15* qualifizierte der Gerichtshof die der Konvention zugrunde liegenden Prinzipien für die Staaten auch ohne jegliche vertragliche Verpflichtung als bindend. Im Fall *Questions relating to the Obligation to Prosecute or Extradite (Belgium v. Senegal), Judgment, I.C.J. Reports 2012, p. 498* entschied der IGH, das Folterverbot gehöre zum Gewohnheitsrecht mit Ius-cogens–Charakter. Schliesslich stufte der IGH im Fall *Military and Paramilitary Activities in and against Nicaragua (Nicaragua v. United States of America), Judgment, I.C.J. Reports 1986, p. 14* die Garantien des gemeinsamen Art. 3 der vier Genfer Konventionen von 1949 als Bestandteil des Gewohnheitsrechtes ein, welches über den Wortlaut von Art. 3 hinaus auch in zwischenstaatlichen bewaffneten Konflikten zu beachten ist:

Gemeinsamer Art. 3 der Genfer Konventionen von 1949

„Im Falle eines bewaffneten Konflikts, der keinen internationalen Charakter aufweist und der auf dem Gebiet einer der Hohen Vertragsparteien entsteht, ist jede der am Konflikt beteiligten Parteien gehalten, wenigstens die folgenden Bestimmungen anzuwenden:

1. Personen, die nicht direkt an den Feindseligkeiten teilnehmen, einschliesslich der Mitglieder der bewaffneten Streitkräfte, welche die Waffen gestreckt haben, und der Personen, die infolge Krankheit, Verwundung, Gefangennahme oder irgendeiner anderen Ursache ausser Kampf gesetzt wurden, sollen unter allen Umständen mit Menschlichkeit behandelt werden, ohne jede Benachteiligung aus Gründen der Rasse, der Farbe, der Religion oder des Glaubens, des Geschlechts, der Geburt oder des Vermögens oder aus irgendeinem ähnlichen Grunde.

Zu diesem Zwecke sind und bleiben in bezug auf die oben erwähnten Personen jederzeit und jedenorts verboten:

a) Angriffe auf Leib und Leben, namentlich Mord jeglicher Art, Verstümmelung, grausame Behandlung und Folterung;

b) Gefangennahme von Geiseln;

c) Beeinträchtigung der persönlichen Würde, namentlich erniedrigende und entwürdigende Behandlung;

d) Verurteilungen und Hinrichtungen ohne vorhergehendes Urteil eines ordnungsgemäss bestellten Gerichtes, das die von den zivilisierten Völkern als unerlässlich anerkannten Rechtsgarantien bietet. (...)"

Während heute unbestritten ist, dass auch auf dem Gebiete des Menschenrechtsschutzes Gewohnheitsrecht existiert, ist der Inhalt desselben abgesehen von Minimalgarantien – wie sie z.B. im gemeinsamen Art. 3 der Genfer Konventionen zum Ausdruck kommen – umstritten. Gewohnheitsrechtliche Geltung erlangt haben aber mittlerweile zweifellos folgende Menschenrechtsgarantien: Die Verbote von Völkermord, Sklaverei und Zwangsarbeit, willkürlicher Tötung und/oder Verschwindenlassen, Folter und grausamer oder unmenschlicher Behandlung oder Bestrafung, systematischer Rassendiskriminierung und das Verbot systematischer und schwerer Verletzung anderer fundamentaler Menschenrechte. Der Ausschuss für Menschenrechte, welcher die Umsetzung des Pakts über die bürgerlichen und politischen Rechte zu überwachen hat, zählt zusätzlich dazu: die Verbote, Personen „das Recht auf Meinungs-, Gewissens- oder Religionsfreiheit abzusprechen; eine Person für schuldig zu halten, solange der Nachweis ihrer Schuld nicht erbracht ist; an schwangeren Frauen oder Jugendlichen die Todesstrafe zu vollstrecken; das Eintreten für nationalen, rassischen oder religiösen Hass zu erlauben; Personen im ehefähigen Alter das Recht auf Eingehen einer Ehe abzusprechen oder Minderheiten das Recht zu verweigern, ihr eigenes kulturelles Leben zu pflegen, ihre eigene Religion zu bekennen oder sich ihrer eigenen Sprache zu bedienen" (Menschenrechtsausschuss, General Comment 24 (1994), deutsche Übersetzung in Kälin/Malinverni/Nowak, Die Schweiz und die UNO-Menschenrechtspakte, 2. Aufl., Basel 1997, S. 347 ff.).

3. Träger der Verpflichtungen

Wie durch das allgemeine Völkerrecht werden auch durch international geltende Menschenrechte *primär die Staaten* zu einem Handeln oder Unterlassen verpflichtet. Menschenrechte sind das Gegenstück zum staatlichen Gewaltmonopol. Sie setzen dessen Ausübung gewisse Schranken und verringern damit die Gefahren, welchen den Privaten von Seiten der souveränen Staatsmacht drohen. Menschenrechtsverletzungen stellen als Missbrauch dieser Staatsmacht besonders ernsthafte Rechtsverletzungen dar und unterscheiden sich damit grundlegend von Verletzungen des Straf- und Zivilrechts durch Private, obwohl solche Akte menschenrechtlich relevante Interessen der Opfer ebenfalls schwer beeinträchtigen können.

Private sind nur *ausnahmsweise* (direkt) Träger der Verpflichtungen aus Menschenrechten (hinten in diesem Kapitel Ziff. V.1).

4. Die Verpflichtungen der Vertragsstaaten aus Menschenrechtsgarantien

a. Rechtsgrundlagen

Viele Menschenrechtskonventionen umschreiben in einem allgemeinen „Verpflichtungsartikel", welche Verpflichtungen die Vertragsstaaten mit der Ratifikation eines Vertrages übernehmen:

Art. 2 Pakt über bürgerliche und politische Rechte

„(1) Jeder Vertragsstaat verpflichtet sich, die in diesem Pakt anerkannten Rechte zu achten und sie allen in seinem Gebiet befindlichen und seiner Herrschaftsgewalt unterstehenden Personen ohne Unterschied wie insbesondere der Rasse, der Hautfarbe, des Geschlechts, der Sprache, der Religion, der politischen oder sonstigen Anschauung, der nationalen oder sonstigen Herkunft, des Vermögens, der Geburt oder des sonstigen Status zu gewährleisten.

Art. 2 Pakt über wirtschaftliche, soziale und kulturelle Rechte

„(1) Jeder Vertragsstaat verpflichtet sich, einzeln und durch internationale Hilfe und Zusammenarbeit, insbesondere wirtschaftlicher und technischer Art, *unter Ausschöpfung aller seiner Möglichkeiten Massnahmen zu treffen, um nach und nach mit allen geeigneten Mitteln*, vor allem durch gesetzgeberische Massnahmen, die volle Verwirklichung der in diesem Pakt anerkannten Rechte zu erreichen." (Hervorhebung durch die Verfasser)

Unabhängig von der Umschreibung in der entsprechenden Konvention und von der Qualifizierung als bürgerliche und politische oder als wirtschaftliche, soziale und kulturelle Rechte begründen Menschenrechte gleichzeitig negative Pflichten zu einem Unterlassen und positive Pflichten zu einem Tun.

b. Die einzelnen Verpflichtungsarten

(1) *Unterlassungspflichten:* Alle Garantien können auf einer ersten Stufe wirksam durch staatliches Unterlassen geschützt werden. In dieser Hinsicht besteht eine Pflicht zur *Achtung* der Menschenrechte. Auf Seiten der berechtigten Person steht dieser Pflicht ein *Abwehranspruch* gegen den Staat gegenüber. Unterlassungspflichten aus Menschenrechten entstehen automatisch, d.h. ohne weitere Voraussetzungen, und können in diesem Sinn als *negative Pflichten* bezeichnet werden. Beim Recht auf Leben bedeutet die Unterlassungspflicht z.B. das Verbot staatlicher Tötungen. Die Pflicht zur Achtung des Rechts auf Bildung bedeutet, dass der Staat einer Person nicht verbieten darf, eine Ausbildung zu absolvieren, obwohl sie an sich von der betreffenden Ausbildungsstätte aufgenommen ist, oder dass er das Recht der Eltern respektieren muss, ihre Kinder statt an einer staatlichen an einer Privatschule unterrichten zu lassen.

(2) *Schutzpflichten:* Auf einer zweiten Stufe werden die Staaten aus Menschenrechten *positiv* verpflichtet, menschenrechtlich geschützte Rechtsgüter vor Gefahren, namentlich durch Übergriffe Dritter, aber etwa auch von Gefahren, die von der Natur ausgehen, zu schützen. Hier besitzen die Berechtigten

einen *Schutzanspruch* gegenüber dem Staat. D.h., im Zentrum stehen die menschenrechtlichen Pflichten des Staates, nicht jene von Dritten.

Schutzpflichten entstehen nur, soweit der Staat *Kenntnis* von der Beeinträchtigung hat (oder hätte haben können) und faktisch die *Möglichkeit* besitzt, diese zu verhindern. Schutzpflichten können durch den Erlass entsprechender Gesetze bzw. die Schaffung von Rechtsschutzverfahren oder durch die Gewährung faktischen Schutzes (z.B. Polizeieinsätze) erfüllt werden. Beim Recht auf Leben etwa ist der Staat verpflichtet, polizeilich einzuschreiten, um eine Person vor einem Übergriff von Dritten zu schützen. Das Recht auf Bildung wiederum kann es unter Umständen nötig machen, dass der Staat gegen Eltern vorgeht, welche ihren Kindern jegliche Ausbildung verweigern, obwohl diese bildungsfähig sind und staatliche Ausbildungsinstitutionen sie aufnehmen würden.

Im Fall *Osman v. United Kingdom, Grand Chamber, Reports 1998-VIII* hatte der EGMR darüber zu befinden, ob die Polizei genügende Massnahmen ergriffen hatte, um das Leben von Ahmet Osman und seinen Eltern zu schützen. Die Osmans wurden Opfer eines bewaffneten Übergriffs des Lehrers von Ahmet Osman. Dabei wurde Ahmet verletzt, sein Vater erlag den Schussverletzungen. Die Osmans hatten die Polizei vor dem Ereignis auf die anhaltenden Drohungen des Lehrers aufmerksam gemacht, diese hatte ihr aber den nötigen Schutz nicht gewährt. Der EGMR machte dabei folgende allgemeine Ausführungen zur Schutzpflicht aus dem Recht auf Leben:

> „115. The Court notes that the first sentence of Article 2 § 1 enjoins the State not only to refrain from the intentional and unlawful taking of life, but also to take appropriate steps to safeguard the lives of those within its jurisdiction (...). It is common ground that the State's obligation in this respect extends beyond its primary duty to secure the right to life by putting in place effective criminal-law provisions to deter the commission of offences against the person backed up by law-enforcement machinery for the prevention, suppression and sanctioning of breaches of such provisions. It is thus accepted (...) that Article 2 of the Convention may also imply in certain well-defined circumstances a positive obligation on the authorities to take preventive operational measures to protect an individual whose life is at risk from the criminal acts of another individual. (...).
>
> 116. For the Court, and bearing in mind the difficulties involved in policing modern societies, the unpredictability of human conduct and the operational choices which must be made in terms of priorities and resources, such an obligation must be interpreted in a way which does not impose an impossible or disproportionate burden on the authorities. Accordingly, not every claimed risk to life can entail for the authorities a Convention requirement to take operational measures to prevent that risk from materialising. (...)
>
> In the opinion of the Court where there is an allegation that the authorities have violated their positive obligation to protect the right to life in the context of their above-mentioned duty to prevent and suppress offences against the person (...), it must be established to its satisfaction that the authorities knew or ought to have known at the time of the existence of a real and immediate risk to the life of an identified individual or individuals from the criminal acts of a third party and that they failed to take measures within the scope of their powers which, judged reasonably, might have been expected to avoid that risk."

(3) *Gewährleistungspflichten:* Auf einer dritten Stufe haben Staaten die Menschenrechte zu gewährleisten, d.h. sicherzustellen, dass sie für die Berechtigten in möglichst umfassender Weise zur Realität werden. Dies bedarf unter Umständen umfassender *(positiver)* gesetzgeberischer oder administrativer Massnahmen, um die rechtlichen, institutionellen und verfahrensmässigen Voraussetzungen für die volle Realisierung des Rechts sicherzustellen zu können. In diesem Sinne bleibt das Verbot unmenschlicher Haftbedingungen auch ohne Übergriffe durch Staatsorgane eine leere Versprechung, wenn nicht Gefängnisse gebaut werden, welche über genügend Platz und Einrichtungen verfügen, um einen menschenwürdigen Strafvollzug zu gewährleisten. Manchmal kann ein Recht für die betroffenen Individuen nur dann Realität werden, wenn die Gewährleistung die Form direkter staatlicher Leistungen in der Form von Geld, Gütern (z.B. Nahrungsmittel) oder Dienstleistungen (z.B. medizinische Versorgung) annimmt. So verlangt etwa das Recht auf Leben vom Staat auf der Ebene der Gewährleistungspflichten, dass dieser Massnahmen gegen lebensbedrohende Infektionskrankheiten oder gegen die Kindersterblichkeit ergreift. Gewährleistungspflichten aus dem Recht auf Bildung bestehen ihrerseits dort, wo der Staat dafür sorgen muss, dass alle Kinder unentgeltlich die Primarschule besuchen können. Den Betroffenen kommt gegenüber dem Staat ein *Leistungsanspruch* i.e.S. zu, wobei der Umfang der Verpflichtung des Staates wesentlich von seinen Fähigkeiten zur Erfüllung dieser Pflicht, d.h. vom Ausmass der Mittel, abhängt, die ihm für die Leistung zur Verfügung stehen.

Als integrativer Bestandteil dieser drei Grundverpflichtungen muss auf allen diesen Ebenen das *Verbot der Diskriminierung* wegen der Rasse, des Geschlechts, der Sprache, der Religion, der politischen oder sonstigen Anschauung, der nationalen oder sozialen Herkunft, des Vermögens, der Geburt und ähnlicher Merkmale beachtet werden. An sich zulässige Einschränkungen von Freiheitsrechten ohne sachliche Gründe einseitig nur zu Lasten von Menschen mit einem dieser Merkmale anzuordnen, ist deshalb ebenso unzulässig, wie solchen Menschen Schutz oder eine Leistung zu versagen, die ihnen an sich aus den Menschenrechten zusteht.

Wie die erwähnten Beispiele zeigen, gelten die drei Grundverpflichtungen aus Menschenrechten auch bei den wirtschaftlichen, sozialen und kulturellen Rechten, auch wenn bei Ihnen die Gewährleistungspflichten im Vordergrund stehen. In diesem Zusammenhang hat der Ausschuss für wirtschaftliche, soziale und kulturelle Rechte betont, dass die Paktgarantien einen „harten Kern" im Sinne von Minimalansprüchen des Individuums besitzen, ohne deren Gewährleistung das betroffene Recht ausgehöhlt und seines Sinnes beraubt würde. Ein Vertragsstaat, in welchem beispielsweise zahlreichen Personen das Wesentliche bezüglich Nahrung, gesundheitlicher Erstversorgung, Unterkunft oder Nahrung fehlt, ist ein Staat, welcher *prima facie* die ihm aufgrund des Paktes obliegenden Verpflichtungen vernachlässigt. Eine Nichterfüllung dieser Bereiche begründet demnach eine nur schwer zu widerlegende Vermutung einer Vertragsverletzung eines Staates (*General Comment* No. 3 vom 14. Dezember 1990, Ziff. 10). Weitergehende Leistungspflichten bestehen auch da, wo der Staat über Personen eine derart weitgehende Kontrolle ausübt, dass diese nicht mehr in der Lage sind, ihre Grundbedürfnisse selbst zu befriedigen. So haben z.B. Häftlinge oder Patientinnen in psychiatrischer Zwangsbehandlung Anspruch auf genügende Nahrung, Unterbringung, Bekleidung und medizinische Versorgung. Das Ausmass staatlicher Leistungspflichten in derartigen Situationen bemisst sich nach dem Grad der Unmöglichkeit einer Person, selbständig für ihren Unterhalt zu sorgen.

5. *Die Geltung der Menschenrechte*

a. Geltungsbereich

Persönlicher Geltungsbereich: Die meisten Menschenrechte gelten für alle Menschen ungeachtet ihrer Nationalität. Als Bürgerrechte konzipiert sind demgegenüber die politischen Rechte nach Art. 25 Pakt II. Dies bedeutet, dass sie nur den Staatsangehörigen des betreffenden Vertragsstaates zukommen. Im Rahmen der EMRK können sich auch juristische Personen auf jene Menschenrechte berufen, welche für die Anwendung auf solche Personen geeignet sind (z.B. Verfahrensgarantien im Zivilprozess, nicht aber das Folterverbot).

Sachlicher Geltungsbereich: Was die Menschenrechte im Einzelnen schützen, ergibt sich aus den anwendbaren Normen. Eine genaue Darstellung des Schutzbereiches der einzelnen Menschenrechtsgarantien ist an dieser Stelle nicht möglich (siehe dazu eingehend Kälin/Künzli, Universeller Menschenrechtsschutz, 3. Auflage, Basel 2013, S. 305 ff.).

Ein Staat kann mittels eines Vorbehaltes bewirken, dass einzelne Garantien eines Menschenrechtsvertrages für ihn nicht oder nur beschränkt gelten. Zulässig sind in der Regel aber nur Vorbehalte, die mit dem Sinn und Zweck eines Vertrages vereinbar sind (zu den Vorbehalten siehe vorne 1. Teil, 1. Kap. Ziff. III, insbesondere 3. und 6.).

Räumlicher Geltungsbereich: Menschenrechtsverträge gelten grundsätzlich auf dem Gebiet des Vertragsstaates sowie in allen Gebieten, die sich in der Hoheitsgewalt des betreffenden Staates befinden (also z.B. auch in besetzten Gebieten). Einige Menschenrechtsverträge äussern sich explizit zum räumlichen Geltungsbereich, so z.B. Art. 2 Abs. 1 Pakt II.

In seinem Gutachten *Legal Consequences of the Construction of a Wall in the Occupied Palestinian Territory, I.C.J. Reports 2004, p. 136* durch Israel hatte sich der IGH u.a. mit der Frage nach der Anwendbarkeit von Pakt II in den besetzten Gebieten, d.h. ausserhalb des israelischen Staatsgebiets, zu befassen.

> „108. The scope of application of the International Covenant on Civil and Political Rights is defined by Article 2, paragraph 1, thereof, which provides:
>
> "Each State Party to the present Covenant undertakes to respect and to ensure to all individuals within its territory and subject to its jurisdiction the rights recognized in the present Covenant, without distinction of any kind, such as race, colour, sex, language, religion, political or other opinion, national or social origin, property, birth or other status."

> This provision can be interpreted as covering only individuals who are both present within a State's territory and subject to that State's jurisdiction. It can also be construed as covering both individuals present within a State's territory and those outside that territory but subject to that State's jurisdiction. The Court will thus seek to determine the meaning to be given to this text.
>
> 109. The Court would observe that, while the jurisdiction of States is primarily territorial, it may sometimes be exercised outside the national territory. Considering the object and purpose of the International Covenant on Civil and Political Rights, it would seem natural that, even when such is the case, States parties to the Covenant should be bound to comply with its provisions.
>
> The constant practice of the Human Rights Committee is consistent with this. Thus, the Committee has found the Covenant applicable where the State exercises its jurisdiction on foreign territory. It has ruled on the legality of acts by Uruguay in cases of arrests carried out by Uruguayan agents in Brazil or Argentina (...). It decided to the same effect in the case of the confiscation of a passport by a Uruguayan consulate in Germany (...).
>
> The *travaux préparatoires* of the Covenant confirm the Committee's interpretation of Article 2 of that instrument. These show that, in adopting the wording chosen, the drafters of the Covenant did not intend to allow States to escape from their obligations when they exercise jurisdiction outside their national territory. They only intended to prevent persons residing abroad from asserting, vis-à-vis their State of origin, rights that do not fall within the competence of that State, but of that of the State of residence (...).
>
> 111. In conclusion, the Court considers that the International Covenant on Civil and Political Rights is applicable in respect of acts done by a State in the exercise of its jurisdiction outside its own territory."

Zeitlicher Geltungsbereich: Menschenrechtsgarantien aus Vertrag gelten solange ein Staat Vertragspartei ist, d.h. grundsätzlich ab dem Zeitpunkt der Ratifizierung bis zur Kündigung des betreffenden Vertrages. Gewisse Verträge, wie z.B. die beiden Menschenrechtspakte von 1966, enthalten keine Kündigungsklausel und gelten als unkündbar.

Menschenrechtsverträge gelten sowohl in Friedenszeiten als auch im Krieg und staatlichem Notstand. Gewisse Garantien können allerdings während solcher Notsituationen unter bestimmten Voraussetzungen vorübergehend ausser Kraft gesetzt, d.h. derogiert, werden.

b. Die Einschränkbarkeit der Menschenrechte

Analog zu den Grundrechten sind auch die meisten Menschenrechte des Völkerrechts einschränkbar. Es existieren folgende Modelle:

Absolute Geltung: Bei Rechten mit absoluter Geltung sind keine Einschränkungen erlaubt und sie dürfen in Notstandssituationen nicht derogiert werden (Beispiele: Folterverbot, Sklavereiverbot). Die meisten Menschenrechte sind einschränkbar.

Legitime Einschränkungen: Gewisse Rechte dürfen aufgrund überwiegender öffentlicher Interessen beschränkt werden, falls dies gesetzlich vorgesehen und für den Schutz der nationalen Sicherheit, der öffentlichen Ordnung, der

Volksgesundheit oder der öffentlichen Sittlichkeit erforderlich ist (Beispiele: Meinungsäusserungsfreiheit, Religionsfreiheit).

Verbot willkürlicher Eingriffe: Gewisse Rechte verbieten *willkürliche* Eingriffe, d.h. solche, die sich nicht genügend mit sachlichen Gründen rechtfertigen lassen (Beispiel: Verbot willkürlicher Festnahmen).

6. *Die Durchsetzung der Menschenrechte*

Dazu hinten 4. Teil, 2. Kap., Ziff. II.3 sowie Ziff. IV.

V. INDIVIDUELLE PFLICHTEN

1. *Verpflichtungsarten*

Private sind nur ausnahmsweise Träger völkerrechtlicher Verpflichtungen. Dabei kann zwischen indirekten und direkten Verpflichtungen unterschieden werden: Bei ersteren begründen die einschlägigen völkerrechtlichen Regeln keine unmittelbare Verantwortlichkeit der Individuen, sondern die Verpflichtung der Individuen stellt nur – aber immerhin – eine notwendige Konsequenz staatlicher Verpflichtungen aus Völkerrecht dar, im innerstaatlichen Recht vorzusehen, dass sich Private in einer bestimmten Weise verhalten müssen (für ein Beispiel siehe den Fall *Trail Smelter (Canada v. United States of America), UNRIAA III, pp. 1905-1982* vorne 1. Kap., Ziff. II.2). Daneben existieren direkte Verpflichtungen Privater aus Völkerrecht dort, wo Vertrags- oder Gewohnheitsrecht solche Pflichten direkt vorsehen.

Indirekte oder direkte Verhaltenspflichten Privater existieren namentlich im Bereich des Menschenrechtsschutzes:

- *Indirekte Verpflichtungen durch Anerkennung staatlicher Schutzpflichten:*

  Den Staaten obliegt grundsätzlich die Verpflichtung, dafür zu sorgen, dass Eingriffe Privater zumindest in gewisse Menschenrechte mit der den Umständen angemessenen Sorgfalt verhindert werden. Diese müssen insbesondere das Straf- und Privatrecht entsprechend ausgestalten (siehe dazu vorne in diesem Kapitel Ziff. IV).

- *Indirekte Verpflichtung im Gefolge einer Bestrafungspflicht der Staaten:*

  Verschiedene in der Regel völkervertragliche Bestimmungen verpflichten die Staaten dazu, im Falle der Begehung bestimmter Verbrechen die Schuldigen zu verfolgen und zu bestrafen, woraus sich dann auch indirekt Pflichten der Individuen ergeben. Das *Übereinkommen gegen Folter und andere grausame, unmenschliche oder erniedrigende Behandlung oder Strafe vom 10. Dezember 1984 (SR 0.105)* z.B. verpflichtet die Staaten, Folterhandlungen in ihrem Strafrecht unter Strafe zu stellen (Art. 4) und die notwendigen Voraussetzungen zu schaffen, um ihre Zuständigkeit auch für Straftaten zu begründen, die im Ausland von ihren oder gegenüber ihren Staatsangehörigen begangen werden (Art. 5).

Ein weiteres Beispiel findet sich im *Übereinkommen über die Verhütung und Bestrafung des Völkermordes vom 9. Dezember 1948 (SR 0.311.11),* der den Völkermord, die Verschwörung zur Begehung von Völkermord, den Versuch dazu sowie die Teilnahme als strafbar erklärt (Art. III) und die Staaten verpflichtet, die Täter zu bestrafen (Art. IV – VI).

Im humanitären Völkerrecht sieht das *Genfer Abkommen über den Schutz von Zivilpersonen in Kriegszeiten vom 12. August 1949 (SR 0.518.51)* in Art. 146 die Verpflichtung der Vertragssaaten vor, „alle notwendigen gesetzgeberischen Massnahmen zur Festsetzung von angemessenen Strafbestimmungen für solche Personen zu treffen, die irgendeine der im folgenden Artikel umschriebenen schweren Verletzungen des vorliegenden Abkommens begehen oder zu einer solchen Verletzung den Befehl erteilen". Art. 147 bestimmt:

> „Als schwere Verletzungen, wie sie im vorhergehenden Artikel erwähnt sind, gelten jene, die die eine oder andere der folgenden Handlungen umfassen, sofern sie gegen Personen oder Güter begangen werden, die durch das vorliegende Abkommen geschützt sind: vorsätzlicher Mord, Folterung oder unmenschliche Behandlung einschliesslich biologischer Experimente, vorsätzliche Verursachung grosser Leiden oder schwere Beeinträchtigung der körperlichen Integrität, der Gesundheit, ungesetzliche Deportation oder Versetzung, ungesetzliche Gefangenhaltung, Nötigung einer geschützten Person zur Dienstleistung in den bewaffneten Kräften der feindlichen Macht oder Entzug ihres Anrechts auf ein ordentliches und unparteiisches, den Vorschriften des vorliegenden Abkommens entsprechendes Gerichtsverfahren, das Nehmen von Geiseln sowie Zerstörung und Aneignung von Gut, die nicht durch militärische Erfordernisse gerechtfertigt sind und in grossem Ausmass auf unerlaubte und willkürliche Weise vorgenommen werden."

Die Schweiz hat diese Verpflichtung im Strafrecht umgesetzt. Art. 6bis des *Strafgesetzbuches vom 21. Dezember 1937 (StGB; SR 311.0)* bestimmt, dass „wer im Ausland ein Verbrechen oder ein Vergehen verübt, zu dessen Verfolgung sich die Schweiz durch ein internationales Übereinkommen verpflichtet hat, (...) ist diesem Gesetz unterworfen, sofern die Tat auch am Begehungsort strafbar ist, der Täter sich in der Schweiz befindet und nicht ans Ausland ausgeliefert wird". Art. 264 stellt den Völkermord unter Strafe. Art. 109 *Militärstrafgesetz vom 13. Juni 1927 (SR 321.0)* bestimmt:

> „(1) Wer den Vorschriften internationaler Abkommen über Kriegführung sowie über den Schutz von Personen und Gütern zuwiderhandelt, wer andere anerkannte Gesetze und Gebräuche des Krieges verletzt, wird, sofern nicht schärfere Strafbestimmungen zur Anwendung gelangen, mit Gefängnis, in schweren Fällen mit Zuchthaus bestraft. (...)."

- *Direkte Verpflichtung durch Statuierung einer persönlichen strafrechtlichen Verantwortlichkeit bei Verletzung fundamentaler Menschenrechte* (siehe dazu nachstehend Ziff. b).

- *Direkte Verpflichtung durch Kodifizierung von Pflichten des Individuums.*

Ausnahmsweise formulieren völkerrechtliche Normen direkt bestimmte Pflichten, so insbesondere manche menschenrechtliche Verträge. Häufig ist es bei diesen Bestimmungen aber Zweifeln unterworfen, inwieweit sie normativ genügend bestimmt sind, damit aus ihnen in hinreichend konkreter Form inhaltlich ausreichend umrissene Pflichten Einzelner abgeleitet werden können.

Allgemeine Erklärung der Menschenrechte vom 10. Dezember 1948

„Art. 29

1. Jeder Mensch hat Pflichten gegenüber der Gemeinschaft, in der allein die freie und volle Entwicklung seiner Persönlichkeit möglich ist. (...)."

Afrikanische Charta der Menschenrechte und Rechte der Völker von 1981

„Art. 27

(1) Jedes Individuum hat Pflichten gegenüber seiner Familie und der Gesellschaft, gegenüber dem Staat und anderen gesetzlich anerkannten Gemeinschaften sowie gegenüber der internationalen Gemeinschaft.

(2) Jedes Individuum übt seine Rechte und Freiheiten unter Berücksichtigung der Rechte anderer, der kollektiven Sicherheit, der Sittlichkeit und des Gemeinwohls aus.

Art. 28

Jedes Individuum ist verpflichtet, seine Mitmenschen ohne Diskriminierung zu respektieren und zu achten und mit ihnen Beziehungen zu unterhalten, die auf die Förderung, den Schutz und die Verstärkung der gegenseitige Achtung und Toleranz gerichtet sind."

2. Strafbarkeit für Kriegsverbrechen und Verbrechen gegen die Menschlichkeit

Die Idee einer individuellen Verantwortlichkeit und Strafbarkeit für die Begehung bestimmter schwerer Verbrechen ist nicht erst in den letzten Jahren aufgekommen; vielmehr beruhten auch die Prozesse von Nürnberg und Tokyo nach dem 2. Weltkrieg auf dieser Idee, woran auch die in diesem Zusammenhang geltend gemachten Vorwürfe (etwa derjenige der "Siegerjustiz" und der Verletzung des Grundsatzes nulla poena sine lege) nichts ändern. Das *Urteil des Internationalen Militärgerichtshofs von Nürnberg vom 30. September/ 1. Oktober 1946, Prozess gegen die Hauptkriegsverbrecher vor dem Internationalen Militärgerichtshof (1947), Bd. I, 189,* führte damals aus:

„Es ist ausgeführt worden, dass sich das Völkerrecht auf Handlungen souveräner Staaten beziehe und keine Bestrafung von Einzelpersonen vorsehe; und weiter, dass dort, wo die fragliche Handlung ein Staatsakt ist, jene Personen, die sie ausführen, keine eigene Verantwortung tragen, sondern durch die Doktrin von der Souveränität des Staates geschützt seien. Nach der Meinung des Gerichtshofes müssen diese beiden Einwände zurückgewiesen werden.

> Dass das Völkerrecht Einzelpersonen so gut wie Staaten Pflichten und Verbindlichkeiten auferlegt, ist längst anerkannt. [...]
>
> Verbrechen gegen das Völkerrecht werden von Menschen und nicht von abstrakten Wesen begangen, und nur durch Bestrafung jener Einzelpersonen, die solche Verbrechen begehen, kann den Bestimmungen des Völkerrechts Geltung verschafft werden. [...]
>
> Es ist ja gerade der Wesenskern des Statuts [des Tribunals], dass Einzelpersonen internationale Pflichten haben, die über die nationalen Gehorsamspflichten hinausgehen, die ihnen ein Einzelstaat auferlegt hat. Derjenige, der das Kriegsrecht verletzt, kann nicht Straffreiheit deswegen erlangen, weil er auf Grund der Staatsautorität handelte, wenn der Staat Handlungen gutheisst, die sich ausserhalb der Schranken des Völkerrechts bewegen." (a.a.O. S. 248 ff., zitiert aus Müller/Wildhaber, S. 301 f.)

Während des Kalten Krieges aber war es nicht möglich, an den Grundsatz einer individuellen strafrechtlichen Verantwortlichkeit bei gewissen Verbrechen anzuknüpfen, so dass erst nach 1989 wieder bedeutende Anwendungsfälle einer solchen individuellen völkerrechtlichen Verantwortlichkeit zu verzeichnen sind, nämlich die Ad-hoc-Tribunale in Bezug auf in Ex-Jugoslawien und in Ruanda begangene Verbrechen. Das Inkrafttreten des Statuts des nunmehr ständigen Internationalen Strafgerichtshofs stellt sodann eine weitere bedeutende Etappe der Entwicklung des Völkerrechts dar.

a. Die Statute der Kriegsverbrecher-Tribunale für das frühere Jugoslawien und Ruanda

Das Internationale Strafgericht für das ehemalige Jugoslawien (ICTY) mit Sitz in Den Haag und das Internationale Strafgericht für Ruanda (ICTR) mit Sitz in Arusha, Tansania wurden beide durch Resolutionen des Sicherheitsrates geschaffen (ICTY: Resolution 827 [1993]; ICTR: Resolution 955 [1994]; siehe dazu auch hinten 4. Teil, 2. Kap., Ziff. II.4).

Der Grundsatz *nullum crimen, nulla poena sine lege* verlangt, dass das Gericht Angeklagte nur aufgrund von Normen verurteilen kann, die bereits im Zeitpunkt der Tat in Kraft standen. Mangels eines allgemein anerkannten internationalen Strafkodexes mit universeller Geltung bestand deswegen das zwingende Erfordernis, dass das anwendbare Recht „beyond any doubt" Teil des Gewohnheitsrechtes sei (UN Doc. S/25704, para. 34). Artikel 2-4 normieren in detaillierter Weise Straftatbestände, welche sich aus Verletzungen der Genfer Konventionen von 1949, aus Missachtung von Gesetzen und Gebräuchen des Krieges sowie dem Genozidverbot ergeben. Unter dem Titel „Verbrechen gegen die Menschlichkeit" führt Art. 5 folgende Straftatbestände auf, wenn sie in einem bewaffneten Konflikt gegenüber der Zivilbevölkerung verübt werden: Mord; Ausrottung; Versklavung; Deportation; Inhaftierung; Folter; Vergewaltigung; politisch, rassisch oder religiös motivierte Verfolgung; andere unmenschliche Akte.

Eine Bestätigung erfuhr obige Auflistung gewohnheitsrechtlicher Menschenrechte durch die Sicherheitsrats-Resolution 955 (1994) „Establishing the International Tribunal for Rwanda" (ILM 1994, S. 1598 ff.), welche dem „Ruanda-

Gerichtshof" bezüglich des anwendbaren Rechts eine im Wesentlichen gleichlautende Kompetenz wie dem ICTY gewährt; hinzugekommen sind allerdings Verstösse gegen den gemeinsamen Artikel 3 der Genfer Konventionen von 1949 (Text vorne Ziff. IV.2.b) und Art. 4 des 2. Zusatzprotokolls zu diesen Konventionen von 1977. Der Ruanda-Gerichtshof beendete seine Tätigkeit am 31. Dezember 2015. Er verurteilte insgesamt 61 Personen, überwies die Verfahren von 10 Personen an staatliche Gerichte und sprach 14 Angeklagte frei.

b. Das Römer Statut des Internationalen Strafgerichtshofs

Die Zuständigkeit des Strafgerichtshofes besteht grundsätzlich für die im Römer Statut des Internationalen Strafgerichtshofs vom 17. Juli 1998 (SR 0.312.1) definierten Straftaten, sofern sie auf dem Territorium einer Vertragspartei oder durch einen oder eine Staatsangehörige einer Vertragspartei des Römer Statuts begangen worden sind (zu den übrigen Zuständigkeitsvoraussetzungen siehe hinten 4. Teil, 2. Kap., Ziff. II.4.b).

Gemäss Art. 5 des Status beschränkt sich die Gerichtsbarkeit des Gerichtshofs auf die schwersten Verbrechen, welche die internationale Gemeinschaft als Ganzes berühren. Dazu gehören gemäss dem Statut das Verbrechen des Völkermords (Art. 6), Verbrechen gegen die Menschlichkeit (Art. 7), Kriegsverbrechen (Art. 8) und das Verbrechen der Aggression (Art. 8bis).

„Art. 6 Völkermord

Im Sinne dieses Statuts bedeutet «Völkermord» jede der folgenden Handlungen, die in der Absicht begangen wird, eine nationale, ethnische, rassische oder religiöse Gruppe als solche ganz oder teilweise zu vernichten:

a) Tötung von Mitgliedern der Gruppe;

b) Verursachung von schwerem körperlichem oder seelischem Schaden an Mitgliedern der Gruppe;

c) vorsätzliche Auferlegung von Lebensbedingungen für die Gruppe, die geeignet sind, ihre körperliche Vernichtung ganz oder teilweise herbeizuführen;

d) Verhängung von Massnahmen, die auf die Geburtenverhinderung innerhalb der Gruppe gerichtet sind;

e) gewaltsame Überführung von Kindern der Gruppe in eine andere Gruppe.

Art. 7 Verbrechen gegen die Menschlichkeit

(1) Im Sinne dieses Statuts bedeutet «Verbrechen gegen die Menschlichkeit» jede der folgenden Handlungen, die im Rahmen eines ausgedehnten oder systematischen Angriffs gegen die Zivilbevölkerung und in Kenntnis des Angriffs begangen wird:

a) vorsätzliche Tötung;

b) Ausrottung;

c) Versklavung;

d) Vertreibung oder zwangsweise Überführung der Bevölkerung;

e) Freiheitsentzug oder sonstige schwer wiegende Beraubung der körperlichen Freiheit unter Verstoss gegen die Grundregeln des Völkerrechts;

f) Folter;

g) Vergewaltigung, sexuelle Sklaverei, Nötigung zur Prostitution, erzwungene Schwangerschaft, Zwangssterilisation oder jede andere Form sexueller Gewalt von vergleichbarer Schwere;

h) Verfolgung einer identifizierbaren Gruppe oder Gemeinschaft aus politischen, rassischen, nationalen, ethnischen, kulturellen oder religiösen Gründen, Gründen des Geschlechts im Sinne des Absatzes 3 oder aus anderen nach dem Völkerrecht universell als unzulässig anerkannten Gründen im Zusammenhang mit einer in diesem Absatz genannten Handlung oder einem der Gerichtsbarkeit des Gerichtshofs unterliegenden Verbrechen;

i) zwangsweises Verschwindenlassen von Personen;

j) das Verbrechen der Apartheid;

k) andere unmenschliche Handlungen ähnlicher Art, mit denen vorsätzlich grosse Leiden oder eine schwere Beeinträchtigung der körperlichen Unversehrtheit oder der geistigen oder körperlichen Gesundheit verursacht werden.

(2) Im Sinne des Absatzes 1

a) bedeutet «Angriff gegen die Zivilbevölkerung» eine Verhaltensweise, die mit der mehrfachen Begehung der in Absatz 1 genannten Handlungen gegen eine Zivilbevölkerung verbunden ist, in Ausführung oder zur Unterstützung der Politik eines Staates oder einer Organisation, die einen solchen Angriff zum Ziel hat; (...)

Art. 8 Kriegsverbrechen

(1) Der Gerichtshof hat Gerichtsbarkeit in Bezug auf Kriegsverbrechen, insbesondere wenn diese als Teil eines Planes oder einer Politik oder als Teil der Begehung solcher Verbrechen in grossem Umfang verübt werden.

(2) Im Sinne dieses Statuts bedeutet «Kriegsverbrechen»

a) schwere Verletzungen der Genfer Abkommen vom 12. August 1949 (...);

b) andere schwere Verstösse gegen die innerhalb des feststehenden Rahmens des Völkerrechts im internationalen bewaffneten Konflikt anwendbaren Gesetze und Gebräuche (...);

c) im Fall eines bewaffneten Konflikts, der keinen internationalen Charakter hat, schwere Verstösse gegen den gemeinsamen Artikel 3 der vier Genfer Abkommen vom 12. August 1949 (...);

d) Absatz 2 Buchstabe c findet Anwendung auf bewaffnete Konflikte, die keinen internationalen Charakter haben, und somit nicht auf Fälle innerer Unruhen und Spannungen wie Tumulte, vereinzelt auftretende Gewalttaten oder andere ähnliche Handlungen;

e) andere schwere Verstösse gegen die innerhalb des feststehenden Rahmens des Völkerrechts anwendbaren Gesetze und Gebräuche im bewaffneten Konflikt, der keinen internationalen Charakter hat (...);

f) Absatz 2 Buchstabe e findet Anwendung auf bewaffnete Konflikte, die keinen internationalen Charakter haben, und somit nicht auf Fälle innerer Unruhen und Spannungen wie Tumulte, vereinzelt auftretende Gewalttaten oder andere ähnliche Handlungen. Er findet Anwendung auf bewaffnete Konflikte, die im Hoheitsgebiet eines Staates stattfinden, wenn zwischen den staatlichen Behörden und organisierten bewaffneten Gruppen oder zwischen solchen Gruppen ein lang anhaltender bewaffneter Konflikt besteht. (...)."

Zu den Verbrechen gegen die Menschlichkeit und den Kriegsverbrechen hielt der Bundesrat in seiner Botschaft (BBl 2001 391) Folgendes fest:

Verbrechen gegen die Menschlichkeit (Art. 7)

„Bei den Verbrechen gegen die Menschlichkeit handelt es sich um schwerste Menschenrechtsverletzungen, welche in ausgedehnter oder systematischer Weise gegen Mitglieder der Zivilbevölkerung begangen werden, häufig durch den eigenen Heimatstaat. Wie der Völkermord können die Verbrechen gegen die Menschlichkeit auch ausserhalb eines bewaffneten Konflikts in Friedenszeiten verübt werden. (...)

Verbrechen gegen die Menschlichkeit wurden erstmals nach dem Zweiten Weltkrieg durch das internationale Militärtribunal von Nürnberg strafrechtlich sanktioniert. In den Neunzigerjahren wurden entsprechende Kompetenzen auch den internationalen Straftribunalen für Ex-Jugoslawien und Ruanda übertragen. Die Begehung von Verbrechen gegen die Menschlichkeit gilt heute allgemein als durch das Völkergewohnheitsrecht verboten. Die schweizerische Rechtsordnung kennt zwar noch keinen Tatbestand der Verbrechen gegen die Menschlichkeit, doch werden die einzelnen Verbrechen bereits heute in den meisten Fällen durch die Normen des Strafgesetzbuches erfasst. Um jedoch in jedem Fall eine lückenlose Verfolgung der schwersten Verbrechen gegen die Menschheit zu gewährleisten, sollen die entsprechenden Tatbestände möglichst bald in das schweizerische Recht aufgenommen werden." (a.a.O. S. 423)

Kriegsverbrechen (Art. 8)

„Artikel 8 des Statuts gibt dem Gerichtshof die Kompetenz, Kriegsverbrechen zu bestrafen. Unter Kriegsverbrechen versteht man im Sinne des Statuts eine Reihe von schweren Verletzungen des internationalen Rechts des bewaffneten Konflikts, die im Einzelnen in Artikel 8 Absatz 2 aufgelistet sind. Diese schweren Verletzungen können im Zusammenhang mit einem internationalen oder nicht internationalen bewaffneten Konflikt begangen werden.

Wie es der Titel von Artikel 8 bereits andeutet, ist das Statut weit davon entfernt, alle Verletzungen des humanitären Völkerrechts zu bestrafen. Nur die schweren Verletzungen und noch genauer nur diejenigen Verbrechen, die im Statut genannt werden, unterliegen der Zuständigkeit des Gerichtshofs. Dadurch ändert sich jedoch nichts an den Pflichten der Staaten, wie sie namentlich in den vier Genfer Abkommen und ihren zwei Zusatzprotokollen statuiert werden, jede Verletzung des internationalen Rechts des bewaffneten Konflikts zu unterbinden und über ihre internen Rechtsordnungen eine angemessene Bestrafung für alle Kriegsverbrechen vorzusehen.

Die Schaffung eines Internationalen Strafgerichtshofs muss in erster Linie von den Staaten als eine eindringliche Aufforderung verstanden werden, die Pflicht zur Verbreitung des humanitären Völkerrechts, die sich aus den Genfer Abkommen und ihren Zusatzprotokollen ergibt, selbst zu respektieren, aber auch für deren Respektierung zu sorgen. Dies betrifft zunächst die Verbreitung des humanitären Völkerrechts im Rahmen der Streitkräfte, aber auch, soweit möglich, in der Zivilbevölkerung. Die Staaten müssen alle notwendigen Massnahmen ergreifen (Instruktion, Integration in den Kommandoprozess, Berücksichtigung bei jeder Entscheidung, auf jeder Hierarchiestufe, im Rahmen der Streitkräfte oder auf Regierungsebene), damit dieses Recht respektiert und seine Verletzungen bestraft werden. Gemäss der im Statut angelegten Perspektive sollen Kriegsverbrechen verfolgt werden können, unabhängig davon, wo sie begangen wurden und wer der Täter war. Die Errichtung des Internationalen Strafgerichtshofs hat daher primär eine präventive Wirkung: nur wenn jene Staaten, die ein Kriegsverbrechen hätten bestrafen sollen, ihren Pflichten nicht nachkommen, kann der Gerichtshof das Verfahren übernehmen (Grundsatz der Komplementarität)."

Im Juni 2010 einigten sich die Mitgliedstaaten des ICC auf folgende Definition des Verbrechens der Aggression im Römer Statut:

„Article 8 bis Crime of aggression

1. For the purpose of this Statute, "crime of aggression" means the planning, preparation, initiation or execution, by a person in a position effectively to exercise control over or to direct the political or military action of a State, of an act of aggression which, by its character, gravity and scale, constitutes a manifest violation of the Charter of the United Nations.

2. For the purpose of paragraph 1, "act of aggression" means the use of armed force by a State against the sovereignty, territorial integrity or political independence of another State, or in any other manner inconsistent with the Charter of the United Nations. Any of the following acts, regardless of a declaration of war, shall, in accordance with United Nations General Assembly resolution 3314 (XXIX) of 14 December 1974, qualify as an act of aggression:

a) The invasion or attack by the armed forces of a State of the territory of another State, or any military occupation, however temporary, resulting from such invasion or attack, or any annexation by the use of force of the territory of another State or part thereof;

b) Bombardment by the armed forces of a State against the territory of another State or the use of any weapons by a State against the territory of another State;

c) The blockade of the ports or coasts of a State by the armed forces of another State;

d) An attack by the armed forces of a State on the land, sea or air forces, or marine and air fleets of another State;

e) The use of armed forces of one State which are within the territory of another State with the agreement of the receiving State, in contravention of the conditions provided for in the agreement or any extension of their presence in such territory beyond the termination of the agreement;

f) The action of a State in allowing its territory, which it has placed at the disposal of another State, to be used by that other State for perpetrating an act of aggression against a third State;

g) The sending by or on behalf of a State of armed bands, groups, irregulars or mercenaries, which carry out acts of armed force against another State of such gravity as to amount to the acts listed above, or its substantial involvement therein."

Gemäss Art. 121 Abs. 5 Römer Statut trifft diese Bestimmung ein Jahr nach Ratifikation für jene Staaten in Kraft, die ihn ratifiziert haben.

VIERTER TEIL: DIE DURCHSETZUNG DES VÖLKERRECHTS

VORBEMERKUNG

Das Völkerrecht ist nicht nur mit Blick auf seine Entstehung ein dezentrales Rechtssystem. Vielmehr wird diese Eigenart auch bei seiner Durchsetzung deutlich. Mangels Existenz umfassend zuständiger Durchsetzungsorgane kommt der als dezentrale oder zwischenstaatliche Durchsetzung bezeichneten Selbsthilfe des in seinen Rechten verletzten Staates gegenüber dem Verletzerstaat eine weit grössere Bedeutung zu als im innerstaatlichen Bereich (1. Kapitel). Insbesondere in reziproken Verhältnissen – wie etwa im Fall von Auslieferungsverträgen – funktioniert diese Durchsetzungsmodalität erstaunlich reibungslos.

An ihre Grenzen stossen Durchsetzungsmittel der Selbsthilfe in nichtreziproken oder innerstaatlich gegenüber Individuen zu erfüllenden Vertragsbeziehungen. Hier fehlt mangels eines direkt betroffenen Staates oft das Interesse der Staaten, die Durchsetzung an die Hand zu nehmen. Daher erweisen sich Mittel der zentralen Völkerrechtsdurchsetzung (2. Kapitel) oft als unerlässlich zur Verwirklichung des Rechts.

Im Vergleich zur landesrechtlichen Gerichtsbarkeit weist aber auch die zentrale Durchsetzung im Völkerrecht Besonderheiten auf: Völkerrechtliche Gerichte und gerichtsähnliche Organe können einen Staat nur bei dessen Einverständnis belangen. Viele Staaten und insbesondere Grossstaaten, die ihre Ansprüche auch ausserrechtlich durchsetzen können, sind aber in diesem Bereich zurückhaltend.

Andere völkerrechtliche Organe – wie namentlich der UNO-Sicherheitsrat (3. Kapitel) – sind zwar auf diesen Konsens nicht angewiesen, entscheiden aber nicht primär gestützt auf juristische, sondern auf politische Erwägungen.

1. KAPITEL: ZWISCHENSTAATLICHE (DEZENTRALE) DURCHSETZUNG DES VÖLKERRECHTS

I. VERPFLICHTUNG ZUR FRIEDLICHEN STREITBEILEGUNG

1. Grundsatz

Art. 2 Ziff. 3 der UNO-Charta verpflichtet die Mitgliedstaaten zur friedlichen Beilegung ihrer internationalen Streitigkeiten, damit der internationale Frieden und die Sicherheit nicht gefährdet werden. Diese Pflicht bildet eine notwendige Ergänzung des völkerrechtlichen Gewaltverbotes gemäss Art. 2 Ziff. 4 der UNO-Charta. In Art. 33 nennt die Charta die wichtigsten Verfahren der friedlichen Streitbeilegung, nämlich „Verhandlung, Untersuchung, Vermittlung, Vergleich, Schiedsspruch, gerichtliche Entscheidung, Inanspruchnahme regionaler Einrichtungen oder Abmachungen oder (...) andere friedliche Mittel eigener Wahl". Die Parteien sind in der Wahl der Methode frei. Sie sind aber verpflichtet, nach einer friedlichen Lösung zu suchen. Eine Pflicht, ein bestimmtes Ergebnis zu erzielen, besteht demgegenüber nicht.

2. Nichtrichterliche Streitbeilegung zwischen den Parteien

a. Konsultationen

Bei Konsultationen unterbreitet ein Staat, der irgendeine Massnahme plant, welche die Interessen anderer Staaten berühren kann, diesen anderen Staaten sein Vorhaben zur Stellungnahme. Gleichzeitig erklärt er sich bereit, deren Wünsche und Vorstellungen bzw. Einwände angemessen zu berücksichtigen. Neuere Verträge sehen häufig Konsultationspflichten vor (z.B. Abkommen zur Errichtung der Welthandelsorganisation vom 15. April 1994, Anhang 2: Vereinbarung über Regeln und Verfahren der Streitbeilegung, Art. 4, SR 0.632.20; Freihandelsabkommen zwischen der Schweiz und der Volksrepublik China vom 6. Juli 2013, Art.4.22, SR 0.946.292.492).

Im Doppelurteil *Certain Activities carried out by Nicaragua in the Border Area (Costa Rica v. Nicaragua)* und *Construction of a Road in Costa Rica along the San Juan River (Nicaragua v. Costa Rica), Judgment I.C.J. Report 2015*, bejaht der IGH eine generelle Pflicht bei drohenden grenzüberschreitenden Umweltbeeinträchtigungen den Nachbarstaat zu konsultieren:

> "104. If the environmental impact assessment confirms that there is a risk of significant transboundary harm, the State planning to undertake the activity is required, in conformity with its due diligence obligation, to notify and consult in good faith with the potentially affected State, where that is necessary to determine the appropriate measures to prevent or mitigate that risk."

b. *Verhandlungen*

Die Streitparteien treten unmittelbar miteinander in Verbindung und erörtern die zwischen ihnen bestehenden Streitpunkte. Erst wenn von beiden Seiten Stellungnahmen abgegeben werden, kann von Verhandlungen gemäss Art. 33 Abs. 1 UNO-Charta gesprochen werden. Zu den Pflichten der Parteien hat der IGH im Urteil *IGH, North Sea Continental Shelf (Federal Republic of Germany/Denmark; Federal Republic of Germany/Netherlands), Judgment, I.C.J. Reports 1969, p. 3* (zum Sachverhalt siehe 1. Teil, 2. Kap., Ziff. II.2) ausgeführt:

> „(...) [T]he parties are under an obligation to enter into negotiations with a view to arriving at an agreement, and not merely go through a formal process of negotiation (...); they are under an obligation so to conduct themselves that the negotiations are meaningful, which will not be the case when either of them insists on its own position without contemplating any modification of it." (a.a.O. S. 47)

Die Durchführung von Verhandlungen oder zumindest der ernsthafte Versuch dazu kann auch eine Vorbedingung dafür sein, dass ein Gericht auf die Beschwerde eines Staates eintritt (*IGH, Application of the International Convention on the Elimination of All Forms of Racial Discrimination [Georgia v. Russian Federation], Judgment, I.C.J. Reports 2011, p. 134 ff, paras. 163 ff.*).

3. Nichtrichterliche Streitbeilegung unter Beizug von Dritten

a. *Gute Dienste*

Nicht in Art. 33 der UNO-Charta genannt sind die guten Dienste. Unter guten Diensten wird das Angebot dritter Staaten oder internationaler Organisationen verstanden, die Streitparteien zur Aufnahme von Verhandlungen zu bewegen oder ihnen sonst eine Hilfe bei der Überwindung oder Regelung ihrer Streitigkeiten zu gewähren.

Die Schweiz zählt zu ihren „guten Diensten" folgende Aktivitäten: Schutzmachtmandate (z.B. die Vertretung der amerikanischen Interessen in Kuba zwischen 1961 und 2015, im Iran, inoffiziell seit 1979, offiziell seit 1980, seit 2009 die Vertretung der Interessen Russlands in Georgien und umgekehrt sowie seit 2016 die Vertretung der iranischen Interessen in Saudi-Arabien und umgekehrt), Gewährung des Gastrechts für internationale Organisationen und Konferenzen und heute v.a. die finanzielle und personelle Unterstützung von Friedensbemühungen der UNO und anderer Organisationen (v.a. OSZE).

b. *Untersuchung*

Dieses Mittel friedlicher Streitbeilegung soll einen strittigen Sachverhalt durch dessen neutrale Prüfung untersuchen, ohne daran Rechtsfolgen zu knüpfen. Die Untersuchung kann durch eine Kommission, durch ein anderes

Staatengemeinschaftsorgan oder durch ein drittstaatliches Organ durchgeführt werden.

Ein Beispiel sind die Spezialberichterstatter des UNO-Menschenrechtsrates (vorne 3. Teil, 4. Kap., Ziff. II.6.g). Für das humanitäre Völkerrecht sieht Art. 90 Zusatzprotokoll I zu den Genfer Konventionen von 1949 (vom 8. Juni 1977; SR 0.518.521) die Möglichkeit der Einsetzung einer internationalen Ermittlungskommission vor. Ihre Kompetenzen können von den Parteien im Voraus bestimmt werden.

c. Vermittlung

Vermittlung liegt vor, wenn eine dritte Partei aus eigenem Antrieb oder auf Ersuchen der Streitparteien Vorschläge zur Beilegung des Streits macht. Solche Anregungen und Vorschläge dürfen, ebenso wie das Anbieten guter Dienste, niemals als unfreundliche Handlungen angesehen werden. Es besteht keine rechtliche Verpflichtung zu deren Befolgung (Beispiele: Vermittlungsversuche der USA im Nahen Osten; Vermittlung Norwegens zwischen Israel und der PLO, Vermittlung der Schweiz zwischen der Türkei und Armenien).

d. Vergleich

In diesem Verfahren verbinden sich Elemente der Untersuchung und der Vermittlung. Vergleichskommissionen haben die Aufgabe, sowohl den Sachverhalt zu klären als auch den Parteien Lösungsvorschläge zu unterbreiten. Eine verbindliche Wirkung für die Parteien besitzen solche Vorschläge nicht. Ein Vergleichsverfahren ist vertraglich z.B. im Seerechtsübereinkommen vom 10. Dezember 1982 (Art. 284, SR 0.747.305.151) vorgesehen.

II. ZWISCHENSTAATLICHE ZWANGSMASSNAHMEN

Zu den Zwangsmassnahmen der UNO siehe hinten 3. Kap., Ziff. II.2.

1. Suspension und Beendigung von Verträgen gemäss Art. 60 VRK

Die Verweigerung der eigenen Leistungen aus einem völkerrechtlichen Vertrag wegen dessen Nichterfüllung durch die Gegenpartei ist eine wichtige Massnahme der Selbsthilfe mit Zwangscharakter. Sie ist in Art. 60 VRK ausdrücklich vorgesehen und beruht auf dem Gedanken der Unzumutbarkeit der Erfüllung von (reziproken) Vertragspflichten bei rechtswidrigem Ausbleiben der Gegenleistung.

Für *bilaterale* Verträge bestimmt Art. 60 Abs. 1 VRK:

> „Eine erhebliche Verletzung eines zweiseitigen Vertrags durch eine Vertragspartei berechtigt die andere Vertragspartei, die Vertragsverletzung als Grund für die Beendigung des Vertrags oder für seine gänzliche oder teilweise Suspendierung geltend zu machen."

Bei *multilateralen* Verträgen können die von der wesentlichen Vertragsverletzung direkt betroffenen Vertragsparteien zum gleichen Mittel gegenüber dem vertragsverletzenden Staat greifen (Art. 60 Abs. 2 lit. b VRK). Die übrigen, nicht direkt betroffenen Vertragsparteien können grundsätzlich einvernehmlich den Vertrag entweder im Verhältnis zwischen ihnen und dem vertragsbrüchigen Staat oder im Verhältnis zwischen allen Vertragsparteien beenden oder suspendieren (Art. 60 Abs. 2 lit. a VRK). Ist der Vertrag hingegen so beschaffen, dass eine erhebliche Verletzung seiner Bestimmungen durch eine Vertragspartei die „Lage jeder Vertragspartei hinsichtlich der weiteren Erfüllung ihrer Vertragsverpflichtungen grundlegend ändert", können die übrigen Vertragsparteien die Geltung des Vertrages für sich ganz oder teilweise suspendieren (Art. 60 Abs. 2 lit. c VRK). Solche Verträge, deren Eigenart darin besteht, dass eine erhebliche Verletzung ihrer Bestimmungen die Vertragsstruktur als solche bedroht, werden als integrale oder interdependente Verträge bezeichnet. Zu dieser Vertragskategorie gehören namentlich Non-Proliferations- und Abrüstungsabkommen, nicht hingegen menschenrechtliche Verträge oder solche des humanitären Völkerrechts.

Als „erhebliche Verletzung" definiert Art. 60 Abs. 3 lit. b VRK die „Verletzung einer für die Erreichung des Vertragsziels oder des Vertragszwecks wesentlichen Bestimmung".

Die Suspendierung oder Beendigung des Vertrages gemäss Art. 60 VRK knüpft am Gedanken der Reziprozität vertraglicher Verpflichtungen an (do ut des). Sie ist da ein besonders wirksames Mittel, wo ein Vertrag je bilateral durch Leistungsaustausch erfüllt wird, da dem Verletzerstaat dadurch eine Leistung entgeht, die er selber für sich beanspruchen möchte. Dies erklärt z.B. den hohen Grad der Respektierung von Abkommen im Bereich von Rechtshilfe und Auslieferung, Landerechten im Luftverkehr oder Zollabbau, bzw. die hohe Wahrscheinlichkeit einer gütlichen Streitbeilegung im Verletzungsfall.

IGH, Gabčíkovo-Nagymaros Project (Hungary/Slovakia),
Judgment, I.C.J. Reports 1997, p. 7

Eine Vertragsbeendigung nach Art. 60 VRK ist nur rechtmässig, wenn eine Bestimmung des gleichen Vertrags durch die Vertragspartei verletzt wird. In diesem Urteil (siehe zum Sachverhalt vorne 3. Teil, 1. Kap., Ziff. II.2) sprach der IGH Ungarn daher die Berechtigung zur Beendigung nach Art. 60 VRK ab:

> „105. The Court will now examine Hungary's argument that it was entitled to terminate the 1977 Treaty on the ground that Czechoslovakia had violated its Articles 15, 19 and 20 (...); and that the planning, construction and putting into operation of Variant C also amounted to a material breach of the 1977 Treaty.
>
> 106. As to that part of Hungary's argument which was based on other treaties and general rules of international law, the Court is of the view that it is only a

> material breach of the treaty itself, by a State party to that treaty, which entitles the other party to rely on it as a ground for terminating the treaty. The violation of other treaty rules or of rules of general international law may justify the taking of certain measures, including countermeasures, by the injured State, but it does not constitute a ground for termination under the law of treaties".

Kaum wirksam ist diese Massnahme bei Verträgen, die gegenüber Privaten im Innern zu erfüllen sind. Gemäss Art. 60 Abs. 5 VRK dürfen zudem selbst bei Vorliegen einer wesentlichen Vertragsverletzung Garantien „zum Schutz der menschlichen Person" durch betroffene Staaten weder suspendiert noch beendigt werden. Menschenrechtsverletzungen oder Verletzungen des humanitären Rechts dürfen somit nicht durch gleichartige Verletzungen vergolten werden.

2. *Retorsionen*

Von Retorsion wird gesprochen, wenn ein Staat gegen einen anderen Staat zwecks Wahrung der eigenen Interessen Selbsthilfemassnahmen ergreift, die völkerrechtlich nicht verboten sind, jedoch einen unfreundlichen Akt darstellen können.

Retorsionen bezwecken, den betroffenen Staat zu schädigen, verletzen ihn aber nicht in seinen rechtlich geschützten Interessen. Typische Retorsionen sind die Erklärung von Diplomaten des anderen Staates zu unerwünschten Personen, der Abbruch diplomatischer Beziehungen, die Nichtgewährung eines erbetenen Kredits, die Beendigung freiwillig erbrachter Entwicklungshilfeleistungen, oder Handels- und Investitionsbeschränkungen, die mit dem WTO-Recht oder anderen anwendbaren Verträgen vereinbar sind, oder die Kündigung oder Nichtverlängerung vertraglicher Beziehungen.

3. *Gegenmassnahmen*

Gegenmassnahmen (in einer älteren Terminologie als Repressalien bezeichnet) sind wie Retorsionen Massnahmen, mit welchen der Zielstaat bewogen werden soll, ein völkerrechtswidriges Verhalten einzustellen. Im Unterschied zur Retorsion stellen Gegenmassnahmen aber eine Völkerrechtsverletzung dar. Diese ist ausnahmsweise erlaubt, weil sie sich genau gegen jenen Staat richtet, der durch einen vorangehenden Akt seinerseits Völkerrecht verletzt hat. Im System der Staatenverantwortlichkeit gilt die Gegenmassnahme daher als Rechtfertigungsgrund (Art. 22 und 49 ff. ILC-Entwurf). Ihre Rechtfertigung finden sie im Prinzip der Gegenseitigkeit.

Gegenmassnahmen müssen verhältnismässig sein, können aber irgendwelche Formen annehmen; sie müssen sich namentlich inhaltlich nicht auf den vorgängig verletzten Vertrag beschränken. Häufig sind wirtschaftliche und politische Repressalien, d.h. Sanktionen, die im Widerspruch etwa zu handelsrechtlichen Verträgen stehen. Bewaffnete Gegenmassnahmen sind wegen des Gewaltverbots von Art. 2 Abs. 4 UNO-Charta verboten, wobei allerdings das Selbstverteidigungsrecht der Staaten gemäss Art. 51 UNO-Charta vorbehalten bleibt. Staaten dürfen also ihr Recht nie mit Waffengewalt durchsetzen (zu den militärischen Zwangsmassnahmen des Sicherheitsrates hinten 3. Kap., Ziff. I.4.). Ebenfalls verboten sind gemäss Art. 50 Ziff. 1 des ILC-Entwurfs Gegenmassnahmen, die andere Bestimmungen des zwingenden Völkerrechts oder fundamentale Menschenrechte verletzen.

Laut dem IGH (*Gabčíkovo-Nagymaros Project [Hungary/Slovakia], Judgment, I.C.J. Reports 1997, p. 7*) und Art. 49 und 51-53 des Entwurfs der ILC zur Staatenverantwortlichkeit sind Repressalien nur zulässig, wenn sie

(1.) gezielt gegen einen Staat gerichtet sind, welcher Völkerrecht verletzt hat, d.h. keine rechtlich geschützten Interessen von Drittparteien tangieren;

(2.) erst ergriffen werden, nachdem der verletzte Staat den Verletzerstaat zur Beendigung der Verletzung oder ihrer Wiedergutmachung aufgerufen hat, und wieder eingestellt werden, sobald der Zielstaat der Gegenmassnahme seine Rechtsverletzung einstellt sowie

(3.) inhaltlich verhältnismässig ausgestaltet sind, d.h. in einem angemessenen Verhältnis zum erlittenen Schaden stehen.

Gemäss Art. 49 i.V.m. Art. 42 des ILC-Entwurfs zur Staatenverantwortlichkeit sind "verletzte" Staaten befugt, Gegenmassnahmen gegen einen völkerrechtsverletzenden Staat vorzunehmen. Diese Voraussetzung erfüllt klar der direkt von einer Völkerrechtsverletzung betroffene Staat. Bei einer Verletzung völkerrechtlicher Normen, die Verpflichtungen erga omnes oder erga omnes partes (siehe dazu 1. Teil, 1. Kap., Ziff. I.3) begründen, stellt sich die Frage, ob alle Staaten resp. alle übrigen Vertragsparteien als indirekt betroffene Staaten zur Ergreifung von Gegenmassnahmen legitimiert sind. In der Praxis erscheint die Ergreifung von Gegenmassnahmen von auf diese Weise indirekt betroffenen Staaten insbesondere als geeignete Massnahmen gegen Verletzungen von Menschenrechten und des humanitären Völkerrechts während interner bewaffneter Konflikte, welche in der Regel keinen Staat direkt betreffen, von einigem Belang.

Art. 48 Abs. 1 lit. b des ILC-Entwurfs zur Staatenverantwortlichkeit räumt zwar den auf diese Weise indirekt von einer Völkerrechtsverletzung betroffenen Staaten die Möglichkeit ein, vom Verletzerstaat die Beendigung der Verletzung, eine Garantie der Nichtwiederholung sowie Wiedergutmachungsleistungen zugunsten des Verletzten einzufordern. Die Frage ihrer Berechtigung auch zur Ergreifung von Gegenmassnahmen lässt Art. 54 des ILC-Entwurfs aber bewusst offen. Die Praxis zahlreicher Staaten der letzten Jahrzehnte, welche ausserhalb des Kontexts kollektiver Sanktionen des UNO-Sicherheitsrats Gegenmassnahmen etwa gegen in qualifizierter Weise menschenrechtsverletzende Staaten erliessen (z.B. Sanktionsmassnahmen zahlreicher Staaten gegen Südafrika unter dem Apartheidregime während der 1980 und 1990er Jahre oder aktuell der EU und der Schweiz gegen Simbabwe und Russland) illustrieren aber zumindest eine weit verbreitete Überzeugung der Berechtigung zu einem solchen Vorgehen.

Gegenmassnahmen sind ein effizientes Mittel der dezentralen Durchsetzung des Völkerrechts. Sie weisen – als Mittel der Selbsthilfe – aber auch Defizite auf, indem sie inbesondere mächtigen Staaten ein legales Mittel in die Hand geben, ihre rechtlich geschützten Interessen gegen schwächere Staaten durchzusetzen. Zudem wohnt dieser dezentralen Zwangsmassnahme ein Eskalationspotenzial inne, weil der die Gegenmassnahmen ergreifende Staat selber über die ursprüngliche Völkerrechtsverletzung des Zielstaates der Gegenmassnahme bestimmt. Ist diese Einschätzung falsch, stellt folglich die Gegenmassnahme ihrerseits eine Völkerrechtsverletzung dar, auf welche der davon betroffene Staat seinerseits mit Gegenmassnahmen reagieren darf.

III. DIPLOMATISCHER SCHUTZ

1. Begriff

Beim sog. diplomatischen Schutz geht es um die Durchsetzung des Völkerrechts zwischen Staaten, wenn Staatsangehörigen des einen Staates Unrecht durch einen anderen Staat zugefügt wurde, das als Völkerrechtsverletzung die völkerrechtliche Verantwortlichkeit des Verletzerstaates begründet. Er ist vom konsularischen Schutz (vorne 3. Teil, 2. Kap., Ziff. II), welcher dem Beistand für eigene Staatsangehörige und nicht der Rechtsdurchsetzung dient, deutlich zu unterscheiden.

Botschaft des Bundesrates an die Bundesversammlung über die Ergänzung der Bundesverfassung durch einen Artikel 45bis betreffend die Schweizer im Ausland

„Unter dem diplomatischen Schutz versteht man die Einwirkung eines Staates zugunsten seiner Angehörigen auf einen andern Staat, wenn dieser sie durch völkerrechtswidriges Verhalten schädigt, mit dem Ziele, Wiedergutmachung zu erhalten. Er ist eine auf dem Staatsangehörigkeits- und nicht dem Wohnsitzprinzip beruhende Einrichtung des Völkerrechts. Subjekte des Völkerrechts sind die Staaten und nicht die einzelnen natürlichen oder juristischen Personen; diese sind Objekte des diplomatischen Schutzes. Dem Doppelbürger kann gegenüber seinem zweiten Heimatstaat der diplomatische Schutz nicht gewährt werden.

Als Vorkommnisse, die Anlass zur Ausübung des diplomatischen Schutzes geben können, seien genannt: Verletzung eines Niederlassungsvertrages, entschädigungslose Enteignungen (...), Ausschreitungen.

Ein Staat kann einen andern grundsätzlich erst dann für eine Verletzung des Völkerrechts in der Person eines seiner Angehörigen haftbar machen, wenn der landesrechtliche Instanzenzug durchlaufen ist, d.h. von allen vom Landesrecht zur Verfügung gestellten Rechtsmitteln Gebrauch gemacht wurde, es sei denn, es werde durch eine allgemeine Massnahme, z.B. durch ein Gesetz selbst, nicht erst durch dessen Anwendung, im Einzelfall eine Völkerrechtswidrigkeit begangen.

Die Art des Vorgehens richtet sich nach den (meist vielfältigen) Besonderheiten des Falles. Die Methoden sind recht verschiedenartig. Als Beispiel seien erwähnt: Interventionen bei örtlichen oder zentralen Behörden des andern Staates, diplomatische Vorstellungen, Verhandlungen, Einschaltung eines Vermittlers oder eines Drittstaates, Unterwerfung unter ein ständiges oder ein ad hoc gebildetes Schiedsgericht, Abberufung des diplomatischen Vertreters, Ergreifung völkerrechtlich zulässiger Gegenmassnahmen (wie Retorsionen, Repressalien). Die Umstände können in irgendeinem Stadium des Verfahrens einen Verzicht auf den diplomatischen Schutz nahe legen." (BBl 1965 II 434 f.)

Die Draft Articles on Diplomatic Protection der ILC von 2006 (A/61/10, nachstehend ILC Draft Articles genannt) definieren den Begriff folgendermassen:

„Article 1 – Definition and scope

„(...) [D]iplomatic protection consists of the invocation by a State, through diplomatic action or other means of peaceful settlement, of the responsibility of another State for an injury caused by an internationally wrongful act of that State to a natural or legal person that is a national of the former State with a view to the implementation of such responsibility."

Die Ausübung des diplomatischen Schutzes kann somit definiert werden als ein Tätigwerden des Heimatstaates eines Individuums oder einer juristischen Person gegenüber einem anderen Staat, der eine Völkerrechtsverletzung zu Ungunsten der Staatsangehörigen des ersten Staates begangen hat, mit dem Ziel, Wiedergutmachung im Sinne des Rechts der Staatenverantwortlichkeit zu erlangen.

Dem Heimatstaat stehen verschiedene Mittel zur Wahrnehmung des diplomatischen Schutzes zur Verfügung, z. B. Interventionen bei örtlichen Behörden durch seine Botschaft im Verletzerstaat, förmliche Proteste und Verhandlungen des Botschafters mit der Regierung des betreffenden Staates, Einschaltung einer Vermittlerin, Unterwerfung unter ein Schiedsgericht, ergreifen völkerrechtlich zulässiger Gegenmassnahmen (dazu vorne Ziff. II.3) oder eine Klage beim IGH. Verboten sind militärische Massnahmen.

Beispiele für diplomatischen Schutz sind die Fälle LaGrand und Avena (vorne 3. Teil, 2.Kap., Ziff. II) sowie Diallo (hinten Ziff. 3.a).

2. *Rechtsnatur*

Nach klassischer Ansicht macht der Staat beim diplomatischen Schutz sein *eigenes Recht* geltend. Während die Individuen bzw. juristischen Personen faktisch von der Völkerrechtsverletzung betroffen sind, steht damit ein eigentlicher Rechtsanspruch nur dem (Heimat-)Staat als Völkerrechtssubjekt zu. Die Rechtsverletzung gegenüber dem Heimatstaat besteht in der nicht völkerrechtskonformen Behandlung seiner Staatsangehörigen, d. h. es wird fingiert, dass der Staat in eigenen Rechten verletzt ist. Dieses Verständnis hat zwei Konsequenzen:

- Private besitzen grundsätzlich keinen Rechtsanspruch auf diplomatischen Schutz gegenüber ihrem Heimatstaat;

- Private können nicht zulasten ihres Heimatstaates auf diplomatischen Schutz verzichten, indem sie eine entsprechende Klausel in einem Vertrag mit dem Aufenthaltsstaat (eine sog. Calvo-Klausel) anerkennen.

Das im klassischen Völkerrecht gründende traditionelle Verständnis des diplomatischen Schutzes, wonach der Staat eigene Rechte geltend macht, währendem das Individuum einzig eine Objektrolle zukommt, ist in den letzten Jahren vermehrt auf Kritik gestossen: Sind tatsächlich einzig Rechte des Staates betroffen, erscheint es widersprüchlich, dass der Staat für deren Wahrnehmung vom Handeln der Privaten insofern abhängig ist, als diese im Verletzerstaat den innerstaatlichen Instanzenzug erschöpfen müssen, bevor der Heimatstaat handeln kann (unten lit. c). Wenn sie darauf verzichten, können sie somit dem Heimatstaat die Möglichkeit zur Wahrnehmung des diplomatischen Schutzes und damit zur Geltendmachung seiner Rechte verwehren. Ferner ist das traditionelle Verständnis des diplomatischen Schutzes kaum vereinbar mit der Anerkennung individueller Rechte aus dem Völkerrecht.

Schlüssiger ist daher die Annahme, dass der Staat bei der Ausübung des diplomatischen Schutzes sowohl das Recht der Privatperson als auch sein eigenes Recht geltend macht. Denn auch unter der Annahme, dass der Privatperson aus Völkerrecht ein eigenständiges Recht auf Wiedergutmachung der Völkerrechtsverletzung gegenüber dem Schädigerstaat zusteht, bleibt sie für dessen Durchsetzung auf der internationalen Ebene oft auf die Ausübung des diplomatischen Schutzes durch den Heimatstaat angewiesen. Dies folgt aus der Tatsache, dass Private auf der internationalen Ebene in der Regel über keine eigenständigen völkerrechtlichen Instrumente zur Durchsetzung verfügen. Sollte sich dieser Ansatz künftig durchsetzen, ist aber (zumindest bei der Verletzung fundamentaler Rechtspositionen des Individuums) in Frage zu stellen, ob die Ausübung des diplomatischen Schutzes weiterhin im Belieben des Heimatstaates stehen kann.

Auch die Schweiz folgt der traditionellen Theorie, wonach der Staat beim diplomatischen Schutz eigene Rechte ausübt und Privaten kein subjektiver Anspruch auf diplomatischen Schutz zusteht. Das Ermessen des Staates wird allerdings insofern eingeschränkt, als es nach der schweizerischen Praxis unter Beachtung des Willkürverbotes auszuüben ist.

A. SA et consorts c. Conseil fédéral, BGE 130 I 312

„En l'espèce, le Conseil fédéral était saisi d'un recours administratif ou hiérarchique dans lequel le Groupement a essentiellement argué de la violation de l'art. 6 par. 1 CEDH, des art. 29 al. 1 Cst. (droit à un procès équitable), 30 al. 1 Cst. (garantie de l'accès à une autorité judiciaire) et 9 Cst. (interdiction de l'arbitraire en matière de protection diplomatique) (...) Sur ce dernier point, la pratique du Conseil fédéral, de même que la jurisprudence du Tribunal fédéral, considèrent de manière uniforme que l'obligation de l'Etat d'assurer la protection diplomatique trouve sa source dans le droit interne, mais que celui-ci ne confère pas aux ressortissants suisses un droit personnel et subjectif à la protection diplomatique. La Confédération est libre d'accorder ou de refuser cette dernière, selon les circonstances et sur la base d'une appréciation politique de la situation, ce qui ne signifie pas qu'elle puisse agir arbitraire-

> ment dans ce domaine. L'Etat jouit d'un pouvoir discrétionnaire, qui trouve sa seule limite dans l'interdiction de l'arbitraire (...)." (a.a.O. E. 1.1 S. 317 f.)

Auch die ILC geht davon aus, dass Private keinen Anspruch auf diplomatischen Schutz haben, empfiehlt in ihren Draft Articles aber Folgendes:

> *„Article 19 – Recommended practice*
>
> A State to exercise diplomatic protection according to the present draft articles, should:
>
> (a) Give due consideration to the possibility of exercising diplomatic protection, especially when a significant injury has occurred;
>
> (b) Take into account, wherever feasible, the views of injured persons with regard to resort to diplomatic protection and the reparation to be sought; and
>
> (c) Transfer to the injured person any compensation obtained for the injury from the responsible State subject to any reasonable deductions."

Ansprüche auf Ausübung des diplomatischen Schutzes gegenüber dem Heimatstaat können sich unter Umständen aus menschenrechtlichen Schutzpflichten ergeben. Im Fall *Ilaşcu and Others v. Moldova and Russia, Grand Chamber, Reports 2004-VII* entschied der Europäische Gerichtshof für Menschenrechte, Moldawien habe seine Schutzpflichten verletzt, weil es sich nicht genügend für in Transnistrien (einem seiner Kontrolle entglittenen und von Russland weitgehend kontrollierten Landesteil) festgehaltene und misshandelte eigene Staatsangehörige einsetzte. Das Urteil bezieht sich zwar auf Personen im eigenen - wenn auch autonom gewordenen – Territorium, lässt sich aber ohne weiteres auch auf zwischenstaatliche Verhältnisse übertragen.

3. Voraussetzungen

a. Überblick

Damit diplomatischer Schutz ausgeübt werden kann, müssen kumulativ folgende Voraussetzungen vorliegen:

- *Staatsangehörigkeit:* Bei der geschädigten natürlichen oder juristischen Person handelt es sich um eine(n) Staatsangehörige(n) des Staates, welcher diplomatischen Schutz ausübt. Nur der Heimatstaat kann diplomatischen Schutz ausüben (ILC Draft Article 3). Die Staatsangehörigkeit muss mit wenigen Ausnahmen sowohl im Zeitpunkt des schädigenden Ereignisses als auch der Ausübung des diplomatischen Schutzes bestehen (Prinzip der Kontinuität: ILC Draft Articles 5 und 10). Staaten können gemäss der ILC zusätzlich für staatenlose Personen und Flüchtlinge diplomatischen Schutz ausüben, falls sie ihren rechtmässigen und gewöhnlichen Aufenthalt in ihrem Staatsgebiet haben; diplomatischer Schutz gegenüber dem Verfolgerstaat ist allerdings nicht möglich (ILC Draft Article 8). Zum Begriff der Staatsangehörigkeit siehe hinten Ziff. 3.b.

- *Völkerrechtswidrigkeit*: Die Schädigung dieser Person ist die Konsequenz eines (behaupteten) völkerrechtswidrigen Verhaltens des Gaststaates (ILC Draft Article 1). Im klassischen Völkerrecht handelte es sich dabei regelmässig um Verletzungen des fremdenrechtlichen Mindeststandards (dazu vorne 3. Teil, 5. Kap., Ziff. II.1). Heute kann es um die Verletzung irgendwelcher Normen des Völkerrechts (z.B. Menschenrechte; Regeln über Gerichtsstände, Bestimmungen über den Warenverkehr, etc.) gehen, welche der Verletzerstaat gegenüber den Betroffenen einzuhalten hat. Siehe dazu etwa *IGH, Ahmadou Sadio Diallo (Republic of Guinea v. Democratic Republic of the Congo), Merits, Judgment, I.C.J. Reports 2010, 638* (zum Sachverhalt gleich anschliessend), wo der IGH u.a. die Verletzung verschiedener menschenrechtlicher Verpflichtungen feststellte.

- *Erschöpfung des innerstaatlichen Instanzenzuges*: Die betroffene Person muss im Schädigerstaat den innerstaatlichen Instanzenzug erschöpfen, soweit ihr das möglich und zumutbar ist. Von diesem Erfordernis kann insbesondere abgesehen werden, wenn effektive Wiedergutmachung vernünftigerweise nicht erwartet werden kann, die innerstaatlichen Verfahren ungebührlich verzögert werden, oder der betroffene Staat (z.B. im Rahmen eines Investitionsschutzabkommens) auf dieses Erfordernis verzichtet hat (ILC Draft Articles 14 und 15).

IGH, Ahmadou Sadio Diallo (Republic of Guinea v. Democratic Republicof the Congo), Preliminary Objections, Judgment, I.C.J. Reports 2007, p. 103

Ahmadou Sadio Diallo, ein Bürger von Guinea, der in der demokratischen Republik Kongo zwei Firmen aufgebaut hatte, wurde des Landes verwiesen, nachdem er mit kongolesischen Geschäftspartnern (inkl. staatlichen Organen) Probleme bekommen und gegen sie geklagt hatte. In der Folge konnte er die beiden Firmen nicht weiter führen.

> „42. As the Court stated in the *Interhandel (Switzerland* v. *United States of America)* case, "[t]he rule that local remedies must be exhausted before international proceedings may be instituted is a well-established rule of customary international law; the rule has been generally observed in cases in which a State has adopted the cause of its national whose rights are claimed to have been disregarded in another State in violation of international law. Before resort may be had to an international court in such a situation, it has been considered necessary that the State where the violation occurred should have an opportunity to redress it by its own means, within the framework of its own domestic legal system." (*I.C.J. Reports 1959*, p. 27.)
>
> 46. The Court notes that the expulsion was characterized as a "refusal of entry" when it was carried out, as both Parties have acknowledged and as is confirmed by the notice drawn up on 31 January 1996 by the national immigration service of Zaire. It is apparent that refusals of entry are not appealable under Congolese law. (...)
>
> 47. The Court further observes that (...) the DRC has also failed to show that means of redress against expulsion decisions are available under its domestic law. The DRC did, it is true, cite the possibility of requesting reconsideration by the competent administrative authority (...) The Court nevertheless recalls that, while the local remedies that must be exhausted include all remedies of a legal nature, judicial redress as well as redress before administrative bodies, administrative remedies can only be taken into consideration for purposes of

the local remedies rule if they are aimed at vindicating a right and not at obtaining a favour, unless they constitute an essential prerequisite for the admissibility of subsequent contentious proceedings. Thus, the possibility open to Mr. Diallo of submitting a request for reconsideration of the expulsion decision to the administrative authority having taken it – that is to say the Prime Minister – in the hope that he would retract his decision as a matter of grace cannot be deemed a local remedy to be exhausted.

48. Having established that the DRC has not proved the existence in its domestic legal system of available and effective remedies allowing Mr. Diallo to challenge his expulsion, the Court concludes that the DRC's objection to admissibility based on the failure to exhaust local remedies cannot be upheld in respect of that expulsion."

b. Die Staatsangehörigkeit natürlicher Personen

Der diplomatische Schutz kann nur für eigene Staatsangehörige ausgeübt werden.

Die Staaten sind frei, wem sie die Staatsbürgerschaft durch Abstammung (ius sanguinis), Geburt auf dem eigenen Territorium (ius soli), Einbürgerung, Heirat, Staatennachfolge oder auf sonst einem Weg gewähren wollen und sie dürfen für solche Personen diplomatischen Schutz ausüben (ILC Draft Article 4). Allerdings gibt es in diesem Zusammenhang Besonderheiten:

- Bei doppelter Staatsbürgerschaft darf gegenüber dem anderen Staat, dessen Angehöriger die betreffende Person ist, kein diplomatischer Schutz ausgeübt werden (ILC Draft Article 6, welcher eine Ausnahme zulässt, wenn die eine Staatsbürgerschaft im Vergleich zur anderen klar überwiegend ist). Hingegen können beide Heimatstaaten einzeln oder gemeinsam diplomatischen Schutz gegenüber Drittstaaten ausüben (ILC Draft Article 7).

- Beim Erwerb eines neuen Bürgerrechts hat der IGH im Nottebohm-Urteil verlangt, dass eine enge, tatsächliche Beziehung (*genuine link*) zwischen der Person und dem neuen Heimatstaat bestehen muss, damit dieser diplomatischen Schutz ausüben darf.

IGH, Nottebohm (Liechtenstein v. Guatemala),
Second Phase, Judgment, I.C.J. Reports 1955, p. 4

Der deutsche Staatsangehörige Nottebohm wanderte 1905 nach Guatemala aus. Dort liess er sich nieder und machte das Land zum Mittelpunkt seiner geschäftlichen Aktivitäten. Er hielt sich bis 1943 hauptsächlich in Guatemala auf.

1939 beantragte er die Staatsangehörigkeit des Fürstentums Liechtenstein. Nach der damaligen Rechtslage war u.a. erforderlich, dass der Gesuchsteller mindestens seit drei Jahren im Fürstentum residierte, wobei unter „speziellen Umständen" Ausnahmen für zulässig erklärt wurden. Nottebohm hatte während dieser Zeit mehrmals seinen Bruder in Vaduz besucht und über einen beschränkten Zeitraum auch dort gewohnt. Nottebohm berief sich auf das

Vorliegen „spezieller Umstände" und erklärte sich bereit, Aufnahmegebühren von 73'500 Schweizer Franken zu bezahlen. Er erhielt Ende 1939 die liechtensteinische Staatsangehörigkeit. Zu Beginn des Jahres 1940 kehrte Nottebohm nach Guatemala zurück.

1941 erklärte Guatemala Deutschland den Krieg. 1943 wurde Nottebohm als Angehöriger eines Feindstaates (Deutschland) verhaftet, den Amerikanern übergeben und darauf von diesen in den USA bis 1946 interniert. 1949 wurde gestützt auf ein Dekret das gesamte Vermögen Nottebohms in Guatemala von den Behörden beschlagnahmt. Gemäss dem Dekret betraf der Vermögenseinzug Personen, die 1949 einem Kriegsgegner Guatemalas angehörten oder am 7. Oktober 1938 einem solchen Staat angehört hatten, selbst wenn sie später eine andere Staatsangehörigkeit erhielten.

Liechtenstein verklagte 1951 Guatemala vor dem IGH auf Schadenersatz. Das Fürstentum argumentierte, Guatemala habe sich gegenüber der Person und dem Eigentum von Nottebohm, einem liechtensteinischen Bürger, völkerrechtswidrig verhalten. Guatemala bestritt die Zulässigkeit der Klage und argumentierte unter anderem, Liechtenstein könne nicht den diplomatischen Schutz Nottebohms wahrnehmen, da es im Völkerrecht ein gut etabliertes Prinzip gebe, wonach „it is the bond of nationality between the State and the individual which alone confers upon the State the right of diplomatic protection" (S. 13). Das Gericht hatte sich also mit der Frage zu beschäftigen, ob die Nottebohm verliehene Staatsbürgerschaft für die Ausübung des diplomatischen Schutzes genüge.

Der IGH meinte: Zwar sei Liechtenstein frei, die Voraussetzungen für den Erwerb der Staatsangehörigkeit zu regeln, da dies in seinen innerstaatlichen Bereich falle. Davon sei aber die Frage nach der Wirksamkeit der innerstaatlichen Einbürgerung im Völkerrecht, konkret im Zusammenhang mit dem völkerrechtlich geregelten diplomatischen Schutz, zu unterscheiden. Das Gericht kam zur Frage, welcher Staat bei Personen mit doppelter Staatsangehörigkeit den diplomatischen Schutz wahrnehmen dürfe, zu folgendem Schluss:

> „According to the practice of States, to arbitral and judicial decisions and to the opinions of writers, nationality is a legal bond having as its basis a social fact of attachment, a genuine connection of existence, interests and sentiments, together with the existence of reciprocal rights and duties. It may be said to constitute the juridical expression of the fact that the individual upon whom it is conferred, either directly by the law or as the result of an act of the authorities, is in fact more closely connected with the population of the State conferring nationality than with that of any other State. Conferred by a State, it only entitles that State to exercise protection vis-à-vis another State, if it constitutes a translation into juridical terms of the individual's connection with the State which has made him its national." (S. 23)

Angewendet auf den konkreten Fall ergebe sich, dass zwischen Nottebohm und Liechtenstein keine genügend enge und tatsächliche Verbindung bestehe. Gleichzeitig bestünde aber eine langjährige Beziehung zu Guatemala. Daher war Liechtenstein nicht berechtigt, Nottebohm diplomatischen Schutz zu gewähren, und der IGH trat auf die Klage nicht ein.

Die ILC verzichtete hingegen unter Verweis auf das Nottebohm-Urteil mit folgender Begründung auf die Verankerung des Elements des „genuine link" als Voraussetzung für die Gewährung des diplomatischen Schutzes:

> „Draft article 4 does not require a State to prove an effective or genuine link between itself and its national, along the lines suggested in the *Nottebohm* case, as an additional factor for the exercise of diplomatic protection, even where the national possesses only one nationality. Despite divergent views as to the interpretation of the case, the Commission took the view that there were certain factors that served to limit *Nottebohm* to the facts of the case in question, particularly the fact that the ties between Mr. Nottebohm and Liechtenstein (the Applicant State) were "extremely tenuous" compared with the close ties between Mr. Nottebohm and Guatemala (the Respondent State) for a period of over 34 years, which led the International Court of Justice to repeatedly assert that Liechtenstein was "not entitled to extend its protection to Nottebohm vis-à-vis Guatemala". This suggests that the Court did not intend to expound a general rule applicable to all States but only a relative rule according to which a State in Liechtenstein's position was required to show a genuine link between itself and Mr. Nottebohm in order to permit it to claim on his behalf against Guatemala with whom he had extremely close ties. Moreover, it is necessary to be mindful of the fact that if the genuine link requirement proposed by *Nottebohm* was strictly applied it would exclude millions of persons from the benefit of diplomatic protection as in today's world of economic globalization and migration there are millions of persons who have moved away from their State of nationality and made their lives in States whose nationality they never acquire or have acquired nationality by birth or descent from States with which they have a tenuous connection" (Draft Articles on Diplomatic Protection with Commentaries, 2006, S. 32 f.)

c. Die Staatszugehörigkeit juristischer Personen

Im Gegensatz zu den natürlichen besitzen juristische Personen keine eigentliche „Staatsangehörigkeit". Es stellt sich deshalb die Frage, nach welchen Kriterien ihre Zugehörigkeit zu einem bestimmten Staat zu bestimmen ist:

- Nach der vor allem in angelsächsischen Ländern vertretenen *Inkorporations- oder Gründungstheorie* wird die juristische Person als zu demjenigen Staat gehörig betrachtet, gemäss dessen Recht sie gegründet wurde.

- Diese Theorie schafft Probleme, wenn juristische Personen, namentlich multinationale Unternehmungen oder Kapital- und Holdinggesellschaften, enge Beziehungen zu anderen Ländern besitzen. Die *Sitztheorie,* welche v.a. in Kontinentaleuropa vertreten wird, knüpft deshalb an das Recht des rechtlichen bzw. tatsächlichen Geschäftssitzes („siège social") an.

- Die Schweiz folgt der *Kontrolltheorie,* wonach entscheidend ist, wer eine juristische Person effektiv kontrolliert, d.h. ob beispielsweise die Mehrheit der Aktionärinnen, des Verwaltungsrats oder der Gläubiger schweizerische Staatsangehörige sind (vgl. Notiz der Direktion für Völkerrecht vom 20. August 2002, abgedruckt in SZIER 2003, S. 454).

IGH, Barcelona Traction, Light and Power Company, Limited (Belgium v. Spain), Judgment, I.C.J. Reports 1970, p. 32

Die 1911 unter kanadischem Recht gegründete Gesellschaft „Barcelona Traction, Light and Power Company, Limited" war mit der Aufgabe beschäftigt, in Spanien die Elektrizitätsversorgung aufzubauen. 1948 wurde auf Ersuchen der spanischen Obligationengläubiger über den Betrieb von einem spanischen Gericht der Konkurs eröffnet. Zuerst wurde Kanada aktiv, zog sich später aber aus der Angelegenheit zurück. Nach belgischen Aussagen waren zu allen relevanten Zeiten 88% der Aktien im Vermögen von belgischen Staatsangehörigen. Belgien verklagte Spanien auf Schadenersatz und machte dabei den Schaden geltend, der durch die völkerrechtswidrigen Handlungen der spanischen Behörden bei der Auflösung der Gesellschaft den Aktionärinnen entstanden sei. Spanien hielt dem entgegen, die Handlungen der spanischen Behörden hätten sich gegen die Unternehmung gerichtet; deshalb sei der (kanadischen) Gesellschaft und nicht den Aktionären Schaden zugefügt worden. Zur Wahrnehmung des diplomatischen Schutzes sei folglich nur Kanada, und nicht der oder die Heimatstaaten der Aktionäre berechtigt.

Der IGH folgte der Einwendung Spaniens und wies die Beschwerde ab. Zur Zuständigkeit beim diplomatischen Schutz bei juristischen Personen führte der Gerichtshof aus:

> „The traditional rule attributes the right of diplomatic protection of a corporate entity to the State under the laws of which it is incorporated and in whose territory it has its registered office. These two criteria have been confirmed by long practice and by international instruments. This notwithstanding, further or different links are at times said to be required in order that a right of diplomatic protection should exist. Indeed, it has been the practice of some States to give a company incorporated under their law diplomatic protection solely when its seat *(siege social)* or management or centre of control in their territory, or when a majority or a substantial proportion of the shares has been owned by nationals of the State concerned. Only then, it has been held, does there exist between the corporation and the State in question a genuine connection of the kind familiar from other branches of international law. However, in the particular field of the diplomatic protection of corporate entities, no absolute test of the "genuine connection" has found general acceptance. (...)" (S. 42)

Die spanischen Massnahmen hätten sich rechtlich gegen die Barcelona Traction und nicht gegen ihre Aktionäre gerichtet. Da blosse Interessen, nicht aber Rechte belgischer Staatsangehöriger tangiert worden seien, könne Belgien keinen diplomatischen Schutz ausüben. Die Zuständigkeit für den diplomatischen Schutz bei juristischen Personen bestimme sich gewohnheitsrechtlich grundsätzlich nach der Inkorporationstheorie. Demnach sei Kanada zuständig gewesen. Das Unternehmen sei zudem nicht nur in Kanada inkorporiert gewesen, sondern habe dort auch während vieler Jahre seinen Sitz, seine Buchhaltung und sein Aktienregister gehabt. Der kanadische Charakter der Barcelona Traction sei allgemein anerkannt gewesen. Ein gewohnheitsrechtliches Erfordernis eines „genuine link" wie bei natürlichen Personen konnte der IGH allerdings nicht feststellen.

Der IGH betonte, dass er nur die gewohnheitsrechtlich geltende Rechtslage zu analysieren hatte. Selbst wenn nach allgemeinem Gewohnheitsrecht die Kontrolltheorie zur Begründung der Zuständigkeit des diplomatischen Schutzes ausgeschlossen ist, sei es durchaus möglich und zulässig, in bi- und multilateralen Verträgen ein Schutzrecht des Aktionärstaates im Sinne der Kontrolltheorie vorzusehen. Eine solche Regelung liege aber in diesem Fall nicht vor.

Die ILC schloss sich grundsätzlich dem IGH an, befasste sich darüber hinaus aber auch mit der Frage, wie vorzugehen sei, wenn – anders als im Barcelona Traction Fall - Inkorporation im einen Staat und Sitz sowie Kontrolle in einem anderen Staat liegen oder Aktionären direkt Schaden zugefügt wurde:

„Article 9 - State of nationality of a corporation

For the purposes of the diplomatic protection of a corporation, the State of nationality means the State under whose law the corporation was incorporated. However, when the corporation is controlled by nationals of another State or States and has no substantial business activities in the State of incorporation, and the seat of management and the financial control of the corporation are both located in another State, that State shall be regarded as the State of nationality.

Article 12 – Direct injury to shareholders

To the extent that an internationally wrongful act of a State causes direct injury to the rights of shareholders as such, as distinct from those of the corporation itself, the State of nationality of any such shareholders is entitled to exercise diplomatic protection in respect of its nationals."

Auf vertraglichem Weg (z.B. in bilateralen Investitionsschutzabkommen) kann von diesen Regeln abgewichen werden.

2. KAPITEL: GERICHTLICHE UND GERICHTSÄHNLICHE DURCHSETZUNG DES VÖLKERRECHTS

I. INTERNATIONALE SCHIEDSGERICHTE UND DAS WTO-STREITBEILEGUNGSVERFAHREN

1. Entwicklung und Grundzüge der internationalen Schiedsgerichtbarkeit

Die Schiedsgerichtsbarkeit ist die älteste Form der richterlichen Streitbeilegung im Völkerrecht und weist noch deutliche Züge der zwischenstaatlichen Streitbeilegung auf. Bereits mit dem I. Haager Abkommen vom 18. Oktober 1907 zur friedlichen Erledigung internationaler Streitfälle (SR 0.193.212) sah ein multilateraler Vertrag allgemeine Regeln für die Schiedsgerichtsbarkeit mit einem ständigen Schiedshof als Schiedsinstanz vor.

Art. 37 des I. Haager Abkommens definiert die Schiedsgerichtsbarkeit als verbindliche Streitbeilegung durch Richter der eigenen Wahl:

> „Art. 37
>
> Die internationale Schiedssprechung hat zum Gegenstande die Erledigung von Streitigkeiten zwischen den Staaten durch Richter ihrer Wahl auf Grund der Achtung vor dem Rechte.
>
> Die Anrufung der Schiedssprechung schliesst die Verpflichtung in sich, sich nach Treu und Glauben dem Schiedsspruche zu unterwerfen."

Wie in eigentlichen gerichtlichen Verfahren ergehen in Schiedsverfahren für die Parteien verbindliche Entscheide. Schiedsverfahren zeichnen sich jedoch im Unterschied zu gerichtlichen Verfahren durch eine grössere Parteiautonomie aus. Mit Ausnahme der Übernahme eines Falles durch ein institutionelles Schiedsgericht erfolgt die Bestimmung der Zuständigkeit, des Streitgegenstandes, der Auswahl der Richterinnen und Richter sowie des Verfahrens durch die Parteien selbst. Schiedsverfahren sind zudem in der Regel vertraulich und die Parteien bestimmen, ob ein Urteil veröffentlicht werden soll.

2. Formen der internationalen Schiedsgerichtsbarkeit

Internationale Schiedsgerichte beruhen auf einer vertraglichen Vereinbarung zwischen den Parteien. Die Unterwerfung erfolgt somit freiwillig.

- Mittels einer *Ad-hoc*-Vereinbarung (sog. compromis) können die Parteien für aktuelle Streitfälle ein Schiedsgericht einsetzen.

- Für künftige Streitfälle kann die Schiedsgerichtsbarkeit durch ein eigens zu diesem Zweck abgeschlossenes Schiedsabkommen (vgl. unten) oder eine Schiedsklausel in einem völkerrechtlichen Vertrag (z.B. Art. 287 und Anhang VII des Seerechtsübereinkommens vom 10. Dezember 1982, SR 0.747.305.15) vereinbart werden.

Trotz Schiedsabkommen und Schiedsklauseln bedarf es im konkreten Streitfall in der Regel einer zusätzlichen Einigung der Streitparteien, um ein Schiedsverfahren einzuleiten. Schiedsabkommen und Schiedsklauseln sehen nämlich meistens keine obligatorische Gerichtsbarkeit vor. So führt etwa Art. 26 Abs. 1 des Übereinkommens über Vergleichs- und Schiedsverfahren innerhalb der KSZE vom 15. Dezember 1992 (SR 0.193.235) aus: „Ein Ersuchen um ein Schiedsverfahren kann jederzeit auf Grund einer Vereinbarung zwischen zwei oder mehr Vertragsstaaten" gestellt werden.

Schiedsabkommen und Schiedsklauseln regeln häufig bereits Einzelheiten betreffend die Zusammensetzung des Schiedsgerichts, die Zuständigkeit und das Verfahren. In diesen Fällen werden die so errichteten Schiedsgerichte als sog. *institutionelle Schiedsgerichte* bezeichnet. Teilweise nähern sie sich in ihrer Form und Ausgestaltung internationalen Gerichten an.

Das älteste institutionelle Schiedsgericht ist der Ständige Schiedshof in Den Haag, der seine Grundlagen im I. Haager Abkommen von 1907 (SR 0.193.212) hat. Der Schiedshof ist jedoch kein ständiges Gericht im eigentlichen Sinne. Die einzigen permanenten Organe sind der Verwaltungsrat und das internationale Büro, welches die Funktion einer Kanzlei übernimmt. Der Ständige Schiedshof dient in erster Linie dazu, die Errichtung von Schiedsgerichten zu erleichtern, falls sich die Vertragsparteien zu einem Schiedsverfahren entschliessen. Dazu stellt die Kanzlei eine Liste internationaler Schiedsrichter bereit, aus denen die Streitparteien die Richter für ihr Schiedsverfahren auswählen können. Diese bilden anschliessend das Schiedsgericht.

Die Schweiz hat den Gedanken der internationalen Schiedsgerichtsbarkeit seit jeher gefördert. Eine Vielzahl von Abkommen der Schweiz – insbesondere Freundschaftsverträgen und Investitionsschutzabkommen – sehen Schiedsklauseln vor. Zudem gehört die Schweiz zurzeit fünf multilateralen Schiedsabkommen (Stand: Mai 2016) an, und sie hat zahlreiche bilaterale Schiedsverträge abgeschlossen.

3. Das WTO-Streitbeilegungsverfahren

Eine besondere Form der Schiedsgerichtsbarkeit besteht im Rahmen des WTO-Streitbeilegungsverfahrens. Dieses ist im Anhang des Abkommens zur Errichtung der Welthandelsorganisation vom 15. April 1995 geregelt (Anhang 2: Vereinbarung über Regeln und Verfahren der Streitbeilegung, SR 0.632.20; sog. Dispute Settlement Understanding, DSU). Das Verfahren hat eine grosse praktische Relevanz: Seit 1995 wurden die WTO-Streitbeilegungsinstanzen in mehr als 500 Streitfällen angerufen (Stand: Mai 2016).

Folgende Merkmale zeichnen das WTO-Streitbeilegungsverfahren aus:

- Das Verfahren sieht in einem ersten Schritt vor, den Streit mittels bilateraler Konsultation zu lösen und legt eine Konsultationspflicht fest (Art. 4 DSU). Kann der Streit dadurch nicht beigelegt werden, steht der klagenden Partei die Möglichkeit offen, beim Dispute Settlement Body (DSB), in welchem alle WTO-Mitgliedstaaten vertreten sind, die Einsetzung eines Panels zu beantragen. Sofern sich das DSB nicht einstimmig – d.h. unter Einschluss der klagenden Partei – gegen ein Panel ausspricht (Prinzip des negativen Konsenses, Art. 6 Abs. 1 DSU), ist ein Panelverfahren für die Gegenpartei zwingend.

- Mit dem Panelverfahren beginnt das förmliche Streitschlichtungsverfahren, in dem die Sach- und Rechtslage beurteilt wird. Anders als bei Schiedsverfahren werden die Panelmitglieder grundsätzlich nicht von den Parteien bestimmt und dürfen in der Regel auch nicht aus den in den Streitfall involvierten Staaten stammen. Die Einflussmöglichkeit der Streitparteien auf die Zusammensetzung des Panels besteht lediglich darin, die vom DSB-Sekretariat vorgeschlagenen Panelmitglieder ablehnen zu können (vgl. Art. 8 DSU). Die Erkenntnis des Panels erfolgt in einem Bericht, der jedoch lediglich eine Empfehlung zuhanden des DSB ist. Der Panelbericht wird rechtsverbindlich, wenn das DSB den Bericht nicht einstimmig ablehnt und keine Streitpartei bei der Beschwerdeinstanz Einspruch gegen den Bericht erhebt.

- Das WTO-Streitbeilegungsverfahren verfügt über eine ständige Beschwerdeinstanz (Appellate Body). Durch die Besetzung der Rekursinstanz mit regierungsunabhängigen Personen, die auf eine fixe Amtszeit gewählt sind, ähnelt sie einem Gericht. Die Verbindlichkeit des Entscheides des Appellate Body ist wiederum davon abhängig, dass der DSB nicht einstimmig gegen den Entscheid stimmt.

4. *Schiedsverfahren zwischen Staaten und Privaten*

Schiedsverfahren werden auch bei Klagen von Privaten (natürlichen oder juristischen Personen) gegen Staaten eingesetzt. Diese Form der Schiedsgerichtsbarkeit hat insbesondere als Streitbeilegungsmechanismus in internationalen Wirtschaftsbeziehungen Verbreitung gefunden.

- Das *Iran-United States Claims Tribunal* wurde 1981 infolge der Teheraner Geiselkrise (dazu vorne 3. Teil, 2. Kap., Ziff. I.3) errichtet und ist heute noch tätig. Neben Klagen zwischen den USA und dem Iran ist das Tribunal auch zuständig für Klagen von US-Bürgern gegen den Iran und von iranischen Bürgern gegen die USA für die damals enstandenen Verletzungen von Eigentumsansprüchen.

- Die durch eine Sicherheitsratsresolution errichtete *UN Compensation Commission* beurteilte Beschwerden gegen den Irak wegen der völkerrechtswidrigen Besetzung Kuwaits im Jahr 1991. Die Kommission, die ihre

Arbeit fast abgeschlossen hat, behandelte einerseits Klagen von internationalen Organisationen und Staaten. Zum Anderen konnten Staaten in eigenem Namen auch Ansprüche natürlicher und juristischer Personen gegen den Irak geltend machen. Unter gewissen Voraussetzungen konnten diese Personen ihre Ansprüche auch selbst erheben. Die Kommission ist jedoch kein unabhängiges Schiedsgericht, sondern ein politisches Organ mit justiziellen Aufgaben.

- Das bei der Weltbank angesiedelte Internationale Zentrum für die Beilegung von Investitionsstreitigkeiten (*International Centre for Settlement of Investment Disputes, ICSID)* bietet bei Investitionsstreitigkeiten einen Rahmen für Schiedsverfahren zwischen ausländischen Investoren (meist multinationale Unternehmen) und den Investitionsstaaten an (vgl. Übereinkommen vom 18. März 1965 zur Beilegung von Investitionsstreitigkeiten zwischen Staaten und Angehörigen anderer Staaten, SR 0.975.2). Das ICSID bezweckt die Errichtung eines Schiedsverfahrens bei Investitionsstreitigkeiten zu erleichtern, ist aber selber kein Schiedsgericht und hat auch keine eigenen Rechtsprechungsaufgaben; es stellt vielmehr Verfahrensregeln, Räumlichkeiten, ein Sekretariat sowie administrative Unterstützung zur Verfügung. Auf eine Streitbeilegung im Rahmen des ICSID verweisen sowohl bilaterale Investitionsabkommen (BITs), als auch bilaterale sowie multilaterale Freihandelsabkommen (z.B. Art. 1120 NAFTA) und nationale Investitionsgesetze.

Abkommen zwischen der Schweizerischen Eidgenossenschaft und der Republik Venezuela über die Förderung und den gegenseitigen Schutz von Investitionen vom 18. November 1993 (SR 0.975.278.5)

> „Art. 9 – Meinungsverschiedenheiten zwischen einer Vertragspartei und einem Investor der anderen Vertragspartei
>
> (1) Zur Lösung von Meinungsverschiedenheiten zwischen einer Vertragspartei und einem Investor der anderen Vertragspartei finden Beratungen zwischen den betroffenen Parteien statt.
>
> (2) Führen diese Beratungen innerhalb von sechs Monaten seit der Aufforderung solche aufzunehmen nicht zu einer Lösung, so kann der Investor die Meinungsverschiedenheit der Schiedsgerichtsbarkeit des Internationalen Zentrums zur Beilegung von Investitionsstreitigkeiten (ICSID) unterbreiten, welches unter dem am 18. März 1965 zur Unterzeichnung aufgelegten Washingtoner Übereinkommen zur Beilegung von Investitionsstreitigkeiten zwischen Staaten und Angehörigen anderer Staaten errichtet wurde."

Gegenwärtig sind mehrere Fälle beim ICSID registriert, in denen Schweizer Investoren gestützt auf dieses Abkommen ein Schiedsverfahren gegen Venezuela angestrengt haben. Insgesamt wurden bis Ende 2015 549 Fälle beim ICSID registriert, wobei die Zahl der Dossiers seit Mitte der 1990-er Jahre stark zugenommen hat.

II. INTERNATIONALE GERICHTE

1. *Überblick*

Wichtigstes internationales Gericht ist der Internationale Gerichtshof (IGH). Der IGH ist namentlich die einzige gerichtliche Streitbeilegungsinstanz mit einer umfassenden – wenn auch nicht obligatorischen – materiellen Zuständigkeit zur Beurteilung von Streitfällen zwischen Staaten (dazu hinten Ziff. II). Die anderen internationalen Gerichte verfügen stets über eine beschränkte materielle Zuständigkeit. So ist der Internationale Seegerichtshof (dazu hinten Ziff. II.2) nur zuständig zur Beurteilung von Streitfällen zwischen Vertragsstaaten des Seerechtsübereinkommens aus diesem Abkommen.

Menschenrechtliche Gerichte haben zwar regelmässig auch die Kompetenz, verbindlich über Streitfälle zwischen Staaten über die Verletzung der ihnen zugrundeliegenden menschenrechtlichen Abkommen zu befinden. Sie zeichnen sich aber primär durch ihre Befugnis aus, Beschwerden von Privatpersonen, welche eine Verletzung dieser Verträge durch einen Vertragsstaat rügen, zu beurteilen. Zu diesen menschenrechtlichen Gerichten zählen der Europäischen Gerichtshof für Menschenrechte zur Überwachung der EMRK (dazu ausführlich hinten Ziff. II.3), der Interamerikanischen Gerichtshof für Menschenrechte für die Amerikanische Menschenrechtskonvention und der Afrikanische Gerichtshof für die Rechte der Menschen und Völker basierend auf der Afrikanischen Charta der Rechte der Menschen und Völker.

Der internationale Strafgerichtshof und weitere internationale Straftribunale (siehe hinten Ziff. II.4) haben schliesslich die Kompetenz, direkt Private in die Pflicht zu nehmen, die eines der völkerstrafrechtlichen Kerndelikte Genozid, Verbrechen gegen die Menschlichkeit, Kriegsverbrechen oder Aggression (dazu vorne 3. Teil, 5. Kap., Ziff. V.2) begangen haben.

2. *Der Internationale Seegerichtshof*

Zur Lösung zwischenstaatlicher Konflikte auf dem Gebiet des Seevölkerrechts kann der Internationale Seegerichtshof (International Tribunal for the Law of the Sea/ITLOS) angerufen werden, welcher aufgrund des Seerechtsübereinkommen von 1982 errichtet wurde (SRÜ, SR 0.747.305.15). Der Seegerichtshof ist jedoch nur ein Element im Streitbeilegungssystem des Seerechtsübereinkommens. Dieses sieht neben dem Seegerichtshof auch den IGH sowie Schiedsgerichte als Streitbeilegungsinstanzen vor (vgl. Art. 287 SRÜ). Der Sitz des Seegerichtshofes ist in Hamburg. Seine 21 Richter können zur Streitschlichtung zwischen den Vertragsstaaten in Fragen der Schifffahrt, der Meeresbodennutzung, der Fischerei und der marinen Umwelt angerufen werden.

3. Der Europäische Gerichtshof für Menschenrechte

a. Überblick

Der Europäische Gerichtshof für Menschenrechte (EGMR) in Strassburg ist das Überwachungsorgan der Europäischen Menschenrechtskonvention (EMRK, SR 0.101). Die Individualbeschwerde an den Gerichtshof ist der wichtigste Pfeiler des europäischen Menschenrechtssystems. In seiner heutigen Form als ständiges Gericht besteht der EGMR seit 1998. Die Zahl der Richterinnen und Richter entspricht der Anzahl der Vertragsstaaten (47). In den letzten Jahren ist die Beschwerdelast dramatisch angestiegen, so dass sich die Verfahrensdauer vor dem Gerichtshof bedenklich verlängert hat. Diese Entwicklung veranlasste zum einen den Gerichtshof, verschiedene Effiziensteigerungsmassnahmen zu ergreifen. Zum anderen haben die Vertragsparteien der EMRK im Rahmen des 15. Zusatzprotokolls Massnahmen zugestimmt, die die Beschwerdeflut eindämmen sollen. Das 15. Zusatzprotokoll wird in Kraft treten, sobald alle Vertragsparteien dieses ratifiziert haben.

b. Das Individualbeschwerderecht

Die Aktivlegitimation zur Erhebung einer Beschwerde ist in Art. 34 EMRK geregelt. Zur Beschwerde legitimiert sind demnach natürliche und juristische Personen sowie anderen Personenvereinigungen, die geltend machen, in ihren *eigenen* Rechten durch einen Vertragsstaat der EMRK verletzt worden zu sein. Ausgeschlossen ist demgegenüber die Geltendmachung der Rechte ihrer Mitglieder durch juristische Personen.

Die Beschwerdeführerin oder der Beschwerdeführer muss geltend machen, Opfer einer Verletzung eines durch die EMRK garantierten Rechtes zu sein. Die Opfereigenschaft ist gegeben, wenn sie oder er persönlich betroffen und beschwert ist, ein rechtliches Interesse hat und eine Verletzung eines durch die EMRK gewährten Rechtes geltend machen kann.

Der Vertragsstaat ist nur dann passivlegitimiert, wenn ihm die streitige hoheitliche Massnahme oder Unterlassung zuzurechnen ist. Er ist allerdings für das Verhalten aller seiner verfassungsmässigen, mit hoheitlicher Gewalt ausgestatteten Organe verantwortlich.

c. Die Zulässigkeitsprüfung

Art. 35 EMRK regelt die Zulässigkeitsvoraussetzungen für Individualbeschwerden und bestimmt:

> „[1] Der Gerichtshof kann sich mit einer Angelegenheit erst nach Erschöpfung aller innerstaatlicher Rechtsbehelfe in Übereinstimmung mit den allgemein anerkannten Grundsätzen des Völkerrechts und nur innerhalb einer Frist von sechs Monaten nach der endgültigen innerstaatlichen Entscheidung befassen.

[2] Der Gerichtshof befasst sich nicht mit einer nach Artikel 32 erhobenen Individualbeschwerde, die

a) anonym ist oder

b) im wesentlichen mit einer schon vorher vom Gerichtshof geprüften Beschwerde übereinstimmt oder schon einer anderen internationalen Untersuchungs- oder Vergleichsinstanz unterbreitet worden ist und keine neuen Tatsachen enthält.

[3] Der Gerichtshof erklärt eine nach Artikel 34 erhobene Individualbeschwerde für unzulässig,

a) wenn er sie für unvereinbar mit dieser Konvention oder den Protokollen dazu, für offensichtlich unbegründet oder für missbräuchlich hält oder

b) wenn er der Ansicht ist, dass dem Beschwerdeführer kein erheblicher Nachteil entstanden ist, es sei denn, die Achtung der Menschenrechte, wie sie in dieser Konvention und den Protokollen dazu anerkannt sind, erfordert eine Prüfung der Begründetheit der Beschwerde, und vorausgesetzt, es wird aus diesem Grund nicht eine Rechtssache zurückgewiesen, die noch von keinem innerstaatlichen Gericht gebührend geprüft worden ist.

[4] Der Gerichtshof weist eine Beschwerde zurück, die er nach diesem Artikel für unzulässig hält. Er kann dies in jedem Stadium des Verfahrens tun."

Die meisten Zulässigkeitsvoraussetzungen sind rein formeller Natur. Die Unzulässigkeitsgründe der offensichtlichen Unbegründetheit einer Beschwerde und der ungenügenden Benachteiligung der beschwerdeführenden Partei setzen dagegen eine summarische materielle Prüfung voraus. In der Praxis werden die meisten beim EGMR eingereichten Beschwerden wegen offensichtlicher Unbegründetheit für unzulässig erklärt.

d. Die Grundzüge des Verfahrens

Beschwerden mit klaren Formmängeln werden durch eine Einzelrichterin oder eine Einzelrichter für ungültig erklärt. Erfolgt kein Unzulässigkeitsentscheid im Einzelrichterverfahren, wird die Beschwerde an einen Ausschuss (3 Richterinnen) weitergeleitet. Der Ausschuss kann die Beschwerde seinerseits für unzulässig erklären oder einen summarischen Sachentscheid fällen, wenn keine komplexen Rechtsfragen betroffen sind und eine klare Rechtsprechung des EGMR zu der aufgeworfenen Frage existiert. Unzulässigkeitsentscheide aller Verfahrensstufen sind stets endgültig.

Wird die Beschwerde nicht durch den Ausschuss entschieden, kommt es zur Beurteilung durch die Kammer (7 Richterinnnen). Diese kann die Beschwerde für unzulässig erklären oder ein Sachurteil fällen. Sachurteile der Kammer sind in der Regel endgültig. Nur ausnahmsweise kann die Grosse Kammer (17 Richterinnen) mit einer Beschwerdesache befasst werden (vgl. Art. 43 EMRK).

Ist eine Beschwerde zulässig, kann der Gerichtshof eine Verletzung der EMRK feststellen und unter gewissen Voraussetzungen Schadenersatz- und Genugtuungsleistungen anordnen (vgl. Art. 41 EMRK). Er kann hingegen keine konventionswidrigen nationalen Urteile oder ein nationales Gesetz aufheben. Nach Art. 46 EMRK ist das endgültige Urteil des EGMR für den betroffenen

Vertragsstaat rechtlich bindend. Die Vollstreckung überwacht das Ministerkomitee des Europarats (Art. 46 Abs. 2 EMRK, zur Vollstreckung siehe hinten Ziff. V.2.b)

4. *Internationale Strafgerichte*

a. Überblick

Zur Ahndung der völkerrechtlichen Kernverbrechen (d.h. Genozid, Kriegsverbrechen, Verbrechen gegen die Menschlichkeit und Aggression; dazu vorne 3. Teil, 5. Kap., Ziff. V.2) wurden in jüngerer Zeit eigene internationale Strafgerichte geschaffen:

(1) Mittels verbindlicher, auf Kapitel VII der UNO-Charta abgestützten Resolution errichtete der Sicherheitsrat im Jahr 1993 bzw. 1994 die beiden *Ad-hoc*-Strafgerichte für das ehemalige Jugoslawien (ICTY) mit Sitz in Den Haag und das Internationale Strafgericht für Ruanda (ICTR) mit Sitz in Arusha (Tansania). Beide *Ad-hoc*-Gerichte verfügen jedoch nur über eine geographisch und zeitlich beschränkte Zuständigkeit und sind zudem nur befristet tätig. Abgelöst werden beide Ad-hoc-Strafgerichte durch den Internationalen Residualmechanismus für die Ad-hoc-Strafgerichte, der 2010 durch den Sicherheitsrat geschaffen wurde. Das Internationale Strafgericht für Ruanda hat seine Tätigkeit auf Ende Dezember 2015 eingestellt.

(2) Im Jahr 1998 konnten sich die Staaten auf die Errichtung des *Ständigen Internationalen Strafgerichtshofs* (International Criminal Court/ICC) einigen. Dieses Gericht mit Sitz in Den Haag konnte seine Tätigkeit im Jahr 2003 aufnehmen. Der ICC ist heute das wichtigste internationale Durchsetzungsorgan des Völkerstrafrechts.

(3) Die neueste Form der internationalen Strafgerichtsbarkeit sind *hybride Strafgerichte*. Diese zeichnen sich durch eine gemischte landes- und völkerrechtliche Grundlage aus. Hybride Gerichte waren bzw. sind der Spezialgerichtshof für Sierra Leone (2013 durch den Residualmechanismus für den Spezialgerichtshof in Sierra Leone abgelöst), die ausserordentliche Kammer der kambodschanischen Gerichte sowie die Ausserordentliche Afrikanische Kammer in Senegal. Der Zweck dieser Gerichte ist es, in Situationen, in denen die nationale Strafgerichtsbarkeit aus finanziellen oder politischen Gründen nicht in der Lage ist, die Urheber vergangener, ungesühnter massivster Menschenrechtsverletzungen zur Verantwortung zu ziehen, eine Strafrechtsverfolgung zu ermöglichen. Gleichzeitig erhofft man sich eine Kosteneinsparung und eine Steigerung der Effizienz im Vergleich zu den internationalen Strafgerichten.

b. *Der Internationale Strafgerichtshof*

Anders als die *Ad-hoc*-Gerichte ist der Internationale Strafgerichtshof eine internationale Organisation und basiert auf einem völkerrechtlichen Vertrag (Römer Statut vom 17. Juli 1998; SR 0.312.1). Bisher sind 124 Länder dem Vertrag beigetreten (Stand: Mai 2016). Nicht Vertragsparteien sind bis jetzt allerdings wichtige Staaten wie die USA, Russland oder China sowie Staaten, die in traditionellen Konfliktgegenden liegen. Der Gerichtshof verfügt über 18 hauptamtliche Richterinnen und Richter, die eine Vorstraf-, eine Straf- und Berufungskammer bilden.

Das Statut enthält drei Varianten, wie der ICC mit einer Sache befasst werden kann (sog. „trigger mechanisms", Art. 13-15 Statut):

(1) Eine Situation kann dem Gerichtshof durch einen Vertragsstaat (Art. 14 Statut) zur Untersuchung unterbreitet werden. Bisher wurden seitens der Vertragsstaaten fünf Situationen (Uganda, Demokratische Republik Kongo, Zentralafrikanische Republik (2 Situationen) und Mali) an den ICC überwiesen.

(2) Der Sicherheitsrat kann eine Situation, die als Bruch oder Bedrohung des Friedens eingestuft wird, mit einer Resolution gestützt auf Kapitel VII der UNO-Charta dem ICC überweisen (Art. 13 lit. b Statut). Der Sicherheitsrat hat von dieser Kompetenz bisher zweimal Gebrauch gemacht und die Situation in Darfur mittels Resolution 1593 (2005) sowie die Situation in Libyen mittels Resolution 1970 (2011) dem Ankläger unterbreitet.

(3) Im Weiteren ist der Ankläger berechtigt, aus eigener Initiative Ermittlungen einzuleiten (Art. 15 Statut). Ersuchen des Anklägers, Verfahren für Kenia, Georgien und die Elfenbeinküste zu eröffnen, wurden durch das Gericht gutgeheissen.

Trotz seiner universellen Ausrichtung ist der Gerichtshof nicht befugt, jede Verletzung des internationalen Strafrechts zu ahnden. Zu den wichtigsten Zuständigkeitsvoraussetzungen gehören:

- *Zuständigkeit rationae temporis:* Gemäss Art. 11 des Statuts ist der Gerichtshof nur für die Verfolgung von Verbrechen zuständig, die nach Inkrafttreten des Statuts (also nach dem 1. Juli 2002) begangen worden sind. Wird ein Staat nach Inkrafttreten des Statuts Vertragspartei, ist das Datum des jeweiligen Inkrafttretens des Statuts massgebend. Vorbehalten bleibt eine *Ad-hoc*-Anerkennung der Zuständigkeit durch diesen Staat.

- *Zuständigkeit rationae materiae:* Gemäss Art. 5 des Statuts beschränkt sich die Zuständigkeit auf die im Statut definierten Straftaten (siehe dazu vorne 3. Teil, 5. Kap., Ziff. V.2.b)

- Zuständigkeit *rationae personae:* Gemäss Art. 25 Abs. 1 und Art. 26 des Statuts unterstehen der Gerichtsbarkeit des ICC nur natürliche Personen, die zum Zeitpunkt der Tatbegehung mindestens 18 Jahre alt waren. Die amtliche Eigenschaft einer angeklagten Person und ihr allenfalls gemäss nationalem oder internationalem Recht zustehende Immunitäten sind in Verfahren vor dem ICC unerheblich (Art. 27 Statut).

- *Strafrechtliche Anknüpfungsprinzipien:* Der Gerichtshof kann seine Gerichtsbarkeit grundsätzlich nur ausüben, wenn eine Straftat auf dem Territorium einer Vertragspartei (Territorialitätsprinzip, Art. 12 Abs. 2 lit. a Statut) oder durch einen Staatsangehörigen einer Vertragspartei des Römer Statuts begangen wurde (aktives Personalitätsprinzip, Art. 12 Abs. 2 lit. b Statut). Wenn der Sicherheitsrat dem Gerichtshof einen Fall überträgt, entfallen diese Voraussetzungen. So befasst sich der Gerichtshof gegenwärtig mit den Situationen in Darfur und Libyen, obwohl beide Staaten das Römer Statut nicht ratifiziert haben.

  Aufgrund des Territorialitätsprinzips ist es somit möglich, dass der Strafgerichtshof auch für die Verfolgung und Verurteilung von Personen, die nicht Bürger einer Vertragspartei des Statuts sind, zuständig ist. Dies ist bei gewissen Staaten – so insbesondere den USA – auf Skepsis gestossen.

- *Grundsatz der Komplementarität:* Der Internationale Strafgerichtshof ist – im Gegensatz zu den *Ad-hoc*-Tribunalen für Ex-Jugoslawien und Ruanda – nur subsidiär für die Verfolgung der im Statut aufgeführten Verbrechen zuständig, sofern der primär zuständige Vertragsstaat entweder nicht fähig oder nicht willens ist, das Strafverfahren durchzuführen. Das Erfordernis der Komplementarität entfällt bei einer Überweisung durch den Sicherheitsrat.

Botschaft des Bundesrates zum Römer Statut
BBl 2001, S. 392

„Der Gerichtshof beruht auf dem Grundsatz der Komplementarität: Er wird nur dann tätig, wenn die für die Strafverfolgung in erster Linie zuständigen innerstaatlichen Behörden nicht willens oder nicht in der Lage sind, eines dieser Verbrechen, das auf ihrem Hoheitsgebiet oder von einem ihrer Staatsangehörigen begangen wird, ernsthaft zu verfolgen. Dieser Fall kann etwa dann eintreten, wenn das staatliche Strafverfolgungssystem als Folge kriegerischer Ereignisse zusammengebrochen ist. Denkbar ist auch, dass die zuständigen innerstaatlichen Behörden von Personen kontrolliert werden, welche die fraglichen Verbrechen selbst mitzuverantworten haben, sodass keine ernsthafte Strafverfolgung stattfindet. Durch die komplementäre Ausgestaltung des Statuts soll sichergestellt werden, dass die in der Wirklichkeit immer wieder auftretenden Lücken bei der strafrechtlichen Verfolgung dieser besonders verabscheuungswürdigen Verbrechen geschlossen werden können. Der Gerichtshof will die innerstaatliche Strafgerichtsbarkeit keinesfalls ersetzen. Ebenso wenig ist er eine Rechtsmittelinstanz, mit welcher letztinstanzliche innerstaatliche Strafurteile einer internationalen Überprüfung unterzogen würden."

III. INSBESONDERE DER INTERNATIONALE GERICHTSHOF (IGH)

Zu Stellung und Zusammensetzung des IGH vorne 3. Teil, 4. Kap., Ziff. II.6.c.

1. *Zuständigkeit in Streitsachen*

Die Zuständigkeit des IGH ist doppelt beschränkt: Es muss sich (1.) um eine *Rechtsstreitigkeit handeln*, die sich (2.) zwischen *Staaten* abspielt. Einzelpersonen und internationale Organisationen, insbesondere die UNO, ihre Organe und Sonderorganisationen, sind im Streitverfahren nicht parteifähig.

Damit der IGH im konkreten Fall tätig werden kann, müssen zwei Voraussetzungen erfüllt sein: Die verfahrensbeteiligten Staaten müssen *parteifähig* sein und sich beide bezüglich der Streitfrage der Gerichtsbarkeit des IGH *unterworfen* haben.

a. *Parteifähigkeit*

Gemäss Art. 93 UNO-Charta und Art. 34 f. IGH Statut (SR 0.193.501) bewirkt die Mitgliedschaft in der UNO automatisch die Zugehörigkeit zum Statut und damit die Parteifähigkeit. Staaten, die nicht UNO-Mitglieder sind, können Vertragsparteien des Statuts werden und sind damit in Bezug auf ihre Parteifähigkeit vor dem IGH den Mitgliedern der UNO gleichgestellt (so die Schweiz vor dem UNO-Beitritt).

b. *Unterwerfung*

Kein Staat kann gezwungen werden, sich gegen seinen Willen der Gerichtsbarkeit des IGH zu unterwerfen. Vielmehr kann der IGH nur tätig werden, wenn die Beteiligten sich ausdrücklich dem Verfahren und der Entscheidung des Gerichtes zu unterwerfen bereit sind. In diesem Sinn hat der IGH wiederholt betont

> „that one of the fundamental principles of its Statute is that it cannot decide a dispute between States without the consent of those States to its jurisdiction." (East Timor, I.C.J. Reports 1995, S. 101, para. 26)

Art. 36 IGH-Statut bestimmt:

> „1. Die Zuständigkeit des Gerichtshofs erstreckt sich auf alle Angelegenheiten, die die Parteien ihm unterbreiten, sowie auf alle Fälle, die in der Satzung der Vereinten Nationen oder in den bestehenden Verträgen und Übereinkommen besonders vorgesehen sind.
>
> 2. Die Teilnehmer am vorliegenden Statut können jederzeit erklären, dass sie von Rechts wegen und ohne besonderes Abkommen gegenüber jedem in gleicher Weise sich verpflichtenden Staat die Gerichtsbarkeit des Gerichtshofs in allen nachfolgenden Arten von Streitigkeiten rechtlicher Natur als obligatorisch anerkennen:
>
> a. die Auslegung eines Staatsvertrags;
>
> b. irgendwelche Fragen des internationalen Rechts;

> c. die Existenz einer Tatsache, die, wenn sie bewiesen wäre, der Verletzung einer internationalen Verpflichtung gleichkommen würde;
>
> d. die Art oder der Umfang einer wegen Verletzung einer internationalen Verpflichtung geschuldeten Wiedergutmachung.
>
> 3. Die vorgenannten Erklärungen können unbeschränkt oder unter Vorbehalt einer entsprechenden Verpflichtung mehrerer oder gewisser Staaten oder auch für eine bestimmte Frist abgegeben werden. (...)
>
> 6. Ist die Zuständigkeit des Gerichtshofs bestritten, so entscheidet der Gerichtshof über diese Frage."

Im konkreten Fall müssen beide Parteien die Zuständigkeit des IGH für die ihm unterbreitete Streitsache anerkannt haben, d.h., die Unterwerfung muss in dem Sinn reziprok sein, dass nicht nur der Kläger gegen den Beklagten vorgehen kann, sondern theoretisch auch der Beklagte gegen den Kläger mit einer gleichartigen Klage vorgehen könnte. Dieses *Prinzip der Reziprozität* (dazu das Urteil des IGH *Certain Norwegian Loans (France v. Norway), Judgment, I.C.J. Reports 1957, p. 9*; im nächsten Abschnitt c.) spielt v.a. dort eine Rolle, wo ein Staat sich der Gerichtsbarkeit des IGH nur mit einem Vorbehalt unterworfen hat.

Wie der Gerichtshof im Fall *IGH, Armed Activities on the Territory of the Congo (New Application: 2002) (Democratic Republic of the Congo v. Rwanda), Jurisdiction and Admissibility, Judgment, I.C.J. Reports 2006, p. 6* festgehalten hat gilt der Grundsatz der konsensualen Anerkennung der Jurisdiktion des IGH selbst wenn die Verletzung einer zwingenden Norm des Völkerrechts zur Beurteilung steht. Vorliegend hatte Ruanda zu Art. IX der Genozid-Konvention, welcher den IGH als zuständig zur Beurteilung zwischenstaatlicher Streitfälle aus dieser Konvention erklärt (siehe hinten Ziff. III.c), folgenden Vorbehalt angebracht: „The Rwandese Republic does not consider itself as bound by article IX of the Convention." Der IGH erachtete diesen Vorbehalt als zulässig und verneinte folglich seine Jurisdiktion mit folgender Begründung:

> „67. Rwanda's reservation to Article IX of the Genocide Convention bears on the jurisdiction of the Court, and does not affect substantive obligations relating to acts of genocide themselves under that Convention. In the circumstances of the present case, the Court cannot conclude that the reservation of Rwanda in question, which is meant to exclude a particular method of settling a dispute relating to the interpretation, application or fulfilment of the Convention, is to be regarded as being incompatible with the object and purpose of the Convention. (...)
>
> 69. In so far as the DRC contended further that Rwanda's reservations in conflict with a peremptory norm of general international law, it suffices for the Court to note that no such norm presently exists requiring a State to consent to the jurisdiction of the Court in order to settle a dispute relating to the Genocide Convention. Rwanda's reservation cannot therefore, on such grounds, be regarded as lacking legal effect."

Die Unterwerfung kann auf dreifachem Weg erfolgen:

1. Durch Compromis (Ad-hoc-Vereinbarung): Hier wird der Streitfall dem IGH durch spezielle Vereinbarung zwischen den Streitparteien zur Entscheidung vorgelegt. Dies geschah z.B. im Streit zwischen Katar und Bahrain (vorne 1. Teil 1. Kap., Ziff. II.2) und im Nordsee-Festlandsockel-Fall (vorne 1. Teil 2. Kap. Ziff. II.2.a). Streitfälle die dem IGH von den beteiligten Staaten gemeinsam vorgelegt werden, lassen sich daran erkennen, dass in der offiziellen Fallbezeichnung des IGH zwischen den Namen der beteiligten Staaten nicht ein „v." (versus) sondern ein „/" verwendet wird.

Neben der vorgängigen Vereinbarung kann sich die Zuständigkeit des IGH auch nach Einreichung der Klage ergeben, wenn der beklagte Staat entweder nachträglich die Zustimmung erteilt oder sich auf das Verfahren einlässt.

2. Durch Zuständigkeitsklausel in einem Vertrag: Die Unterwerfung geschieht durch Ratifikation eines Vertrages, der für künftige Streitigkeiten eine Zuständigkeitsklausel gemäss Art. 36 Abs. 1 IGH-Statut enthält. Ein Beispiel ist Art. IX des *Übereinkommens über die Verhütung und Bestrafung des Völkermordes vom 9. Dezember 1948 (SR 0.311.11):*

> „Streitfälle zwischen den Vertragschliessenden Parteien hinsichtlich der Auslegung, Anwendung oder Durchführung dieser Konvention einschliesslich derjenigen, die sich auf die Verantwortlichkeit eines Staates für Völkermord oder eine der sonstigen in Artikel III aufgeführten Handlungen beziehen, werden auf Antrag einer der am Streitfall beteiligten Parteien dem Internationalen Gerichtshof unterbreitet."

3. Durch Erklärung gemäss Art. 36 Abs. 2 IGH-Statut: Die Zuständigkeit des IGH kann sich schliesslich aus einer freiwillig abgegebenen Erklärung, sich der obligatorischen Gerichtsbarkeit des IGH unter Vorbehalt der Reziprozität zu unterwerfen, ergeben (sog. *Fakultativklausel*; deutsche Übersetzung der Erklärungen der Staaten in SR 0.193.501). Gegenwärtig anerkennen 72 Staaten die obligatorische Gerichtsbarkeit des IGH (Stand: Mai 2016). Da Unterwerfungserklärungen gemäss Art. 36 Statut auch mit einschränkenden Vorbehalten abgegeben werden können, ist die Zuständigkeit des IGH in einem konkreten Fall nur gegeben, wenn sich die Erklärungen beider Streitparteien bezüglich des zu beurteilenden Sachverhaltes decken. Selbst eine vorbehaltlose Erklärung begründet jedoch keine Pflicht, einen konkreten Fall dem IGH vorzulegen, sondern nur die Pflicht, sich auf ein Verfahren vor dem IGH einzulassen, falls die Gegenpartei den IGH anruft.

Text der schweizerischen Unterwerfungserklärung (SR 0.193.501)

> „Der Schweizerische Bundesrat, zu diesem Zwecke durch einen am 12. März 1948 von der Bundesversammlung der Schweizerischen Eidgenossenschaft gefassten Bundesbeschluss, der am 17. Juni 1948 in Kraft getreten ist, gehörig ermächtigt,
>
> erklärt hiermit, dass die Schweizerische Eidgenossenschaft von Rechts wegen und ohne besonderes Abkommen gegenüber jedem in gleicher Weise sich verpflichtenden Staat die Gerichtsbarkeit des Internationalen Gerichtshofes in allen nachfolgenden Arten von Streitigkeiten rechtlicher Natur als obligatorisch anerkennt:
>
> a. die Auslegung eines Staatsvertrags;
>
> b. irgendwelche Fragen des internationalen Rechts;

c. die Existenz einer Tatsache, die, wenn sie bewiesen wäre, der Verletzung einer internationalen Verpflichtung gleichkommen würde;

d. die Art oder der Umfang einer wegen Verletzung einer internationalen Verpflichtung geschuldeten Wiedergutmachung.

Diese Erklärung, die auf Artikel 36 des Statuts des Internationalen Gerichtshofes beruht, ist vom Tage an gültig, an dem die Schweizerische Eidgenossenschaft Teilnehmerin dieses Statutes wird, und bleibt so lange in Kraft, als sie nicht durch eine ein Jahr im voraus erfolgte Kündigung aufgehoben wird."

c. Vorbehalte zur Unterwerfung

Sowohl zu Zuständigkeitsklauseln in Verträgen als auch zu Fakultativklausel-Erklärungen gemäss Art. 36 Abs. 2 IGH-Statut können Vorbehalte gemacht werden. Folgende *Vorbehalte* sind möglich:

(1) Vorbehalte ratione temporis: Beinahe allen Unterwerfungserklärungen wurden Bestimmungen über deren Kündbarkeit beigefügt. Im Gegensatz zum unproblematischen schweizerischen Vorbehalt enthalten viele Unterwerfungserklärungen aber den Vorbehalt einer *sofortigen* Kündbarkeit. Damit kann sich ein Staat der obligatorischen Gerichtsbarkeit entziehen, falls er in einem Rechtsstreit seine Unterwerfungserklärung aufhebt, bevor die Gegenpartei Klage beim IGH erhoben hat.

IGH, Right of Passage over Indian Territory (Portugal v. India), Judgment, I.C.J. Reports 1960, p. 6

Portugal hatte seine Fakultativklausel-Erklärung mit folgendem Vorbehalt versehen:

„3. Die portugiesische Regierung behält sich das Recht vor, vom Anwendungsbereich dieser Erklärung während der Dauer ihrer Gültigkeit jederzeit eine oder mehrere bestimmte Kategorien von Streitigkeiten auszuschliessen, indem sie dem Generalsekretär der Organisation der Vereinten Nationen eine entsprechende Erklärung zugehen lässt, die im Zeitpunkt, da sie abgegeben wird, in Kraft tritt." (SR 0.193.501)

Indien machte geltend, der Vorbehalt mache die portugiesische Unterwerfung unter die Fakultativklausel nichtig, weil er Portugal die Möglichkeit gebe, einen Streit *jederzeit*, folglich auch eine hängige Streitsache, der Zuständigkeit des IGH zu entziehen. Dies verstosse gegen das Prinzip der reziproken Unterwerfung. Der IGH akzeptierte dieses Argument nicht:

„The words 'with effect from the moment of such notification' cannot be construed as meaning that such a notification would have retroactive effect so as to cover cases already pending before the Court. Construed in their ordinary sense, these words mean simply that a notification under the Third Condition applies only to disputes brought before the Court after the date of notification. Such an interpretation leads to the conclusion that no retroactive effect can properly be imputed to notifications made under the Third Condition. It is a rule of law generally accepted, as well as one acted upon in the past by the Court, that, once the Court has validly seized of a dispute, unilateral action by the respondent state in terminating its Declaration, in whole or in part, cannot divest the Court of jurisdiction. In the Nottebohm case the court gave expression to that principle in the following words:

> 'An extrinsic fact such as the subsequent lapse of the Declaration, by reason of the expiry of the period or by denunciation, cannot deprive the Court of the jurisdiction already established' (I.C.J.-Reports 1953 123).
>
> That statement by the Court must be deemed to apply both to total denunciation, and to partial denunciation as contemplated in the Third Portuguese Condition." (S. 142)

(2) Vorbehalte ratione personae: Die indische Unterwerfungserklärung (deutsche Übersetzung in SR 0.193.501) nimmt beispielsweise „Streitigkeiten mit der Regierung eines Staates, der Mitglied des Commonwealth of Nations ist oder gewesen ist" von der Anerkennung der IGH-Zuständigkeit aus.

(3) Vorbehalte ratione materiae: Vorbehalte zum sachlichen Geltungsbereich betreffen oft Territorialstreitigkeiten sowie solche, die aus einem Krieg oder Besatzungszustand resultieren. Nach dem Vorbild des Vorbehaltes der inzwischen zurückgezogenen Unterwerfungserklärung der USA (sog. „Connally-Amendment") erklären mehrere Länder, dass der IGH nicht für die Beurteilung von Streitigkeiten über Angelegenheiten zuständig sei, die im Wesentlichen der nationalen Zuständigkeit des betreffenden Landes unterstehen, wobei die Regierung festlegen werde, was dazu gehöre.

IGH, Certain Norwegian Loans (France v. Norway), Judgment, I.C.J. Reports 1957, p. 9

Frankreich hatte die Fakultativklausel gemäss Art. 36 Abs. 2 des IGH-Statuts nur unter dem Vorbehalt angenommen, dass Streitigkeiten über Angelegenheiten, die im Wesentlichen zu seinen inneren Angelegenheiten gehören, von der Zuständigkeitsanerkennung ausgenommen seien; dabei sei es Sache der französischen Regierung, zu bestimmen, was zu diesen Angelegenheiten gehöre. Norwegen hatte die Zuständigkeit vorbehaltlos anerkannt, machte aber geltend, aus Gründen der Reziprozität könne es ebenfalls die Einrede der inneren Angelegenheiten machen. Der IGH akzeptierte dieses Argument und führte aus:

> „In considering this ground of Objection the Court notes in the first place that the present case has been brought before it on the basis of Article 36, paragraph 2, of the Statute and of the corresponding Declarations of acceptance of compulsory jurisdiction; that in the present case the jurisdiction of the Court depends upon the Declarations made by the Parties in accordance with Article 36, paragraph 2, of the Statute on condition of reciprocity; and that, since two unilateral declarations are involved, such jurisdiction is conferred upon the Court only to the extent to which the Declarations coincide in conferring it. A comparison between the two Declarations shows that the French Declaration accepts the Court's jurisdiction within narrower limits than the Norwegian Declaration; consequently, the common will of the parties, which is the basis of the Court's jurisdiction, exists within these narrower limits indicated by the French reservation. Following in this connection the jurisprudence of the Permanent Court of International Justice (...) the Court has reaffirmed this method of defining the limits of its jurisdiction. (...)
>
> France has limited her acceptance of the compulsory jurisdiction of the Court by excluding beforehand disputes 'relating to matters which are essentially within the national jurisdiction as understood by the Government of the French Republic'. In accordance with the condition of reciprocity to which acceptance of the

> compulsory jurisdiction is made subject in both Declarations and which is provided for in Article 36, paragraph 3, of the Statute, Norway, equally with France, is entitled to except from the compulsory jurisdiction of the Court disputes understood by Norway to be essentially within its national jurisdiction." (S. 23 f.)

Richter LAUTERPACHT bezeichnete die französische Erklärung zur Fakultativklausel in einer Separate Opinion als ungültig:

> „I consider that as the French Declaration of Acceptance excludes from the jurisdiction of the Court 'matters which are essentially within the national jurisdiction as understood by the Government of the French Republic' - the emphasis being here on the words 'as understood by the Government of the French Republic' - it is for the reason of that latter qualification an instrument incapable of producing legal effects before this court and of establishing its jurisdiction. This is so for the double reason that: (a) it is contrary to the Statute of the Court; (b) the existence of the obligation being dependent upon the determination by the Government accepting the Optional Clause, the Acceptance does not constitute a legal obligation. That Declaration of Acceptance cannot, accordingly, provide a basis for the jurisdiction of the Court. Norway has not accepted the jurisdiction of the Court on any other basis. The Court therefore has no jurisdiction." (S. 43 ff.)

Um einen besonders weitgehenden Vorbehalt (im konkreten Fall zur vertraglichen Unterwerfung nach Art. IX der Genozid-Konvention) ging es auch im Zusammenhang mit einer Klage Jugoslawiens gegen die USA wegen der NATO-Aktion im Zusammenhang mit der Kosovo-Krise 1999. Der IGH akzeptierte die Einrede der USA, der Gerichtshof sei in diesem Fall nicht zuständig, mit folgenden Argumenten:

IGH, Legality of Use of Force (Yugoslavia v. United States of America), Provisional Measures, Order of 2 June 1999, I.C.J. Reports 1999, p. 916

> „19. Whereas the Court, under its Statute, does not automatically have jurisdiction over legal disputes between States parties to that Statute or between other States to whom access to the Court has been granted; whereas the Court has repeatedly stated "that one of the fundamental principles of its Statute is that it cannot decide a dispute between States without the consent of those States to its jurisdiction" (*East Timor, Judgment, I.C.J. Reports 1995*, p. 101, para. 26); and whereas the Court can therefore exercise jurisdiction only between States parties to a dispute who not only have access to the Court but also have accepted the jurisdiction of the Court, either in general form or for the individual dispute concerned; (...)
>
> 21. Whereas in its Application Yugoslavia claims, in the first place, to found the jurisdiction of the Court upon Article IX of the Genocide Convention, which provides:
>
>> "Disputes between the Contracting Parties relating to the interpretation, application or fulfilment of the present Convention, including those relating to the responsibility of a State for genocide or for any of the other acts enumerated in article III, shall be submitted to the International Court of Justice at the request of any of the parties to the dispute";
>
> whereas it is not disputed that both Yugoslavia and the United States are parties to the Genocide Convention; but whereas, when the United States ratified the Convention on 25 November 1988, it made the following reservation:
>
>> "That with reference to Article IX of the Convention, before any dispute to which the United States is a party may be submitted to the jurisdiction of

the International Court of Justice under this Article, the specific consent of the United States is required in each case.";

22. Whereas the United States contends that "[its] reservation [to Article IX] is clear and unambiguous"; that "[t]he United States has not given the specific consent [that reservation] requires [and] (...) will not do so"; and that Article IX of the Convention cannot in consequence found the jurisdiction of the Court in this case, (...)

24. Whereas the Genocide Convention does not prohibit reservations; whereas Yugoslavia did not object to the United States reservation to Article IX; and whereas the said reservation had the effect of excluding that Article from the provisions of the Convention in force between the Parties;

25. Whereas in consequence Article IX of the Genocide Convention cannot found the jurisdiction of the Court to entertain a dispute between Yugoslavia and the United States alleged to fall within its provisions; and whereas that Article manifestly does not constitute a basis of jurisdiction in the present case, even prima facie."

d. Anwendbares Recht

Gemäss der vorne (1.Teil, Vorbemerkungen) besprochenen Norm von Art. 38 Abs. 1 IGH-Statut kann sich der IGH – soweit die Streitparteien diese Kompetenz nicht beschränken – zur Beurteilung eines Streitfalls sowohl auf das einschlägige Vertrags- und Gewohnheitsrecht als auch auf Allgemeine Rechtsgrundsätze stützen.

Gemäss Abs. 2 dieser Bestimmung beeinträchtigt Abs. 1 nicht „die Befugnis des Gerichtshofs, mit Zustimmung der Parteien ex aequo et bono zu entscheiden". Hier wird die Befugnis angesprochen, ohne Rücksicht auf das geltende Recht einen Entscheid einzig nach Gesichtspunkten der Billigkeit, d.h. der Einzelfallgerechtigkeit zu treffen.

Von Billigkeit *contra legem* wird gesprochen, wenn im Widerspruch zum Gesetz Einzelfallgerechtigkeit erzielt wird. Um Billigkeit *infra legem* (innerhalb des Gesetzes) geht es demgegenüber bei Art. 4 ZGB, wonach der Richter dort, wo ihn das Gesetz „auf sein Ermessen oder die Würdigung der Umstände oder auf wichtige Gründe verweist", nach „Recht und Billigkeit" zu entscheiden hat. Solche Billigkeit ist jeder Rechtsordnung immanent. Sie soll sicherstellen, dass Rechtshärten durch die Berücksichtigung der besonderen Umstände des Einzelfalles gemildert werden. Die Billigkeit *praeter legem* (ausserhalb des Gesetzes/über das Gesetz hinaus) kommt dort zum Zug, wo das Recht zu einer konkreten Frage schweigt und deshalb eine Lösung gesetzesergänzend im Lichte der Einzelfallgerechtigkeit gefunden werden darf.

Zum Verhältnis dieser drei Arten von Billigkeit zueinander und zum Umfang seiner Kompetenz, sich zur Entscheidfindung auf Billigkeit zu stützen, hat der Internationale Gerichtshof (IGH) im Urteil *IGH, Frontier Dispute (Burkina Faso / Republic Mali), Judgment, I.C.J. Reports 1986, p. 554* ausgeführt:

„28. It is clear that the Chamber cannot decide *ex aequo et bono* in this case. Since the Parties have not entrusted it with the task of carrying out an adjustment of their respective interests, it must also dismiss any possibility of resorting to equity *contra legem*. Nor will the Chamber apply equity *praeter legem*.

On the other hand, it will have regard to equity *infra legem*, that is, that form of equity which constitutes a method of interpretation of the law in force, and is one of its attributes. As the Court has observed: 'It is not a matter of finding simply an equitable solution, but an equitable solution derived from the applicable law.' (Fisheries Jurisdiction, I.C.J. Reports 1974, p. 33 para. 78; p. 202, para. 69). How in practice the Chamber will approach recourse to this kind of equity in the present case will emerge from its application throughout this Judgement of the principles and rules which it finds to be applicable. (...)

149. As it has explained, the Chamber can resort to that equity *infra legem*, which both Parties have recognized as being applicable in this case (...). In this respect the guiding concept is simply that „Equity as a legal concept is a direct emanation of the idea of justice" (Continental Shelf (Tunisia/Libyan Arab Jamahiriya), I.C.J. Reports 1982, p. 60, para. 71). The Chamber would however stress more generally that to resort to the concept of equity in order to modify an established frontier would be quite unjustified. Especially in the African context, the obvious deficiencies of many frontiers inherited from colonization, from the ethnic, geographical or administrative standpoint, cannot support an assertion that the modification of these frontiers is necessary or justifiable on the ground of considerations of equity. These frontiers, however unsatisfactory they may be, possess the authority of the *uti possidetis* and are thus fully in conformity with contemporary international law. Apart from the case of a decision *ex aequo et bono* reached with the assent of the Parties, „it is not a matter of finding simply an equitable solution, but an equitable solution derived from the applicable law." (Fisheries Jurisdiction, I.C.J. Reports 1974, p. 33, para 78). (...)" (a.a.O. S. 567 f. und 633).

2. *Zuständigkeit zur Erstattung von Gutachten*

Laut Art. 96 UNO-Charta ist der IGH für die Erstattung von Gutachten über Rechtsfragen zuständig.

Gutachten des IGH sind Stellungnahmen zu Rechtsfragen, die dem Gerichtshof von Organen der UNO und bestimmten anderen internationalen Körperschaften vorgelegt werden. Der Gegenstand der Gutachten kann sich auf eine abstrakte Frage ohne Verbindung zu einem gegenwärtig bestehenden Problem beziehen oder eine Frage mit konkretem Bezug zu einem Rechtsstreit sein. Die Generalversammlung und der Sicherheitsrat sind unmittelbar aufgrund von Art. 96 Abs. 1 der UNO-Charta berechtigt, Gutachten zu beantragen. Nach Art. 96 Abs. 2 der Charta steht dieses Recht, allerdings begrenzt auf ihren jeweiligen Tätigkeitsbereich, auch anderen Organen der UNO sowie Sonderorganisationen zu, sofern eine entsprechende Ermächtigung der UNO-Generalversammlung vorliegt. Unbeachtlich für die Zuständigkeit des IGH zur Erstattung von Gutachten ist, ob sich die Staaten, auf die sich das Gutachten inhaltlich bezieht, der Gerichtsbarkeit des IGH unterworfen haben.

Gutachten sind im Gegensatz zu Urteilen für die anfragende Stelle an sich nicht verbindlich; faktisch besitzen sie aber meist grosses Gewicht.

3. *Grundzüge des Verfahrens*

Das Verfahren ist in Art. 39 ff. IGH-Statut und Art. 38 ff. der Verfahrensordnung des IGH geregelt.

Im Normalfall entscheidet der Gerichtshof in Plenarsitzung mit einem Mindestquorum von 9 Richtern (Art. 25 Statut). Gemäss Art. 26-29 des Statuts sind aber in verschiedenen Fällen Kammerentscheidungen vorgesehen, deren Urteile als Urteile des Gerichtshofes gelten (Art. 27 Statut). Praktisch bedeutsam geworden sind die Ad-hoc-Kammern zur Entscheidung von Einzelfällen, welche vom IGH auf Ersuchen der Parteien jederzeit gebildet werden können (Art. 26 Abs. 2 Statut). Gemäss Art. 17 der Verfahrensordnung wird dabei den Parteien ein erheblicher Einfluss auf die Bestimmung der Richter eingeräumt, weshalb die Bildung dieser Kammern der Bildung von Schiedsgerichten gleicht.

Je nach Konstellation des Falls kann das Verfahren aus mehreren Phasen bestehen: Dem Jurisdiktionsverfahren, falls die Zuständigkeit des IGH bestritten ist; dem Verfahren in der Hauptsache; sowie in besonderen Situationen den Verfahren über den Erlass vorsorglicher Massnahmen (Art. 41 Statut), über die Intervention von Drittstaaten, über die Auslegung eines Urteils (Art. 60 Statut) sowie über die Wiederaufnahme des Verfahrens.

Das Hauptverfahren selbst ist in einen schriftlichen und einen mündlichen Teil gegliedert (Art. 43 Statut): Ersterer besteht aus der Übermittlung der Schriftsätze, der Gegenschriftsätze und gegebenenfalls der Repliken. Das anschliessende mündliche Verfahren, welches grundsätzlich öffentlich ist, beinhaltet die Beweisabnahmen sowie die Plädoyers der Parteien. Nach Abschluss der Verhandlung zieht sich der Gerichtshof zur geheimen Beratung und Entscheidung zurück (Art. 54 Statut). Die Entscheidung, welche mit der Mehrheit der anwesenden Richter gefällt wird (Art. 55 Statut), wird anschliessend öffentlich verkündet. Das Urteil ist endgültig und unterliegt keinen Rechtsmitteln (Art. 60 Statut).

Nimmt eine Partei nicht am Verfahren teil oder verzichtet sie darauf, sich zur Sache zu äussern, so kann die andere Partei den Gerichtshof ersuchen, über ihre Anträge zu entscheiden. Der IGH hat diesfalls seine Zuständigkeit zu prüfen und ein Urteil in der Sache zu fällen (Art. 53 Statut). Auch die nichtteilnehmende Partei ist an ein im „Abwesenheitsverfahren" ergangenes Urteil gebunden.

IV. GERICHTSÄHNLICHE STREITBEILEGUNGSINSTANZEN

Zu den gerichtsähnlichen Streitbeilegungsinstanzen („quasi-judicial bodies") zählen die Vertragsüberwachungsorgane der universellen Menschenrechtsverträge. Die wichtigsten Menschenrechtsverträge der UNO verfügen über ein solches Vertragsüberwachungsorgan, das meist als Ausschuss bzw. Komitee bezeichnet wird und sich in der Regel aus 10 bis 20 unabhängigen Expertinnen und Experten zusammensetzt.

Folgende universelle Menschenrechtsverträge sind mit einem derartigen Vertragsüberwachungsorgan ausgestattet:

Pakt I	Ausschuss für wirtschaftliche, soziale und kulturelle Rechte
Pakt II	Menschenrechtssausschuss
Folterkonvention	Ausschuss gegen die Folter
Rassendiskriminie-rungs-konvention	Ausschuss gegen Rassendiskriminierung
Kinderrechtskonvention	Ausschuss für die Rechte des Kindes
Frauendiskriminie-rungs-konvention	Ausschuss gegen die Diskriminierung der Frau
Wanderarbeitnehmer-konvention	Ausschuss für die Rechte der Wanderarbeitnehmer
Behindertenkonvention	Ausschuss für die Rechte von Menschen mit Behinderungen
Konvention gegen das erzwungene Ver-schwindenlassen von Personen	Ausschuss gegen das Verschwindenlassen von Personen

Die Vertragsüberwachungsorgane verfügen über verschiedene Überwachungsinstrumente (v.a. Staatenberichtsverfahren). Zu den gerichtsähnlichen Instrumenten zählen in erster Linie Individualbeschwerden und Staatenbeschwerden. Welches dieser Instrumente einem Vertragsüberwachungsorgan tatsächlich zur Verfügung steht, ergibt sich aus dem massgebenden Menschenrechtsvertrag.

- Die *Staatenbeschwerde,* d.h. die Beschwerde eines Vertragsstaates gegen einen anderen Vertragsstaat, ist in vielen UNO-Menschenrechtsverträgen vorgesehen (vgl. z.B. Art. 32 der Konvention gegen das erzwungene Verschwindenlassen von Personen vom 20. Dezember 2006). Praktische Bedeutung hat die Staatenbeschwerde jedoch keine erlangt. Denn obwohl viele Vertragsstaaten die Kompetenz der Vertragsorgane zur Entgegennahme gegen sie gerichteter Beschwerden anerkennen, wurde bisher im UNO-Menschenrechtssystem noch nie eine Staatenbeschwerde ergriffen.

- Das *Individualbeschwerdeverfahren* ermächtigt die Opfer von Menschenrechtsverletzungen, mittels einer Beschwerde beim betreffenden Ausschuss gegen den Verletzerstaat vorzugehen. Alle UNO-Menschenrechtskonventionen sehen dieses Verfahren vor. Das Individualbeschwerdeverfahren ist für die Vertragsparteien aber fakultativ, d.h., die Beschwerdemöglichkeit besteht nur gegen Vertragsstaaten, welche dieses Verfahren in einer separaten Erklärung oder in einem separaten Vertrag ausdrücklich akzeptiert haben. Die Schweiz beispielsweise ist Vertragspartei von Pakt II. Individualbeschwerden gegen die Schweiz können vor dem Menschenrechtsausschuss hingegen nicht eingereicht werden, weil sie das Fakultativprotokoll zu Pakt II, welches das Individualbeschwerdeverfahren vorsieht, nicht ratifiziert hat.

Die Ausschüsse entscheiden in einem gerichtsähnlichen Verfahren, ob der Staat gegenüber dem Individuum Menschenrechte aus der relevanten Konvention verletzt hat. Diese Entscheide der Ausschüsse stellen rechtlich betrachtet zwar nur unverbindliche Empfehlungen dar; sie werden aber aufgrund ihrer autoritativen Wirkung durch die Staaten zu einem beachtlichen Teil befolgt. Um die Implementierung der Empfehlungen zusätzlich zu verbessern, hat z.B. der Menschenrechtsausschuss ein sogenanntes Follow-up-Verfahren eingeführt. Dadurch wird der Staat verpflichtet, dem Ausschuss in einem weiteren Bericht (*follow-up response*) über die Umsetzung der Empfehlungen zu berichten.

V. DIE VOLLSTRECKUNG VON ENTSCHEIDUNGEN INTERNATIONALER STREITBEILEGUNGSINSTANZEN

1. Die Grundzüge der Vollstreckung von Entscheidungen internationaler Streitbeilegungsinstanzen

Das nationale Recht sieht zur Durchsetzung von Gerichtsurteilen Vollstreckungsorgane vor, die mit öffentlicher Gewalt ausgestattet sind. Im Völkerrecht fehlt es hingegen regelmässig an Vollstreckungsorganen, welche zur zwangsweisen Durchsetzung der Entscheide internationaler Streitbeilegungsinstanzen befügt wären. Nur ausnahmsweise sind politische Organe einer internationalen Organisation mit der Durchsetzung von Gerichtsurteilen betraut (vgl. dazu hinten Ziff. 2). Im Allgemeinen ist die Befolgung der Entscheide internationaler Gerichtsbarkeiten weitgehend den Streitparteien überlassen, die sich nach Treu und Glauben verpflichten, den Entscheid zu befolgen (z.B. Art. 37 des I. Haager Abkommens vom 18. Oktober 1907 zur friedlichen Erledigung internationaler Streitfälle, SR 0.193.212).

Die Missachtung eines Schieds- oder Gerichtsurteils durch eine der Streitparteien stellt eine Völkerrechtsverletzung dar. Der oder die von der Rechtsverletzung betroffene Staaten können daher bei Fehlen eines Vollstreckungsverfahrens gegen den anderen Staat zwischenstaatliche Zwangsmassnahmen (vgl. dazu vorne 1. Kap., Ziff. II) ergreifen, um die Entscheidung der Streitbeilegungsinstanz durchzusetzen.

2. Vollstreckungsinstanzen

a. Die Vollstreckung von Urteilen des IGH

Gemäss Art. 94 Abs. 1 UNO-Charta ist jedes UNO-Mitglied verpflichtet, als Streitpartei Urteile des IGH zu befolgen. Die Vollstreckung der Urteile ist jedoch nicht Sache des Gerichtshofs. Bei Nichtbefolgung kann sich die betroffene Partei gemäss Art. 94 Abs. 2 UNO-Charta an den Sicherheitsrat wenden. Ob und welche Massnahmen zur Durchsetzung notwendig sind, liegt im Ermessen des Sicherheitsrats, dessen ständige Mitglieder eine Beschlussfassung mit dem Vetorecht blockieren können. So verhinderten die Vereinigten Staaten durch ihr Veto einen Beschluss des Sicherheitsrats, mit welchen sie zur Befolgung des IGH-Urteils im Nicaragua-Fall (vgl. dazu vorne 1. Teil, 2. Kap., Ziff. III.2.a) hätten aufgefordert werden sollen. Art. 94 Abs. 2 UNO-Charta hat bisher keine grosse praktische Bedeutung erlangt, wandten sich doch bisher nur selten Staaten zur Durchsetzung der IGH-Urteile an den Sicherheitsrat.

b. Die Vollstreckung von Urteilen des EGMR

Art. 46 EMRK statuiert die Verbindlichkeit von Urteilen des EGMR für den am Streitverfahren beteiligten Vertragsstaat und betraut mit der Umsetzung der Urteile das höchste politische Organ des Europarates, das Ministerkomitee (zum EGMR und dem Verfahren vorne Ziff. II.3). Das Ministerkomitee überwacht die Erfüllung der Schadensersatzpflicht und die Umsetzung des materiellen Urteils (z.B. eine Gesetzesänderung oder die Revision eines Verfahrens). Zu diesem Zweck haben die Vertragsstaaten über die getroffenen Umsetzungsmassnahmen Bericht zu erstatten.

Um die Urteilsbefolgung durch die Vertragsstaaten zu verbessern, sieht die EMRK seit dem 1. Juni 2010 vor, dass das Ministerkomitee bei Schwierigkeiten im Vollzug an den Gerichtshof gelangen kann:

> „Artikel 46 EMRK
>
> 1. Die Hohen Vertragsparteien verpflichten sich, in allen Rechtssachen, in denen sie Partei sind, das endgültige Urteil des Gerichtshofs zu befolgen.
>
> 2. Das endgültige Urteil des Gerichtshofs ist dem Ministerkomitee zuzuleiten; dieses überwacht seinen Vollzug.
>
> 3. Wird die Überwachung des Vollzugs eines endgültigen Urteils nach Auffassung des Ministerkomitees durch eine Frage betreffend die Auslegung dieses Urteils behindert, so kann das Ministerkomitee den Gerichtshof anrufen, damit er über diese Auslegungsfrage entscheidet. Der Beschluss des Ministerkomitees, den Gerichtshof anzurufen, bedarf der Zweidrittelmehrheit der Stimmen der zur Teilnahme an den Sitzungen des Komitees berechtigten Mitglieder.
>
> 4. Weigert sich eine Hohe Vertragspartei nach Auffassung des Ministerkomitees, in einer Rechtssache, in der sie Partei ist, ein endgültiges Urteil des Gerichtshofs zu befolgen, so kann das Ministerkomitee, nachdem es die betreffende Partei gemahnt hat, durch einen mit Zweidrittelmehrheit der Stimmen der zur Teilnahme an den Sitzungen des Komitees berechtigten Mitglieder gefassten Beschluss den Gerichtshof mit der Frage befassen, ob diese Partei ihrer Verpflichtung nach Absatz 1 nachgekommen ist.
>
> 5. Stellt der Gerichtshof eine Verletzung des Absatzes 1 fest, so weist er die Rechtssache zur Prüfung der zu treffenden Massnahmen an das Ministerkomitee zurück. Stellt der Gerichtshof fest, dass keine Verletzung des Absatzes 1 vorliegt, so weist er die Rechtssache an das Ministerkomitee zurück; dieses beschliesst die Einstellung seiner Prüfung."

3. KAPITEL: DAS SYSTEM DER KOLLEKTIVEN SICHERHEIT

Die gegenwärtige Sicherheitsarchitektur der Staatengemeinschaft ist in der UNO-Charta verankert und setzt sich aus folgenden Elementen zusammen:

- einem Verbot der zwischenstaatlichen Gewaltanwendung, dem sog. *Gewaltverbot* (hinten Ziff. I),

- einem Verbot des Eingriffs in interne Angelegenheiten fremder Staaten, dem sog. *Interventionsverbot* (vorne 3. Teil, 1. Kap., Ziff. IV sowie hinten Ziff. I.6), und

- den *supranationalen Kompetenzen des Sicherheitsrats* im Falle einer Bedrohung oder eines Bruchs des Friedens und bei Angriffshandlungen (Ziff. II).

Spezifisch für die Schweiz von Bedeutung sind in diesem Zusammenhang das *Neutralitätsrecht* und seine Kompatibilität mit diesem System (Ziff. III).

I. DAS GEWALTVERBOT

Das völkerrechtliche Gewaltverbot in seiner heutigen Form hat sich schrittweise entwickelt. Die während dem Mittelalter geführte Diskussion darüber, wann ein Krieg *gerecht* sei, wurde im klassischen Völkerrecht von der Ansicht verdrängt, souveränen Staaten stehe grundsätzlich ein Recht zur Kriegführung zu (vorne in der Einführung Ziff. I.2.c). Der Krieg wurde damit als Mittel zur Fortsetzung der Politik betrachtet. Nach dem Ersten Weltkrieg änderte sich diese Auffassung: In der Zwischenkriegszeit entwickelte sich zunächst ein grundsätzliches Gewaltverbot, welches die "gewaltsame" Repressalie aber noch nicht erfasste und deshalb weitgehend wirkungslos war. Nach 1945 etablierte sich im Rahmen der UNO ein umfassendes, aber nicht absolutes Gewaltverbot für zwischenstaatliche Konflikte.

1. Vorläufer

Angesichts der grossen Zerstörung durch den Ersten Weltkrieg vereinbarten die Vertragsstaaten in der *Völkerbundsatzung* (Friedensvertrag von Versailles vom 28. Juni 1919) ein partielles Kriegsverbot. Die Kriegsentscheidung war nicht mehr eine politische Entscheidung des souveränen Staates, sondern sie wurde zur Rechtsfrage, die vom Völkerbund beurteilt werden konnte (Art. 11 Abs. 1 Völkerbundsatzung). Ein Krieg war unzulässig, wenn kein Versuch einer friedlichen Streitbeilegung vorangegangen war, wenn nach Scheitern der Vermittlung eine dreimonatige Wartefrist gebrochen wurde oder wenn ein Staat angegriffen wurde, welcher sich dem Spruch des angerufenen Schiedsgerichts fügte oder den einstimmigen Vermittlungsvorschlag des Rates angenommen hatte. Da nur in diesen Fällen ein Kriegsverbot bestand, spricht man von einem *partiellen Kriegsverbot*.

Mit dem Briand-Kellog-Pakt, der 1929 in Kraft trat, wurde das partielle zu einem *generellen Kriegsverbot* ausgeweitet. Die überwiegende Mehrheit der Völkerbundsstaaten erklärte ihren Verzicht auf Krieg unter dem Vorbehalt des Selbstverteidigungsrechts.

Vertrag vom 27. August 1928 über den Verzicht auf den Krieg (Briand-Kellogg-Pakt; SR 0.193.311)

„Art. I

Die Hohen Vertragschliessenden Parteien erklären feierlich im Namen ihrer Völker, dass sie den Krieg als Mittel zur Beilegung internationaler Streitigkeiten verurteilen und auf ihn als ein Instrument der nationalen Politik in ihren gegenseitigen Beziehungen verzichten.

Art. II

Die Hohen Vertragschliessenden Parteien kommen überein, dass die Regelung oder die Beilegung aller Streitigkeiten und Konflikte, welcher Natur oder welchen Ursprungs sie auch sein mögen, die zwischen ihnen entstehen könnten, ausschliesslich durch friedliche Mittel erstrebt werden soll. (...)"

Das Recht auf Selbstverteidigung fand im Vertrag keine ausdrückliche Erwähnung. In einem Briefwechsel zwischen dem amerikanischen und dem britischen Aussenministerium im Vorfeld des Vertragsabschlusses wurde dies wie folgt erklärt:

> „That right is inherent in every sovereign State and is implicit in every treaty. Every nation is free at all times and regardless of treaty provisions, to defend its territories from attack or invasion, and it alone is competent to decide whether circumstances require recourse to war in self-defence." (UK Command Papers 3153, No. 1)

2. Der heutige Inhalt des Gewaltverbots

Das Gewaltverbot ist in Art. 2 Ziff. 4 UNO-Charta verankert, gilt aber auch, wie vom IGH bestätigt, gewohnheitsrechtlich und ist nach überwiegender Ansicht Bestandteil des ius cogens.

a. Anwendungsbereich

Das Gewaltverbot umfasst nur *zwischenstaatliche* Gewalt, d.h. die Gewalt eines Staates gegen einen anderen Staat bzw. sein Territorium oder Schiffe und Flugzeuge, die unter seiner Flagge fahren. Bei nicht-internationalen bewaffneten Konflikten (z.B. Bürgerkriegen) gelangt es nicht zur Anwendung.

Militärische Interventionen ausländischer Truppen im Kampf gegen Aufständische sind mit Zustimmung der Regierung erlaubt. Ob eine solche Zustimmung vorliegt bzw. wann sie zurückgezogen wird, ist auf Grund der gesamten Unmstände zu eruieren, d.h. es braucht dafür keine besonderen Formalitäten (*IGH, Armed Activities on the Territory of the Congo [Democratic Republic of the Congo v. Uganda], Judgment, I.C.J. Reports 2005,* para. 47).

Militärische Interventionen von Staaten zugunsten von Aufständischen stellen grundsätzlich eine verbotene Gewaltanwendung im zwischenstaatlichen Verhältnis dar, ausser sie seien durch den Sicherheitsrat autorisiert (hinten Ziff. I.4; zur humanitären Intervention hinten Ziff. I.5) oder zur Selbstverteidigung im Einklang mit der UNO-Charta (dazu hinten Ziff. I.3) notwendig.

b. Der Gewaltbegriff

Der Begriff der Gewalt in Art. 2 Ziff. 4 UNO-Charta beschränkt sich auf die Anwendung oder Androhung von Waffengewalt, d.h., er umfasst politischen und ökonomischen Zwang nicht. Art. 2 Ziff. 4 erfasst grundsätzlich jede Anwendung oder Androhung von militärischer Gewalt, wobei eine gewisse (allerdings niedrig anzusetzende) Gewaltintensität erforderlich ist. Neben dieser direkten staatlichen Gewaltanwendung umfasst der Gewaltbegriff weitere Formen indirekter staatlicher Gewalt:

IGH, Military and Paramilitary Activities in and against Nicaragua (Nicaragua v. United States of America), Judgment, I.C.J. Reports 1986, p. 14

„191. As regards certain particular aspects of the principle in question it will be necessary to distinguish the most grave forms of the use of force (those constituting an armed attack) from other less grave forms. In determining the legal rule which applies to these latter forms, the Court can (...) draw on the formulations contained in the Declaration on Principles of International Law concerning Friendly Relations and Co-operation among States (...)."

Friendly-Relations-Deklaration: Erklärung über die Grundsätze des Völkerrechts betreffend die freundschaftlichen Beziehungen und die Zusammenarbeit unter den Staaten in Übereinstimmung mit der Charta der Vereinten Nationen,
Resolution der Generalversammlung 2625 (XXV) vom 24. Oktober 1970

„Der Grundsatz, dass sich alle Staaten in ihren internationalen Beziehungen der Androhung oder Anwendung von Gewalt zu enthalten haben, die sich gegen die territoriale Unversehrtheit oder die politische Unabhängigkeit irgendeines anderen Staates richtet oder sonstwie mit den Zielen der Vereinten Nationen unvereinbar ist.

(...) Jeder Staat hat die Pflicht, sich der Androhung oder Anwendung von Gewalt zur Verletzung der bestehenden internationalen Grenzen eines anderen Staates zu enthalten, und zwar auch von territorialen Streitigkeiten und Problemen mit Bezug auf Staatsgrenzen.

Ebenso ist jeder Staat verpflichtet, sich der Androhung oder Anwendung von Gewalt zur Verletzung internationaler Demarkationslinien zu enthalten, (...).

Die Staaten haben die Pflicht, Repressalien, die Gewaltanwendung mit sich bringen, zu unterlassen. (...)

> Jeder Staat ist verpflichtet, das Organisieren oder die Unterstützung der Organisation von irregulären Streitkräften oder bewaffneten Verbänden und Söldnern zu unterlassen, die in das Gebiet eines anderen Staates eindringen wollen.
>
> Jeder Staat hat die Pflicht, das Organisieren, Anstiften, Unterstützen oder Teilnehmen an Bürgerkriegsakten oder terroristischen Tätigkeiten in einem anderen Staat oder das Dulden von organisierter Tätigkeit im Hinblick auf die Durchführung solcher Akte auf seinem Gebiet zu unterlassen, sofern die erwähnten Handlungen eine Androhung oder Anwendung von Gewalt miteinschliessen.
>
> Das Gebiet eines anderen Staates darf nicht Gegenstand einer militärischen Besetzung sein, die auf Androhung oder Anwendung von Gewalt in Verletzung der Bestimmungen der Charta beruht. (...) Kein Gebietserwerb, der auf Androhung oder Anwendung von Gewalt beruht, wird als rechtmässig anerkannt." (deutsche Übersetzung aus Müller/Wildhaber, S. 805 ff.)

Die gewohnheitsrechtliche Geltung der in dieser Deklaration enthaltenen Ausformulierung des Gewaltverbots wurde jüngst erneut vom IGH bestätigt *(IGH, Armed Activities on the Territory of the Congo [Democratic Republic of the Congo v. Uganda], Judgment, I.C.J. Reports 2005, para. 162)*.

Das Gewaltverbot kennt gewisse Ausnahmen. Einhellig anerkannt ist in Praxis und Lehre, dass die in Art. 51 UNO-Charta geregelte Selbstverteidigung (hinten Ziff. I.3) und Zwangsmassnahmen nach Kap. VII UNO-Charta (hinten Ziff. I.4) eine Durchbrechung des Gewaltverbots rechtfertigen können. Die Existenz weiterer Ausnahmen (hinten Ziff. I.5) ist umstritten.

3. *Das Selbstverteidigungsrecht als Ausnahme vom Gewaltverbot*

Die folgenden tatbestandlichen Voraussetzungen einer zulässigen Gewaltanwendung zur Selbstverteidigung gemäss Art. 51 UNO-Charta sind teilweise in ihrer genauen Ausgestaltung, nicht jedoch grundsätzlich umstritten. Das Selbstverteidigungsrecht stellt seinerseits, wie vom IGH bestätigt, eine gewohnheitsrechtliche Ausnahme vom Gewaltverbot dar *(IGH, Military and Paramilitary Activities in and against Nicaragua (Nicaragua v. United States of America), Judgment, I.C.J. Reports 1986, p. 14, para. 193)*.

a. *Vorliegen eines bewaffneten Angriffs*

Das Recht auf Selbstverteidigung setzt gemäss Art. 51 UNO-Charta einen bewaffneten Angriff, d.h. eine qualifizierte Form der Verletzung des Gewaltverbots, voraus. Daraus ergibt sich, dass nicht jede Verletzung des Gewaltverbots eine Gewaltanwendung des betroffenen Staates legitimieren kann.

Zum Begriff des *bewaffneten Angriffs* nach Art. 51 UNO-Charta führte der IGH Folgendes aus:

IGH, Military and Paramilitary Activities in and against Nicaragua (Nicaragua v. United States of America), Judgment, I.C.J. Reports 1986, p. 14

„195. (...) There appears now to be general agreement on the nature of the acts which can be treated as constituting armed attacks. In particular, it may be considered to be agreed that an armed attack must be understood as including not merely action by regular armed forces across an international border, but also „the sending by or on behalf of a State of armed bands, groups, irregulars or mercenaries, which carry out acts of armed force against another State of such gravity as to amount to" (inter alia) an actual armed attack conducted by regular forces, „or its substantial involvement therein". This description, contained in Article 3, paragraph (g), of the Definition of Aggression annexed to General Assembly resolution 3314 (XXIX), may be taken to reflect customary international law. The Court sees no reason to deny that, in customary law, the prohibition of armed attacks may apply to the sending by a State of armed bands to the territory of another State, if such an operation, because of its scale and effects, would have been classified as an armed attack rather than as a mere frontier incident had it been carried out by regular armed forces. But the Court does not believe that the concept of „armed attack" includes not only acts by armed bands where such acts occur on a significant scale but also assistance to rebels in the form of the provision of weapons or logistical or other support. Such assistance may be regarded as a threat or use of force, or amount to intervention in the internal or external affairs of other States."

Die in diesem Urteil angesprochene *Aggressionsdefinition* der Generalversammlung umschreibt an sich nicht den engen Begriff des bewaffneten Angriffs (armed attack) gemäss Art. 51, sondern den allgemeiner gehaltenen Begriff der *Angriffshandlung* (act of aggression). Insbesondere deren Art. 3 wird jedoch vom IGH, wie illustriert, für die Konkretisierung von Art. 51 UNO-Charta herangezogen:

Definition der Angriffshandlung
Resolution 3314 (XXIX) der UNO-Generalversammlung
vom 14. Dezember 1974

„Art. 2

Wendet ein Staat als erster Waffengewalt unter Verletzung der Charta an, so stellt dies einen Beweis des ersten Anscheins für eine Angriffshandlung dar, obwohl der Sicherheitsrat gemäss der Charta zu dem Schluss gelangen kann, dass eine Feststellung, es sei eine Angriffshandlung begangen worden, nicht gerechtfertigt wäre angesichts anderer bedeutsamer Umstände, einschliesslich der Tatsache, dass die betreffenden Handlungen oder ihre Folgen nicht von ausreichender Schwere sind.

Art. 3

Jede der folgenden Handlungen gilt, (...) vorbehaltlich und entsprechend den Bestimmungen in Artikel 2 als Angriffshandlung:

a) Die Invasion oder der Angriff durch die Streitkräfte eines Staates auf das Gebiet eines anderen Staates, oder jede auch noch so vorübergehende militärische Besetzung als Folge einer solchen Invasion oder eines solchen Angriffs, oder jede gewaltsame Einverleibung des Hoheitsgebietes eines anderen Staates oder eines Teils davon;

b) Die Beschiessung oder Bombardierung des Hoheitsgebietes eines Staates durch die Streitkräfte eines anderen Staates, oder die Anwendung von Waffen jeder Art durch einen Staat gegen das Hoheitsgebiet eines anderen Staates;

c) Die Blockade der Häfen oder Küsten eines Staates durch die Streitkräfte eines anderen Staates;

d) Ein Angriff durch die Streitkräfte eines Staates gegen die Land-, See- oder Luftstreitkräfte oder die See- und Luftflotte eines anderen Staates;

e) Der Einsatz von Streitkräften eines Staates, die sich im Hoheitsgebiet eines anderen Staates mit dessen Zustimmung befinden, unter Verstoss gegen die in der Zustimmung vorgesehenen Bedingungen, oder jede Verlängerung ihrer Anwesenheit in diesem Gebiet über das Ende der Zustimmung hinaus;

f) Die Handlung eines Staates, die in seiner Duldung besteht, dass sein Hoheitsgebiet, das er einem anderen Staat zur Verfügung gestellt hat, von diesem anderen Staat dazu benutzt wird, eine Angriffshandlung gegen einen dritten Staat zu begehen;

g) Das Entsenden bewaffneter Banden, Gruppen, Freischärler oder Söldner durch einen Staat oder für ihn, wenn sie mit Waffengewalt Handlungen gegen einen anderen Staat von so schwerer Art ausführen, dass sie den oben angeführten Handlungen gleichkommen, oder die wesentliche Beteiligung an einer solchen Entsendung.

Art. 4

Die obige Aufzählung der Handlungen ist nicht erschöpfend; der Sicherheitsrat kann feststellen, dass andere Handlungen ebenfalls eine Aggression nach den Bestimmungen der Charta darstellen.

Art. 5

Keine Überlegung irgendwelcher Art, ob politisch, wirtschaftlich, militärisch oder sonstwie, kann als Rechtfertigung für eine Aggression dienen. Ein Angriffskrieg ist ein Verbrechen gegen den Weltfrieden. Eine Aggression führt zu internationaler Verantwortung. Kein sich aus einer Aggression ergebender Gebietserwerb oder besonderer Vorteil wird als rechtmässig anerkannt oder darf als rechtmässig anerkannt werden." (deutscher Text zitiert nach VN 23 (1975) 120)

Siehe zu dem sich auf diese Definition stützenden völkerstrafrechtlichen Tatbestand der Aggression im Römer Statut, das explizit auf diese Resolution verweist, vorne 3. Teil, 5. Kap., Ziff. V.2.b.

In einem Entscheid aus dem Jahr 2003 hatte sich der IGH mit der Frage zu befassen, ob auch isolierte Gewalthandlungen als bewaffnete Angriffe bezeichnet werden können.

IGH, Oil Platforms (Islamic Republic of Iran v. United States of America), Judgment, I.C.J. Reports 2003, p. 161

Die USA zerstörten am 19. Oktober 1987 den iranischen Bohrinselkomplex Reshadat und am 18. April 1988 die Komplexe Salman und Nasr. Die USA machten in beiden Fällen ihr Selbstverteidigungsrecht geltend, da der Tanker Sea Isle City unter amerikanischer Flagge von einer iranischen Rakete getroffen und das Kriegsschiff Samuel B. Roberts im internationalen Gewässer von einer Mine beschädigt worden seien.

„64. On the hypothesis that all the incidents complained of are to be attributed to Iran (...) the question is whether that attack (...) can be categorized as an "armed attack" on the United States justifying self-defence. The Court notes first that the *Sea Isle City* was in Kuwaiti waters at the time of the attack on it, and that a Silkworm missile fired from (it is alleged) more than 100 km away could not have been aimed at the specific vessel, but simply programmed to hit some target in Kuwaiti waters (...).

72. (...) The Court does not exclude the possibility that the mining of a single military vessel might be sufficient to bring into play the "inherent right of self-defence"; but in view of all the circumstances including the inconclusiveness of the evidence of Iran's responsibility for the mining of the USS *Samuel B. Roberts*, the Court is unable to hold that the attacks on the Salman and Nasr platforms have been shown to have been justifiably made in response to an "armed attack" on the United States by Iran (...)."

b. Vorliegen eines aktuellen oder unmittelbar bevorstehenden Angriffs

Seit den militärischen Operationen der USA in Afghanistan als Reaktion auf die Anschläge vom 11. September 2001 und der Invasion einer durch die USA angeführten Staatenkoalition im Irak im Jahr 2003 ist heftig umstritten, ob und unter welchen Voraussetzungen auch eine *präventive Selbstverteidigung* möglich ist, d.h. welchen *Grad an Aktualität* der Angriff bzw. die Verteidigungsmassnahme aufweisen muss. Nach bisheriger Auffassung war die Unmittelbarkeit des feindlichen Angriffs das ausschlaggebende Kriterium. Diese Auffassung geht zurück auf folgende Formel des amerikanischen Aussenministers DANIEL WEBSTERS zum Caroline-Fall (1837-1842): *„(...) the necessity of that self-defence is instant, overwhelming and leaving no choice of means, and no moment for deliberation."* (AJIL 1938, S. 89)

Der UNO-Generalsekretär nahm zur präventiven Selbstverteidigung im Jahr 2005 in folgender Weise Stellung:

In larger freedom: Towards development, security and human rights for all, Report of the Secretary-General, 21 March 2005 (UN Doc. A/59/2005)

„E. Use of force

122. Finally, an essential part of the consensus we seek must be agreement on when and how force can be used to defend international peace and security. In recent years, this issue has deeply divided Member States. They have disagreed about whether States have the right to use military force pre-emptively, to defend themselves against imminent threats; whether they have the right to use it preventively to defend themselves against latent or non-imminent threats; (...)

124. Imminent threats are fully covered by Article 51, which safeguards the inherent right of sovereign States to defend themselves against armed attack. Lawyers have long recognized that this covers an imminent attack as well as one that has already happened.

125. Where threats are not imminent but latent, the Charter gives full authority to the Security Council to use military force, including preventively, to preserve international peace and security."

Der IGH musste die Frage der Rechtmässigkeit präventiver Selbstverteidigung bisher nicht abschliessend beurteilen. Er betont aber, dass militärische Operationen auf dem Territorium eines fremden Staates auf jeden Fall eine Verletzung des Gewaltverbots darstellen, wenn sie zum Schutz eigener, legitimer Sicherheitsinteressen erfolgen, ohne dass ein bereits erfolgter Angriff vorliegt oder ein solcher erwartet wird *(IGH, Armed Activities on the Territory of the Congo [Democratic Republic of the Congo v. Uganda], Judgment, I.C.J. Reports 2005, para. 143).*

c. Vorliegen eines Angriffs eines anderen Staates

Fraglich ist, ob es für das Vorliegen eines bewaffneten Angriffs notwendig ist, dass der Angriff selbst dem Staat, gegen den sich die Selbstverteidigungsmassnahme richtet, zugerechnet werden kann, oder ob es genügt, dass diesem im Zusammenhang mit Angriffshandlungen eine *Pflichtverletzung* vorgeworfen werden kann, so dass ein bewaffneter Angriff auch *indirekt* erfolgen könnte. Zudem fragt es sich ganz allgemein, ob ein bewaffneter Angriff auch durch *nichtstaatliche Akteure* vorgenommen werden kann.

Aus der Rechtsprechung des IGH ergibt sich zunächst, dass ein bewaffneter Angriff seinen Ursprung ausserhalb des Gebietes des sich auf das Selbstverteidigungsrecht stützenden Staates haben muss:

IGH, Legal Consequences of the Construction of a Wall in the Occupied Palestinian Territory, Advisory Opinion, I.C.J. Reports 2004, p. 136

„139. (...) Article 51 of the Charter (...) recognizes the existence of an inherent right of self-defence in the case of armed attack by one State against another State. However, Israel does not claim that the attacks against it are imputable to a foreign State.

The Court also notes that Israel exercises control in the Occupied Palestinian Territory and that, as Israel itself states, the threat which it regards as justifying the construction of the wall originates within, and not outside, that territory. The situation is thus different from that contemplated by Security Council resolutions 1368 (2001) and 1373 (2001), and therefore Israel could not in any event invoke those resolutions in support of its claim to be exercising a right of self-defence."

Im Weiteren verdeutlicht die Rechtsprechung des IGH, dass in Übereinstimmung mit der Aggressionsdefinition der Generalversammlung ein bewaffneter Angriff eines anderen Staates vorliegen kann, wenn dieser durch Private ausgeführt wird, deren Handeln dem Staat zugerechnet werden kann, ein solcher aber fehlt, falls der betreffende Staat in Angriffshandlungen nichtstaatlicher Gruppierungen in keiner Weise involviert ist:

IGH, Armed Activities on the Territory of the Congo (Democratic Republic of the Congo v. Uganda), Judgment, I.C.J. Reports 2005, p. 168

Zwischen August 1998 und Juli 1999 führte Uganda auf dem Gebiet der Demokratischen Republik Kongo (DRC) mehrere militärische Aktionen durch und besetzte Städte und deren Flughäfen. Uganda machte geltend, es habe einer

Verschwörung der DRC, Sudan und der ADF (Allied Democratic Forces) entgegenstehen müssen und die Angriffe seien demnach durch das Recht auf Selbstverteidigung gerechtfertigt. Der IGH wies diese Auffassung zurück:

> „146. It is further to be noted that, while Uganda claimed to have acted in self-defence, it did not ever claim that it had been subjected to an armed attack by the armed forces of the DRC. The "armed attacks" to which reference was made came rather from the ADF. The Court has found above (...) that there is no satisfactory proof of the involvement in these attacks, direct or indirect, of the Government of the DRC. The attacks did not emanate from armed bands or irregulars sent by the DRC or on behalf of the DRC, within the sense of Article 3 (g) of General Assembly resolution 3314 (XXIX) on the definition of aggression (...)."

Innerhalb dieses Rahmens bleibt insbesondere umstritten, ob bewaffnete Gewalt unter Abstützung auf das Selbstverteidigungsrecht auch gegen einen Staat ausgeübt werden darf, der duldet, dass sein Staatsgebiet durch nichtstaatliche Gruppen benutzt wird, um einen Angriff gegen einen anderen Staat durchzuführen, ohne dass ihm die Angriffe direkt zugerechnet werden können. Diese Frage ist im Zusammenhang mit den Terroranschlägen vom 11. September 2001 und der Reaktion der Staaten hierauf von Bedeutung. Der UNO-Sicherheitsrat verabschiedete am 12. September 2001 die Resolution 1368 (2001), in der er unter anderem die Anschläge verurteilte und in der Präambel das Recht zur individuellen und kollektiven Selbstverteidigung in Erinnerung rief. Mit der Resolution 1373 (2001) vom 28. September 2001 bekräftigte der Sicherheitsrat in seiner Präambel das Recht zur Selbstverteidigung und bestätigte unter Abstützung auf die Friendly-Relations-Deklaration, dass jeder Staat verpflichtet sei, die Duldung organisierter gegen einen anderen Staat gerichteter terroristischer Aktivitäten zu unterlassen. Waren damit die militärischen Operationen der USA und anderer Staaten in Afghanistan durch das Selbstverteidigungsrecht abgedeckt?

Die erwähnten Resolutionen sind in ihren Ausführungen ambivalent: So nehmen sie zwar explizit Bezug auf das Recht auf Selbstverteidigung, vermeiden aber die Erwähnung des Begriffs des „bewaffneten Angriffs" gemäss Art. 51 UNO-Charta und verwenden ohne direkte Verbindung zum Recht auf Selbstverteidigung stattdessen den Ausdruck „terroristische Attacke". Zudem legt die Bezugnahme auf die Friendly-Relations-Deklaration nahe, dass der Sicherheitsrat zwar von einer Verletzung des Gewaltverbots, nicht aber mit Bestimmtheit von einer solchen des Verbots bewaffneter Angriffe ausging.

Gegen eine weite Interpretation des Rechts auf Selbstverteidigung sprechen verschiedene Argumente. Sie gefährdet das Recht der internationalen Rechtshilfe, weil unklar bleibt, ob ein Staat sich vorgängig zur Inanspruchnahme des Rechts auf Selbstverteidigung um die Auslieferung eines Terroristen von einem anderen Staat zu bemühen hat. Zudem verwischt sie die Grenzen zwischen dem Recht auf Selbstverteidigung und dem internationalen Strafrecht (siehe Michael Byers: Terrorism, The Use of Force and International Law after 11 September, ICLQ 2002, 413 f.). Auf der anderen Seite kann eine enge Auslegung bedeuten, dass ein Staat gegen terroristische Attacken von einem fremden Staatsgebiet aus weitgehend machtlos bleibt, wenn die Mittel des Strafrechts und der Rechtshilfe der Straftaten versagen.

d. Notwendigkeit der Gewaltanwendung

Auch im Falle eines bewaffneten Angriffs darf nur zum Mittel der Gewalt gegriffen werden, soweit sich dies zum Schutz der elementaren Sicherheitsinteressen des angegriffen Staates als notwendig erweist. Dieses Erfordernis dürfte im Fall eines direkten Angriffs fremder Truppen auf das Territorium eines Staates regelmässig erfüllt sein. Von dieser Annahme kann jedoch bei Angriffen mit geringer Intensität nicht automatisch ausgegangen werden. Damit wird auch die Frage aktuell, ob zur Rechtfertigung der Gewaltanwendung in Selbstverteidigung die subjektive Einschätzung des betroffenen Staates massgebend ist, oder ob auf objektive Kriterien abzustellen ist.

IGH, Oil Platforms (Islamic Republic of Iran v. United States of America), Judgment, I.C.J. Reports 2003, p. 161

„73. [I]n the present case a question of whether certain action is "necessary" arises (...) as an element of international law relating to self-defence and on the basis of the actual terms of Article XX, paragraph 1 (d), of the 1955 Treaty, already quoted, whereby the Treaty does "not preclude .... measures .... necessary to protect [the] essential security interests" of either party. In this latter respect, the United States claims that it considered in good faith that the attacks on the platforms were necessary to protect its essential security interests, and suggests that "A measure of discretion should be afforded to a party's good faith application of measures to protect its essential security interests". Iran was prepared to recognize some of the interests referred to by the United States - the safety of United States vessels and crew, and the uninterrupted flow of maritime commerce in the Persian Gulf - as being reasonable security interests of the United States, but denied that the United States actions against the platforms could be regarded as "necessary" to protect those interests. The Court does not however have to decide whether the United States interpretation of Article XX, paragraph 1 (d), on this point is correct, since the requirement of international law that measures taken avowedly in self-defence must have been necessary for that purpose is strict and objective, leaving no room for any "measure of discretion". The Court will therefore turn to the criteria of necessity and proportionality in the context of international law on self-defence."

e. Verhältnismässigkeit der Gewaltanwendung

Selbst wenn in einer konkreten Situation zur Selbstverteidigung grundsätzlich auf gewaltsame Mittel zurückgegriffen werden darf, sind diese, wie folgende Urteilszitate belegen, in strikt verhältnismässiger Weise einzusetzen:

IGH, Armed Activities on the Territory of the Congo (Democratic Republic of the Congo v. Uganda), Judgment, I.C.J. Reports 2005, p. 168

„147. (...) [S]ince the preconditions for the exercise of self-defence do not exist in the circumstances of the present case, the Court has no need to enquire whether such an entitlement to self-defence was in fact exercised in circumstances of necessity and in a manner that was proportionate. The Court cannot fail to observe, however, that the taking of airports and towns many hundreds of kilometres from Uganda's border would not seem proportionate to the series of transborder attacks it claimed had given rise to the right of self-defence, nor to be necessary to that end."

IGH, Oil Platforms (Islamic Republic of Iran v. United States of America), Judgment, I.C.J. Reports 2003, p. 161

„76. (...) In the case both of the attack on the Sea Isle City and the mining of the USS Samuel B. Roberts, the Court is not satisfied that the attacks on the platforms were necessary to respond to these incidents. In this connection, the Court notes that there is no evidence that the United States complained to Iran of the military activities of the platforms, in the same was as it complained repeatedly of mine laying and attacks on neutral shipping, which does not suggest that the targeting of the platforms was seen as a necessary act. (...).

77. As to requirement of proportionality, the attack of 19 October 1987 might, had the court found that it was necessary in response to the *Sea Isle City* incident as an armed attack committed by Iran, have been considered proportionate. In the case of the attacks of 18 April 1988, however, they were conceived and executed as part of a more extensive operation entitled "Operation Praying Mantis" (...). The question of the lawfulness of other aspects of that operation is not before the Court (...); but the Court cannot assess in isolation the proportionality of that action to the attack to which it was said to be a response; it cannot close its eyes to the scale of the whole operation, which involved, *inter alia*, the destruction of two Iranian frigates and a number of other naval vessels and aircraft. As a response to the mining, by an unidentified agency, of a single United States warship, which was severely damaged but not sunk, and without loss of life, neither "Operation Praying Mantis" as a whole, nor even that part of it that destroyed the Salman and Nasr platforms, can be regarded, in the circumstances of this case, as a proportionate use of force in self-defence."

f. Kollektive Ausübung des Rechts auf Selbstverteidigung

Art. 51 UNO-Charta anerkennt nicht nur ein Recht auf individuelle Selbstverteidigung, sondern unter Beachtung folgender Voraussetzungen auch ein Recht dritter Staaten, das Opfer einer bewaffneten Attacke mit militärischen Mitteln zu unterstützen:

IGH, Military and Paramilitary Activities in and against Nicaragua (Nicaragua v. United States of America), Judgment, I.C.J. Reports 1986, p. 14

„195. (...) In the case of individual self-defence, the exercise of this right is subject to the State concerned having been the victim of an armed attack. (...) It is also clear that it is the State which is the victim of an armed attack which must form and declare the view that it has been so attacked. There is no rule in customary international law permitting another State to exercise the right of collective self-defence on the basis of its own assessment of the situation. Where collective self-defence is invoked, it is to be expected that the State for whose benefit this right is used will have declared itself to be the victim of an armed attack. (...)

199. At all events, the Court finds that in customary international law, whether of a general kind (...), there is no rule permitting the exercise of collective self-defence in the absence of a request by the State which regards itself as the victim of an armed attack. The Court concludes that the requirement of a request by the State which is the victim of the alleged attack is additional to the requirement that such a State should have declared itself to have been attacked."

g. *Die Rolle des Sicherheitsrats*

Gemäss dem Wortlaut des Art. 51 UNO-Charta gilt das Selbstverteidigungsrecht nur subsidiär, d.h. bis zum Tätigwerden des Sicherheitsrates. In der Praxis ist die Bedeutung dieser Regel weitgehend unklar geblieben.

4. Militärische Zwangsmassnahmen nach Kap. VII der UNO-Charta als Ausnahme vom Gewaltverbot

Der Sicherheitsrat kann gestützt auf Kap. VII der UNO-Charta militärische Zwangsmassnahmen treffen zur Gewährleistung der internationalen Sicherheit, falls er eine Bedrohung oder den Bruch des Friedens oder eine Angriffshandlung feststellt (siehe dazu detailliert hinten in diesem Kapitel Ziff. II.2.c). Derartige militärische Zwangsmassnahmen gelten ebenfalls nicht als Verletzung des Gewaltverbots.

5. Weitere Ausnahmen vom Gewaltverbot?

a. *Humanitäre Intervention*

Unter einer humanitären Intervention versteht man das gewaltsame Vorgehen von Staaten zum Schutz der Bevölkerung eines fremden Staats vor systematischen Verletzungen fundamentaler Menschenrechte. Soweit eine solche Aktion durch den Sicherheitsrat autorisiert wird, greift der Rechtfertigungsgrund des Kap. VII UNO-Charta. Umstritten ist jedoch, ob und gegebenenfalls unter welchen Voraussetzungen vom Sicherheitsrat nicht autorisierte humanitäre Interventionen durch Staaten (einzeln oder gemeinsam) mit dem Gewaltverbot in Einklang stehen. Diese Frage stellte sich 1999 in aller Schärfe im Fall von Kosovo, als die NATO-Staaten angesichts der Untätigkeit des Sicherheitsrats beschlossen, mittels Luftangriffen die serbischen Truppen zu zwingen, sich aus dem Kosovo zurückzuziehen.

Zur Klärung der Zulässigkeit humanitärer Interventionen setzte die kanadische Regierung im Jahr 2000 eine hochkarätig besetzte internationale Expertenkommission ein. Diese kam zum Schluss, militärische Interventionen seien gerechtfertigt, wenn sie kumulativ dem Schutz der Zivilbevölkerung gegen schwerste Gewalt und Menschenrechtsverletztungen dienen („just cause"), in der Absicht erfolgen, dieses Ziel zu erreichen („just intention"), erst erfolgen, nachdem andere Mittel versagt haben („last resort"), nicht über das hinausgehen, was notwendig ist („proportional means") und durch den Sicherheitsrat oder allenfalls die Generalversammlung bzw. eine Regionalorganisation autorisiert werden („right authority") (*The Responsibility to Protect, Report of the International Commission on Intervention and State Sovereignty [ICISS], December 2001*. Zu ähnlichen Kriterien in der mittelalterlichen Lehre vom gerechten Krieg vorne Einführung, Ziff. I.1.b).

Diese Empfehlungen der ICISS fanden Eingang in verschiedene UNO-Dokumente, so etwa in abgeschwächter Form in den Bericht des UNO-Generalsekretärs zur UNO-Reform von 2005 (In larger freedom: Towards development, security and human rights for all, Report of the Secretary-General, UN Doc. A/59/2005, Ziff. 122), wo die Frage aufgeworfen wird, ob die Staaten gar unter einer Verpflichtung stünden, etwa im Fall von Völkermord die „Bürger eines anderen Staates zu retten".

Anlässlich des Weltgipfels der UNO im Jahr 2005 nahmen die über 170 versammelten Staatschefs zu diesem Fragenkomplex in folgender Weise Stellung:

World Summit Outcome, Resolution der UNO-Generalversammlung 60/1 vom 24. Oktober 2005

> *„Responsibility to protect populations from genocide, war crimes, ethnic cleansing and crimes against humanity*
>
> 138. Each individual State has the responsibility to protect its populations from genocide, war crimes, ethnic cleansing and crimes against humanity. This responsibility entails the prevention of such crimes, including their incitement, through appropriate and necessary means. We accept that responsibility and will act in accordance with it. The international community should, as appropriate, encourage and help States to exercise this responsibility and support the United Nations in establishing an early warning capability.
>
> 139. The international community, through the United Nations, also has the responsibility to use appropriate diplomatic, humanitarian and other peaceful means, in accordance with Chapters VI and VIII of the Charter of the United Nations, to help protect populations from genocide, war crimes, ethnic cleansing and crimes against humanity. In this context, we are prepared to take collective action, in a timely and decisive manner, through the Security Council, in accordance with the Charter, including Chapter VII, on a case-by-case basis and in cooperation with relevant regional organizations as appropriate, should peaceful means be inadequate and national authorities are manifestly failing to protect their populations from genocide, war crimes, ethnic cleansing and crimes against humanity. We stress the need for the General Assembly to continue consideration of the responsibility to protect populations from genocide, war crimes, ethnic cleansing and crimes against humanity and its implications, bearing in mind the principles of the Charter and international law. We also intend to commit ourselves, as necessary and appropriate, to helping States build capacity to protect their populations from genocide, war crimes, ethnic cleansing and crimes against humanity and to assisting those which are under stress before crises and conflicts break out."
> (UN Doc. A/60/L.40)

Damit kann davon ausgegangen werden, dass humanitäre Interventionen ohne Zustimmung des UNO-Sicherheitsrats oder möglicherweise der Generalversammlung dem geltenden Völkerrecht widersprechen.

Die Selbstverpflichtung der Staaten in dieser Resolution findet ihre Grenze am Vetorecht der ständigen Sicherheitsratsmitglieder. Während der Sicherheitsrat die militärische Intervention in Libyien in Resolution 1973 (2011) in klarer Anlehnung an das Konzept der *Responsibility to Protect (R2P)* autorisierte (siehe hinten Ziff. II.2.c), blieb er im Fall von Syrien abgesehen von Sanktionen gegen den islamischen Staat wegen Vetodrohungen weitgehend handlungsunfähig.

b. Eingreifen eines Staates zum Schutz eigener Staatsangehöriger im Ausland

Staaten greifen immer wieder mit gewaltsamen Mitteln auf dem Territorium eines anderen Staates ein mit dem Ziel, Leib und Leben eigener Staatsangehöriger zu schützen (etwa bei Geiselnahmen). Die Zulässigkeit solcher Aktionen ist umstritten; jedenfalls darf eine solche Intervention nur dann erfolgen, wenn alle Versuche, mit dem Territorialstaat zu einer Einigung über das zu wählende Vorgehen zu kommen, gescheitert sind und der Grundsatz der Verhältnismässigkeit gewahrt ist. Folgende Beispiele für diese Konstellation können genannt werden:

- Entebbe-Fall (Befreiung eigener Staatsangehöriger durch Israel im Fall eines 1976 nach Uganda entführten Verkehrsflugzeuges).
- Versuch zur Befreiung der Geiseln in der amerikanischen Botschaft in Teheran durch die USA (1980).
- Gescheiterte Befreiung eines durch die al-Shabaab Miliz in Somalia als Geisel gefangen gehaltenen französischen Geheimdienstagenten durch französische Einsatzkräfte (2013).

6. Verhältnis zum Interventionsverbot

Mit dem Gewaltverbot verwandt, aber nicht identisch ist das Verbot der zwangsweisen Einmischung in die Angelegenheiten eines anderen Staates, die ihrem Wesen nach zu dessen innerer Zuständigkeit gehören (Interventionsverbot; dazu vorne 3. Teil, 1. Kap., Ziff. IV).

Das Gewaltverbot hat insofern selbständige Bedeutung als die Anwendung von Waffengewalt auch in Bereichen verboten ist, in welchen der angegriffene Staat völkerrechtliche Verpflichtungen besitzt und sich deshalb im Verletzungsfall gegen Druck von Aussen nicht auf den Schutz seiner inneren Zuständigkeit berufen kann (zu den erlaubten Gegenmassnahmen vorne in diesem Teil, 1. Kap., Ziff. II.3). Bewaffnete Selbsthilfe ist den Staaten immer verboten.

Das Gewaltverbot überschneidet sich insofern mit dem Interventionsverbot, als dort, wo wegen des Charakters einer Angelegenheit als „innere" überhaupt kein Zwang gegenüber dem geschützten Staat ausgeübt werden darf, auch die militärische Gewalt verboten bleibt.

Das Interventionsverbot schliesslich geht insofern weiter als das Gewaltverbot, als es auch dort greift, wo in seinem Anwendungsbereich nur nicht militärische Zwangsmassnahmen (z.B. solche politischer oder wirtschaftlicher Art) zur Diskussion stehen.

II. DIE DURCHSETZUNG DER INTERNATIONALEN SICHERHEIT DURCH DEN SICHERHEITSRAT

Im Falle internationaler Konflikte, die den Frieden bedrohen oder bereits zu einem Bruch des Friedens geführt haben, stehen der UNO im Wesentlichen drei Kategorien von Massnahmen zur Verfügung: Die friedliche Streitbeilegung nach Kap. VI der Charta, die militärischen und die nichtmilitärischen Zwangsmassnahmen nach Kap. VII der Charta sowie friedenserhaltende Massnahmen, die sich in der Praxis entwickelt und etabliert haben, ihre Grundlage aber teilweise auch in Art. 39 ff. UNO-Charta finden (siehe dazu auch die Tabellen hinten 4. Teil, 3. Kap., Ziff. II.3).

1. Die Durchsetzung der internationalen Sicherheit durch Verfahren der friedlichen Streitbeilegung: Kapitel VI

Nach der Systematik und der Zielsetzung der Charta soll der Sicherheitsrat zunächst versuchen, eine Streitigkeit, „deren Fortdauer geeignet ist, die Wahrung des Weltfriedens und der internationalen Sicherheit zu gefährden" (Art. 33 UNO-Charta), mittels dem Verfahren der friedlichen Streitbeilegung gemäss Kapitel VI der UNO-Charta zu schlichten. Auf die verschiedenen hier in Betracht kommenden Instrumente wurde bereits in anderem Zusammenhang eingegangen (vorne in diesem Teil 1. Kap., Ziff. I). An dieser Stelle sei lediglich daran erinnert, dass der Sicherheitsrat gemäss Art. 33 UNO-Charta die Staaten auffordern kann, ihre Streitigkeiten durch friedliche Mittel zu beenden, wobei derartigen Resolutionen verbindliche Wirkung zukommt (Art. 25 UNO-Charta). Überdies ist er gemäss Art. 36 UNO-Charta befugt, den Parteien „geeignete Verfahren oder Methoden" für die Bereinigung der Streitsache zu empfehlen.

2. Die Durchsetzung der internationalen Sicherheit durch Zwangsmassnahmen: Kapitel VII

a. Voraussetzungen der Ergreifung von Zwangsmassnahmen

Der Sicherheitsrat kann nicht nur bei einer Verletzung des Gewaltverbots zu Zwangsmassnahmen greifen. Vielmehr ist er gemäss Art. 39 UNO-Charta befugt zu diesem Mittel zu greifen, falls er „eine Bedrohung oder einen Bruch des Friedens oder eine Angriffshandlung" feststellt. Damit trägt der Sicherheitsrat die Hauptverantwortung für den Schutz und die Wahrung des Friedens in der Welt.

Ursprünglich war der Begriff der Bedrohung oder des Bruchs des internationalen Friedens auf militärische Operationen beschränkt. Seit dem Ende des Kalten Kriegs legt der Sicherheitsrat den Tatbestand der Friedensbedrohung oder des Friedensbruchs zunehmend weiter aus.

- *Bruch des Friedens:*

- Seit 1946 ging der Sicherheitsrat erst vier Mal von einem Bruch des Friedens aus. Dabei handelte es sich immer um zwischenstaatliche Kriege; zuletzt aufgrund der Invasion Kuwaits durch den Irak (Resolution 660/1990). *Bedrohung des Friedens:*

Bürgerkriege, Terrorismus oder humanitäre Katastrophen stellen keinen Bruch des Friedens im Sinne der UNO-Charta dar, da das Gewaltverbot nur zwischenstaatliche Konflikte erfasst. Seit dem Ende des Kalten Kriegs anerkennt der Sicherheitsrat zunehmend, dass solche Situationen den Frieden wenigstens bedrohen können.

In der Resolution 688 (1991) stellte der Sicherheitsrat zum ersten Mal deutlich fest, dass die Auswirkungen der Unterdrückung einer Bevölkerungsgruppe (Kurden und Kurdinnen in Irak) und der dadurch ausgelöste Flüchtlingsstrom den Weltfrieden und die internationale Sicherheit bedrohen können. Trotz des unklaren Wortlauts der Resolution wird angenommen, dass diese im Rahmen des Kap. VII der UNO-Charta verabschiedet wurde:

Resolution 688 (1991): Irak

„*The Security Council,*

Mindful of his duties and its responsibilities under the Charter of the United Nations for the maintenance of international peace and security, (...)

1 *Condemns* the repression of the Iraqi civilian population in many parts of Iraq, including most recently in Kurdish-populated areas, the consequences of which threaten international peace and security in the region;

2. *Demands* that Iraq, as a contribution to removing the threat to international peace and security in the region, immediately end this repression, and in the same context expresses the hope that an open dialogue will take place to ensure that the human and political rights of all Iraqi citizens are respected; (...)"

Bis heute wurden Zwangsmassnahmen nie allein gestützt auf Menschenrechtsverletzungen beschlossen, sondern diese bildeten jeweils einen wichtigen Faktor neben Erwägungen sicherheitspolitischer Art.

Im Falle Somalias veranlassten ein rein interner Konflikt und die Verunmöglichung humanitärer Hilfeleistungen den Sicherheitsrat 1992 mit Resolution 794 gestützt auf Kap. VII den Staaten zu erlauben, die nötigen militärischen Massnahmen zu ergreifen, um ein sicheres Umfeld für die humanitäre Hilfe herzustellen. Eine gestützt darauf eingeleitete Militäroperation der USA scheiterte.

1994 vertrat der Sicherheitsrat die Auffassung, die durch ein illegales Militärregime begangenen Menschenrechtsverletzungen und dadurch verursachten Flüchtlingsströme in Haiti sowie die Weigerung dieser Regierung, die Macht dem demokratisch gewählten Präsidenten Aristide zu übertragen, stellten auch ausserhalb des Kontexts eines bewaffneten Konflikts eine Friedensbedrohung gemäss Art. 39 UNO-Charta dar (Resolution 940/1994). Die Anwendung von Art. 39 UNO-Charta auf solche Situationen ohne Gewaltanwendung ist bisher eine Ausnahme geblieben.

Im Jahr 2003 gelangte der Sicherheitsrat in Resolution 1521 nach Abschluss eines Friedensvertrages in Liberia mit Hinweis auf illegalen Handel mit Diamanten und Tropenholz, Waffenhandel und die Anwesenheit von Söldnern zum Schluss, die Situation stelle weiterhin eine Bedrohung des internationalen Friedens dar.

Seit 1999 befasst sich der Sicherheitsrat regelmässig mit dem Thema Schutz von Zivilpersonen („protection of civilians"). In diesem Zusammenhang beschloss der Sicherheitsrat:

Resolution 1296/2000: Schutz von Zivilpersonen

„Der Sicherheitsrat, [...]

5. Stellt fest, dass die gezielten Angriffe auf die Zivilbevölkerung oder andere geschützte Personen und die Begehung systematischer, flagranter und breit angelegter Verstösse gegen das humanitäre Völkerrecht und die Menschenrechte in Situationen bewaffneten Konflikts eine Bedrohung des Weltfriedens und der internationalen Sicherheit darstellen können, und bekräftigt in diesem Zusammenhang seine Bereitschaft, derartige Situationen zu prüfen und erfoderlichenfalls geeignete Massnahmen zu ergreifen; (...)"

Dieser Ansatz erlaubt dem Sicherheitsrat, Zwangsmassnahmen auch in Fällen zu beschliessen, in welchen rein innerstaatliche Gewaltanwendung keine unmittelbaren Auswirkungen auf andere Staaten hat (z.B. Resolution 1973/2011 zu Libyen, hinten Ziff. II.2.c).

Demgegenüber steht ein klassisches Verständnis der Bedrohung des internationalen Friedens im Vordergrund, wenn der Sicherheitsrat Massnahmen gegen die Verbreitung von Atomwaffen, chemischen und biologischen Waffen ergreift:

Resolution 1718/2006: Demokratische Volksrepublik Korea

„The Security Council, (...)

Reaffirming that proliferation of nuclear, chemical and biological weapons, as well as their means of delivery, constitutes a threat to international peace and security,

Expressing profound concern that the test claimed by the DPRK has generated increased tension in the region and beyond, and *determining* therefore that there is a clear threat to international peace and security,

Acting under Chapter VII of the Charter of the United Nations, and taking measures under its Article 41,

1. *Condemns* the nuclear test proclaimed by the DPRK on 9 October 2006 in flagrant disregard of its relevant resolutions, in particular resolution 1695 (2006), as well as of the statement of its President of 6 October 2006 (S/PRST/2006/41), including that such a test would bring universal condemnation of the international community and would represent a clear threat to international peace and security; (...)"

b. Nichtmilitärische Zwangsmassnahmen

Gestützt auf die nicht abschliessende Auflistung des Art. 41 UNO-Charta stehen dem Sicherheitsrat vielfältige Massnahmen zur Gewährleistung der internationalen Sicherheit offen. Bisher hat er v.a. zu folgenden Massnahmen gegriffen:

aa. Sanktionen

Mit der Resolution 661 (1990) verhängte der Sicherheitsrat 1990 gegen Irak erstmals ein vollständiges Wirtschafts-, Finanz- und Verkehrsembargo, um seine Resolution 660 durchzusetzen, in welcher er den Abzug des Irak aus Kuwait verlangte.

Derartige umfassende Sanktionen erliess der Sicherheitsrat zu Beginn der 1990er Jahre auch gegen Jugoslawien und Haiti. Sie erwiesen sich allerdings oft als problematisch, weil Totalembargos u.a. die Gesundheitsversorgung und Nahrungsmittelsicherheit beeinträchtigten und damit in erster Linie die Zivilbevölkerung trafen. Um solche nachteiligen Folgen zu vermeiden und die Wirksamkeit von Sanktionen zu erhöhen, werden in jüngerer Zeit Sanktionen zielgerichteter gegen die verantwortlichen Personen, Unternehmen oder Organisationen eingesetzt (sog. „smart sanctions"):

Resolution 1807 (2008): Demokratische Republik Kongo

„*The Security* Council, *(...)*

Determining that the situation in the Democratic Republic of the Congo continues to constitute a threat to international peace and security in the region,

Acting under Chapter VII of the Charter of the United Nations,

1. *Decides*, for a further period ending on 31 December 2008, that all States shall take the necessary measures to prevent the direct or indirect supply, sale or transfer, from their territories or by their nationals, or using their flag vessels or aircraft, of arms and any related materiel, and the provision of any assistance, advice or training related to military activities, including financing and financial assistance, to all non-governmental entities and individuals operating in the territory of the Democratic Republic of the Congo; (...)

9. *Decides* that, during the period of enforcement of the measures referred to in paragraph 1 above, all States shall take the necessary measures to prevent the entry into or transit through their territories of all persons designated by the Committee pursuant to paragraph 13 below, provided that nothing in this paragraph shall obligate a State to refuse entry into its territory to its own nationals; (...)

11. *Decides* that all States shall, during the period of enforcement of the measures referred to in paragraph 1 above, immediately freeze the funds, other financial assets and economic resources which are on their territories from the date of adoption of this resolution, which are owned or controlled, directly or indirectly, by persons or entities designated by the Committee (...)

13. *Decides* that the provisions of paragraphs 9 and 11 above shall apply to the following individuals and, as appropriate, entities, as designated by the Committee:

(...);

(b) Political and military leaders of foreign armed groups operating in the Democratic Republic of the Congo who impede the disarmament and the voluntary repatriation or resettlement of combatants belonging to those groups;

(c) Political and military leaders of Congolese militias receiving support from outside the Democratic Republic of the Congo, who impede the participation of their combatants in disarmament, demobilization and reintegration processes;

(d) Political and military leaders operating in the Democratic Republic of the Congo and recruiting or using children in armed conflicts in violation of applicable international law;

(e) Individuals operating in the Democratic Republic of the Congo and committing serious violations of international law involving the targeting of children or women in situations of armed conflict, including killing and maiming, sexual violence, abduction and forced displacement; (...)"

Moderne Sanktionsregimes umfassen allein oder in Kombination typischerweise folgende Massnahmen:

- Exportverbote für spezifische Güter, v.a. Rüstungsgüter in einem umfassenden Sinn;
- Importverbote für spezifische Güter, z.B. für illegal geförderte Naturschätze;
- Dienstleistungsembargos, z.B. Verbot der Finanzierung von Rüstungsgütern und Verbot militärischer Ausbildung;
- Ein- und Durchreiseverbote für bestimmte Personen;
- Finanzsanktionen in Form der Einfrierung ausländischer Vermögenswerte bestimmter Personen und Unternehmen.

Sanktionen richten sich somit heute weniger gegen Staaten als solche, sondern stellen Massnahmen gegen bestimmte Personenkreise in den Vordergrund. Zu ihrer Durchsetzung werden Sanktionsausschüsse eingesetzt, welche Listen von sanktionierten Personen und Unternehmen erstellen. Darauf können sich auch in der Schweiz wohnhafte Personen befinden (zu der damit verbundenen menschenrechtlichen Problematik vorne 3. Teil, 4. Kapitel, Ziff. II.2.b). Dieses sog. „listing system" wird seit dem Angriff von Al-Qaida auf das World Trade Center in New York vom 11. September 2001 vor allem auf natürliche und juristische Personen angewandt, welche Terrororganisationen angehören oder der Finanzierung von Terrorismus verdächtigt werden (z.B. Resolution 1390/2002 und in jüngerer Zeit Resolutionen 1904/2009, 1989/2011 und 2253/2015, welche die gegen Mitglieder von Al-Qaida verhängte Sanktionen auf solche des Islamischen Staats ausdehnt). Das „listing system" findet aber auch auf andere Situationen Anwendung (z.B. Resolution 2127 (2013) bezüglich Angehörige bewaffneter Gruppen in der Zentralafrikanischen Republik).

bb. Schaffung gerichtlicher oder quasi-gerichtlicher Organe

Der Sicherheitsrat hat seine aus Kap. VII fliessenden Befugnisse in innovativer Weise benutzt, um gestützt auf diese Grundlage Durchsetzungsorgane zu schaffen. Hauptbeispiele sind die beiden Straftribunale für Jugoslawien und

Ruanda (siehe zu diesen Organen vorne 3. Teil, 5. Kap., Ziff. V.2.a). Zur Zulässigkeit dieses Vorgehens nahm das Straftribunal für Jugoslawien Stellung:

ICTY, The Prosecutor v. Tadić, Appeals Chamber, Decision on the Defence Motion for Interlocutory Appeal on Jurisdiction, Case No IT-94-1 (1995)

„32. (...) In its resolution 827, the Security Council considers that "in the particular circumstances of the former Yugoslavia", the establishment of the International Tribunal "would contribute to the restoration and maintenance of peace" and indicates that, in establishing it, the Security Council was acting under Chapter VII (...).

The Appellant has attacked the legality of this decision (...):

a) that the establishment of such a tribunal was never contemplated by the framers of the Charter as one of the measures to be taken under Chapter VII; as witnessed by the fact that it figures nowhere in the provisions of that Chapter, and more particularly in Articles 41 and 42 which detail these measures;

b) that the Security Council is constitutionally or inherently incapable of creating a judicial organ, as it is conceived in the Charter as an executive organ, hence not possessed of judicial powers which can be exercised through a subsidiary organ; (...)

35. (...) It is evident that the measures set out in Article 41 are merely illustrative examples which obviously do not exclude other measures. All the Article requires is that they do not involve "the use of force." It is a negative definition. That the examples do not suggest judicial measures goes some way towards the other argument that the Article does not contemplate institutional measures implemented directly by the United Nations through one of its organs but, as the given examples suggest, only action by Member States, such as economic sanctions (though possibly coordinated through an organ of the Organization). However, as mentioned above, nothing in the Article suggests the limitation of the measures to those implemented by States. The Article only prescribes what these measures cannot be. Beyond that it does not say or suggest what they have to be. Moreover, even a simple literal analysis of the Article shows that the first phrase of the first sentence carries a very general prescription which can accommodate both institutional and Member State action. The second phrase can be read as referring particularly to one species of this very large category of measures referred to in the first phrase, but not necessarily the only one, namely, measures undertaken directly by States. It is also clear that the second sentence, starting with "These [measures]" not "Those [measures]", refers to the species mentioned in the second phrase rather than to the "genus" referred to in the first phrase of this sentence.

36. Logically, if the Organization can undertake measures which have to be implemented through the intermediary of its Members, it can a fortiori undertake measures which it can implement directly via its organs, if it happens to have the resources to do so. It is only for want of such resources that the United Nations has to act through its Members. But it is of the essence of "collective measures" that they are collectively undertaken. Action by Member States on behalf of the Organization is but a poor substitute faute de mieux, or a "second best" for want of the first. This is also the pattern of Article 42 on measures involving the use of armed force. In sum, the establishment of the International Tribunal falls squarely within the powers of the Security Council under Article 41."

cc. „Rechtsetzung"

Seit dem Jahr 2001 beschränkt sich der Sicherheitsrat nicht mehr darauf, mittels Zwangsmassnahmen Staaten zu einem bestimmten Verhalten gegenüber einem spezifisch bezeichneten Staat oder einer Organisation zu verpflichten, sondern er begann, den Mitgliedstaaten in generell-abstrakter Weise zur Abwehr der Gefahren des Terrorismus und der Weiterverbreitung von Massenvernichtungswaffen teilweise sehr weitgehende – und teilweise menschenrechtlich problematische –Verhaltenspflichten aufzuerlegen. Zur Durchsetzung dieser Verpflichtungen schuf er spezifische Durchsetzungsorgane, denen die Mitgliedstaaten periodische Berichte unterbreiten müssen. So verpflichtet der Sicherheitsrat in Resolution 1373 (2001), ohne den Begriff „Terrorismus" genauer zu definieren, alle Mitgliedstaaten zur Anordnung folgender Massnahmen zur Bekämpfung terroristischer Akte:

> „(a) Prevent and suppress the financing of terrorist acts;
>
> (b) Criminalize the wilful provision or collection, by any means, directly or indirectly, of funds by their nationals or in their territories with the intention that the funds should be used, or in the knowledge that they are to be used, in order to carry out terrorist acts;
>
> (c) Freeze without delay funds and other financial assets or economic resources of persons who commit, or attempt to commit, terrorist acts or participate in or facilitate the commission of terrorist acts; of entities owned or controlled directly or indirectly by such persons; and of persons and entities acting on behalf of, or at the direction of such persons and entities, including funds derived or generated from property owned or controlled directly or indirectly by such persons and associated persons and entities;
>
> (d) Prohibit their nationals or any persons and entities within their territories from making any funds, financial assets or economic resources or financial or other related services available, directly or indirectly, for the benefit of persons who commit or attempt to commit or facilitate or participate in the commission of terrorist acts, of entities owned or controlled, directly or indirectly, by such persons and of persons and entities acting on behalf of or at the direction of such persons; (...)"

Im Jahr 2004 verlangte der Sicherheitsrat in der besonders umstrittenen Resolution 1540 (2004) den Erlass folgender umfassender Massnahmen, um zu verhindern, dass nichtstaatliche Organisationen in den Besitz von Massenvernichtungswaffen gelangen:

> „*The Security Council*, (...)
>
> 2. *Decides* also that all States, in accordance with their national procedures, shall adopt and enforce appropriate effective laws which prohibit any non-State actor to manufacture, acquire, possess, develop, transport, transfer or use nuclear, chemical or biological weapons and their means of delivery, (...), as well as attempts to engage in any of the foregoing activities, participate in them as an accomplice, assist or finance them;
>
> 3. *Decides* also that all States shall take and enforce effective measures to establish domestic controls to prevent the proliferation of nuclear, chemical, or biological weapons and their means of delivery, including by establishing appropriate controls over related materials and to this end shall:
>
> (a) Develop and maintain appropriate effective measures to account for and secure such items in production, use, storage or transport;
>
> (b) Develop and maintain appropriate effective physical protection measures;

> (c) Develop and maintain appropriate effective border controls and law enforcement efforts to detect, deter, prevent and combat, including through international cooperation when necessary, the illicit trafficking and brokering in such items in accordance with their national legal authorities and legislation and consistent with international law;
>
> (d) Establish, develop, review and maintain appropriate effective national export and trans-shipment controls over such items, including appropriate laws and regulations to control export, transit, trans-shipment and re-export and controls on providing funds and services related to such export and trans-shipment such as financing, and transporting that would contribute to proliferation, as well as establishing end-user controls; and establishing and enforcing appropriate criminal or civil penalties for violations of such export control laws and regulations; (...)."

Verschiedene Staaten kritisierten dieses Vorgehen scharf und machten geltend, der demokratisch wenig legitimierte Sicherheitsrat sei nicht befugt, mittels Resolutionen vertragliche Verpflichtungen der Staaten zu ergänzen.

Ein neuerer Beschluss mit Rechtssetzungscharakter ist beispielsweise Resolution 2178 (2014), welche die Staaten u.a. verpflichtet,

> „[to] prevent and suppress the recruiting, organizing, transporting or equipping of individuals who travel to a State other than their States of residence or nationality for the purpose of the perpetration, planning, or preparation of, or participation in, terrorist acts or the providing or receiving of terrorist training, and the financing of their travel and of their activities."

c. *Militärische Zwangsmassnahmen*

Erweisen sich nichtmilitärische Zwangsmassnahmen als erfolglos, ermächtigt Art. 42 UNO-Charta den Sicherheitsrat zur Durchführung militärischer Massnahmen. Gemäss dem Text der Charta (Art. 43-47) kann er dabei auf militärische Kontingente der Mitgliedstaaten gestützt auf Sonderabkommen zwischen den Staaten und der UNO zurückgreifen. Da die Staaten bisher nicht bereit waren, derartige Sonderabkommen abzuschliessen und Truppen für eigentliche Kampfeinsätze unter UNO-Kommando zu stellen, konnte der Sicherheitsrat nie in eigener Kompetenz militärische Massnahmen gemäss Art. 42 der UNO-Charta durchführen. Stattdessen hat sich die Praxis eingebürgert, Staaten oder Staatenkoalitionen zu *ermächtigen*, mit Waffengewalt gegen den die Sicherheit gefährdenden Staat vorzugehen. Erstmals seit Ende des Kalten Kriegs griff der Sicherheitsrat im Jahr 1990 zu diesem Mittel, um die irakische Besetzung Kuwaits zu beenden:

Resolution 678 (1990): Kuwait

> „*The Security Council*, (...)
>
> *Noting* that, despite all efforts by the United Nations, Iraq refuses to comply with its obligation to implement resolution 660 (1990) and the abovementioned subsequent relevant resolutions, in flagrant contempt of the Security Council, (...);

Determined to secure full compliance with its decisions,

Acting under Chapter VII of the Charter,

1. *Demands* that Iraq comply fully with resolution 660 (1990) and all subsequent relevant resolutions, and decides, while maintaining all its decisions, to allow Iraq one final opportunity, as a pause of goodwill, to do so;

2. *Authorizes* Member States co-operating with the Government of Kuwait, unless Iraq on or before 15 January 1991 fully implements, as set forth in paragraph 1 above, the foregoing resolutions, to use all necessary means to uphold and implement resolution 660 (1990) and all subsequent relevant resolutions and to restore international peace and security in the area; (...)."

In den folgenden Jahren erlaubte er eine staatliche Gewaltanwendung etwa in folgenden Fällen:

- Einrichtung einer militärisch abgesicherten Flugverbotszone im Norden und Süden Iraks zur Gewährleistung humanitärer Hilfe; *Resolution 688 (1991).*
- Erlaubnis zur militärischen Absicherung der humanitären Hilfe in Somalia; *Resolution 794 (1992).*
- Erlaubnis zur militärischen Intervention in Haiti zur Wiedereinsetzung der gewählten Regierung des Präsidenten Aristide nach der Weigerung der Militärregierung, die Macht abzugeben; *Resolution 940 (1994).*
- Ermächtigung zur Einrichtung einer multinationalen Truppe in Liberia zur Durchsetzung des Waffenstillstandes sowie zur Durchsetzung der Sicherheit; *Resolution 1497 (2003).*
- Ermächtigung zur Stationierung einer multinationalen Truppe im Irak nach Beendigung der amerikanischen Besetzung; *Resolution 1546 (2004).*
- Ermächtigung zur Gewaltanwendung in somalischen Küstengewässern zwecks Bekämpfung der Piraterie; *Resolution 1816 (2008).*

Besonders weit ging die Ermächtigung zum militärischen Eingreifen 2011 in Libyen, welche zum Sturz des Gaddafi-Regimes führte:

Resolution 1973 (2011): Libyen

„The Security Council,

...

Expressing grave concern at the deteriorating situation, the escalation of violence, and the heavy civilian casualties,

Reiterating the responsibility of the Libyan authorities to protect the Libyan population and reaffirming that parties to armed conflicts bear the primary responsibility to take all feasible steps to ensure the protection of civilians,

Condemning the gross and systematic violation of human rights, including arbitrary detentions, enforced disappearances, torture and summary executions,

Further condemning acts of violence and intimidation committed by the Libyan authorities against journalists, media professionals and associated personnel and urging these authorities to comply with their obligations under international humanitarian law as outlined in resolution 1738 (2006),

Considering that the widespread and systematic attacks currently taking place in the Libyan Arab Jamahiriya against the civilian population may amount to crimes against humanity,

Recalling paragraph 26 of resolution 1970 (2011) in which the Council expressed its readiness to consider taking additional appropriate measures, as necessary, to facilitate and support the return of humanitarian agencies and make available humanitarian and related assistance in the Libyan Arab Jamahiriya,

Expressing its determination to ensure the protection of civilians and civilian populated areas and the rapid and unimpeded passage of humanitarian assistance and the safety of humanitarian personnel,

...

Determining that the situation in the Libyan Arab Jamahiriya continues to constitute a threat to international peace and security,

Acting under Chapter VII of the Charter of the United Nations,

1. *Demands* the immediate establishment of a cease-fire and a complete end to violence and all attacks against, and abuses of, civilians;

2. *Stresses* the need to intensify efforts to find a solution to the crisis which responds to the legitimate demands of the Libyan people (...);

3. *Demands* that the Libyan authorities comply with their obligations under international law, including international humanitarian law, human rights and refugee law and take all measures to protect civilians and meet their basic needs, and to ensure the rapid and unimpeded passage of humanitarian assistance;

Protection of Civilians

4. *Authorizes* Member States that have notified the Secretary-General, acting nationally or through regional organizations or arrangements, and acting in cooperation with the Secretary-General, to take all necessary measures, notwithstanding paragraph 9 of resolution 1970 (2011), to protect civilians and civilian populated areas under threat of attack in the Libyan Arab Jamahiriya, including Benghazi, while excluding a foreign occupation force of any form on any part of Libyan territory, and *requests* the Member States concerned to inform the Secretary-General immediately of the measures they take pursuant to the authorization conferred by this paragraph which shall be immediately reported to the Security Council; (...)."

Wie explizit müssen Ermächtigungen zum Einsatz von Militärgewalt sein? Diese Frage stellte sich im Zusammenhang mit dem amerikanischen Einmarsch in den Irak 2003. Die USA begründeten ihren bewaffneten Angriff auf den Irak u.a. mit dem Argument, der Sicherheitsrat habe mit dem Hinweis auf wiederholte Warnungen und zu erwartende ernsthafte Konsequenzen bei Nichtbeachtung der Pflicht zur Zerstörung von Massenvernichtungswaffen den Staaten implizit eine Erlaubnis zum gewaltsamen Vorgehen erteilt. Zur Untermauerung dieser Ansicht stützten sich die USA primär auf folgende Resolution:

Resolution 1441(2002): Irak

„*The Security Council,* (...)

Recognizing the threat Iraq's non-compliance with Council resolutions and proliferation of weapons of mass destruction and long-range missiles poses to international peace and security, (...)

1. *Decides* that Iraq has been and remains in material breach of its obligations under relevant resolutions, including resolution 687 (1991), in particular through Iraq's failure to cooperate with United Nations inspectors and the IAEA [International Atomic Energy Agency], and to complete the actions required (...) resolution 687 (1991).

2. *Decides*, while acknowledging paragraph 1 above, to afford Iraq, by this resolution, a final opportunity to comply with its disarmament obligations under relevant resolutions of the Council; and accordingly decides to set up an enhanced inspection regime with the aim of bringing to full and verified completion the disarmament process established by resolution 687 (1991) and subsequent resolutions of the Council (...);

13. *Recalls*, in that context, that the Council has repeatedly warned Iraq that it will face serious consequences as a result of its continued violations of its obligations; (...)".

Diese Rechtfertigung des Einsatzes militärischer Gewalt wurde von der Doktrin nahezu einhellig kritisiert. Wie etwa Resolution 678 (1990) zeigt, darf von einer Ermächtigung zur Gewaltanwendung nur dann ausgegangen werden, wenn eine Sicherheitsratsresolution ein solches Vorgehen explizit erlaubt. Diese Einschätzung entspricht auch der Rechtsauffassung des schweizerischen Bundesrats:

Die Neutralität auf dem Prüfstand im Irak-Konflikt – Zusammenfassung der Neutralitätspraxis der Schweiz während des Irak-Konflikts
vom 2. Dezember 2005

„Es stellt sich nun die Frage, ob die militärische Operation gegen den Irak mit dem in Artikel 2 Absatz 4 der Charta der Vereinten Nationen verankerten Gewaltverbot vereinbar war, welches ein Fundament der internationalen Rechtsordnung bildet und zwingendes Völkerrecht darstellt. (...)

Umstritten war, ob sich die Militäraktion auf eine Resolution des UNO-Sicherheitsrates stützen konnte. Der Sicherheitsrat der Vereinten Nationen nahm am 8. November 2002 die Resolution 1441 an, welche die Wiederaufnahme der Inspektionen im Irak vorsah und dem Land mit «ernsthaften Konsequenzen» drohte, wenn es auch weiterhin gegen seine Verpflichtungen verstosse. Im Februar 2003 unterbreitete das Vereinigte Königreich dem Sicherheitsrat der Vereinten Nationen einen Resolutionsentwurf, (...). Diese Resolution sollte zur Anwendung bewaffneter Gewalt gegen den Irak ermächtigen. Der Entwurf wies darauf hin, dass der Irak seine in den Resolutionen 687 und 1441 festgelegten Verpflichtungen «erheblich verletzt» habe, und stellte ohne Angabe einer Frist fest, der Irak habe die letzte Gelegenheit versäumt, einen Krieg zu vermeiden. Einen Monat später legten die Vereinigten Staaten, das Vereinigte Königreich und Spanien eine Neufassung des Entwurfs vor, in der sie den Sicherheitsrat aufforderten, spätestens am 17. März festzustellen, das Regime Saddam Husseins habe die in der Resolution 1441 vorgeschriebenen Abrüstungsmassnahmen nicht ergriffen. Ein bewaffnetes Eingreifen wurde formell nicht erwähnt. Im Sicherheitsrat kam es bis zum 17. März nicht zu einer Einigung, und so zogen die drei Staaten ihren Resolutionsantrag zurück und stellten damit ihre diplomatischen Bemühungen ein, den Irak mit friedlichen Mitteln zur Entwaffnung zu bewegen. Am 20. März 2003 begann die militärische Operation der US-amerikanischen und britischen Streitkräfte im Irak. (...).

Zur Begründung des zweiten Irak-Kriegs vom März 2003 vertraten die USA den Standpunkt, der Irak habe die Auflagen der Resolution 687 [1991] nicht erfüllt und diese Resolution mithin materiell verletzt, was in der Resolution

> 1441 (2002) bestätigt worden sei. Mit der materiellen Nichterfüllung der Resolution 687 sei die Grundlage für den Waffenstillstand entfallen, und dies habe die in der Resolution 678 [1990] enthaltene Ermächtigung zur Anwendung von Gewalt wieder aktiviert. (....)
>
> Tatsache ist, dass weder die Sicherheitsratsresolution 1441 (2002) noch irgendeine spätere Resolution vor dem Ausbruch der Feindseligkeiten die Anwendung von Gewalt gegen den Irak rechtfertigte. Die Resolution 1441 drohte dem Irak zwar mit ernsthaften Konsequenzen im Fall einer Nichterfüllung seiner Abrüstungs- und Inspektionsverpflichtungen, enthielt jedoch nicht die in der Resolution 678 (1990) verwendete Formulierung, Frieden und Sicherheit seien mit «allen erforderlichen Mitteln» wiederherzustellen. Diese Formulierung verwendet der Sicherheitsrat seit damals als feststehende Wendung für die Ermächtigung zur Anwendung militärischer Gewalt.
>
> Die Resolution 687 (1991) als Grundlage für eine implizite Ermächtigung zur Gewaltanwendung gegen den Irak heranzuziehen, erscheint unter materiellen wie formellen Aspekten fragwürdig. In materieller Hinsicht ist einzuwenden, dass die Resolution 687 einen spezifischen Zweck verfolgte und in einem bestimmten Kontext angenommen wurde, nämlich als Waffenstillstandsresolution nach der Befreiung Kuwaits. Ein Umdeuten dieser Resolution zum Zweck der Ermächtigung zum zweiten Irak-Krieg steht im Widerspruch sowohl zu ihrer Entstehungsgeschichte als auch zu ihrem ursprünglichen Ziel. Zudem dürfte eine Neuausrichtung und Reaktivierung der Resolution 687 nicht dem Ermessen einzelner Staaten anheim gestellt, sondern müsste vom Sicherheitsrat formell genehmigt werden.
>
> Soll eine Sicherheitsratsresolution als Rechtsgrundlage für eine militärische Intervention dienen, dann muss diese Resolution angesichts der überragenden Bedeutung des Gewaltverbots eine ausdrückliche und unmissverständliche Ermächtigung oder ein Mandat zu einer militärischen Operation in der betreffenden Krisensituation enthalten." (BBl 2005 S. 7008 ff.)

Als Ergebnis politischer Kompromisse, die es erlauben, Vetos zu vermeiden, kommen offen und unpräzis formulierte Resolutionen immer wieder vor. So ist umstritten, ob Resolution 2249/2015, in welcher Kapitel VII nicht erwähnt wird, Militäroperationen gegen den Islamischen Staat in Irak und Syrien autorisiert. Der massgebliche Paragraph lautet:

> "5. Calls upon Member States that have the capacity to do so to take all necessary measures, in compliance with international law, in particular with the United Nations Charter, as well as international human rights, refugee and humanitarian law, on the territory under the control of ISIL also known as Da'esh, in Syria and Iraq, to redouble and coordinate their efforts to prevent and suppress terrorist acts committed specifically by ISIL also known as Da'esh as well as ANF, and all other individuals, groups, undertakings, and entities associated with Al-Qaida, and other terrorist groups, as designated by the United Nations Security Council, and as may further be agreed by the International Syria Support Group (ISSG) and endorsed by the UN Security Council, (...) and to eradicate the safe haven they have established over significant parts of Iraq and Syria."

3. *Friedenserhaltende und friedensschaffende Massnahmen*

Friedenserhaltende Massnahmen (Peace Keeping Missions) des Sicherheitsrats sind eine Schöpfung der Praxis und lassen sich nicht explizit auf Kapitel VI oder VII der UNO-Charta stützen. Seit dem Ende des Kalten Kriegs haben derartige Einsätze der UNO erheblich zugenommen. Zwischen 1989 und Mai

2010 wurden 47 neue Operationen beschlossen; zwischen 1948 und 1988 waren es nur 16. Zurzeit (2016) existieren 16 friedenserhaltende Einsätze der UNO mit militärischem Charakter, die älteste in Jammu und Kashmir an der indisch-pakistanischen Grenze seit 1949, die jüngste in der Zentralafrikanischen Republik seit 2014. Hinzu kommen 11 rein zivile Politische Missionen (Political and Peacebuilding Missions).

Klassischen friedenserhaltenden Massnahmen (hinten Ziff. 3.a) ist gemeinsam, dass sie in erster Linie die Sicherung eines fragilen status quo bezwecken, wobei zwischen Peace-keeping und Peace-enforcement unterschieden werden kann; bei letzteren sind die Grenzen zu den eigentlichen Zwangsmassnahmen teilweise fliessend. Zahlreiche moderne Friedensmissionen der UNO umfassen häufig ein wesentlich breiteres Mandat und sollen aktiv zum Aufbau einer stabilen Friedensordnung beitragen. Bei diesen sog. Peacebuilding-Einsätzen vermischen sich die Grenzen zwischen Peace-keeping und Peace-enforcement.

a. Peace-keeping

Bei *Peace-keeping* erfolgt ein Beobachter- oder Truppeneinsatz nur mit Zustimmung der betroffenen Parteien, und ein Waffeneinsatz der Truppen darf grundsätzlich nur zur Selbstverteidigung und mit Zustimmung aller Parteien erfolgen. Eine Abstützung auf Kap. VII der Charta erweist sich daher nicht als notwendig. Klassische Peace-keeping-Operationen stellen etwa die Überwachung der Waffenstillstandslinien an der indisch-pakistanischen Grenze (UNMOGIP), zwischen den israelisch besetzten Golanhöhen und Syrien (UNDOF) oder zwischen der Republik Zypern und dem türkisch besetzten Nordteil dieser Insel (UNFICYP) dar. Mit Hilfe dieser Jahrzehnte dauernden Mandate gelang es bis heute, diese Konflikte „einzufrieren", jedoch nicht, sie zu lösen.

b. Peace-enforcement

Unter *Peace-enforcement* wird ein Peace-keeping-Einsatz mit Zwangscharakter verstanden. Ein Waffeneinsatz der Blauhelme kann folglich nicht nur zur Selbstverteidigung, sondern auch zur Durchsetzung der vom Sicherheitsrat getroffenen Massnahmen stattfinden. Rechtliche Grundlage dieser Operationen ist aufgrund ihres Zwangscharakters Art. 42 UNO-Charta. Damit ist eine Zustimmung der involvierten Parteien zwar wünschenswert, aber nicht notwendig:

Resolution 1856 (2008): Demokratische Republik Kongo

„*The Security Council,* [...]

Acting under Chapter VII of the Charter of the United Nations, [...]

3. *Decides* that MONUC shall, from the adoption of this resolution, have the mandate, in this order of priority, working in close cooperation with the Government of the DRC in order to [...]

(f) Deter any attempt at the use of force to threaten the Goma and Nairobi processes from any armed group, foreign or Congolese, particularly in the eastern part of the Democratic Republic of the Congo, including by using cordon and search tactics and undertaking all necessary operations to prevent attacks on civilians and disrupt the military capability of illegal armed groups that continue to use violence in that area;

(g) Coordinate operations with the FARDC integrated brigades deployed in the eastern part of the Democratic Republic of the Congo and support operations led by and jointly planned with these brigades in accordance with international humanitarian, human rights and refugee law with a view to:

- Disarming the recalcitrant local armed groups in order to ensure their participation in the disarmament, demobilization and reintegration process and the release of children associated with those armed groups;
- Disarming the foreign armed groups in order to ensure their participation in the disarmament, demobilization, repatriation, resettlement and reintegration process (DDRRR) and the release of children associated with those armed groups;
- Preventing the provision of support to illegal armed groups, including support derived from illicit economic activities; (...)"

Neuere Peace-keeping und Peace-enforcement Operationen haben oft ein Mandat zum Schutz der Zivilbevölkerung und von humanitären Aktionen. Siehe dazu das Beispiel des MONUSCO Mandats im folgenden Abschnitt.

c. *Peace-building*

Nach dem Ende des Kalten Kriegs wurde es möglich, Blauhelmoperationen mit einem breiteren, auch zivile Aufgaben umfassenden Mandat auszustatten, welches ihnen nicht nur ermöglichte, das Wiederaufflammen bewaffneter Konflikte zu verhindern, sondern sich – insbesondere nach Beendigung einer internen bewaffneten Auseinandersetzung – auch aktiv am Aufbau einer stabilen Friedenslösung zu beteiligen.

Ein derartiger Ansatz wurde erstmals im Jahr 1991 nach dem Ende des Bürgerkriegs in El Salvador gewählt. Die UNO-Beobachtermission ONUSAL wurde mit Resolution 693 (1991) beauftragt, nicht nur das Friedensabkommen sondern auch die Beachtung der Menschenrechte zu überwachen. Zu diesem Zweck wurde ihr die Befugnis des ungehinderten Zugangs zu allen Haftanstalten eingeräumt. Sie besass die Möglichkeit, juristische und institutionelle Reformen vorzuschlagen, sowie Beschwerden von Opfern von Menschenrechtsverletzungen entgegenzunehmen. Zur Erfüllung ihrer Mission wurden erstmals spezialisierte Menschenrechtsbeobachter eingesetzt, die heute Bestandteil aller Peace-building-Einsätze sind.

Den späteren Blauhelmmissionen wurden zunehmend weitere Aufgaben anvertraut. Diese Entwicklung gipfelte in der Übertragung der integralen Verwaltungshoheit über ein Gebiet, d.h. in der Schaffung eigentlicher UNO-Protektorate: Beispiele dafür sind die Errichtung einer Übergangsverwaltung in Kambodscha in den Jahren 1992-1993 (Resolution 745 [1992]), die Verwaltung Osttimors zwischen dem Unabhängigkeitsreferendum 1999 und der Unabhängigkeit dieses Landes 2002 (Resolution 1272 [1999]) und die – zusammen mit der OSZE und der EU durchgeführte – Übergangsverwaltung von Kosovo nach der NATO Intervention von 1999 (Resolution 1244 [1999]).

Moderne friedenserhaltende Missionen der UNO besitzen in aller Regel auch dort, wo es nicht um die Verwaltung von Gebieten geht, sowohl eine Berechtigung zum Peace-enforcement als auch eine Verpflichtung zum Peacebuilding. Besonders umfassend ist das Mandat von MONUSCO, der derzeit grössten Mission der UNO:

Resolution 2147 (2014): Demokratische Republik Kongo

"Der Sicherheitsrat,

(...)

ermächtigt die MONUSCO, (...) alle erforderlichen Maßnahmen zur Erfüllung der folgenden Aufgaben zu ergreifen:

a) Schutz von Zivilpersonen

i) innerhalb ihres Einsatzgebiets den wirksamen Schutz von Zivilpersonen zu gewährleisten, denen im Kontext der Gewalt, die von den an dem Konflikt beteiligten Parteien ausgeht, körperliche Gewalt droht, namentlich durch aktive Patrouillen, wobei besondere Aufmerksamkeit auf die in Vertriebenen- und Flüchtlingslagern versammelten Zivilpersonen, humanitäres Personal und Menschenrechtsverteidiger zu richten ist, und vor, während und nach jedem Militäreinsatz die Gefahren für Zivilpersonen zu mindern;

ii) den Schutz des Personals, der Einrichtungen, der Anlagen und der Ausrüstung der Vereinten Nationen sowie die Sicherheit und Bewegungsfreiheit des Personals der Vereinten Nationen und des beigeordneten Personals zu gewährleisten;

iii) in Zusammenarbeit mit der Regierung der Demokratischen Republik Kongo Bedrohungen für Zivilpersonen zu ermitteln und bestehende Präventions- und Reaktionspläne umzusetzen und die zivil-militärische Zusammenarbeit zu stärken, ein- schließlich durch gemeinsame Planung, um sicherzustellen, dass Zivilpersonen vor Missbräuchen und Verletzungen der Menschenrechte sowie vor Verstößen gegen das humanitäre Völkerrecht, einschließlich aller Formen der sexuellen und geschlechts- spezifischen Gewalt und Rechtsverletzungen und Missbrauchshandlungen an Kindern, geschützt sind, (...);

b) Neutralisierung bewaffneter Gruppen durch die Interventionsbrigade

zur Unterstützung der Behörden der Demokratischen Republik Kongo, (...) durch die Interventionsbrigade gezielte Offensiveinsätze auszuführen, entweder einseitig oder gemeinsam mit den Streitkräften der Demokratischen Republik Kongo, auf robuste, hochmobile und vielseitige Weise und unter strenger Einhaltung des Völkerrechts, einschließlich des humanitären Völkerrechts, (...), die Expansion aller bewaffneten Gruppen zu verhüten und diese Gruppen zu neutralisieren und zu entwaffnen, um zu dem Ziel beizutragen, die von bewaffneten Gruppen ausgehende Bedrohung für die staatliche Autorität und die Sicherheit von Zivilpersonen im Osten der Demokratischen Republik Kongo zu mindern und Raum für Stabilisierungsmaßnahmen zu schaffen;

c) Überwachung der Durchführung des Waffenembargos

die Durchführung des in Ziffer 1 der Resolution 2136 (2014) beschriebenen Waffenembargos in Zusammenarbeit mit der Sachverständigengruppe nach Resolution 1533 (2004) zu überwachen und (...) Rüstungsgüter und sonstiges Wehrmaterial, die unter Verstoß gegen die mit Ziffer 1 der Resolution 2136 (2014) verhängten Maßnahmen in die Demokratische Republik Kongo verbracht werden, zu beschlagnahmen, einzusammeln und zu entsorgen (...);

d) Unterstützung nationaler und internationaler Gerichtsverfahren

die Regierung der Demokratischen Republik Kongo zu unterstützen und mit ihr zusammenzuarbeiten, um diejenigen, die für Kriegsverbrechen und Verbrechen gegen die Menschlichkeit in dem Land verantwortlich sind, festzunehmen und vor Gericht zu stellen, einschließlich durch die Zusammenarbeit mit den Staaten in der Region und dem Internationalen Strafgerichtshof; (...)."

Zur Erfüllung seiner Aufgaben im Bereich des Peace-Building wird der Sicherheitsrat durch eine *Peacebuilding Commission* unterstützt, welche von der UNO-Generalversammlung während dem World Summit 2005 errichtet wurde. Dieses Unterorgan des Sicherheitsrats, in welchem 31 Staaten Einsitz nehmen (je 7 Staaten werden vom Sicherheitsrat, der Generalversammlung und dem ECOSOC gewählt, dazu die 5 wichtigsten Beitragszahler für Friedensmissionen und die 5 Staaten, welche am meisten Personal für derartige Operationen zur Verfügung stellen), soll den Friedensaufbauprozess aktiv und beratend unterstützen, Strategien für Peace-building und Versöhnung vorschlagen, die Aufmerksamkeit der internationalen Gemeinschaft für diese Aufgaben fördern und helfen, die finanziellen Mittel für den Wiederaufbau zu beschaffen.

Friedliche **Streit**beilegung (Kap. **VI. Art. 33 ff. UNO**-Charta)	Zwangsmassnahmen (Kap. **VII. Art. 39 ff. UNO**-Charta)	Friedenserhaltende **Aktionen** (Praxis)
Streitigkeit, die den Weltfrieden oder die internationale Sicherheit gefährdet	Bei Friedensbedrohung oder -bruch oder Angriffshandlung	(Potentieller) internationaler oder interner Konflikt
1. Anrufen des Sicherheitsrates durch: - Streitparteien - UNO-Mitglied - Generalsekretär	1. Feststellung durch den Sicherheitsrat, dass diese Voraussetzung gegeben ist.	1. Einverständnis der betroffenen Parteien oder Abstützung auf Kap. VII.
2. Massnahmen des Sicherheitsrates: - Diskussion des Streites - Stellungnahmen der Parteien - Vertrauliche Konsultationen - Untersuchungen - Empfehlungen (Vetorecht!) + Bestimmtes Streitbeilegungsverfahren + Anrufen des IGH + Materielle Lösung	2. Aufforderung an Streitparteien zu vorläufigen Massnahmen (z.B. Feuerpause).	2. Beschluss des Sicherheitsrates zum Einsatz von Beobachtermissionen oder UNO-Truppen (Blauhelme) zwecks:
	3. Empfehlung oder Anordnung von Zwangsmassnahmen: a) nichtmilitärische: Wirtschafts- und Verkehrsboykotte, Abbruch diplomatischer Beziehungen b) militärische: Blockaden, direkter Truppeneinsatz (Truppen müssen gestützt auf Sonderabkommen gestellt werden) bzw. Ermächtigung zum Truppeneinsatz durch Mitgliedstaaten	3a. Klassische Mandate: - Überwachung von Abkommen oder Resolutionen zur Einstellung von Feindseligkeiten - Bildung von Pufferzonen zwischen Konfliktparteien
3. Gleiches Vorgehen durch UNO-Generalversammlung, aber: - Vorrang des Sicherheitsrates - Kein Vetorecht		3b. Moderne Mandate: - Polizei- und Befriedungsaufgaben - Zivile Aufgaben: Organisation und Durchführung humanitärer Hilfe, Flüchtlingsrepatriierung, Überwachung der Menschenrechte, Überwachung und Durchführung von Wahlen und Abstimmungen - Schutz der Zivilbevölkerung - Verwaltung eigentlicher UNO-„Protektorate“
4. Generalsekretär: - Gute Dienste - Präventive Diplomatie	4. Falls der Sicherheitsrat nicht handelt, kann die UNO-Generalversammlung aktiv werden. Sie kann Zwangsmassnahmen aber nur empfehlen ("uniting for peace").	

III. EXKURS: DIE NEUTRALITÄT DER SCHWEIZ

Neutralität ist ein besonderes strategisches Verhalten; nämlich die *Nichtteilnahme am Krieg zwischen anderen Staaten, unabhängig von der Rechtmässigkeit des Verhaltens der am Konflikt beteiligten Länder*. Damit steht die Neutralität zumindest in einem gewissen Spannungsverhältnis zum System der kollektiven Sicherheit gemäss der UNO-Charta.

Die Neutralität kann *ad hoc*, d.h. im Hinblick auf einen konkreten Krieg (gewöhnliche Neutralität), oder *dauernd*, d.h. im Hinblick auf alle künftigen Kriege (permanente Neutralität), erklärt werden.

Im Fall eines permanent neutralen Staates wie der Schweiz gilt es strikt zwischen dem *Neutralitätsrecht*, d.h. dem völkerrechtlich geforderten Verhalten eines neutralen Staates, und der *Neutralitätspolitik* zu unterscheiden. Letztere umfasst diejenigen „freiwilligen" Massnahmen, die ein permanent neutraler Staat zusätzlich ergreift, um das Vertrauen der Staatengemeinschaft in seine Neutralität zu gewährleisten.

1. *Die Rechtsquellen des Neutralitätsrechts*

a. Die unsicheren völkerrechlichen Rechtsquellen der Neutralität

Das internationale Neutralitätsrecht, das gewohnheitsrechtlich entstanden ist, wurde letztmals im Jahr 1907 im *V. Haager Abkommen betreffend die Rechte und Pflichten der neutralen Mächte und Personen im Falle eines Landkriegs* (SR 0.515.21) und im *XIII. Haager Abkommen betreffend die Rechte und Pflichten der neutralen Mächte im Falle eines Seekriegs* (SR. 515.22) kodifiziert. Zu dieser Zeit war zwischenstaatliche Gewaltanwendung völkerrechtlich noch nicht verpönt. Aus dieser Tatsache erklären sich die Schwierigkeiten der Anwendung dieses Regimes etwa hinsichtlich seines zeitlichen Geltungsbereichs, oder der Festlegung der Rechte und Pflichten neutraler Staaten.

Daher argumentiert die Schweiz, das Neutralitätsrecht lasse sich gegenwärtig nur noch teilweise auf diese Abkommen stützen und finde im Übrigen seine Basis im Gewohnheitsrecht. Die Eruierung des Inhalts des gegenwärtigen ungeschriebenen Neutralitätsrechts ist aber aus folgenden Gründen mit Unsicherheiten behaftet: Galt zum Zeitpunkt der Kodifikation des Neutralitätsrechts ein an einem Krieg nicht beteiligter Staat zwingend als neutral, ist heute die Neutralität eine freiwillige Rechtsstellung während einer bewaffneten Auseinandersetzung, welche immer weniger Staaten wählen. Folglich ist das Bestehen von neutralitätsrechtlichem Gewohnheitsrecht heute primär anhand der Praxis und Rechtsüberzeugung der wenigen permanent neutralen Staaten zu eruieren, welche diese Wahlfreiheit nicht besitzen.

b. Die spezifischen Rechtsgrundlagen der schweizerischen ständigen Neutralität

Die permanente Neutralität der Schweiz findet als in vielerlei Hinsicht hybrides Rechtsinstitut ihre Grundlagen sowohl im Völker- wie im Landesrecht.

Leitsätze des Eidgenössischen Politischen Departements zur Neutralität, 1954

„I. Die dauernde Neutralität besteht darin, dass ein Staat sich verpflichtet, dauernd neutral zu sein. Dazu kann die ausdrückliche Verpflichtung anderer Staaten treten, diese Neutralität zu respektieren. Es ist also zwischen einseitiger und vertraglicher dauernder Neutralität zu unterscheiden; beide können kombiniert sein wie im Falle der Schweiz." (VEB 24 [1954], S. 9 ff. und SJIR 14 [1957], S. 195 ff.)

Die *völkerrechtliche Grundlage*, in welcher sich die Schweiz zu ihrer „immerwährenden" Neutralität verpflichtete und die anderen Staaten sich im Gegenzug verpflichteten, diese zu respektieren, wird gemeinhin in der sog. Pariser Akte aus dem Jahr 1815 gesehen:

Acte du 20 novembre 1815 portant reconnaissance de la neutralité perpétuelle de la Suisse et de l'inviolabilité de son territoire

„Les Puissances signataires de la déclaration de Vienne du 20 mars font, par le présent acte, une reconnaissance formelle et authentique de la neutralité perpétuelle de la Suisse, et elles lui garantissent l'intégrité et l'inviolabilité de son territoire dans ses nouvelles limites, (...)

Les Puissances signataires de la déclaration du 20 mars reconnaissent authentiquement par le présent acte que la neutralité et l'inviolabilité de la Suisse et son indépendance de toute influence étrangère sont dans les vrais intérêts de la politique de l'Europe entière."

Die Anerkennung der schweizerischen Neutralität wurde in der folgenden Zeit verschiedentlich bestätigt: So nach dem Ersten Weltkrieg im Vertrag von Versailles vom 28. Juni 1919 oder durch eine Deklaration des Völkerbundrates aus dem Jahr 1920, welche die Schweiz von der Teilnahme an militärischen Sanktionen dieser Organisation dispensierte. Letztmals bekräftigte die Schweiz auf internationaler Ebene ihre permanente Neutralität im Jahr 2002 anlässlich ihres *Beitrittschreibens an den UNO-Generalsekretär*:

„Wir haben die Ehre, um die Aufnahme der Schweiz in die Organisation der Vereinten Nationen (UNO) zu ersuchen. (...) Wir bitten Sie, das Gesuch dem UNO-Sicherheitsrat und der UNO-Generalversammlung zu unterbreiten.

Gemäss der Bundesverfassung hat die Schweizerische Eidgenossenschaft die Freiheit und Rechte des Volkes zu schützen, die Unabhängigkeit und Sicherheit des Landes zu wahren und sich für eine friedliche und gerechte internationale Ordnung einzusetzen. Die Bundesversammlung und der Bundesrat haben die zur Wahrung der Neutralität des Landes erforderlichen Massnahmen zu treffen. Die Schweiz ist ein neutraler Staat, dessen Status im Völkerrecht verankert ist. Für die UNO ist die Neutralität eines Mitgliedstaates mit den Verpflichtungen der UNO-Charta vereinbar und stellt einen Beitrag zur Verwirklichung der Ziele der UNO dar.

Die Schweiz bleibt auch als Mitglied der Organisation der Vereinten Nationen neutral.

> Gestützt auf diese Ausführungen haben wir die Ehre, im Namen der Schweizerischen Eidgenossenschaft zu erklären, dass die Schweizerische Eidgenossenschaft die Verpflichtungen der Charta der Vereinten Nationen anerkennt und willens ist, diese Verpflichtungen zu erfüllen."

Die UNO-Generalversammlung widersetzte sich dieser Auffassung nicht, sondern hat sie stillschweigend anerkannt.

Die schweizerische Neutralität ist daher in vertragsähnlicher Weise oder basierend auf dem Vertrauensgrundsatz im Völkerrecht verankert. Lehre und Praxis gehen aber davon aus, dass die Schweiz nicht verpflichtet ist, neutral zu bleiben. Vielmehr stünde es ihr – wenn auch nicht während eines Krieges – frei, mittels Mitteilung an die übrigen Staaten das Ende ihrer ständigen Neutralität zu erklären.

Die *landesrechtlichen Grundlagen* der schweizerischen Neutralität finden sich in der Bundesverfassung. Diese erwähnt die Neutralität indes bloss bei den Organkompetenzen der Bundesversammlung (Art. 173 Abs. 1 lit. a BV) und des Bundesrats (Art. 185 Abs. 1 BV), nicht aber in ihrem Zweckartikel oder in den aussenpolitischen Zielen des Art. 54 Abs. 2 BV. Dazu die Botschaft des Bundesrates zur Bundesverfassung:

> „[Diese Zuständigkeitsbestimmung] gibt der Bundesversammlung auf, Massnahmen zur Wahrung der äusseren Sicherheit, der Unabhängigkeit und der Neutralität der Schweiz zu treffen. Die Neutralität ist nach der Staatspraxis nicht ein eigenständiges aussenpolitisches Ziel, sondern eines unter mehreren Mitteln zur Verwirklichung der eigentlichen zentralen Ziele. Zu diesen zählt insbesondere die Aufrechterhaltung einer möglichst grossen staatlichen Unabhängigkeit (...). Entsprechend ist die Neutralität weder im Zweckartikel der BV noch des VE 96 verankert. Sie erscheint nur bei den Organkompetenzen von Bundesversammlung und Bundesrat (...) im Bereich der äusseren Sicherheit." (BBl 1997 I S. 398 f.)

In der Lehre wird teilweise argumentiert, die Neutralität stelle einen ungeschriebenen Grundsatz des Verfassungsrechts dar, weshalb ihre Aufgabe nur nach einem obligatorischen Verfassungsreferendum geschehen könne.

2. Die Geltung des Neutralitätsrechts: Der Neutralitätsfall

Die Rechte und Pflichten eines neutralen Staates leben im sog. Neutralitätsfall auf, d.h. während eines „Krieges". Darunter wurden ursprünglich zwischenstaatliche bewaffnete Konflikte verstanden, die mit einer formellen Kriegserklärung begannen. Seit der Geltung des Gewaltverbots der UNO-Charta, d.h. seit dem Zweiten Weltkrieg, geben Staaten jedoch keine Kriegserklärungen im Rechtssinn mehr ab. Damit wird die Frage aktuell, welche Ereignisse heute den Neutralitätsfall auslösen können.

- Unbestritten ist, dass das Neutralitätsrecht während interner bewaffneter Auseinandersetzungen nicht aktualisiert wird. Zudem findet es keine Anwendung während militärischer Besetzungen des Territoriums eines anderen Staates, die auf keinen bewaffneten Widerstand stossen.

- Entweder nicht anwendbar oder durch Art. 103 der UNO-Charta derogiert wird das Neutralitätsrecht während bewaffneter Massnahmen, die vom UNO-Sicherheitsrat gemäss Kap. VII der UNO-Charta erlaubt oder angeordnet werden. Die Schweiz anerkennt dies seit Beginn der 1990er Jahre.

Die Neutralität auf dem Prüfstand im Irak-Konflikt – Zusammenfassung der Neutralitätspraxis der Schweiz während des Irak-Konflikts vom 2. Dezember 2005

„Desgleichen ist das Neutralitätsrecht nicht anwendbar auf militärische Massnahmen, die der Sicherheitsrat der UNO unter Berufung auf Kapitel VII der Charta der Vereinten Nationen beschliesst. Wenn die UNO die Anwendung von Gewalt beschliesst, dann handelt es sich nicht um einen bewaffneten zwischenstaatlichen Konflikt im Sinne des Neutralitätsrechts, sondern um Massnahmen zum Zweck der Durchsetzung von Beschlüssen des Sicherheitsrats, der im Namen der Staatengemeinschaft den Weltfrieden und die internationale Sicherheit wiederherzustellen bestrebt ist. Das Neutralitätsrecht hindert also die neutralen Staaten nicht daran, sich militärischen Sanktionen anzuschliessen, die der Sicherheitsrat unter Berufung auf Kapitel VII der Charta beschlossen hat." (BBl 2005, S. 7006)

Die gleiche Praxis verfolgte die Schweiz auch während der vom UNO-Sicherheitsrat autorisierten Intervention in Libyen im Jahr 2011 (BBl 2012, S. 3026 f.)

- Bei zwischenstaatlichen Auseinandersetzungen, die nicht auf einer kollektiven Grundlage beruhen, verknüpft die Schweiz heute nach langem Zögern den Neutralitätsfall grundsätzlich mit dem Vorliegen einer *internationalen bewaffneten Auseinandersetzung* im Sinne der folgenden Definition des humanitären Völkerrechts:

Gemeinsamer Art. 2 der Genfer Abkommen vom 12. August 1949 (SR 0.518.12, 23, 42 und 51)

„[D]as vorliegende Abkommen [ist] in allen Fällen eines erklärten Krieges oder jedes anderen bewaffneten Konflikts anzuwenden, der zwischen zwei oder mehreren der Hohen Vertragsparteien entsteht, und zwar auch dann, wenn der Kriegszustand von einer dieser Parteien nicht anerkannt wird."

Die Neutralität auf dem Prüfstand im Irak-Konflikt – Zusammenfassung der Neutralitätspraxis der Schweiz während des Irak-Konflikts vom 2. Dezember 2005

„Hingegen ist ein mit Kampfhandlungen verbundenes Eingreifen der Streitkräfte eines Staates oder mehrerer Staaten auf dem Hoheitsgebiet eines anderen Staates ohne ausdrückliches Mandat oder ohne Ermächtigung des UNO-Sicherheitsrats grundsätzlich als bewaffneter zwischenstaatlicher Konflikt zu betrachten, auf den das Neutralitätsrecht anwendbar ist." (BBl 2005, S. 7008)

Die Praxis der Schweiz ist allerdings nicht immer konsistent, wie sich im Sommer 2006 zeigte. Damals weigerte sich der Bundesrat, während der israelischen Angriffe auf Stellungen der Hizbullah und auf libanesische Infrastrukturanlagen, die zweifellos einen internationalen bewaffneten Konflikt darstellten, das Neutralitätsrecht zu aktualisieren. Auch nicht als neutralitätsrelevant eingestuft wird wegen der fehlenden Staatsqualität Palästinas der israelisch-palästinensische Konflikt:

Aussenpolitischer Bericht vom 15. Juni 2007, Anhang 1: Neutralität

„Beim israelisch-palästinensischen Konflikt – der im weiteren Kontext des Konflikts zwischen Israel und arabischen Ländern zu sehen ist –, handelt es sich nicht um einen Konflikt zwischen zwei souveränen Staaten. Das besetzte palästinensische Gebiet ist völkerrechtlich gesehen kein Staat, auch wenn es in der internationalen Gemeinschaft einen besonderen Status hat und die Palästinensische Behörde über Vorrechte verfügt, die sich mit denjenigen einer klassischen Regierung decken. Es wurde deshalb von der Schweiz bisher auch nicht als Staat anerkannt. Im Gegensatz zum humanitären Völkerrecht (...) ist das Neutralitätsrecht im Falle der militärischen Besetzung eines ausländischen Gebiets nicht anwendbar." (BBl 2007 S. 5560)

Ebenfalls nicht immer in Übereinstimmung mit den entsprechenden Regeln des humanitären Völkerrechts beurteilt die Schweiz das Ende des Neutralitätsfalls: So erklärte sie im Jahr 2003 die bewaffneten Auseinandersetzungen im Irak noch vor den USA für beendet und deaktivierte folglich ihre neutralitätsrechtlichen Pflichten.

3. Rechte und Pflichten des neutralen Staates während bewaffneter Konflikte

Die Pflichten eines neutralen Staates umfassen im Wesentlichen:

- die Nichtbeteiligung am Konfliktgeschehen (sog. *Nichtbeteiligungsgebot*), und
- die unparteiische Behandlung aller Konfliktparteien (sog. *Nichtdiskriminierungsgebot*).

Das Nichtbeteiligungsgebot lässt sich weiter in Enthaltungs- (z.B. kein Zur-Verfügung-Stellen von Truppen) und in Verhinderungspflichten (z.B. kein Truppendurchzug durch neutrales Gebiet) unterteilen.

Die Neutralitätspflichten wurden 1954 vom damaligen Eidgenössischen Politischen Departement in folgender immer noch die schweizerische Praxis bestimmender Weise zusammengefasst:

Leitsätze des Eidgenössischen Politischen Departements zur Neutralität, 1954

„Grundsätzlich gilt (...), dass der Neutrale nicht in den Krieg zu Gunsten einer Partei eingreifen darf (Verbot der Intervention, auch durch politische oder wirtschaftliche Massnahmen). Daneben gilt im Allgemeinen das Prinzip der Gleichbehandlung; jedoch enthält das positive Recht zahlreiche Ausnahmen von diesem Grundsatz. (...)

Kurz gesagt handelt es sich um folgendes:

1. Verbot von Feindseligkeiten gegen einen Kriegführenden.
2. Verbot der Lieferung von Truppen.
3. Verbot der Überlassung von Hoheitsrechten des neutralen Staates an einen Kriegführenden. (...)

4. Pflicht zur Aufrechterhaltung der Unverletzlichkeit des Gebietes des neutralen Staates.

Insbesondere sind zu verhindern Kriegshandlungen, Durchfuhr von Truppen, Munitions- oder Verpflegungskolonnen, Überlassung von neutralem Gebiet als Operationsbasis, Errichtung von Aushebungs- oder Werbestellen, Unterhaltung von Funkstationen, Überfliegung. (...)

Von wirtschaftlicher Neutralität kann nur insoweit gesprochen werden, als der neutrale Staat verpflichtet ist, den Kriegführenden keine finanzielle Unterstützung - gemeint sind natürlich Anleihen und finanzielle Leistungen zur direkten Verwendung für die Kriegsführung, jedoch nicht Kredite zu handelspolitischen Zwecken, insbesondere zur Aufrechterhaltung des normalen Handelsverkehrs - zu gewähren oder ihnen Waffen und Munition zu liefern, und zwar auch dann, wenn beide Parteien gleich behandelt würden (absolute Pflicht). Hingegen ist er nicht verpflichtet, Privatpersonen, die für Rechnung des einen oder andern Kriegführenden erfolgende Aus- oder Durchfuhr von Waffen, Munition und anderem Kriegsmaterial zu verbieten. Werden jedoch derartige Verbote oder Einschränkungen erlassen, so hat der Neutrale sie auf alle Kriegsführenden gleichmässig anzuwenden.

Im Übrigen besteht keine wirtschaftliche Neutralität. Der neutrale Staat hat im Gegenteil ein Recht auf Handelsverkehr mit den Kriegführenden. (...)." (VEB 24 (1954), S. 9 ff. = SJIR 14 (1957), S. 195 ff.)

Umstritten präsentiert sich heute in der Schweiz insbesondere die Frage, ob ein Neutraler verpflichtet ist, auch den Export von Kriegsmaterial durch Private zu verhindern. Der Text der Haager-Abkommen von 1907 verneint dies. Diese Regelung beruht auf der liberalen Grundhaltung des vorletzten Jahrhunderts, wonach durch das Völkerrecht die private Wirtschaftsfreiheit unangetastet bleibt. Heute sind diese Voraussetzungen nicht mehr gegeben, regulieren doch nahezu alle Staaten den privaten Waffenexport. Hat ein Staat somit die „Letztentscheidung" darüber, ob ein bestimmter anderer Staat mit Waffen beliefert wird, kann er seine Unparteilichkeit nur dokumentieren, indem er jegliche Waffenlieferungen an die Kriegsparteien untersagt. Somit ergibt eine zeitgemässe Auslegung des Neutralitätsrechts, dass auch private Exporte als staatliche Exporte gelten, soweit diese einer staatlichen Exportbewilligung bedürfen. Eine solche Kontrolle verlangt heute der Vertrag über den Waffenhandel vom 2. April 2013 (SR 0.518.61). Ein Verbot der Belieferung von Konfliktparteien muss erst recht im Fall von Exporten durch staatlich kontrollierte Unternehmen gelten.

Die Schweiz lehnt eine solche Pflicht in konstanter Weise ab. Während des Irakkriegs im Jahr 2003, als der Irak einem vom Sicherheitsrat erlassenen Rüstungsembargo unterlag, rechtfertigte sie sich folgendermassen:

Die Neutralität auf dem Prüfstand im Irak-Konflikt – Zusammenfassung der Neutralitätspraxis der Schweiz während des Irak-Konflikts
vom 2. Dezember 2005 (BBl 2005, S. 7012 f)

„Eine weitere Pflicht des neutralen Staates ist es, kriegführenden Staaten kein Kriegsmaterial zur Verfügung zu stellen. Daher hat der Bundesrat am 20. März 2003 dem Bund untersagt, den am Konflikt beteiligten Staaten Kriegsmaterial zu liefern oder ihnen Leistungen in diesem Bereich zur Verfügung zu stellen. Das Neutralitätsrecht schränkt jedoch die Handelsfreiheit nicht ein. So steht es Privatunternehmen frei, kriegführenden Staaten Güter und Dienstleistungen für militärische Zwecke zu verkaufen. Da aber der Bundesrat vermeiden wollte, dass in der Schweiz ansässige Firmen kriegführende Staaten mit Kriegsmaterial und Dienstleistungen belieferten, die im Irak-Konflikt zum Einsatz kommen sollten, führte er ein Bewilligungsverfahren für Kriegsmaterial und Dienstleistungen ein, welche in der Schweiz ansässige Privatunternehmen in die kriegführenden Länder exportieren wollten. Für die Ausfuhr von Kriegsmaterial ist allerdings gemäss Kriegsmaterialgesetz eine Bewilligung erforderlich. Um zu vermeiden, dass Kriegsmaterial, für dessen Ausfuhr bereits eine Bewilligung erteilt worden war, für militärische Operationen im Irak verwendet werden könnte, beschloss der Bundesrat eine Kontrollstelle einzusetzen, die die bereits erteilten Bewilligungen in dieser Hinsicht noch einmal überprüfte. Zudem beschloss er, jene Länder vom Anhang 2 der Kriegsmaterialverordnung zu streichen, die sich mit Truppen und Material am Konflikt beteiligten. Damit wäre namentlich der Technologietransfer aus der Schweiz in diese Länder bewilligungspflichtig und eine Umgehung eines allfälligen Exportverbots unmöglich geworden. Der Antrag des EVD, sechs Länder vom Anhang 2 zu streichen (Vereinigte Staaten, Vereinigtes Königreich, Australien, Dänemark, Polen und Spanien) wurde vom Bundesrat allerdings nicht mehr behandelt, weil er zeitlich mit der Aufhebung der Massnahmen zusammen fiel.

In seinem Beschluss vom 20. März 2003 stellte der Bundesrat klar, dass für die Ausfuhr von militärischen Geräten und Dienstleistungen durch Privatunternehmen in den folgenden beiden Fällen keine Genehmigung erteilt würde:

- wenn die Ausfuhr dieses Geräts oder die Bereitstellung dieser Dienstleistung zu den militärischen Operationen im Irak beitragen würde, und
- wenn die Ausfuhr dieses Geräts oder dieser Dienstleistung über den «Courant normal» hinausgeht, d.h. wenn diese Ausfuhr aufgrund des Irak-Konflikts eine Erhöhung des durchschnittlichen Umfangs der Ausfuhren dieser Güter in das betreffende Land zur Folge hat.

Der RUAG wurde aufgrund des besonderen Statuts dieser Gesellschaft [deren Aktien befinden sich zu 100% in Bundesbesitz] eine zusätzliche Einschränkung auferlegt. Der Bundesrat verlangte von der RUAG (...), zum Zeitpunkt der Antragstellung eine schriftliche Bescheinigung, dass das zu exportierende Material und die Dienstleistungen nicht im Rahmen des Irak-Konflikts eingesetzt würden."

Trotz offiziellen Beharrens auf dieser Haltung revidierte der Bundesrat im Jahr 2008 die Verordnung über das Kriegsmaterial (KMV; SR 514.511). Er fügte dabei in Art. 5 Ausschlussgründe für Auslandsgeschäfte ein. Danach wird der Export von schweizerischem Kriegsmaterial nicht bewilligt, wenn „das Bestimmungsland in einen internen oder internationalen bewaffneten Konflikt verwickelt ist" (Abs. 2 lit. a). Trotz der saudischen Militärintervention im jemenitischen Bürgerkrieg erlaubte aber der Bundesrat im Jahr 2016 den Export von Kriegsmaterial nach Saudi Arabien.

Neben den erwähnten Pflichten stehen jedem neutralen Staat auch Rechte zu. Dazu zählen namentlich

- das Recht auf Beachtung der territorialen Integrität des neutralen Staates durch die Kriegsparteien und
- das Recht auf friedliche Beziehungen und freien Handel mit allen Staaten (einschliesslich der Konfliktparteien).

4. *Zusätzliche Pflichten des permanent neutralen Staates während Friedenszeiten*

Die sog. Vorwirkungen der Neutralität bewirken, dass – anders als gewöhnlich neutrale Staaten – die permanent neutralen Länder auch ausserhalb bewaffneter Konflikte gewissen neutralitätsrechtlichen Pflichten unterstehen.

Die Neutralität auf dem Prüfstand im Irak-Konflikt – Zusammenfassung der Neutralitätspraxis der Schweiz während des Irak-Konflikts
vom 2. Dezember 2005

„Die Haager Abkommen regeln den Status des dauernd neutralen Staats in Friedenszeiten nicht. Das Gewohnheitsrecht sieht lediglich eine zusätzliche Pflicht für den neutralen Staat vor: Er darf sich nicht in eine Lage bringen, in der er sich im Fall eines künftigen Konflikts möglicherweise veranlasst sehen würde, die Pflichten zu verletzen, die sich aus seinem neutralen Status ergeben. Dies bedeutet insbesondere, dass er keinem Militärbündnis (wie etwa der NATO) beitreten darf. Denn wenn ein Bündnispartner angegriffen würde, wäre er gezwungen, diesen militärisch zu unterstützen, und damit würde er die erste Pflicht eines neutralen Staates – die Pflicht, sich nicht an einem bewaffneten Konflikt zu beteiligen – verletzen." (BBl 2005, S. 7006)

Hingegen stellt die Kritik an Völkerrechtsverletzungen auch einer kriegführenden Partei keinesfalls eine Missachtung neutralitätsrechtlicher Pflichten dar.

5. *Die Neutralitätspolitik*

Über die neutralitätsrechtlichen Verpflichtungen hinausgehende Massnahmen gehören zur Neutralitätspolitik, erfolgen also nicht in Erfüllung einer Rechtspflicht und sind daher einer flexiblen Anpassung an ein sich stetig veränderndes aussenpolitisches (und teilweise auch innenpolitisches) Umfeld unterworfen:

Aussenpolitischer Bericht vom 15. Juni 2007, Anhang 1: Neutralität

„Der Begriff der Neutralitätspolitik bezeichnet die Gesamtheit der Massnahmen, die der dauernd neutrale Staat in Eigeninitiative und ungeachtet der mit dem Neutralitätsrecht verbundenen Verpflichtungen ergreift, um die Wirksamkeit und Glaubwürdigkeit seiner Neutralität zu gewährleisten. Im Gegensatz zum Neutralitätsrecht ist die Neutralitätspolitik keinerlei rechtlichen Vorschriften unterworfen. Eine glaubwürdige und kohärente Neutralitätspolitik dient vor allem dazu, die anderen Staaten von der Fähigkeit und Bereitschaft des betreffenden Staates zu überzeugen, sich im Falle künftiger bewaffneter Konflikte neutral zu verhalten." (BBl 2007, S. 5558)

Die Neutralitätspolitik verhindert aber, wie die immer noch gültige Grundlage der schweizerischen Neutralitätspolitik belegt, keinesfalls eine solidarische schweizerische Aussenpolitik:

Bericht über die Aussenpolitik der Schweiz in den 90er Jahren vom 29. November 1993, Anhang: Bericht zur Neutralität

„61 Aufrechterhaltung der dauernden, bewaffneten Neutralität

(...) Die Schweiz wird wie bisher an ihrem Recht zur freien politischen Stellungnahme festhalten und sich für die Wahrung ihrer Grundwerte, wie Demokratie, Rechtsstaat und Menschenrechte aktiv einsetzen. Sie wird ihren Bürgern keine Pflicht zur Gesinnungsneutralität auferlegen und ihren Wirtschaftsverkehr nach eigenem Ermessen ausgestalten. (...)

63 Aktive Aussenpolitik der Solidarität und Partizipation jenseits der Neutralität

Angesichts der Herausforderungen des ausgehenden 20. Jahrhunderts darf die Neutralität nicht als Haltung des Stillesitzens und des Abseitsstehens verstanden werden. Prägendes Element der schweizerischen Aussenpolitik war seit jeher auch die Maxime der Solidarität. Der Bundesrat hat diesen Grundsatz seit einiger Zeit vermehrt ins Zentrum des aussen- und sicherheitspolitischen Denkens gerückt, weil die schweizerischen Interessen in vielen Bereichen nur durch eine Haltung des Mittragens von internationaler Verantwortung, der Mitwirkung bei internationalen Problemlösungen und Entscheidungen gewahrt werden können. Umfassende Solidarität, regionale und weltweite Kooperation und Partizipation dienen am besten unseren Interessen.

Eine Haltung der grenzüberschreitenden, mitverantwortlichen Zusammenarbeit wird die Schweiz insbesondere bei der Abwehr neuer Formen der Bedrohung und beim Aufbau tragfähiger Sicherheitsstrukturen in Europa einnehmen. Die Schweiz hat ein vitales Interesse daran, zur Wahrung ihrer eigenen Sicherheit bei den Bemühungen anderer Staaten zur Abwehr der neuen Risiken, zur allgemeinen Friedenssicherung, zur Krisenbewältigung und zur Beseitigung von Konfliktursachen aktiv mitzuwirken. Daher erscheint es zweckmässig, wenn sie ihre bisherige, restriktive Haltung in Richtung vermehrter Kooperation mit anderen Staaten ändert. Ziel dieser Zusammenarbeit wird sein, die Sicherheit der Schweiz vor Bedrohungen deutlich zu verbessern und gleichzeitig die Solidaritätsverpflichtungen gegenüber dem demokratischen Europa wahrzunehmen. Weil offen ist, wie die europäische Sicherheitsarchitektur schliesslich aussehen wird und welche Rolle die einzelnen Träger einnehmen werden, muss die Schweiz vorurteilslos prüfen, welche Beziehungen sie inskünftig mit all diesen Institutionen pflegen will.“ (BBl 1994 I, S. 240 f.)

6. *Neutralität und die Mitgliedschaft in internationalen Organisationen*

Im Zusammenhang mit der Neutralität stellen sich auch immer wieder Fragen, wie diese mit der Mitgliedschaft zu verschiedenen internationalen Organisationen zu vereinbaren ist. Unbestritten ist die Inkompatibilität eines NATO-Beitritts mit der permanenten Neutralität. Einer EU-Mitgliedschaft der Schweiz stünden keine neutralitätsrechtlichen Hindernisse entgegen:

Bericht über die Aussenpolitik der Schweiz in den 90er Jahren vom 29. November 1993, Anhang: Bericht zur Neutralität

„Der Bundesrat beurteilt eine EU-Mitgliedschaft unter Aufrechterhaltung der Neutralität als rechtlich möglich. Der Beitritt zur EU würde keine Verletzung rechtlicher Neutralitätspflichten darstellen. Die EU Mitgliedschaft würde die Neutralität in künftigen Kriegen nicht ausschliessen. Sie brächte keine militärischen Verpflichtungen mit sich. Die bisherige Praxis der EG zeigt, dass ein dauernd neutraler Mitgliedstaat noch nie in Bezug auf einen bewaffneten internationalen Konflikt seine Neutralitätspflichten hätte verletzen müssen. Die Neutralität wäre auch mit den Verpflichtungen hinsichtlich der GASP vereinbar. Das Recht und Verfahren der EU böte ausreichend Raum für die Befreiung eines Staates von im Hinblick auf seine Neutralität fragwürdigen Aktionen. Daher würde der Bundesrat bei allfälligen Verhandlungen über einen Beitritt der Schweiz zur EU den Status der Neutralität als solchen nicht zum Verhandlungsgegenstand machen.“ (BBl 1994 I, S. 235 f.)

Infolge ihrer Kandidatur für einen nichtständigen Sitz stellt sich für die Schweiz aktuell die Frage, ob die Einsitznahme der Schweiz im UNO-Sicherheitsrat mit ihrer Stellung als permanent neutraler Staat vereinbar wäre:

Aussenpolitischer Bericht vom 15. Juni 2007, Anhang 1: Neutralität

„In seinem Bericht vom 7. Juni 1999 über die Sicherheitspolitik der Schweiz hielt der Bundesrat fest, die Schweiz könnte im Falle eines UNO-Beitritts «auch Mitglied des Sicherheitsrates werden und damit direkten Einfluss bei der Beschlussfassung über militärische Operationen, friedenserhaltende und -fördernde Massnahmen und Wirtschaftssanktionen erhalten».

Das Neutralitätsrecht wäre dabei kein Hindernis, da es nicht auf Massnahmen anwendbar ist, die gestützt auf Kapitel VII der UNO-Charta beschlossen werden. Diese Massnahmen sind für die Schweiz obligatorisch, ob sie dem Sicherheitsrat angehört oder nicht. Was die Beschlussfassung betrifft, hätte die Schweiz als Ratsmitglied immer noch die Möglichkeit, sich der Stimme zu enthalten, falls sich dies im Einzelfall als notwendig oder wünschenswert erweisen sollte. Neutralitätsrechtlich ist eine solche Enthaltung zwar nicht erforderlich; hingegen könnte sie in gewissen Fällen aus neutralitätspolitischen Überlegungen angemessen sein."

ANHANG

I. WIENER ÜBEREINKOMMEN ÜBER DAS RECHT DER VERTRÄGE VOM 23. MAI 1969
(SR 0.111; Auszüge)

TEIL I. EINLEITUNG

Artikel 1
Geltungsbereich dieses Übereinkommens.

Dieses Übereinkommen findet auf Verträge zwischen Staaten Anwendung.

Artikel. 2
Begriffsbestimmungen

(1) Im Sinne dieses Übereinkommens

a) bedeutet «Vertrag» eine in Schriftform geschlossene und vom Völkerrecht bestimmte internationale Übereinkunft zwischen Staaten, gleichviel ob sie in einer oder in mehreren zusammengehörigen Urkunden enthalten ist und welche besondere Bezeichnung sie hat;

b) bedeutet «Ratifikation», «Annahme», «Genehmigung» und «Beitritt» jeweils die so bezeichnete völkerrechtliche Handlung, durch die ein Staat im internationalen Bereich seine Zustimmung bekundet, durch einen Vertrag gebunden zu sein;

c) bedeutet «Vollmacht» eine vom zuständigen Organ eines Staates errichtete Urkunde, durch die einzelne oder mehrere Personen benannt werden, um in Vertretung des Staates den Text eines Vertrags auszuhandeln oder als authentisch festzulegen, die Zustimmung des Staates auszudrücken, durch einen Vertrag gebunden zu sein, oder sonstige Handlungen in bezug auf einen Vertrag vorzunehmen;

d) bedeutet «Vorbehalt» eine wie auch immer formulierte oder bezeichnete, von einem Staat bei der Unterzeichnung, Ratifikation, Annahme oder Genehmigung eines Vertrags oder bei dem Beitritt zu einem Vertrag abgegebene einseitige Erklärung, durch die der Staat bezweckt, die Rechtswirkung einzelner Vertragsbestimmungen in der Anwendung auf diesen Staat auszuschliessen oder zu ändern;

e) bedeutet «Verhandlungsstaat» einen Staat, der am Abfassen und Annehmen des Vertragstextes teilgenommen hat;

f) bedeutet «Vertragsstaat» einen Staat, der zugestimmt hat, durch den Vertrag gebunden zu sein, gleichviel ob der Vertrag in Kraft getreten ist oder nicht;

g) bedeutet «Vertragspartei» einen Staat, der zugestimmt hat, durch den Vertrag gebunden zu sein, und für den der Vertrag in Kraft ist;

h) bedeutet «Drittstaat» einen Staat, der nicht Vertragspartei ist;

i) bedeutet «internationale Organisation» eine zwischenstaatliche Organisation.

(2) Die Bestimmungen des Absatzes I über die in diesem Übereinkommen verwendeten Begriffe beeinträchtigen weder die Verwendung dieser Begriffe noch die Bedeutung, die ihnen im innerstaatlichen Recht gegebenenfalls zukommt.

Artikel 3
Nicht in den Geltungsbereich dieses Übereinkommens fallende internationale Übereinkünfte

Der Umstand, dass dieses Übereinkommen weder auf die zwischen Staaten und anderen Völkerrechtssubjekten oder zwischen solchen anderen Völkerrechtssubjekten geschlossenen internationalen Übereinkünfte noch auf nicht schriftliche internationale Übereinkünfte Anwendung findet, berührt nicht

a) die rechtliche Gültigkeit solcher Übereinkünfte;

b) die Anwendung einer der in diesem Übereinkommen niedergelegten Regeln auf sie, denen sie auch unabhängig von diesem Übereinkommen auf Grund des Völkerrechts unterworfen wären;

c) die Anwendung des Übereinkommens auf die Beziehungen zwischen Staaten auf Grund internationaler Übereinkünfte, denen auch andere Völkerrechtssubjekte als Vertragsparteien angehören.

Artikel 4
Nichtrückwirkung dieses Übereinkommens

Unbeschadet der Anwendung der in diesem Übereinkommen niedergelegten Regeln, denen Verträge unabhängig von dem Übereinkommen auf Grund des Völkerrechts unterworfen wären, findet das Übereinkommen nur auf Verträge Anwendung, die von Staaten geschlossen werden, nachdem das Übereinkommen für sie in Kraft getreten ist.

Artikel 5
Gründungsverträge internationaler Organisationen und im Rahmen einer internationalen Organisation angenommene Verträge

Dieses Übereinkommen findet auf jeden Vertrag Anwendung, der die Gründungsurkunde einer internationalen Organisation bildet, sowie auf jeden im Rahmen einer internationalen Organisation angenommenen Vertrag, unbeschadet aller einschlägigen Vorschriften der Organisation.

TEIL II: ABSCHLUSS UND INKRAFTTRETEN VON VERTRÄGEN
Abschnitt 1: Abschluss von Verträgen

Artikel 6
Vertragsfähigkeit der Staaten

Jeder Staat besitzt die Fähigkeit, Verträge zu schliessen.

Artikel 7
Vollmacht

(1) Eine Person gilt hinsichtlich des Annehmens des Textes eines Vertrags oder der Festlegung seines authentischen Textes oder der Abgabe der Zustimmung eines Staates, durch einen Vertrag gebunden zu sein, als Vertreter eines Staates,

a) wenn sie eine gehörige Vollmacht vorlegt oder

b) wenn aus der Übung der beteiligten Staaten oder aus anderen Umständen hervorgeht, dass sie die Absicht hatten, diese Person als Vertreter des Staates für die genannten Zwecke anzusehen und auch keine Vollmacht zu verlangen.

(2) Kraft ihres Amtes werden, ohne eine Vollmacht vorlegen zu müssen, als Vertreter ihres Staates angesehen

a) Staatsoberhäupter, Regierungschefs und Aussenminister zur Vornahme aller sich auf den Abschluss eines Vertrags beziehenden Handlungen;

b) Chefs diplomatischer Missionen zum Annehmen des Textes eines Vertrags zwischen Entsende- und Empfangsstaat;

c) die von Staaten bei einer internationalen Konferenz oder bei einer internationalen Organisation oder einem ihrer Organe beglaubigten Vertreter zum Annehmen des Textes eines Vertrags im Rahmen der Konferenz, der Organisation oder des Organs.

Artikel 8
Nachträgliche Bestätigung einer ohne Ermächtigung vorgenommenen Handlung

Eine sich auf den Abschluss eines Vertrags beziehende Handlung, die von einer Person vorgenommen wird, welche nicht nach Art. 7 als zur Vertretung eines Staates zu diesem Zweck ermächtigt angesehen werden kann, ist ohne Rechtswirkung, sofern sie nicht nachträglich von dem Staat bestätigt wird.

Artikel 9
Annehmen des Textes

(1) Der Text eines Vertrags wird durch Zustimmung aller an seiner Abfassung beteiligten Staaten angenommen, soweit Absatz 2 nichts anderes vorsieht.

(2) Auf einer internationalen Konferenz wird der Text eines Vertrags mit den Stimmen von zwei Dritteln der anwesenden und abstimmenden Staaten angenommen, sofern sie nicht mit der gleichen Mehrheit die Anwendung einer anderen Regel beschliessen.

Artikel 10
Festlegung des authentischen Textes

Der Text eines Vertrags wird als authentisch und endgültig festgelegt,

a) nach dem Verfahren, das darin vorgesehen oder von den an seiner Abfassung beteiligten Staaten vereinbart wurde, oder,

b) in Ermangelung eines solchen Verfahrens, durch Unterzeichnung, Unterzeichnung *ad referendum* oder Paraphierung des Vertragswortlauts oder einer den Wortlaut enthaltenden Schlussakte einer Konferenz durch die Vertreter dieser Staaten.

Artikel 11
Arten der Zustimmung, durch einen Vertrag gebunden zu sein

Die Zustimmung eines Staates, durch einen Vertrag gebunden zu sein, kann durch Unterzeichnung, Austausch von Urkunden, die einen Vertrag bilden, Ratifikation, Annahme, Genehmigung oder Beitritt oder auf eine andere vereinbarte Art ausgedrückt werden.

Artikel 12
Zustimmung, durch einen Vertrag gebunden zu sein, durch Unterzeichnung

(1) Die Zustimmung eines Staates, durch einen Vertrag gebunden zu sein, wird durch Unterzeichnung seitens seines Vertreters ausgedrückt,

a) wenn der Vertrag vorsieht, dass der Unterzeichnung diese Wirkung zukommen soll;

b) wenn anderweitig feststeht, dass die Verhandlungsstaaten der Unterzeichnung einvernehmlich diese Wirkung beilegen wollten, oder

c) wenn die Absicht des Staates, der Unterzeichnung diese Wirkung beizulegen, aus der Vollmacht seines Vertreters hervorgeht oder während der Verhandlung zum Ausdruck gebracht wurde.

(2) Im Sinne des Absatzes 1

a) gilt die Paraphierung des Textes als Unterzeichnung des Vertrags, wenn feststeht, dass die Verhandlungsstaaten dies vereinbart haben;

b) gilt die Unterzeichnung eines Vertrags *ad referendum* durch den Vertreter eines Staates als unbedingte Vertragsunterzeichnung, wenn sie von dem Staat bestätigt wird.

Artikel 13
Zustimmung, durch einen Vertrag gebunden zu sein,
durch Austausch der einen Vertrag bildenden Urkunden

Die Zustimmung von Staaten, durch einen Vertrag gebunden zu sein, der durch zwischen ihnen ausgetauschte Urkunden begründet wird, findet in diesem Austausch ihren Ausdruck,

a) wenn die Urkunden vorsehen, dass ihrem Austausch diese Wirkung zukommen soll, oder

b) wenn anderweitig feststeht, dass diese Staaten dem Austausch der Urkunden einvernehmlich diese Wirkung beilegen wollten.

Artikel 14
Zustimmung, durch einen Vertrag gebunden zu sein, durch Ratifikation, Annahme oder Genehmigung

(1) Die Zustimmung eines Staates, durch einen Vertrag gebunden zu sein, wird durch Ratifikation ausgedrückt,

a) wenn der Vertrag vorsieht, dass diese Zustimmung durch Ratifikation ausgedrückt wird;

b) wenn anderweitig feststeht, dass die Verhandlungsstaaten die Ratifikation einvernehmlich für erforderlich hielten;

c) wenn der Vertreter des Staates den Vertrag unter Vorbehalt der Ratifikation unterzeichnet hat oder

d) wenn die Absicht des Staates, den Vertrag unter Vorbehalt der Ratifikation zu unterzeichnen, aus der Vollmacht seines Vertreters hervorgeht oder während der Verhandlungen zum Ausdruck gebracht wurde.

(2) Die Zustimmung eines Staates, durch einen Vertrag gebunden zu sein, wird durch Annahme oder Genehmigung unter ähnlichen Bedingungen ausgedrückt, wie sie für die Ratifikation gelten.

Artikel 15
Zustimmung, durch einen Vertrag gebunden zu sein, durch Beitritt

Die Zustimmung eines Staates, durch einen Vertrag gebunden zu sein, wird durch Beitritt ausgedrückt,

a) wenn der Vertrag vorsieht, dass die Zustimmung von diesem Staat durch Beitritt ausgedrückt werden kann;

b) wenn anderweitig feststeht, dass die Verhandlungsstaaten vereinbart haben, dass die Zustimmung von diesem Staat durch Beitritt ausgedrückt werden kann, oder

c) wenn alle Vertragsparteien nachträglich vereinbart haben, dass die Zustimmung von diesem Staat durch Beitritt ausgedrückt werden kann.

Artikel 16
Austausch oder Hinterlegung von Ratifikations-, Annahme-, Genehmigungs- oder Beitrittsurkunden

Sofern der Vertrag nichts anderes vorsieht, begründen Ratifikations-, Annahme-, Genehmigungs- oder Beitrittsurkunden die Zustimmung eines Staates, durch einen Vertrag gebunden zu sein, im Zeitpunkt

a) ihres Austausches zwischen den Vertragsstaaten;

b) ihrer Hinterlegung bei dem Verwahrer oder

c) ihrer Notifikation an die Vertragsstaaten oder den Verwahrer, wenn dies vereinbart wurde.

Artikel 17
Zustimmung, durch einen Teil eines Vertrags gebunden zu sein, sowie Wahl zwischen unterschiedlichen Bestimmungen

(1) Unbeschadet der Artikel 19 bis 23 ist die Zustimmung eines Staates, durch einen Teil eines Vertrags gebunden zu sein, nur wirksam, wenn der Vertrag dies zulässt oder die anderen Vertragsstaaten dem zustimmen.

(2) Die Zustimmung eines Staates, durch einen Vertrag gebunden zu sein, der eine Wahl zwischen unterschiedlichen Bestimmungen zulässt, ist nur wirksam, wenn klargestellt wird, auf welche Bestimmungen sich die Zustimmung bezieht.

Artikel 18
Verpflichtung, Ziel und Zweck eines Vertrags vor seinem Inkrafttreten nicht zu vereiteln

Ein Staat ist verpflichtet, sich aller Handlungen zu enthalten, die Ziel und Zweck eines Vertrags vereiteln würden,

a) wenn er unter Vorbehalt der Ratifikation, Annahme oder Genehmigung den Vertrag unterzeichnet oder Urkunden ausgetauscht hat, die einen Vertrag bilden, solange er seine Absicht nicht klar zu erkennen gegeben hat, nicht Vertragspartei zu werden, oder

b) wenn er seine Zustimmung, durch den Vertrag gebunden zu sein, ausgedrückt hat, und zwar bis zum Inkrafttreten des Vertrags und unter der Voraussetzung, dass sich das Inkrafttreten nicht ungebührlich verzögert.

Abschnitt 2: Vorbehalte

Artikel 19
Anbringen von Vorbehalten

Ein Staat kann bei der Unterzeichnung, Ratifikation, Annahme oder Genehmigung eines Vertrags oder beim Beitritt einen Vorbehalt anbringen, sofern nicht

a) der Vertrag den Vorbehalt verbietet;

b) der Vertrag vorsieht, dass nur bestimmte Vorbehalte gemacht werden dürfen, zu denen der betreffende Vorbehalt nicht gehört, oder

c) in den unter Buchstabe a oder b nicht bezeichneten Fällen der Vorbehalt mit Ziel und Zweck des Vertrags unvereinbar ist.

Artikel 20
Annahme von Vorbehalten und Einsprüche gegen Vorbehalte

(1) Ein durch einen Vertrag ausdrücklich zugelassener Vorbehalt bedarf der nachträglichen Annahme durch die anderen Vertragsstaaten nur, wenn der Vertrag dies vorsieht.

(2) Geht aus der begrenzten Zahl der Verhandlungsstaaten sowie aus Ziel und Zweck eines Vertrags hervor, dass die Anwendung des Vertrags in seiner Gesamtheit zwischen allen Vertragsparteien eine wesentliche Voraussetzung für die Zustimmung jeder Vertragspartei ist, durch den Vertrag gebunden zu sein, so bedarf ein Vorbehalt der Annahme durch alle Vertragsparteien.

(3) Bildet ein Vertrag die Gründungsurkunde einer internationalen Organisation und sieht er nichts anderes vor, so bedarf ein Vorbehalt der Annahme durch das zuständige Organ der Organisation.

(4) In den nicht in den Absätzen 1 bis 3 bezeichneten Fällen und sofern der Vertrag nichts anderes vorsieht,

a) macht die Annahme eines Vorbehalts durch einen anderen Vertragsstaat den den Vorbehalt anbringenden Staat zur Vertragspartei im Verhältnis zu jenem anderen Staat, sofern der Vertrag für diese Staaten in Kraft getreten ist oder sobald er für sie in Kraft tritt;

b) schliesst der Einspruch eines anderen Vertragsstaats gegen einen Vorbehalt das Inkrafttreten des Vertrags zwischen dem den Einspruch erhebenden und dem den Vorbehalt anbringenden Staat nicht aus, sofern nicht der den Einspruch erhebende Staat seine gegenteilige Absicht eindeutig zum Ausdruck bringt;

c) wird eine Handlung, mit der die Zustimmung eines Staates, durch den Vertrag gebunden zu sein, ausgedrückt wird und die einen Vorbehalt in sich schliesst, wirksam, sobald mindestens ein anderer Vertragsstaat den Vorbehalt angenommen hat.

(5) Im Sinne der Absätze 2 und 4 und sofern der Vertrag nichts anderes vorsieht, gilt ein Vorbehalt als von einem Staat angenommen, wenn dieser bis zum Ablauf von zwölf Monaten, nachdem ihm der Vorbehalt notifiziert worden ist, oder bis zu dem Zeitpunkt, wenn dies der spätere ist, in dem er seine Zustimmung ausgedrückt hat, durch den Vertrag gebunden zu sein, keinen Einspruch gegen den Vorbehalt erhebt.

Artikel 21
Rechtswirkungen von Vorbehalten und von Einsprüchen gegen Vorbehalte

(1) Ein gegenüber einer anderen Vertragspartei nach den Artikeln 19, 20 und 23 bestehender Vorbehalt

a) ändert für den Vorbehalt anbringenden Staat im Verhältnis zu der anderen Vertragspartei die Vertragsbestimmungen, auf die sich der Vorbehalt bezieht, in dem darin vorgesehenen Ausmass und

b) ändert diese Bestimmungen für die andere Vertragspartei im Verhältnis zu dem den Vorbehalt anbringenden Staat in demselben Ausmass.

(2) Der Vorbehalt ändert die Vertragsbestimmungen für die anderen Vertragsparteien untereinander nicht.

(3) Hat ein Staat, der einen Einspruch gegen einen Vorbehalt erhoben hat, dem Inkrafttreten des Vertrags zwischen sich und dem den Vorbehalt anbringenden Staat nicht widersprochen, so finden die Bestimmungen, auf die sich der Vorbehalt bezieht, in dem darin vorgesehenen Ausmass zwischen den beiden Staaten keine Anwendung.

Artikel 22
Zurückziehen von Vorbehalten und von Einsprüchen gegen Vorbehalte

(1) Sofern der Vertrag nichts anderes vorsieht, kann ein Vorbehalt jederzeit zurückgezogen werden; das Zurückziehen bedarf nicht der Zustimmung eines Staates, der den Vorbehalt angenommen hat.

(2) Sofern der Vertrag nichts anderes vorsieht, kann ein Einspruch gegen einen Vorbehalt jederzeit zurückgezogen werden.

(3) Sofern der Vertrag nichts anderes vorsieht oder sofern nichts anderes vereinbart ist,

a) wird das Zurückziehen eines Vorbehalts im Verhältnis zu einem anderen Vertragsstaat erst wirksam, wenn dieser Staat eine Notifikation des Zurückziehens erhalten hat;

b) wird das Zurückziehen eines Einspruchs gegen einen Vorbehalt erst wirksam, wenn der Staat, der den Vorbehalt angebracht hat, eine Notifikation des Zurückziehens erhalten hat.

Artikel 23
Verfahren bei Vorbehalten

(1) Ein Vorbehalt, die ausdrückliche Annahme eines Vorbehalts und der Einspruch gegen einen Vorbehalt bedürfen der Schriftform und sind den Vertragsstaaten sowie sonstigen Staaten mitzuteilen, die Vertragsparteien zu werden berechtigt sind.

(2) Wenn der Vertrag vorbehaltlich der Ratifikation, Annahme oder Genehmigung unterzeichnet und hierbei ein Vorbehalt angebracht wird, so ist dieser von dem ihn anbringenden Staat in dem Zeitpunkt förmlich zu bestätigen, zu dem dieser Staat seine Zustimmung ausdrückt, durch den Vertrag gebunden zu sein. In diesem Fall gilt der Vorbehalt als im Zeitpunkt seiner Bestätigung angebracht.

(3) Die vor Bestätigung eines Vorbehalts erfolgte ausdrückliche Annahme des Vorbehalts oder der vor diesem Zeitpunkt erhobene Einspruch gegen den Vorbehalt bedarf selbst keiner Bestätigung.

(4) Das Zurückziehen eines Vorbehalts oder des Einspruchs gegen einen Vorbehalt bedarf der Schriftform.

Abschnitt 3: Inkrafttreten und vorläufige Anwendung von Verträgen

Artikel 24
Inkrafttreten

(1) Ein Vertrag tritt in der Weise und zu dem Zeitpunkt in Kraft, die er vorsieht oder die von den Verhandlungsstaaten vereinbart werden.

(2) In Ermangelung einer solchen Bestimmung oder Vereinbarung tritt ein Vertrag in Kraft, sobald die Zustimmung aller Verhandlungsstaaten vorliegt, durch den Vertrag gebunden zu sein.

(3) Wird die Zustimmung, durch einen Vertrag gebunden zu sein, von einem Staat erst nach dem Zeitpunkt des Inkrafttretens erteilt, so tritt der Vertrag für diesen Staat zu diesem Zeitpunkt in Kraft, sofern er nichts anderes vorsieht.

(4) Vertragsbestimmungen über die Festlegung des authentischen Textes, die Zustimmung von Staaten, durch den Vertrag gebunden zu sein, die Art und den Zeitpunkt seines Inkrafttretens sowie über Vorbehalte, die Aufgaben des Verwahrers und sonstige sich notwendigerweise vor dem Inkrafttreten des Vertrags ergebende Fragen gelten von dem Zeitpunkt an, zu dem sein Text angenommen wird.

Artikel 25
Vorläufige Anwendung

(1) Ein Vertrag oder ein Teil eines Vertrags wird bis zu seinem Inkrafttreten vorläufig angewendet,
a) wenn der Vertrag dies vorsieht oder
b) wenn die Verhandlungsstaaten dies auf andere Weise vereinbart haben.

(2) Sofern der Vertrag nichts anderes vorsieht oder die Verhandlungsstaaten nichts anderes vereinbart haben, endet die vorläufige Anwendung eines Vertrags oder eines Teiles eines Vertrags hinsichtlich eines Staates, wenn dieser den anderen Staaten, zwischen denen der Vertrag vorläufig angewendet wird, seine Absicht notifiziert, nicht Vertragspartei zu werden.

TEIL III: EINHALTUNG, ANWENDUNG UND AUSLEGUNG VON VERTRÄGEN
Abschnitt 1: Einhaltung von Verträgen

Artikel 26
Pacta sunt servanda

Ist ein Vertrag in Kraft, so bindet er die Vertragsparteien und ist von ihnen nach Treu und Glauben zu erfüllen.

Artikel 27
Innerstaatliches Recht und Einhaltung von Verträgen

Eine Vertragspartei kann sich nicht auf ihr innerstaatliches Recht berufen, um die Nichterfüllung eines Vertrags zu rechtfertigen. Diese Bestimmung lässt Artikel 46 unberührt.

Abschnitt 2: Anwendung von Verträgen

Artikel 28
Nichtrückwirkung von Verträgen

Sofern keine abweichende Absicht aus dem Vertrag hervorgeht oder anderweitig festgestellt ist, binden seine Bestimmungen eine Vertragspartei nicht in bezug auf eine Handlung oder Tatsache, die vor dem Inkrafttreten des Vertrags hinsichtlich der betreffenden Vertragspartei vorgenommen wurde oder eingetreten ist, sowie in bezug auf eine Lage, die vor dem genannten Zeitpunkt zu bestehen aufgehört hat.

Artikel 29
Räumlicher Geltungsbereich von Verträgen

Sofern keine abweichende Absicht aus dem Vertrag hervorgeht oder anderweitig festgestellt ist, bindet ein Vertrag jede Vertragspartei hinsichtlich ihres gesamten Hoheitsgebiets.

Artikel 30
Anwendung aufeinanderfolgender Verträge über denselben Gegenstand

(1) Vorbehaltlich des Artikels 103 der Charta der Vereinten Nationen bestimmen sich die Rechte und Pflichten von Staaten, die Vertragsparteien aufeinanderfolgender Verträge über denselben Gegenstand sind, nach den folgenden Absätzen.

(2) Bestimmt ein Vertrag, dass er einem früher oder später geschlossenen Vertrag untergeordnet ist oder nicht als mit diesem unvereinbar anzusehen ist, so hat der andere Vertrag Vorrang.

(3) Sind alle Vertragsparteien eines früheren Vertrags zugleich Vertragsparteien eines späteren, ohne dass der frühere Vertrag beendet oder nach Artikel 59 suspendiert wird, so findet der frühere Vertrag nur insoweit Anwendung, als er mit dem späteren Vertrag vereinbar ist.

(4) Gehören nicht alle Vertragsparteien des früheren Vertrags zu den Vertragsparteien des späteren,

a) so findet zwischen Staaten, die Vertragsparteien beider Verträge sind, Absatz 3 Anwendung;

b) so regelt zwischen einem Staat, der Vertragspartei beider Verträge ist, und einem Staat, der Vertragspartei nur eines der beiden Verträge ist, der Vertrag, dem beide Staaten als Vertragsparteien angehören, ihre gegenseitigen Rechte und Pflichten.

(5) Absatz 4 gilt unbeschadet des Artikels 41 sowie unbeschadet aller Fragen der Beendigung oder der Suspendierung eines Vertrags nach Artikel 60 und aller Fragen der Verantwortlichkeit, die sich für einen Staat aus Abschluss oder Anwendung eines Vertrags ergeben können, dessen Bestimmungen mit seinen Pflichten gegenüber einem anderen Staat auf Grund eines anderen Vertrags unvereinbar sind.

Abschnitt 3: Auslegung von Verträgen

Artikel 31
Allgemeine Auslegungsregel

(1) Ein Vertrag ist nach Treu und Glauben in Übereinstimmung mit der gewöhnlichen, seinen Bestimmungen in ihrem Zusammenhang zukommenden Bedeutung und im Lichte seines Zieles und Zweckes auszulegen.

(2) Für die Auslegung eines Vertrags bedeutet der Zusammenhang ausser dem Vertragswortlaut samt Präambel und Anlagen

a) jede sich auf den Vertrag beziehende Übereinkunft, die zwischen allen Vertragsparteien anlässlich des Vertragsabschlusses getroffen wurde;

b) jede Urkunde, die von einer oder mehreren Vertragsparteien anlässlich des Vertragsabschlusses abgefasst und von den anderen Vertragsparteien als eine sich auf den Vertrag beziehende Urkunde angenommen wurde.

(3) Ausser dem Zusammenhang sind in gleicher Weise zu berücksichtigen

a) jede spätere Übereinkunft zwischen den Vertragsparteien über die Auslegung des Vertrags oder die Anwendung seiner Bestimmungen;

b) jede spätere Übung bei der Anwendung des Vertrags, aus der die Übereinstimmung der Vertragsparteien über seine Auslegung hervorgeht;

c) jeder in den Beziehungen zwischen den Vertragsparteien anwendbare einschlägige Völkerrechtssatz.

(4) Eine besondere Bedeutung ist einem Ausdruck beizulegen, wenn feststeht, dass die Vertragsparteien dies beabsichtigt haben.

Artikel 32
Ergänzende Auslegungsmittel

Ergänzende Auslegungsmittel, insbesondere die vorbereitenden Arbeiten und die Umstände des Vertragsabschlusses, können herangezogen werden, um die sich unter Anwendung des Artikels 31 ergebende Bedeutung zu bestätigen oder die Bedeutung zu bestimmen, wenn die Auslegung nach Artikel 31

a) die Bedeutung mehrdeutig oder dunkel lässt oder

b) zu einem offensichtlich sinnwidrigen oder unvernünftigen Ergebnis führt.

Artikel 33
Auslegung von Verträgen mit zwei oder mehr authentischen Sprachen

(1) Ist ein Vertrag in zwei oder mehr Sprachen als authentisch festgelegt worden, so ist der Text in jeder Sprache in gleicher Weise massgebend, sofern nicht der Vertrag vorsieht oder die Vertragsparteien vereinbaren, dass bei Abweichungen ein bestimmter Text vorgehen soll.

(2) Eine Vertragsfassung in einer anderen Sprache als einer der Sprachen, deren Text als authentisch festgelegt wurde, gilt nur dann als authentischer Wortlaut, wenn der Vertrag dies vorsieht oder die Vertragsparteien dies vereinbaren.

(3) Es wird vermutet, dass die Ausdrücke des Vertrags in jedem authentischen Text dieselbe Bedeutung haben.

(4) Ausser in Fällen, in denen ein bestimmter Text nach Absatz 1 vorgeht, wird, wenn ein Vergleich der authentischen Texte einen Bedeutungsunterschied aufdeckt, der durch die Anwendung der Artikel 31 und 32 nicht ausgeräumt werden kann, diejenige Bedeutung zugrunde gelegt, die unter Berücksichtigung von Ziel und Zweck des Vertrags die Wortlaute am besten miteinander in Einklang bringt.

Abschnitt 4: Verträge und Drittstaaten

Artikel 34
Allgemeine Regel betreffend Drittstaaten

Ein Vertrag begründet für einen Drittstaat ohne dessen Zustimmung weder Pflichten noch Rechte.

Artikel 35
Verträge zu Lasten von Drittstaaten

Ein Drittstaat wird durch eine Vertragsbestimmung verpflichtet, wenn die Vertragsparteien beabsichtigen, durch die Vertragsbestimmung eine Verpflichtung zu begründen, und der Drittstaat diese Verpflichtung ausdrücklich in Schriftform annimmt.

Artikel 36
Verträge zugunsten von Drittstaaten

(1) Ein Drittstaat wird durch eine Vertragsbestimmung berechtigt, wenn die Vertragsparteien beabsichtigen, durch die Vertragsbestimmung dem Drittstaat oder einer Staatengruppe, zu der er gehört, oder allen Staaten ein Recht einzuräumen, und der Drittstaat dem zustimmt. Sofern der Vertrag nichts anderes vorsieht, wird die Zustimmung vermutet, solange nicht das Gegenteil erkennbar wird.

(2) Ein Staat, der ein Recht nach Absatz 1 ausübt, hat die hierfür in dem Vertrag niedergelegten oder im Einklang mit ihm aufgestellten Bedingungen einzuhalten.

Artikel 37
Aufhebung oder Änderung der Pflichten oder Rechte von Drittstaaten

(1) Ist nach Artikel 35 einem Drittstaat eine Verpflichtung erwachsen, so kann diese nur mit Zustimmung der Vertragsparteien und des Drittstaats aufgehoben oder geändert werden, sofern nicht feststeht, dass sie etwas anderes vereinbart hatten.

(2) Ist nach Artikel 36 einem Drittstaat ein Recht erwachsen, so kann dieses von den Vertragsparteien nicht aufgehoben oder geändert werden, wenn feststeht, dass beabsichtigt war, dass das Recht nur mit Zustimmung des Drittstaats aufgehoben oder geändert werden kann.

Artikel 38
Vertragsbestimmungen, die kraft internationaler Gewohnheit für Drittstaaten verbindlich werden

Die Artikel 34 bis 37 schliessen nicht aus, dass eine vertragliche Bestimmung als ein Satz des Völkergewohnheitsrechts, der als solcher anerkannt ist, für einen Drittstaat verbindlich wird.

TEIL IV: ÄNDERUNG UND MODIFIKATION VON VERTRÄGEN

Artikel 39
Allgemeine Regel über die Änderung von Verträgen

Ein Vertrag kann durch Übereinkunft zwischen den Vertragsparteien geändert werden. Teil II findet auf eine solche Übereinkunft insoweit Anwendung, als der Vertrag nichts anderes vorsieht.

Artikel 40
Änderung mehrseitiger Verträge

(1) Sofern der Vertrag nichts anderes vorsieht, richtet sich die Änderung mehrseitiger Verträge nach den folgenden Absätzen.

(2) Vorschläge zur Änderung eines mehrseitigen Vertrags mit Wirkung zwischen allen Vertragsparteien sind allen Vertragsstaaten zu notifizieren; jeder von ihnen ist berechtigt,

a) an dem Beschluss über das auf einen solchen Vorschlag hin zu Veranlassende teilzunehmen;

b) am Aushandeln und am Abschluss einer Übereinkunft zur Änderung des Vertrags teilzunehmen.

(3) Jeder Staat, der berechtigt ist, Vertragspartei des Vertrags zu werden, ist auch berechtigt, Vertragspartei des geänderten Vertrags zu werden.

(4) Die Änderungsübereinkunft bindet keinen Staat, der schon Vertragspartei des Vertrags ist, jedoch nicht Vertragspartei der Änderungsübereinkunft wird; auf einen solchen Staat findet Artikel 30 Absatz 4 Buchstabe b Anwendung.

(5) Ein Staat, der nach Inkrafttreten der Änderungsübereinkunft Vertragspartei des Vertrags wird, gilt, sofern er nicht eine abweichende Absicht äussert,

a) als Vertragspartei des geänderten Vertrags und

b) als Vertragspartei des nicht geänderten Vertrags im Verhältnis zu einer Vertragspartei, die durch die Änderungsübereinkunft nicht gebunden ist.

Artikel 41
Übereinkünfte zur Modifikation mehrseitiger Verträge zwischen einzelnen Vertragsparteien

(1) Zwei oder mehr Vertragsparteien eines mehrseitigen Vertrags können eine Übereinkunft schliessen, um den Vertrag ausschliesslich im Verhältnis zueinander zu modifizieren,

a) wenn die Möglichkeit einer solchen Modifikation in dem Vertrag vorgesehen ist oder

b) wenn die betreffende Modifikation durch den Vertrag nicht verboten ist und

i) die anderen Vertragsparteien in dem Genuss ihrer Rechte auf Grund des Vertrags oder in der Erfüllung ihrer Pflichten nicht beeinträchtigt und

ii) sich nicht auf eine Bestimmung bezieht, von der abzuweichen mit der vollen Verwirklichung von Ziel und Zweck des gesamten Vertrags unvereinbar ist.

(2) Sofern der Vertrag in einem Fall des Absatzes 1 Buchstabe a nichts anderes vorsieht, haben die betreffenden Vertragsparteien den anderen Vertragsparteien ihre Absicht, eine Übereinkunft zu schliessen, sowie die darin vorgesehene Modifikation zu notifizieren.

TEIL V: UNGÜLTIGKEIT, BEENDIGUNG UND SUSPENDIERUNG VON VERTRÄGEN
Abschnitt 1: Allgemeine Bestimmungen

Artikel 42
Gültigkeit und Weitergeltung von Verträgen

(1) Die Gültigkeit eines Vertrags oder der Zustimmung eines Staates, durch einen Vertrag gebunden zu sein, kann nur in Anwendung dieses Übereinkommens angefochten werden.

(2) Die Beendigung eines Vertrags, seine Kündigung oder der Rücktritt einer Vertragspartei kann nur in Anwendung der Bestimmungen des Vertrags oder dieses Übereinkommens erfolgen. Das gleiche gilt für die Suspendierung eines Vertrags.

Artikel 43
Pflichten, die das Völkerrecht unabhängig von einem Vertrag auferlegt

Die Ungültigkeit, Beendigung oder Kündigung eines Vertrags, der Rücktritt einer Vertragspartei vom Vertrag oder seine Suspendierung beeinträchtigen, soweit sie sich aus der Anwendung dieses Übereinkommens oder des Vertrags ergeben, in keiner Hinsicht die Pflicht eines Staates, eine in dem Vertrag enthaltene Verpflichtung zu erfüllen, der es auch unabhängig von dem Vertrag auf Grund des Völkerrechts unterworfen ist.

Artikel 44
Trennbarkeit von Vertragsbestimmungen

(1) Das in einem Vertrag vorgesehene oder sich aus Artikel 56 ergebende Recht einer Vertragspartei, zu kündigen, zurückzutreten oder den Vertrag zu suspendieren, kann nur hinsichtlich des gesamten Vertrags ausgeübt werden, sofern der Vertrag nichts anderes vorsieht oder die Vertragsparteien nichts anderes vereinbaren.

(2) Ein in diesem Übereinkommen anerkannter Grund dafür, einen Vertrag als ungültig zu erklären, ihn zu beenden, von ihm zurückzutreten oder ihn zu suspendieren, kann nur hinsichtlich des gesamten Vertrags geltend gemacht werden, sofern in den folgenden Absätzen oder in Artikel 60 nichts anderes vorgesehen ist.

(3) Trifft der Grund nur auf einzelne Bestimmungen zu, so kann er hinsichtlich dieser allein geltend gemacht werden,

a) wenn diese Bestimmungen von den übrigen Vertragsbestimmungen getrennt angewendet werden können;

b) wenn aus dem Vertrag hervorgeht oder anderweitig feststeht, dass die Annahme dieser Bestimmungen keine wesentliche Grundlage für die Zustimmung der anderen Vertragspartei oder Vertragsparteien war, durch den gesamten Vertrag gebunden zu sein, und

c) wenn die Weiteranwendung der übrigen Vertragsbestimmungen nicht unbillig ist.

(4) In den Fällen der Artikel 49 und 50 kann ein Staat, der berechtigt ist, Betrug oder Bestechung geltend zu machen, dies entweder hinsichtlich des gesamten Vertrags oder, vorbehaltlich des Absatzes 3, nur hinsichtlich einzelner Bestimmungen tun.

(5) In den Fällen der Artikel 51, 52 und 53 ist die Abtrennung einzelner Vertragsbestimmungen unzulässig.

Artikel 45
Verlust des Rechtes, Gründe dafür geltend zu machen, einen Vertrag als ungültig zu erklären, ihn zu beenden, von ihm zurückzutreten oder ihn zu suspendieren

Ein Staat kann Gründe nach den Artikeln 46 bis 50 oder 60 und 62 nicht länger geltend machen, um einen Vertrag als ungültig zu erklären, ihn zu beenden, von ihm zurückzutreten oder ihn zu suspendieren, wenn, nachdem dem Staat der Sachverhalt bekannt geworden ist,

a) er ausdrücklich zugestimmt hat, dass der Vertrag – je nach Lage des Falles – gültig ist, in Kraft bleibt oder weiterhin angewendet wird, oder

b) auf Grund seines Verhaltens angenommen werden muss, er habe – je nach Lage des Falles – der Gültigkeit des Vertrags, seinem Inkraftbleiben oder seiner Weiteranwendung stillschweigend zugestimmt.

Abschnitt 2: Ungültigkeit von Verträgen

Artikel 46
Innerstaatliche Bestimmungen über die Zuständigkeit zum Abschluss von Verträgen

(1) Ein Staat kann sich nicht darauf berufen, dass seine Zustimmung, durch einen Vertrag gebunden zu sein, unter Verletzung einer Bestimmung seines innerstaatlichen Rechts über die Zuständigkeit zum Abschluss von Verträgen ausgedrückt wurde und daher ungültig sei, sofern nicht die Verletzung offenkundig war und eine innerstaatliche Rechtsvorschrift von grundlegender Bedeutung betraf.
(2) Eine Verletzung ist offenkundig, wenn sie für jeden Staat, der sich hierbei im Einklang mit der allgemeinen Übung und nach Treu und Glauben verhält objektiv erkennbar ist.

Artikel 47
Besondere Beschränkungen der Ermächtigung, die Zustimmung eines Staates zum Ausdruck zu bringen

Ist die Ermächtigung eines Vertreters, die Zustimmung eines Staates auszudrücken durch einen bestimmten Vertrag gebunden zu sein, einer besonderen Beschränkung unterworfen worden, so kann nur dann geltend gemacht werden, dass diese Zustimmung wegen Nichtbeachtung der Beschränkung ungültig sei, wenn die Beschränkung den anderen Verhandlungsstaaten notifiziert worden war, bevor der Vertreter die Zustimmung zum Ausdruck brachte.

Artikel 48
Irrtum

(1) Ein Staat kann geltend machen, dass seine Zustimmung, durch den Vertrag gebunden zu sein, wegen eines Irrtums im Vertrag ungültig sei, wenn sich der Irrtum auf eine Tatsache oder Lage bezieht, deren Bestehen der Staat im Zeitpunkt des Vertragsabschlusses annahm und die eine wesentliche Grundlage für seine Zustimmung bildete.
(2) Absatz 1 findet keine Anwendung, wenn der betreffende Staat durch sein eigenes Verhalten zu dem Irrtum beigetragen hat oder nach den Umständen mit der Möglichkeit eines Irrtums rechnen musste.
(3) Ein ausschliesslich redaktioneller Irrtum berührt die Gültigkeit eines Vertrags nicht; in diesem Fall findet Artikel 79 Anwendung.

Artikel 49
Betrug

Ist ein Staat durch das betrügerische Verhalten eines anderen Verhandlungsstaats zum Vertragsabschluss veranlasst worden, so kann er geltend machen, dass seine Zustimmung, durch den Vertrag gebunden zu sein, wegen des Betrugs ungültig sei.

Artikel 50
Bestechung eines Staatenvertreters

Hat ein Verhandlungsstaat die Zustimmung eines anderen Staates, durch einen Vertrag gebunden zu sein, mittelbar oder unmittelbar durch Bestechung des Vertreters dieses Staates herbeigeführt, so kann dieser Staat geltend machen, dass seine Zustimmung wegen der Bestechung ungültig sei.

Artikel 51
Zwang gegen einen Staatenvertreter

Wurde die Zustimmung eines Staates, durch einen Vertrag gebunden zu sein, durch Zwang gegen seinen Vertreter mittels gegen diesen gerichteter Handlungen oder Drohungen herbeigeführt, so hat sie keine Rechtswirkung.

Artikel 52
Zwang gegen einen Staat durch Androhung oder Anwendung von Gewalt

Ein Vertrag ist nichtig, wenn sein Abschluss durch Androhung oder Anwendung von Gewalt unter Verletzung der in der Charta der Vereinten Nationen niedergelegten Grundsätze des Völkerrechts herbeigeführt wurde.

Artikel 53
Verträge im Widerspruch zu einer zwingenden Norm des allgemeinen Völkerrechts (ius cogens)

Ein Vertrag ist nichtig, wenn er im Zeitpunkt seines Abschlusses im Widerspruch zu einer zwingenden Norm des allgemeinen Völkerrechts steht. Im Sinne dieses Übereinkommens ist eine zwingende Norm des allgemeinen Völkerrechts eine Norm, die von der internationalen Staatengemeinschaft in ihrer Gesamtheit angenommen und anerkannt wird als eine Norm, von der nicht abgewichen werden darf und die nur durch eine spätere Norm des allgemeinen Völkerrechts derselben Rechtsnatur geändert werden kann.

Abschnitt 3: Beendigung und Suspendierung von Verträgen

Artikel 54
Beendigung eines Vertrags oder Rücktritt vom Vertrag auf Grund seiner Bestimmungen oder durch Einvernehmen zwischen den Vertragsparteien

Die Beendigung eines Vertrags oder der Rücktritt einer Vertragspartei vom Vertrag können erfolgen
a) nach Massgabe der Vertragsbestimmungen oder
b) jederzeit durch Einvernehmen zwischen allen Vertragsparteien nach Konsultierung der anderen Vertragsstaaten.

Artikel 55
Abnahme der Zahl der Vertragsparteien eines mehrseitigen Vertrags auf weniger als die für sein Inkrafttreten erforderliche Zahl

Sofern der Vertrag nichts anderes vorsieht, erlischt ein mehrseitiger Vertrag nicht schon deshalb, weil die Zahl der Vertragsparteien unter die für sein Inkrafttreten erforderliche Zahl sinkt.

Artikel 56
Kündigung eines Vertrags oder Rücktritt von einem Vertrag, der keine Bestimmung über Beendigung, Kündigung oder Rücktritt enthält

(1) Ein Vertrag, der keine Bestimmung über seine Beendigung enthält und eine Kündigung oder einen Rücktritt nicht vorsieht, unterliegt weder der Kündigung noch dem Rücktritt, sofern
a) nicht feststeht, dass die Vertragsparteien die Möglichkeit einer Kündigung oder eines Rücktritts zuzulassen beabsichtigten, oder
b) ein Kündigungs- oder Rücktrittsrecht sich nicht aus der Natur des Vertrags herleiten lässt.
(2) Eine Vertragspartei hat ihre Absicht, nach Absatz 1 einen Vertrag zu kündigen oder von einem Vertrag zurückzutreten, mindestens zwölf Monate im voraus zu notifizieren.

Artikel 57
Suspendierung eines Vertrags auf Grund seiner Bestimmungen oder durch Einvernehmen zwischen den Vertragsparteien

Ein Vertrag kann gegenüber allen oder einzelnen Vertragsparteien suspendiert werden
a) nach Massgabe der Vertragsbestimmungen oder
b) jederzeit durch Einvernehmen zwischen allen Vertragsparteien nach Konsultierung der anderen Vertragsstaaten.

Artikel 58
Suspendierung eines mehrseitigen Vertrags auf Grund einer Übereinkunft zwischen einzelnen Vertragsparteien

(1) Zwei oder mehr Vertragsparteien eines mehrseitigen Vertrags können eine Übereinkunft zur zeitweiligen, nur zwischen ihnen wirksamen Suspendierung einzelner Vertragsbestimmungen schliessen,
a) wenn eine solche Suspendierungsmöglichkeit im Vertrag vorgesehen ist oder
b) wenn die Suspendierung durch den Vertrag nicht verboten ist, vorausgesetzt,

i) dass sie die anderen Vertragsparteien im Genuss ihrer Rechte auf Grund des Vertrags oder in der Erfüllung ihrer Pflichten nicht beeinträchtigt und

ii) dass sie mit Ziel und Zweck des Vertrags nicht unvereinbar ist.

(2) Sofern der Vertrag in einem Fall des Absatzes 1 Buchstabe a nichts anderes vorsieht, haben diese Vertragsparteien den anderen Vertragsparteien ihre Absicht, die Übereinkunft zu schliessen, sowie diejenigen Vertragsbestimmungen zu notifizieren, die sie suspendieren wollen.

Artikel 59
Beendigung oder Suspendierung eines Vertrags durch Abschluss eines späteren Vertrags

(1) Ein Vertrag gilt als beendet, wenn alle Vertragsparteien später einen sich auf denselben Gegenstand beziehenden Vertrag schliessen und

a) aus dem späteren Vertrag hervorgeht oder anderweitig feststeht, dass die Vertragsparteien beabsichtigten, den Gegenstand durch den späteren Vertrag zu regeln, oder

b) die Bestimmungen des späteren Vertrags mit denen des früheren Vertrags in solchem Masse unvereinbar sind, dass die beiden Verträge eine gleichzeitige Anwendung nicht zulassen.

(2) Der frühere Vertrag gilt als nur suspendiert, wenn eine solche Absicht der Vertragsparteien aus dem späteren Vertrag hervorgeht oder anderweitig feststeht.

Artikel 60
Beendigung oder Suspendierung eines Vertrags infolge Vertragsverletzung

(1) Eine erhebliche Verletzung eines zweiseitigen Vertrags durch eine Vertragspartei berechtigt die andere Vertragspartei, die Vertragsverletzung als Grund für die Beendigung des Vertrags oder für seine gänzliche oder teilweise Suspendierung geltend zu machen.

(2) Eine erhebliche Verletzung eines mehrseitigen Vertrags durch eine Vertragspartei

a) berechtigt die anderen Vertragsparteien, einvernehmlich den Vertrag ganz oder teilweise zu suspendieren oder ihn zu beenden

i) entweder im Verhältnis zwischen ihnen und dem vertragsbrüchigen Staat

ii) oder zwischen allen Vertragsparteien;

b) berechtigt eine durch die Vertragsverletzung besonders betroffene Vertragspartei, die Verletzung als Grund für die gänzliche oder teilweise Suspendierung des Vertrags im Verhältnis zwischen ihr und dem vertragsbrüchigen Staat geltend zu machen;

c) berechtigt jede Vertragspartei ausser dem vertragsbrüchigen Staat, die Vertragsverletzung als Grund für die gänzliche oder teilweise Suspendierung des Vertrags in bezug auf sich selbst geltend zu machen, wenn der Vertrag so beschaffen ist, dass eine erhebliche Verletzung seiner Bestimmungen durch eine Vertragspartei die Lage jeder Vertragspartei hinsichtlich der weiteren Erfüllung ihrer Vertragsverpflichtungen grundlegend ändert.

(3) Eine erhebliche Verletzung im Sinne dieses Artikels liegt

a) in einer nach diesem Übereinkommen nicht zulässigen Ablehnung des Vertrags oder

b) in der Verletzung einer für die Erreichung des Vertragsziels oder des Vertragszwecks wesentlichen Bestimmung.

(4) Die Absätze 1 bis 3 lassen die Vertragsbestimmungen unberührt, die bei einer Verletzung des Vertrags anwendbar sind.

(5) Die Absätze 1 bis 3 finden keine Anwendung auf Bestimmungen über den Schutz der menschlichen Person in Verträgen humanitärer Art, insbesondere auf Bestimmungen zum Verbot von Repressalien jeder Art gegen die durch derartige Verträge geschützten Personen.

Artikel 61
Nachträgliche Unmöglichkeit der Erfüllung

(1) Eine Vertragspartei kann die Unmöglichkeit der Vertragserfüllung als Grund für die Beendigung des Vertrags oder den Rücktritt vom Vertrag geltend machen, wenn sich die Unmöglichkeit aus dem endgültigen Verschwinden oder der Vernichtung eines zur Ausführung des Vertrags unerlässlichen Gegenstandes ergibt. Eine vorübergehende Unmöglichkeit kann nur als Grund für die Suspendierung des Vertrags geltend gemacht werden.

(2) Eine Vertragspartei kann die Unmöglichkeit der Vertragserfüllung nicht als Grund für die Beendigung des Vertrags, den Rücktritt vom Vertrag oder seine Suspendierung geltend machen, wenn sie

die Unmöglichkeit durch die Verletzung einer Vertragsverpflichtung oder einer sonstigen, gegenüber einer anderen Vertragspartei bestehenden internationalen Verpflichtung selbst herbeigeführt hat.

Artikel 62
Grundlegende Änderung der Umstände

(1) Eine grundlegende Änderung der beim Vertragsabschluss gegebenen Umstände, die von den Vertragsparteien nicht vorausgesehen wurde, kann nicht als Grund für die Beendigung des Vertrags oder den Rücktritt von ihm geltend gemacht werden, es sei denn

a) das Vorhandensein jener Umstände bildete eine wesentliche Grundlage für die Zustimmung der Vertragsparteien, durch den Vertrag gebunden zu sein, und

b) die Änderung der Umstände würde das Ausmass der auf Grund des Vertrags noch zu erfüllenden Verpflichtungen tiefgreifend umgestalten.

(2) Eine grundlegende Änderung der Umstände kann nicht als Grund für die Beendigung des Vertrags oder den Rücktritt von ihm geltend gemacht werden,

a) wenn der Vertrag eine Grenze festlegt oder

b) wenn die Vertragspartei, welche die grundlegende Änderung der Umstände geltend macht, diese durch Verletzung einer Vertragsverpflichtung oder einer sonstigen, gegenüber einer anderen Vertragspartei bestehenden internationalen Verpflichtung selbst herbeigeführt hat.

(3) Kann eine Vertragspartei nach Absatz 1 oder 2 eine grundlegende Änderung der Umstände als Grund für die Beendigung des Vertrags oder den Rücktritt von ihm geltend machen, so kann sie die Änderung auch als Grund für die Suspendierung des Vertrags geltend machen.

Artikel 63
Abbruch der diplomatischen oder konsularischen Beziehungen

Der Abbruch der diplomatischen oder konsularischen Beziehungen zwischen Parteien eines Vertrags lässt die zwischen ihnen durch den Vertrag begründeten Rechtsbeziehungen unberührt, es sei denn, das Bestehen diplomatischer oder konsularischer Beziehungen ist für die Anwendung des Vertrags unerlässlich.

Artikel 64
Entstehung einer neuen zwingenden Norm des allgemeinen Völkerrechts (ius cogens)

Entsteht eine neue zwingende Norm des allgemeinen Völkerrechts, so wird jeder zu dieser Norm im Widerspruch stehende Vertrag nichtig und erlischt.

Abschnitt 4: Verfahren

Artikel 65
Verfahren bei Ungültigkeit oder Beendigung eines Vertrags, beim Rücktritt von einem Vertrag oder bei Suspendierung eines Vertrags

(1) Macht eine Vertragspartei auf Grund dieses Übereinkommens entweder einen Mangel in ihrer Zustimmung, durch einen Vertrag gebunden zu sein, oder einen Grund zur Anfechtung der Gültigkeit eines Vertrags, zu seiner Beendigung, zum Rücktritt vom Vertrag oder zu seiner Suspendierung geltend, so hat sie den anderen Vertragsparteien ihren Anspruch zu notifizieren. In der Notifikation sind die in bezug auf den Vertrag beabsichtigte Massnahme und die Gründe dafür anzugeben.

(2) Erhebt innerhalb einer Frist, die – ausser in besonders dringenden Fällen – nicht weniger als drei Monate nach Empfang der Notifikation beträgt, keine Vertragspartei Einspruch, so kann die notifizierende Vertragspartei in der in Artikel 67 vorgesehenen Form die angekündigte Massnahme durchführen.

(3) Hat jedoch eine andere Vertragspartei Einspruch erhoben, so bemühen sich die Vertragsparteien um eine Lösung durch die in Artikel 33 der Charta der Vereinten Nationen genannten Mittel.

(4) Die Absätze 1 bis 3 berühren nicht die Rechte oder Pflichten der Vertragsparteien auf Grund in Kraft befindlicher und für die Vertragsparteien verbindlicher Bestimmungen über die Beilegung von Streitigkeiten.

(5) Unbeschadet des Artikels 45 hindert der Umstand, dass ein Staat die nach Absatz 1 vorgeschriebene Notifikation noch nicht abgegeben hat, diesen nicht daran, eine solche Notifikation als

Antwort gegenüber einer anderen Vertragspartei abzugeben, die Vertragserfüllung fordert oder eine Vertragsverletzung behauptet.

Artikel 66
Verfahren zur gerichtlichen oder schiedsgerichtlichen Beilegung oder zum Vergleich

Ist innerhalb von zwölf Monaten nach Erhebung eines Einspruchs keine Lösung nach Artikel 65 Absatz 3 erzielt worden, so sind folgende Verfahren anzuwenden:

a) jede Partei einer Streitigkeit über die Anwendung oder Auslegung des Artikels 53 oder 64 kann die Streitigkeit durch eine Klageschrift dem Internationalen Gerichtshof zur Entscheidung unterbreiten, sofern die Parteien nicht vereinbaren, die Streitigkeit einem Schiedsverfahren zu unterwerfen;

b) jede Partei einer Streitigkeit über die Anwendung oder Auslegung eines sonstigen Artikels des Teiles V dieses Übereinkommens kann das im Anhang zu dem Übereinkommen bezeichnete Verfahren durch einen diesbezüglichen Antrag an den Generalsekretär der Vereinten Nationen einleiten.

Artikel 67
Urkunden zur Ungültigerklärung oder Beendigung eines Vertrags, zum Rücktritt von einem Vertrag oder zur Suspendierung eines Vertrags

(1) Die Notifikation nach Artikel 65 Absatz 1 bedarf der Schriftform.

(2) Eine Handlung, durch die ein Vertrag auf Grund seiner Bestimmungen oder nach Artikel 65 Absatz 2 oder 3 dieses Übereinkommens für ungültig erklärt oder beendet wird, durch die der Rücktritt vom Vertrag erklärt oder dieser suspendiert wird, ist durch eine den anderen Vertragsparteien zu übermittelnde Urkunde vorzunehmen. Ist die Urkunde nicht vom Staatsoberhaupt, Regierungschef oder Aussenminister unterzeichnet, so kann der Vertreter des die Urkunde übermittelnden Staates aufgefordert werden, seine Vollmacht vorzulegen.

Artikel 68
Rücknahme von Notifikationen und Urkunden nach den Artikeln 65 und 67

Eine Notifikation oder eine Urkunde nach den Artikeln 65 und 67 kann jederzeit zurückgenommen werden, bevor sie wirksam wird.

Abschnitt 5: Folgen der Ungültigkeit, der Beendigung oder der Suspendierung eines Vertrags

Artikel 69
Folgen der Ungültigkeit eines Vertrags

(1) Ein Vertrag, dessen Ungültigkeit auf Grund dieses Übereinkommens festgestellt wird, ist nichtig. Die Bestimmungen eines nichtigen Vertrags haben keine rechtliche Gültigkeit.

(2) Sind jedoch, gestützt auf einen solchen Vertrag, Handlungen vorgenommen worden,

a) so kann jede Vertragspartei von jeder anderen Vertragspartei verlangen, dass diese in ihren gegenseitigen Beziehungen soweit wie möglich die Lage wiederherstellt, die bestanden hätte, wenn die Handlungen nicht vorgenommen worden wären;

b) so werden Handlungen, die vor Geltendmachung der Ungültigkeit in gutem Glauben vorgenommen wurden, nicht schon durch die Ungültigkeit des Vertrags rechtswidrig.

(3) In den Fällen des Artikels 49, 50, 51 oder 52 findet Absatz 2 keine Anwendung in bezug auf die Vertragspartei, welcher der Betrug, die Bestechung oder der Zwang zuzurechnen ist.

(4) Ist die Zustimmung eines bestimmten Staates, durch einen mehrseitigen Vertrag gebunden zu sein, mit einem Mangel behaftet, so finden die Absätze 1 bis 3 im Verhältnis zwischen diesem Staat und den Vertragsparteien Anwendung.

Artikel 70
Folgen der Beendigung eines Vertrags

(1) Sofern der Vertrag nichts anderes vorsieht oder die Vertragsparteien nichts anderes vereinbaren, hat die nach den Bestimmungen des Vertrags oder nach diesem Übereinkommen eingetretene Beendigung des Vertrags folgende Wirkungen:

a) sie befreit die Vertragsparteien von der Verpflichtung, den Vertrag weiterhin zu erfüllen;

b) sie berührt nicht die vor Beendigung des Vertrags durch dessen Durchführung begründeten Rechte und Pflichten der Vertragsparteien und ihre dadurch geschaffene Rechtslage.

(2) Kündigt ein Staat einen mehrseitigen Vertrag oder tritt er von ihm zurück, so gilt Absatz 1 in den Beziehungen zwischen diesem Staat und jeder anderen Vertragspartei vom Zeitpunkt des Wirksamwerdens der Kündigung oder des Rücktritts an.

Artikel 71
Folgen der Ungültigkeit eines Vertrags, der im Widerspruch zu einer zwingenden Norm des allgemeinen Völkerrechts steht

(1) Im Fall eines nach Artikel 53 nichtigen Vertrags haben die Vertragsparteien

a) soweit wie möglich die Folgen von Handlungen zu beseitigen, die, gestützt auf eine zu der zwingenden Norm des allgemeinen Völkerrechts im Widerspruch stehende Bestimmung, vorgenommen wurden, und

b) ihre gegenseitigen Beziehungen mit der zwingenden Norm des allgemeinen Völkerrechts in Einklang zu bringen.

(2) Im Fall eines Vertrags, der nach Artikel 64 nichtig wird und erlischt, hat die Beendigung folgende Wirkungen:

a) Sie befreit die Vertragsparteien von der Verpflichtung, den Vertrag weiterhin zu erfüllen;

b) sie berührt nicht die vor Beendigung des Vertrags begründeten Rechte und Pflichten der Vertragsparteien und ihre dadurch geschaffene Rechtslage; solche Rechte, Pflichten und Rechtslagen dürfen danach jedoch nur insoweit aufrechterhalten werden, als ihre Aufrechterhaltung als solche nicht im Widerspruch zu der neuen zwingenden Norm des allgemeinen Völkerrechts steht.

Artikel 72
Folgen der Suspendierung eines Vertrags

(1) Sofern der Vertrag nichts anderes vorsieht oder die Vertragsparteien nichts anderes vereinbaren, hat die nach den Bestimmungen des Vertrags oder nach diesem Übereinkommen erfolgte Suspendierung des Vertrags folgende Wirkungen:

a) sie befreit die Vertragsparteien, zwischen denen der Vertrag suspendiert ist, in ihren gegenseitigen Beziehungen während der Suspendierung von der Verpflichtung, den Vertrag zu erfüllen;

b) sie berührt anderweitig die durch den Vertrag zwischen den Vertragsparteien begründeten Rechtsbeziehungen nicht.

(2) Während der Suspendierung haben sich die Vertragsparteien aller Handlungen zu enthalten, die der Wiederanwendung des Vertrags entgegenstehen könnten.

....

II. CHARTA DER VEREINTEN NATIONEN[1] VOM 26. JUNI 1945 (Auszüge)

Präambel

WIR, DIE VÖLKER DER VEREINTEN NATIONEN - FEST ENTSCHLOSSEN,

künftige Geschlechter vor der Geissel des Krieges zu bewahren, die zweimal zu unseren Lebzeiten unsagbares Leid über die Menschheit gebracht hat,

unseren Glauben an die Grundrechte des Menschen, an Würde und Wert der menschlichen Persönlichkeit, an die Gleichberechtigung von Mann und Frau sowie von allen Nationen, ob gross oder klein, erneut zu bekräftigen,

Bedingungen zu schaffen, unter denen Gerechtigkeit und die Achtung vor den Verpflichtungen aus Verträgen und anderen Quellen des Völkerrechts gewahrt werden können,

den sozialen Fortschritt und einen besseren Lebensstandard in grösserer Freiheit zu fördern,

UND FÜR DIESE ZWECKE

Duldsamkeit zu üben und als gute Nachbarn in Frieden miteinander zu leben,

unsere Kräfte zu vereinen, um den Weltfrieden und die internationale Sicherheit zu wahren,

Grundsätze anzunehmen und Verfahren einzuführen, die gewährleisten, dass Waffengewalt nur noch im gemeinsamen Interesse angewendet wird, und internationale Einrichtungen in Anspruch zu nehmen, um den wirtschaftlichen und sozialen Fortschritt aller Völker zu fördern –

HABEN BESCHLOSSEN, IN UNSEREM BEMÜHEN UM DIE ERREICHUNG DIESER ZIELE ZUSAMMENZUWIRKEN.

Dementsprechend haben unsere Regierungen durch ihre in der Stadt San Franzisko versammelten Vertreter, deren Vollmachten vorgelegt und in guter und gehöriger Form befunden wurden, diese Charta der Vereinten Nationen angenommen und errichten hiermit eine internationale Organisation, die den Namen „Vereinte Nationen" führen soll.

Kapitel I

Ziele und Grundsätze

Artikel 1

Die Vereinten Nationen setzen sich folgende Ziele:

(1) den Weltfrieden und die internationale Sicherheit zu wahren und zu diesem Zweck wirksame Kollektivmassnahmen zu treffen, um Bedrohungen des Friedens zu verhüten und zu beseitigen, Angriffshandlungen und andere Friedensbrüche zu unterdrücken und internationale Streitigkeiten oder Situationen, die zu einem Friedensbruch führen könnten, durch friedliche Mittel nach den Grundsätzen der Gerechtigkeit und des Völkerrechts zu bereinigen oder beizulegen;

(2) freundschaftliche, auf der Achtung vor dem Grundsatz der Gleichberechtigung und Selbstbestimmung der Völker beruhende Beziehungen zwischen den Nationen zu entwickeln und andere geeignete Massnahmen zur Festigung des Weltfriedens zu treffen;

(3) eine internationale Zusammenarbeit herbeizuführen, um internationale Probleme wirtschaftlicher, sozialer, kultureller und humanitärer Art zu lösen und die Achtung vor den Menschenrechten und Grundfreiheiten für alle ohne Unterschied der Rasse, des Geschlechts, der Sprache oder der Religion zu fördern und zu festigen;

[1] Amtliche Fassung der Bundesrepublik Deutschland, BGBl. 1973 II S. 431

(4) ein Mittelpunkt zu sein, in dem die Bemühungen der Nationen zur Verwirklichung dieser gemeinsamen Ziele aufeinander abgestimmt werden.

Artikel 2

Die Organisation und ihre Mitglieder handeln im Verfolg der in Artikel 1 dargelegten Ziele nach folgenden Grundsätzen:

(1) Die Organisation beruht auf dem Grundsatz der souveränen Gleichheit aller ihrer Mitglieder.

(2) Alle Mitglieder erfüllen, um ihnen allen die aus der Mitgliedschaft erwachsenden Rechte und Vorteile zu sichern, nach Treu und Glauben die Verpflichtungen, die sie mit dieser Charta übernehmen.

(3) Alle Mitglieder legen ihre internationalen Streitigkeiten durch friedliche Mittel so bei, dass der Weltfriede, die internationale Sicherheit und die Gerechtigkeit nicht gefährdet werden.

(4) Alle Mitglieder unterlassen in ihren internationalen Beziehungen jede gegen die territoriale Unversehrtheit oder die politische Unabhängigkeit eines Staates gerichtete oder sonst mit den Zielen der Vereinten Nationen unvereinbare Androhung oder Anwendung von Gewalt.

(5) Alle Mitglieder leisten den Vereinten Nationen jeglichen Beistand bei jeder Massnahme, welche die Organisation im Einklang mit dieser Charta ergreift; sie leisten einem Staat, gegen den die Organisation Vorbeugungs- oder Zwangsmassnahmen ergreift, keinen Beistand.

(6) Die Organisation trägt dafür Sorge, dass Staaten, die nicht Mitglieder der Vereinten Nationen sind, insoweit nach diesen Grundsätzen handeln, als dies zur Wahrung des Weltfriedens und der internationalen Sicherheit erforderlich ist.

(7) Aus dieser Charta kann eine Befugnis der Vereinten Nationen zum Eingreifen in Angelegenheiten, die ihrem Wesen nach zur inneren Zuständigkeit eines Staates gehören, oder eine Verpflichtung der Mitglieder, solche Angelegenheiten einer Regelung auf Grund dieser Charta zu unterwerfen, nicht abgeleitet werden; die Anwendung von Zwangsmassnahmen nach Kapitel VII wird durch diesen Grundsatz nicht berührt.

Kapitel II
Mitglieder

Artikel 3

Ursprüngliche Mitglieder der Vereinten Nationen sind die Staaten, welche an der Konferenz der Vereinten Nationen über eine Internationale Organisation in San Franzisko teilgenommen oder bereits vorher die Erklärung der Vereinten Nationen vom 1. Januar 1942 unterzeichnet haben und nunmehr diese Charta unterzeichnen und nach Artikel 110 ratifizieren.

Artikel 4

(1) Mitglied der Vereinten Nationen können alle sonstigen friedliebenden Staaten werden, welche die Verpflichtungen aus dieser Charta übernehmen und nach dem Urteil der Organisation fähig und willens sind, diese Verpflichtungen zu erfüllen.

(2) Die Aufnahme eines solchen Staates als Mitglied der Vereinten Nationen erfolgt auf Empfehlung des Sicherheitsrats durch Beschluss der Generalversammlung.

Artikel 5

Einem Mitglied der Vereinten Nationen, gegen das der Sicherheitsrat Vorbeugungs- oder Zwangsmassnahmen getroffen hat, kann die Generalversammlung auf Empfehlung des Sicherheitsrats die Ausübung der Rechte und Vorrechte aus seiner Mitgliedschaft zeitweilig entziehen. Der Sicherheitsrat kann die Ausübung dieser Rechte und Vorrechte wieder zulassen.

Artikel 6

Ein Mitglied der Vereinten Nationen, das die Grundsätze dieser Charta beharrlich verletzt, kann auf Empfehlung des Sicherheitsrats durch die Generalversammlung aus der Organisation ausgeschlossen werden.

Kapitel III
Organe

Artikel 7

(1) Als Hauptorgane der Vereinten Nationen werden eine Generalversammlung, ein Sicherheitsrat, ein Wirtschafts- und Sozialrat, ein Treuhandrat, ein Internationaler Gerichtshof und ein Sekretariat eingesetzt.

(2) Je nach Bedarf können in Übereinstimmung mit dieser Charta Nebenorgane eingesetzt werden.

Artikel 8

Die Vereinten Nationen schränken hinsichtlich der Anwartschaft auf alle Stellen in ihren Haupt- und Nebenorganen die Gleichberechtigung von Männern und Frauen nicht ein.

Kapitel IV
Die Generalversammlung

Zusammensetzung

Artikel 9

(1) Die Generalversammlung besteht aus allen Mitgliedern der Vereinten Nationen.

(2) Jedes Mitglied hat höchstens fünf Vertreter in der Generalversammlung.

Aufgaben und Befugnisse

Artikel 10

Die Generalversammlung kann alle Fragen und Angelegenheiten erörtern, die in den Rahmen dieser Charta fallen oder Befugnisse und Aufgaben eines in dieser Charta vorgesehenen Organs betreffen; vorbehaltlich des Artikels 12 kann sie zu diesen Fragen und Angelegenheiten Empfehlungen an die Mitglieder der Vereinten Nationen oder den Sicherheitsrat oder an beide richten.

Artikel 11

(1) Die Generalversammlung kann sich mit den allgemeinen Grundsätzen der Zusammenarbeit zur Wahrung des Weltfriedens und der internationalen Sicherheit einschliesslich der Grundsätze für die Abrüstung und Rüstungsregelung befassen und in bezug auf diese Grundsätze Empfehlungen an die Mitglieder oder den Sicherheitsrat oder an beide richten.

(2) Die Generalversammlung kann alle die Wahrung des Weltfriedens und der internationalen Sicherheit betreffenden Fragen erörtern, die ihr ein Mitglied der Vereinten Nationen oder der Sicherheitsrat oder nach Artikel 35 Absatz 2 ein Nichtmitgliedstaat der Vereinten Nationen vorlegt; vorbehaltlich des Artikels 12 kann sie zu diesen Fragen Empfehlungen an den oder die betreffenden Staaten oder den Sicherheitsrat oder an beide richten. Macht eine derartige Frage Massnahmen erforderlich, so wird sie von der Generalversammlung vor oder nach der Erörterung an den Sicherheitsrat überwiesen.

(3) Die Generalversammlung kann die Aufmerksamkeit des Sicherheitsrats auf Situationen lenken, die geeignet sind, den Weltfrieden und die internationale Sicherheit zu gefährden.

(4) Die in diesem Artikel aufgeführten Befugnisse der Generalversammlung schränken die allgemeine Tragweite des Artikels 10 nicht ein.

Artikel 12

(1) Solange der Sicherheitsrat in einer Streitigkeit oder einer Situation die ihm in dieser Charta zugewiesenen Aufgaben wahrnimmt, darf die Generalversammlung zu dieser Streitigkeit oder Situation keine Empfehlung abgeben, es sei denn auf Ersuchen des Sicherheitsrats.

(2) Der Generalsekretär unterrichtet mit Zustimmung des Sicherheitsrats die Generalversammlung bei jeder Tagung über alle die Wahrung des Weltfriedens und der internationalen Sicherheit betreffenden Angelegenheiten, die der Sicherheitsrat behandelt; desgleichen unterrichtet er unverzüglich

die Generalversammlung oder, wenn diese nicht tagt, die Mitglieder der Vereinten Nationen, sobald der Sicherheitsrat die Behandlung einer solchen Angelegenheit einstellt.

Artikel 13

(1) Die Generalversammlung veranlasst Untersuchungen und gibt Empfehlungen ab,

a) um die internationale Zusammenarbeit auf politischem Gebiet zu fördern und die fortschreitende Entwicklung des Völkerrechts sowie seine Kodifizierung zu begünstigen;

b) um die internationale Zusammenarbeit auf den Gebieten der Wirtschaft, des Sozialwesens, der Kultur, der Erziehung und der Gesundheit zu fördern und zur Verwirklichung der Menschenrechte und Grundfreiheiten für alle ohne Unterschied der Rasse, des Geschlechts, der Sprache oder der Religion beizutragen.

(2) Die weiteren Verantwortlichkeiten, Aufgaben und Befugnisse der Generalversammlung in bezug auf die in Absatz 1 Buchstabe b genannten Angelegenheiten sind in den Kapiteln IX und X dargelegt.

Artikel 14

Vorbehaltlich des Artikels 12 kann die Generalversammlung Massnahmen zur friedlichen Bereinigung jeder Situation empfehlen, gleichviel wie sie entstanden ist, wenn diese Situation nach ihrer Auffassung geeignet ist, das allgemeine Wohl oder die freundschaftlichen Beziehungen zwischen Nationen zu beeinträchtigen; dies gilt auch für Situationen, die aus einer Verletzung der Bestimmungen dieser Charta über die Ziele und Grundsätze der Vereinten Nationen entstehen.

Artikel 15

(1) Die Generalversammlung erhält und prüft Jahresberichte und Sonderberichte des Sicherheitsrats; diese Berichte enthalten auch eine Darstellung der Massnahmen, die der Sicherheitsrat zur Wahrung des Weltfriedens und der internationalen Sicherheit beschlossen oder getroffen hat.

(2) Die Generalversammlung erhält und prüft Berichte der anderen Organe der Vereinten Nationen.

Artikel 16

Die Generalversammlung nimmt die ihr bezüglich des internationalen Treuhandsystems in den Kapiteln XII und XIII zugewiesenen Aufgaben wahr; hierzu gehört die Genehmigung der Treuhandabkommen für Gebiete, die nicht als strategische Zonen bezeichnet sind.

Artikel 17

(1) Die Generalversammlung prüft und genehmigt den Haushaltsplan der Organisation.

(2) Die Ausgaben der Organisation werden von den Mitgliedern nach einem von der Generalversammlung festzusetzenden Verteilungsschlüssel getragen.

(3) Die Generalversammlung prüft und genehmigt alle Finanz- und Haushaltsabmachungen mit den in Artikel 57 bezeichneten Sonderorganisationen; sie prüft deren Verwaltungshaushalt mit dem Ziel, Empfehlungen an sie zu richten.

Abstimmung

Artikel 18

(1) Jedes Mitglied der Generalversammlung hat eine Stimme.

(2) Beschlüsse der Generalversammlung über wichtige Fragen bedürfen einer Zweidrittelmehrheit der anwesenden und abstimmenden Mitglieder. Zu diesen Fragen gehören: Empfehlungen hinsichtlich der Wahrung des Weltfriedens und der internationalen Sicherheit, die Wahl der nichtständigen Mitglieder des Sicherheitsrats, die Wahl der Mitglieder des Wirtschafts- und Sozialrats, die Wahl von Mitgliedern des Treuhandrats nach Artikel 86 Absatz 1 Buchstabe c, die Aufnahme neuer Mitglieder in die Vereinten Nationen, der zeitweilige Entzug der Rechte und Vorrechte aus der Mitgliedschaft, der Ausschluss von Mitgliedern, Fragen betreffend die Wirkungsweise des Treuhandsystems sowie Haushaltsfragen.

(3) Beschlüsse über andere Fragen, einschliesslich der Bestimmung weiterer Gruppen von Fragen, über die mit Zweidrittelmehrheit zu beschliessen ist, bedürfen der Mehrheit der anwesenden und abstimmenden Mitglieder.

Artikel 19

Ein Mitglied der Vereinten Nationen, das mit der Zahlung seiner finanziellen Beiträge an die Organisation im Rückstand ist, hat in der Generalversammlung kein Stimmrecht, wenn der rückständige Betrag die Höhe der Beiträge erreicht oder übersteigt, die dieses Mitglied für die vorausgegangenen zwei vollen Jahre schuldet. Die Generalversammlung kann ihm jedoch die Ausübung des Stimmrechts gestatten, wenn nach ihrer Überzeugung der Zahlungsverzug auf Umständen beruht, die dieses Mitglied nicht zu vertreten hat.

Verfahren

Artikel 20

Die Generalversammlung tritt zu ordentlichen Jahrestagungen und, wenn die Umstände es erfordern, zu ausserordentlichen Tagungen zusammen. Ausserordentliche Tagungen hat der Generalsekretär auf Antrag des Sicherheitsrats oder der Mehrheit der Mitglieder der Vereinten Nationen einzuberufen.

Artikel 21

Die Generalversammlung gibt sich eine Geschäftsordnung. Sie wählt für jede Tagung ihren Präsidenten.

Artikel 22

Die Generalversammlung kann Nebenorgane einsetzen, soweit sie dies zur Wahrnehmung ihrer Aufgaben für erforderlich hält.

Kapitel V
Der Sicherheitsrat

Zusammensetzung

Artikel 23

(1) Der Sicherheitsrat besteht aus fünfzehn Mitgliedern der Vereinten Nationen. Die Republik China, Frankreich, die Union der Sozialistischen Sowjetrepubliken, das Vereinigte Königreich Grossbritannien und Nordirland sowie die Vereinigten Staaten von Amerika sind ständige Mitglieder des Sicherheitsrats. Die Generalversammlung wählt zehn weitere Mitglieder der Vereinten Nationen zu nichtständigen Mitgliedern des Sicherheitsrats; hierbei sind folgende Gesichtspunkte besonders zu berücksichtigen: in erster Linie der Beitrag von Mitgliedern der Vereinten Nationen zur Wahrung des Weltfriedens und der internationalen Sicherheit und zur Verwirklichung der sonstigen Ziele der Organisation sowie ferner eine angemessene geographische Verteilung der Sitze.

(2) Die nichtständigen Mitglieder des Sicherheitsrats werden für zwei Jahre gewählt. Bei der ersten Wahl der nichtständigen Mitglieder, die nach Erhöhung der Zahl der Ratsmitglieder von elf auf fünfzehn stattfindet, werden zwei der vier zusätzlichen Mitglieder für ein Jahr gewählt. Ausscheidende Mitglieder können nicht unmittelbar wiedergewählt werden.

(3) Jedes Mitglied des Sicherheitsrats hat in diesem einen Vertreter.

Aufgaben und Befugnisse

Artikel 24

(1) Um ein schnelles und wirksames Handeln der Vereinten Nationen zu gewährleisten, übertragen ihre Mitglieder dem Sicherheitsrat die Hauptverantwortung für die Wahrung des Weltfriedens und der internationalen Sicherheit und erkennen an, dass der Sicherheitsrat bei der Wahrnehmung der sich aus dieser Verantwortung ergebenden Pflichten in ihrem Namen handelt.

(2) Bei der Erfüllung dieser Pflichten handelt der Sicherheitsrat im Einklang mit den Zielen und Grundsätzen der Vereinten Nationen. Die ihm hierfür eingeräumten besonderen Befugnisse sind in den Kapiteln VI, VII, VIII und XII aufgeführt.

(3) Der Sicherheitsrat legt der Generalversammlung Jahresberichte und erforderlichenfalls Sonderberichte zur Prüfung vor.

Artikel 25

Die Mitglieder der Vereinten Nationen kommen überein, die Beschlüsse des Sicherheitsrats im Einklang mit dieser Charta anzunehmen und durchzuführen.

Artikel 26

Um die Herstellung und Wahrung des Weltfriedens und der internationalen Sicherheit so zu fördern, dass von den menschlichen und wirtschaftlichen Hilfsquellen der Welt möglichst wenig für Rüstungszwecke abgezweigt wird, ist der Sicherheitsrat beauftragt, mit Unterstützung des in Artikel 47 vorgesehenen Generalstabsausschusses Pläne auszuarbeiten, die den Mitgliedern der Vereinten Nationen zwecks Errichtung eines Systems der Rüstungsregelung vorzulegen sind.

Abstimmung

Artikel 27

(1) Jedes Mitglied des Sicherheitsrats hat eine Stimme.

(2) Beschlüsse des Sicherheitsrats über Verfahrensfragen bedürfen der Zustimmung von neun Mitgliedern.

(3) Beschlüsse des Sicherheitsrats über alle sonstigen Fragen bedürfen der Zustimmung von neun Mitgliedern einschliesslich sämtlicher ständigen Mitglieder, jedoch mit der Massgabe, dass sich bei Beschlüssen auf Grund des Kapitels VI und des Artikels 52 Absatz 3 die Streitparteien der Stimme enthalten.

Verfahren

Artikel 28

(1) Der Sicherheitsrat wird so organisiert, dass er seine Aufgaben ständig wahrnehmen kann. Jedes seiner Mitglieder muss zu diesem Zweck jederzeit am Sitz der Organisation vertreten sein.

(2) Der Sicherheitsrat tritt regelmässig zu Sitzungen zusammen; bei diesen kann jedes seiner Mitglieder nach Wunsch durch ein Regierungsmitglied oder durch einen anderen eigens hierfür bestellten Delegierten vertreten sein.

(3) Der Sicherheitsrat kann ausser am Sitz der Organisation auch an anderen Orten zusammentreten, wenn dies nach seinem Urteil seiner Arbeit am dienlichsten ist.

Artikel 29

Der Sicherheitsrat kann Nebenorgane einsetzen, soweit er dies zur Wahrnehmung seiner Aufgaben für erforderlich hält.

Artikel 30

Der Sicherheitsrat gibt sich eine Geschäftsordnung; in dieser regelt er auch das Verfahren für die Wahl seines Präsidenten.

Artikel 31

Ein Mitglied der Vereinten Nationen, das nicht Mitglied des Sicherheitsrats ist, kann ohne Stimmrecht an der Erörterung jeder vor den Sicherheitsrat gebrachten Frage teilnehmen, wenn dieser der Auffassung ist, dass die Interessen dieses Mitglieds besonders betroffen sind.

Artikel 32

Mitglieder der Vereinten Nationen, die nicht Mitglied des Sicherheitsrats sind, sowie Nichtmitgliedstaaten der Vereinten Nationen werden eingeladen, an den Erörterungen des Sicherheitsrats über eine Streitigkeit, mit der dieser befasst ist, ohne Stimmrecht teilzunehmen, wenn sie Streitpartei sind. Für die Teilnahme eines Nichtmitgliedstaats der Vereinten Nationen setzt der Sicherheitsrat die Bedingungen fest, die er für gerecht hält.

Kapitel VI

Die friedliche Beilegung von Streitigkeiten

Artikel 33

(1) Die Parteien einer Streitigkeit, deren Fortdauer geeignet ist, die Wahrung des Weltfriedens und der internationalen Sicherheit zu gefährden, bemühen sich zunächst um eine Beilegung durch Verhandlung, Untersuchung, Vermittlung, Vergleich, Schiedsspruch, gerichtliche Entscheidung, Inanspruchnahme regionaler Einrichtungen oder Abmachungen oder durch andere friedliche Mittel eigener Wahl.

(2) Der Sicherheitsrat fordert die Parteien auf, wenn er dies für notwendig hält, ihre Streitigkeit durch solche Mittel beizulegen.

Artikel 34

Der Sicherheitsrat kann jede Streitigkeit sowie jede Situation, die zu internationalen Reibungen führen oder eine Streitigkeit hervorrufen könnte, untersuchen, um festzustellen ob die Fortdauer der Streitigkeit oder der Situation die Wahrung des Weltfriedens und der internationalen Sicherheit gefährden könnte.

Artikel 35

(1) Jedes Mitglied der Vereinten Nationen kann die Aufmerksamkeit des Sicherheitsrats oder der Generalversammlung auf jede Streitigkeit sowie auf jede Situation der in Artikel 34 bezeichneten Art lenken.

(2) Ein Nichtmitgliedstaat der Vereinten Nationen kann die Aufmerksamkeit des Sicherheitsrats oder der Generalversammlung auf jede Streitigkeit lenken, in der er Partei ist, wenn er im voraus hinsichtlich dieser Streitigkeit die in dieser Charta für eine friedliche Beilegung festgelegten Verpflichtungen annimmt.

(3) Das Verfahren der Generalversammlung in Angelegenheiten, auf die ihre Aufmerksamkeit gemäss diesem Artikel gelenkt wird, bestimmt sich nach den Artikeln 11 und 12.

Artikel 36

(1) Der Sicherheitsrat kann in jedem Stadium einer Streitigkeit im Sinne des Artikels 33 oder einer Situation gleicher Art geeignete Verfahren oder Methoden für deren Bereinigung empfehlen.

(2) Der Sicherheitsrat soll alle Verfahren in Betracht ziehen, welche die Parteien zur Beilegung der Streitigkeit bereits angenommen haben.

(3) Bei seinen Empfehlungen auf Grund dieses Artikels soll der Sicherheitsrat ferner berücksichtigen, dass Rechtsstreitigkeiten im allgemeinen von den Parteien dem Internationalen Gerichtshof im Einklang mit dessen Statut zu unterbreiten sind.

Artikel 37

(1) Gelingt es den Parteien einer Streitigkeit der in Artikel 33 bezeichneten Art nicht, diese mit den dort angegebenen Mitteln beizulegen, so legen sie die Streitigkeit dem Sicherheitsrat vor.

(2) Könnte nach Auffassung des Sicherheitsrats die Fortdauer der Streitigkeit tatsächlich die Wahrung des Weltfriedens und der internationalen Sicherheit gefährden, so beschliesst er, ob er nach Artikel 36 tätig werden oder die ihm angemessen erscheinenden Empfehlungen für eine Beilegung abgeben will.

Artikel 38

Unbeschadet der Artikel 33 bis 37 kann der Sicherheitsrat, wenn alle Parteien einer Streitigkeit dies beantragen, Empfehlungen zu deren friedlicher Beilegung an die Streitparteien richten.

Kapitel VII

Massnahmen bei Bedrohung oder Bruch des Friedens und bei Angriffshandlungen

Artikel 39

Der Sicherheitsrat stellt fest, ob eine Bedrohung oder ein Bruch des Friedens oder eine Angriffshandlung vorliegt; er gibt Empfehlungen ab oder beschliesst, welche Massnahmen auf Grund der

Artikel 41 und 42 zu treffen sind, um den Weltfrieden und die internationale Sicherheit zu wahren oder wiederherzustellen.

Artikel 40

Um einer Verschärfung der Lage vorzubeugen, kann der Sicherheitsrat, bevor er nach Artikel 39 Empfehlungen abgibt oder Massnahmen beschliesst, die beteiligten Parteien auffordern, den von ihm für notwendig oder erwünscht erachteten vorläufigen Massnahmen Folge zu leisten. Diese vorläufigen Massnahmen lassen die Rechte, die Ansprüche und die Stellung der beteiligten Parteien unberührt. Wird den vorläufigen Massnahmen nicht Folge geleistet, so trägt der Sicherheitsrat diesem Versagen gebührend Rechnung.

Artikel 41

Der Sicherheitsrat kann beschliessen, welche Massnahmen - unter Ausschluss von Waffengewalt - zu ergreifen sind, um seinen Beschlüssen Wirksamkeit zu verleihen; er kann die Mitglieder der Vereinten Nationen auffordern, diese Massnahmen durchzuführen. Sie können die vollständige oder teilweise Unterbrechung der Wirtschaftsbeziehungen, des Eisenbahn-, See- und Luftverkehrs, der Post-, Telegraphen- und Funkverbindungen sowie sonstiger Verkehrsmöglichkeiten und den Abbruch der diplomatischen Beziehungen einschliessen.

Artikel 42

Ist der Sicherheitsrat der Auffassung, dass die in Artikel 41 vorgesehenen Massnahmen unzulänglich sein würden oder sich als unzulänglich erwiesen haben, so kann er mit Luft-, See- oder Landstreitkräften die zur Wahrung oder Wiederherstellung des Weltfriedens und der internationalen Sicherheit erforderlichen Massnahmen durchführen. Sie können Demonstrationen, Blockaden und sonstige Einsätze der Luft-, See- oder Landstreitkräfte von Mitgliedern der Vereinten Nationen einschliessen.

Artikel 43

(1) Alle Mitglieder der Vereinten Nationen verpflichten sich, zur Wahrung des Weltfriedens und der internationalen Sicherheit dadurch beizutragen, dass sie nach Massgabe eines oder mehrerer Sonderabkommen dem Sicherheitsrat auf sein Ersuchen Streitkräfte zur Verfügung stellen, Beistand leisten und Erleichterungen einschliesslich des Durchmarschrechts gewähren, soweit dies zur Wahrung des Weltfriedens und der internationalen Sicherheit erforderlich ist.

(2) Diese Abkommen haben die Zahl und Art der Streitkräfte, ihren Bereitschaftsgrad, ihren allgemeinen Standort sowie die Art der Erleichterungen und des Beistands vorzusehen.

(3) Die Abkommen werden auf Veranlassung des Sicherheitsrats so bald wie möglich im Verhandlungswege ausgearbeitet. Sie werden zwischen dem Sicherheitsrat einerseits und Einzelmitgliedern oder Mitgliedergruppen andererseits geschlossen und von den Unterzeichnerstaaten nach Massgabe ihres Verfassungsrechts ratifiziert.

Artikel 44

Hat der Sicherheitsrat die Anwendung von Gewalt beschlossen, so lädt er ein in ihm nicht vertretenes Mitglied, bevor er es zur Stellung von Streitkräften auf Grund der nach Artikel 43 übernommenen Verpflichtungen auffordert, auf dessen Wunsch ein, an seinen Beschlüssen über den Einsatz von Kontingenten der Streitkräfte dieses Mitglieds teilzunehmen.

Artikel 45

Um die Vereinten Nationen zur Durchführung dringender militärischer Massnahmen zu befähigen, halten Mitglieder der Organisation Kontingente ihrer Luftstreitkräfte zum sofortigen Einsatz bei gemeinsamen internationalen Zwangsmassnahmen bereit. Stärke und Bereitschaftsgrad dieser Kontingente sowie die Pläne für ihre gemeinsamen Massnahmen legt der Sicherheitsrat mit Unterstützung des Generalstabsausschusses im Rahmen der in Artikel 43 erwähnten Sonderabkommen fest.

Artikel 46

Die Pläne für die Anwendung von Waffengewalt werden vom Sicherheitsrat mit Unterstützung des Generalstabsausschusses aufgestellt.

Artikel 47

(1) Es wird ein Generalstabsausschuss eingesetzt, um den Sicherheitsrat in allen Fragen zu beraten und zu unterstützen, die dessen militärische Bedürfnisse zur Wahrung des Weltfriedens und der internationalen Sicherheit, den Einsatz und die Führung der dem Sicherheitsrat zur Verfügung gestellten Streitkräfte, die Rüstungsregelung und eine etwaige Abrüstung betreffen.

(2) Der Generalstabsausschuss besteht aus den Generalstabschefs der ständigen Mitglieder des Sicherheitsrats oder ihren Vertretern. Ein nicht ständig im Ausschuss vertretenes Mitglied der Vereinten Nationen wird vom Ausschuss eingeladen, sich ihm zu assoziieren, wenn die Mitarbeit dieses Mitglieds für die wirksame Durchführung der Aufgaben des Ausschusses erforderlich ist.

(3) Der Generalstabsausschuss ist unter der Autorität des Sicherheitsrats für die strategische Leitung aller dem Sicherheitsrat zur Verfügung gestellten Streitkräfte verantwortlich. Die Fragen bezüglich der Führung dieser Streitkräfte werden später geregelt.

(4) Der Generalstabsausschuss kann mit Ermächtigung des Sicherheitsrats nach Konsultation mit geeigneten regionalen Einrichtungen regionale Unterausschüsse einsetzen.

Artikel 48

(1) Die Massnahmen, die für die Durchführung der Beschlüsse des Sicherheitsrats zur Wahrung des Weltfriedens und der internationalen Sicherheit erforderlich sind, werden je nach dem Ermessen des Sicherheitsrats von allen oder von einigen Mitgliedern der Vereinten Nationen getroffen.

(2) Diese Beschlüsse werden von den Mitgliedern der Vereinten Nationen unmittelbar sowie durch Massnahmen in den geeigneten internationalen Einrichtungen durchgeführt, deren Mitglieder sie sind.

Artikel 49

Bei der Durchführung der vom Sicherheitsrat beschlossenen Massnahmen leisten die Mitglieder der Vereinten Nationen einander gemeinsam handelnd Beistand.

Artikel 50

Ergreift der Sicherheitsrat gegen einen Staat Vorbeugungs- oder Zwangsmassnahmen, so kann jeder andere Staat, ob Mitglied der Vereinten Nationen oder nicht, den die Durchführung dieser Massnahmen vor besondere wirtschaftliche Probleme stellt, den Sicherheitsrat zwecks Lösung dieser Probleme konsultieren.

Artikel 51

Diese Charta beeinträchtigt im Falle eines bewaffneten Angriffs gegen ein Mitglied der Vereinten Nationen keineswegs das naturgegebene Recht zur individuellen oder kollektiven Selbstverteidigung, bis der Sicherheitsrat die zur Wahrung des Weltfriedens und der internationalen Sicherheit erforderlichen Massnahmen getroffen hat. Massnahmen, die ein Mitglied in Ausübung dieses Selbstverteidigungsrechts trifft, sind dem Sicherheitsrat sofort anzuzeigen; sie berühren in keiner Weise dessen auf dieser Charta beruhende Befugnis und Pflicht, jederzeit die Massnahmen zu treffen, die er zur Wahrung oder Wiederherstellung des Weltfriedens und der internationalen Sicherheit für erforderlich hält.

Kapitel VIII

Regionale Abmachungen

Artikel 52

(1) Diese Charta schliesst das Bestehen regionaler Abmachungen oder Einrichtungen zur Behandlung derjenigen die Wahrung des Weltfriedens und der internationalen Sicherheit betreffenden Angelegenheiten nicht aus, bei denen Massnahmen regionaler Art angebracht sind; Voraussetzung hierfür ist, dass diese Abmachungen oder Einrichtungen und ihr Wirken mit den Zielen und Grundsätzen der Vereinten Nationen vereinbar sind.

(2) Mitglieder der Vereinten Nationen, die solche Abmachungen treffen oder solche Einrichtungen schaffen, werden sich nach besten Kräften bemühen, durch Inanspruchnahme dieser Abmachungen oder Einrichtungen örtlich begrenzte Streitigkeiten friedlich beizulegen, bevor sie den Sicherheitsrat damit befassen.

(3) Der Sicherheitsrat wird die Entwicklung des Verfahrens fördern, örtlich begrenzte Streitigkeiten durch Inanspruchnahme dieser regionalen Abmachungen oder Einrichtungen friedlich beizulegen, sei es auf Veranlassung der beteiligten Staaten oder auf Grund von Überweisungen durch ihn selbst.
(4) Die Anwendung der Artikel 34 und 35 wird durch diesen Artikel nicht beeinträchtigt.

Artikel 53

(1) Der Sicherheitsrat nimmt gegebenenfalls diese regionalen Abmachungen oder Einrichtungen zur Durchführung von Zwangsmassnahmen unter seiner Autorität in Anspruch. Ohne Ermächtigung des Sicherheitsrats dürfen Zwangsmassnahmen auf Grund regionaler Abmachungen oder seitens regionaler Einrichtungen nicht ergriffen werden; ausgenommen sind Massnahmen gegen einen Feindstaat im Sinne des Absatzes 2, soweit sie in Artikel 107 oder in regionalen, gegen die Wiederaufnahme der Angriffspolitik eines solchen Staates gerichteten Abmachungen vorgesehen sind; die Ausnahme gilt, bis der Organisation auf Ersuchen der beteiligten Regierungen die Aufgabe zugewiesen wird, neue Angriffe eines solchen Staates zu verhüten.
(2) Der Ausdruck „Feindstaat" in Absatz 1 bezeichnet jeden Staat, der während des Zweiten Weltkriegs Feind eines Unterzeichners dieser Charta war.

Artikel 54

Der Sicherheitsrat ist jederzeit vollständig über die Massnahmen auf dem laufenden zu halten, die zur Wahrung des Weltfriedens und der internationalen Sicherheit auf Grund regionaler Abmachungen oder seitens regionaler Einrichtungen getroffen oder in Aussicht genommen werden.

Kapitel IX

Internationale Zusammenarbeit auf wirtschaftlichem und sozialem Gebiet

Artikel 55

Um jenen Zustand der Stabilität und Wohlfahrt herbeizuführen, der erforderlich ist, damit zwischen den Nationen friedliche und freundschaftliche, auf der Achtung vor dem Grundsatz der Gleichberechtigung und Selbstbestimmung der Völker beruhende Beziehungen herrschen, fördern die Vereinten Nationen
a) die Verbesserung des Lebensstandards, die Vollbeschäftigung und die Voraussetzungen für wirtschaftlichen und sozialen Fortschritt und Aufstieg;
b) die Lösung internationaler Probleme wirtschaftlicher, sozialer, gesundheitlicher und verwandter Art sowie die internationale Zusammenarbeit auf den Gebieten der Kultur und der Erziehung;
c) die allgemeine Achtung und Verwirklichung der Menschenrechte und Grundfreiheiten für alle ohne Unterschied der Rasse, des Geschlechts, der Sprache oder der Religion.

Artikel 56

Alle Mitgliedstaaten verpflichten sich, gemeinsam und jeder für sich mit der Organisation zusammenzuarbeiten, um die in Artikel 55 dargelegten Ziele zu erreichen.

Artikel 57

(1) Die verschiedenen durch zwischenstaatliche Übereinkünfte errichteten Sonderorganisationen, die auf den Gebieten der Wirtschaft, des Sozialwesens, der Kultur, der Erziehung, der Gesundheit und auf verwandten Gebieten weitreichende, in ihren massgebenden Urkunden umschriebene internationale Aufgaben zu erfüllen haben, werden gemäss Artikel 63 mit den Vereinten Nationen in Beziehung gebracht.
(2) Diese mit den Vereinten Nationen in Beziehung gebrachten Organisationen sind im folgenden als „Sonderorganisationen" bezeichnet.

Artikel 58

Die Organisation gibt Empfehlungen ab, um die Bestrebungen und Tätigkeiten dieser Sonderorganisationen zu koordinieren.

Artikel 59

Die Organisation veranlasst gegebenenfalls zwischen den in Betracht kommenden Staaten Verhandlungen zur Errichtung neuer Sonderorganisationen, soweit solche zur Verwirklichung der in Artikel 55 dargelegten Ziele erforderlich sind.

Artikel 60

Für die Wahrnehmung der in diesem Kapitel genannten Aufgaben der Organisation sind die Generalversammlung und unter ihrer Autorität der Wirtschafts- und Sozialrat verantwortlich; dieser besitzt zu diesem Zweck die ihm in Kapitel X zugewiesenen Befugnisse.

Kapitel X
Der Wirtschafts- und Sozialrat

Zusammensetzung

Artikel 61

(1) Der Wirtschafts- und Sozialrat besteht aus siebenundzwanzig von der Generalversammlung gewählten Mitgliedern der Vereinten Nationen.

(2) Vorbehaltlich des Absatzes 3 werden alljährlich neun Mitglieder des Wirtschafts- und Sozialrats für drei Jahre gewählt. Ein ausscheidendes Mitglied kann unmittelbar wiedergewählt werden.

(3) Bei der ersten Wahl, die nach Erhöhung der Zahl der Ratsmitglieder von achtzehn auf siebenundzwanzig stattfindet, werden zusätzlich zu den Mitgliedern, die anstelle der sechs Mitglieder gewählt werden, deren Amtszeit mit dem betreffenden Jahr endet, neun weitere Mitglieder des Wirtschafts- und Sozialrats gewählt. Die Amtszeit von drei dieser neun zusätzlichen Mitglieder endet nach einem Jahr, diejenige von drei weiteren Mitgliedern nach zwei Jahren; das Nähere regelt die Generalversammlung.

(4) Jedes Mitglied des Wirtschafts- und Sozialrats hat in diesem einen Vertreter.

Aufgaben und Befugnisse

Artikel 62

(1) Der Wirtschafts- und Sozialrat kann über internationale Angelegenheiten auf den Gebieten der Wirtschaft, des Sozialwesens, der Kultur, der Erziehung, der Gesundheit und auf verwandten Gebieten Untersuchungen durchführen oder bewirken sowie Berichte abfassen oder veranlassen; er kann zu jeder derartigen Angelegenheit an die Generalversammlung, die Mitglieder der Vereinten Nationen und die in Betracht kommenden Sonderorganisationen Empfehlungen richten.

(2) Er kann Empfehlungen abgeben, um die Achtung und Verwirklichung der Menschenrechte und Grundfreiheiten für alle zu fordern.

(3) Er kann über Angelegenheiten, für die er zuständig ist, Übereinkommen entwerfen und der Generalversammlung vorlegen.

(4) Er kann nach den von den Vereinten Nationen festgesetzten Regeln internationale Konferenzen über Angelegenheiten einberufen, für die er zuständig ist.

Artikel 63

(1) Der Wirtschafts- und Sozialrat kann mit jeder der in Artikel 57 bezeichneten Organisationen Abkommen schliessen, in denen die Beziehungen der betreffenden Organisation zu den Vereinten Nationen geregelt werden. Diese Abkommen bedürfen der Genehmigung durch die Generalversammlung.

(2) Er kann die Tätigkeit der Sonderorganisationen koordinieren, indem er Konsultationen mit ihnen führt und an sie, an die Generalversammlung und die Mitglieder der Vereinten Nationen Empfehlungen richtet.

Artikel 64

(1) Der Wirtschafts- und Sozialrat kann geeignete Schritte unternehmen, um von den Sonderorganisationen regelmässig Berichte zu erhalten. Er kann mit den Mitgliedern der Vereinten Nationen und mit den Sonderorganisationen Abmachungen treffen, um Berichte über die Massnahmen zu erhalten,

die zur Durchführung seiner Empfehlungen und der Empfehlungen der Generalversammlung über Angelegenheiten getroffen werden, für die er zuständig ist.

(2) Er kann der Generalversammlung seine Bemerkungen zu diesen Berichten mitteilen.

Artikel 65

Der Wirtschafts- und Sozialrat kann dem Sicherheitsrat Auskünfte erteilen und ihn auf dessen Ersuchen unterstützen.

Artikel 66

(1) Der Wirtschafts- und Sozialrat nimmt alle Aufgaben wahr, für die er im Zusammenhang mit der Durchführung von Empfehlungen der Generalversammlung zuständig ist.

(2) Er kann mit Genehmigung der Generalversammlung alle Dienste leisten, um die ihn Mitglieder der Vereinten Nationen oder Sonderorganisationen ersuchen.

(3) Er nimmt alle sonstigen Aufgaben wahr, die ihm in dieser Charta oder durch die Generalversammlung zugewiesen werden.

Abstimmung

Artikel 67

(1) Jedes Mitglied des Wirtschafts- und Sozialrats hat eine Stimme.

(2) Beschlüsse des Wirtschafts- und Sozialrats bedürfen der Mehrheit der anwesenden und abstimmenden Mitglieder.

Verfahren

Artikel 68

Der Wirtschafts- und Sozialrat setzt Kommissionen für wirtschaftliche und soziale Fragen und für die Förderung der Menschenrechte sowie alle sonstigen zur Wahrnehmung seiner Aufgaben erforderlichen Kommissionen ein.

Artikel 69

Behandelt der Wirtschafts- und Sozialrat eine Angelegenheit, die für ein Mitglied der Vereinten Nationen von besonderem Belang ist, so lädt er es ein, ohne Stimmrecht an seinen Beratungen teilzunehmen.

Artikel 70

Der Wirtschafts- und Sozialrat kann Abmachungen dahingehend treffen, dass Vertreter der Sonderorganisationen ohne Stimmrecht an seinen Beratungen und an den Beratungen der von ihm eingesetzten Kommissionen teilnehmen und dass seine eigenen Vertreter an den Beratungen der Sonderorganisationen teilnehmen.

Artikel 71

Der Wirtschafts- und Sozialrat kann geeignete Abmachungen zwecks Konsultation mit nichtstaatlichen Organisationen treffen, die sich mit Angelegenheiten seiner Zuständigkeit befassen. Solche Abmachungen können mit internationalen Organisationen und, soweit angebracht, nach Konsultation des betreffenden Mitglieds der Vereinten Nationen auch mit nationalen Organisationen getroffen werden.

Artikel 72

(1) Der Wirtschafts- und Sozialrat gibt sich eine Geschäftsordnung; in dieser regelt er auch das Verfahren für die Wahl seines Präsidenten.

(2) Der Wirtschafts- und Sozialrat tritt nach Bedarf gemäss seiner Geschäftsordnung zusammen; in dieser ist auch die Einberufung von Sitzungen auf Antrag der Mehrheit seiner Mitglieder vorzusehen.

Kapitel XI

Erklärung über Hoheitsgebiete ohne Selbstregierung

...

Kapitel XII

Das internationale Treuhandsystem

...

Kapitel XIII

Der Treuhandrat

...

Kapitel XIV

Der Internationale Gerichtshof

Artikel 92

Der Internationale Gerichtshof ist das Hauptrechtsprechungsorgan der Vereinten Nationen. Er nimmt seine Aufgaben nach Massgabe des beigefügten Statuts wahr, das auf dem Statut des Ständigen Internationalen Gerichtshofs beruht und Bestandteil dieser Charta ist.

Artikel 93

(1) Alle Mitglieder der Vereinten Nationen sind ohne weiteres Vertragsparteien des Statuts des Internationalen Gerichtshofs.

(2) Ein Staat, der nicht Mitglied der Vereinten Nationen ist, kann zu Bedingungen, welche die Generalversammlung jeweils auf Empfehlung des Sicherheitsrats festsetzt, Vertragspartei des Statuts des Internationalen Gerichtshofs werden.

Artikel 94

(1) Jedes Mitglied der Vereinten Nationen verpflichtet sich, bei jeder Streitigkeit, in der es Partei ist, die Entscheidung des Internationalen Gerichtshofs zu befolgen.

(2) Kommt eine Streitpartei ihren Verpflichtungen aus einem Urteil des Gerichtshofs nicht nach, so kann sich die andere Partei an den Sicherheitsrat wenden; dieser kann, wenn er es für erforderlich hält, Empfehlungen abgeben oder Massnahmen beschliessen, um dem Urteil Wirksamkeit zu verschaffen.

Artikel 95

Diese Charta schliesst nicht aus, dass Mitglieder der Vereinten Nationen auf Grund bestehender oder künftiger Abkommen die Beilegung ihrer Streitigkeiten anderen Gerichten zuweisen.

Artikel 96

(1) Die Generalversammlung oder der Sicherheitsrat kann über jede Rechtsfrage ein Gutachten des Internationalen Gerichtshofs anfordern.

(2) Andere Organe der Vereinten Nationen und Sonderorganisationen können mit jeweiliger Ermächtigung durch die Generalversammlung ebenfalls Gutachten des Gerichtshofs über Rechtsfragen anfordern, die sich in ihrem Tätigkeitsbereich stellen.

Kapitel XV

Das Sekretariat

Artikel 97

Das Sekretariat besteht aus einem Generalsekretär und den sonstigen von der Organisation benötigten Bediensteten. Der Generalsekretär wird auf Empfehlung des Sicherheitsrats von der Generalversammlung ernannt. Er ist der höchste Verwaltungsbeamte der Organisation.

Artikel 98

Der Generalsekretär ist in dieser Eigenschaft bei allen Sitzungen der Generalversammlung, des Sicherheitsrats, des Wirtschafts- und Sozialrats und des Treuhandrats tätig und nimmt alle sonstigen ihm von diesen Organen zugewiesenen Aufgaben wahr. Er erstattet der Generalversammlung alljährlich über die Tätigkeit der Organisation Bericht.

Artikel 99

Der Generalsekretär kann die Aufmerksamkeit des Sicherheitsrats auf jede Angelegenheit lenken, die nach seinem Dafürhalten geeignet ist, die Wahrung des Weltfriedens und der internationalen Sicherheit zu gefährden.

Artikel 100

(1) Der Generalsekretär und die sonstigen Bediensteten dürfen bei der Wahrnehmung ihrer Pflichten von einer Regierung oder von einer Autorität ausserhalb der Organisation Weisungen weder erbitten noch entgegennehmen. Sie haben jede Handlung zu unterlassen, die ihrer Stellung als internationale, nur der Organisation verantwortliche Bedienstete abträglich sein könnte.

(2) Jedes Mitglied der Vereinten Nationen verpflichtet sich, den ausschliesslich internationalen Charakter der Verantwortung des Generalsekretärs und der sonstigen Bediensteten zu achten und nicht zu versuchen, sie bei der Wahrnehmung ihrer Aufgaben zu beeinflussen.

Artikel 101

(1) Die Bediensteten werden vom Generalsekretär im Einklang mit Regelungen ernannt, welche die Generalversammlung erlässt.

(2) Dem Wirtschafts- und Sozialrat, dem Treuhandrat und erforderlichenfalls anderen Organen der Vereinten Nationen werden geeignete ständige Bedienstete zugeteilt. Sie gehören dem Sekretariat an.

(3) Bei der Einstellung der Bediensteten und der Regelung ihres Dienstverhältnisses gilt als ausschlaggebend der Gesichtspunkt, dass es notwendig ist, ein Höchstmass an Leistungsfähigkeit, fachlicher Eignung und Ehrenhaftigkeit zu gewährleisten. Der Umstand, dass es wichtig ist, die Auswahl der Bediensteten auf möglichst breiter geographischer Grundlage vorzunehmen, ist gebührend zu berücksichtigen.

Kapitel XVI
Verschiedenes

Artikel 102

(1) Alle Verträge und sonstigen internationalen Übereinkünfte, die ein Mitglied der Vereinten Nationen nach dem Inkrafttreten dieser Charta schliesst, werden so bald wie möglich beim Sekretariat registriert und von ihm veröffentlicht.

(2) Werden solche Verträge oder internationalen Übereinkünfte nicht nach Absatz 1 registriert, so können sich ihre Vertragsparteien bei einem Organ der Vereinten Nationen nicht auf sie berufen.

Artikel 103

Widersprechen sich die Verpflichtungen von Mitgliedern der Vereinten Nationen aus dieser Charta und ihre Verpflichtungen aus anderen internationalen Übereinkünften, so haben die Verpflichtungen aus dieser Charta Vorrang.

Artikel 104

Die Organisation geniesst im Hoheitsgebiet jedes Mitglieds die Rechts- und Geschäftsfähigkeit, die zur Wahrnehmung ihrer Aufgaben und zur Verwirklichung ihrer Ziele erforderlich ist.

Artikel 105

(1) Die Organisation geniesst im Hoheitsgebiet jedes Mitglieds die Vorrechte und Immunitäten, die zur Verwirklichung ihrer Ziele erforderlich sind.

(2) Vertreter der Mitglieder der Vereinten Nationen und Bedienstete der Organisation geniessen ebenfalls die Vorrechte und Immunitäten, deren sie bedürfen, um ihre mit der Organisation zusammenhängenden Aufgaben in voller Unabhängigkeit wahrnehmen zu können.

(3) Die Generalversammlung kann Empfehlungen abgeben, um die Anwendung der Absätze 1 und 2 im einzelnen zu regeln, oder sie kann den Mitgliedern der Vereinten Nationen zu diesem Zweck Übereinkommen vorschlagen.

Kapitel XVII

Übergangsbestimmungen betreffend die Sicherheit

Artikel 106

Bis das Inkrafttreten von Sonderabkommen der in Artikel 43 bezeichneten Art den Sicherheitsrat nach seiner Auffassung befähigt, mit der Ausübung der ihm in Artikel 42 zugewiesenen Verantwortlichkeiten zu beginnen, konsultieren die Parteien der am 30. Oktober 1943 in Moskau unterzeichneten Viermächte-Erklärung und Frankreich nach Absatz 5 dieser Erklärung einander und gegebenenfalls andere Mitglieder der Vereinten Nationen, um gemeinsam alle etwa erforderlichen Massnahmen zur Wahrung des Weltfriedens und der internationalen Sicherheit im Namen der Organisation zu treffen.

Artikel 107

Massnahmen, welche die hierfür verantwortlichen Regierungen als Folge des Zweiten Weltkriegs in bezug auf einen Staat ergreifen oder genehmigen, der während dieses Krieges Feind eines Unterzeichnerstaats dieser Charta war, werden durch diese Charta weder ausser Kraft gesetzt noch untersagt.

Kapitel XVIII

Änderungen

Artikel 108

Änderungen dieser Charta treten für alle Mitglieder der Vereinten Nationen in Kraft, wenn sie mit Zweidrittelmehrheit der Mitglieder der Generalversammlung angenommen und von zwei Dritteln der Mitglieder der Vereinten Nationen einschliesslich aller ständigen Mitglieder des Sicherheitsrats nach Massgabe ihres Verfassungsrechts ratifiziert worden sind.

Artikel 109

(1) Zur Revision dieser Charta kann eine Allgemeine Konferenz der Mitglieder der Vereinten Nationen zusammentreten; Zeitpunkt und Ort werden durch Beschluss einer Zweidrittelmehrheit der Mitglieder der Generalversammlung und durch Beschluss von neun beliebigen Mitgliedern des Sicherheitsrats bestimmt. Jedes Mitglied der Vereinten Nationen hat auf der Konferenz eine Stimme.

(2) Jede Änderung dieser Charta, die von der Konferenz mit Zweidrittelmehrheit empfohlen wird, tritt in Kraft, sobald sie von zwei Dritteln der Mitglieder der Vereinten Nationen einschliesslich aller ständigen Mitglieder des Sicherheitsrats nach Massgabe ihres Verfassungsrechts ratifiziert worden ist.

(3) Ist eine solche Konferenz nicht vor der zehnten Jahrestagung der Generalversammlung nach Inkrafttreten dieser Charta zusammengetreten, so wird der Vorschlag, eine solche Konferenz einzuberufen, auf die Tagesordnung jener Tagung gesetzt; die Konferenz findet statt, wenn dies durch Beschluss der Mehrheit der Mitglieder der Generalversammlung und durch Beschluss von sieben beliebigen Mitgliedern des Sicherheitsrats bestimmt wird.

Kapitel XIX

Ratifizierung und Unterzeichnung

Artikel 110

(1) Diese Charta bedarf der Ratifizierung durch die Unterzeichnerstaaten nach Massgabe ihres Verfassungsrechts.

(2) Die Ratifikationsurkunden werden bei der Regierung der Vereinigten Staaten von Amerika hinterlegt; diese notifiziert jede Hinterlegung allen Unterzeichnerstaaten sowie dem Generalsekretär der Organisation, sobald er ernannt ist.

(3) Diese Charta tritt in Kraft, sobald die Republik China, Frankreich, die Union der Sozialistischen Sowjetrepubliken, das Vereinigte Königreich Grossbritannien und Nordirland und die Vereinigten Staaten von Amerika sowie die Mehrheit der anderen Unterzeichnerstaaten ihre Ratifikationsurkunden hinterlegt haben. Die Regierung der Vereinigten Staaten von Amerika errichtet sodann über die Hinterlegung der Ratifikationsurkunden ein Protokoll, von dem sie allen Unterzeichnerstaaten Abschriften übermittelt.

(4) Die Unterzeichnerstaaten dieser Charta, die sie nach ihrem Inkrafttreten ratifizieren, werden mit dem Tag der Hinterlegung ihrer Ratifikationsurkunde ursprüngliche Mitglieder der Vereinten Nationen.

Artikel 111

Diese Charta, deren chinesischer, französischer, russischer, englischer und spanischer Wortlaut gleichermassen verbindlich ist, wird im Archiv der Regierung der Vereinigten Staaten von Amerika hinterlegt. Diese übermittelt den Regierungen der anderen Unterzeichnerstaaten gehörig beglaubigte Abschriften.

ZU URKUND DESSEN haben die Vertreter der Regierungen der Vereinten Nationen diese Charta unterzeichnet.

GESCHEHEN in der Stadt San Franzisko am 26. Juni 1945.

III. ILC-ENTWURF ZUR VERANTWORTLICHKEIT DER STAATEN FÜR VÖLKERRECHTSWIDRIGE HANDLUNGEN

verabschiedet von der International Law Commission anlässlich ihrer dreiundfünfzigsten Tagung (2001)

(Auszug aus der Resolution 56/83 der UNO Generalsversammlung vom 12. Dezember 2001, UN Doc. A/Res./56/83)

ERSTER TEIL

DIE VÖLKERRECHTSWIDRIGE HANDLUNG EINES STAATES

Kapitel I

Allgemeine Grundsätze

Artikel 1
Verantwortlichkeit eines Staates für seine völkerrechtswidrigen Handlungen

Jede völkerrechtswidrige Handlung eines Staates hat die völkerrechtliche Verantwortlichkeit dieses Staates zur Folge.

Artikel 2
Elemente der völkerrechtswidrigen Handlung eines Staates

Eine völkerrechtswidrige Handlung eines Staates liegt vor, wenn ein Verhalten in Form eines Tuns oder eines Unterlassens

a) dem Staat nach dem Völkerrecht zurechenbar ist und

b) eine Verletzung einer völkerrechtlichen Verpflichtung des Staates darstellt.

Artikel 3
Beurteilung der Handlung eines Staates als völkerrechtswidrig

Die Beurteilung der Handlung eines Staates als völkerrechtswidrig bestimmt sich nach dem Völkerrecht. Diese Beurteilung bleibt davon unberührt, dass die gleiche Handlung nach innerstaatlichem Recht als rechtmäßig beurteilt wird.

Kapitel II

Zurechnung eines Verhaltens zu einem Staat

Artikel 4
Verhalten von Staatsorganen

1. Das Verhalten eines jeden Staatsorgans ist als Handlung des Staates im Sinne des Völkerrechts zu werten, gleichviel ob das Organ Aufgaben der Gesetzgebung, der vollziehenden Gewalt, der Rechtsprechung oder andere Aufgaben wahrnimmt, welche Stellung es innerhalb des Staatsaufbaus einnimmt und ob es sich um ein Organ der Zentralregierung oder einer Gebietseinheit des Staates handelt.

2. Ein Organ schließt jede Person oder Stelle ein, die diesen Status nach dem innerstaatlichen Recht des Staates innehat.

Artikel 5
Verhalten von Personen oder Stellen, die hoheitliche Befugnisse ausüben

Das Verhalten einer Person oder Stelle, die kein Staatsorgan im Sinne von Artikel 4 ist, die jedoch nach dem Recht des betreffenden Staates ermächtigt ist, hoheitliche Befugnisse auszuüben, ist als Handlung des Staates im Sinne des Völkerrechts zu werten, sofern die Person oder Stelle im Einzelfall in dieser Eigenschaft handelt.

Artikel 6
Verhalten von Organen, die einem Staat von einem anderen Staat zur Verfügung gestellt werden

Das Verhalten eines Organs, das einem Staat von einem anderen Staat zur Verfügung gestellt wird, ist als eine Handlung des ersteren Staates im Sinne des Völkerrechts zu werten, wenn

das Organ in Ausübung hoheitlicher Befugnisse des Staates handelt, dem es zur Verfügung gestellt wird.

Artikel 7
Kompetenzüberschreitung oder weisungswidriges Handeln

Das Verhalten eines Staatsorgans oder einer zur Ausübung hoheitlicher Befugnisse ermächtigten Person oder Stelle ist als Handlung des Staates im Sinne des Völkerrechts zu werten, wenn das Organ, die Person oder die Stelle in dieser Eigenschaft handelt, selbst wenn sie ihre Kompetenzen überschreiten oder Weisungen zuwiderhandeln.

Artikel 8
Von einem Staat geleitetes oder kontrolliertes Verhalten

Das Verhalten einer Person oder Personengruppe ist als Handlung eines Staates im Sinne des Völkerrechts zu werten, wenn die Person oder Personengruppe dabei faktisch im Auftrag oder unter der Leitung oder Kontrolle dieses Staates handelt.

Artikel 9
Verhalten im Falle der Abwesenheit oder des Ausfalls der staatlichen Stellen

Das Verhalten einer Person oder Personengruppe ist als Handlung eines Staates im Sinne des Völkerrechts zu werten, wenn die Person oder Personengruppe im Falle der Abwesenheit oder des Ausfalls der staatlichen Stellen faktisch hoheitliche Befugnisse ausübt und die Umstände die Ausübung dieser Befugnisse erfordern.

Artikel 10
Verhalten einer aufständischen oder sonstigen Bewegung

1. Das Verhalten einer aufständischen Bewegung, die zur neuen Regierung eines Staates wird, ist als Handlung des Staates im Sinne des Völkerrechts zu werten.

2. Das Verhalten einer aufständischen oder sonstigen Bewegung, der es gelingt, in einem Teil des Hoheitsgebiets eines bestehenden Staates oder in einem seiner Verwaltung unterstehenden Gebiet einen neuen Staat zu gründen, ist als Handlung des neuen Staates im Sinne des Völkerrechts zu werten.

3. Dieser Artikel berührt nicht die Zurechnung eines Verhaltens zu einem Staat, gleichviel in welcher Beziehung es zu dem der betreffenden Bewegung steht, wenn dieses Verhalten auf Grund der Artikel 4 bis 9 als Handlung dieses Staates zu gelten hat.

Artikel 11
Verhalten, das ein Staat als sein eigenes anerkennt und annimmt

Ein Verhalten, das einem Staat nach den vorstehenden Artikeln nicht zugerechnet werden kann, ist gleichwohl als Handlung des Staates im Sinne des Völkerrechts zu werten, wenn und soweit der Staat dieses Verhalten als sein eigenes anerkennt und annimmt.

Kapitel III

Verletzung einer völkerrechtlichen Verpflichtung

Artikel 12
Vorliegen der Verletzung einer völkerrechtlichen Verpflichtung

Eine Verletzung einer völkerrechtlichen Verpflichtung seitens eines Staates liegt vor, wenn eine Handlung dieses Staates nicht im Einklang mit dem steht, was die Verpflichtung, unabhängig von ihrem Ursprung oder ihrem Wesen, von ihm verlangt.

Artikel 13
Gültige völkerrechtliche Verpflichtung eines Staates

Eine Handlung eines Staates stellt nur dann eine Verletzung einer völkerrechtlichen Verpflichtung dar, wenn die Verpflichtung zum Zeitpunkt der Handlung für den Staat bindend war.

Artikel 14
Dauer der Verletzung einer völkerrechtlichen Verpflichtung

1. Die Verletzung einer völkerrechtlichen Verpflichtung durch eine nicht fortdauernde Handlung eines Staates tritt in dem Zeitpunkt ein, in dem die Handlung stattfindet, selbst wenn ihre Auswirkungen andauern.

2. Die Verletzung einer völkerrechtlichen Verpflichtung durch eine fortdauernde Handlung eines Staates erstreckt sich über den gesamten Zeitraum, während dessen die Handlung andauert und nicht im Einklang mit dieser völkerrechtlichen Verpflichtung steht.

3. Die Verletzung einer völkerrechtlichen Verpflichtung eines Staates, ein bestimmtes Ereignis zu verhindern, tritt ein, wenn das Ereignis stattfindet, und erstreckt sich über den gesamten Zeitraum, während dessen das Ereignis andauert und nicht im Einklang mit dieser Verpflichtung steht.

Artikel 15
Verletzung durch eine zusammengesetzte Handlung

1. Die Verletzung einer völkerrechtlichen Verpflichtung eines Staates durch eine Reihe von Handlungen oder Unterlassungen, die in ihrer Gesamtheit als rechtswidrig definiert werden, tritt ein, wenn die Handlung oder Unterlassung stattfindet, die zusammen mit den anderen Handlungen oder Unterlassungen ausreicht, um den deliktischen Tatbestand zu erfüllen.

2. In einem solchen Fall erstreckt sich die Verletzung über den gesamten Zeitraum, der mit der ersten Handlung oder Unterlassung beginnt, und dauert so lange an, wie diese Handlungen oder Unterlassungen wiederholt werden und nicht im Einklang mit der völkerrechtlichen Verpflichtung stehen.

Kapitel IV

Verantwortlichkeit eines Staates im Zusammenhang mit der Handlung eines anderen Staates

Artikel 16
Beihilfe oder Unterstützung bei der Begehung einer völkerrechtswidrigen Handlung

Ein Staat, der einem anderen Staat bei der Begehung einer völkerrechtswidrigen Handlung Beihilfe leistet oder Unterstützung gewährt, ist dafür völkerrechtlich verantwortlich,

a) wenn er dies in Kenntnis der Umstände der völkerrechtswidrigen Handlung tut und

b) wenn die Handlung völkerrechtswidrig wäre, wenn er sie selbst beginge.

Artikel 17
Leitung und Kontrolle bei der Begehung einer völkerrechtswidrigen Handlung

Ein Staat, der einen anderen Staat bei der Begehung einer völkerrechtswidrigen Handlung leitet und ihn kontrolliert, ist dafür völkerrechtlich verantwortlich,

a) wenn er dies in Kenntnis der Umstände der völkerrechtswidrigen Handlung tut und

b) wenn die Handlung völkerrechtswidrig wäre, wenn er sie selbst beginge.

Artikel 18
Nötigung eines anderen Staates

Ein Staat, der einen anderen Staat nötigt, eine Handlung zu begehen, ist für diese Handlung völkerrechtlich verantwortlich,

a) wenn die Handlung bei Abwesenheit von Nötigung eine völkerrechtswidrige Handlung des gezwungenen Staates wäre und

b) wenn der nötigende Staat dies in Kenntnis der Umstände der Handlung tut.

Artikel 19
Wirkung dieses Kapitels

Dieses Kapitel lässt die nach anderen Bestimmungen dieser Artikel bestehende völkerrechtliche Verantwortlichkeit des Staates, der die betreffende Handlung begeht, oder jedes anderen Staates unberührt.

Kapitel V

Umstände, welche die Rechtswidrigkeit ausschließen

Artikel 20
Einwilligung

Die gültige Einwilligung eines Staates in die Begehung einer bestimmten Handlung durch einen anderen Staat schließt die Rechtswidrigkeit dieser Handlung in Bezug auf den ersteren Staat aus, soweit die Handlung im Rahmen dieser Einwilligung bleibt.

Artikel 21
Selbstverteidigung

Die Rechtswidrigkeit der Handlung eines Staates ist ausgeschlossen, wenn es sich bei der Handlung um eine rechtmäßige Maßnahme der Selbstverteidigung handelt, die im Einklang mit der Charta der Vereinten Nationen ergriffen wird.

Artikel 22
Gegenmaßnahmen auf Grund einer völkerrechtswidrigen Handlung

Die Rechtswidrigkeit der Handlung eines Staates, die mit einer völkerrechtlichen Verpflichtung gegenüber einem anderen Staat nicht im Einklang steht, ist ausgeschlossen, wenn und soweit die Handlung eine Gegenmaßnahme gegen den anderen Staat nach Kapitel II des Dritten Teils darstellt.

Artikel 23
Höhere Gewalt

1. Die Rechtswidrigkeit der Handlung eines Staates, die mit einer völkerrechtlichen Verpflichtung dieses Staates nicht im Einklang steht, ist ausgeschlossen, wenn die Handlung auf höhere Gewalt, das heißt das Auftreten einer unwiderstehlichen Gewalt oder eines unvorhergesehenen Ereignisses, zurückzuführen ist, die außerhalb des Einflussbereichs des Staates liegt und die Erfüllung der Verpflichtung unter den gegebenen Umständen tatsächlich unmöglich macht.

2. Absatz 1 findet keine Anwendung,

a) wenn die Situation höherer Gewalt entweder ausschließlich oder zusammen mit anderen Umständen auf das Verhalten des Staates zurückzuführen ist, der höhere Gewalt geltend macht, oder

b) wenn der Staat die Gefahr des Eintretens dieser Situation in Kauf genommen hat.

Artikel 24
Notlage

1. Die Rechtswidrigkeit der Handlung eines Staates, die mit einer völkerrechtlichen Verpflichtung dieses Staates nicht im Einklang steht, ist ausgeschlossen, wenn der Urheber der Handlung in einer Notlage keine andere geeignete Möglichkeit hat, sein eigenes Leben oder das Leben anderer Personen, die seiner Obhut anvertraut sind, zu retten.

2. Absatz 1 findet keine Anwendung,

a) wenn die Notlage entweder ausschließlich oder zusammen mit anderen Umständen auf das Verhalten des Staates zurückzuführen ist, der sich auf die Notlage beruft, oder

b) wenn die Handlung geeignet ist, eine vergleichbare oder größere Gefahr herbeizuführen.

Artikel 25
Notstand

1. Ein Staat kann sich nur dann auf einen Notstand als Grund für den Ausschluss der Rechtswidrigkeit einer Handlung, die mit einer völkerrechtlichen Verpflichtung dieses Staates nicht im Einklang steht, berufen, wenn die Handlung

a) die einzige Möglichkeit für den Staat ist, ein wesentliches Interesse vor einer schweren und unmittelbar drohenden Gefahr zu schützen, und

b) kein wesentliches Interesse des Staates oder der Staaten, gegenüber denen die Verpflichtung besteht, oder der gesamten internationalen Gemeinschaft ernsthaft beeinträchtigt.

2. In keinem Fall kann ein Staat sich auf einen Notstand als Grund für den Ausschluss der Rechtswidrigkeit berufen,

a) wenn die betreffende völkerrechtliche Verpflichtung die Möglichkeit der Berufung auf einen Notstand ausschließt oder

b) wenn der Staat zu der Notstandssituation beigetragen hat.

Artikel 26
Einhaltung zwingender Normen

Dieses Kapitel schließt die Rechtswidrigkeit der Handlung eines Staates nicht aus, die mit einer Verpflichtung, die sich aus einer zwingenden Norm des allgemeinen Völkerrechts ergibt, nicht im Einklang steht.

Artikel 27
Folgen der Geltendmachung von Umständen, welche die Rechtswidrigkeit ausschließen

Die Geltendmachung eines Umstands, der die Rechtswidrigkeit nach diesem Kapitel ausschließt, berührt nicht

a) die Erfüllung der betreffenden Verpflichtung, wenn und soweit der die Rechtswidrigkeit ausschließende Umstand nicht weiter besteht;

b) die Frage der Entschädigung für jeden durch die betreffende Handlung verursachten erheblichen Schaden.

ZWEITER TEIL

INHALT DER VÖLKERRECHTLICHEN VERANTWORTLICHKEIT EINES STAATES

Kapitel I

Allgemeine Grundsätze

Artikel 28
Rechtsfolgen einer völkerrechtswidrigen Handlung

Die völkerrechtliche Verantwortlichkeit eines Staates, die sich aus einer völkerrechtswidrigen Handlung nach den Bestimmungen des Ersten Teils ergibt, zieht die in diesem Teil beschriebenen Rechtsfolgen nach sich.

Artikel 29
Fortbestehen der Erfüllungspflicht

Die Rechtsfolgen einer völkerrechtswidrigen Handlung nach diesem Teil berühren nicht die fortbestehende Verpflichtung des verantwortlichen Staates zur Erfüllung der verletzten Verpflichtung.

Artikel 30
Beendigung und Nichtwiederholung

Der für die völkerrechtswidrige Handlung verantwortliche Staat ist verpflichtet,

a) die Handlung, falls sie andauert, zu beenden;

b) angemessene Zusagen und Garantien der Nichtwiederholung zu geben, falls die Umstände dies erfordern.

Artikel 31
Wiedergutmachung

1. Der verantwortliche Staat ist verpflichtet, volle Wiedergutmachung für den durch die völkerrechtswidrige Handlung verursachten Schaden zu leisten.

2. Der Schaden umfasst jeden materiellen oder immateriellen Schaden, der durch die völkerrechtswidrige Handlung eines Staates verursacht worden ist.

Artikel 32
Unerheblichkeit des innerstaatlichen Rechts

Der verantwortliche Staat kann sich nicht auf sein innerstaatliches Recht berufen, um die Nichterfüllung der ihm nach diesem Teil obliegenden Verpflichtungen zu rechtfertigen.

Artikel 33
Umfang der in diesem Teil aufgeführten völkerrechtlichen Verpflichtungen

1. Die in diesem Teil aufgeführten Verpflichtungen des verantwortlichen Staates können gegenüber einem anderen Staat, mehreren Staaten oder der gesamten internationalen Gemeinschaft bestehen, insbesondere je nach Wesen und Inhalt der völkerrechtlichen Verpflichtung sowie den Umständen ihrer Verletzung.

2. Dieser Teil berührt kein sich aus der völkerrechtlichen Verantwortlichkeit eines Staates ergebendes Recht, das einer Person oder einer Stelle, die kein Staat ist, unmittelbar erwächst.

Kapitel II

Wiedergutmachung des Schadens

Artikel 34
Formen der Wiedergutmachung

Die volle Wiedergutmachung des durch eine völkerrechtswidrige Handlung verursachten Schadens erfolgt durch Restitution, Schadenersatz und Genugtuung, entweder einzeln oder in Verbindung miteinander, in Übereinstimmung mit diesem Kapitel.

Artikel 35
Restitution

Ein für eine völkerrechtswidrige Handlung verantwortlicher Staat ist verpflichtet, Restitution zu leisten, das heißt den vor der Begehung der Handlung herrschenden Zustand wiederherzustellen, sofern und soweit die Restitution

a) nicht tatsächlich unmöglich ist;

b) nicht mit einer Belastung verbunden ist, die außer allem Verhältnis zu dem Nutzen steht, der durch Restitution anstelle von Schadenersatz entsteht.

Artikel 36
Schadenersatz

1. Der für eine völkerrechtswidrige Handlung verantwortliche Staat ist verpflichtet, den durch die Handlung verursachten Schaden zu ersetzen, soweit dieser Schaden nicht durch Restitution wiedergutgemacht wird.

2. Der Schadenersatz umfasst jeden finanziell messbaren Schaden, einschließlich des entgangenen Gewinns, soweit ein solcher ermittelt wird.

Artikel 37
Genugtuung

1. Der für eine völkerrechtswidrige Handlung verantwortliche Staat ist verpflichtet, für den durch die Handlung verursachten Schaden Genugtuung zu leisten, soweit er nicht durch Restitution oder Schadenersatz wiedergutzumachen ist.

2. Die Genugtuung kann in Form des Geständnisses der Verletzung, eines Ausdrucks des Bedauerns, einer förmlichen Entschuldigung oder auf andere geeignete Weise geleistet werden.

3. Die Genugtuung darf nicht außer Verhältnis zu dem Schaden stehen und darf keine für den verantwortlichen Staat erniedrigende Form annehmen.

Artikel 38
Zinsen

1. Zinsen auf jede nach diesem Kapitel geschuldete Hauptforderung sind zahlbar, soweit dies notwendig ist, um eine vollständige Wiedergutmachung zu gewährleisten. Der Zinssatz und die Berechnungsmethode sind so festzusetzen, dass dieses Ergebnis erreicht wird.

2. Die Zinsen laufen von dem Tag, an dem der Kapitalbetrag hätte gezahlt werden sollen, bis zu dem Tag, an dem die Zahlungsverpflichtung erfüllt wird.

Artikel 39
Mitverschulden am Schaden

Bei der Festsetzung der Wiedergutmachung ist zu berücksichtigen, inwieweit der verletzte Staat oder eine Person oder Stelle, bezüglich deren Wiedergutmachung verlangt wird, den Schaden durch vorsätzliches oder fahrlässiges Tun oder Unterlassen mitverschuldet hat.

Kapitel III

Schwerwiegende Verletzungen von Verpflichtungen, die sich aus zwingenden Normen des allgemeinen Völkerrechts ergeben

Artikel 40
Anwendungsbereich dieses Kapitels

1. Dieses Kapitel findet Anwendung auf die völkerrechtliche Verantwortlichkeit, die begründet wird, wenn ein Staat eine sich aus einer zwingenden Norm des allgemeinen Völkerrechts ergebende Verpflichtung in schwerwiegender Weise verletzt.

2. Die Verletzung einer solchen Verpflichtung ist schwerwiegend, wenn sie eine grobe oder systematische Nichterfüllung der Verpflichtung durch den verantwortlichen Staat bedeutet.

Artikel 41
Besondere Folgen der schwerwiegenden Verletzung einer Verpflichtung nach diesem Kapitel

1. Die Staaten arbeiten zusammen, um jeder schwerwiegenden Verletzung im Sinne des Artikels 40 mit rechtmäßigen Mitteln ein Ende zu setzen.

2. Kein Staat erkennt einen Zustand, der durch eine schwerwiegende Verletzung im Sinne des Artikels 40 herbeigeführt wurde, als rechtmäßig an oder leistet Beihilfe oder Unterstützung zur Aufrechterhaltung dieses Zustands.

3. Dieser Artikel berührt nicht die anderen in diesem Teil genannten Folgen und alle weiteren Folgen, die eine Verletzung, auf die dieses Kapitel Anwendung findet, nach dem Völkerrecht nach sich ziehen kann.

DRITTER TEIL

DURCHSETZUNG DER VÖLKERRECHTLICHEN VERANTWORTLICHKEIT EINES STAATES

Kapitel I

Geltendmachung der Verantwortlichkeit eines Staates

Artikel 42
Geltendmachung der Verantwortlichkeit durch einen verletzten Staat

Ein Staat ist berechtigt, als verletzter Staat die Verantwortlichkeit eines anderen Staates geltend zu machen, wenn die Verpflichtung, die verletzt wurde,

a) allein diesem Staat gegenüber besteht oder

b) gegenüber einer Gruppe von Staaten, die diesen Staat einschließt, oder gegenüber der gesamten internationalen Gemeinschaft, und die Verletzung der Verpflichtung

i) speziell diesen Staat betrifft oder

ii) so beschaffen ist, dass sie die Lage aller anderen Staaten, gegenüber denen die Verpflichtung besteht, hinsichtlich der weiteren Erfüllung der Verpflichtung grundlegend ändert.

Artikel 43
Anzeige des Anspruchs durch den verletzten Staat

1. Macht der verletzte Staat die Verantwortlichkeit eines anderen Staates geltend, so zeigt er diesem Staat seinen Anspruch an.

2. Der verletzte Staat kann insbesondere angeben,

a) welches Verhalten der verantwortliche Staat befolgen soll, um die völkerrechtswidrige Handlung, sofern sie andauert, zu beenden;

b) in welcher Form die Wiedergutmachung nach den Bestimmungen des Zweiten Teils erfolgen soll.

Artikel 44
Zulässigkeit von Ansprüchen

Die Verantwortlichkeit eines Staates kann nicht geltend gemacht werden,

a) wenn der Anspruch nicht im Einklang mit den anwendbaren Regeln über die Nationalität von Ansprüchen geltend gemacht wird;

b) wenn auf den Anspruch die Regel über die Erschöpfung der innerstaatlichen Rechtsmittel Anwendung findet und nicht alle verfügbaren und wirksamen innerstaatlichen Rechtsmittel erschöpft wurden.

Artikel 45
Verlust des Rechts, die Verantwortlichkeit eines Staates geltend zu machen

Die Verantwortlichkeit eines Staates kann nicht geltend gemacht werden,

a) wenn der verletzte Staat wirksam auf den Anspruch verzichtet hat;

b) wenn auf Grund des Verhaltens des verletzten Staates anzunehmen ist, dass er wirksam in das Erlöschen seines Anspruchs eingewilligt hat.

Artikel 46
Mehrheit verletzter Staaten

Werden mehrere Staaten durch dieselbe völkerrechtswidrige Handlung verletzt, so kann jeder verletzte Staat gesondert die Verantwortlichkeit des Staates geltend machen, der die völkerrechtswidrige Handlung begangen hat.

Artikel 47
Mehrheit verantwortlicher Staaten

1. Sind mehrere Staaten für dieselbe völkerrechtswidrige Handlung verantwortlich, so kann in Bezug auf diese Handlung die Verantwortlichkeit eines jeden Staates geltend gemacht werden.

2. Absatz 1

a) gestattet einem verletzten Staat nicht, einen Schadenersatz zu erlangen, der den von ihm erlittenen Schaden übersteigt;

b) berührt nicht das Recht, bei den anderen verantwortlichen Staaten Rückgriff zu nehmen.

Artikel 48
Geltendmachung der Verantwortlichkeit eines Staates durch einen anderen Staat als den verletzten Staat

1. Jeder andere Staat als der verletzte Staat ist berechtigt, nach Absatz 2 die Verantwortlichkeit eines anderen Staates geltend zu machen,

a) wenn die Verpflichtung, die verletzt wurde, gegenüber einer Gruppe von Staaten besteht, die diesen Staat einschließt, und zum Schutz eines gemeinschaftlichen Interesses der Gruppe begründet wurde, oder

b) wenn die Verpflichtung, die verletzt wurde, gegenüber der gesamten internationalen Gemeinschaft besteht.

2. Jeder Staat, der nach Absatz 1 berechtigt ist, die Verantwortlichkeit eines Staates geltend zu machen, kann von dem verantwortlichen Staat verlangen,

a) im Einklang mit Artikel 30 die völkerrechtswidrige Handlung zu beenden sowie Zusagen und Garantien der Nichtwiederholung zu geben und

b) die Verpflichtung zur Wiedergutmachung nach den vorstehenden Artikeln zu Gunsten des verletzten Staates oder der Begünstigten der Verpflichtung, die verletzt wurde, zu erfüllen.

3. Die in den Artikeln 43, 44 und 45 genannten Bedingungen für die Geltendmachung der Verantwortlichkeit durch einen verletzten Staat finden Anwendung auf die Geltendmachung der Verantwortlichkeit durch einen Staat, der nach Absatz 1 dazu berechtigt ist.

Kapitel II

Gegenmaßnahmen

Artikel 49
Zweck und Begrenzung von Gegenmaßnahmen

1. Der verletzte Staat darf gegen den für die völkerrechtswidrige Handlung verantwortlichen Staat Gegenmaßnahmen nur zu dem Zweck ergreifen, ihn zur Erfüllung seiner Verpflichtungen nach dem Zweiten Teil zu veranlassen.

2. Gegenmaßnahmen sind auf die vorübergehende Nichterfüllung völkerrechtlicher Verpflichtungen begrenzt, die der die Maßnahmen ergreifende Staat gegenüber dem verantwortlichen Staat hat.

3. Gegenmaßnahmen sind möglichst in einer Weise zu ergreifen, die die Wiederaufnahme der Erfüllung der betreffenden Verpflichtungen zulässt.

Artikel 50
Verpflichtungen, die von Gegenmaßnahmen nicht berührt werden

1. Gegenmaßnahmen lassen folgende Verpflichtungen unberührt:

a) die in der Charta der Vereinten Nationen verankerte Verpflichtung, die Androhung oder Anwendung von Gewalt zu unterlassen;

b) die Verpflichtungen zum Schutz der grundlegenden Menschenrechte;

c) die Verpflichtungen humanitärer Art, die Repressalien verbieten;

d) andere Verpflichtungen, die sich aus zwingenden Normen des allgemeinen Völkerrechts ergeben.

2. Der Staat, der Gegenmaßnahmen ergreift, ist nicht von seinen Verpflichtungen entbunden,

a) die ihm nach einem Streitbeilegungsverfahren obliegen, das zwischen ihm und dem verantwortlichen Staat Anwendung findet;

b) die Unverletzlichkeit der diplomatischen und konsularischen Vertreter, Räumlichkeiten, Archive und Dokumente zu achten.

Artikel 51
Verhältnismäßigkeit

Gegenmaßnahmen müssen in einem angemessenen Verhältnis zu dem erlittenen Schaden stehen, wobei die Schwere der völkerrechtswidrigen Handlung und die betreffenden Rechte zu berücksichtigen sind.

Artikel 52
Bedingungen für die Anwendung von Gegenmaßnahmen

1. Bevor der verletzte Staat Gegenmaßnahmen ergreift,

a) hat er den verantwortlichen Staat im Einklang mit Artikel 43 aufzufordern, die ihm nach dem Zweiten Teil obliegenden Verpflichtungen zu erfüllen;

b) hat er dem verantwortlichen Staat jeden Beschluss, Gegenmaßnahmen zu ergreifen, zu notifizieren und ihm Verhandlungen anzubieten.

2. Ungeachtet des Absatzes 1 Buchstabe b kann der verletzte Staat die dringlichen Gegenmaßnahmen ergreifen, die zur Wahrung seiner Rechte erforderlich sind.

3. Gegenmaßnahmen dürfen nicht ergriffen werden, und bereits ergriffene Gegenmaßnahmen müssen ohne schuldhaftes Zögern suspendiert werden,

a) wenn die völkerrechtswidrige Handlung nicht länger andauert und

b) wenn die Streitigkeit vor einem Gericht anhängig ist, das befugt ist, für die Parteien bindende Entscheidungen zu fällen.

4. Absatz 3 findet keine Anwendung, wenn der verantwortliche Staat die Streitbeilegungsverfahren nicht nach Treu und Glauben anwendet.

Artikel 53
Beendigung der Gegenmaßnahmen

Gegenmaßnahmen sind zu beenden, sobald der verantwortliche Staat die ihm nach dem Zweiten Teil obliegenden Verpflichtungen in Bezug auf die völkerrechtswidrige Handlung erfüllt hat.

Artikel 54

Ergreifung von Maßnahmen durch andere Staaten als den verletzten Staat

Dieses Kapitel berührt nicht das Recht eines Staates, der nach Artikel 48 Absatz 1 berechtigt ist, die Verantwortlichkeit eines anderen Staates geltend zu machen, rechtmäßige Maßnahmen gegen diesen Staat zu ergreifen, um die Beendigung der Verletzung und die Wiedergutmachung zu Gunsten des verletzten Staates oder der Begünstigten der Verpflichtung, die verletzt wurde, sicherzustellen.

VIERTER TEIL

ALLGEMEINE BESTIMMUNGEN

Artikel 55
Lex specialis

Diese Artikel finden keine Anwendung, wenn und soweit die Voraussetzungen für das Vorliegen einer völkerrechtswidrigen Handlung oder der Inhalt oder die Durchsetzung der völkerrechtlichen Verantwortlichkeit eines Staates speziellen Regeln des Völkerrechts unterliegen.

Artikel 56
Fragen der Staatenverantwortlichkeit, die nicht durch diese Artikel geregelt sind

Soweit Fragen der Verantwortlichkeit eines Staates für eine völkerrechtswidrige Handlung durch diese Artikel nicht geregelt werden, unterliegen sie weiterhin den anwendbaren Regeln des Völkerrechts.

Artikel 57
Verantwortlichkeit internationaler Organisationen

Diese Artikel lassen Fragen der völkerrechtlichen Verantwortlichkeit einer internationalen Organisation oder eines Staates für das Verhalten einer internationalen Organisation unberührt.

Artikel 58
Individuelle Verantwortlichkeit

Diese Artikel lassen Fragen der individuellen völkerrechtlichen Verantwortlichkeit von Personen, die im Namen eines Staates handeln, unberührt.

Artikel 59
Charta der Vereinten Nationen

Diese Artikel lassen die Charta der Vereinten Nationen unberührt.